高等学校省级规划教材
合肥工业大学教材出版专项基金资助项目

比较知识产权法

（第2版）

主　编　朱双庆

副主编　冯　华　李　宏

合肥工业大学出版社

编 委 会

第 2 版说明

自从 2017 年 6 月《比较知识产权法》第一版出版以来,世界上知识产权立法与实践出现了一些新的变化,尤其我国知识产权立法有了新的进展。例如,2019 年 4 月 23 日修正了《中华人民共和国商标法》和《中华人民共和国反不正当竞争法》,2020 年 10 月 17 日修正了《中华人民共和国专利法》,2020 年 11 月 11 日修正了《中华人民共和国著作权法》。根据上述新的变化,本次教材修订侧重三个方面:其一,更换法律条文。近几年,知识产权立法较多,教材应该反映和阐释最新法律条文,以便读者掌握知识产权国内外立法的动态变化。其二,更换部分案例。对于原教材中部分案例,用新的典型案例予以替换,以便读者更加了解最新的司法实践动向。其三,更换部分参考文献。对于原教材中部分参考文献,用新的参考文献予以替换,以便读者了解最新的理论成果。

本书由主编朱双庆提供写作提纲,经过全体编写人员集体讨论修改后动笔写作,最后由朱双庆统稿。各章编写人员如下:

朱双庆、吴椒军:第一章(绪论);

李宏:第二章(比较专利法)第一、二、三、四、六节;

夏玲:第二章(比较专利法)第五节;

钟娟:第三章(比较商标法);

刘海芳:第四章(比较著作权法);

马骏:第五章(比较其他知识产权制度);

朱双庆:第六章(比较与知识产权相关的反不正当竞争法);

冯华:第七章(比较传统知识的保护);

王梦飞:第八章(比较知识产权民事司法保护)。

《比较知识产权法》曾经获批 2013 年安徽省省级规划教材(2013ghjc066),这次修订得到了 2022 年合肥工业大学教材出版专项基金资助项目的资助。本书编写过程中,合肥工业大学出版社王磊社长和汪钵编辑给予了大力支持和帮助,在此一并表示由衷的感谢。

由于编者水平有限,书中难免存在不足之处,恳请读者批评指正。

朱双庆

2022 年 9 月

编 写 说 明

　　合肥工业大学法学系在2011年获批安徽省省级质量工程项目人才培养模式创新实验区"卓越法律人才计划"。以此为契机,该系启动了"知识产权法律人才培养模式"与"环境法法律人才培养模式"的分类教学改革。在"知识产权法律人才培养模式"框架下,"比较知识产权法"是校定必修课,但是目前国内外《比较知识产权法》教材缺乏,为了解决教学急需问题,合肥工业大学和安徽工业大学的部分老师合作编写了这本《比较知识产权法》教材。

　　本教材力争开阔法律院系学生的国际视野,为他们提供一些全新的信息,他们从中可以了解和尊重其他国家和地区的知识产权立法,并且能够更好地理解本国知识产权法。随着我国改革开放的不断推进,本教材将有利于法律院系学生应对日益频繁的中外知识产权交流与合作和越来越多的涉外知识产权相关案件的实践需求。本教材将向法律院系学生提供其他国家和地区知识产权法的理论和研究方法,从而完善他们的知识结构,提高研究水平。为此,本教材力争体现如下特点:

　　一、注重对知识产权法进行国际比较

　　本教材在主要阐述中国知识产权法的基础上,比较中国、美国、欧盟和日本等在专利权法、商标权法、著作权法、传统知识保护、其他知识产权法(包括植物新品种权、集成电路布图设计、地理原产地标志)、与知识产权相关的反不正当竞争法以及知识产权民事司法保护等方面的规定,阐述了互联网时代各国知识产权法的发展。

　　二、体现知识产权法的新知识与新成果

　　本教材注意汲取国内外知识产权法的新知识与新成果。例如,各国在非物质文化遗产、遗传资源等传统知识的知识产权保护方面有什么法律特点,在当今网络时代,知识产权的取得、应用与保护具有哪些新的特征,等等,对此本教材都进行了深入介绍。

　　三、强调理论与案例并重

　　本教材强调教材的系统性与理论性,旨在适应中国法科学生传统的学习模式。另外,本教材增加了一些典型案例分析,旨在辅助学生理解法律规定并提高他们运用知识产权法的能力。

　　四、结合"描述性比较"和"分析性比较"

　　在方法上,本教材综合采用"描述性比较"和"分析性比较"方法。教材具体描述中国、美国、欧盟和日本在知识产权法上的重要的理论、立法和案例,从而有助于法律院系学生宏观上把握上述国家知识产权法的重要规定。教材还对中国、美国、欧盟和日本等在知识产权法上的理论、立法和案例进行分析性比较或法律评论,从而有助于法律院系学生实现比较研究的目的。

本教材由主编朱双庆提供写作提纲,经过全体写作人员集体讨论修改后动笔写作,最后由朱双庆、王梦飞统稿、定稿。各章撰写人员如下:

朱双庆、吴椒军:第一章(绪论);

夏玲:第二章(比较专利法);

钟娟:第三章(比较商标法);

刘海芳:第四章(比较著作权法);

马骏:第五章(比较其他知识产权制度);

朱双庆:第六章(比较与知识产权相关的反不正当竞争法);

冯华:第七章(比较传统知识的保护);

曹世华:第八章(互联网时代各国知识产权法的发展);

王梦飞:第九章(比较知识产权民事司法保护)。

这本《比较知识产权法》教材获批 2013 年安徽省省级规划教材(2013ghjc066),同时得到了合肥工业大学《知识产权法》精品课程的资助。在本教材编写过程中,合肥工业大学出版社李克明社长和陆向军编辑给予了大力支持和帮助,在此一并表示由衷的感谢。

由于编者水平有限,部分章节编写仓促,教材中不当之处恳请读者批评指正。

朱双庆

2017 年 3 月

目　　录

第一章　绪　论

第一节　知识产权的概念和范围

一、知识产权的概念

知识产权(Intellectual Property),也被称为智慧财产权,是法律赋予当事人对于智力活动所创造的成果和经营管理活动中的标记享有的权利。

(一)知识产权是法律赋予当事人的权利

知识产权是法律赋予当事人的权利,这包括两层内容:其一,不是所有的智力活动的成果和经营活动中的标记都可以成为知识产权客体,这反映了立法者的价值判断。例如,根据《中华人民共和国专利法》(为避免歧义,以下称我国《专利法》)的规定,智力活动的规则和方法、疾病的诊断和治疗方法就不能取得专利权。其二,不是所有施加在智力活动的成果和经营活动中的标记上的行为都可以成为知识产权规制的对象。例如,书店在销售广告中罗列图书目录,就不具有著作权法上的意义,不构成侵犯著作权;汽车修理店广告词中的"专修奔驰""专修宝马"中的"奔驰"与"宝马"也不具有商标法上的意义,不构成侵犯商标权。

(二)知识产权分为创造性成果权利与识别性标记权利

1. 创造性成果权利

创造性成果权利包括专利权、著作权、集成电路布图设计权、植物新品种权、Know - How 权等。

在我国,专利权包括发明专利权、实用新型专利权和外观设计专利权。发明,是指对产品、方法或者其改进所提出的新的技术方案。实用新型,是指对产品的形状、构造或者其结合所提出的适于实用的新的技术方案。外观设计,是指对产品的形状、图案或者其结合以及色彩与形状、图案的结合所作出的富有美感并适于工业应用的新设计。

著作权是著作权人依法对其作品所享有的各项专有权利,包括发表权、署名权、修改权、保护作品完整权、复制权、发行权、出租权、展览权、表演权、放映权、广播权、信息网络传播权、摄制权、改编权、翻译权、汇编权和应当由著作权人享有的其他权利。

集成电路布图设计权是指权利人依法对布图设计所享有的复制和进行商业利用的专有权利。

　　植物新品种权是指育种者依法享有的对植物新品种在一定期限内享有的独占权。植物新品种,是指经过人工培育的或者对发现的野生植物加以开发,具备新颖性、特异性、一致性和稳定性并有适当命名的植物品种。以山东登海种业股份有限公司为例,截至 2021 年 12 月 31 日,该公司共申请植物品种权 219 项,获得植物品种权 170 项①,并且"登海 605"市场表现良好。这些植物新品种权的取得和良好的市场表现构成了该公司核心竞争力,保证了该公司技术水平在同行业的领先性。

　　Know - How 权是权利人对 Know - How 享有的权利。Know - How 是指信息、实践知识、技术和技巧,旨在达到实践目标,尤其是达到在工业或者技术领域的实践目标。Know - How 是可以被买卖的无形财产。②

　　2. 识别性标记权利

　　识别性标记权利包括商标权、商号权、与反不正当竞争有关的权利等。

　　商标权是商标所有人依法对其使用的商标所享有的权利。

　　商号权是经营者对自己的商号所享有的权利。商号,也称字号,指经营者在营业上表示自己的名称。除法律、行政法规另有规定的外,企业名称一般由行政区划、字号、行业、组织形式依次组成,如贵州茅台酒股份有限公司。

　　仿冒行为、引人误解的虚假宣传行为、侵犯商业秘密行为和损害商誉行为都属于违法市场公平竞争的不正当竞争行为。它们都侵害了其他经营者的知识产权,属于与知识产权相关的不正当竞争行为。

二、知识产权的范围

　　(一)《与贸易有关的知识产权协定》的相关规定

　　我国已经加入了世界贸易组织(World Trade Organization,WTO)。作为世界贸易组织协议重要组成部分的《与贸易有关的知识产权协定》(简称 TRIPs)已经对我国生效。

　　TRIPs 列明了其所管辖的知识产权范围,包括著作权及邻接权、商标权、地理原产地标志权、工业设计权、专利权、集成电路布图设计权和未披露信息的保护权。

　　(二)《建立世界知识产权组织公约》的相关规定

　　1967 年签订的《建立世界知识产权组织公约》于 1970 年 4 月 26 日生效。我国于 1980 年正式加入世界知识产权组织。

　　《建立世界知识产权组织公约》规定的知识产权范围:文学、艺术和科学作品;

---

① 《山东登海种业股份有限公司 2021 年年度报告》。
② Bryan A. Garner:Black's Law Dictionary,West Group,1999,p. 876.

表演艺术家的表演以及唱片和广播节目；人类一切活动领域内的发明；科学发现；工业品外观设计；商标、服务标记以及商业名称和标志；制止不正当竞争；以及在工业、科学、文学或艺术领域内由于智力活动而产生的一切其他权利。

（三）1992 年国际保护工业产权协会东京大会的相关规定

知识产权分为"创造性成果权利"与"识别性标记权利"。

"创造性成果权利"包括发明专利权、集成电路权、植物新品种权、Know - How 权、工业品外观设计权、著作权和软件权。

"识别性标记权利"包括商标权、商号权、与反不正当竞争有关的权利。

（四）《中华人民共和国民法典》的相关规定

2020 年 5 月 28 日第十三届全国人民代表大会第三次会议通过了《中华人民共和国民法典》（以下简称《民法典》）。根据《民法典》第 123 条第 2 款的规定，知识产权是权利人依法就下列客体享有的专有的权利：作品；发明、实用新型、外观设计；商标；地理标志；商业秘密；集成电路布图设计；植物新品种；法律规定的其他客体。

综上所述，各国及相关国际公约关于知识产权范围的界定大致相同，包括著作权（包含邻接权）、专利权、商标权、地理标志权、集成电路布图设计权、植物新品种权和其他知识产权。

第二节 知识产权的特征

知识产权具有无体性、专有性、双重性、期限性与地域性等法律特征，彰显了知识产权与其他民事权利的不同之处。

一、无体性

知识产权与动产、不动产等有体财产不同，它具有无体性。无体性是知识产权最重要的法律特征，因为知识产权的其他特征都与它有着密切联系。

依据传统民法理论，财产可以分为有体财产与无体财产两大类。有体财产指占有一定空间，具有一定形状和体积，人们用感官可以感知的某种物质实体，"按其性质能被触觉到的东西"[①]。无体性又称无形性，它没有外在的形体，不占有空间，但具有内在的价值与使用价值。

知识产权具有无体性，又具有价值，那么它的价值如何体现呢？知识产权的价值通过复制性体现。知识产权的客体可以由一定的有体物来固定与复制。知识产权可以利用并能够体现在一定产品、作品或其他物品的复制活动上。例如，

---

① ［罗马］查士丁尼：《法学总论——法学阶梯》，张企泰，译，商务印书馆，1989 年版，第 59 页。

专利权必须能体现在可复制的产品上,或是制造某种产品的新方法,或是新产品本身。

知识产权的无体性使它与物质产品具有不同的存在与利用形态:第一,不发生有形控制的占有。由于知识产品不具有物质形态,不占有一定的空间,人们对它的占有不是一种实在而具体的占据,而是表现为认识与感受。质言之,权利主体无法像管理有形财产那样有效地控制自己的精神产品。第二,不发生有形损耗的使用。在一定时空条件下,知识产品可以被若干主体共同使用。上述使用不会像有体物使用那样发生有形损耗。无权使用人利用了他人的知识产品,亦无法承担恢复原状的责任。第三,不发生消灭知识产品的事实处分与有形交付的法律处分。知识产品不可能有实物形态消费而导致其本身消灭之情形,它的存在仅会因期间过程产生专有财产与社会公共财富的区别。同时,有形交付与法律处分并无必然联系,换言之,他人有可能不通过法律途径去"处分"自己并无实际"占有"的知识产品。[①]

我们要注意到有体物与知识产权这种无形财产的区别。例如,甲书法家把他的一幅书法作品卖给乙时,有形物由买主乙享有所有权,但除"展览权"之外的无形的著作权仍由书法家甲享有。

知识产权具有无体性特征,因此权利主体无法像管理有形财产那样有效地控制自己的知识产品;在一定时空条件下,知识产品可以被若干主体同时使用,这就使得知识产权比有形财产权更容易受到侵权。

二、专有性

知识产权的专有性包括排他性和绝对性内容。

知识产权的排他性表现为权利人排斥非权利人对知识产品进行不法仿制、假冒或者剽窃等。

知识产权的绝对性指除权利人同意或法律强制规定之外,任何第三人不得享有或使用该项权利。例如,某企业有几项发明专利权,则只能由该企业享有使用的权利,其他企业未经该企业的同意,不得擅自使用该发明专利权。

知识产权的绝对性还表现为一项计算机软件、一项专利、一项集成电路布图设计只能被授予一次专用权。两个以上的申请人分别就同样的发明创造申请专利的,只能由一人获得专利权,专利权授予最先申请的人。专利权人有权排斥另一人将自己的发明许可或转让给第三人,另一人只剩下"在先使用权"。

知识产权的专有性特征使得拥有知识产权的公司可以阻止其他主体的模仿,这相当于其拥有了自己的"护城河",从而在市场竞争中处于优势的地位。

---

① 吴汉东:《无形财产权的若干理论问题》,《法学研究》,1997 年第 4 期。

知识产权的专有性是相对的,不是绝对的。例如,专利法规定了专利实施的强制许可,著作权法规定了对作品的合理使用。

三、双重性

根据权利的内容和性质,知识产权属于典型的综合性权利,包括财产权和人身权两个方面的内容。[1] 有关民事主体对知识产权既享有其中的财产权,也享有其中的人身权,具有双重性质。

民事主体对知识产权享有财产权是指其权利人通过买卖、许可、入股等方式依法享有获得一定财产对价的权利。在知识经济时代,知识产权的财产权性质得到更加充分的体现。

人身权是指基于知识产品创造者的特定身份所依法享有的署名权、荣誉权等;该人身权与知识产品创造者的特定身份不可分离,因而不能转让、继承等。

四、期限性

为什么法律应该保护知识产权? 知识产权正当化的根据包括自然权论和激励论观点。自然权论认为,人们对于自己劳动创作的物品当然地享有权利,其代表观点包括洛克的劳动所有论和黑格尔的精神所有权论[2]。激励论认为,如果不保护知识产权人的利益,人人可以"搭便车",无偿地使用他人的发明创造,那么谁还会投入大量的时间、资金和精力去从事发明创造呢? 这不利于社会、技术的进步,因此法律应该对知识产品的创造者给予保护,激励他们发明创造。但是法律对知识产权的保护也不是没有时间限制的,否则它虽然保护了知识产权人的利益,但不利于该知识产权进入公有领域,这对整个社会公共利益是不利的。因此法律对知识产权应该保护,但是这种保护的某些方面是有期限的。

知识产权的专有性特征具有期限性,即有效期满,该知识产权就进入公有领域,任何人都可以自由、无偿地使用该知识产权,权利人的专有权利便自行终止。与此相比较,所有权具有无期性。

在我国,发明专利权的保护期限是 20 年,实用新型专利权的保护期限是 10 年,外观设计专利权的保护期限为 15 年,均自申请日起计算。自然人的软件著作权,保护期为自然人终生及其死亡后 50 年,截至自然人死亡后第 50 年的 12 月 31 日;软件是合作开发的,截至最后死亡的自然人死亡后第 50 年的 12 月 31 日。法人或者其他组织的软件著作权,保护期为 50 年,截至软件首次发表后第 50 年的

---

① 王利明:《民法总则》,中国人民大学出版社,2020 年版,第 251 页。
② 对洛克的劳动所有论和黑格尔的精神所有权论的评论,可以参见[澳]彼得·德霍斯:《知识财产法哲学》,周林,译,商务印书馆,2008 年版,第 52—106 页;[日]田村善之:《日本现代知识产权法理论》,李杨,等,译,法律出版社,2010 年版,第 3—7 页。

12月31日,但软件自开发完成之日起50年内未发表的,不再保护。布图设计专有权的保护期为10年,自布图设计登记申请之日或者在世界任何地方首次投入商业利用之日起计算,以较前日期为准(但是,无论是否登记或者投入商业利用,布图设计自创作完成之日起15年后,均不再受保护)。注册商标的有效期为10年,但是可以续展。

各国对知识产权赋予的保护期限可以有一定差异。以植物新品种权为例,在我国,植物新品种权的保护期限,自授权之日起,藤本植物、林木、果树和观赏树木为20年,其他植物为15年。欧洲共同体(2009年度废止)理事会通过的《共同体植物品种权条例》规定,共同体植物品种权保护期限一般为25年,藤本植物、树木品种以及土豆品种为30年。欧盟理事会还可以对某些特定种类的品种再延长5年。[①] 由此比较可以得出,欧盟比我国对植物新品种权的保护期限更长。毫无疑问,较长的植物新品种权保护期限将有利于品种权所有人。

五、地域性

知识产权的地域性是指知识产权的专有性在空间上的效力要受到法律的限制,即其法律效力仅及于授予国境内。

知识产权的地域性源于各国主权的地域限制,而且像发明专利权等知识产权的取得须经过国家授权、注册或登记。

与此相比较,所有权不具有地域性。甲在我国拥有手机,拿到世界任何国家后,都没有人否认甲对该手机享有所有权。在1992年10月15日之前,甲在我国出版的著作,在英国则人人可以翻译出版,变成不需要征得许可的公共财产。这里为什么要提到1992年10月15日这一时间节点?因为1992年10月15日《保护文学和艺术作品伯尔尼公约》(以下简称《伯尔尼公约》)对我国生效,而英国也是该公约的成员国。这也说明了由于世界经济一体化的发展,各国联系的加强等原因,有一些国际条约对知识产权的地域性作了限制。

第三节　知识产权的发展趋势

从历史视角看,全球知识产权法律制度呈现如下发展趋势。

一、知识产权保护领域不断扩大

知识产权不是从来就有的,它经历从无到有的过程。1710年,英国议会制定

---

① 李明德,等:《欧盟知识产权法》,法律出版社,2010年版,第433页。

了《安妮女王法》。至少自 1710 年以来,著作权法已经产生。[①] 一般认为,专利法起源于 1623 年英国批准的垄断法。[②]

随着社会发展,知识产权保护领域呈现扩大趋势,旨在把更多的知识产品纳入保护范围,促进知识创造和保护。以版权(著作权)为例,版权保护从无到对印刷版权的保护,后随着新技术的出现,版权保护范围又扩展至电子版权保护与网络版权保护。此外,为保护传统的民族文化,一些国家把版权的保护范围扩展至民间文学艺术作品。

二、知识产权保护制度趋同

随着经济全球一体化的发展,各国交流加强,一些国家在知识产权领域订立了国际公约。知识产权国际公约对各国国内的知识产权相关制度也产生了重大影响,促进了世界范围内知识产权保护制度趋同。

以专利权授予制度为例,世界普遍采取先申请原则,但是美国专利制度曾经长期采取先发明原则。随着社会发展,美国对此制度也予以了修正。2011 年 9 月,美国总统奥巴马签署发布的美国《专利改革法案》把专利权授予改为先申请原则。

尽管世界范围内知识产权保护制度趋同,但是由于国情等不同,各国知识产权法律制度也存在一些差异。

三、重视科技成果的转化

发明、实用新型、集成电路布图设计、计算机软件等都属于知识产权的客体,它们属于科技成果。

为了促进科技成果产业化,规范科技成果转化活动,加速科学技术进步,推动经济建设和社会发展,我国制定了《中华人民共和国促进科技成果转化法》(以下简称《促进科技成果转化法》)。技术成果产业化,是指对科学研究与技术开发所产生的具有实用价值的技术成果所进行的后续开发、应用、推广直至形成新产品、新工艺、新材料,最终发展为新产业等活动。科技成果转化模式可以多样化,包括权利人自行实施产业化、权利人与他人合作实施产业化、受让技术成果人实施产业化、受许可使用科技成果人实施产业化、以有限合伙方式实施产业化、设立技术入股型有限公司实施产业化、设立技术入股型股份公司实施产业化。[③]

[①] Arthur R. Miller, Michael H. Davis: Intellectual Property: Patents, Trademarks, and Copyright, West Group, 2000, p. 286.

[②] Arthur R. Miller, Michael H. Davis: Intellectual Property: Patents, Trademarks, and Copyright, West Group, 2000, p. 4.

[③] 朱双庆:《技术入股型公司治理》,法律出版社,2013 年版,第 37—52 页。

《拜杜法案》(The Bayh – Dole Act)也称为《大学和小企业专利程序法案》，该法案由美国印第安纳州参议员伯奇·拜尔(Birch Bayh)和堪萨斯州参议员罗伯特·杜尔(Robert Dole)提出，并在 1980 年 12 月由美国国会通过。该法案的核心就是大学、小企业或者非营利机构在取得联邦政府资金资助并获得知识产权的情况下，其享有优先于政府使用上述知识产权的权利。

四、注重知识产权的保护

世界各国越来越注重对知识产权的立法保护、司法保护等，不断完善知识产权保护规则，不断加强知识产权法的执法力度。

对于侵犯知识产权的行为，各国知识产权法普遍加大了经济处罚力度，旨在解决侵权成本低、维权成本高等问题。我国《民法典》第 1185 条规定，故意侵害他人知识产权，情节严重的，被侵权人有权请求相应的惩罚性赔偿。2021 年，我国人民法院出台知识产权惩罚性赔偿司法解释，在 895 件案件中对侵权人判处惩罚性赔偿。①

对于严重的侵犯知识产权行为除经济处罚之外，还予以刑事处罚。例如，《中华人民共和国刑法》(以下简称《刑法》)规定了假冒注册商标罪，销售假冒注册商标的商品罪，非法制造、销售非法制造的注册商标标识罪，假冒专利罪，侵犯著作权罪，销售侵权复制品罪和侵犯商业秘密罪。美国现在的《版权法》《电讯欺诈法》《计算机欺诈及滥用法》《反电子盗窃法》等法律都有重罪处罚的内容。其中，《联邦商业间谍法》对知识产权侵权的刑事处罚最为严格。②

习近平总书记指出："知识产权保护是一个系统工程，覆盖领域广、涉及方面多，要综合运用法律、行政、经济、技术、社会治理等多种手段，从审查授权、行政执法、司法保护、仲裁调解、行业自律、公民诚信等环节完善保护体系，加强协同配合，构建大保护工作格局。"③除了对知识产权在立法上予以保护之外，各国也注意对知识产权的其他保护。例如，在司法保护方面，2021 年，我国审结一审知识产权案件 54.1 万件，同比增长 16.1％，保护创新、激励创造。还审理了涉 5G 通信、生物医药、高端制造等高新技术的案件，加强关键核心技术和原始创新成果保护。④

---

① 周强：《最高人民法院工作报告——2022 年 3 月 8 日在第十三届全国人民代表大会第五次会议上》，《人民日报》，2022 年 3 月 16 日第 02 版。

② 孙南申，等：《美国知识产权法律制度研究》，法律出版社，2012 年版，第 14 页。

③ 习近平：《全面加强知识产权保护工作 激发创新活力推动构建新发展格局》，《求是》，2021 年第 3 期。

④ 周强：《最高人民法院工作报告——2022 年 3 月 8 日在第十三届全国人民代表大会第五次会议上》，《人民日报》，2022 年 3 月 16 日第 02 版。

第二章　比较专利法

第一节　专利法概述

一、专利和专利法

专利一词,英文为"patent",在英国历史上指国王签署的一种独占权利证书,且他人可以打开阅读,因此"patent"的本意主要是"垄断"和"公开"。中文"专利"一词在我国最早记载于《国语》,"匹夫专利,犹谓之盗,王而行之,其归鲜矣"[①],这里的"专利"具有垄断的意思。因此,从历史上"专利"一词的使用来看,其核心含义为公开和独占的权利。

现代法律意义上的专利通常是指专利权,即专利权人对其发明创造依法所享有的垄断性权利。专利也可指权利人依法获得法律保护的发明创造本身或专利文献。

专利法是调整因发明创造的产生、实施和保护所发生的各种社会关系的法律规范的总和,包括以专利法为主体的所有调整专利法律关系的法律及行政法规等。专利法的内容一般包括专利权的主体、客体和内容;获得专利授予的条件;专利的申请、审查和复审、无效程序;专利权的期限、终止、限制及强制许可;专利权的保护等。

二、专利法的调整对象

专利法的调整对象是指专利法所调整、规范的社会关系,主要包括以下几个方面。

（一）因专利权归属而产生的社会关系

专利权归属的确定是对专利权进行保护的前提条件,因此专利法首先调整因专利权归属产生的所有社会关系,包括专利的申请权主体、专利权主体、共同发明创造专利权主体、专利权继受主体的确定规则,职务发明、非职务发明、合作发明、委托发明的权利归属关系。

（二）因专利权授予而产生的社会关系

对发明创造授予专利权必须符合一定的条件,并按法定程序进行。专利法对

---

① 吴汉东:《知识产权法》,法律出版社,2021年版,第307页。

因专利授予而产生的所有社会关系进行调整,包括确定授予专利权的条件,专利的申请、审查和批准等关于授予专利权程序中申请人与专利授权行政机关之间的关系。

(三)因专利权实施而产生的社会关系

专利权产生后,只有加以实施才能真正实现专利的权利效益和专利的社会价值,因此,专利法对所有因专利实施而产生的社会关系进行调整,包括专利权转让产生的转让人与受让人之间的关系、专利权许可使用产生的许可人与被许可人之间的关系、专利权人自行实施专利而产生的与他人之间的关系等。

(四)因专利权保护而产生的社会关系

在专利权受到不法侵犯的情况下,需要进行相应的法律救济。专利法对因专利权保护而产生的社会关系进行调整,具体包括专利权人与专利侵权人之间的关系、专利侵权纠纷当事人与专利法律保护机关之间的关系,如专利权民事司法保护、刑事司法保护、行政保护过程中所发生的上述关系。

三、专利法律制度立法比较

专利法律制度的产生和发展经历了漫长的过程,专利制度最早起源于中世纪的欧洲。1474 年,意大利威尼斯共和国颁布了《威尼斯专利条例》,这是世界上第一部专利法,该条例确定的相关原则和制度为现代专利法律制度奠定了基础,对欧洲各国专利法律制度的发展产生了巨大的影响,为多数国家所效仿。在这之后,英国于 1623 年制定通过了《垄断法规》,这被认为是具有现代意义的一部专利法,影响深远。受此影响,在十八、十九世纪,许多资本主义国家基于工业革命和商品经济发展的需要,纷纷开始了本国专利法律制度的立法进程。

(一)美国专利立法概况

美国在建国之初就非常重视激励科学技术的发展以及对科学技术发明者权利的保障,1787 年制定的美国《宪法》第 1 条第 8 款就明确规定,(国会)保障著作家和发明家对其著作和发明在限定期间内的专利权,以促进科学与实用技艺的发展。遵从宪法的精神,美国于 1790 年制定了美国《专利法》,根据该法规定,由美国国务院国务卿、作战部部长和司法部部长组成审查小组,决定是否授予专利,授权条件是发明是否实用和非常重要,第一次建立了专利审查制度。1793 年美国修改专利法,主要内容是加快专利的审查流程和对专利的保护对象重新界定,指出专利保护的是"任何新的并且实用的工艺、机器、产品或物质组成",该修改大大刺激了专利申请量的增长。1836 年,美国再次修改专利法,任命专门的专利行政管理官员,延长专利保护期限,允许外国人在美国申请专利等。

美国于 1952 年通过新的专利法,该法历经修改,形成了美国现当代专利法律制度。二十世纪七八十年代,美国出现经济低增长和高通货膨胀,在经济不景气的背景下,放松规制理念和自由市场意识形态逐渐形成。加强专利私权保护,扩大权利范围,充分发挥专利制度激励经济发展的价值成为美国现代专利法时期的主流。① 由于该立法理念,美国该时期的法律制度导致专利权利过多过滥,所以进入 21 世纪后,美国出现了限制专利保护的趋势。

2011 年 9 月 16 日,美国总统奥巴马签署通过了发明法案,即 *The Leahy-Smith America Invents Act*(《莱希-史密斯美国发明法案》,简称 AIA),于 2012 年 9 月 16 日生效。该法案是美国对 1952 年专利法一次重大的变革,使得美国现代专利法律制度最终成型。根据该法,美国对专利制度进行了多方面的重大改革和完善,这些重要变化主要包括将先发明制改为发明人先申请制,同时简化申请程序,提供更为有效透明的操作程序;将专利授权的技术判断标准由"相对新颖性"改为"绝对新颖性";完善授权后重审程序,设立特别的商业方法授权后审查程序;对先用抗辩权的适用范围予以扩展等。

(二)德国专利立法概况

德国于 1877 年 5 月 25 日制定了第一部正式的统一的专利法,1877 年 7 月 1 日生效,在此之前,德国没有统一的保护专利的规定。1891 年,德国对专利法进行了实体和程序方面的修改,同时,为保护以实用为目的的简单技术创新,于 1891 年 6 月 1 日颁布《实用新型法》,根据这部法律,如果工具、日用品或者它们的零部件的模型的新形状、编排或者组合有利于实现工作或者实用的目的,那么无须对其进行可保护性的预先审查,只要缴付少量的费用,就可以登记为实用新型,从而迅速获得长达 6 年的保护。② 二战以后,德国于 1953 年重新颁布《专利法》和《实用新型法》,之后于 1961 年和 1967 年进行了修改。1976 年 6 月 21 日,为适应欧洲及相关国际专利规则的规定,德国颁布《国际专利条约法》,该法对专利的授权条件、专利保护期、保护范围、新颖性标准等内容进行了重大修改。之后,德国分别于 1981 年和 1986 年重新公布修改后的《专利法》和《实用新型法》,这两部法律与 1976 年的《国际专利条约法》共同构成了德国专利法律制度的主要内容。

德国专利法有许多创新、特色的制度内容,对世界其他国家产生了重要影响,如规定违反法律的发明及某些领域的发明排除在授权之外;规定了先申请原则;承认在先使用权;规定了强制实施义务;规定授权前异议程序;规定专利侵权可能承担刑事责任;首创实用新型制度等。③

进入 21 世纪后,德国于 2009 年 7 月制定通过《德国专利法之简化和现代化

① 王广震:《美国专利法的演变——从宽松到限制》,《西安电子科技大学学报》,2014 年第 4 期。
② 〔德〕鲁道夫·克拉瑟:《德国专利和实用新型法、欧洲和国际专利法》,单晓光,等,译,知识产权出版社,2016 年版,第 83 页。
③ 彭玉勇:《专利法原论》,法律出版社,2009 年版,第 8 页。

法》,该法对德国《工业产权法律专利法》《实用新型法》《外观设计法》《雇员发明法》进行了修改,其目的在于进一步简化德国专利法律的程序,删除陈旧的规定,保证德国国内法与时俱进。通过"不同程度地简化德国专利商标局、联邦专利法院和联邦最高法院在专利和商标上的程序","革新《雇员发明法》的有关程序,废除其中冗余的、不恰当的规定",以及将"为实施共同体法律所必需的规则纳入国内法中"来实现这一目标。①

(三)日本专利立法概况

日本专利法律制度包括三部单行法律,分别是《特许法》《实用新案法》《意匠法》,其中《特许法》即发明专利法,该法自 1960 年 4 月开始实施。日本实用新型法称为《实用新案法》,该法自 1959 年 4 月 3 日开始实施。日本外观设计法称为《意匠法》,该法自 1959 年 4 月 3 日开始实施。②

日本是亚洲最早制定并实施专利法律制度的国家,于明治维新时期开始研究效仿欧美专利法律制度。1871 年,日本最先制定了《专卖简则》,但很快被废止。1885 年,日本制定通过了《专卖专利条例》,这是日本近代意义上的一部正式的专利法律。1899 年,日本将《专利条例》正式更名为《专利法》并沿用至今。之后,日本专利法经 1909 年、1921 年修改,最终确立了近代专利法律制度。

1959 年,日本为适应现代化发展和国际化的发展趋势,对专利法进行了全面修改,这是日本专利法现代化的起点。1959 年的修改是修改那些与技术和经济发展不相适应的落后于时代的条款,以及经多年实施所证明的不再需要的、不完备的条款,增添了一个发明、一项申请的例外规定,认可相关发明可合并为一个发明来申请专利,对于新颖性在文献等方面的规定采用世界公认原则,增添发明定义的条款,对创造性作了相应规定,修改了有关职务发明的条款,将专利所涉及的范围限制在行业的行为之中等。③ 日本专利法此后在 70～90 年代经历了频繁修改。进入千禧年后又进行了多次修改,其中,2014 年修改重新设立专利异议制度,强化完善了申请人的救济措施。

日本专利法的发展与完善始终与日本的国内科技发展创新以及国际化紧密契合,使日本的专利法律制度走在世界前列,体现了日本知识产权立国的基本国策,有力推动了日本企业的技术改良和创新精神,对日本经济科技的高速发展发挥了重要的作用。

(四)我国专利立法概况

中华人民共和国成立以后,中央人民政府政务院于 1950 年 8 月颁布了《保障

---

① 张韬略,黄洋:《德国专利法之简化和现代化法评述——浅析德国专利法律的最新修改》,《电子知识产权》,2009 年第 10 期。

② 李龙:《日本专利法研究》,华东理工大学出版社,2018 年版,第 14—15 页。

③ 吴佩江:《日本专利法史要略》,《浙江大学学报(社会科学版)》,1996 年第 3 期。

发明权与专利权暂行条例》,并颁布了相应的实施细则。这是中华人民共和国第一部关于专利的法规,实行当时苏联式发明权与专利权的双轨制,发明人可自由选择申请发明权或专利权。1963 年 11 月,国务院明令废止该条例并发布发明奖励条例。1978 年 12 月,国务院对《中华人民共和国发明奖励条例》(以下简称《发明奖励条例》)予以重新修订公布,以科技奖励制度取代了专利制度。

1984 年 3 月 12 日,第六届全国人大常委会第四次会议通过了《专利法》,标志着我国专利制度的正式开始,这是我国改革开放的必然产物和新时期法治建设的重要成果。1985 年,国务院制定了《中华人民共和国专利法实施细则》(以下简称《专利法实施细则》),于 1985 年 4 月 1 日施行。随着我国经济社会的发展和改革开放的深入,为了适应社会发展变化的需要和国际专利制度接轨的要求,我国《专利法》及《专利法实施细则》进行了多次修改完善。我国《专利法》分别于 1992年、2000 年、2008 年和 2020 年进行了四次修正。通过这些修改,我国专利制度的内容更加科学、合理,体现了现代化和国际化的发展趋势。

1992 年我国《专利法》修正的主要内容:延长专利权的保护期限,将发明专利权期限从原来的 15 年改为 20 年,实用新型和外观设计专利权从原来的 5 年改为10 年;扩大了专利保护的范围,将食品、饮料、调味品、药品和用化学方法获得的物质列为保护范围;强化对专利权的保护,如增加规定专利权人的进口权,对方法专利延伸保护至根据该专利方法直接获得的产品等;将授权前的异议程序改为授权后的撤销程序;增设国内优先权等。

2000 年我国《专利法》修正主要是为了适应加入世界贸易组织的需要以及与《与贸易有关的知识产权协定》的要求保持协调,主要内容:明确规定专利立法的宗旨是促进科学技术的进步与创新;增加规定专利权人许诺销售权的规定;增加规定专利权人或利害关系人可申请采取诉前临时措施;规定实用新型专利和外观设计专利的复审和无效由法院终审;完善专利侵权损害赔偿制度;规定了申请人可以根据有关国际条约提出专利国际申请等。

2008 年我国《专利法》修正进一步完善了相关内容:进一步完善立法宗旨;提高专利授权的标准,完善专利强制许可制度,规定对涉及公共健康的药品专利、构成垄断行为实行强制许可;完善专利国际申请与审批手续等。

2020 年为进一步加强对专利权的保护,促进科技创新和社会经济的发展,我国《专利法》进行了第四次修正:新增诚实信用原则,规定禁止滥用专利权,行使专利权不得损害公共利益和他人合法权益,不得排除和限制竞争,不得进行垄断;完善专利行政保护,规定专利行政部门可应专利权人或利害关系人的请求处理专利侵权纠纷;加大对专利侵权的损害赔偿力度,规定惩罚性赔偿,提高法定赔偿额上限;完善外观设计专利和职务发明制度,建立专利开放许可制度;建立了药品专利纠纷链接机制,对有关药品在上市评审过程中发生专利纠纷的处理程序作出了规定等。

案例2-1　我国首例药品专利链接诉讼案①

2022年4月15日，北京知识产权法院公开宣判原告中外制药株式会社诉被告温州海鹤药业有限公司确认是否落入专利权保护范围纠纷一案。法院经审理认为，涉案仿制药并未落入涉案专利权的保护范围，判决驳回原告的诉讼请求。据悉，该案为2020年修正后的我国《专利法》实施以来全国首例药品专利链接诉讼案件。

原告中外制药株式会社研发了一款治疗骨质疏松的药物"艾地骨化醇软胶囊"，在我国取得了上市许可，并拥有相关我国发明专利，还进行了相应登记。被告温州海鹤药业有限公司向国家药监局申请上述原研药的仿制药上市许可，并声明该款仿制药未落入原告相关专利权的保护范围。原告据此向北京知识产权法院提起诉讼，请求确认该仿制药落入其专利权保护范围。

法院经审理认为，被告仿制药的技术方案不同于原告专利的技术方案，未落入其专利权保护范围，判决驳回原告的诉讼请求。宣判后，原告表示将会上诉，被告表示服从一审判决。

如果制药企业没有通过卖药盈利，则缺乏研发动力，便难有新药研发出来，病人就没有好药用，但如果新药价格过高，病人也用不起。仿制药因研发成本相对较低、售价不高，老百姓用得起。因此，需要平衡原研药企业和仿制药企业的利益，"药品专利链接制度"正是新专利法为破解上述难题开出的"法律金方"。

2021年6月施行的我国《专利法》增设第76条，正式确立我国"药品专利链接制度"。随后，最高人民法院发布配套司法解释，确定由北京知识产权法院集中管辖该类案件。

承办法官表示，"药品专利链接制度"一方面增强原研药企业对市场确定性的判断，使其决定是否加大持续投入，以促进行业创新发展；另一方面为仿制药企业提前确认上市风险，进而推动仿制药高质量发展。通过平衡原研药企业和仿制药企业利益，最大限度地推动药品的可及性，让老百姓吃上好药，吃上便宜药。

第二节　专利权的客体

专利权的客体是专利法律关系的构成要素之一，是专利的保护对象，即取得专利权的发明创造。从世界各国专利权规定的客体类型来看，受专利保护的发明创造一般分为发明、实用新型和外观设计。但不同的国家，立法体例有所不同，有些国家受专利保护的客体只有发明，有些国家对发明、实用新型和外观设计均给

---

① 赵岩：《全国首例药品专利链接诉讼案宣判》，《人民法院报》，2022年4月17日。

予专利保护。在对发明、实用新型和外观设计均予专利保护的情形下,有的国家(如我国)以专利法统一对发明、实用新型和外观设计进行保护,有的国家则由专利法保护发明,对于实用新型和外观设计则制定专门法律进行保护。

一、专利权保护对象:发明、实用新型和外观设计

（一）发明

所谓发明,一般是指通过人类的智力劳动而创造出的一种新的技术方案。该技术方案是在利用自然规律的基础上而创造产生,且是前所未有的新的技术方案。世界上不同的国家对发明有不同的立法规定。

1. 美国的发明专利客体

美国《专利法》第 101 条规定了四种类型的发明,即"发明或发现任何新颖而实用的方法、机器、制品、物质的组合,或其任何新颖而实用的改进,可以按照规定的条件和要求取得专利权"。可授予专利的发明必须具备实用性、新颖性和非显而易见性。除了该四种传统的专利保护客体外,美国可予专利保护的发明对象非常广泛,如计算机软件、商业方法、动植物品种、医学治疗方法、微生物、基因技术等。美国在现代高科技领域可专利主题的扩张走在世界前列,对世界各国可专利主题的变化产生了重要影响。

在计算机软件的可专利性方面,美国最早在 1968 年发布的相关审查指南中明确指出,计算机程序都不具有可专利性。之后美国版权法对计算机程序实行版权保护,但因版权仅保护其作为文字作品的表达方式,而无法保护其技术功能性,因此在 20 世纪 90 年代,美国通过相关判例确立了计算机程序的可专利性,其主要标准是,计算机程序中的数学算法能够应用于实践,产生"实用的、具体的和有形的结果",则该计算机程序即是可专利的。

在商业方法的可专利性方面,美国传统上持"商业方法除外"原则,认为商业方法不可专利。1998 年,美国在州街银行一案中抛弃其一贯坚持的"商业方法除外"原则,在诉讼中维持了权利人商业方法的专利权。该案中,联邦巡回上诉法院法官认为,所要求保护的专利不是抽象思想,而是产生了"有用的、具体的和有形的结果"的可编程机器,这导致其成为法定的主题。法院强调确定可专利性应当将焦点放在主题中的必要技术特征,特别是实际的应用上。[1] 2008 年,在比尔斯基诉卡波斯案中,联邦巡回上诉法院修正了上述"实用的、具体的和有形的结果"的商业方法专利的判断标准,建立了"机器或转换"测试法,以此来判断权利要求中的方法是指向某原理的具体应用还是指向该原理本身。联邦最高法院对该案

---

[1] ［美］罗杰·谢科特,约翰·托马斯:《专利法原理(第 2 版)》,余仲儒组织翻译,知识产权出版社,2016 年版,第 45 页。

的判决没有排除商业方法的可专利性,但认为"机器或转换"测试法并非判断商业方法可专利性的唯一标准。

案例2-2 美国 State Street Bank & Trust 诉 Signature Fin. Group 案①

本案被告 Signature Fin. Group 系美国第5193056号专利的被授权人,该项专利名为"轴辐式金融服务信息配置处理系统"(Data Processing System for Hub and Spoke Financial Service Configuration)。其功能是通过计算机运算将不同的共同基金汇集成单一的投资组合,从而以合伙投资的方式来分散管理与税务支出,并且可以通过这套系统来从事复杂的演算,在市场关闭后一个半小时内计算出最近资金的股份价值。这种投资结构给管理人员带来很多好处:共同资金的优势组合不仅会使投资管理产生规模经济效益,而且会带来税收优惠。本案原告 State Street Bank(州街银行)从事多层合伙基金的金融服务,并担任基金管理人。原告本希望与被告进行谈判获得该专利的使用授权,但双方谈判破裂。于是原告向麻州联邦地方法院起诉,要求确认被告的5193056号专利无效。地方法院经审理认为,被告的专利不符合美国专利法规定的专利保护标的,因而判决原告胜诉。被告上诉至联邦巡回上诉法院。在该案中,地方法院认为该专利属"商业方法例外"而应无效。联邦巡回上诉法院在此根本否定了适用该例外来否定一项发明专利性的可能,联邦巡回上诉法院认为,在此产生的问题是与一项权利要求所涵盖范围是否过宽有关,而不是专利性的问题,与其是否符合专利保护的标的完全无关。由美国专利商标局于1996年通过的《计算机相关发明审查标准》也明示,审查官不再区分一项权利要求是否为商业方法。联邦巡回上诉法院强调,国会在制定专利法时,便明示专利的保护应及于"任何在太阳下的人造事物"。因此,对于专利保护的标的或对象不宜任意设限。

2. 德国的发明专利客体

在德国,可授予专利的发明强调应当具有工业上的实用性和可实施性。德国专利法关于发明规定,专利可授予所有技术领域的发明,只要其是新颖的、具有创造性并适于工业应用。德国专利法还规定,关于发明,当其主题是一项由生物材料组成的产品发明或者包含生物材料的产品发明,或者是一个制造、加工或者应用该生物材料的方法发明,也应当授予专利。原先在自然界就存在的生物材料,如果依靠技术方法可从自然外界中分离或者制造出来的,也可构成一项发明的主题。

关于计算机软件专利,《欧洲专利公约》最早明确规定软件不受专利法保护,但自20世纪80年代开始,欧洲专利局修改了专利审查标准,明确计算机软件与

---

① 韩赤风,等:《中外专利法经典案例》,知识产权出版社,2010年版,第141—142页。

硬件相结合,具有实用的技术性,则可以被授予专利。21 世纪初,欧盟进一步放宽了软件专利的授予条件。2005 年的《计算机程序可专利性指令》指出,计算机程序只要能产生有益的技术效果的,即具有可专利性,而不必与硬件相结合。尽管这一指令最终未能在欧盟议会上获得通过,在实务中,并不影响欧洲专利局对软件专利的审查与授权,判断标准并未更加严苛。根据德国《专利法》第 1 条第 3 款的规定,计算机程序不能成为发明专利的对象,但这仅限于计算机程序本身,如果发明除了计算机程序之外还包含其他的组成部分,则并不当然被排除在可专利范围之外。也就是说,德国并没有从根本上否定计算机程序的可专利性,关键是看计算机程序是否属于技术性解决方案。

关于生物技术领域的发明,德国在早期并没有进行专利保护,但随着世界科学技术的迅猛发展,德国法院自 1969 年的"红色羽毛鸽子案"开始,在审理的相关案件中对生物技术发明可专利性问题的态度发生了转变,基本认可生物技术发明的可专利性。1998 年 7 月,欧盟通过了《关于生物技术发明的保护指令》,规定专利保护对生物技术发明开放,并指出成员国有义务通过本国的专利法律保护生物技术发明或调整本国法律予以保护,虽然在特定情形下成员国可作保留规定。德国《专利法》第 1 条第 2 款对生物技术发明专利保护的规定体现了欧盟《关于生物技术发明的保护指令》的要求。

案例 2-3　德国"动态生成文档"案[①]

该案涉及一种用于动态生成结构化文档的方法,借助此方法可以在一个用户或服务器运行环境中将 Java 的服务器页面在一个计算机上运行,即便该计算机上没有安装 Java 的虚拟机,只有一个调整过的运行时环境,也可以操作,因为此方法只需要很少的计算机运算能力和存储空间。德国专利商标局以该发明缺乏创造性驳回了专利申请,申请人向联邦专利法院提起诉讼。联邦专利法院认为,该发明欠缺技术特征而驳回诉讼,理由是该软件对用于实施技术方案使用的方法没有作出技术性的改进。联邦最高法院于 2010 年 4 月 22 日对该案作出裁定。联邦最高法院认为,对机器导向的软件的优化属于技术性的解决方案,原则上可以作为发明受到专利的保护。该发明涉及的系统由一台主计算机和一个用户组成,从总体上看,表现为一个复杂的数据处理设备,其功能性可以受到主计算机有限的资源的影响,因此该发明属于技术领域。联邦最高法院认为,只要一个计算机程序涉及数据处理系统的多个元件之间直接的交互配合,那么该程序将始终被认为是技术性的。该发明在解决技术问题时会使用到一台已经被编程的计算机,而该发明对问题的解决点正是在于对数据处理程序进行特定的架构,以使该程序可以照顾到数据处理设备的技术条件,因此属于用技术手段解决了技术问题。

[①]　赵晓鹏:《德国联邦最高法院典型判例研究·专利法篇》,法律出版社,2019 年版,第 81—96 页。

通过该案的裁决,联邦最高法院原则上解决了通过专利保护计算机程序的问题,德国计算机程序可专利性门槛大大降低,也使得德国在计算机程序的可专利性问题上与欧洲专利局的司法实践更加一致。

3. 日本的发明专利客体

日本《专利法》第 2 条规定,发明是指利用自然规律的技术思想中具有高水平的创新。本法所称的专利"发明"是指取得专利权的发明。因此,日本的发明要求是利用自然规律,且具有较高水准的一种创新技术思想。根据日本专利法的规定,其发明包括产品的发明、方法的发明和改进的发明。此外,在日本,计算机软件、商业方法、生物技术领域有关发明亦是可予专利保护的客体。

4. 我国的发明专利客体

我国《专利法》第 2 条规定,专利法所称发明创造是指发明、实用新型和外观设计。发明是指对产品、方法或者其改进所提出的新的技术方案。因此,我国专利法上的发明基本类型是产品发明和方法发明,在此基础上还可以产生改进发明。产品发明是指通过智力劳动研究开发出的关于制造新产品、新材料、新物质的技术方案,专利法上的产品主要包含制造品,如机器设备、各种材料物品和新用途物品,该产品既可以是独立完整的产品,也可以是其他产品中的构成部件。产品发明专利不涉及专利产品的制造方法。方法发明是指关于制造某个产品或解决特定技术问题的手段、步骤的发明创造,如制造方法、化学方法、生物方法及其他方法。关于方法发明,我国专利法规定对其保护延伸至依照该方法所获得的产品。改进发明是指对现有的产品和方法进行进一步改善、革新所作出的发明,改进发明不是创造新的产品或新的方法,而是对已有产品和方法的完善与提升。

我国《专利审查指南》对可申请专利的技术方案作出了明确的界定,指出技术方案是对要解决的技术问题所采取的利用了自然规律的技术手段的集合。技术手段通常是由技术特征来体现的。未采用技术手段解决技术问题,以获得符合自然规律的技术效果的方案,不属于我国《专利法》第 2 条第 2 款规定的客体。气味或者诸如声、光、电、磁、波等信号或者能量也不属于我国《专利法》第 2 条第 2 款规定的客体。但利用其性质解决技术问题的,则不属此列。

在我国,计算机程序是否可以授予专利,主要根据计算机程序是单纯的算法或计算规则还是兼具技术特征来决定。如果计算机程序仅涉及算法或数学计算规则,则其属于智力活动的规则和方法,不具有可专利性;但如果计算机程序包含技术特征,即运行计算机程序,从而对外部或内部对象进行控制或处理所反映的是遵循自然规律的技术手段,并可以获得符合自然规律的技术效果,则该计算机程序具有可专利性。例如,如果涉及计算机程序的发明专利申请的解决方案执行计算机程序的目的是实现一种工业过程、测量或测试过程控制,通过计算机执行一种工业过程控制程序,按照自然规律完成对该工业过程各阶段实施的一系列控制,从而获得符合自然规律的工业过程控制效果,则这种解决方案属于我国《专利法》第 2 条第 2 款所说的技术方案,属于专利保护的客体。如果涉及计算机程序的发明专利申请的解决方案执行计算机程序的目的是处理一种外部技术数据,通过计算机执行一种技术数据处理程序,按照自然规律完成对该技术数据实施的一系列技术处理,从而获得符合自然规律的技术数据处理效果,则这种解决方案属于我国《专利法》第 2 条第 2 款所说的技术方案,属于专利保护的客体。如果涉及计算机程序的发明专利申请的解决方案执行计算机程序的目的是改善计算机系统内部性能,通过计算机执行一种系统内部性能改进程序,按照自然规律完成对该计算机系统各组成部分实施的一系列设置或调整,从而获得符合自然规律的计算机系统内部性能改进效果,则这种解决方案属于我国《专利法》第 2 条第 2 款所说的技术方案,属于专利保护的客体。

商业方法在我国也属于可授予专利的对象,我国《专利审查指南》明确规定,涉及商业模式的权利要求,如果既包含商业规则和方法的内容,又包含技术特征,则不应当依据《专利法》第 25 条排除其获得专利权的可能性。因此,商业方法只有在具备技术特征的情形下才有可能被授予专利权,不具备技术特征的商业方法属于单纯的智力活动规则或方法,不能授予专利权。所谓技术特征,是指该商业方法采取技术手段,解决相应的技术问题,产生技术效果。

(二)实用新型

实用新型是一种创造性低于发明专利的技术方案,常被称为"小发明"。在世界上,不同的国家对实用新型以不同的法律制度予以规定,有的国家在专利法中进行规定,有的国家制定专门的实用新型法进行规定,还有部分国家以外观设计法进行规定。

德国对实用新型以专门的实用新型法进行保护,德国于 1891 年颁布了《实用新型法》,该法将工具和实用物品等"小发明"列为实用新型的保护对象。德国《实用新型法》第 1 条第 1 款规定,实用新型保护授予新颖的、具有创造性步骤的、可以工业应用的发明。

日本实用新型法主要是保护发明专利范围之外的技术水平相对较低的"小发明"。日本《实用新型法》第 1 条规定,本法的目的是,保护和利用与物品的形状、构造或组合相关的设计,鼓励创作设计,从而促进产业的发展。因此,日本实用新型保护的对象是关于物品的构造、形状或者其组合的技术方案,且该技术方案是利用自然法则的技术创新。对于没有固定形状或构造的物质,如生物或化学物质等则不是实用新型的保护客体。

我国专利法规定的实用新型,是指对产品的形状、构造或者其结合所提出的适于实用的新的技术方案。我国的实用新型专利仅限于产品,而不能授予方法实用新型专利。一切方法以及未经人工制造的自然存在的物品不属于实用新型专利保护的客体,这些方法包括产品的制造方法、使用方法、通信方法、处理方法以及将产品用于特定用途等。例如,机器的制造方法、工作间的除尘方法或数据处理方法等不属于实用新型专利保护的客体。此外,未采用技术手段解决技术问题,以获得符合自然规律的技术效果的方案,不属于实用新型专利保护的客体。

产品的形状以及表面的图案、色彩或者其结合的新方案,没有解决技术问题的,不属于实用新型专利保护的客体。产品表面的文字、符号、图表或者其结合的新方案,不属于实用新型专利保护的客体。

我国《专利审查指南》对产品的形状、构造及相应的要求作出了明确的界定。

产品的形状是指产品所具有的可以从外部观察到的确定的空间形态,对产品形状所提出的改进可以是对产品的三维形态所提出的改进,如对刀具形状作出的改进,也可以是对产品的二维形态所提出的改进。无确定形状的产品,如气态、液态、粉末状、颗粒状的物质或材料,其形状不能作为实用新型产品的形状特征。不能以生物的或者自然形成的形状作为产品的形状特征。例如,不能以植物盆景中植物生长所形成的形状作为产品的形状特征,也不能以自然形成的假山形状作为产品的形状特征。不能以摆放、堆积等方法获得的非确定的形状作为产品的形状特征。

产品的构造是指产品的各个组成部分的安排、组织和相互关系。产品的构造可以是机械构造,也可以是线路构造。机械构造是指构成产品的零部件的相对位置关系、连接关系和必要的机械配合关系等;线路构造是指构成产品的元器件之间的确定的连接关系。物质的分子结构、组分、金相结构等不属于实用新型专利给予保护的产品的构造。例如,仅改变焊条药皮组分的电焊条不属于实用新型专利保护的客体。

(三)外观设计

外观设计,又称工业设计,一般是指对工业产品在形状、图案、色彩或其结合方面所作出的具有创造性的视觉美感设计,目前世界上有诸多国家对外观设计给予专利保护。

《欧盟理事会共同体外观设计保护条例》为在欧盟范围内的成员国对外观设计保护提供了统一的适用法规,该条例规定,外观设计是指由线条、轮廓、颜色、形状、表面结构和/或由材料本身装饰形成的整体或部分产品外观。产品是指所有工业和手工制品,包括属于整体产品的包装、装潢、图形和印刷文图。计算机软件不属于产品。整体产品是指由多个可以替换的部件组成,可以组装和拆卸的产品。

在美国,由专利法对外观设计进行规定,称为外观设计专利。美国《专利法》第171条规定,任何发明制造品的新颖、独创和装饰性的外观设计者,均可按照本编所规定的条件和要求取得对于该项外观设计的专利权。物品的形状、外观和表面的装饰是外观设计专利的主要内容,且外观设计只有应用在工业品上才能授予专利权。外观设计的技术方案必须是装饰性的,而非产品的功能性方案。

德国通过专门的外观设计法对外观设计的专门权利进行保护。德国《外观设计法》第 1 条规定:①外观设计是指一个完整的产品或其一部分在二维或三维上呈现的外观形式,该外观形式特别是通过产品本身或其装饰件的线条、轮廓、色彩、构造、表面结构或材料的特征表现的。②产品包括任何工业品或手工产品,包装、装潢、图标、印刷字样以及装配到一个复杂产品上的零部件;计算机程序不视为产品。③复杂产品是指由多个可以更换的部件组成的、可以拆卸和重组的产品。④特定的使用是指终端用户的使用,不包括保养、服务或维修。⑤在注册簿中登记的外观设计所有人被视为权利人。第 4 条规定,外观设计应用于或结合在一个产品上,该产品是一个复杂产品的一个部件的,仅在下述情形下可认为其具有新颖性和独特性,即装在该复杂产品上的该部件在特定的使用状况下仍然可见,并且该部件本身的可视特征满足新颖性和独特性的要求。

日本同样通过外观设计法对外观设计进行专门保护,日本的外观设计是指对物品的形状、图案、色彩或者其结合所作出的通过视觉引起美感的设计。

我国《专利法》第 2 条第 3 款规定,外观设计是指对产品的形状、图案或者其结合以及色彩与形状、图案的结合所作出的富有美感并适于工业应用的新设计。外观设计需要以一定的产品为载体,没有附着于任何产品或物品的设计都不构成专利法上的外观设计。根据我国《专利审查指南》的规定,以下情形不授予外观设计专利权:

(1)取决于特定地理条件、不能重复再现的固定建筑物、桥梁等,如包括特定的山水在内的山水别墅。

(2)因其包含有气体、液体及粉末状等无固定形状的物质而导致其形状、图案、色彩不固定的产品。

(3)产品的不能分割或者不能单独出售且不能单独使用的局部设计,如袜跟、帽檐、杯把等。

(4)对于由多个不同特定形状或者图案的构件组成的产品,如果构件本身不能单独出售且不能单独使用,则该构件不属于外观设计专利保护的客体。例如,一组由不同形状的插接块组成的拼图玩具,只有将所有插接块共同作为一项外观设计申请时,才属于外观设计专利保护的客体。

(5)不能作用于视觉或者肉眼难以确定,需要借助特定的工具才能分辨其形状、图案、色彩的物品。例如,其图案是在紫外灯照射下才能显现的产品。

(6)要求保护的外观设计不是产品本身常规的形态。例如,用手帕扎成动物形态的外观设计。

(7)以自然物原有形状、图案、色彩作为主体的设计,通常指两种情形,一种是自然物本身,另一种是自然物仿真设计。

(8)纯属美术、书法、摄影范畴的作品。

(9)仅以在其产品所属领域内司空见惯的几何形状和图案构成的外观设计。

(10)文字和数字的字音、字义不属于外观设计保护的内容。

(11)游戏界面以及与人机交互无关的显示装置所显示的图案,如电子屏幕壁纸、开关机画面、与人机交互无关的网站网页的图文排版。

二、不授予专利权的对象

对于专利权的授权对象,世界各国一般在对可予法律保护的客体作出规定的同时,均对不予授权的对象作出了明确的规定,即并非所有的发明创造均可成为专利权的客体。目前,从世界范围来看,对授予专利权对象的排除领域主要表现在两个方面:一是违反法律、社会公德,妨害公共利益的发明创造,二是不能授予专利权的特殊对象。

《与贸易有关的知识产权协定》对专利权对象的排除亦作了明确规定:各成员可拒绝对某些发明授予专利权,如在其领土内阻止对这些发明的商业利用是维护公共秩序或道德,包括保护人类、动物或植物的生命或健康或避免对环境造成严重损害所必需的,只要此种拒绝授予并非仅因为此种利用为其法律所禁止。各成员可拒绝对下列内容授予专利权:①人类或动物的诊断、治疗和外科手术方法;②除微生物外的植物和动物,以及除非生物和微生物外的生产植物和动物的主要生物方法。但是,各成员应规定通过专利或一种有效的特殊制度或通过这两者的组合来保护植物品种。本项的规定应在世贸组织协定生效之日起4年后进行审议。

(一)日本不授予专利权的对象

在日本,关于不授予专利权的对象,根据日本专利法的规定及相关理论和实践,主要有两种情形:一是不符合专利法规定的发明定义的对象,二是不能获得专利权的发明创造。关于发明的定义,日本专利法规定,发明是指利用自然规律的技术思想中具有高水平的创新。因此,能够授予发明专利的必须是一种利用自然法则的技术方案,如果违反自然法则或没有利用自然法,则不能授予发明专利。例如,有关文字或数字的组合方法不能被认定为发明创造而获得授予专利,智力活动规则或方法、数学计算方法被认为没有利用自然法则而不能被授予发明专利。

日本不能获得专利权的发明创造主要包括:①日本《专利法》第32条规定的,有碍于社会公共秩序、良好风俗以及公共卫生的发明创造,不授予专利权利。对于是否违背良好风俗,日本在司法实践中形成相关的判断准则,如有关判例中认为,"比如游戏机,不是为了赌博行为发明的,虽然该游戏机有被利用为赌博的可能性,但不能就此认定该游戏机的发明违反公序良俗"①。②疾病的诊断和治疗方法。日本基于人道主义和社会公共利益的考虑,认为人的疾病诊断和治疗方法不能进行产业上的利用,因而不能获得专利权。③动植物的生物学生产方法。

日本在专利法发展过程中,对于以原子核变换方法获得的物质、化学方法制造的物质、药品制造方法等发明曾被禁止授予专利权,但随着日本科技水平的不断发展,这些禁止性规定均被撤销。

(二)德国不授予专利权的对象

根据德国专利法的相关规定,德国不授予专利权的对象主要有两种情形,一是认为不属于一般发明范畴的对象,二是认为工业化实施将会违反公共秩序或良好社会风俗的发明。

德国专利法认为不属于发明范畴的对象从而不予专利保护的对象主要有发现、数学方法、美学意义上的外形创造、智力活动、游戏、信息表达等。此外,关于在形成和发展阶段中的人类身体及其组成部分的单纯发现,包括基因序列和片段,不可授予专利。但分离的或以其他方式通过技术手段所获取的人类身体的组成部分属于可专利的发明。

德国专利法明确规定,若一项发明对其进行工业化实施将会导致违反公共秩序或者善良风俗的,将不授予专利。该类情形较多体现在生物技术领域,如人类有机体的克隆、人体生殖细胞遗传同一性的改变、人体胚胎的工业或商业化使用、动物基因同一性的改变,其并非治疗人和动物所必不可少的,并且使动物承受痛苦。此外,德国专利法规定,对动植物品种以及种植植物和养殖动物的本质上的生物方法,针对人体或者动物的外科或治疗、诊断方法不得授予专利。关于是否违反公共秩序或者善良风俗,德国专利法规定不得仅以法律或者行政法规禁止某发明使用的事实作为判断依据。

德国实用新型法对不属于发明范畴的对象及违反公共秩序或者善良风俗的发明进行了授权排除,另外明确排除生物技术发明、动植物品种及方法授予实用新型。

(三)美国不授予专利权的对象

美国专利法规定专利权授予客体为发明、植物和外观设计,但没有明确规定不授予专利权的对象。根据美国《专利法》第 101 条规定,具有专利适格性的发明客体有方法、机器、产品和组合物四种,即可授予专利主题或有专利资格的主题,若满足法定要求即可取得专利权。该规定体现了立法机构对"实用技术"的解释,即传统的发明实际上限制于实用技术领域。但随着美国计算机、互联网技术以及生物技术等高科技的快速发展,美国可专利的主题不断扩张,因此,目前美国对可

---

① 李龙:《日本专利法研究》,华东理工大学出版社,2018 年版,第 49 页。

授予专利主题的限制是极少的,可以说在世界上其可专利主题是最宽泛的。其不授予专利的主题主要有抽象概念、数学算法、科学原理以及人体器官。

(四)我国不授予专利权的对象

我国《专利法》第 5 条规定,对违反法律、社会公德或者妨害公共利益的发明创造不授予专利权,对违反法律、行政法规的规定获取或者利用遗传资源,并依赖该遗传资源完成的发明创造不授予专利权。

① 违反法律的发明创造。在我国,发明创造的内容与目的必须具有合法性。违背法律规定的发明创造不能被授予专利权。例如,用于赌博的设备、机器或工具,吸毒的器具,伪造国家货币、票据、公文、证件、印章、文物的设备等都属于违反法律的发明创造,不能被授予专利权。如果发明创造本身并没有违反法律,但是由于其被滥用而违反法律的,则不属此列。例如,用于医疗的各种毒药、麻醉品、镇静剂、兴奋剂和用于娱乐的棋牌等。此外,如果仅仅是发明创造的产品的生产、销售或使用受到法律的限制或约束,则该产品本身及其制造方法并不属于违反法律的发明创造。

② 违反社会公德的发明创造。社会公德,是指社会大众所普遍认同接受的道德观念及相应的行为准则。违反社会公德要求的发明创造不能被授予专利权。例如,带有暴力凶杀或者淫秽的图片或者照片的外观设计,非医疗目的的人造性器官或者其替代物,改变人生殖遗传同一性的方法或改变了生殖遗传同一性的人,克隆的人或克隆人的方法,人胚胎的工业或商业目的的应用,可能导致动物痛苦而对人或动物的医疗没有实质性益处的改变动物遗传同一性的方法等。

③ 妨害公共利益的发明创造。妨害公共利益,是指发明创造的实施或使用会给公众或社会造成危害,或者会使国家和社会的正常秩序受到影响。《专利审查指南》对此进行了说明:发明创造以致人伤残或损害财物为手段的,如一种使盗窃者双目失明的防盗装置及方法,不能被授予专利权;发明创造的实施或使用会严重污染环境、严重浪费能源或资源、破坏生态平衡、危害公众健康的,不能被授予专利权;专利申请的文字或者图案涉及国家重大政治事件或宗教信仰、伤害人民感情或民族感情或者宣传封建迷信的,不能被授予专利权。但是,如果发明创造因滥用而可能造成妨害公共利益的,或者发明创造在产生积极效果的同时存在某种缺点的,如对人体有某种副作用的药品,则不能以"妨害公共利益"为理由拒绝授予专利权。

我国《专利法》第 25 条规定了不授予专利权的客体。

① 科学发现。科学发现,是指对自然界中客观存在的物质、现象、变化过程及其特性和规律的揭示。这是人们对客观物质世界的认识,这些被认识的物质、现象、变化过程、特性和规律不同于改造客观世界的技术方案,因此,科学发现不具有发明所要求的技术性,不是专利法意义上的发明创造,不能被授予专利权。

② 智力活动的规则和方法。智力活动的规则和方法是指导人们进行思维、表述、判断与记忆的规则和方法。智力活动的规则和方法并没有利用自然规律，只是人脑活动的过程或方式，因此并不是为解决一定技术问题的技术手段，不构成技术方案，从而不能成为可专利的主题。但如果一项权利要求的全部内容中既包含智力活动的规则和方法，又包含技术特征，则该权利要求就整体而言并不是一种智力活动的规则和方法，不应当排除其获得专利权的可能性。

③ 疾病的诊断和治疗方法。疾病的诊断和治疗方法，是指对有生命的人体或者动物体进行识别、判断、确定及消除病因或病灶的过程和手段。这类方法直接以有生命的人体或动物体为实施对象，无法在产业上利用，不属于专利法意义上的发明创造，因此疾病的诊断和治疗方法不能被授予专利权。但是，用于实施疾病诊断和治疗方法的仪器或装置，以及在疾病诊断和治疗方法中使用的物质或材料属于可被授予专利权的客体。

④ 动物和植物品种。动物和植物是有生命的物体。专利法所称的动物不包括人，所述动物是指靠摄取自然的碳水化合物及蛋白质来维系其生命的生物。专利法所称的植物，是指可以借助光合作用，以水、二氧化碳和无机盐等无机物合成碳水化合物、蛋白质来维系生存，并通常不发生移动的生物。动物和植物品种可以通过专利法以外的其他法律法规给予保护。例如，植物新品种可以通过《植物新品种保护条例》给予保护。对动物和植物品种的生产方法，可以授予专利权。但生产方法须是非生物学的方法，不包括生产动物和植物主要是生物学的方法。

⑤ 原子核变换方法以及用原子核变换方法获得的物质。原子核变换方法以及用原子核变换方法获得的物质关系到国民经济、国防安全、科研和公共生活的重大利益，不宜由单位或私人垄断拥有，因此不能被授予专利权。原子核变换方法，是指使一个或几个原子核经分裂或者聚合，形成一个或几个新原子核的过程。用原子核变换方法获得的物质，主要是指用加速器、反应堆以及其他核反应装置生产、制造的各种放射性同位素，这些同位素不能被授予发明专利权。为实现核变换方法所使用的各种设备、仪器及其零部件等，均属于可被授予专利权的客体。

⑥ 主要起标识作用的平面设计。在平面印刷品中以图案、颜色或其结合所作出的主要起标识作用的设计不授予专利权，该类平面设计在主要对商品来源进行标识的情况下，可申请商标注册，从而获得商标专用权的保护，因此，该类平面设计应当区别于专利法所界定的外观设计，不能作为专利法的保护客体。

第三节　职务发明的专利权归属

所谓职务发明，是指发明人或设计人为履行本职工作而完成的发明创造，在国外多被称为"雇员发明"，为此申请的专利为职务发明专利。职务发明创造的特点在于其是发明人或设计人以其智力劳动与单位的工作任务或物质支持相结合而完成的发明创造,这必然涉及发明人或设计人与单位之间的利益关系。因此,对于职务发明创造来说,最核心的内容是要解决职务发明专利的权利归属以及相应的利益分配。对此,世界上不同的国家有不同的解决方案,主要有"雇员优先"和"雇主优先"的不同立法模式。"雇员优先"模式是指职务发明的专利权首先归属发明人,雇主不能原始取得职务发明的专利权,但雇主可通过合同约定等方式取得职务发明专利权,美国、德国等国采取这种立法模式。"雇主优先"模式是指职务发明的专利权直接归属雇主,同时雇员享有一定的权利,英国、法国及我国等采取该立法模式。

一、美国职务发明的专利权归属

美国专利法未对职务发明作出明确规定,对于雇员在雇佣期间作出的发明的权利归属,美国主要通过普通法规则和雇主和雇员之间的协议来予以确定。因此,雇员发明的权利首先归属于"真正的发明者",即雇员,若雇主与雇员之间签订了相关协议,则按协议约定确定雇员发明所有权的归属。

在雇主和雇员之间没有协议明确约定雇员发明的权利归属的情形下,雇员是否须将其发明的权利转让给雇主取决于其作出发明时的雇佣状态。若雇员被雇佣的目的在于从事特定发明或解决特殊问题,当发明完成时,雇员必须将其发明的所有权利转让给雇主。如果雇员不是受雇进行发明,则其享有发明的所有权,但如果该项发明利用了雇主的时间、设备与材料等资源,则雇主应享有"营业权",可以无偿非独占的方式使用该发明。如果雇员所作出的发明与工作职责无关,而且也未利用雇主的资源,则该发明为独立发明,由雇员独占其所有权。[①] 在"雇员优先"的原则下,雇主没有对雇员发明的有效控制权,无法满足企业对雇员发明创造的实际需求,影响了企业对雇员发明的投入激情,不利于企业的技术创新和经济效益。因此,实践中很多雇主通常在雇佣时即与雇员签订"发明预先转让协议",或在雇佣合同中写入"发明预先转让"条款,约定雇员同意将其未来在雇佣期间作出的发明的所有权利转让给雇主。

关于政府资助的科研项目产生的发明权利归属,美国国会于1980年通过了《拜杜法案》,对联邦政府基金资助的发明作出了专门规定。在《拜杜法案》制定之前,由政府资助的发明专利权均归属于政府。这种政策不能促进政府资助项目的发明技术的商业化和成果转化,对社会经济发展和科技进步不能起到促进作用。因此,《拜杜法案》明确指出其制定的目的就是促进由政府资助的研究项目所取得的发明创造的实际应用;鼓励小型企业积极参与联邦政府所支持的研究项目;促

---

① 杨筱:《美国雇员发明制度解析》,《法制与社会》,2010年3月(下)。

进政府与企业、大学等非营利组织的合作；促进非营利组织和小企业合作的发明的应用的积极性；促进美国境内的美国工业企业进行发明的商业化以及公共应用的可用性。因而，《拜杜法案》赋予了大学、小企业以及其他非营利研究机构选择保留联邦政府基金资助发明的权利，但保留权利的研究机构有义务对发明专利进行商业化，同时，政府对发明保留一定的许可使用的权利，并在一定的情形下可以主动介入，以确保发明的真正实施运用。

《拜杜法案》极大地促进了美国相关各方发明创造以及申请专利的积极性，大大推进了科技成果的转化应用和商业化，对美国的科技创新和运用发挥了重要作用。

二、德国职务发明的专利权归属

在德国，对职务发明的相关问题由《雇员发明法》进行规定，德国《雇员发明法》于1957年7月制定实施，2009年进行了修订。德国《雇员发明法》将雇员发明分为职务发明和自由发明。职务发明被称为"受管理的发明创造"。《雇员发明法》第4条规定，职务发明是指在雇佣工作关系存续期间，来自雇员在企业或者行政管理中承担的任务，或者在本质上基于企业或者政府机构的经验或工作而完成的发明。除此之外，雇员所作出的发明即为自由发明。因此，雇员发明是职务发明的上位概念，职务发明是雇员发明的一种。德国实行的是"发明人主义"，规定任何发明的初始权利人均为作出该发明的自然人，因此，不论雇员的职务发明还是自由发明，其最初权利均由发明人所有。

虽然奉行"雇员优先"模式，但随着职务发明整体上"厚雇主主义"的发展趋势，德国《雇员发明法》规定了雇主的重要权利，并不断强化对雇主利益的法律保障。

《雇员发明法》规定了雇员对雇主的报告义务，即对于属于职务发明的，雇员有义务不迟延地以书面形式向雇主报告，并应当详细说明职务发明的技术问题、解决方案、完成发明的过程以及是否有共同发明人的参与情况。如果雇员报告不符合法定要求，雇主可以要求雇员在一定时间内作出补充。在接到雇员职务发明的合格报告以后，雇主可以书面形式或其他形式的声明请求职务发明的归属。在雇员申报到达4个月内雇主未作出反应即未以书面形式声明放弃请求职务发明归属的，视为提出了请求职务发明的归属的声明。雇主对职务发明主张权利的，除发明人的人格权外，发明人对职务发明的所有权利转移至雇主，雇主成为发明的权利人，享有专利的实体权利，但在专利申请中雇主有义务将雇员署名为发明人。

对于自由发明，发明人也有义务不迟延地以书面形式向雇主报告，在报告中声明该发明为自由发明，并向雇主提供有关该发明的详细情况，以便雇主判断该发明是否为自由发明。雇主在收到书面报告起 3 个月内,有权检视是否该发明应属于职务发明而非自由发明。如果雇主在 3 个月内未对雇员所称的自由发明提出异议,雇员便可自由支配该自由发明,雇主不得再对该发明主张任何权利。[①]

在雇主对职务发明主张权利的情形下,雇员享有要求雇主支付合理报酬的权利,双方可就报酬的数额及支付进行协商,对于报酬数额的确定,根据《雇员发明法》的规定,应从发明的商业可用性、雇员在公司中的职责及其职位、企业为发明所作出的贡献度等因素进行考虑。若双方未能在合理期限内作出约定,雇主必须最迟在授权或开始使用后的 3 个月内对其进行确定,并且缴付所明确的费用。对雇主所作出的确定,雇员在 2 个月内未提出异议的,则其对双方产生效力。出现异议的,必须尽力通过仲裁机构来达成合意,紧急情况下须通过法院进行判决。[②]

三、日本职务发明的专利权归属

日本《专利法》第 35 条规定,所谓职务发明,指使用者、法人、国家或地方公共团体的从业人员、法人的职员、国家公务人员或地方公务人员在其性质上属于使用者等的业务范围,而且完成发明的行为属于使用者等工作人员现在或过去职务的发明。专利或继承职务发明专利权者取得其发明专利时,对其专利权拥有实施权。根据该规定的内涵,职务发明要求是由员工就业务范围内事项作出的职务上的发明。

日本的专利权人是指专利的发明人或者是从发明人处获得专利权的继受人,因此专利权人可以是自然人和法人。发明人是指通过智力劳动进行技术思想创作的人,因此,发明人只能是自然人,而法人不能成为发明人,但在申请专利的时候,并没有限制法人作为专利的申请人。

在"发明人主义"的原则之下,日本职务发明权利归属于作出发明的自然人,即作为该职务发明发明人的企业职员。即使法人向发明人支付工资、提供设备,公司法人也不能成为发明人。但公司法人可以获得专利权或被允许无偿使用该专利。对作出发明贡献的职员,公司给予其奖励,公司方可通过之前与职员签订的专利所有权归属的契约来确定。日本专利法对公司拥有的无偿实施专利的权利没有使用范围上的限制,即便是职务发明人将其拥有的发明权利转让给公司以外的第三人,公司依然拥有实施该专利的权利,无须办理任何注册登记的手续。对于职务发明,用人单位也可以通过签订合同、就业规则或其他规定从发明人那里获得承继专利的权利。[③] 但日本《专利法》第 35 条第 2 款的规定,对公司和职员

---

① 杨筱:《德国雇员发明制度研究》,《学术园地》,2010 年第 6 期。

② [德]鲁道夫·克拉瑟:《专利法——德国专利和实用新型法、欧洲和国际专利法(第 6 版)》,单晓光,等,译,知识产权出版社,2016 年版,第 503 页。

③ 李龙:《日本专利法研究》,华东理工大学出版社,2018 年版,第 28—32 页。

之间的合同进行了一定的约束,即对于从业人员等作出的发明,除其发明为职务发明外,预先规定的授以使用者专利权或继承专利权或者为了使用者设定专用实施权的合同、工作规章及其他所定条款无效。该条款区分了职务发明和非职务发明的权利归属。

用人单位获得职务发明相应权利的,需要向发明人支付相应的报酬。日本《专利法》第 35 条第 3 款对此作出了明确规定,从业人员等根据合同、工作规章及其他规定,就职务发明授以使用者等专利权或继承专利权,或者为了使用者等设定专用实施权的,员工有从用人单位获得相应报酬的权利。第 35 条第 4 款对此进一步作出了规定,在契约、工作规则及其他约定中确定前项对价时,其决定的标准必须考虑以下几种状况,即用人单位与从业者之间的协商状况、所策划决定标准的公开状况、计算对价额时听取从业者的意见状况等。

在 2015 年日本《特许法》修订以后,雇主可以通过合同及劳动规章事先地原始取得职务发明的申请专利的权利,而不必再通过预约继承来继受雇员所享有的专利权。[1]

四、我国职务发明的专利权归属

根据我国《专利法》的规定,职务发明创造是指执行本单位的任务或者主要是利用本单位的物质技术条件所完成的发明创造。因此,我国的职务发明创造分为两类,即一类是执行本单位任务所完成的发明创造,另一类是主要利用本单位的物质技术条件所完成的发明创造。所谓执行本单位任务所完成的职务发明创造,一般是指:①在本职工作中作出的发明创造;②履行本单位交付的本职工作之外的任务所作出的发明创造;③退休、调离原单位后或者劳动、人事关系终止后 1 年内作出的,与其在原单位承担的本职工作或者原单位分配的任务有关的发明创造。我国《专利法》第 6 条所称本单位,包括临时工作单位。关于本单位的物质技术条件,是指本单位的资金、设备、零部件、原材料或者不对外公开的技术资料等。

对于职务发明创造的权利归属,根据我国《专利法》第 6 条第 1 款的规定,申请专利的权利属于该单位,申请被批准后,该单位为专利权人。因此,我国职务发明创造的专利权归属一般采用"雇主优先"的原则。但我国《专利法》第 6 条第 3 款同时又规定,利用本单位的物质技术条件所完成的发明创造,单位与发明人或者设计人订有合同,对申请专利的权利和专利权的归属作出约定的,从其约定。因此,在"利用本单位的物质技术条件"所完成的职务发明创造的情况下,发明人、设计人与单位之间可以通过合同约定来确定发明创造的权利归属,体现了国家尊

---

① 刘鑫:《日本职务发明权属规则转变的梳理与借鉴——兼评 2015 年日本〈特许法〉修订》,《电子知识产权》,2017 年第 9 期。

重当事人意思、"协议优先"的重要精神。但在当事人之间没有作出约定的情况下，这种职务发明的专利权归属仍然适用"雇主优先"的原则，专利权属于单位所有。

职务发明创造专利权在归属单位的情形下，发明人、设计人亦享有一定的权利。首先，发明人、设计人享有署名权和精神奖励的权利。发明人或者设计人有权在相关专利文件中写明自己是发明人或者设计人。其次，发明人或者设计人有权获得物质奖励或相关报酬。我国《专利法》第15条规定，被授予专利权的单位应当对职务发明创造的发明人或者设计人给予奖励；发明创造专利实施后，根据其推广应用的范围和取得的经济效益，对发明人或者设计人给予合理的报酬。国家鼓励被授予专利权的单位实行产权激励，采取股权、期权、分红等方式，使发明人或者设计人合理分享创新收益。

案例2-4 深圳市卫邦科技有限公司诉李某某、深圳市远程智能设备有限公司专利权权属纠纷案①

深圳市卫邦科技有限公司（以下简称卫邦公司）是一家专业从事医院静脉配液系列机器人产品及配液中心相关配套设备的研发、制造、销售及售后服务的高科技公司。2010年2月至2016年7月，卫邦公司申请的多项专利均涉及自动配药设备和配药装置。其中，卫邦公司于2012年9月4日申请的102847473A号专利（以下简称473专利）主要用于注射科药液自动配置。

李某某于2012年9月24日入职卫邦公司生产、制造部门，并与卫邦公司签订《深圳市劳动合同》《员工保密合同》，约定由李某某担任该公司生产制造部门总监，主要工作是负责研发输液配药机器人相关产品。李某某任职期间，曾以部门经理名义在研发部门采购申请表上签字，在多份加盖"受控文件"的技术图纸审核栏处签名，相关技术图纸内容涉及"沙窝复合针装配""蠕动泵输液针""蠕动泵上盖连接板实验""装配体""左夹爪""右夹爪""机械手夹爪1""机械手夹爪2"等，系有关自动配药装置的系列设计图。此外，卫邦公司提供的工作邮件显示，李某某以工作邮件的方式接收研发测试情况汇报，安排测试工作并对研发测试提出相应要求。且从邮件内容可知，李某某多次参与研发方案的会议讨论。

李某某与卫邦公司于2013年4月17日解除劳动关系。李某某于2013年7月12日向国家知识产权局申请名称为"静脉用药自动配制设备和摆动型转盘式配药装置"、专利号为201310293690.X的发明专利（以下简称涉案专利）。李某某为涉案专利唯一的发明人。涉案专利技术方案的主要内容是采用机器人完成静脉注射用药配制过程的配药装置。李某某于2016年2月5日将涉案专利权转移至其控股的深圳市远程智能设备有限公司（以下简称远程公司）。李某某在入

---

① 最高人民法院公报案例第158号。

职卫邦公司前,并无从事与医疗器械、设备相关的行业从业经验或学历证明。

卫邦公司于 2016 年 12 月 8 日向一审法院提起诉讼,请求:①确认涉案专利的发明专利权归卫邦公司所有;②判令李某某、远程公司共同承担卫邦公司为维权所支付的合理开支 3 万元,并共同承担诉讼费。

广东省深圳市中级人民法院于 2018 年 6 月 8 日作出判决:①确认卫邦公司为涉案专利的专利权人;②李某某、远程公司共同向卫邦公司支付合理支出 3 万元。一审宣判后,李某某、远程公司不服,向广东省高级人民法院提起上诉。广东省高级人民法院于 2019 年 1 月 28 日作出判决:驳回上诉,维持原判。李某某、远程公司不服,向最高人民法院申请再审。最高人民法院于 2019 年 12 月 30 日作出裁定,驳回李某某和远程公司的再审申请。

该案主要涉及对案涉发明专利是否属于职务发明创造的判断,对此,裁判法院指出,判断是否属于《专利法实施细则》第 12 条第 1 款规定的与在原单位承担的本职工作或者原单位分配的任务"有关的发明创造"时,应注重维护原单位、离职员工以及离职员工新任职单位之间的利益平衡,综合考虑以下因素作出认定:一是离职员工在原单位承担的本职工作或原单位分配的任务的具体内容;二是涉案专利的具体情况及其与本职工作或原单位分配的任务的相互关系;三是原单位是否开展了与涉案专利有关的技术研发活动,或者有关的技术是否具有其他合法来源;四是涉案专利(申请)的权利人、发明人能否对专利技术的研发过程或者来源作出合理解释。该案裁判为实践中如何正确判断是否为职务发明创造提供了重要的指导意见。

第四节　专利权的内容

专利权的内容是专利法律关系的构成要素之一,是指专利权人依法享有的权利和应当承担的义务。专利权人的权利是专利权人对其发明创造所享有的专有权利,包括专利人身权利和专利财产权利。从其权利效力来看,具有积极权能和消极权能两个方面,积极权能是权利人根据法律规定对其专有权利进行支配的资格,消极权能是指权利人可以排除他人干涉而实现对其专利权利进行支配的资格。专利权人在享有专利权的同时,还必须履行相应的法律义务。

一、专利权的主要内容

(一)专利权人的权利

我国专利法明确规定,发明是指对产品、方法或者其改进所提出的新的技术方案;实用新型是指对产品的形状、构造或者其结合所提出的适用于实用的新的技术方案。可见,我国的发明专利和实用新型专利的主题均是技术方案。发明专利主要包含产品专利和方法专利,产品专利主要保护特定的关于制成品的技术方案,方法专利则主要保护某种步骤和手段的技术方案,实用新型专利则是产品专利。外观设计不同于发明和实用新型,不是技术方案,而是对某种设计图案享有专利权利。对上述专利,专利权人均享有相应的专有权利。

1. 发明和实用新型专利权

1)制造权

制造权是指专利权利人生产制作其专利产品,并有权禁止他人未经许可制造其专利产品的独占权利。制造权是专利权人首要的基础性的权利,是专利权人行使其他各项专利权利的基础,对专利权人具有重要的价值和意义。专利权人可以自己依法行使制造权,也可以授权他人行使。任何社会组织或个人未经专利权人许可的,都不得擅自制造专利产品,否则就构成专利侵权。

在实践中,非专利权人的专利产品所有人基于对专利产品的维护而进行的产品修理或再造,亦有可能构成对专利产品制造权的侵犯。因此,在司法实践中,如何正确界定产品修理或再造与制造权专利技术控制范围的区别则非常重要。

2)使用权

使用权是指以生产经营为目的而使用专利产品的权利,权利人通过对专利产品的使用,使得专利技术进入实际运用领域,专利产品能够发挥其应有的社会价值和经济效益。对专利产品的使用,既包括将专利产品作为一个整体进行使用,也包括将专利产品作为其他产品的组成部分进行使用。使用权是专利权人的专有权利,除法律另有规定外,任何社会组织或个人未经专利权人的许可,均不得采用任何方式使用专利产品,否则即构成对专利权的侵犯。

3)许诺销售权和销售权

许诺销售权是指专利权人享有的关于意图销售专利产品意思表示的权利,权利人可以在广告中或以产品展览、展销会等方式向特定或不特定的对象明确表示愿意销售专利产品的意愿,权利人有权禁止他人未经权利人许可而许诺销售专利产品的意思表示。我国专利法中的许诺销售权是专利法第二次修改时增加的内容,体现了与国际接轨,和《与贸易有关的知识产权协定》保持协调一致,加强了对专利权人的保护力度。许诺销售权设定的目的主要是制止或预防关于专利产品违法交易行为的产生,防止制造、进口等侵犯专利产品的行为及其损害后果的发生,将侵权行为扼杀在可能阶段,避免专利侵权损害后果的扩大。

销售权是指专利权人所享有的销售其专利产品的权利,相对于"许诺销售权",销售权是"实际销售"的权利。这种销售指的是专利产品的第一次销售,即其所有权的第一次转移。在专利产品经第一次销售后,他人再次对专利产品进行销售的,则无须取得专利权人的同意。即专利产品向市场售出后,其专利权权利用尽。

4)进口权

进口权是专利权人享有的进口其专利产品以及禁止他人未经其许可而以生产经营为目的进口其专利产品的权利。我国专利法中的进口权是1992年修正时增加的一项内容,主要原因是我国专利法需要与专利保护的国际习惯相一致,并符合《保护工业产权巴黎公约》(以下简称《巴黎公约》)等国际公约的相关规定。同时,规定了专利权人的进口权,也加强了对专利权人专利权的保护强度。进口权首先表现为专利权人可以自己进口专利产品,这是进口权的基本内容。世界上部分国家规定,专利权人可以以进口其专利产品的方式履行其在本国必须实施其专利的义务。其次,进口权表现为专利权人有权禁止他人未经其许可而进口其专利产品的权利,这为专利权人为保护自己的专利产品免于被非法销售、使用等侵权行为侵犯而增加了一个保护途径。

专利权的进口权会涉及平行进口的问题,专利产品的平行进口是指未获专利权人许可的进口商从出口国市场购得专利权人或其授权许可人制造、销售的专利产品并输入进口国进行销售的行为,且该专利产品在进口国已受专利保护。平行进口的行为是否侵犯专利的进口权,不同的学者有不同的理解和认识。相关国际公约没有明确的规定,《与贸易有关的知识产权协定》规定进口权等专有权利时,强调该协定等任何规定均不得用于处理知识产权的权利用尽问题。即《与贸易有关的知识产权协定》对进口权与平行进口的冲突问题不持立场,进口权的存在不能用于允许或制止平行进口,各缔约国有权自行制定规则。①

2. 方法专利权利

对于方法专利本身而言,其主要的权利内容是使用权,方法专利保护的是一种专利方法,并不涉及所谓的制造、许诺销售、销售、进口等权利。但现在各国一般又规定可对方法专利延伸保护至根据该专利方法所直接获得的产品,即专利权人对该产品享有使用、许诺销售、销售、进口等专有权利。关于延伸保护方法专利应当遵循以下要求:首先,并非所有依照专利方法所获得的产品均可获得延伸保护,通常是指工业制造品;其次,能获得延伸保护的产品必须是依据专利方法直接获得的产品。

3. 外观设计专利权

外观设计专利权通常包括制造、许诺销售、销售、进口等权利。

(二)专利权人的义务

1. 缴费义务

缴费义务是指专利权人根据法律规定,在其被授予专利权后,在专利有效期内有逐年向国家专利行政部门缴纳一定费用的义务,一般称为专利年费,在国外

① 吴汉东:《知识产权法》,法律出版社,2021年版,第402页。

被称为专利维持费。专利权人若不按期履行缴费义务,则会导致专利权的提前终止。因此,法律规定专利权人的缴费义务可以促使专利权人及时衡量、考虑其专利是否还能够继续产生经济效益,从而决定是否继续维持专利的有效性,使得一些专利能够早日进入公共领域。关于如何缴纳专利年费,世界各国规定不一,缴纳年费的起算日有申请日、申请公布日、专利授权日以及专利授权后特定的日期等不同规定。

2. 实施义务

实施专利是指将获得专利保护的发明创造应用于实际的社会生产,从而实现推动国家科技创新和社会经济发展的目的,如果发明创造都仅仅停留于书面的文件而不能进入实践领域,则就不具有真正的社会价值和经济价值。所以,专利权人在专利法上一般具有实施专利的义务,但现代专利法对专利实施义务的要求有所减弱,主要是考虑由市场最终决定是否实施专利技术。因此,现代专利法主要通过规定专利强制许可的方式体现对专利技术的实施义务。

3. 不得滥用权利义务

专利权和其他任何法律权利一样,都不是绝对的。专利权人在行使自己权利的时候,必须严格遵从法律的规范和约束,不得损害国家利益和社会公共利益,不得损害他人合法权益;不得无限度行使权利,不得滥用专利权进行市场垄断行为或限制竞争、妨碍技术进步等。

二、美国专利权的内容

美国专利权人享有的专利权主要表现为对发明专利的制造、使用、销售、允诺销售以及进口获得专利的发明的独占性权利,因此,若未经专利权人许可而实施上述行为的,即是对专利权的侵害。

对于专利的销售权,需遵循"首次销售"原则,或称为"权利用尽",即专利产品经权利人或经授权售出后,专利权人的专利权用尽,但权利人附加限制条件的出售除外。因此,在权利人没有附加限制条件的情况下,专利产品的合法购买者有权使用以及再次销售该产品而不受影响。但实践中,专利权人在对产品进行售卖时经常会设定一些限制条件。

在美国,购买人在对专利产品的继续使用行为中,需要区分对专利产品的修理和再造的行为。若认定购买人是对专利产品进行必要的修理行为,则不构成侵权;若购买人对专利产品进行了再造,则是对专利权人制造权的侵犯,须承担侵权责任。在司法实践中,严格区分修理和再造行为往往具有较大的难度,因为两者之间并没有清晰的界限。

关于专利权中的进口权,美国专利法规定专利权人有权禁止他人未经其许可而进口其专利产品的权利。美国《专利法》第 271 条(a)款明确规定,除本法另有规定外,于专利权存续期间,未经许可……将该专利产品由外国输入至美国境内,即属侵害专利权。对于专利的平行进口,美国法律没有明确规定,相关判例中对专利权人是否有权禁止平行进口亦无统一定论,主要有两种做法:一是所谓的修正的国际用尽原则,即对权利人许可的在国外投放市场的专利产品原则上可以自由进口到美国销售,但是权利人可以通过合同对专利产品在美国的使用或销售进行禁止或限制;二是国内用尽原则,即认为将在国外合法投入市场的专利产品进口到美国使用或销售,不论何种情况只要在进口时未经美国专利权人许可,都构成对美国专利权的侵犯。在美国法院判例中,修正的国际用尽原则是主流,而坚持绝对的国内用尽原则的判例则极少。2001 年以前,美国法院对专利产品平行进口的主流态度是所谓的修正的国际用尽原则,但是到了 2001 年,美国联邦巡回上诉法院在爵士相片公司诉国际贸易委员会一案中则抛弃了此前美国法院坚持了一百多年的修正的国际用尽原则,转而采用了绝对的国内用尽原则。虽然联邦巡回上诉法院采取的绝对的国内用尽原则与此前美国法院所坚持的主流规则大异其趣,其所确立的规则受到了广泛的质疑,但是这一做法无疑契合了美国在成为世界科技最发达国家之后的现实利益。[①]

对于方法专利,专利权人享有独占使用的权利,且美国专利法规定对方法专利延伸保护至根据该专利方法所直接获得的产品,即专利权人对依该专利方法制造的产品享有使用、许诺销售、销售、进口等专有权利。美国《专利法》第 271 条(g)款规定,在方法专利之有效期内,未经许可而擅自进口该项方法专利产品,或于美国境内擅自销售或使用该方法,视为侵权者而负责任。同时该款规定了例外情况,对侵权责任进行了一定的限制,即"下列情形所制造之产品不视为依方法专利所制造:制作方法经显著改造或该产品仅为其他产品之非重要组件部分"。

考虑到权利人证明某产品是否采用了专利方法的较大困难,为保护专利权,美国专利法规定了在一定情况下可以推定某产品系使用专利方法生产制造。根据美国《专利法》第 295 条的规定,若具备两个条件,则司法机关可以推定涉嫌侵权产品系由专利方法制作而成:一是涉嫌侵权产品与根据方法专利制作的产品具有相当程度的相似性;二是原告已经为证明涉嫌侵权产品在生产制造过程中使用了专利制造方法付出了合理的努力,但仍无法完全确定。在该推定情况下,被告有举证推翻推定的权利,即被控侵权人可以提供证据证明该产品并非使用专利方法制造。

三、德国专利权的内容

德国专利法规定专利权人有实施其发明专利的权利,未经权利人许可,任何

---

① 尹锋林:《美国专利产品平行进口规则及对我国的借鉴意义》,《法学杂志》,2011 年第 3 期。

人不得实施其专利,因此,德国专利权的内容即是对专利的实施权。

对于产品专利,实施专利的方式主要有制造、提供、使用专利产品,或者将专利产品投放市场,或者为前述目的进口、储存专利产品。

制造专利产品是生产创造具有专利技术特征的物品,未经许可制造专利产品侵犯了专利权。在专利产品经权利人同意而投放市场后,接收人有权使用或转让专利产品,但专利产品的制造权仍受法律保护,即制造权并未用尽,使用人在使用专利产品时不得对专利产品进行再制造,如以无法使用的专利产品上的零件组装产品会被认为是再制造而受到禁止。但使用人可以对专利产品进行必要的维修,德国司法判决同样区分修理与再造的行为。至于某种维修是否等同于重新再制造,通常是以商业惯例和经济上的观点来判断的。这里还要考虑的是,在整体设备通常的生命周期内,从一开始就应该进行哪些修补。如果不对专利产品进行修补,就不能再次实施该产品,这就完全满足了重新制造的认定条件。如对相较于整体设备损耗较快的受保护组合主要的一个零部件的修补,如果这种修补超越了"十分细心处理的框架",就会被视为专利侵权。①

德国专利法上实施方式中的"投放市场",表达的是对专利产品的销售或出租、出借,即专利权人使他人获得了对专利产品的事实上处分权,可以转让或使用该专利产品。

关于专利权的权利用尽,德国占主导地位的观点认为是在国内投放市场而产生。因此,对于专利产品的平行进口问题,德国主要依据国内穷竭原则进行处理。但欧洲经济区法律的适用要求共同体市场的商品自由流通,因此,对于专利产品是在欧盟内部成员国进行首次销售的,欧盟法院适用区域穷竭原则进行处理,即专利权人的销售权以及使用权用尽,此时专利产品平行进口行为被允许。欧盟法院认为,对于此种情形,若专利权人在该国禁止销售专利产品,则与共同体商品自由流通的原则相背。

关于方法专利,德国专利法规定的权利内容主要是对专利方法的使用,但专利保护的效力及于依专利方法直接获得的产品。德国专利法明确规定,未经专利权人许可,任何人不得提供、使用依照其专利方法直接获得的产品,或者将其投放市场,或者为前述目的进口、储存依照其专利方法直接获得的产品,但与产品专利权利内容不同的是不包括制造行为。

德国《实用新型法》和《外观设计法》对权利人的权利内容也作出了明确规定。《实用新型法》规定,实用新型登记后,在本法适用范围内,任何第三人未经权利人同意,不得向没有权利实施实用新型主题的任何人提供或者许诺提供与实施实用

---

① [德]鲁道夫·克拉瑟:《专利法——德国专利和实用新型法、欧洲和国际专利法(第 6 版)》,单晓光,等,译,知识产权出版社,2016 年版,第 934 页。

新型主题相关的关键部件,如果该第三人知道或者应当知道这些部件是用以实施实用新型主题的目的。当上述行为是一般的商品交易时,不适用第一句的规定,但第三人故意诱导其他人实施第(1)款第二句所禁止的行为的除外。《外观设计法》规定,外观设计授予其权利人使用其外观设计以及禁止第三人未经其允许不得使用其外观设计的排他权。所述使用特别是包括制造、许诺销售、上市、进口、出口或使用包括了该外观设计或应用该外观设计的产品,或为上述目的占有上述产品。外观设计保护范围延伸到每一个对知情的用户产生的整体印象同于授权的外观设计的设计。在判断保护范围时,应当考虑设计者在开发其外观设计时的创作自由空间。

四、日本专利权的内容

根据日本专利法的规定,发明专利权的内容体现为专利权人对发明专利所拥有的实施的权利。日本《专利法》第 68 条规定,专利权者拥有实施以专利发明为业的权利。根据该条内容,专利法规定的实施专利是将专利作为"经营业务"加以实施,而不涉及非商业性的实施专利的行为。日本专利法中的实施行为包括对发明专利产品的生产制造、使用、转让、出租、转移或者为转让、出租的目的而展示或进口产品的行为。对方法专利的实施,表现为对专利方法的使用,以及对以专利方法获得的产品进行使用、转让、出租、转移或者为出租、转让而展示或进口产品的行为。

专利的销售权在日本称为转让,在专利权人转让专利产品后,原则上"专利权用尽",产品的购买人对专利产品进行使用或再次进行转让不受专利权限制,不构成专利侵权。但权利用尽原则存在例外情形,即在一定情况下,专利产品售出后专利权不用尽。在日本,专利权用尽的例外情形主要包括专利权人设定了专利产品的使用限制;对专利产品本质部分的部件进行更换;构成对专利产品的再生产等。[①] 在日本法院判例中,如同美国、德国,将专利产品购买人在使用专利产品时的行为区分为修理和再造,或称为再生产行为,若将使用人的行为界定为修理或更换,则不构成侵权,但若认定使用人的行为构成再生产行为,则是对专利权的侵犯,需承担侵权责任。

案例 2-5　佳能诉 Recycle Assist 再生墨盒专利侵权案[②]

案情

2004 年 4 月,佳能以 Recycle Assist 进口、销售回收墨盒侵犯其专利

---

① 李龙:《日本专利法研究》,华东理工大学出版社,2018 年版,第 154—155 页。
② 彭玉勇:《专利法原论》,法律出版社,2019 年版,第 297 页。

(JP3278410)权为由提起诉讼,要求 Recycle Assist 停止进口和销售回收墨盒并废弃库存。东京地方法院于 2004 年 12 月一审判决,Recycle Assist 对佳能墨盒的加工在修理范围内,Recycle Assist 未侵犯其墨盒专利权,驳回了佳能的诉讼请求。佳能对此判决不服,于 2004 年 12 月上诉至东京高等法院。

2006 年 1 月,知识财产高等法院(2005 年 4 月成立,隶属于东京高等法院)二审判决,Recycle Assist 对佳能专利墨盒本质部分进行加工、替换,侵犯了佳能专利。其判断专利侵权的标准:①产品效用用尽后再使用;②产品的专利发明的本质部分构件被加工、替换。二审认为 Recycle Assist 的回收墨盒适用后者。2006 年 2 月,Recycle Assist 不服知识财产高等法院的二审判决,上诉至最高法院。

2007 年 11 月 8 日,日本最高法院第一法庭就 Recycle Assist 不服佳能打印机墨盒再生品专利侵权诉讼案二审结果的上诉,作出终审判决,Recycle Assist 侵权成立,驳回其上诉请求,令其停止销售该墨盒,维持知识财产高等法院的二审判决。

判决及理由

日本最高法院在此案审理中首次引入"再生品专利侵权"的构成要件——"新的生产",并据此认定 Recycle Assist 公司进口销售回收墨盒侵权。认定 Recycle Assist 进行了"新的生产"的判断要素:①正品的属性——功能、结构、材质和用途;②正品专利技术内涵;③正品被加工情况(被加工时的状态、加工程度);④再生品的销售情况。

本案审判长指出,佳能专利墨盒的特点为一次使用、无充填墨粉用开口;用于渗墨的两块海绵紧密相连,以防止墨粉渗漏。Recycle Assist 为利用墨粉用尽的佳能墨盒,在回收墨盒上开孔(使墨盒外形改变)、清洗、再灌墨,即为"佳能墨盒专利效能恢复",Recycle Assist 回收、加工墨盒应被认定为"新的产品的生产"。

专利权权利用尽涉及国内用尽和国际用尽的问题,进而涉及专利产品的平行进口问题。平行进口问题在日本学术界和司法实务中均存在争议,日本早期的法院判例遵行专利权独立原则,认为日本的专利权利效力仅限于日本国内,因此在日本国内,专利产品转让后专利权用尽,但在国际上权利不用尽,因而实质上否定了平行进口的行为,从而有利于保护专利权人的利益。但到 20 世纪末期,平行进口大量增加,日本法院逐步认可专利权国际用尽,从而承认平行进口行为。在 1997 年的 BBS 案中,日本法院即采取默示许可理论,原则上承认平行进口。但在此类案件中,日本法院仍侧重于保护本国企业的利益,因此也并未形成统一的标准。

日本实用新型和外观设计权利的内容主要表现为权利人对实用新型和外观设计的实施权。日本《实用新型法》第 16 条规定,实用新案权所有人,拥有以实施注册实用新案为业的权利。但在对该实用新案权设立专用实施权时,对于该专用实施权所有人专有实施该注册新设计权利的范围,不在此限。且实用新案权所有人可以就其实用新案权设立专用实施权。实用新案权所有人可以将该实用新案权的通常实施权许诺给他人行使。日本《外观设计法》第 23 条规定,外观设计权人有以独占其注册外观设计及其类似外观设计的实施为业的权利。且外观设计权人可以就其外观设计权与他人订立独占实施许可。外观设计权人可以就其外观设计权与他人订立普通实施许可。

日本实用新型的实施权主要包括制造、使用、转让、出租、为了转让或出租而展出或输入新设计物品的行为。外观设计的实施权主要包括制造、使用、转让、出租或为转让或出租而展出或进口体现外观设计的物品的行为。

五、我国专利权的内容

(一)专利权人的权利

我国《专利法》第 11 条规定,发明和实用新型专利权被授予后,除本法另有规定的以外,任何单位或个人未经专利权人许可,都不得实施其专利,即不得为生产经营目的制造、使用、许诺销售、销售、进口其专利产品,或者使用其专利方法以及使用、许诺销售、销售、进口依照该专利方法直接获得的产品。外观设计专利权被授予后,任何单位或者个人未经专利权人许可,都不得实施其专利,即不得为生产经营目的制造、许诺销售、销售、进口其外观设计专利产品。

根据上述规定,我国专利权人享有的专利权内容主要是制造、使用、许诺销售、销售和进口权。

关于许诺销售,《最高人民法院关于审理专利纠纷案件适用法律问题的若干规定》第 18 条对专利法规定的许诺销售进行了明确的界定,即许诺销售是指以做广告、在商店橱窗中陈列或者在展销会上展出等方式作出销售商品的意思表示。

案例 2-6　混凝土搅拌拖泵实用新型专利侵权案①

原审原告:青岛青科重工有限公司(以下简称青科公司)。

原审被告:青岛晨源机械设备有限公司(以下简称晨源公司)。

案情摘要

本案原告青科公司是一种具有导轨的混凝土搅拌拖泵的实用新型专利权人,原告认为被告实施了制造、许诺销售、销售侵犯其专利权的具有导轨的混凝土搅拌拖泵,侵犯了其实用新型专利权,因此请求法院判令被告晨源公司停止上述侵权行为,并赔偿经济损失 10 万元。法院经审理认定,被控侵权产品包含原告专利

---

① 中国裁判文书网:(2020)最高法知民终字 1659 号民事判决。

权的全部技术特征,落入其保护范围。被告在其公司网站及阿里巴巴店铺公开展示被控侵权产品的行为构成了许诺销售,侵犯原告的涉案专利权。法院据此判决被告停止侵权并赔偿原告相应经济损失 3 万元。

裁判要旨

本案系因许诺销售行为承担损害赔偿责任的典型案件。许诺销售行为是一种法定的独立的侵权行为方式,许诺销售行为侵权民事责任的承担不以销售实际发生为前提。许诺销售行为一经发生,即可能造成影响专利产品合理定价、减少或者延迟专利权利人商业机会等损害,许诺销售专利产品的行为不仅具有侵权的可责性,也具有实际损害的后果。如果仅仅因为许诺销售行为造成的具体损害后果难以准确证明,就免除侵权人的损害赔偿责任,仅承担停止许诺销售行为、支付专利权人维权合理开支的民事责任,既不符合权利有损害必有救济的民法原则,也不利于充分实现专利法的立法目的。因此,许诺销售行为实施者不仅应当承担停止侵害、支付维权合理开支的民事责任,还应当承担损害赔偿责任。侵权人仅实施了许诺销售行为,专利权利人往往很难举证证明其因此遭受的具体损失,因此可以基于具体案情,着重考虑在案证据反映的侵权情节,以法定赔偿方式计算损害赔偿数额。本案的裁判清楚说明了许诺销售行为人亦应承担相应的专利侵权法律责任。

关于对依照专利方法直接获得的产品给予的延伸保护,我国除了专利法作出的原则性规定外,相关司法解释作出了进一步详细规定。《最高人民法院关于审理侵犯专利权纠纷案件应用法律若干问题的解释》第 13 条规定,对于使用专利方法获得的原始产品,人民法院应当认定为《专利法》第 11 条规定的依照专利方法直接获得的专利产品。对于将上述原始产品进一步加工、处理而获得后续产品的行为,人民法院应当认定属于《专利法》第 11 条规定的使用依照该专利方法直接获得的产品。《最高人民法院关于审理侵犯专利权纠纷案件应用法律若干问题的解释(二)》第 20 条规定,对于将依照专利方法直接获得的产品进一步加工、处理而获得的后续产品,进行再加工处理的,人民法院应当认定不属于《专利法》第 11 条规定的使用依照该专利方法直接获得的产品。因此,我国延伸保护的依照专利方法直接获得的产品是指原始产品以及进一步加工、处理而获得的后续产品,但不包括再加工处理产品。

(二)专利权人的义务

根据我国专利法的规定,我国专利权人的主要义务如下。

1. 缴费义务

我国《专利法》第 43 条规定,专利权人应当自被授予专利权的当年开始缴纳年费。

同时规定没有按照规定缴纳年费的,专利权在期限届满前终止。

2. 实施义务

我国《专利法》第 53 条规定,有下列情形之一的,国务院专利行政部门根据具备实施条件的单位或者个人的申请,可以给予实施发明专利或者实用新型专利的强制许可:①专利权人自专利权被授予之日起满 3 年,且自提出专利申请之日起满 4 年,无正当理由未实施或者未充分实施其专利的;②专利权人行使专利权的行为被依法认定为垄断行为,为消除或者减少该行为对竞争产生的不利影响的。

3. 不得滥用权利义务

我国《专利法》第 20 规定,申请专利和行使专利权应当遵循诚实信用原则。不得滥用专利权损害公共利益或者他人合法权益。滥用专利权,排除或者限制竞争,构成垄断行为的,依照《中华人民共和国反垄断法》(以下简称《反垄断法》)处理。

第五节　专利的申请和审查

一、美国专利的申请和审查

(一)申请人

1. 受让人及宣誓书

自 1952 年美国现行专利法确立以来,就一直强调专利申请必须由发明人本人提出,即使雇员的职务发明,一般也只能由雇员申请专利后再转让给雇主。在进行专利申请时,每一个发明人都必须在专利申请文件上作出书面誓约并签名,以保证该项发明创造是由发明人自己完成的。在实践中,即使公司之前已与员工签订职务发明专利转让合同,但在申请专利时,很可能因为雇员离职或其他原因,无法获得发明人的签字誓约,导致专利申请的失败。

《美国发明法案》规定,从 2012 年 9 月 16 日起,专利受让人可以代表发明人签署专利申请文件,但受让人必须提供有关事实的证明显示他们的行动是适当的,用以维护当事人的权利;在发明人死亡、发明人丧失法律上行为能力或者通过努力确实无法找到发明人时,或是发明人拒绝履行转让发明创造义务时,受让人可以提交替代声明。声明中需包含以下内容:替代声明中涉及各方当事人基本信息(包括发明人、受让人);无法提交发明人签字誓约的具体原因以及专利商标局长要求的其他内容。经局长审查同意后,受让人可以以该声明替代发明人签字誓约,向专利商标局申请该项发明创造的专利权。

2. 针对小型、微型实体的扶持、鼓励政策

1)加大对小型企业资助

《美国发明法案》赋予美国专利商标局专利服务费用的设置、调整权,对于符

合要求的小企业以及独立发明人和非营利组织,美国专利商标局维持对其专利费用 50% 的减免;在使用电子专利申请情况下,专利申请费用减免最高可达到 75%。

2)"微实体"资格和资助

根据美国专利法,美国专利商标局对专利权人企业人员规模如果少于 500 人,可以以"小实体"资格减免一半的专利费用。《美国发明法案》引入了"微实体"资格,即如果一个申请人符合"微实体"资格,那么大部分的专利费用可以减免 75%。作为一个微实体,申请人必须满足以下条件:①有作为一个小实体的资格;②不得之前以发明人身份提交超过 4 个美国非临时专利申请;③在递交专利申请前一年的总收入不得超过 3 倍的中等家庭收入;④不得将专利申请转让给在递交专利申请前一年的总收入超过 3 倍中等家庭收入的实体。

3)针对小型、微型实体扶持计划

美国专利商标局局长利用所提供的资源设立"监察员项目",该项目成员将为小型企业和独立发明人提供与专利申请相关的帮助与服务;美国专利商标局与知识产权协会合作,支持其在全美范围内建立和实施"公益法律服务项目",为财力不足的独立发明人和小型企业提供经济帮助。

(二)先发明原则和先申请原则

先发明制作为专利法的一条原则,也被称作先发明原则,其含义是当存在两个或两个以上申请人就同一发明主题申请专利时,专利局将按完成发明创造构思的时间来决定专利权授予何人。

先申请制是指当两个或两个以上的人就同样的技术分别向专利局提出专利申请时,专利权授予最先提出申请的人。这一原则被称为"先申请原则"。

2013 年 3 月 1 日前,在世界上绝大多数国家采用先申请制的情况下,美国长期采取先发明制,致使美国在与其他国家的交往中存在着许多需要协调的问题。美国专利商标局只承认在美国国内的发明日,外国人到美国申请专利时只能以其在美国的实际申请日或者以在外国的申请而取得的优先权日作为发明日。这种做法使外国人在美国申请专利时受到歧视,明显违背了《与贸易有关的知识产权协议》以及《巴黎公约》中所规定的国民待遇原则。美国人的这种做法引起了国际社会的普遍不满。在这种情况下,美国不得不改变其具体做法,即从 1996 年 1 月 1 日开始,承认在世界贸易组织成员国内以及北美自由贸易区内的发明日。我国于 2001 年 12 月 11 日加入了世界贸易组织。因此,对于到美国申请专利的我国国民也可同美国人一样,以自己发明完成日向美国申请专利,但要证明自己的发明日必须有相关证据,其中研究开发日志是最为重要的证据之一。

美国专利商标局于 2012 年 7 月 26 日就实施《美国发明法案》"发明人先申请"条款发布修订专利案件实践规则的建议,"发明人先申请"条款将美国专利制度从先发明制转变为发明人先申请制。《美国发明法案》首次将这个有 200 多年历史的重要法律推翻,变成了先申请制,堪称是美国历次专利改革法案中变动最大、影响最深远的部分。从 2013 年 3 月 16 日起,新颖性判断以专利申请日为基准,而不是专利技术的发明日。

(三)宽限期

美国《专利法》第 102 条(a)(1)款规定,现有技术是在本发明的有效申请日以前,记载在专利、公开出版物形式中,或公开使用、销售或以其他方式为公众所知的技术;第 102 条(a)(2)款规定,现有技术是记载在本发明的有效申请日以前有效提交的专利或专利申请中的技术。上述条款都适用有关"宽限期"的规定,即在申请日前一年内,申请人公开或基于申请人信息公开内容中的技术,不属于现有技术。

美国专利法有一个一年的宽限期,即允许申请人在首次公开该发明内容的一年内保留专利申请权。也就是说,申请人自己的公开或基于申请人信息公开内容中的技术,不属于现有技术,在一年内不会影响其专利申请。在这个期限之内,当事人可以合法地就一项已经公开了的发明递交专利申请。这个宽限期在《美国发明法案》通过前不仅对专利申请人或衍生自申请人的公开有效,还可以包括第三方的公开。但随着《美国发明法案》的通过生效,仅对专利申请人或衍生自申请人的公开有效。

(四)溯源诉讼程序

针对先申请制和发明者享有一年的宽限期政策,《美国发明法案》制定了一个溯源诉讼程序,用于决定先申请人提交的发明是否源于真正的发明人。如果是源于真正的发明人,并且真正的发明人在先申请人提交申请后一年之内也递交了专利申请,那么真正的发明人(后申请人)可以用一个溯源诉讼程序来取消前申请人的申请。派生诉讼将取代现有专利法中的干扰诉讼程序。

(五)临时专利申请及全审查制

从 1995 年 6 月 9 日开始,美国专利商标局为首先在美国国内提出专利申请的发明人提供了临时专利申请。

依据美国《专利法》第 111 条(b)款,临时专利申请是在美国专利商标局提出的国内申请。在临时专利申请中,不需要正式的权利要求、誓词及声明、相关资料及在先的技术公开。依据美国《专利法》第 111 条(a)款,临时专利申请为以后的非临时专利申请建立了有效的申请提交日。一件临时专利申请从申请提交日起计算有 12 个月的未决期,这个未决期是不可扩展的。为了取得临时专利申请所确认的较早优先权,提出临时专利申请的申请人必须在临时专利申请的 12 个月未决期内提出相应的非临时专利申请。依据美国《专利法》第 119 条(e)款,非临时专利申请的内容应包含临时专利申请的内容;或在以特定参考资料为依据的前提下,非临时专利申请也可包含经改写后的临时专利申请的内容。提交了临时专利申请后,再提出相应的非临时专利申请方式之一:将临时专利申请转换为非临时专利申请。这种转换的申请书,要在临时专利申请提交日的 12 个月内,正式向美国专利商标局提交。

临时专利申请规定所针对的对象主要是已经脱离基础理论阶段,具有应用前景和潜在商业价值,但还不能申请专利的成果。如果一项成果的应用前景还不明朗,可以先申请临时专利,待进一步研究后再申请正式专利。临时专利不是真正意义上的专利,临时专利不能予以审查,也无法授予专利权。实质上,它仅仅是为申请人在将申请转换为正规申请之前保留一个优先权日,相当于国内优先权,而这种较低成本的申请方式使得美国申请人与外国申请人享有乌拉圭回合谈判的同等权利。

美国实行的是全审查制,所以在申请美国专利时不需要提交实质审查请求书。以前美国专利没有早期公开,只有授权后才公布,现在美国专利商标局也采用了专利申请的早期公开制,但是申请人可以要求不公开。如果要求不公开,则要提出不公开请求。按照美国专利法,申请人必须是发明人。因此,在申请美国专利时需要宣誓或提交声明,表示自己是原始的第一发明人,同时表示自己对申请文件负责。

（六）绝对新颖性和相对新颖性

新颖性要求的正当性来源于专利契约理论,这种理论认为只有当公众从专利技术中得到某种好处时,发明创造才能取得垄断权。由此要求申请专利的发明创造和现有技术相比,不仅应当是独创的,而且必须是"新的"。

一般来说,现有技术是指已经公开的、公众可以得到的所有技术知识的总和。

第一,现有技术在公开方式上,除了传统的出版物公开、使用公开和其他方式公开之外,互联网公开对现有技术检索提出了很大的挑战,已经有很多国家将互联网公开的信息归入现有技术的范围之内。

第二,对现有技术地域标准的新解读。在地域性上对现有技术的判断有绝对新颖性、相对新颖性和混合新颖性三项标准。绝对新颖性标准是指该项技术不论以何种方式在世界上任何地方公开,都应作为现有技术而丧失新颖性;相对新颖性标准认为只有在国内公开过的技术才算现有技术;而混合新颖性标准则是,在出版物公开上采用世界标准,对使用公开和其他方式公开上则采用国内标准。

2011 年 9 月 16 日,美国总统奥巴马正式签署《美国发明法案》,新修改的内容还包括扩大了现有技术的范围,实行绝对新颖性。此前的美国专利法规定,世界范围内的以专利、公开出版物形式公开,以及美国境内公开使用、销售而公开的技术构成现有技术。《美国发明法案》定义了两类现有技术:美国新《专利法》第 102 条(a)(1)款,"在本发明的有效申请日以前,记载在专利、公开出版物形式中,或公开使用、销售或以其他方式为公众所知"的技术;美国新《专利法》第 102 条(a)(2)款,"记载在本发明的有效申请日以前有效提交的专利或专利申请中"的技术。修改之后取消了地域区分,凡世界范围内以专利、公开出版物、公开使用、销售或其他方式为人所知的技术均构成现有技术。

（七）专利申请 IDS 文件

在美国专利申请过程中,还常用到 IDS 文件,其是"information disclosure statement"文件的缩写,即是信息公开声明文件。所谓信息公开声明,也就是专利申请人须将自己所知道的所有相关前案技术资料提供给美国专利局,以方便专利局对专利的审查。如果发明人、专利权人知道某些现有技术会影响专利的新颖性,从而隐瞒并未诚实地向美国专利局提交此现有技术,美国专利局在申请程序中并不会对此作出任何处分。但是当专利权人在美国法院中利用其专利权控告他人时,如果美国法院或者被诉方发现专利申请程序中提交 IDS 文件有问题,此时就会影响专利的专利性。

为了解决专利审查中现有技术相关信息的不足,提高专利审查的准确性,美国专利法规定在专利申请文件公开后,允许第三方提供关于现有技术的相关信息,但仅限于专利和公开出版物。此外,第三方无权对所提供的现有技术信息进行阐述和解释。这些限制性规定,不利于审查员对上述信息的有效运用,阻碍了第三方所提供信息价值的实现,而且可以提呈的时间期限非常严格。《美国发明法案》大大地放宽了在专利申请期间第三方提交 IDS 文件的时间期限。规定从美国专利商标局发出专利核准通知前或首次公开专利申请的 6 个月后,任何人有权向其提供与该专利申请有关的信息,上述信息不仅包括相关专利申请、授权专利和公开出版物,还包括第三方对所提供的信息进行的简单陈述,供审查员参考。这一规定将适用于所有在 2012 年 9 月 16 日仍处于审查阶段的专利申请。

（八）披露最佳模式的要求

根据美国《专利法》第 112 条要求,发明人必须披露实施发明的最佳模式。如果发明人未披露最佳模式,那么即使已经获得授权的专利,也可能会根据美国《专利法》第 282 条被宣告为无效。专利法的利益平衡机制,从某种程度上也表现为通过授予发明人对其发明创造一定限制的垄断权,换取发明人将其技术公布于众,促进新的技术传播,进而推动技术进步和社会经济发展。发明人获取专利权,但并未将其发明创造完全公布于众,这就违反了诚信原则,损害社会公众利益。因此,美国专利法规定专利申请文件中需要记载该发明的最佳实施例,申请文件中没有披露最佳实施例,可以作为诉讼中主张专利无效的控辩理由。但在实践中,最佳实施例的判断带有主观性,不同主体基于其学识、经验等方面差异,会作出截然不同的判断结果。且当今社会技术发展日新月异,专利申请时的最佳实施例在诉讼发生时,可能已经丧失了其最佳地位,被其他方式所取代。《美国发明法案》推翻了专利因未披露最佳模式而被宣告无效,且该规定具有溯及既往力,这意味着正在法院审理尚未终结的以最佳实施例为抗辩理由的专利侵权诉讼的结束。尽管根据美国《专利法》第 112 条的要求,发明人仍然必须披露发明的最佳模式,但自 2011 年 9 月 16 日起专利不能仅仅由于没有披露最佳模式而被宣告无效。

（九）加速审查

《美国专利审查程序手册 1998 年修订版》第 708.02 条规定,满足一定条件的专利申请,可提出特殊化请求,请求对专利申请实现提前或加速审查。2006 年 8 月,美国商标专利局推出新加速审查程序,对专利审查程序手册中有关特殊化请求部分作出修改,缩小了可以提出特殊化请求的专利申请范围,并对其中的加速审查程序作出新规定,对适用加速审查程序专利申请的限定性条件有所提高。

《美国专利审查程序手册 2006 年修订版》第 708.02 条规定,对于 2006 年 8 月 25 日（含当日）以后提交的特殊化请求,只有因申请人的年龄和健康问题而提出的特殊化请求和审查高速公路项目中的申请,以及满足修订后的新加速审查程序规定的专利申请才可获得批准。即除因申请人的年龄和健康问题而提出的特殊化请求和审查高速公路项目中的申请外,对其余专利申请都不再设置提前审查程序,而统一为新加速审查程序。新加速审查程序对审查完成的时间作出明确规定,《美国专利审查程序手册 2006 年修订版》对新加速审查程序设定的目标是自申请递交日起 12 个月内完成审查工作。

《美国发明法案》使得加速审查程序的适用范围更加广泛,但收费也更昂贵。

（十）优先审查

《美国发明法案》第 11 条授权美国专利商标局某些条件下给予专利申请优先审查。申请人提交优先审查申请,并缴纳 4800 美元（小实体 2400 美元）申请费。被优先审查的申请不能包含超过 4 个独立的权利要求,总共不能超过 30 个权利要求。优先审查请求被批准的申请从被批准之日起 12 个月内将得到最终处置。目前,每财政年度（上一年 10 月 1 日至下一年 9 月 30 日）不超过 1 万件专利申请会被优先审查。

（十一）优先权主张

1. 在外国在先申请的优惠及优先权

美国《专利法》第 119 条规定,任何人或其法定代理人或受让人,在向美国提出发明专利的申请之前,已经就同一发明正式向外国提出专利申请时,如果该国对于在美国提出的申请或对于美国公民给予同样的优惠待遇,又如果在美国的申请是在向外国最早提出申请的日期起 12 个月以内提出的,该项申请即可视为在外国提出申请之日向美国提出申请并发生效力。但是如果在美国实际提出申请之日以前,该发明已经在任何国家取得专利或者在印刷出版物中已有叙述,在一年以上的或者如果在实际申请以前,在美国已经公开使用或销售在一年以上的,对该项发明的专利申请,不予核准。如果申请案不在授予专利之前,或在申请期间未在专利与商标局局长所要求的(但不得少于在向美国提出申请后 6 个月)时间内,将其优先权的请求以及作为优先权的根据的向外国提出的原申请书、说明书和绘图的核证副本向专利与商标局提出,则专利申请不能得到优先权。该诸核证文件须由接受申请的外国专利局出具,而且应该记明申请日期以及提出说明书与其他文件的日期。如果提出的文件不是用英文写成的,局长可以要求附具英文译本,并且可以要求提供其认为必要的其他资料。本条所规定的权利可以不根据原先在外国提出的申请取得,而以随后在同一外国提出的另一正式申请为根据,按同样的条件和要求以同样的方式取得,但必须在该第一次申请在没有提供公众审阅和没有保留任何权利之前已将该前申请撤回、放弃或以其他方式废除,并且从未用以(以后也不得用以)作为要求优先权的根据。如果申请人有权在外国按其意愿申请专利或申请发明证书,则他在该国提出的发明证书申请在本节规定的优先权问题上,在美国与专利申请同样对待并有同样的效力。但必须遵守本条规定的适用于专利申请的同样的条件和要求,并且只有当申请人在申请时有权享受《巴黎公约》的斯德哥尔摩修正案的权利时,上述规定才能适用。

2. 在美国在先申请的优惠

美国《专利法》第 120 条规定,一项发明专利的申请,如果该发明已经在同一发明人前次向美国提出的申请中按照本编第 112 条第一段所规定的方式作过披露,只要之后的那次申请是在第一次申请或同样有权享受第一次申请日期优惠的申请授予专利证书之前提出,或者在放弃第一次申请程序终止或放弃之前提出,或者在申请的办理程序终止之前提出,而且只要之后的那次申请中明确提及或者以后补充明确提及第一次提出的申请,之后的那次申请对于该项发明就具有在第一次申请日提出申请相同的效力。

二、日本专利的申请和审查

(一)发明

1. 申请资格

日本《专利法》第 8 条规定,在日本国内无住址或住处(法人为营业所)者,除申请第 3 款的登记及其他政令规定之外,其专利代理人若不注明在日本国内的住址或住处者,不能履行手续或对行政厅依照本法或基于本法令规定所做处理不能提出不服的起诉。

2. 实用新型专利申请与发明专利申请相互转化的制度

日本《专利法》第 46 条规定,实用新型专利申请人可以自申请日起 3 年内将实用新型专利申请转换为发明专利申请。提出转换为发明专利申请后,原实用新型就被视为放弃;转换申请必须从实用新型申请日起 3 年内提出;实用新型申请人提出检索报告请求后,或者非实用新型申请人提供检索报告请求且受到通知书超过 30 天后,不得提出转换申请;转换为发明申请内容必须限于实用新型原申请所记载的范围;转换为发明专利申请后,允许提出分案,但该发明申请及其分案申请不得再转换为实用新型;如果该实用新型被提出无效请求,超过了无效审判答辩的期限,就不能将该实用新型转换为发明专利申请。

发明专利申请向实用新型专利申请转化的制度。根据日本《实用新型法》第 10 条的规定,在发明专利申请日起 5 年 6 个月的期限内,发明专利申请人可以将其申请转换为实用新型申请。或者在收到驳回决定之日起 30 天内,可以将其申请转换为实用新型申请。

3. 加速专利审查制度

日本对发明专利采取审查是否具新颖性、进步性以及产业上的可利用性等的实体要件之审查主义。另外,参照美国专利法以及欧洲专利条约,允许技术思想上有密切关系的数个发明以一个申请案提出。

日本专利审查采取书面审查,并于 1990 年导入线上申请或利用磁片申请,无纸张申请,申请文书法律规定必须以日文作成,也可以先以英文说明书提出,之后再提出日文译文。以英文说明书提出申请之日文译文的提出期限为自优先权基础案的申请日起 1 年 2 个月内。通常在申请人请求提早公开约 3 个月后发明的内容就会公开。

根据日本专利法,申请案提出后,经过 18 个月不论审查与否均将申请案的内容公开。申请人也可以请求提早公开(比申请日起算 18 个月还早公开)。

1)优先审查

日本《专利法》第 48 条第 6 款规定,特许厅长官在申请公开后申请公告前认为非专利申请人以实施有关专利申请的发明为业而如有必要时,可以令审查官将该专利申请优先于其他专利申请进行审查。

申请优先审查的条件:

第一,专利申请人或第三者都可以申请,申请人或者第三者对于加以商业应用的专利申请可以要求进行优先审查。如果申请人提出优先审查请求,需要提供证据材料证明该专利申请已经实施;如果第三者提出优先审查请求,需要证明其所实施的技术与专利申请的技术方案不相同并且仍然受到申请人的警告。

第二,已提交实审请求(可能同时提交了优先审查申请)。

第三,该申请已被公布(公开)。

第四,第三者正在实施权利要求的发明。优先审查仅仅将该专利申请在等待审查序列中提前,审查流程本身并不优化,所以相对于早期审查和超早期审查而言审查周期仍然较长。

2)早期审查

日本专利局于 1986 年发布了《早期审查·早期审判指南》,设立早期审查程序。可在提申请的同时提加快审查请求,最快可在 6 个月获得授权。提加快请求要附加现有技术检索报告,此报告一般为专利代理人所做,知识产权局不提供检索服务,无规费,审查员收到请求和检索报告后进行检索和审查。

申请早期审查的条件包括:

第一,只有专利申请人可以申请。

第二,已提交实审请求(可能同时提交了早期审查申请)。

第三,还没有开始实质审查。

第四,下列任意一种情况:申请人或其被许可人正在实施或者在 2 年以内计划实施其权利要求的发明;申请人在日本以外的国家提交了相应的专利申请;申请人为学术团体,如大学;申请人为小型企业或个人。

早期审查不仅在等待审查序列中提前,并且设立单独的审查流程。

3)超早期审查

日本特许厅于 2008 年 10 月 1 日起开始试行相对于早期审查更为快速的超早期审查程序。超早期审查的适用对象是已经提出实质审查请求并且尚未收到驳回决定和授权决定等的专利申请。除了满足早期审查的相关条件之外,超早期审查的适用对象还需要满足下述条件:

第一,相关联的专利申请得以实施并且相关联的专利申请已在国外提出。

第二,超早期审查申请的所有手续必须在网上提出。

第三,不是国际专利申请进入日本国内阶段的情况。

4. 新颖性

日本《专利法》第 29 条规定,凡提出在工业上可利用的发明的人,除下述发明外,其发明可获得专利。

(1)专利申请前在日本国内或外国中公然周知的发明。

(2)专利申请前在日本国内或外国公然被实施的发明。

(3)专利申请前在日本国内或外国中揭示于已颁布的刊行物的发明,或透过通信线路可被公众利用的发明。

公然周知的发明是指非特定者知道非秘密的内容的发明。只有应负守密义务者才知道的营业秘密系被排除在公然周知的发明之外,但是如果该营业秘密的技术被应负守密义务者以外的人知道,便构成公然周知的发明的要件。

公然被实施的发明是指发明的内容在公然周知的状态下或在有公然周知之虞的状态下被实施的发明。

日本《专利法》第 30 条规定:

(1)有权取得专利者,经考试进行实验并在刊物上发表的发明,或在专利厅长官指定的学术团体举办的研讨会上发表的论文符合第29条第1款各项之一的发明,当该发明者自相当之日起6个月以内提出专利申请时,视该发明为不适用于同款各项的规定。

(2)违背有权取得专利者的意图,对符合第29条第1款各项之一的发明,有人在自相当之日起6个月以内提出专利申请时也与前款同样。

(3)对有权取得专利者,在政府或地方公共团体举办的博览会,或专利厅长官指定的举办的博览会展出的发明;在《巴黎条约》同盟国政府或取得其许可者举办的国际性博览会,或者专利厅长官指定的在《巴黎条约》同盟国以外的国家取得其政府或其许可而举办的国际性博览会展出的发明,符合第29条第1款各项规定之一的,自该日起6个月以内,该发明者提出专利申请时,也与第一项同样。

5. 优先权主张

日本《专利法》第43条规定:

(1)依照《巴黎条约》第4条D(i)的规定,对于专利申请拟提出优先权者,必须同时向专利厅长官提出专利要旨以及最初提出申请或依同条C(4)规定被视为已提出最初申请或依同条A(2)的规定被视为已提出最初申请而记载有《巴黎条约》同盟国的国名及申请时间的书面文件和专利申请。

(2)依前款的规定主张优先权者,必须将最初提出的申请或依《巴黎条约》第4条C(4)的规定被视为已提出最初申请或依同条A(2)的规定被承认为最初提出的申请而记载在《巴黎条约》同盟国认为的申请时间的书面文件、发明的明细书及图纸的副本或由该同盟国政府发行的具有同样内容的公报或证明书,自专利申请之日起3个月以内向专利厅长官提出。

(3)依第1款的规定主张优先权者,必须将最初申请或依《巴黎条约》第4条C(4)的规定被视为最初申请或记载有依同条A(2)的规定被承认为最初申请而附有号码的书面文件连同前款规定的文件一并向专利厅长官提出。但在提出同款规定的文件之前无法得知其号码时,须提出代替记载其理由的书面文件,当得知其号码时,必须立即提出记载其号码的书面材料。

(4)依第1款规定主张优先权者未按第2款规定的期限提出同款规定的文件时,将失去其优先权的主张。

6. 增加特殊情况下延长申请期限等救济措施

鉴于2011年东日本大地震的教训和国际经验,2014年专利法修改规定,在发生自然灾害等不可抗力事由时,可以对申请人或专利权人提供延长申请期限的救济措施。该措施适用于新颖性丧失的例外、优先权证书的提出、分案申请、申请审查以及专利费用的缴纳。

7. 设置专利异议申请制度

日本旧专利法中曾经设置过专利异议申请制度,但在2003年修改专利法时将其合并至专利无效审判制度中。但统计表明,两制度合并后,请求专利无效审判的案件并没有明显增加,因此日本业界认为,在现有专利申请和专利无效审判制度下,存在大量瑕疵专利。为解决该问题,2014 年修改的专利法单独设了专利异议申请制度。

该制度的具体内容:在专利公报发行之日起 6 个月以内,任何人都可以提出专利异议申请,专利异议申请制度形式上仅限于书面申请。

(二)实用新型

1. 新颖性、创造性

日本《实用新型法》第 3 条规定:

(1)凡作出物品的形状、构造或者组装的设计而能够在产业上利用者,除下列设计外,均可取得实用新案注册。

第一,申请实用新案注册以前,在日本国内,已经是众所周知的设计。

第二,申请实用新案注册以前,在日本国内,已经是普遍实施的设计。

第三,申请实用新案注册以前,在日本国内或者外国,已经在发行的刊物上有所披露的设计。

(2)申请实用新案注册以前,在该设计所属的技术领域内,具有一般知识的人,根据前款各项列举的设计,能够轻易作出的设计,虽有前款的规定,但该设计不能取得实用新案注册。

2. 冲突申请

申请实用新案注册的设计和申请专利的发明相同的场合,这两个申请不是在同一天内提出时,只有在实用新案注册申请人比专利申请人先提出申请的情况下,方可取得该设计的实用新案注册。

3. 申请书内容

(1)实用新案注册申请人的姓名(或名称)和住址(或住处),申请人是法人时,则为其代表的姓名。

(2)提出的年、月、日。

(3)设计的名称。

(4)设计者的姓名和住址(或住处)。

申请书必须附有记载下列事项的说明书和图纸:

(1)设计的名称。

(2)图纸的简要说明。

(3)设计的详细说明。

(4)实用新案注册请求的范围。

在前款设计详细说明中,必须写明该新设计的目的、结构和效果,使在该设计所属的技术领域具有一般知识的人也能够容易实施。

4. 关于实质审查

日本实用新型在 1993 年以前和发明专利一样，也是实行实质审查制度。1993 年，日本对实用新型法进行了修改，改为了非实质审查的、依职权制作技术检索报告的登记制。实用新型申请不再进行实质审查，仅进行基本条件的审查和形式要件的审查。

（三）外观设计

1. 新颖性与创造性

日本《外观设计法》第 3 条规定，创作了能够在工业上应用的外观设计者，除下列外观设计以外，就其外观设计取得外观设计注册：①外观设计注册申请前，在日本国内或国外已公知的外观设计；②外观设计注册申请前，在日本国内或国外发行的出版物上已刊载的或公众能够通过电信线路进行利用的外观设计；③与前两款所列外观设计类似的外观设计。

在外观设计注册申请前，具有该外观设计所属领域的一般知识者，基于在日本国内或国外已公知的形状、图案、色彩或其结合，容易创作出的外观设计（前款各项所列者除外），不受前款规定所限，不能取得外观设计注册。

日本《外观设计法》第 4 条规定：

(1)违反具有外观设计注册取得权的人的意愿而使外观设计成为前条第 1 款第 1 项或第 2 项规定的外观设计的，自成为该外观设计之日起 6 个月内，具有外观设计注册取得权的人提出外观设计注册申请时，该外观设计不应被视作该款第 1 项或第 2 项所规定的外观设计。

(2)因具有外观设计注册取得权的人的行为而使外观设计成为前条第 1 款第 1 项或第 2 项规定的外观设计的，自成为该外观设计之日起 6 个月内，该人提出外观设计注册申请时，与前款同样处理。

2. 关联外观设计制度

日本外观设计法第 10 条规定，外观设计权人可以就仅与自己的注册外观设计相类似的外观设计取得关联外观设计注册。

根据日本《外观设计法》的规定，同一申请人可以将多项相近似的外观设计作为关联设计加以申请，但是必须具备两个条件：同一申请人、与基本设计是相近似的设计。在关联设计申请中必须注明基本设计的申请号，关联设计的保护期限是自基本设计的注册日起 15 年。每一个关联设计申请注册后都可以单独实施。关联设计制度的主外观设计及其关联外观设计的外观设计专利权必须同时转让和许可，即使主外观设计专利权已不存在的情况下，其余所有关联外观设计专利权仍必须同时转让和许可。

3. 部分外观设计制度

所谓部分外观设计是指对产品上的某一部分的形状、图案及位置关系进行的新设计,不是对组成该产品的零部件进行的外观设计。如果运用这种新的局部外观设计注册制度,在注册了有特征的部分之后,遇到第三者采用了该特征的部分,尽管整体不同,也能起诉其侵权。部分外观设计要求用虚线表示出整个产品的外形,用实线表示产品局部设计,并在简要说明中对要求保护的产品局部外观设计予以说明。如果一个局部申请与一个已经被注册的外观设计的部分相同或相近似,则该局部申请将被驳回。我国对于部分外观设计申请不予授权,日本则不然。

4. 组合外观设计制度

日本《外观设计法》第 8 条规定,由同时使用两个以上实物组成通产省政令所规定的(组合)实物的外观设计,当该组合物作为一个整体具有统一性时,可以作为一项外观设计提出外观设计注册申请。

5. 保密外观设计制度

日本《外观设计法》第 14 条规定,外观设计注册申请人可以指定自外观设计注册之日起 3 年以内的期限,请求在此期限内对其外观设计保密。在指定期限内,记载外观设计的图纸、照片、模型或样品的内容等,不在公报上登载。一旦指定期满,如果还在注册登记之日起 3 年以内的,外观设计注册申请人或外观设计权人可以请求延长或缩短指定期限。

设立该条款的目的主要是考虑一些企业在产品设计时就申请了外观设计,但是不希望该设计过早地为公众所知。因此,日本设立了"秘密外观设计",以保证外观设计的公开与企业产品的公开同步进行。

6. 实审制和无实审制

早期,日本对外观设计注册制度坚持"审查主义原则",为了外观设计能得到早期保护,日本修订了《外观设计法》,增加"无审查的方式"对外观设计进行保护,申请人可按照自己的意愿选择。

三、德国专利的申请和审查

(一)发明专利

1. 申请人

德国《专利法》第 25 条规定:

(1)在德国国内没有住所或者营业所的,只有委托德国的律师或者专利律师作为其代理人时,才可以在专利局或者专利法院参与本法所规定的程序并主张专利权。该代理人有权参与专利局和专利法院的程序,以及与专利相关的民事诉讼程序,也可以提交启动刑事程序的请求。

(2)欧盟成员国的国民或者其他欧洲经济区条约成员国的国民,根据缔结欧共体条约对引进服务业的规定,只要其执业范围在 2000 年 3 月 9 日生效的《欧洲律师在德国从业规定》第 1 条规定或者 1990 年 7 月 6 日生效的《专利律师职位许可能力测试规定》第 1 条以及它们每一个生效文本规定的范围内,可以担任第(1)款规定的代理人。

德国就同一发明创造可同时申请专利和实用新型,并且同时取得专利保护。

2. 新颖性、创造性、实用性

德国《专利法》第 3 条规定:

(1)当一项发明不属于现有技术时,则具有新颖性。现有技术包括在申请日(有优先权的指优先权日)以前,公众能够通过书面记载、口头描述、使用或者以其他任何方式,可以公开获得的所有知识。

(2)在先申请且于本申请的申请日当天或者之后公众可以获得的下列专利申请的内容,也属于现有技术。

第一,首次向德国专利局提出的国家申请。

第二,首次向主管机关提出的欧洲专利申请,当其请求获得德国的专利保护,并且按欧洲专利公约第 79 条第(2)款的规定交纳了指定费用,或者一项指定欧洲专利局的专利合作条约规定的国际申请[欧洲专利公约第 153 条第(2)款],并满足欧洲专利条约第 153 条第(3)款所规定的条件。

第三,首次向受理局提交的以德国专利局为指定局的专利合作条约规定的国际申请。

如果一项申请以一项在先申请为基础主张优先权,且其内容未超出在先申请的内容,则其属于本款第 1 句中规定的首次申请。属于本款第 1 句第 1 项的专利申请,已经根据本法第 50 条第(1)款或者第(4)款发布命令的,自申请日起满 18个月,视为公众可以获得。

(3)属于现有技术的物质或者混合物,如果其是用于本法第 2A 条第(1)款所述方法,并且将其应用于该方法不属于现有技术,则不能依据本条第(1)款和第(2)款的规定,排除其可专利性。

(4)同样,第(3)款所述的物质或者混合物在第 2A 条第(1)款所述方法中的某一特殊用途,如果不属于现有技术,则也不能依据本条第(1)款和第(2)款的规定,排除其可专利性。

不丧失新颖性的情形:

德国《专利法》第 3 条第(5)款规定,如果由于下列情形,直接或者间接地导致申请专利的发明在申请日以前 6 个月内被公开,则不适用本条第(1)款和第(2)款的规定。

第一,明显有损申请人或者其原权利人利益的滥用行为。

第二,申请人或者其原有权利人在符合 1928 年 11 月 22 日在巴黎缔结的《国际展览会公约》规定的、政府主办或者承认的国际展览会上展出该发明。

申请人必须在递交申请时声明该发明曾经进行过上述展出,并在递交申请后

4 个月内提供证明文件,才能适用本款第 1 句第 2 项的规定。本款第 1 句第 2 项所指的展览会应当公布在由联邦司法部长签署的联邦法律公报上。

德国《专利法》第 4 条规定,如果一项发明与现有技术相比,对本领域技术人员来说是非显而易见的,则应当被认为具有创造性。第 3 条第(2)款所指的申请属于现有技术的,则该类申请不能用于判断本发明是否具有创造性。

德国《专利法》第 5 条规定,如果一项发明的主题能够在包括农业在内的任何一种产业中制造或者使用,则应当认为其是适于工业应用的。

3. 独立检索和提出实质审查请求

若申请人提出独立检索请求,审查员则须对相关现有技术进行全面(有限范围内)检索,以确认哪些已公开(现有技术)的文献可加以考虑,从而决定申请所要求发明的可专利性。检索报告(附所有引证文献副本)送交申请人后,检索程序结束。

若申请人(个别情况为第三方)期望获得德国专利授权或至少一份有关权利要求主题可专利性的全面评估,则申请人应当自申请日起 7 年内向德国专利局提交审查请求。

4. 优先权的主张

德国《专利法》第 40 条规定:

(1)在一件在先专利申请或者实用新型申请的申请日后 12 个月内,就同一发明向专利局提出的专利申请可以享有优先权,在先申请已经要求本国或者外国优先权的除外。

(2)一件专利申请可以要求在专利局提起的数件专利申请或者实用新型申请的优先权。

(3)只有在先申请的整个申请文件中明确公开的技术特征才能被要求优先权。

(4)优先权声明必须在后申请的申请日后 2 个月内提出;只有写明了在先申请的申请号的,才视为作出了要求优先权的声明。

(5)在先申请仍在德国专利局等待审查,依据第(4)款的规定声明要求优先权的,该申请将被视为撤回。在先申请是实用新型申请的,不适用本规定。

(6)请求查阅(第 31 条)已要求在先专利申请或者实用新型申请优先权的在后申请的,专利局应当一并提供在先专利申请或者实用新型申请的副本和在后申请的文件。

德国《专利法》第 41 条规定:

(1)依据国际条约的规定,对同一发明要求在先外国申请的优先权的申请人,应当在优先权日后 16 个月内,说明在先申请的申请日、受理国家、申请号,并提交在先申请副本。在此期限内,可以修改上述内容。未按要求提交前述情况或者文件的,优先权请求无效。

(2)在先的外国申请是在未参加相互承认优先权的国际公约的国家提起的,只要依据联邦司法部在联邦法律公报上的公告,该国家对在德国专利局第一次提出的申请授予优先权,而且该优先权的要件及内容与《巴黎公约》关于优先权的规定相符的,申请人可以依据《巴黎公约》有关优先权的规定要求优先权。对此,参照适用第(1)款的规定。

(二)实用新型

1. 新颖性、实用性、创造性

德国《实用新型法》第3条规定:

(1)如果一项实用新型的主题不属于现有技术的一部分,应当认定其是新颖的。现有技术包括在申请日以前,公众通过书面记载或者在本法适用地域内的使用,能够公开获得的任何知识。在申请日前6个月内的书面记载或者使用,如果是建立在申请人或者其原权利人的构想基础上的,不应当认为是现有技术。可见德国实用新型采用"相对新颖性"标准,其中口头公开的内容不在考虑之列,而"使用公开"仅限于德国范围之内。

(2)如果一项实用新型的主题能够在包括农业在内的任何一种产业中制造或者使用,应当认为其是适于工业应用的。可见实用性是指实用新型的主题必须能够在产业上制造或者使用,并且能够产生积极效果。

根据德国《实用新型法》第1条第1款规定,德国实用新型也应当具有创造性。实用新型的创造性低于发明专利对创造性的要求。

2. 只作形式审查,不作实质审查

德国《实用新型法》第8条规定,若申请符合第4条、第4a条之构成要件,则专利局应将其登载入新型专利登记簿内。对于申请标的,不就创新性、发明性、与产业可利用性进行审查。

德国专利局实用新型部门首先审查该申请是否满足形式性要求,包括该申请的主题是否属于实用新型的保护范围,是否符合《实用新型法》第1条第2款的规定,然后根据《实用新型法》第2条的规定审查该申请的主题是否落入不予保护的范围之内。由此可以认为,在德国对实用新型只进行有限审查,也就是说,对其是否满足实质性条件,即新颖性、创造性和实用性不进行审查。这种实质性的审查留待在侵权程序或无效宣告程序中进行。

3. 优先权

德国《实用新型法》第5条第(1)款规定,申请人先在德国就同一发明提出一项有效的专利申请的,申请人可以在提出实用新型申请的同时提出一份声明要求享有该专利申请的优先权。对专利申请要求享有优先权的,也适用于实用新型申请。依据第1句规定的优先权,可以在专利申请的审查或者异议程序终结当月月底之日起 2 个月内行使,但最长自专利申请的申请日起 10 年内行使。

德国《实用新型法》第 6 条第(1)款规定,自向专利局提出在先专利申请或者实用新型申请后 12 个月内,申请人对同一发明申请实用新型的,可以享有优先权,但在先申请已经要求了国内或者外国优先权的除外。

德国《实用新型法》第 6 条 A 款规定:

(1)申请人在国内或者国外展览会上展览其发明,并在第一次展览该发明之日后 6 个月内提出实用新型申请的,可以主张展览会优先权。

(2)第(1)款规定的展览会,应是联邦司法部曾在《联邦法律公报》中明确规定的适用展览保护的展览会。

(3)主张第(1)款展览会优先权的申请人必须在发明首次展览日后 16 个月内提供有关该展览日、展览会的信息和相关证据。

(三)注册设计

1. 新颖性、独特性

德国《外观设计法》第 2 条规定:

(1)只有新颖的、独创的外观设计,才受本法保护。

(2)在登记日前没有相同外观设计被公开的,该外观设计具有新颖性。特征上仅有不重要的细节差别的,视为相同的外观设计。

(3)如果一个有见识的使用者对申请日之前公开的其他外观设计的总体印象,不同于对该外观设计的总体印象,该外观设计具有独创性。在判断独创性时,应考虑设计者在进行这一设计时所具有的创造自由程度。

一项外观设计被公布、展览、使用或者以其他方式为公众所知的,该外观设计即属于公开,除非在申请日之前这些事件不可能使该外观设计被在共同体内运营的、从事日常商业行为的相关专业机构所获知。不能仅因为一项外观设计曾在明示或者默示的保密条件下披露给第三方,就视该外观设计已经公开。

2. 宽限期

外观设计的设计人或其权利继受人在申请日前一段时间内自己公开其外观设计的事实,不影响其外观设计的新颖性和独创性(或独特性),此即所谓宽限期。

德国《外观设计法》第 6 条规定,在申请日前 12 个月内,设计人或者其权利继受人,或者由设计人或者其权利继受人提供信息或者受其支配的第三人,将外观设计公开的,不适用第 2 条第(2)(3)款的规定。违背设计人或者其权利继受人意愿之滥用行为,导致外观设计公开的,同样不适用第 2 条第(2)(3)款的规定。

3. 优先权

(1)外国优先权

德国《外观设计法》第 14 条规定:

第一,依据国际条约规定,对相同的外观设计要求在先外国申请优先权的申请人，应当在优先日后 16 个月内，声明在先申请的申请日、受理国家、申请号，之前尚未提交在先申请副本的还应当提交副本。在此期限内，可以修改上述内容。

第二，若在先的外国申请是在未参加相互承认优先权国际公约的国家提起的，只要依据联邦司法部在《联邦法律公报》上的公告，该国家对在德国专利商标局第一次提出的申请授予优先权，而且该优先权的要件及内容与《巴黎公约》关于优先权的规定相符的，申请人可以依据《巴黎公约》有关优先权的规定要求优先权。就此参照适用第（1）款的规定。

第三，依据第（1）款及时声明以及递交副本的，德国专利商标局将优先权载入登记簿。申请人在设计登记公告之后才主张优先权或者修改声明的，应随后相应地补正公告。若没有依据第（1）款及时声明或者递交副本，则视为没作出优先权主张之声明。对此由德国专利商标局加以确认。

（2）展览会优先权

德国《外观设计法》第 15 条规定：

第一，申请人在国内或者国际展览会上展出设计以供参观，并在首次参观展览之后 6 个月的期限内递交申请的，可以对该展览日主张优先权。

第二，第（1）款所指的展览会，由联邦司法部在有关展览保护的《联邦法律公报》中，以公告的方式分别予以确定。

第三，主张第（1）款规定的优先权的，在设计首次展览日之后 16 个月届满之前，应声明该日期和展览会以及提交有关该参观展览会的证明。参照适用第 14 条第（3）款的规定。

4. 不同产品类别的外观设计也可以在一组申请中共同提交

德国于 2013 年 10 月 10 日通过的《关于修改外观设计法和展会保护公告规定的法案》，已在 2014 年 1 月 1 日正式生效。在该法案之前，对于多件设计在一组申请中共同提交的情况，必须满足多件设计属于同一个产品类别的条件。现在这一要求被取消，属于不同产品类别的外观设计也可以在一组申请中共同提交。

5. 延期公布

德国《外观设计法》第 21 条第（1）款规定，可以在递交申请的同时，请求从申请日起 30 个月再延期公布复制品。递交了请求的，公布将限于将外观设计登记于登记簿中。

四、我国专利的申请和审查

（一）专利申请

我国《专利法》第 17 条规定，在中国没有经常居所或者营业所的外国人、外国企业或者外国其他组织在中国申请专利的，依照其所属国同中国签订的协议或者共同参加的国际条约，或者依照互惠原则，根据本法办理。

我国《专利法》第 18 条规定,在中国没有经常居所或者营业所的外国人、外国企业或者外国其他组织在中国申请专利和办理其他专利事务的,应当委托依法设立的专利代理机构办理。

中国单位或者个人在国内申请专利和办理其他专利事务的,可以委托依法设立的专利代理机构办理。

(二)授予专利的条件

我国《专利法》第 22 条规定,授予专利权的发明和实用新型应当具备新颖性、创造性和实用性。

新颖性是指该发明或者实用新型不属于现有技术,也没有任何单位或者个人就同样的发明或者实用新型在申请日以前向国务院专利行政部门提出过申请,并记载在申请日以后公布的专利申请文件或者公告的专利文件中。

创造性是指与现有技术相比,该发明具有突出的实质性特点和显著的进步,该实用新型具有实质性特点和进步。

实用性是指该发明或者实用新型能够制造或者使用,并且能够产生积极效果。

本法所称现有技术,是指申请日以前在国内外为公众所知的技术。

我国《专利法》第 23 条规定,授予专利权的外观设计,应当不属于现有设计,也没有任何单位或者个人就同样的外观设计在申请日以前向国务院专利行政部门提出过申请,并记载在申请日以后公告的专利文件中。

授予专利权的外观设计与现有设计或者现有设计特征的组合相比,应当具有明显区别。

授予专利权的外观设计不得与他人在申请日以前已经取得的合法权利相冲突。

本法所称现有设计,是指申请日以前在国内外为公众所知的设计。

我国《专利法》第 24 条规定,申请专利的发明创造在申请日以前 6 个月内,有下列情形之一的,不丧失新颖性:

(1)在国家出现紧急状态或非常情况时,为公共利益目的首次公开的。

(2)在中国政府主办或者承认的国际展览会上首次展出的。

(3)在规定的学术会议或者技术会议上首次发表的。

(4)他人未经申请人同意而泄露其内容的。

《专利法实施细则》第 30 条规定,我国《专利法》第 24 条所称中国政府承认的国际展览会,是指国际展览会公约规定的在国际展览局注册或者由其认可的国际展览会。我国《专利法》第 24 条所称学术会议或者技术会议,是指国务院有关主管部门或者全国性学术团体组织召开的学术会议或者技术会议。

(三)优先权原则

1. 国际优先权

我国《专利法》第 29 条第 1 款规定,申请人自发明或者实用新型在外国第一次提出专利申请之日起 12 个月内,或者自外观设计在外国第一次提出专利申请之日起 6 个月内,又在中国就相同主题提出专利申请的,依照该国同中国签订的协议或者共同参加的国际条约,或者依照相互承认优先权的原则,可以享有优先权。

我国《专利法》第 30 条规定,申请人要求发明、实用新型专利优先权的,应当在申请的时候提出书面声明,并且在第一次提出申请之日起 16 个月内,提交第一次提出的专利申请文件的副本。

申请人要求外观设计专利优先权的,应当在申请的时候提出书面声明,并且在 3 个月内提交第一次提出的专利申请文件的副本。

申请人未提出书面声明或者逾期未提交专利申请文件副本的,视为未要求优先权。

2. 国内优先权

我国《专利法》第 29 条第 2 款规定,申请人自发明或者实用新型在中国第一次提出专利申请之日起 12 个月内,又向国务院专利行政部门就相同主题提出专利申请的,可以享有优先权。

《专利法实施细则》第 32 条规定,申请人在一件专利申请中,可以要求一项或者多项优先权;要求多项优先权的,该申请的优先权期限从最早的优先权日起计算。

申请人要求本国优先权,在先申请是发明专利申请的,可以就相同主题提出发明或者实用新型专利申请;在先申请是实用新型专利申请的,可以就相同主题提出实用新型或者发明专利申请。但是,提出后一申请时,在先申请的主题有下列情形之一的,不得作为要求本国优先权的基础:

第一,已经要求外国优先权或者本国优先权的。

第二,已经被授予专利权的。

第三,属于按照规定提出的分案申请的。

申请人要求本国优先权的,其在先申请自后一申请提出之日起即视为撤回。

(四)一份申请,一件发明

我国《专利法》第 31 条第 1 款规定,一件发明或者实用新型专利申请应当限于一项发明或者实用新型。

属于一个总的发明构思的两项以上的发明或者实用新型,可以作为一件申请提出。但《专利法实施细则》第 34 条规定,依照我国《专利法》第 31 条第 1 款规定,可以作为一件专利申请提出的属于一个总的发明构思的两项以上的发明或者实用新型,应当在技术上相互关联,包含一个或者多个相同或者相应的特定技术特征,其中特定技术特征是指每一项发明或者实用新型作为整体,对现有技术作出贡献的技术特征。

一件外观设计专利申请应当限于一项外观设计。同一产品两项以上的相似外观设计，或者用于同一类别并且成套出售或者使用的产品的两项以上外观设计，可以作为一件申请提出。

《专利法实施细则》第35条规定，将同一产品的多项相似外观设计作为一件申请提出的，对该产品的其他设计应当与简要说明中指定的基本设计相似。一件外观设计专利申请中的相似外观设计不得超过10项。同一类别并且成套出售或者使用的产品的两项以上外观设计，是指各产品属于分类表中同一大类，习惯上同时出售或者同时使用，而且各产品的外观设计具有相同的设计构思。

（五）初步审查和实质审查

依我国《专利法》规定，对发明专利既作初步审查又作实质性审查。我国《专利法》第34条规定，国务院专利行政部门收到发明专利申请后，经初步审查认为符合本法要求的，自申请日起满18个月，即行公布。国务院专利行政部门可以根据申请人的请求早日公布其申请。

我国《专利法》第35条规定，发明专利申请自申请日起3年内，国务院专利行政部门可以根据申请人随时提出的请求，对其申请进行实质审查；申请人无正当理由逾期不请求实质审查的，该申请即被视为撤回。

国务院专利行政部门认为必要的时候，可以自行对发明专利申请进行实质审查。

我国《专利法》第40条规定，实用新型和外观设计专利申请经初步审查没有发现驳回理由的，由国务院专利行政部门作出授予实用新型专利权或者外观设计专利权的决定，发给相应的专利证书，同时予以登记和公告。实用新型专利权和外观设计专利权自公告之日起生效。可见，我国对实用新型和外观设计专利申请只作初步审查，不作实质性审查。

第六节　专利权的保护

专利权是民事主体重要的一项民事权利，当权利人的专利权受到侵犯时，法律规定了相应的救济途径。关于专利权的法律保护，涉及专利权保护范围、专利侵权行为的判定、专利权的保护途径、法律责任等内容。

一、概述

（一）专利权保护范围的确定原则

专利权保护范围是专利权可受法律保护的边界，是判断一项行为是否构成专利侵权的前提。关于如何确定专利权的保护范围，目前主要有中心限定主义原则、周边限定主义原则和折中主义原则。

中心限定主义原则是指在解释权利要求时，以权利要求书所陈述的内容为中心，向外作适当的扩大解释。[①] 这种解释原则在解释权利要求时可以不必局限于权利要求书中的记载，而可以以权利要求书的内容为中心，同时考虑发明创造的性质、目的、说明书及附图，将中心周围一定范围的技术纳入专利权保护范围。该原则有利于较为充分有效地保护专利权人的利益。

周边限定主义原则是指严格按权利要求书的内容确定该专利权的保护范围，即只能按权利要求书的文字进行解释，而不得作出扩大解释。该原则采取的是严格的文本主义解释规则，以权利要求书的文字所表达的含义界定专利权的范围。该解释原则有利于清晰地展现专利权的权利边界，但严格限定了专利权的权利范围，不利于对专利权人的充分保护。

折中主义原则即上述两种原则的折中融合，也称主题内容限定原则。该原则认为应当根据权利要求书所述的专利权的实质性内容来确定专利权的保护范围，并可在一定情形下以说明书及附图解释权利要求。折中主义原则体现的是专利权人的利益与社会公众利益的平衡，既能为专利权人提供较好的保护，又能为社会公众提供较好的专利权的法律确定性。目前多数国家采取折中主义原则。

（二）专利侵权的判定规则

对于发明及实用新型专利来说，判定某项行为是否构成专利侵权，需要将被诉侵权技术方案的技术特征与权利人所主张的专利技术特征进行比较，根据一定的规则判定被诉侵权技术方案的技术特征是否落入专利权的保护范围，这就是专利侵权行为的判定规则，主要有全面覆盖原则、等同原则和禁止反悔原则。

全面覆盖原则是指当被诉侵权技术方案的技术特征包含权利人专利权利要求书所记载的全部技术特征时，即可认为被诉侵权技术方案落入专利权保护范围，据此判定专利侵权行为成立。

等同原则是指被诉侵权技术方案的某个技术特征与相对应的专利权利要求书所记载的技术特征在字面上看不相同，但两者实质上是相等同的技术特征。据此可认为被诉侵权技术方案落入专利权保护范围，专利侵权行为成立。

禁止反悔原则是指在专利授权或无效宣告程序中，专利权人为达到获得专利权的目的而通过对权利要求、说明书的修改或解释而作出对部分技术方案的放弃，则在专利权侵权纠纷中，专利权人不得再主张将该技术方案纳入保护范围。禁止反悔原则体现了民法的诚实信用的基本原则。

关于外观设计专利侵权的判定标准，主要是在相同或类似产品上使用与外观设计专利相同或近似的设计，则构成侵权行为。

[①]　冯晓青，刘友华：《专利法》，法律出版社，2010 年版，第 256 页。

（三）专利权保护方式

对专利权人的专利保护方式主要有民事的、行政的和刑事的方式，其中民事保护方式是最主要的保护方式。

二、美国专利权的保护

美国主要通过民事司法方式对专利权实施保护。根据美国专利法规定，未经权利人授权，在美国制造、使用、销售或许诺销售以及进口处于保护期的发明专利，都构成侵犯专利权。

在美国侵犯专利权的行为可以分为直接侵权和间接侵权。所谓直接侵权是指侵权人实施了专利权人所享有的独占性权利。间接侵权一般指自己并未直接实施侵犯发明专利权的行为，而是教唆诱导侵犯专利权，或构成帮助侵权。对于教唆诱导侵犯专利权，要求被告应当是故意为之且明知会侵犯专利权。帮助侵权，也称为关联侵权，美国《专利法》第 271 条 c 款对其作出了明确规定。该条款涉及一种具体情况，其中一方销售一种特别制造的部件，而其顾客想使用该部件实施获得专利权的发明，对此，销售商在满足三个条件时需承担关联侵权责任。第一，该部件必须是获得专利权发明的一个重要部件，并且必须是特别为侵权用途制造；第二，该部件必须不是具备商业上非侵权用途的独立物品；第三，被控关联侵权人已经知晓该专利并且知道该部件的使用将构成侵犯专利权。① 间接侵权亦应负侵权责任。

在美国，专利侵权受害人主要可以通过要求颁发禁令、获得损害赔偿、罚款等方式进行救济。

1. 禁令

根据美国专利法的规定，有管辖权的法院，为防止专利权益受到损害，在认为合理的情况下，可以根据公平原则发出禁令，禁令可以分为初步禁令和永久禁令。初步禁令是在法院作出判决之前，为防止发生不可弥补的损害而对被告发出的禁令。永久禁令是在法院认定被告侵权，权利人获得胜诉的情况下，法院可以对被告发出永久禁令。根据司法判例，传统上法院颁发禁令会考虑四个方面的要素，即权利人具有合理胜诉的可能；不颁发禁令，权利人将遭受难以弥补的损失；衡量所有当事人之间利益因素对请求人有利；公共利益。这就是所谓的"四要素检验法"。对于颁发永久禁令，美国法院近些年更加审慎和严格，特别是基于国家利益或公共利益的考虑，如在公共安全、环境和公众健康领域，往往不予颁发永久禁令。

---

① ［美］罗杰·谢科特，约翰·托马斯：《专利法原理（第 2 版）》，余仲儒组织翻译，知识产权出版社，2016 年版，第 253 页。

案例 2 - 7　美国联邦最高法院 Mercexchange 公司诉 eBay 公司案①

　　本案上诉人(原审被告)eBay 公司经营一个广受欢迎的交易网站,给个人卖家提供一个展示货物的平台,在这个交易平台上买家可以参加实时拍卖,也可以以固定价格购买货物。被上诉人(原审原告)Mercexchange 是一家拥有一些在线拍卖专利技术的公司,包括在电子交易中能够为个人买卖提供迅速建立起良好信任关系以便更快地促成个体之间贸易的商业运作方法。Mercexchange 公司试图与 eBay 公司签订专利授权合同,但是双方没有就此达成协议。当 Mercexchange 公司发现 eBay 公司涉嫌使用其专利技术后,向美国弗吉尼亚东部地区法院(以下简称地区法院)提起诉讼,要求认定被告侵权,并且向被告颁发永久禁令。地区法院经过审理认定专利有效侵权行为存在,在是否授予永久禁令的问题上,地区法院采用了"四要素检验法",即原告如果想要寻求永久的禁令必须能够证明:①原告已经遭受不可挽回的损失;②法律所规定的补偿方式不足以弥补权利人的损失;③在充分比较原被告双方的利弊得失下,此项平衡法的救济方式是有正当理由的;④公众的利益不会因为救济措施的实施而受到影响。地区法院考虑到"原告有意愿授权其专利"以及"在专利实施过程中缺少商业行为",所以推定,如果没有颁发禁令,专利权人就不会受到不可挽回的损失,因此驳回原告的请求。联邦巡回上诉法院(以下简称上诉法院)认为,只要认定专利有效,侵权行为存在,在没有特殊情况下,应对侵权行为加以永久性禁令的救济,因此部分改变地区法院的判决。联邦最高法院认为,本案中不论是地区法院还是上诉法院在决定是否适用禁令救济的时候都偏离了传统的平衡法原则。虽然地区法院引用了传统的四要素检验法进行验证,但它对该原则进行了扩张,缩小了禁令适用范围。上诉法院则走向另一个极端,直接授予了禁令。因此,最高法院认为地区法院和上诉法院均没有恰当适用四要素检验法,从而撤销了判决,发回重审。

　　2. 损害赔偿

　　美国专利法规定,法院认定侵权成立的,应裁决给予原告足够的赔偿,以弥补侵权所造成的损失,赔偿数额不低于侵权人实施该发明应支付的合理使用费,以及法院所确定的利息和诉讼费用。合理的许可使用费是法定的最低赔偿额度,但如果专利权人有足够的证据证明自己所遭受的损失,则可以获得与其损失相当的赔偿。专利权人必须能够证明,如果没有侵权行为的发生,其将获得的更多的利益。同时,在一定的情况下,专利权人还可以就同时销售的非专利产品的损失获得赔偿。

　　在美国专利侵权赔偿中,也包括惩罚性损害赔偿,法院最多可以将损害赔偿金额提高至 3 倍于原认定或评估的数额。至于在何种情况下判决惩罚性损害赔

---

①　韩赤风,等:《中外专利法经典案例》,知识产权出版社,2010 年版,第 84—92 页。

偿,美国专利法没有明确规定,但实践中,往往在被告故意侵权时会被判决惩罚性损害赔偿。

此外,在特殊情况下,专利权人可以获得合理的律师费用的赔偿。

3. 罚款

根据美国专利法规定,未经专利权人同意,意图伪造或仿造专利权人的标记,或意图欺骗公众使其相信该物品是经专利权人同意而制造或出售,而在其所制造、使用或出售的物品上标注、缀附,或者在与该物品有关的广告中使用专利权人的姓名或姓名的仿造、专利号或"专利""专利权人"等类似字样的标记。或以欺骗公众为目的,将"专利"字样或任何含有该物已取得专利权之意的其他字样或号码使用于未取得专利权的物品或广告上。或以欺骗公众为目的,在其申请专利前,或已申请而并非在审查时,就在物品上标注、缀附,或者在有关广告中使用"已申请专利""专利审查中"字样,或任何其他已申请专利的含义的字样。上述情形,每一行为应处以不超过 500 美元的罚金。

任何人都可以提出对冒用者的处罚控告,所处罚金的一半付给控告人,另一半归美国政府所有。

三、德国专利权的保护

德国主要以追究民事侵权责任或刑事责任的方式对发明、实用新型和外观设计权利实施保护。

(一)民事救济途径

针对侵权行为,权利人在民事救济途径方面可根据法律规定行使相应的请求权。

1. 请求颁发诉前禁令

根据德国专利法的规定,对任何违反专利法规定,未经权利人许可而实施专利的人,被侵权人可以依法请求颁发命令,制止侵权人连续性侵权行为或其一次性侵权行为。此外,对于违反实用新型法和外观设计法的规定而实施实用新型或外观设计的人,权利人同样有权请求颁发禁令。

2. 请求排除妨碍

在侵权人违法实施发明专利、实用新型或外观设计时,被侵权人享有请求排除对专利权、实用新型权以及外观设计权侵害的权利。根据德国法律规定,排除妨碍请求权主要包括请求销毁、召回或清除侵权产品。

1)销毁侵权产品

德国专利法规定,对违反专利法相关规定而实施专利发明的人,被侵权人可以请求销毁侵权人占有或者所有的属于发明主题的产品或依照专利方法所制造的产品,同时适用于侵权人所有并专用于制造这些产品的设备和原料。

2)召回或清除侵权产品

对违法实施发明专利的人,被侵权人还可以请求侵权人召回主题为该专利的产品或以专利方法直接制造的产品,或者请求从销售渠道中完全清除这些产品。

对于侵犯实用新型或外观设计权利的,权利人同样享有请求销毁、召回或清除侵权产品的权利。

3. 请求告知侵权产品信息

权利人有权要求违法实施专利或实用新型、外观设计的人立即告知关于侵权产品的来源和销售渠道的信息,包括关于用以实施专利的装置的相关信息。被请求人有义务告知相关信息,其应当向请求人详细说明其所知道的产品制造者、供应商或主要用户、客户以及销售处的姓名和住所,并告知相关产品的数量和支付的价格。对于有告知义务的人,因故意或重大过失而提供错误信息或信息不完整,因此而造成权利人损失的还应承担赔偿责任。

4. 请求损害赔偿

根据德国专利法的规定,任何故意或者过失实行了侵犯专利权行为的人,对被侵权人因此产生的损失负有赔偿义务。侵权损害的赔偿数额,可以按照侵权人因侵权所获得的利益确定,也可以按照侵权人作为发明的实施许可人时应支付的合理补偿费确定。侵犯实用新型权和外观设计权的,按相同原则进行损害赔偿。

(二)刑事责任

在德国,故意侵犯专利、实用新型和外观设计的行为具有可刑罚性。

德国《专利法》第 142 条规定,第一,未经专利权人或者补充保护证书(第 16 条 A 和第 49 条 A)权利人的同意,从事下列行为之一的,处 3 年以下有期徒刑或者罚金:制造、提供、使用受专利或者补充保护证书保护的产品,或者将其投放市场,或者为上述目的的进口或者储存该产品;在本法适用范围内,使用或者许诺使用受专利或者相应的补充保护证书保护的方法。对依照受专利或者补充保护证书保护的方法直接制造的产品,也适用第 1 句第 1 项的规定。第二,以商业目的实施专利的,处以 5 年以下的有期徒刑或者罚金。第三,企图实施上述行为的,也应当受处罚。第四,第 1 款规定的行为,除非刑事追诉机关认为,对保护特别的公共利益而言依职权进行刑事追诉是必须的。第五,可以没收涉及犯罪行为的产品。适用《刑法》第 74 条 A 的规定。依据《刑事诉讼法》关于受害人的损害赔偿的规定(第 403 条至第 406 条 C)提起的诉讼中,根据第 140 条 A 提出的请求得到支持的,不适用有关没收的规定。

德国实用新型法和外观设计法对故意侵犯保护权的行为规定了与上述内容相似的刑罚处罚。

四、日本专利权的保护

日本主要通过民事和刑事方式对专利权实施保护,专利权人针对专利侵权行为可以通过要求侵权人停止侵权、进行损害赔偿、追究刑事责任等方式予以救济。

关于侵权行为,日本也分为直接侵权和间接侵权。直接侵权即是对发明专利直接侵害的行为;间接侵权不是对专利直接进行侵害的行为,而是在法律上被视为对专利的侵权,或称为帮助侵权。日本专利法规定了具体的专利间接侵权行为的不同情形,对于不同的间接侵权行为,在符合法定的责任要件的情况下,需承担相应的侵权责任。

(一)侵犯发明专利的救济措施

1. 诉前禁令

专利权人可以在诉讼前向法院请求向侵权人发出停止侵权的命令,以及时制止正在进行或将要进行的侵权行为,从而避免造成权利人不可弥补的损害。根据日本《专利法》第100条的规定,请求发出禁令,还可以要求侵权人废弃侵权产品、废除供侵害行为的设备及其他为预防侵害所必要的任何行为。

2. 损害赔偿

根据日本《专利法》第102条的规定,专利权人或专用实施权人对于因故意或过失而侵害自己的专利权或专用实施权的人,可以要求其承担损害赔偿的责任。专利权人若能证明自己因被侵权所受到的损失,则可以据此主张相应的赔偿金额。但实践中,专利权人的损失一般很难直接证明,在专利权人无法直接证明自己的损失时,专利法规定了不同情形的损害赔偿数额的确定方法。例如,可以按照侵权人销售的侵权产品的数量乘以权利人在没有受到侵权的情况下销售的该产品的单位利益作为权利人的损失数额;或按侵权人获得的利益进行赔偿,即有关人员因其侵害行为而得到利益时,其所获利益的金额,推定为专利权人或专用实施权人所受损害的金额;或按专利实施费用进行赔偿,即专利权人或专用实施权人,对于因故意或过失而侵害自己的专利权或专用实施权人,将相当于对实施该发明专利通常应得金额,作为自己受到损害的金额要求赔偿。另外,在侵权人非故意或无重大过失时,法院有权斟酌决定损害的赔偿金额。

(二)侵犯外观设计权利的救济措施

日本外观设计法对侵犯外观设计权利的行为规定了较为详细的民事救济和刑事责任。对侵犯外观设计权的行为,权利人有如下救济方式:

(1)禁止侵权行为请求权。外观设计权人或独占实施许可的被许可人可以请求侵犯或可能侵犯自己的外观设计权或独占实施许可的人停止侵权或预防侵权行为。

(2)要求销毁、拆除相关侵权行为的物品及设备。权利人在提出禁止侵权行为请求时,可以同时请求销毁构成侵权行为的物品、拆除用于侵权行为的设备或为预防侵权采取必要的措施。

(3)要求赔偿损失。外观设计权人或独占实施许可的被许可人有权向故意或因过失侵犯自己的外观设计权或独占实施许可权利的人提出损害赔偿的请求。关于赔偿损失的数额,当侵权人因其侵权行为而获益时,该获利数额可以作为外观设计权人或独占实施许可的被许可人所受损失的数额,也可以将相当于权利人注册外观设计或其类似外观设计实施时通常可以得到的金钱数额作为自己所受损失数额。在侵犯外观设计权或独占实施许可的人无故意或无重大过失时,法院在确定损失数额时可以将上述规定的金额作为参考。

(4)追究刑事责任。日本《外观设计法》第 69 条至第 73 条规定了涉及有关外观设计侵权行为构成相应的刑事犯罪及相应的刑事责任,包括侵权罪、欺诈行为罪、假冒标志罪、伪证罪和泄密罪。

五、我国专利权的保护

(一)专利权保护范围的确定原则

我国《专利法》第 64 条规定,发明或者实用新型专利权的保护范围以其权利要求的内容为准,说明书及附图可以用于解释权利要求的内容。根据该规定,我国对专利权保护范围的解释原则采取的是折中主义原则。

(二)专利侵权的判定规则

专利侵权判定,首先应按全面覆盖原则进行判断。《最高人民法院关于审理侵犯专利权纠纷案件应用法律若干问题的解释》第 7 条对全面覆盖原则作出了明确规定:人民法院判定被诉侵权技术方案是否落入专利权的保护范围,应当审查权利人主张的权利要求所记载的全部技术特征。被诉侵权技术方案包含与权利要求记载的全部技术特征相同或者等同的技术特征的,人民法院应当认定其落入专利权的保护范围;被诉侵权技术方案的技术特征与权利要求记载的全部技术特征相比,缺少权利要求记载的一个以上的技术特征,或者有一个以上技术特征不相同也不等同的,人民法院应当认定其没有落入专利权的保护范围。

在按上述全面覆盖原则进行侵权判定时,若不足以认定构成相同侵权,则可以考虑应用等同原则予以判断是否构成等同侵权。《最高人民法院关于审理专利纠纷案件适用法律问题的若干规定》第 13 条规定,发明或者实用新型专利权的保护范围以其权利要求的内容为准,说明书及附图可以用于解释权利要求的内容,是指专利权的保护范围应当以权利要求记载的全部技术特征所确定的范围为准,也包括与该技术特征相等同的特征所确定的范围。等同特征,是指与所记载的技术特征以基本相同的手段,实现基本相同的功能,达到基本相同的效果,并且本领域普通技术人员在被诉侵权行为发生时无须经过创造性劳动就能够联想到的特征。适用等同原则进行侵权判定时,要求被控侵权技术方案包含权利要求记载的全部技术特征。判断内容是对等同特征的基本要素,即被诉侵权方案的技术特征与权利要求的技术特征在手段、功能、效果方面是否相等同作出判断。

　　我国专利侵权判定还应当遵循禁止反悔原则,对此,《最高人民法院关于审理侵犯专利权纠纷案件应用法律若干问题的解释》第6条规定,专利申请人、专利权人在专利授权或者无效宣告程序中,通过对权利要求、说明书的修改或者意见陈述而放弃的技术方案,权利人在侵犯专利权纠纷案件中又将其纳入专利权保护范围的,人民法院不予支持。禁止反悔原则能够防止权利人出尔反尔,维护社会诚信和公正。

　　(三)我国专利权的保护方式

　　1. 行政保护方式

　　行政保护方式是指通过专利行政机关行政执法的方式对专利权进行保护。行政保护方式是对专利权进行保护的一种重要方式,具有程序便捷、高效、维权成本低等特点,在实践中发挥了重要的作用。根据我国《专利法》的规定,我国专利行政机关通过专利行政执法方式对专利权进行保护的主要内容有如下两个方面。

　　1)处理专利侵权民事纠纷

　　我国《专利法》第65条规定,未经专利权人许可,实施其专利,即侵犯其专利权,引起纠纷的,由当事人协商解决;不愿协商或者协商不成的,专利权人或者利害关系人可以向人民法院起诉,也可以请求管理专利工作的部门处理。管理专利工作的部门处理时,认定侵权行为成立的,可以责令侵权人立即停止侵权行为,当事人不服的,可以自收到处理通知之日起15日内依照《中华人民共和国行政诉讼法》(以下简称《行政诉讼法》)向人民法院起诉;侵权人期满不起诉又不停止侵权行为的,管理专利工作的部门可以申请人民法院强制执行。进行处理的管理专利工作的部门应当事人的请求,可以就侵犯专利权的赔偿数额进行调解;调解不成的,当事人可以依照《中华人民共和国民事诉讼法》(以下简称《民事诉讼法》)向人民法院起诉。

　　根据该条规定,专利行政机关在当事人提出请求的前提下,有权依法处理专利民事侵权纠纷,认定侵权行为是否成立,责令停止侵权行为,据此作出的决定具有强制执行的效力。

　　2)查处假冒专利违法行为

　　我国《专利法》第68条规定,假冒专利的,除依法承担民事责任外,由负责专利执法的部门责令改正并予公告,没收违法所得,可以处违法所得5倍以下的罚款;没有违法所得或者违法所得在5万元以下的,可以处25万元以下的罚款;构成犯罪的,依法追究刑事责任。

　　负责专利执法的部门对涉嫌假冒专利行为进行查处时,有权采取下列措施:①询问有关当事人,调查与涉嫌违法行为有关的情况;②对当事人涉嫌违法行为的场所实施现场检查;③查阅、复制与涉嫌违法行为有关的合同、发票、账簿以及其他有关资料;④检查与涉嫌违法行为有关的产品;⑤对有证据证明是假冒专利的产品,可以查封或者扣押。负责专利执法的部门、管理专利工作的部门依法行使上述职权时,当事人应当予以协助、配合,不得拒绝、阻挠。

2. 刑事保护方式

刑事保护方式是指通过追究侵权人刑事责任来保护专利权的方式。对侵犯知识产权的犯罪行为进行刑事处罚是保护知识产权的一种有效途径,我国刑法中专门规定了侵犯知识产权罪的相关罪名,涉及侵犯商标权、专利权、著作权、商业秘密等多项犯罪行为,其中涉及专利的是假冒专利罪。

《刑法》第 216 条规定,假冒他人专利,情节严重的,处 3 年以下有期徒刑或者拘役,并处或者单处罚金。所谓假冒专利,是指行为人未经许可在自己的产品上标注他人专利号的行为,该种行为会使公众误认为其产品为他人的专利产品,侵害专利权人的合法权益,情节严重的,即构成犯罪。假冒专利的行为:①未经许可,在其制造或者销售的产品、产品的包装上标注他人专利号的;②未经许可,在广告或者其他宣传材料中使用他人的专利号,使人将所涉及的技术误认为是他人专利技术的;③未经许可,在合同中使用他人的专利号,使人将合同涉及的技术误认为是他人专利技术的;④伪造或者变造他人的专利证书、专利文件或者专利申请文件的。

假冒专利的行为只有情节严重才能达到刑事犯罪的立案标准,所谓情节严重,根据有关司法解释的规定是指:①非法经营数额在 20 万元以上或者违法所得数额在 10 万元以上的;②给专利权人造成直接经济损失 50 万元以上的;③假冒两项以上他人专利,非法经营数额在 10 万元以上或者违法所得数额在 5 万元以上的;④其他情节严重的情形。

3. 民事保护方式

民事保护方式是指人民法院通过审判民事专利侵权纠纷案件而实现对专利权的保护。

1)诉前措施

为了及时有效制止专利侵权行为,防止造成难以弥补的损害,权利人或利害关系人在民事起诉之前依法采取的措施,主要包括诉前禁令和诉前证据保全。

诉前禁令是指权利人或利害关系人有证据证明他人正在实施或者即将实施侵犯专利权、妨碍其实现权利的行为。不及时制止将会使其合法权益受到难以弥补的损害的,可以在起诉前依法向人民法院申请采取责令作出一定行为或者禁止作出一定行为的措施。诉前禁令属于临时禁令。请求人民法院颁发诉前禁令,申请人应当向有管辖权的人民法院提出书面申请,阐明申请事项、范围和具体的事实理由,并提供相应证据和担保。

诉前证据保全是指为了制止专利侵权行为,在证据可能灭失或者以后难以取得的情况下,专利权人或者利害关系人可以在起诉前依法向人民法院申请保全证据,人民法院采取保全措施的,可以责令申请人提供担保。

2)侵权责任

(1)停止侵权。

停止侵权是专利侵权所要承担的民事责任的首要方式,人民法院经审理认定侵权行为成立的,可以判令侵权人停止侵权,以避免侵权人继续进行侵权行为,从而给权利人或利害关系人造成更大的损失。停止侵权主要包括停止实施专利的行为,如制造、使用、销售、进口等行为,以及责令销毁侵权产品或制造设备等。

停止侵权的责任形式并不是绝对的,若停止侵权行为会导致国家利益或公共利益受到损害,则人民法院可以不判令停止被诉行为,而责令侵权人支付一定的使用费用。

(2)赔偿损失。

赔偿损失是专利侵权承担的民事责任的主要方式。我国《专利法》第71条规定,侵犯专利权的赔偿数额按照权利人因被侵权所受到的实际损失或者侵权人因侵权所获得的利益确定;权利人的损失或者侵权人获得的利益难以确定的,参照该专利许可使用费的倍数合理确定。对故意侵犯专利权,情节严重的,可以在按照上述方法确定数额的1倍以上5倍以下确定赔偿数额。权利人的损失、侵权人获得的利益和专利许可使用费均难以确定的,人民法院可以根据专利权的类型、侵权行为的性质和情节等因素,确定给予3万元以上500万元以下的赔偿。

根据上述规定,我国专利侵权赔偿损失有按实际损失赔偿、按侵权所得赔偿、参照专利许可使用费的倍数赔偿、法定赔偿以及惩罚性赔偿。在适用中,各赔偿方式存在先后顺序,按实际损失赔偿和按侵权所得赔偿为第一位,参照专利许可使用费的倍数赔偿为第二位,法定赔偿为第三位。对第一位的实际损失赔偿和按侵权所得赔偿,当事人可自由选择其中之一进行主张,这改变了原专利法规定的两者适用存在先后顺序。

对专利侵权赔偿数额的具体计算如下:

权利人因被侵权所受到的实际损失可以根据专利权人的专利产品因侵权所造成销售量减少的总数乘以每件专利产品的合理利润所得之积计算。权利人销售量减少的总数难以确定的,侵权产品在市场上销售的总数乘以每件专利产品的合理利润所得之积可以视为权利人因被侵权所受到的实际损失。

侵权人因侵权所获得的利益可以根据该侵权产品在市场上销售的总数乘以每件侵权产品的合理利润所得之积计算。侵权人因侵权所获得的利益一般按照侵权人的营业利润计算,对于完全以侵权为业的侵权人,可以按照销售利润计算。

权利人的损失或者侵权人获得的利益难以确定,有专利许可使用费可以参照的,人民法院可以根据专利权的类型,侵权行为的性质和情节,专利许可的性质、范围、时间等因素,参照该专利许可使用费的倍数合理确定赔偿数额。

案例 2－8　深圳敦骏科技有限公司诉深圳市吉祥腾达科技有限公司等侵害发明专利权纠纷案①

原告深圳敦骏科技有限公司(以下简称敦骏公司)诉称:深圳市吉祥腾达科技有限公司(以下简称腾达公司)未经许可制造、许诺销售、销售的多款商用无线路由器(以下简称被诉侵权产品),济南历下弘康电子产品经营部(以下简称弘康经营部)、济南历下昊威电子产品经营部(以下简称昊威经营部)未经许可销售的多款商用无线路由器落入其享有的名称为"一种简易访问网络运营商门户网站的方法"(专利号为 ZL02123502.3,以下简称涉案专利)发明专利的专利权保护范围,请求判令腾达公司、弘康经营部、昊威经营部停止侵权,赔偿损失及制止侵权的合理开支共计 500 万元。被告腾达公司辩称:①涉案专利、被诉侵权产品访问任意网站时实现定向的方式不同,访问的过程亦不等同,腾达公司没有侵害敦骏公司的涉案专利权。并且,涉案专利保护的是一种网络接入认证方法,腾达公司仅是制造了被诉侵权产品,但并未使用涉案专利保护的技术方案,故其制造并销售被诉侵权产品的行为并不构成专利侵权。②敦骏公司诉请的赔偿数额过高且缺乏事实及法律依据,在赔偿额计算中应当考虑专利的技术贡献度、涉案专利技术存在替代方案等。弘康经营部、昊威经营部共同辩称:其所销售的被诉侵权产品是从代理商处合法进货的,其不是被诉侵权产品的生产者,不应承担责任。

山东省济南市中级人民法院于 2019 年 5 月 6 日作出判决:①腾达公司立即停止制造、许诺销售、销售涉案的路由器产品;②弘康经营部、昊威经营部立即停止销售涉案的路由器产品;③腾达公司于判决生效之日起 10 日内赔偿敦骏公司经济损失及合理费用共计 500 万元;④驳回敦骏公司的其他诉讼请求。一审案件受理费 46800 元,由腾达公司负担。宣判后,腾达公司向最高人民法院提起上诉。最高人民法院于 2019 年 12 月 6 日作出判决,驳回上诉,维持原判。

裁判要点:①如果被诉侵权行为人以生产经营为目的,将专利方法的实质内容固化在被诉侵权产品中,该行为或者行为结果对专利权利要求的技术特征被全面覆盖起到了不可替代的实质性作用,终端用户在正常使用该被诉侵权产品时就能自然再现该专利方法过程,则应认定被诉侵权行为人实施了该专利方法,侵害了专利权人的权利。②专利权人主张以侵权获利计算损害赔偿数额且对侵权规模事实已经完成初步举证,被诉侵权人无正当理由拒不提供有关侵权规模事实的相应证据材料,导致用于计算侵权获利的基础事实无法确定的,对被诉侵权人提出的应考虑涉案专利对其侵权获利的贡献度的抗辩,人民法院可以不予支持。

---

① 最高人民法院公报案例第 159 号。

第三章　比较商标法

第一节　商标法概述

一、商标与商标法

商标(trademark),俗称"牌子",是指商品的生产者、经营者在其商品上或者提供的服务项目上所使用的标志,用于识别商品或服务的来源。

商标法是调整因商标的构成、注册、使用、转让、保护和管理等所发生的社会关系的法律规范总称。商标法所包括的法律规范,是指以商标法为主的所有调整商标法律关系的法律、行政法规、条例、实施细则等的总和。它主要的作用是加强商标管理,保护商标专用权,促使生产、经营者保证商品和服务质量,保障消费者的利益,促进市场经济健康、稳定的发展。商标法的核心内容是商标专用权的保护,围绕着商标权,规定了商标的构成要素、商标的申请注册、商标权的取得及利用、商标权的转让和使用许可、注册商标的无效宣告、商标使用的管理及商标权的侵权与救济等内容。

二、商标法的调整对象

商标法的调整对象是指商标法所调整的在商标的注册、使用、转让、保护和管理等过程中所发生的社会关系,具体包括以下内容。

(一)商标管理关系

商标管理关系,是指商标管理机关与商标注册申请人之间,在商标的注册、使用和管理过程中所发生的关系,具体包括商标注册申请的核准关系、商标权的使用和转让关系、商标权的续展和保护关系以及商标的印制关系等。

(二)商标使用关系

商标使用关系,是指商标注册人与他人之间因注册商标的转让、许可使用和争议所发生的社会关系,具体包括对初步审定、予以公告的商标有异议的异议人与被异议人之间的关系,对已核准注册的商标有争议的争议人与被争议人之间的关系,因商标的转让、许可和继承而发生的转让人与受让人、许可人与被许可人、继承人与被继承人之间的关系等。

(三)商标管理机关内部的商标关系

商标管理机关内部的商标关系,是指国家商标管理部门与地方商标管理部门在商标管理过程中所发生的关系,主要包括商标法对他们各自职责所作的不同划分,如一些国家商标法规定国家商标部门负责对申请注册的商标进行审核,地方各级商标管理部门负责对商标侵权行为进行查处和救济等。

(四)商标保护关系

商标保护关系,是指商标权人与商标侵权人、商标侵权纠纷当事人与商标权救济机关等因保护商标专用权而发生的关系,具体包括商标的行政保护、商标的司法保护以及侵权人应当承担的法律责任等。[①]

三、部分国家的商标立法概况

商标法律制度的发展经历了一个漫长的过程,起源于西方工业发达国家,19世纪以后,商标被作为一种私有财产受到法律保护。工商业比较发达的一些国家开始率先制定专门的法律用来保护商标所有人的利益。开创近代商标制度的法律是1804年法国的《拿破仑法典》,该法典首次肯定了商标作为无形财产与有形财产一样受法律保护。此后,世界上大多数国家都根据本国社会经济发展需要,陆续制定了商标法律。

(一)法国商标立法

法国是世界上第一个制定成文商标法的国家,早在1857年就颁布了《关于以使用原则和不审查原则为内容的制造标记和商标的法律》。但这部法律对商标的注册和商标权的保护都非常宽松自由,很多原则与现在的商标法通行原则相悖,并不能对注册商标提供有效的保护。

1964年,法国制定了具有现代意义的《商标及服务商标法》。该法对原有的商标注册制度进行了重大修改,确立了商标权的注册取得制度、对注册商标的形式审查制度和注册商标必须使用制度。这些制度对国际商标制度的发展产生了重大影响,后来很多国家在商标立法中采用了这些制度。

1991年,法国按照1988年《欧洲共同体协调成员国商标立法理事会第一号指令》[②]的要求,全面修改了《商标及服务商标法》。通过这次修改,新的《商标及服务商标法》增加了对音响商标的保护,设立了商标的异议制度,扩大了对著名商标的保护,承认了权利穷竭及商标显著性可以经使用而产生或丧失的理论,允许对欺诈注册提起所有权诉讼,强化了对制假售假的惩罚力度。

1992年7月1日,法国颁布了92-597号法律,将当时23个与知识产权有关的单行立法汇编整理成统一的《知识产权法典》(法律部分)。其中,第7卷第1编为《制造、商业及服务商标》,这就是法国现行的商标法。该法此后历经1993年、

---

① 王莲峰:《商标法学》,北京大学出版社,2014年版,第35页。
② 李明德,闫文军,黄晖,等:《欧盟知识产权法》,法律出版社,2010年版,第19页。

1994 年和 1996 年三次修改,使得法国的商标法始终处于世界各国的前列。该法结构严谨,内容详尽,创立或引进了诸多商标法的前沿理论和制度。

目前欧盟范围内存在两种并行的商标制度,一种是依托《欧盟商标条例》建立起的欧盟商标制度,另一种是通过《欧盟商标指令》协调的各成员国国内商标法的制度。2015 年 12 月底,欧盟理事会与欧洲议会正式通过了欧盟商标制度的一揽子改革方案——《欧盟商标第 2015/2436 号指令》。该指令旨在进一步加强欧盟成员国立法的统一,并要求各成员国在 3 年内将该指令的大部分条款转化为国内法,在 7 年内统一国内的商标撤销和无效行政程序。为此,2019 年 4 月 11 日,法国《企业成长与转型法》(以下简称《PACTE 法》)草案最终通过。为使企业在日趋激烈的竞争环境下保持活力,《PACTE 法》部分条款深层次地重塑了法国知识产权法,包括推进实用新型、发明专利制度现代化,明确知识产权无效诉讼不受时效限制等。

《PACTE 法》第 201 条还授权法国政府在该法律颁布后 6 个月内通过出台条例的形式修订法国商标法,使之符合欧盟 2015 年 12 月采纳的《商标一揽子计划》,同时加强打击在欧盟及法国境内的侵犯商标权的行为。

商标法改革部分内容属于满足欧盟 2015/2436 号指令的硬性要求(如商品与服务分类的统一规定),部分内容属于法国立法者自主发起(如商标不予注册的部分绝对和相对事由)。法国国民议会欧洲事务委员会指出,2019 年 11 月 13 日法国商标法的修订,对法国商标保护制度产生了重要影响,也是法国商标法几十年来最大的一次改革。

纵观法国的商标法立法过程,体现了"早"与"变"的精神。作为世界上最早制定成文商标法的国家,法国对注册商标的保护观念在世界上可谓首屈一指。尽管法国的商标法颁布时间早,但在内容上饱受诟病,其对当时注册商标的保护只是纸上谈兵,实际起的作用微乎其微。随着法国工业革命的兴起,高新技术产业的繁荣,商标日益成为经济社会中举足轻重的商业成果,甚至有着高于产品的地位。为适应工商业的发展,法国对商标法进行了多次修改,扩大和强化对于注册商标的保护范围与力度,这大大促进了商品经济的繁荣,为法国经济建设贡献了一定的力量。与此同时,法国日益完善的商标立法也被国际社会所借鉴与采纳,使得商标法在国际经济社会的交往中发挥着越来越重要的作用。

(二)日本商标立法

日本最早制定的商标法是 1884 年的《商标条例》,1899 年,日本将《商标条例》改名为日本《商标法》,这次修改,主要是为了应对日本加入《巴黎公约》。1921年,日本对商标法进行全面修改。其后,随着日本国内经济的不断发展,为了提升本国企业的国际竞争力,日本《商标法》历经数次修改,以保证其商标法的国际性和前沿性。这几次修改包括:1929 年,因民事诉讼法的修改作相应修改;1934 年、

1938 年为加入《海牙公约》和《伦敦公约》对《商标法》作了修改;1947 年,与新宪法制定同时作相应修改。现行的日本《商标法》①是 1959 年 4 月 13 日制定的,一直沿用至今。其间,日本对《商标法》进行了多次修改。2011 年的修改在 6 月完成。② 2018 年 12 月 7 日再修正,2019 年 7 月 1 日施行。③

(三)德国商标立法

德国最早的商标立法始于 1874 年德意志帝国时期颁布的《商标保护法》。1968 年,德国制定了《商标法》,1979 年和 1987 年曾对该法进行两次修改。这部商标法逻辑结构严密,在世界立法史中享有较高声誉。

为贯彻欧共体 1988 年 12 月 21 日关于协调共同体国家商标法的指令,德国对原商标法进行了重新修订。德国现行《商标和其他标志保护法》④颁布于 1994 年 10 月 25 日,1995 年 1 月 1 日生效,共 104 条,分 9 部分,它具有完整的结构,不存在与其他的法案的交叉索引。1996 年 7 月 24 日,德国对商标法进行了修改,其修改部分于 1996 年 7 月 25 日生效,其中第 29 条第 3 款于 1999 年 1 月 1 日生效。经过修改的德国商标法,具有鲜明的时代特征,不仅对国际社会普遍关注的地理标志作了专章规定,而且适应《与贸易有关的知识产权协定》的要求,增加了对侵权商品的海关保护措施。

根据欧盟理事会与欧洲议会于 2015 年 12 月通过的《欧盟商标第 2015/2436 号指令》,德国联邦议院于 2018 年 12 月 11 日通过了德国《商标法现代化法案》(Trade Mark Law Modernisation Act)。该法案分两部分生效实施,第一部分于 2019 年 1 月 14 日生效实施,第二部分于 2020 年 5 月 1 日生效实施。

为促进商业发展、解决现实问题,德国于 2019 年 1 月 14 日正式实施《商标法现代化法案》,对现有的商标制度进行了全面修订。其改革凸显了在平衡权利主体利益与社会公共利益的基础上,提高商标保护水平的商标制度的本旨。

德国商标法的修改保持了其一如既往的先进性和前瞻性,不仅开放了可注册的商标种类,还触及了商标审查和无效程序中将涉及的实质性事项。

德国作为一个早期的资本主义国家,其商标立法时间与其他国家相比也较早。德国的法律向来有着结构严谨、概念科学的特点。德国商标法有着严密的逻辑结构,在世界立法史上有较高声誉,为世界商标立法作出了榜样。

---

① 《日本商标法》,李扬,译,知识产权出版社,2011 年版。本章引用参考《日本商标法》均以该文本为准,下同。

② 王勇:《中日商标法主要内容之比较及其对中国修改商标法的启示》,《山东社会科学》,2013 年第 4 期。

③ 日本商标法修正沿革,http://nomenclator. la. coocan. jp/ip/suprev/rev/tm. htm#r070。

④ 《德国商标法》(德国商标与其他标志保护法),范长军,译,知识产权出版社,2011 年版。本章引用参考《德国商标法》均以该文本为准,下同。

（四）美国商标立法

美国商标法是在其判例法基础上发展起来的。美国于 1870 年颁布第一部联邦《商标法》。[①] 从 1905 年开始，美国把注册商标与虽未注册但其使用超出了一州地域的商标，都纳入了联邦《商标法》的调整范围。

美国现行商标注册和保护的法律主要是 1946 年制定的《商标法》，通常将其称为《兰哈姆法》（*Lanham Act*）。该法于 1947 年 7 月 5 日生效，载于《美国法典》第 15 编。有关法规还包括 1989 年 10 月 11 日生效的《商标法实施细则》、1984 年 10 月 12 日生效的《1984 年商标假冒条例》以及与反不正当竞争有关的成文法规和商标案例实践规则、1996 年生效的《1995 年联邦商标反淡化法》（*Federal Trademark Dilution Act of* 1995）[②]等。还有各州自己制定的调整商标关系的相关法律法规。其中，《联邦商标反淡化[③]法》在世界上影响较大，修改频率也较快。

美国《2020 年商标现代化法》[*The Trademark Modernization Act of* 2020 (TMA)]于 2021 年 12 月 18 日正式实施。TMA 扩大了异议函的适用，增加了两个单方程序，缩短了答复审查意见通知书的期限。TMA 的这些规定有利于对抗恶意商标申请，使得当事人可以更加高效地通过美国专利商标局（United States Patent and Trademark Office，USPTO）撤销不当商标注册，提高商标制度的效率。

美国《2020 年商标现代化法》有利于进一步规范商标注册程序，减少恶意商标注册申请，进而促进商标的实际商业使用，提高对商标的保护力度。中国的商标持有人应当关注美国商标法的上述变化带来的影响，注意留存商标（包括已经注册的美国商标）在当地实际使用的证据，充分保护自身的合法权利。

美国商标法的最大特点是，在一个国家内并行着联邦和州两套商标法律制度。根据美国宪法，各州都有权制定商标法，同时可以依据普通法保护商标专用权。依据各州商标法取得的商标专用权只在一个州内有效，各州商标局无权受理外国人的申请，外国人只能向联邦专利商标局申请商标注册。根据现行法律，在美国已经使用或意图在美国使用某一商标的人可以提出商标注册申请。美国实行"使用在先"的原则，但商标注册 5 年后成为不可撤销的商标，他人不能再以使用在先为理由要求撤销注册。

美国作为英美法系的典型代表，有着适用判例法的传统，早期并没有制定各项成文法，而是利用各种先例作为案件裁判依据，这导致美国的商标立法较同时

---

① 刘孔中：《比较商标法》，新学林出版股份有限公司，2014 年版，第 391 页。

② 《美国商标法》，杜颖，译，知识产权出版社，2013 年版。本章引用参考《美国商标法》均以该文本为准，下同。

③ 淡化，是指将他人的驰名商标注册于非类似的商品或服务之上，虽然不一定造成消费者的混淆，但可以降低该驰名商标所指示的商品的能力。

代大陆法系国家较晚，但成文法制定时间晚并不代表美国的商标法制落后，在判例法基础上建立起来的商标法同样有着先进的规范内容，其调整范围甚至广于同时代其他国家的商标法。除了商标法外，还有多种条例、法规规制着商标的注册、使用、转让、保护和管理，同时，美国允许在联邦商标法之外各州可以制定各自的商标法律法规，各州之间施行不同的商标法律制度，互不干扰，这也凸显了美国作为一个联邦制国家独具特色的商标制度。

（五）我国商标立法

中华人民共和国成立后，1950年政务院颁布《商标注册登记暂行条例》及实施细则，实行统一的商标注册制度。1963年，全国人民代表大会和国务院颁布《商标管理条例》，规定了强制注册制度。1982年，为适应改革开放的形势，我国制定了中华人民共和国成立后第一部商标法，并于1983年3月1日正式施行。同年3月，国务院发布了《中华人民共和国商标法实施细则》（以下简称《商标法实施细则》）。为了适应国内市场经济发展的需要和国际商标制度接轨的要求，1993年、2001年、2013年、2019年分别对《中华人民共和国商标法》（为避免歧义，以下称我国《商标法》）进行了四次修正。①

1993年和2001年两次修改后的商标法基本满足了现实的要求，我国商标的保护也取得了长足的进步。但随着市场经济的发展，2001年我国《商标法》的有些内容已难以适应实际的需要，为了实施国家知识产权战略，充分发挥商标制度对经济发展的作用，2013年8月30日第十二届全国人民代表大会常务委员会第四次会议三审通过了《关于修改〈中华人民共和国商标法〉的决定》，自2014年5月1日起施行。这是我国《商标法》1982年颁布以来最大规模的一次修改。

2019年4月23日，第十三届全国人民代表大会常务委员会第十次会议通过了对我国《商标法》作出修改的决定，自2019年11月1日实施。此次商标法修改的主要内容：对规制恶意申请、囤积注册等行为，增加规制恶意注册的内容；增加商标代理机构的义务；我国《商标法》第4条实质上升格为"绝对理由"条款；加大对侵犯商标专用权行为的惩罚力度等。

我国《商标法》的修改，既为现阶段如何更加有效地规制商标恶意注册、囤积乱象提供了新的路径和法律依据，又进一步加强了对侵害商标权的惩罚力度，这也是对国际贸易大背景中强化知识产权保护力度的积极回应，还有益于调整和梳理之前商标注册秩序中所存在的种种乱象，为守法经营的商标权利人营造更加良好的营商环境，鼓励商标权利主体合法使用商标、积极培育商标、有效维护商标权利。

---

① 杨士虎：《中国加拿大知识产权法比较研究》，中国社会科学出版社，2010年版，第184页。

第二节　商标权的取得

商标权是商标所有人依法对其注册商标所享有的专有权,商标权是商标法的核心。商标法就是围绕着商标权的一系列问题,诸如商标权的取得、内容、行使、期限、续展、终止、使用许可及法律保护等建立起来的制度。

一、商标权的取得方式

商标权的取得,是指依据什么原则和采取什么方式获得商标权。虽然各国的商标法律规范对于商标权的取得规定不一,但作为无形财产权的商标权同一般的有形财产权一样,其取得方式依其来源的不同,大致可分为原始取得和继受取得。这两种取得方式的主要区别在于商标权的取得是否以原商标所有人的商标权及其意志为依据。

（一）原始取得

所谓原始取得,又称直接取得,即以法律规定为依据,具备法定条件并经商标主管机关核准直接取得的商标权。这种权利的取得是最初的,而不是以原商标所有人商标权及其意志为依据而产生的。当前,各国商标权的原始取得通常采用以下三种原则。

1. 使用原则

从商标权产生方式的发展历程来看,使用原则是一种贴近商标出现并使用的历史现实,更昭示商标现实意义和价值的一种商标权取得原则。商标是在商品交易中出现的,是商品经济发展的自然结果,在现代的法律制度对其承认并进行调整之前,在商品交易市场中被使用的商标上已经体现了自然权利的存在。可以说,使用原则是现代商标法制度在早期所普遍采用的商标权取得原则。

使用原则的基本内容即按使用商标的时间先后来确定商标权的归属,即谁先使用该商标,该商标的商标权就属于谁,并可以"使用在先"为由对抗使用在后的人,要求撤销其注册商标。采用这一原则确认商标权的取得有利于使用在先的人,但不利于使用在后的注册商标所有人。这种做法会使注册商标长期处于不稳定状态,这不仅不利于商标管理工作,而且一旦发生争议又不易查明谁是最先使用人,不利于争议的处理。因而,目前只有少数国家采用该原则,如美国、挪威、菲律宾等。

2. 注册原则

注册原则是指按照商标权是否登记注册来确定是否享有商标权,先申请注册并被批准的取得商标权。相较于使用原则,注册原则出现较晚。如果说商标权取得的使用原则是法律对商标出现、使用、需要被保护的现实需求在第一时间的本能的、直接的、如实的反映,那么商标权取得的注册原则就可以说是在相当长的一段时间的实践后,法律为更方便、更有效地调整商标法律关系而进行的有意制度设计。

商标注册是一种法律行为。一旦商标所有人通过注册取得了商标权,就受法律保护,而且未经注册的商标不受法律保护。根据这一原则,首先使用商标的人如不及时申请注册,而被他人抢先注册,也就无法对该已使用的商标取得商标权。采取商标注册原则,有利于增强企业的商标意识,督促民商事主体及时申请商标注册,也有利于商标管理工作。因而,现今包括我国在内的大多数国家采用商标注册原则,TRIPs 协议确定了使用和注册都可以获得商标权。

3. 混合原则

混合原则是使用原则与注册原则的折中适用。根据这一原则,商标使用主体虽然没有依据一定程序向相关部门注册商标,但可以在规定的期限内,以使用在先为理由,对抗他人相同或相近似的注册商标。如果这种对抗成立,已注册的商标就会被撤销;如果对抗不能成立,商标注册人即取得了无可辩驳的稳定的商标专用权。这一原则被一些国家所采用,如美国、英国、西班牙等国都作出了相应规定,只是商标使用人的对抗期限各异,美国规定为 5 年,英国规定为 7 年,西班牙规定为 3 年。

(二)继受取得

继受取得,又称传来取得,即商标权的取得不是最初产生的,而是以原商标所有人的商标权及其意志为依据,通过一定的法律事实实现商标权的转移。继受取得有两种方式:第一种方式是根据转让合同,由受让人向出让人有偿或无偿地取得商标权;第二种方式是根据继承程序,由合法继承人继承被继承人的商标权。

本书依据部分国家商标法关于商标权取得的规定,主要讨论商标权的原始取得中的注册取得方式。

二、注册商标的构成条件

申请注册的商标,必须具备法律规定的条件方能通过商标管理部门的审查获准注册,从而成为商标权的客体。即使是未注册商标,也要符合商标法规定的有关条件。考察各国商标法立法,对注册商标的构成条件作出了不同的规定。

商标构成条件的总体要求是商标必须具有显著性、合法性和非冲突性(不与在先权利相冲突)。

各国对于组成商标要素的规定也不尽相同。根据商标构成要素,商标可以分为传统型商标和非传统型商标。一般而言,非传统型商标包括立体商标、颜色商标、声音商标、气味商标、动态商标、触觉商标、全息图商标、位置商标等。20 世纪 90 年代后期,随着经济的发展和技术的进步,商家越来越多地使用非传统型商标作为营销手段以获取竞争上的优势。①

案例 3-1 美国"欧加农案"商标申请注册案②

2002 年,世界知名的医药生产商欧加农公司在其生产的速溶抗抑郁药上使用的橘子味申请商标注册。审查员根据下述两个理由拒绝注册:①该味道不能起到区别产品来源的作用;②该味道具有功能性。欧加农公司提出上诉,但是美国商标审判与上诉委员会支持审查员的观点。美国商标审判与上诉委员会没有允许味觉商标的注册,并对味觉商标的注册提出了一些质疑,似乎美国商标审判与上诉委员会的决定与扩大非传统型商标注册保护的趋势是相背离的。美国商标审判与上诉委员会在 Remington 案中指出,味道不能注册为商标,除非该味道被消费者认为是区别产品和服务来源的标记。也就是说,只有该味道本身具有显著性或者通过长期使用具备了显著性才可以作为商标。味觉商标不可能立即被消费者认定为区别来源的标记,因此,味道标记在产品上使用的方式决定了其是否能作为商标,味道标记使用的证据决定了味道是否能起到商标的作用。在本案中,欧加农公司在其生产的速溶抗抑郁药上使用的橘子味道申请商标注册,委员会的审查重点在于——申请注册的"橘子味道"会被消费者认为是产品来源标记,或仅仅是产品的特征之一。人类放进嘴里的任何东西都有一定的味道,委员会认为,缺乏任何证据足以证明橘子味道被视为欧加农公司生产的抗抑郁药的商标,相反证据表明橘子味道用于多种药物。消费者不会将橘子口味视为商标,相反他们会将其视为药物的某种特征。

(一)日本商标注册的构成要件

日本商标法对于商标权的取得采取注册在先原则,同时规定对积蓄了具体信誉之商标给予特别考量,就是对于已经蓄积了相当程度信誉的未注册商标给予必要的保护。③

1. 商标的构成要素、标识范围

日本《商标法》第 2 条对商标的定义作了详细的表述:系指由文字,图形,立体形状或颜色,或其联合式,声音或其他以政令所规定的标章(以下称为"标章"),而属以下各款者:

(1)以生产、证明或转让商品为业者在其商品上所使用的标志。

(2)以提供服务或证明为业者在其服务上所使用的标志(前款所列情况除外)。

本法中所谓"注册商标"系指已取得注册的商标。本法中所谓标志的"使用"

---

① 湛茜:《味觉商标的可注册性分析——以美国"欧加农案"为视角》,《行政与法》,2010 年第 7 期。
② 湛茜:《味觉商标的可注册性分析——以美国"欧加农案"为视角》,《行政与法》,2010 年第 7 期。
③ 日本 2018 年《商标法》。

系指下列行为:

(1)在商品或商品的包装上附加标章的行为。

(2)将已在商品或商品的包装上附加标章之物转让或交付,或以转让、交付为目的展示、输出、输入,或透过电气通信回路而提供的行为。

(3)提供服务时,于供被服务者所利用之物(包括转让或租赁之物,以下亦同)上附加标章的行为。

(4)提供服务时,于被服务者所利用之物上附加标章,而用之以提供服务的行为。[①]

(5)以提供服务为目的,展示已贴附标章而供服务所用之物(包括于提供服务时,供被服务者所利用之物,以下亦同)的行为。

(6)提供服务时,于与该服务提供有关的被服务者之物上,附加标章的行为。

(7)以电磁方法(以电子方法、磁气方法及其他无法由人的感官所直接认识的方法。与第 26 条第 3 款同)于影像上提供服务,将标章显示于影像以提供服务的行为。

(8)于商品或服务广告,价目表或交易文书上附加标章而展示、散布,或于以此等内容作成的资讯中附加标章而以电磁方法提供的行为。

(9)声音标章除前列各款以外,为转让或交付商品,或提供服务的目的,发出声音标章的行为。

(10)其他前揭各款以外,政令所规定的行为。

本法中在商品的类似范围内包含着服务,在服务的类似范围内包含着商品。

根据该条法律规定,日本《商标法》从商标的要素组成、功能、使用行为等方面对"商标"这一概念作了法律规定,使得法律规定的商标在判断标准上更加明确具体,具有可操作性。在这里需要指出的是:

第一,日本《商标法》引进了立体商标的保护,允许立体商标申请注册,这与保护商标的国际公约协调一致。

第二,单纯的色彩要素无法构成商标,必须是文字、图形、符号、立体图形或它们的组合与色彩的组合才能构成商标的要素。

第三,日本《商标法》结合本国实际,未引入气味、味道等非传统型商标构成要素。

为了进一步明确何种商标能通过注册获得商标权,日本《商标法》第 3 条和第 4 条分别规定了商标注册的要件和不能获得注册的商标情况。

2. 商标注册的禁止性要件

日本《商标法》第 3 条规定,在与自己业务有关的商品或服务上所使用的商

---

① 例如,去购物中心购买商品,购物中心结账时在顾客自己的购物袋上贴附商标的行为。

标,除下列商标外,可以取得商标注册:

(1)仅由该商品或服务的普通名称,按普通使用的方法予以表示的标识所构成的商标。

(2)其商品或服务上所惯用的商标。

(3)仅由以普通方式表示其商品的产地、销售地、品质、原材料、效能、用途、形状(包含包装的形状)、生产或使用方法、时间或其他特征、数量或价格或该等提供的场所、品质,提供服务所用的物品、效能、用途、样态、提供方法或时间或其他特征、数量或价格的标识所组成的商标。

(4)仅由以常见的姓氏或名称,依普通使用的方法表示的标识所构成的商标。

(5)仅由极简单且常见的标志组成的商标。

(6)除前各款所列者外,消费者不能分辨出是与某人业务有关的商品或服务的商标。

虽属前项第 3 款至第 5 款的商标,但使用的结果能够使消费者分辨出是与某人业务有关的商品或服务的商标,不受同款规定的限制,可取得商标注册。

3. 不能获得注册的商标

日本《商标法》第 4 条规定,下列商标虽符合前条的规定,但不能取得商标注册:

(1)与国旗、菊花徽章、勋章、奖章或外国的国旗相同或近似的商标。

(2)与通商产业大臣所指定《巴黎公约》(指于 1900 年 12 月 14 日在布鲁塞尔、1911 年 6 月 2 日在华盛顿、1925 年 11 月 6 日在海牙、1934 年 6 月 2 日在伦敦、1958 年 10 月 31 日在里斯本及 1967 年 7 月 14 日在斯德哥尔摩改正的关于保护工业所有权的 1883 年 3 月 20 日巴黎条约,以下均同)的同盟国、世界贸易组织会员或商标法条约缔约国的国徽及其他纪念章(《巴黎公约》同盟国、世界贸易组织会员或商标法条约缔约国的国旗除外)同一或近似者。

(3)与通商产业大臣所指定表示联合国或其他国际机构(第二目所指"国际机构")的标章相同或近似(下列各项除外)者。

① 与消费者广泛认识其为表示自己营业商品或服务的商标相同或近似,使用于同一或类似的商品或服务者。

② 与表示国际机构略称的标章相同或近似,使用于商品或服务,不致与该国际机构产生相关联的误认误信者。

(4)与白底红十字标志,或红十字,或与日内瓦十字的名称相同或近似的商标。

(5)与通商产业大臣所指定日本或《巴黎公约》同盟国、世界贸易组织会员或商标法条约缔约国的政府或地方公共团体监督用或证明用的印章或记号相同或近似,并用于与该印章或记号所使用的商品或服务同一或类似商品的商标者。

(6)与表示国家、地方公共团体及其机关,或表示不以营利为目的的公益团体的,或表示不以营利为目的的公益事业的著名标志相同或近似的商标。

(7)可能损害公共秩序或善良风俗的商标。

(8)含有他人肖像或姓氏、名称,或著名的雅号、艺名、笔名及其著名简称的商标(得到他人许可者除外)。

(9)含有与由政府、地方公共团体(以下称政府等)开设的或由政府等以外的人开设的而经特许厅长官指定的展览会,以及在外国为其政府或受政府的许可而开设的国际展览会上所发的奖章的标志相同或近似的商标(奖章获得者使用其标志作为商标的一部分者除外)。

(10)与表示他人业务相关的商品或服务,且为消费者广泛熟知的商标或与之近似的商标,并用于这些商品或服务或与其类似的商品或服务上的商标。

(11)与该商标注册申请日前他人已注册的商标相同或近似的并用于该商标注册所指定的商品或指定的服务(系指根据第 6 条第 1 款的规定指定的商品或服务,包括第 68 条第 1 项中所准用者,以下同)或与其类似的商品或服务上的商标。

(12)与他人已注册的防护商标(系指取得防护商标注册的标志,以下同)相同的商标,并用于该防护商标注册所指定的商品或服务上的。

(13)与根据种苗法第 12 条第 4 款中品种注册的规定已注册的品种的名称相同或近似的商标,并用于该品种的种苗或与其类似的商品或服务上的。

(14)与他人营业的商品或服务发生混淆误识之虞的商标(第 1 款至前款所列者除外)。

(15)有对商品品质或服务品质发生误认误信之虞的商标。

(16)日本葡萄酒或蒸馏酒的产地中,被特许厅长官指定为表示产地的标志或世界贸易组织的成员葡萄酒或蒸馏酒表示产地的标志中,被禁止在该成员该产地以外的地区或产地的葡萄酒或蒸馏酒上使用带有该产地标志的商标,使用于该产地以外的地区或产地的葡萄酒或蒸馏酒上的。

(17)商品或商品包装的形状是为了确保本商品或商品包装的功能而不可缺少的立体形状,以其构成的商标。

(18)与表示他人业务有关的商品或服务且在日本国内或外国消费者间已广为知晓的商标相同或近似的商标,出于不正当的目的(系指以获取不正当的利益为目的,以给他人增加损害为目的的不正当目的,以下同)持有并使用的(前各款所列者除外)。

国家或地方公共团体或其机构,不以营利为目的的公益团体或不以营利为目的的公益事业,就前项第 6 款商标申请商标注册时,不适用该款的规定。

第 1 项第 8 款、第 10 款、第 15 款、第 17 款或第 19 款规定的商标,于商标注册申请时,如未具备该款规定者,不适用该规定。

按第 53 条第 2 款的规定,在取消商标注册的审决已经确定时,其审判的请求人对依该项审决而被取消注册的商标或近似商标又提出商标注册申请时,不适用第 1 项第(13)款的规定。

(二)德国注册商标的构成要件

1. 德国商标法保护的范围

德国商标法保护的范围包括商标、商业标志和地理来源标志。

1)商标

德国《商标法》第 3 条对商标构成作出了具体的规定,任何能够将其使用的商品或服务与使用其他标志的商品或服务相区别的标志,均可以作为商标获得保护,尤其是文字(包括人名)、图案、字母、数字、声音标志、三维外形(包括商品或其包装以及容器的形状),还包括颜色或颜色的组合。2019 年修订的商标法增加了位置商标、追踪商标、纹样商标、动态商标、多媒体商标、全息商标等新的表现形式。

原德国《商标法》第 8 条第(1)款要求拟注册商标必须能够用图形表示,但《商标法现代化法案》降低了这一要求,仅要求拟注册商标能够以足够清晰和精确的方式识别即可。这意味着在没有禁止注册的理由存在的情况下,声音商标、位置商标、纹样商标、动态商标、多媒体商标、全息商标和其他类型的以适当电子格式显示的标记均可作为商标申请注册,这无疑在很大程度上扩大了可注册的商标种类,适应了市场对现代商标种类的需要。

对于立体商标关于形状的限制也作了修改,原商标法规定:仅由下列形状组成的标志不能作为商标保护:①该形状是由商品本身的性质决定的;②该形状是为获取一种技术效果所必须的;③该形状为商品提供了实质的价值。

随着更多的甚至未知类型的非传统型商标可以被注册,新德国《商标法》规定上述限定不再仅限于"产品的形状特征",而是扩展到了"其他特征",包括声音、动态图等。这一限定的扩大具有十分重要的现实意义。因为它防止了产品生产者或者服务提供者通过注册非传统型商标垄断某一特征,这也正是旧规定的原理所在。如今,因为更多的产品特征能够被注册,自然需要扩大原来的限定。例如,如果某一八音盒的生产者想将某段音乐作为声音商标注册,则当属不得予以注册的情形,因为该特征是由八音盒自身性质决定的;但如果某食品厂家想要将这段音乐注册为商标,则不属此限。

2)商业标志

可以作为商业标志的对象为公司标志和作品标题。

公司标志是指在商业活动中作为民商事主体的名称、商号或者工商业企业的特殊标志使用的标志。

作品标题是指印刷出版物、电影作品、音乐作品、戏剧作品或者其他类似作品的名称的特殊标志。

3）地理来源标志

地理来源标志是指地点、地方、地区或州的名称以及其他在商业流通中用以表明商品或服务的特有品质地理产地的表示。

根据德国《商标法》的规定，商标权只有经过注册才能取得，但也有例外：一个标志通过在商业过程中的使用，在相关商业范围内获得作为商标的第二含义；或者具有《巴黎公约》第 6 条第 2 款意义上的驰名商标的知名度。这两种商标也可以获得保护。①

2．商标构成的禁止性要件

根据德国《商标法》第 8 条的规定，商标在下列情况下不能获准注册：

（1）缺乏与商品和服务相关的任何显著性的商标。

（2）仅由可在贸易中表示种类、质量、数量、用途、价值、地理来源、商品的生产日期或服务的提供日期，或者表示商品或服务的其他特征的标志或标记组成的商标。

（3）仅由在当前语言环境中或在善意中成为习惯并成为标记商品或服务的商业惯例的标志或标记组成的商标。

（4）具有欺骗公众，尤其是关于商品或服务的性质、质量或地理来源的特征的商标。

（5）违背公共秩序和善良风俗的商标。

（6）含有政府的徽章、旗帜或其他徽记，或含有地区社团或国内其他公有联合团体的徽章的商标。

（7）包括官方标志和检验印记在内的表明控制和保证的商标，不能作为商标有效注册。

（8）包含国际政府间组织的徽章、旗帜或其他标志、印章或标记的商标，不能作为商标有效注册。

（9）根据德国法律、欧盟立法或欧盟或德意志联邦共和国为缔约方的国际协定，规定保护原产地名称和地理标志的产品被排除在注册之外。

（10）根据欧盟法律或欧盟加入的国际协议，为保护葡萄酒的传统术语而被排除在注册之外。

（11）根据欧盟法律或欧盟作为缔约方的国际协议被排除在注册之外，并提供对传统特产的保护。

（12）由根据德国法律或欧盟立法或欧盟或德意志联邦共和国是缔约方，规定保护植物品种权，并且涉及相同或密切相关物种的植物品种。

---

① 王莲峰:《商标法学》,北京大学出版社,2014 年版,第 231 页。

(13)根据有关公共利益的其他规定,明显禁止使用的商标,或者是恶意申请的。

在注册日之前,随着商标的使用,如果该商标在相关商业圈内成为在其申请的商品和服务上的区别性标志,则上述第(1)(2)(3)项则不应适用。

如果商标包含对上述标志的模仿,则上述第(6)(7)(8)项也应予以适用。如果申请人经授权在其商标中使用上述标志,即使其可能和上述另外一个标志相混淆,则上述第(6)(7)(8)项应不予适用。此外,提交了商标注册申请的商品或服务和那些表示控制和保证的上述标志或检验标志所使用的商品和服务既不相同也不近似的,则上述第(7)项应不予适用。此外,所申请的商标实质上没有使公众误认为在此商标和国际政府组织之间存在某种联系,则上述第(8)项应不予适用。

原德国《商标法》第8条规定了商标保护的绝对障碍,亦即商标禁止注册的绝对理由,主要包括不具有显著性的商标、作为商品通用名称的商标、违反公序良俗的商标、包含国旗国徽和其他禁止作为商标使用的标记的商标等。《商标法现代化法案》除基于拓展可注册的商标种类而修改了第8条第(1)款外,还在第(2)款中增加了几项不予注册的绝对理由,主要包括根据德国法律、欧盟法律或国际条约受保护的原产地名称和地理标志、传统葡萄酒名称、传统特色食品名称、植物品种名称等。当然,商标与植物品种名称的冲突是相当罕见的,只有当植物品种名称本身是商标的基本要素时,才会被排除在注册之外。

此外,为了向商标申请人明确哪些属于受保护的葡萄酒、食品、烈酒和植物品种名称或标志,德国专利商标局特别指出,可以在欧盟委员会的数据库中查询相关信息。德国专利商标局对商标申请的审查也会视商标申请的商品或服务类别而定,审查员也将在数据库中搜寻商标申请是否与受保护的名称或标志相冲突,不仅会拒绝包含受保护名称或标志的商标申请,还会拒绝存在此类映射或暗示的商标申请。如果商标申请包含相同或近似的受保护的名称或标志,则其商标或服务清单必须与受保护的原产地名称或地理标志的说明相适应。

《商标法现代化法案》将受保护的原产地名称和地理标志等内容排除在商标注册之外,清楚地说明了这些传统名称日益显现的重要性。仅就农产品和食品而言,目前欧洲各地已注册了大约1500个标志;至于葡萄酒、香槟酒和烈性酒,则约有1900种。因此,欧盟对于在其成员国范围内乃至全球范围内提高对原产地名称和地理标志的保护水平有着迫切的需求。《商标法现代化法案》的这一修改一方面是为了与欧盟和国际条约为原产地名称、地理标志、葡萄酒、特色食品的传统名称及植物品种名称等方面提供的保护相一致,另一方面为了确保在食品、农产品、葡萄产品和酒精饮料等类别的名称或标志使用上的规范性。

(三)法国注册商标的构成要件

商标是用于将自然人或法人的商品或服务与其他自然人或法人的商品或服

务区分开来的标志。必须能够在国家商标注册簿中代表该标志,使任何人都能准确、明确地确定授予其所有人的保护的客体。

1. 商标的构成

法国《商标法》规定,商标包括商品商标或服务商标,即用以区别自然人或法人的商品或服务可用书写描绘的标记。这种标记可以是各种形式的文字,如字、字的搭配、姓氏、地名、假名、数字、缩写词;也可以是音响标记,如声音、乐句;还可以是图形标记,如图画、标签、戳记、边纹、全息图像、徽标、合成图像;同时包括外形,尤其是商品及其包装的外形或表示服务特征的外形以及颜色的排列、组合或色调。

2. 商标构成的禁止性要件

法国《商标法》第 L.711-2 条规定,不能构成第 L.711-1 条所指商标的标志:

(1)没有显著特征的标记。

(2)商标仅由可用于在贸易中指定产品或服务特征的元素或标志组成,特别是物种、质量、数量、目的地、价值、地理来源、商品生产时间或提供服务。

(3)商标完全由日常语言或忠诚和持续的贸易习惯中已成为习惯的元素或指示组成。

(4)仅由本产品性质所强加的产品形状或其他特征组成的标志,是获得技术结果所必须的或赋予本产品实质性价值的标志。

(5)未经主管当局授权,根据《巴黎公约》第 6 条第 3 款被排除在注册之外的商标。

(6)违反公共秩序或法律禁止使用的商标。

(7)可能欺骗公众的商标,特别是在产品或服务的性质、质量或地理来源上。

(8)根据国家法律、欧盟法律或法国或欧盟加入的国际协议,这些协议规定保护原产地名称和地理标志,葡萄酒和传统特产的传统术语得到保证,因此被排除在注册之外。

(9)商标,由根据本法典第六卷、欧洲联盟法律或法国或欧盟加入的国际协定注册的在先植物品种的名称组成,这些协定规定保护植物新品种,或在其基本要素中复制该品种,并且与同一物种或密切相关物种的植物品种有关。

(10)申请人恶意注册的商标。

在第(2)(3)(4)项规定的情况下,商标的显著性可能因使用而获得。

同时,法国《商标法》要求构成商标的标记应当具有显著性,并列举了缺乏显著性的标记:

(1)在通常或职业用语中纯粹是商品或服务的标记,通用或常用名称的标记或文字。

（2）用以表示商品或服务的特征，尤其是种类、质量、数量、用途、价值、产源、商品生产或服务提供的年代的标记或文字。

（3）纯由商品性质或功能所决定的外形，或赋予商品以基本价值的外形构成的标记。除第 3 项中所规定情况外，标记的显著性可以通过使用取得。

法国《商标法》第 L.711 - 3 条和第 L.711 - 4 条对不能作为商标的标记作出了具体规定。

第 L.711 - 3 条规定，下列标记不得作为商标或商标的一个部分：

（1）修订的 1883 年 3 月 20 日《巴黎公约》第 6 条第 3 款或《与贸易有关的知识产权协定》附录 1C 第 23 条第 2 段所禁止的。

（2）违反公共秩序或善良风俗，或被法律禁止使用的。

（3）欺骗公众，尤其在商品或服务的性质、质量或产源方面。其中，第 L.711 - 3 条第 1 款内容是指通用或常用名称的标记或文字，用以表示商品或服务的特征，尤其是种类、质量、数量、用途、价值、产源、商品生产或服务提供的年代的标记或文字，以及纯粹由商品性质或功能所决定的外形的标记。

第 L.711 - 4 条规定，侵犯在先权利的标记不得作为商标，尤其是侵犯：

（1）在先注册商标或《巴黎公约》第 6 条第 2 款所称的驰名商标。

（2）公司名称或字号，如果在公众意识中有混淆的危险。

（3）全国范围内知名的厂商名称或标牌，如果在公众意识中有混淆的危险。

（4）受保护的原产地名称。

（5）著作权。

（6）受保护的工业品外观设计权。

（7）第三人的人身权，尤其是姓氏、假名或肖像权。

（8）地方行政单位的名称、形象或声誉。

（四）美国注册商标的构成要件

美国商标注册遵循的是"在先使用"原则，即法律将承认和保护最先把商标使用在商业活动中一方的商标权利。[1]

依据《兰哈姆法》的规定，文字、符号或标记、产品外形、包装、颜色、声音、地理名称等或其组合作为商标，均可申请注册。

美国专利商标局备有商标注册簿，美国商标注册簿分主要注册簿——主簿（principal register）和辅助注册簿——辅簿（supplemental register）两种。在主簿上注册，是注册人的商标所有权以及其在商业中使用商标专用权的初步证据，是注册人要求商标所有权的推定通知。在主簿上获准注册后，就得到了实质性的商标权，不管注册人实际使用商标的地区，均给予注册商标全国性的保护。辅簿注

册较主簿注册相对容易,但受法律保护力度小。在辅簿上注册的商标,并无实质性的商标权,得不到法院法令的保护。但是在辅簿上注册也有某种程度的防止侵害的作用,可以制止足以产生混淆的类似商标的注册,也可为商标在主簿上注册创造条件。

美国《商标法》第2条规定注册于主要注册簿的商标,同时注册商标得用以区别申请人及他人的商品者,基于该性质,应核准注册于主要注册簿,但下列情形除外:

(1)包含或由不道德、欺骗或诽谤性事项所构成;或含有贬低、不实地暗示与特定人(无论死亡与否)、机关、信仰或国家徽记相关联的事项,或致使上述对象受到侮辱或不名誉;或将地理标示使用于烈酒、葡萄酒及其相关商品,但非用以表彰该商品的原产地者,且申请人首次使用于烈酒、葡萄酒及其相关商品,系与世界贸易组织协定于美国生效日满一年后。

(2)包含或由美国联邦、州、自治区或其他国家的旗帜、徽章或勋章所构成,或与之相仿者。

(3)包含或由现仍在世的个人姓名、肖像或签名所构成,但经其本人书面同意者,不在此限。包含或由配偶尚在世的已故总统的姓名、肖像或签名所构成,但经其配偶书面同意者,不在此限。

(4)商标含有近似于美国专利商标局注册商标、他人于美国境内先使用且未放弃的商标及商号名称,或由之所构成,以致于使用在申请人商品或相关商品时,有致混淆误认、错误或欺骗之虞;但若两人以上持续使用相同或近似商标,在对其商标使用的方式或地域或附加商标的商品或相关商品等条件及限制下,而首长认为该使用无致混淆误认、错误或欺骗之虞者,期日前应同时合法地将商标使用于商业,而有权使用该商标的复数使用人,发给同时注册证。

(5)商标包含下列事项者:

① 使用于申请人的商品或相关商品时,仅为商品的说明或虚伪不实说明。

② 使用于申请人的商品或相关商品时,主要为地理上的说明。但依本法第1054条注册为产地来源标示者,不在此限。

③ 使用于申请人的商品或相关商品时,主要为虚伪不实的地理说明。

④ 主要为单纯的姓氏。

⑤ 整体由具功能性事项构成。

美国的商标又分为显著商标和非显著商标。能在主簿中注册的商标,应为显著商标。一般认为,显著商标是指具有创造性、想象力及技术性的商标。美国实务上所认为的显著商标均为独特的、具有想象力的商标(如 KODAK 用于照相器材,IBM 用于打字机),与商品无关的名词所组成的商标(如 Lucky Strike 用于香烟,Shell 用于石油),暗示商标。暗示性商标只能对商品的特征、用途及品质等作某些暗示,而不能直接说明商品本身。例如,"Mouse Seed"用于毒鼠药,"Beauty Rest"用于床垫,都是有效的商标。任何仅为说明商品的性质、作用、成分或某种特征的商标均为说明性商标。说明性商标是任何出售同一物品的人都能使用的,为非显著性商标而不受法律保护,也不能获准注册。说明性商标主要如下:

普通名称。如 Violin 是一种乐器,任何人均可使用,不得作为某人的专用商标而受到法律保护。

描述性名称。通常具有说明有关商品的功能的作用,为同类产品在广告中通常使用。

地理名称。如其仅为说明商品系某地所生产,不能发挥商品的功能,也不受法律保护。

指示商品等级及式样的文字、符号、数字、字母等,颜色本身,也不能为任何人专用而享有商标权。

但是,如果上述说明性商标已丧失某原始意义而具有新的意义,使其商品能区别于同类其他商品,则其就具有了"第二种含义"(secondary meaning)而受法律的保护,并可申请在主簿中注册。这种由非显著性变成具有显著性的商标,主要为独家使用且为消费者公认为区别其商品的商标。这种事实往往由法院就逐个案件加以分析判断。美国《商标法》第 2 条第(6)款也作了相应规定:本条规定除第(1)款、第(2)款、第(3)款和第(4)款外,并不制止申请人对已使用并在商业上成为某商品的具有显著特征的商标申请注册。专利局长对申请人使用其商品上的商标,在申请注册之日以前已在商业上独家连续使用 5 年并已具有显著特征,可以作为初步证据予以接受。

至于具有非显著性而不能在主簿上注册的商标,只要有可能识别申请人商品的且在提出申请之日起已在商业上使用了一年的,就可以在辅簿中注册。这种商标不需要把商品与他人的商品区别开来,而只要有可能区别就可以,这样有些说明性商标就可以在辅簿中注册。但如果那些说明性商标已成为商品的普通名称,不可能把商品与他人的商品相区分,则不能在辅簿中注册。

美国创设的"主要注册簿"与"辅助注册簿"的双重注册制度,满足了美国复杂的市场经济的需要。对于重要的、知名度高的商标给予全国性的、实质性的、更加优越的保护,而对于次重要的、知名度一般的商标给予地区性的、形式化的、普通的保护,这样双轨制的保护制度不仅减轻了行政人员的工作压力,也为全国众多商标划定地位轻重的界限,使实务中的纠纷裁定更加方便、易行。

美国还根据商标的创新性、想象力、技术性程度作出显著商标和非显著商标的划分,从质量上将商标一分为二,显著商标只要首先使用在出售的商品上就享有优先权。规定了与商品无关的名词组成的商标、暗示性商标可以作为商标,而说明性商标、地理名称、指示商品等级及式样的文字等因不具有显著性而不能获得法律保护,不能获准注册。但作出例外规定,若某一说明性商标已失去原始性含义获得新的含义,则其可以"第二种含义"获得保护。且因为非显著性而不能在主要注册簿上注册的商标可以在达到适当条件后在辅助注册簿上注册,这些都是辅助条款,使得美国的商标法律制度更加科学完备。

(五)我国注册商标的构成要件

1. 商标构成的要素

我国《商标法》第 8 条规定,任何能够将自然人、法人或者其他组织的商品与他人的商品区别开的标志,包括文字、图形、字母、数字、三维标志、颜色组合和声音等,以及上述要素的组合,均可以作为商标申请注册。根据该条的规定,可以申请注册的商标的要素主要有以下八种。

(1)文字。文字是指语言的书面形式。构成商标的文字包括各种文字以及各种字体的文字。文字是注册商标的最常见的要素之一。

(2)图形。图形是指在平面上表示出来的物体的形状。图形可以是具体描绘实际存在的人、物的形状,也可以是虚构的图形,还可以是抽象的图形。由于图形的表现力很强,可以鲜明地表现出可区别性,所以图形是注册商标的另一个最常见的要素。

(3)字母。字母是指拼音文字或者注音符号的最小的书写单位。字母可识性强,在生活中应用广泛,也是商标表达的常见的要素,如"M"。

(4)数字。数字是指表示数目的符号。数字在生活中十分常用,是注册商标的要素之一。

(5)三维标志。三维标志是指以一个具有长、宽、高三种维度的立体物质形态出现的标志。三维标志与通常所见的二维标志不同,比二维标志具有更强的视觉冲击力,更能识别商品或服务的出处。由三维标志或者含有其他标志的三维标志构成的商标,被称为立体商标。立体商标可以是商品本身的形状、商品的包装物或者其他三维标志。

(6)颜色组合。颜色组合是指由两种或者两种以上的颜色所组成的一个整体。在现实中,颜色的组合可以成为识别商品来源的显著标志。

(7)声音。声音是指声波通过听觉所产生的印象。声音作为注册商标的要素,是 2013 年修改商标法时新增加的内容,是根据实际需要和国际商标领域的发展趋势而增加的新的商标表达形式。

(8)上述要素的组合。上述要素不仅可以单独作为商标申请注册,而且由其中任意两种或者两种以上的要素相互组成的一个整体,都可以成为识别商品来源的标志。

2. 禁止作为商标使用的标记

《巴黎公约》及各国家商标法对禁用条件都做了明确规定。我国《商标法》第

10 条至第 13 条及第 16 条对禁止作为商标使用和注册的标记作了具体规定。

不得作为商标使用的标志有以下情形：

(1)同中华人民共和国的国家名称、国旗、国徽、国歌、军旗、军徽、军歌、勋章等相同或者近似的,以及同中央国家机关的名称、标志、所在地特定地点的名称或者标志性建筑物的名称、图形相同的。其中,国歌、军徽、军歌和中央国家机关的名称的标志为 2013 年修改商标法时,根据实际需要而新增加的内容。这些标志是国家的象征,为了维护国家尊严,不得作为商标使用。

(2)同外国的国家名称、国旗、国徽、军旗等相同或者近似的,但经该国政府同意的除外。我国在国际交往中遵循"和平共处五项原则",主张国家不分大小、贫富、强弱,一律平等。为尊重外国国家主权,一切与外国国家名称、国旗、国徽、军旗等相同或者近似的标志,不得作为商标使用。

(3)同政府间国际组织的名称、旗帜、徽记等相同或者近似的,但经该组织同意或者不易误导公众的除外。政府间国际组织是指由若干国家和地区的政府为了特定目的通过条约或者协议建立的有一定规章制度的团体,如联合国、欧洲联盟、东南亚国家联盟、非洲统一组织、世界贸易组织、世界知识产权组织等。本条规定的国际组织的名称包括全称、简称或者缩写。例如,联合国的英文全称为 United Nations,缩写为 UN;欧洲联盟的中文简称为欧盟,英文全称为 European Union,缩写为 EU。政府间国际组织独立于其成员国,依其成员国共同签订的国际条约履行职责,在国际交往中享有外交豁免。为了体现对这些国际组织的尊重,所有与这些国际组织的名称、旗帜、徽记等相同或者近似的标志均不得作为商标使用。

根据商标审查标准,商标的文字构成、图形外观或者其组合足以使公众将其与政府间国际组织的名称、旗帜、徽记相联系的,判定为与政府间国际组织的名称、旗帜、徽记相同或者近似。

(4)与表明实施控制、予以保证的官方标志、检验印记相同或者近似的,但经授权的除外。官方标志、检验印记是指官方机构用以表明其对商品的质量、性能、成分、原料等实施控制、予以保证或者进行检验的标志或印记,如中国强制性产品认证标志、免检产品标志。表明实施控制、予以保证的官方标志、检验印记是政府履行职责,对所监管事项作出的认可和保证,具有国家公信力,不宜作为商标使用,否则将对社会造成误导,使公信力大打折扣。

根据商标审查标准,商标的文字、图形或者其组合足以使公众将其与表明实施控制、予以保证的官方标志、检验印记相联系的,判定为与该官方标志、检验印记相同或者近似。

(5)同"红十字""红新月"的名称、标志相同或者近似的。"红十字"是红十字会的专用标志。"红新月"是红新月会专用的,性质和功能与"红十字"标志相同的标志。根据有关红十字会和红新月会的国际条约的规定,"红十字""红新月"的名称和标志不得用于与两会宗旨无关的活动。

(6)带有民族歧视性的。我国是统一的多民族国家,各民族一律平等。为了维护和促进民族团结,任何带有民族歧视性的标志禁止作为商标使用。这里的民族包括我国少数民族及外国的民族、种族,这体现了我国对国内外民族的尊重。

(7)带有欺骗性,容易使公众对商品的质量等特点或者产地产生误认的。保证商品、服务的质量,是商品生产者、经营者和服务提供者的责任,该条明确了商标使用人不能因商标的标识使消费者对商品的质量等特点或者产地产生误认,误导消费者,使其在错误认识的基础上进行消费,导致利益遭受损失,也体现了商标法的诚实信用原则,能够促进生产经营者之间的公平竞争,也是各国对商标使用的普遍要求。

(8)有害于社会主义道德风尚或者有其他不良影响的。这是一个弹性兜底条款,是对上述第(6)项、第(7)项有不良影响的概括表述。例如,禁止宣扬色情、凶杀、暴力、迷信等标志作为商标。目的是保障人民群众利益,维护良好的道德风尚,净化社会环境,弘扬社会正气。[①]

根据商标审查标准,具有不良影响的标志,包括与国家、地区或者政治性国际组织领导人姓名相同或近似,或者有损国家主权、尊严和形象,由具有政治意义的数字等构成,与恐怖主义组织、邪教组织、黑社会名称相同或近似等具有政治上不良影响的标志;有害于种族尊严或者感情的标志;有害于宗教信仰、宗教感情或者民间信仰的标志,包括宗教或者民间信仰的偶像名称、图形或者其组合,宗教活动地点、场所的名称、图形或者其组合,宗教的教派、经书、用语、仪式、习俗以及宗教人士的称谓、形象等;与我国各党派、政府机构、社会团体等单位或者组织的名称、标志相同或者近似的标志;与我国党政机关的职务或者军队的行政职务和职衔的名称相同的标志;与各国法定货币的图案、名称或者标记相同或者近似的标志;容易误导公众的标志;商标由企业名称构成或者包含企业名称,该名称与申请人名义存在实质性差异,容易使公众发生商品或者服务来源误认的标志等。

(9)地名作为商标的禁止性规定及例外。禁止以地名作为商标是国际通行的做法。地名属于公共资源,不应为某主体独占,且也缺乏显著性,故不得作为商标使用。我国《商标法》第 10 条规定,县级以上行政区划的地名或者公众知晓的外国地名,不得作为商标。但是,地名具有其他含义或者作为集体商标、证明商标组成部分的除外;已经注册的使用地名的商标继续有效。县级以上行政区划的地名以我国民政部编辑出版的《中华人民共和国行政区划简册》为准。县级以上行政区划地名,包括全称、简称以及县级以上的省、自治区、直辖市、省会城市、计划单

---

① 刘春田:《知识产权法》,高等教育出版社,2000 年版,第 272 页。

列市、著名的旅游城市等的拼音形式。公众知晓的外国地名,是指我国公众知晓的我国以外的其他国家和地区的地名。地名包括全称、简称、外文名称和通用的中文译名。地名具有其他含义,是指地名作为词汇具有确定含义且该含义强于作为地名的含义,不会误导公众。

3. 禁止作为注册商标使用的标记

申请注册商标应当具有显著性,这是商标识别功能的本质要求。我国《商标法》第 11 条列举了因不具备显著性而不得作为商标注册的标志。

(1)仅有本商品的通用名称、图形、型号的。商品的通用名称、图形、型号是指国家标准、行业标准规定的或者约定俗成的名称、图形、型号,其中名称包括全称、简称、缩写、俗称。例如,"高丽白"是一种人参的通用名称,苹果图形是苹果的通用图形,"XXL"是服装的通用型号,用它们分别作为某种人参、水果、服装的商标注册,该商标就缺乏显著性,消费者无法通过该商标将不同生产经营者的商品区别开来。同时,如果将仅有本商品的通用名称、图形、型号的标志作为商标注册,就会产生商标注册人的独占使用,这对其他生产同类商品的生产经营者是不公平的。因此,不允许将仅有本商品的通用名称、图形、型号的标志作为商标注册。

(2)仅直接表示商品的质量、主要原料、功能、用途、重量、数量及其他特点的。即商标仅由对指定使用商品的质量、主要原料、功能、用途、重量、数量及其他特点等具有直接说明性和描述性的标志构成。其他特点包括特定消费对象、价格、内容、风格、风味、使用方式和方法、生产工艺、生产地点、生产时间、形态、有效期限、保质期或者服务时间、销售场所或者地域范围、技术特点等。例如,"纯净"仅直接表示食用油的质量,"彩棉"仅直接表示某种服装的主要原料,"法律之星"仅直接表示计算机软件的内容,"果味夹心"仅直接表示饼干的风味,"即冲"仅直接表示方便面的食用方式、方法,"蓝牙"仅直接表示电话机的技术特点,这些标识如用于商标,消费者无法通过该商标将不同生产经营者的商品区别开来。同时,如果将仅直接表示商品的质量、主要原料、功能、用途、重量、数量及其他特点的标志作为商标注册,就会产生商标注册人的独占使用,造成不公平竞争。

(3)其他缺乏显著特征的。"其他缺乏显著特征的标志"是指除上述两个方面的标志以外的,依照社会通常观念其本身或者作为商标使用在指定使用商品上不具备表示商品来源作用的标志,包括过于简单的线条、普通几何图形,过于复杂的文字、图形、数字、字母或上述要素的组合,一个或者两个普通表现形式的字母,普通形式的阿拉伯数字指定使用于习惯以数字做型号或货号的商品上,指定使用商品的常用包装、容器或者装饰性图案,单一颜色,非独创的表示商品或者服务特点的短语或者句子,本行业或者相关行业常用的贸易场所名称,本行业或者相关行业通用的商贸用语或者标志,企业的组织形式、本行业名称或者简称等。

在实践中,有一些原来没有显著性的商标经过使用后产生了显著性,如"两面针"牙膏、"American Standard"热水器等。对经过使用取得显著性的商标,国际通行做法是给予注册保护。例如,《与贸易有关的知识产权协定》规定,即使有的标记本来不能区分有关商品或者服务,成员亦可依据其经过使用而获得识别性确认其可否注册。根据国际通行做法,结合我国实践,本条第 2 款规定,前款所列标志经过使用取得显著特征,并便于识别的,可以作为商标注册。

在判定是否为经过使用取得显著特征的标志时,应当综合考虑相关公众对该标志的认知情况;该标志在指定商品或者服务上实际使用的时间、使用方式及同行业使用情况;使用该标志的商品或者服务的生产、销售、广告宣传情况及使用该标志的商品或者服务本身的特点等因素。

案例 3-2　费列罗巧克力立体商标案①

申请商标为一个三维标志,由一块包在金黄色纸里的球形三维形状组成,该图形的上方有一个白底椭圆形小标志,该三维标志放置在一个栗色和金黄色的底座上。申请商标指定使用色彩为金黄色、红色、白色、栗色。该商标于 2001 年 12 月 3 日在意大利首次提出注册申请并于 2002 年 5 月 23 日在该国被核准注册,商标权人为费列罗公司。2002 年 9 月 28 日,费列罗公司通过世界知识产权组织国际局向中国提出了对于申请商标的领土延伸保护申请,申请商标指定使用商品为第 30 类的面包、饼干、蛋糕、糕点及糖果、冰制食品等。

商标评审委员会认为,申请的商标作为立体商标,仅有指定使用商品较为常用的包装形式,难以起到区分商品来源的作用,缺乏商标应有的显著特征,因此将该申请驳回。费列罗公司申请复审被驳回后,遂向北京市第一中级人民法院提起诉讼。

该案争议的焦点是申请的商标是否具有显著性特征,适用法律依据为我国《商标法》第 9 条、第 11 条和第 12 条。

4. 禁止功能性三维标记注册

我国《商标法》第 12 条规定,以三维标志申请注册商标的,仅由商品自身的性质产生的形状、为获得技术效果而需有的商品形状或者使商品具有实质性价值的形状,不得注册。三维标志可以作为商标申请注册。以三维标志申请注册商标,与二维标志一样,应当具有显著特征,以使人们通过商标区别不同生产经营者的商品和服务。不得注册商标的三维标志,包括三个方面:

(1)仅由商品自身的性质产生的形状。这是指为实现商品固有的功能和用途所必须采用的或者通常采用的形状,如书本形状、通用的灯泡形状。如果以仅由商品自身的性质产生的形状作为商标,该商标就缺乏显著性,消费者无法通过该

---

① 王莲峰:《商标法学》,北京大学出版社,2014 年版,第 72 页。

商标将不同生产经营者的商品区别开来。同时,如果将仅由商品自身的性质产生的形状作为商标注册,就会产生商标注册人的独占使用,这对其他生产同类商品的生产经营者是不公平的。因此,本条规定以仅由商品自身的性质产生的三维标志的形状申请注册商标的,不得注册。

(2)为获得技术效果而需有的商品形状。这是指为使商品具备特定的功能,或者使商品固有的功能更容易地实现所必须使用的形状,如电动剃须刀的形状、电源插头的形状。如果为获得技术效果而需有的商品形状作为商标,则该商标不仅缺乏显著性,还会因独占使用而阻碍此项技术的推广与应用。

(3)使商品具有实质性价值的形状。这是指为使商品的外观和造型影响商品价值所使用的形状,如瓷器装饰品的形状、珠宝的形状。使商品具有实质性价值的形状,是为达到一定的价值而设计的,而不是为了使消费者区别不同的生产经营者而设计的,不具有商标的功能。

三、商标的注册

商标注册是指商标使用人为了取得商标专用权,将其使用的商标向商标行政主管机关提出申请,商标行政主管机关经过审核登记备案的制度。商标注册一般要经过申请、审查、异议程序、初步审定公告、核准公告等阶段。此外,商标注册过程中及商标权取得后,为了纠正审批及授权中的错误,商标法还会设置一些法律补救程序,包括复审程序、撤销程序、无效程序等。[①]

(一)日本商标的注册

1. 商标注册的申请

1)商标注册申请的提出

日本《商标法》第 5 条规定:

欲取得商标注册者,必须向特许厅长官提交记载有以下所列事项内容的申请书,并附上必要的图样:商标注册申请人的姓名或名称、住址或居所;欲取得商标注册的商标;指定商品或指定服务及按第 6 条第 2 款政令中所规定的商品及服务的分类。填写申请书时实行"一商标一申请"的原则,可以"一标多类"。

欲取得商标注册的商标是立体形状(包括文字、图形、符号或色彩,或它们的组合的组合)构成的商标(以下称立体商标),在欲取得商标注册时,必须在申请书上载明此意图。

欲取得商标注册的商标中,仅用特许厅长官指定的文字(以下称标准文字)在欲取得商标注册时,必须在申请书上载明此意图。

在记载欲取得商标注册的商标部分中,与记载欲取得商标注册的商标的框的

---

① 刘春田:《知识产权法》,高等教育出版社,2000 年版,第 266 页。

色彩同一的色彩部分,不视为该商标的一部分。但是,能辨明其色彩所包括的范围,且载明附有与其框色彩相同的表示的部分者,不在此限。

2)申请日的认定

申请受理后,对于申请日的认定,日本《商标法》第 5 条第 2 款作了规定。

特许厅长官,除下列规定情形之一者外,应以提出商标注册申请书之日认定为商标注册申请之日:

当认为欲取得商标注册的意图表示不明确时;当认为没有商标注册申请人的姓名或名称的记载,或该记载不能达到明确特定商标注册申请人时;在申请书上未记载欲取得商标注册的商标时;未记载指定商品或指定服务时。

商标注册申请在属于前项各款之一时,特许厅长官必须命令欲取得商标注册者在指定的时间内将商标注册申请补充完整。商标注册申请补充完整时,必须提出关于手续补充完整的文件。被命令应该补充完整商标注册申请者,在同项规定的指定期间内补充完整该商标注册申请时,特许厅长官必须认定提出手续补完书的日期为商标注册的申请日。被命令应该补充完整商标注册申请者,在指定期间内没有补充完整该商标注册申请时,特许厅长官可以退回该商标注册申请。

日本《商标法》规定了在先申请原则,其第 8 条规定:

(1)在不同日期内,当有两个以上用于相同或类似的商品或服务上的相同或近似商标的注册申请时,只有最先提出商标注册的申请人才能够取得该商标的注册。

(2)在同日内,当有两个以上用于相同或类似的商品或服务上的相同或近似商标注册申请时,只有商标申请人之间相互协商所规定的那个商标注册申请人才能够取得该商标的注册。

(3)商标注册申请被放弃并撤回或被不受理时,或对商标注册申请进行审定或审决确定时,该商标的注册申请在前两项规定的适用中将视其自始即不存在。

(4)特许厅长官在第 2 项的场合,必须命令商标注册申请人在指定的期间内达成该项协议并呈报协商结果。

(5)第 2 项的协议未能达成,或在前项规定中指定期间内未能如期呈报协商结果的报告时,特许厅长官将根据公正的方法进行抽签,只有一个抽中的商标注册申请人才能够取得该商标的注册。

3)商标注册申请的分割与变更

日本《商标法》第 10 条规定商标申请的分割,该条规定:

限于商标注册申请属于审查、审判或复审的场合,或属于对商标注册审查被驳回的审决提出诉讼的场合,在将两个以上的商品或服务作为指定商品或指定服务时,商标注册申请人可将该商标注册申请的一部分分成一个或两个以上新的商标注册申请。

依第 1 项规定提出新的商标注册申请时,应当将原有商标注册申请提出的书面或书面文件中依第 9 条第 2 项或第 13 条第 1 项中准用《专利法》第 43 条第 1 项及第 2 项的规定提出的新的商标注册申请,应提出的部分及新的商标注册申请同时提出给特许厅长官。

日本《商标法》第 11 条和第 12 条规定了商标注册申请的变更。

第 11 条规定:

(1)商标注册申请人可以将团体商标的商标注册申请变更为一般的商标注册申请(系指团体商标的商标申请及地域团体商标注册申请以外的商标注册申请,以下同)。

(2)商标注册申请人可以将地域团体商标注册申请变更为一般的商标注册申请或团体商标注册申请。

(3)商标注册申请人可以将一般的商标注册申请变更为团体商标注册申请或地域团体商标注册申请。

在商标注册申请的审定或审决确定后,不得进行前两项规定的商标注册申请变更。依第 1 项或第 3 项规定变更商标注册申请时,原来的商标注册申请视为已经撤回。

前条第 2 项的规定,在依第 1 项或第 2 项规定进行商标注册申请变更的场合中准用。

第 12 条规定:

(1)防护标志注册申请人可以将其防护标志的注册申请变更为商标注册申请。

(2)在防护标志注册申请的审定或审决确定后,不得进行前项规定中的申请变更。

(3)第 10 条第 2 项(申请的分割)及前条第 4 项(申请的变更)的规定,在依第 1 项规定进行申请变更的场合中准用。

2. 商标注册的审查

日本的商标注册申请由日本特许厅负责受理审查。在日本特许厅内部,针对商标审查有两大措施,提高了商标审查效率。这两大措施,一是商标审查机构的合理分工;二是商标审查官的设置。

商标审查机构的合理分工是指,在日本特许厅内部除七个商标业务科之外,还单独设计了一个商标科,商标科在整个商标、外观设计和管理事务部中都占有很重要的位置。商标科下设有六类专家和四个科室。六类专家分别是电子资料管理专家、形式审查助理管理专家、高级形式审查专家、形式审查专家、商标规划专家、商标再分类审查员。四个科室为行政事务室、研究室、T - term 管理室、国际分类管理室。这六类专家和四个科室在商标审查长的带领之下,各自在自己擅长的领域中进行商标审查,并且同时对《商标公报》进行管理和监督。

日本《商标法》第 14 条规定,特许厅长官应命审查官对商标注册申请进行审查。日本设置商标审查官,主要对商标注册申请进行形式审查和实质审查。审查官对于不符合商标注册条件的注册申请应作出驳回申请的审定。审查官对符合下列情况之一的商标注册申请,应作出驳回该商标注册申请的审定:

(1)申请注册的商标,依第 3 条、第 4 条第 1 项、第 7 条第 2 款第 1 项、第 8 条第 2 项或第 5 项、第 51 条第 2 项、第 53 条第 2 项以及第 77 条第 3 项中准用《专利法》第 25 条规定,不能进行商标注册时。

(2)申请注册的商标,依条约的规定,不能进行商标注册时。

(3)申请注册的商标,不具备第 5 条第 5 项或第 6 条第 1 项或第 6 条第 2 项所规定的要件时。当审查官作出应驳回的审定时,必须向商标注册申请人发出驳回理由通知,并在一定的指定期间内给予提出意见书的机会。当商标注册申请的商标与该商标申请日前他人商标注册申请的商标相同或相近似,且使用于其商标相同或相类似的指定商品或指定服务上时,审查官应向商标注册申请人发出通知告知,当他人的商标取得商标注册时,本商标注册申请将属于第 15 条第 1 款规定的情况,并在一定的指定期间内可以给予其提出意见书的机会。在欲发前项通知的场合,他人的商标已经取得商标注册时,则不必要再发出前条的通知。在如此认真全面的审查之后,如果申请人的申请通过商标局的审查,则由商标局初步审定,核准注册,缴费之后,即可获得商标权。同时在注册进行时,还应当在《商标公报》上刊载相关事宜,以方便公众阅览知晓;如果申请人的申请未通过商标局的审查,则由商标局发出驳回理由通知书,申请注册人进行修改补正之后再次提交审查;若还是没有通过审查,对继续驳回这一决定不服的,则可以自该决定副本送达之日起 3 个月内向特许厅长官请求准司法审判。

3. 商标注册的异议

日本《商标法》第 4 章规定了商标注册的异议。第 43 条第 2 款规定了商标注册异议的提出:限于商标刊载公报发行日起 2 个月内,任何人都可以以注册商标属于下列各款之一为理由,向特许厅长官提出注册异议。这种场合,当指定商品或指定服务是两个以上的商标注册时可以对每个指定商品或指定服务的注册提出注册异议。

(1)该商标注册违反第 3 条,第 4 条第 1 项,第 7 条第 2 款第 1 项,第 8 条第 1 项、第 2 项或第 5 项,第 51 条第 2 项,第 53 条第 2 项或第 77 条第 3 项中准用《专利法》第 25 条规定的。

(2)该商标注册违反条约的。

(3)该商标注册申请时,不符合该商标注册第 5 条第 5 项规定的要件。

商标注册的异议提出后,如果审判长已向商标权者及商标注册异议审理参加人发出取消商标注册的理由通知,则商标注册的异议就不得撤回。

商标注册异议的提出者,应向特许厅长官提出记载下列事项的注册异议提出书。

(1)注册异议提出人及代理人的姓名或名称,以及住所或居所。

(2)被提出注册异议的注册商标的表示。

(3)提出注册异议的理由及必要的证据的表示。商标注册异议的提出者可以对注册异议提出书进行补正,但不得变更其要旨,但是,在第43条第2款规定的期间经过后、至经过30天,关于提出注册异议的理由及必要的证据的表示进行的补正,不受此限。对地处遥远或交通不便者,特许厅长官可以根据请求或利用职权延长规定的期限。审判长应将注册异议提出书的副本送给商标权者,审判长在注册异议请求提出时,必须将其内容通知该商标权的专用使用权者和其他基于该商标注册而拥有相关的注册权利者。

对提出的注册异议,应进行审理并作出相应决定。日本《商标法》第43条规定,对提出的注册异议的审理及决定,由三人或五人审判官组成的合议体进行,当审判官认为被提出注册异议的注册商标属于第43条各款之一时,应作出取消该商标注册的决定,当取消决定确定时,该商标权视为自始即不存在;当审判官不认为被提出注册异议的注册商标属于第43条各款之一时,应作出维持该商标注册的决定,对于该决定不能提出不服。

4. 对驰名商标的保护

驰名商标(well-known trademark)是指在某一个国家或者地区之内,为相关公众广为知晓并享有较高声誉的商标,既包括已经注册的商标,也包括尚未注册的商标。驰名商标享有较高的美誉度,它是凝结商品或者服务价值的载体,因而常常成为知识产权侵权行为的受害对象,也是商标法及相关法律保护的重点。在国际公约的层面上,《巴黎公约》早在1925年的"海牙文本"中,就要求成员国对于未注册的驰名商标予以保护。此后,《巴黎公约》1958年的"里斯本文本"又对有关规定作了进一步的修改。根据《巴黎公约》的现行文本(1967年"斯德哥尔摩文本")第6条第2款,成员国可以依据其法律,确认某些未注册商标为驰名商标,并由此而提供相应的保护。①

---

① 《巴黎公约》第6条第2款规定:①本联盟各国承诺,如本国法律允许,应依职权,或依利害关系人的请求,对商标注册国或使用国主管机关认为在该国已经驰名,属于有权享受本公约利益的人所有,并且用于相同或类似商品的商标构成复制、模仿或翻译,易于产生混淆的商标,拒绝或撤销注册,并禁止使用。这些规定,在商标的主要部分构成对上述驰名商标的复制或模仿,易于产生混淆时,也应适用。②自注册之日起至少5年的期间内,应允许提出撤销这种商标的请求。本联盟各国可以规定一个期间,在这期间内必须提出禁止使用的请求。③对于依恶意取得注册或使用的商标提出撤销注册或禁止使用的请求,不应规定时间限制。

日本驰名商标保护的理论是混淆理论和淡化理论。

1)日本驰名商标保护的相关法律规定与实践

(1)商标法的规定。日本《商标法》第4条第1款规定了19种不得注册为商标的情形。其中的第10款和第15款,从防止混淆的角度提供了对于驰名商标的保护。根据规定,在涉及以下商标时,有关的商标注册无效:

第一,与他人商业活动相关的、指示他人商品或服务来源的驰名商标,以及与之相似的商标,并且用于同类商品或服务,或者类似商品或服务。这是第4条第1款第10项的规定。

第二,有可能造成与他人商业活动中的商品或服务来源混淆的商标(但不包括第10项和第19项所说的商标)。

根据日本《商标法》的有关规定,如果申请注册的商标与他人未注册的驰名商标相同或者相似,并且有可能造成消费者在商品或者服务来源上的混淆,未注册驰名商标的所有人可以在他人注册之后的2个月内,向特许厅厅长提出异议。在此之后,在他人注册之后的5年之内,未注册驰名商标的所有人还可以向特许厅的审判部提出无效的请求。按照日本《商标法》第32条的规定,即使过了5年的无效期限,未注册驰名商标的所有人仍然可以依据在先使用权继续使用自己的商标。当然在这种情况下,商标注册所有人可以要求未注册驰名商标的所有人,在相关的商品或者服务上作出说明,已表示二者的区别。这是为了防止消费者的混淆。

(2)不正当竞争防止法的规定。不正当竞争防止法中有关未注册驰名商标的规定,主要与司法的保护相关。从制止混淆的角度提供对于未注册驰名商标的保护,见于日本《不正当竞争防止法》第2条第1款。根据规定,在同类或者类似的商品上,使用与他人的驰名商业标识相同或者近似的标识,并且有可能造成消费者混淆的行为,属于不正当竞争的行为。其中的"商业标识"具有非常广泛的含义,包括与他人商业活动相关联的,可以指示其产品或商业来源的姓名、商号、商标、标识、商品的容器或包装等。除此之外,销售、提供、展示、出口、进口或者通过网络而提供上述商品的行为,也属于不正当竞争的行为。[①]

2)驰名商标的效力

在日本,驰名商标的认定主体或者是特许厅或者是法院,实行个案原则,其效力仅限于个案,仅仅与解决相关的争端有关,与广告宣传没有任何关系。显然,这不仅与绝大多数国家保护驰名商标的做法相同,也符合《巴黎公约》和TRIPs要求保护驰名商标的宗旨。

商标法的规定尽管对商标的保护采取注册主义是国际上通用的原则之一,但

---

① 李明德:《中日驰名商标保护比较研究》,《环球法律评论》,2007年第5期。

对于驰名商标的保护超出注册主义的束缚,同样也是国际上通用的商标保护原则。日本商标法规定,无论该驰名商标是否已经注册,他人都不得利用其在不相同或不类似的商品或服务上注册,但前提条件是该注册是出于不正当目的的,也不得在相同或类似的商品或服务上注册他人尚未注册的驰名商标。判断商标是否驰名的地域标准,则不论该商标是在外国驰名,还是在日本驰名,都可以按照驰名商标进行保护。①

5. 评述与启示

日本商标法中关于商标注册的规定十分详尽,涉及商标注册的要件、商标注册的申请(申请的提出与申请日)、申请的分割与变更、申请注册的审查以及注册的异议制度等。其中,日本商标法关于商标注册的创新之举是增设商标注册前的利益请求权。申请人在商标正式注册之前还未享有受法律保护的商标权,往往有投机者在这段时期进行仿冒,而申请人却束手无策。为杜绝这种情况的发生,保护申请人的商标权益,日本商标法独树一帜,开辟了这种特殊的保护制度,使得申请人在商标未获正式注册之前其利益不受侵害,商标保护制度更加周全,也丰富了民法请求权的理论体系。

日本较早采用"一标多类"申请制度,即同一个商标可以在多个商品或服务上进行注册。日本的"一标多类"申请制度较为合理。商标分类目录将商品和服务共分成 40 余大类,根据日本的"一标多类"申请制度,无论申请人将某种商标适用于多少种商品或商标,都将视为一个申请合并进行注册,自然会减少很多不必要的手续。我国新修订的商标法借鉴了这一做法。②

日本商标法的异议期也和我国有所不同,它不是在初审公告和注册公告之间,而是在注册公告之后的 2 个月内。③ 这一时间的安排,有其一定的合理性。因为对注册商标有异议的第三人往往是无法知道申请人已经提出商标注册的申请的,只有在初审公告之后才可能注意到,但实践中提交商标异议的准备工作需要花费大量的时间,在初审公告期内有时候无法完成,因此,将异议期安排在初审公告期满之后、正式注册之日起的某段时间内,对于异议人而言是为其争取了时间,有利于其为异议的提出进行充足的准备。当然,日本商标法在初审公告和正式注册之间没有允许第三人提出异议,而且异议期限与我国相比相对较短,存在一定的缺陷。④

(二)德国商标的注册

1. 商标注册的申请

(1)申请人。德国《商标法》第 7 条规定,注册商标和已申请商标的所有人可

---

① 李明德:《中日驰名商标保护比较研究》,《环球法律评论》,2007 年第 5 期。
② [日]丰崎光卫:《无形财产法及商事法的诸问题》,株式会社有斐阁,1997 年版,第 91 页。
③ [日]日本特许厅:《工业所有权法逐条解说》,社团法人发明协会,1999 年版,第 63 页。
④ 王勇:《中日商标法主要内容之比较及其对中国修改商标法的启示》,《山东社会科学》,2013 年第 4 期。

以是自然人、法人或者有能力获得权利和承担责任的合伙组织。

(2)申请的要件。专利局是商标管理的机构,在注册簿上的商标注册申请应当向专利局提出。申请应当包括确认申请者的信息、商标图样以及注册要求的商品或服务清单,必须和联邦司法部规定的商标申请中要求事项的规章一致。收费表规定的费用应当在申请时缴纳。注册要求的商品或服务分属于商品和服务分类三个以上类别时,每增加一个类别就应该加付收费表规定的一个类别的费用。

(3)申请日。商标的申请日应当是专利局收到包含确认申请者的信息、商标图样以及注册要求的商品或服务清单等指定信息的材料的日期。一项已给予申请日的商标申请应当授予获得注册的权利。注册请求应当接受,除非没有达到申请要求或者由于有驳回的绝对理由而使注册受阻。

2. 商标注册的审查

对于申请人提出的商标注册申请,专利局应当审查以下事项:

(1)商标申请是否满足申请日相应的要件。

(2)申请是否符合其他申请要件。

(3)是否按照规定缴纳收费表规定的费用。

(4)申请人是否是自然人、法人或者有能力获得权利和承担责任的合伙组织。

德国《商标法》第 37 条规定:

(1)根据第 3 条、第 8 条或第 10 条,商标不适宜注册时,应当驳回该申请。

(2)审查中发现在申请日[第 33 条第(1)款]该商标与第 8 条第(2)款第 1 项、第 2 项或第 3 项的要求不一致,但是该驳回理由在申请日之后不再存在,则不应驳回该申请。在申请人承诺不再坚持原来的申请日以及不再主张第 34 条或第 35 条所述优先权,该驳回理由消失之日应被认为是申请日,以及是决定第 6 条第(2)款意义上的在先权的决定性因素。

(3)第 8 条第(2)款第 4 项的申请有欺诈的明显可能时,应当驳回该申请。

(4)根据第 10 条所述,一项商标申请的在先商标的驰名已为专利局所知,并且满足了第 9 条第(1)款第 1 项或第 2 项的其他先决条件,则应当驳回该申请。

(5)当该申请只在其申请的某些商品或服务上不宜注册时,第(1)款至第(4)款应比照予以适用。

第 36 条和第 37 条所述审查应申请人的请求,可以加速进行。请求加速审查应当缴纳收费表规定的费用。如果没有缴纳费用,则应认为该请求没有提出。

申请人可以在任何时候撤回申请或者限定该申请包含的商品和服务项目。应申请人的请求,可以通过修改文字错误或打印错误或其他明显错误,对申请内容进行更正。

3. 对驰名商标和在先权的保护

德国商标法对于驰名商标保护的理念基础是混淆理论和淡化理论,即保护驰名商标的区别力,并落脚在声誉保护上,即强调驰名商标的价值功能。保护的法律依据是现行商标法和欧盟商标指令关于驰名商标的规定。德国《商标法》第 14 条第 2 款规定,如果本商标在国内为一项驰名商标,且使用该标识构成无正当理由以不正当方式利用或伤害驰名商标的区别力或价值功能,则未经商标所有人允许,第三人在经济活动中不得使用与本商标相同或近似的商标于非与本商标项下商品或服务类似的商品或服务。①

无论是欧共体商标法指令还是德国商标法,对驰名商标认定的具体标准没有任何的法律规定,一切都留待司法实务加以解决。即在司法实践中,概括性地以商标知名度(驰名度)作为认定标准,在具体操作时则一般通过社会调查,以特定的交易范围内的消费者所了解该商标的百分比为依据。认定的法律效果仅及于个案,即要求驰名商标只能个案认定。驰名商标制度的保护目的要求认定时应考虑多项因素。②

对于驰名商标的保护,德国商标法规定,如果一个商标与《巴黎公约》第 6 条第 2 款意义的在德国境内驰名的在先商标相同或近似,以及如果达到了第 9 条相应条款的附加要求,则该商标不应获准注册。

通过使用获得的商标和商业标志具有在先权。其他在先权利如下:①名称权;②肖像权;③著作权;④植物品种名称;⑤地理来源标志;⑥其他工业产权。

4. 商标注册的撤销

德国《商标法》第 9 条规定,有下列情况,可以撤销商标的注册:如果该商标和一个在先申请的或已注册的商标相同,并且该商标注册的商品或服务与已申请的或已注册的在先商标的商品或服务相同;如果由于该商标与在先申请的或注册的商标相同或近似,并且该商标使用的商品或服务相同或近似,在相关公众中存在混淆的可能,包括与其他商标产生联系的可能;如果该商标与在先申请或已注册的商标相同或近似,并且所注册的商品或服务与已申请或已注册的在先商标所使用的商品或服务不近似,而在先商标在德国境内拥有声誉,并且没有正当理由使用该注册商标将不公正地利用或损害该商标的显著性或声誉。

商标申请只有当该商标获准注册后才构成第 9 条第 1 款意义的驳回理由。

可以以代理人名义注册商标,以商标所有人的代理人或代表人的名义进行商标的注册,但如果没有该所有人的授权,则可以撤销该商标的注册。在德国领土范围内使用该注册商标,则可以撤销该商标注册。

5. 评述与启示

德国商标法关于商标注册规定了比较详尽的内容,除了商标注册的申请人、

①　刘孔中:《著名标章及相关表征保护之研究》,联经出版公司,2002 年版,第 26 页。

②　刘孔中:《著名标章及相关表征保护之研究》,联经出版公司,2002 年版,第 26 页。

注册商标的申请(申请要件与申请日的规定)以外,还规定了对驰名商标和在先权的保护。德国商标法尊重当事人的自我意愿,但规定有限制条款,在注册后连续5 年未在贸易活动中使用则将其注册商标注销。商标主管部门并不主动检查商标是否使用,也不会主动去撤销未使用的注册商标,仅在第三者以未使用为理由对商标的有效性提出争议时才检查是否使用,决定是否予以撤销。与此相比,我国关于注册商标的使用是硬性规定:连续 3 年停止使用的,由商标局责令限期改正或撤销其注册商标。这是国家为督促商标注册人合理、及时使用注册商标,防止商标资源浪费的一项重要措施。我国地大物博、人口基数大、市场规模宏大,注册商标耗费商标主管部门行政资源,若长期搁置不用,则造成巨大浪费,也不利于鼓励市场主体积极地运营,因此德国和我国的商标撤销制度都有各自的合理性。

(三)法国商标的注册

1. 商标注册的申请

商标所有权通过注册取得,商标可以共有形式取得,注册自申请提交之日起10 年有效并可无期限延长。注册申请依照法国商标法及行政法院规定的形式和条件提交和公布,且该申请应包括商标图样,并列举商标所应使用的商品或服务。居住国外的申请人,应在法国指定送达地址。

2. 商标注册的异议

注册申请公告 2 个月内,任何利害关系人得向国家工业产权局局长提出意见;注册商标或申请在先商标所有人或享受优先权日的商标所有人或在先驰名商标所有人得向国家工业产权局局长对注册申请提出异议。独占被许可人享有同等权利,但是合同中有相反约定的除外。

法国《商标法》第 L.712 - 4 条规定,如果以下一项在法国具有效力的在先权利受到侵犯,则可以向国家工业产权局局长提出异议:

(1)根据第 L.711 - 3 条第 I 款 1°的较早标记。

(2)根据第 L.711 - 3 条第 I 款 2°中享有声誉的在先商标。

(3)名称或公司名称,如果公众心目中存在混淆的风险。

(4)商品名称,标志或域名,其范围不仅是本地的,如果公众心目中存在混淆的风险。

(5)第 L.722 - 1 条所述的已注册地理标志或需要其规格批准并随后注册的地理标志申请。

(6)地方当局或市镇间合作公共机构的名称、形象或声誉。

(7)公共实体的名称,如果公众心目中有混淆的可能性。

在《巴黎公约》缔约国侵犯受其保护的商标时,也可根据第 L.711 - 3 条第 III款规定的条件提出异议。

自上述期限届满 6 个月内没有裁定的,视为异议不成立。但是,这一期限会因下列情形中止:异议建立在注册申请之上,或者遇有无效、失效或要求所有权诉讼,或者双方共同申请中止,但中止的时间最长为 6 个月。如果注册申请时欺骗了第三人的权利,或者违反了法定或约定的义务,认为对该商标享有权利者得向法院要求所有权。除注册申请是恶意者外,提起所有权诉讼的时效期间为注册申请公告之日起 3 年。

3. 评述与启示

众所周知,法国的化妆品和服装品牌深受世界各地商人和消费者的青睐。注册法国的商标,不但可以得到该国的保护,对树立国际品牌还能取得积极正面的作用。近年来,到法国申请注册商标的我国商人也越来越多,这就凸显了法国商标法关于商标注册条款在全世界范围内的重要性。法国的商标注册法律规定大体上与我国相似,但有其特色之处。在法国注册商标时,可以从工业产权局得到商标在先记录的报告,这极大地降低了商标注册在整个申请注册过程中的风险。这一点是法国独创的,降低了商标申请注册人对同一商标重复申请注册的可能性,减少了不必要的重复劳动,大大提高了企业在商标注册上的经济效益,值得其他国家借鉴。

(四)美国商标的注册

美国商标的注册采用混合原则,商标注册分为主要注册簿上的商标注册和辅助注册簿上的商标注册两部分。

1. 主要注册簿上的商标注册

1)商标注册的申请

用于商业的商标所有人或者有真诚的意图在商业上使用商标的人,在表明其诚意的情况下,可依法申请在主要注册簿上注册其商标。

提出注册申请需要向专利商标局提交规定的材料,按规定向专利商标局交费和遵守局长所规定的与法律无矛盾的规章条例。

2)服务商标、集体商标和证明商标可予注册

按照现行适用的关于商标注册的规定,服务商标应以与商标同样的方式并具同样的效果,商标法予以注册,并且在注册后,有权享受本法为商标提供的保护。服务商标注册中有关申请和程序的规定只要切实可行,就应与有关商标注册的规定一致。

3)不能注册的内容

专利商标局局长可要求申请人放弃一个商标的不能注册的组成部分方可注册。申请人可自动放弃申请注册商标的某一组成部分。放弃的部分包括依照法律规定经注册人申请由局长准许放弃的部分,不应损害或影响申请人或注册人对被放弃部分的现有的或此后发生的权利,或者当被放弃部分成为或已成为区别其商品或服务的显著部分时,不应损害或影响其在另一申请中注册的权利。

4）商标注册的审查

在一份注册申请提交并按规定缴费后，局长即将该申请交给主管商标注册的审查员去审查。如果经审查认为该申请人有权注册，或者在按美国《商标法》第 1 条(d)款规定受理使用声明书后可能有权注册，局长应将该商标在专利商标局的官方公报中予以公告，但是，倘若申请人要求并存使用，或者按法律规定因"申请注册的商标与他人在先注册的或在先申请注册的商标相似，以致用在申请人的商品或服务上或与之有关方面可能造成混淆或误认，或欺骗"而使申请处于干预程序，在该情况下，这种可注册的商标是否可予公告应依照对有关诉讼当事人的权利的裁定而定。

如果发现申请人无权注册，则审查员应通知申请人并说明原因。申请人应在 6 个月期限内答复或修改其申请，然后重新审查。这一程序可反复进行直至审查员最后驳回该商标的注册，或者该申请人未能在 6 个月的期限内答复，或提出补正或复审，在这种情况下，该申请应被视为已放弃，除非能说明延误答复不可避免的理由并使局长满意，可予以延期。

5）商标注册的异议和撤销

任何人确信一个商标在主要注册簿上的注册会使其受到损害，可于该申请注册商标依照法律规定公告后 30 天内向专利商标局提交异议书，说明理由，并按规定缴费。在 30 天期限届满前经书面请求，提出异议的时间可予顺延 30 天，在此期限届满前有充分理由可请求局长准予再次延长期限。局长应通知申请人每次异议延长期限。异议可按照局长可能规定的条件进行修改。

美国《商标法》第 17 条规定：

(1)存在商标抵触、异议、申请注册为合法同时使用人，或申请撤销商标注册的案件，专利商标局首长应通知各方当事人，并指定商标审判与上诉委员会决定商标注册的相关权利。

(2)商标审判与上诉委员会成员应包括专利商标局首长、副首长、专利委员、商标专员及专利商标局首长指定的商标行政审查官。

任何人确信一个商标依照现行的美国《商标法》，或 1881 年美国《商标法》，或 1905 年美国《商标法》，在主要注册簿上的注册对其造成或将造成损害，可按下列规定提出撤销该商标注册请求，申明理由，并按规定交费：

(1)自该商标按本法规定获得注册之日起 5 年内。

(2)对于依照 1881 年美国《商标法》或 1905 年美国《商标法》注册的商标，自其按本法第 12 条(c)款规定予以公告（即商标注册人缴费并提交保证书后由局长在官方公报中发布带有商标复制样的公告）之日起 5 年内。

(3)任何时候若发现该注册商标是其指定商品或服务，或其中一部分的属名，或该注册商标已被放弃，或其注册是以欺骗手段获得，或违反美国《商标法》第 4

条或第 2 条的规定,或违反在先的法规的同类禁止性规定,或者若由注册人或经注册人允许将该注册商标用于误述其指定商品或服务的来源。如果该注册商标是其指定商品或服务项目中一部分的属名,则可以提出申请只撤销该有关部分的注册。该商标不仅仅因为用作某一独特产品或服务项目的名称或作为识别独特产品或服务的标记,而被视为指定商品或服务项目的属名。该注册商标对购买者动机,更确切地说对有关公众的根本意义应作为衡量决定该注册商标是否属于其指定商品或服务项目的属名的检验标准。

（4）对于依 1881 年美国《商标法》或 1905 年美国《商标法》获得注册的,但并未有商标注册人缴费并提交保证书后由局长在官方公报中发布带有商标复制样的公告的商标,可以随时提出撤销其注册请求。

（5）对于证明商标可基于下列理由随时提出撤销其注册请求,如该证明商标注册人对该商标的使用不予控制,或不能合法地行使控制,或从事使用该证明商标的任何商品或服务项目的生产或销售,或允许将该证明商标用于作证明以外的其他目的,或以歧视的态度拒绝为任何人已达到使用该证明商标标准或条件的商品或服务项目提供证明或继续证明。

2. 辅助注册簿上的商标注册

1）商标注册的申请

除主要注册簿外,专利商标局局长应按《关于使 1910 年 8 月 20 日在阿根廷共和国布宜诺斯艾利斯签订的保护商标和商业名称公约的某些条款生效的法案》第 1 条(b)款规定建立一本注册簿续集,称为辅助注册簿。一切商标凡是由其所有人在商业中在其商品或服务上或与之有关方面合法使用的、能区别申请人的商品或服务的,并且不能依照商标法的规定在主要注册簿上注册的,除按美国《商标法》第 2 条相关规定宣布不能注册的外,在按规定缴费并符合本法关于商标注册申请的规定条件下,均可在辅助注册簿上注册。如果一个商标在北美自由贸易协定实施法案通过之日以前,已由其所有人在商业中在其商品或服务上或与之有关方面合法使用,那么这样一个能区别申请人的商品或服务但不能按本法规定在主要注册簿上注册的,也不应被阻止在辅助注册簿上注册。

拟在辅助注册簿上注册的商标可以由任何商标、符号、标签、包装、商品外形、名称、文字、口号、短语、姓氏、地理名称、数字或图形或上述形式的任何组合组成,但这种商标必须能区别申请人的商品或服务。

在辅助注册簿上注册的商标将不予公告,不受异议,但在注册后应在专利商标局的官方公报中予以公告。任何人认为一个商标在此注册簿上的注册使其或将使其蒙受损害,可以随时按规定缴费并提交请求书申明理由,请求局长撤销该注册。局长应将此申请送交商标审理和上诉委员会,该委员会应将此事通知注册人。如果经该委员会审理发现该注册人无权注册,或者该商标已被放弃,则该注册应由局长予以撤销。

2）商标注册的说明

第一，在辅助注册簿上注册的商标的注册证与颁发给在主要注册簿上注册的商标的注册证明显不同。

第二，一个商标在辅助注册簿上或依照 1920 年 3 月 19 日法案的注册不应排除该注册人在本章建立的主要注册簿上的注册。商标在辅助注册簿上的注册不构成承认该商标未具备显著性。

第三，在辅助注册簿上或依照 1920 年 3 月 19 日法案的注册不得向财政部提交备案或用以阻止进口。

3. 商标注册的一般规定

美国商标法在对商标的注册分别作出主要注册簿和辅助注册簿的规定后，也作出了一些商标注册的一般规定。

专利商标局局长可建立商品和服务分类，以便于专利商标局行政管理，但不得限制或扩大申请人或注册人的权利。申请人可以按其正在或有真诚的意图在商业中使用的商标的任何或一切商品或服务项目申请为该商标注册；但倘若局长按规定准许受理一个涉及多类商品或服务的商标注册申请，所应交纳的申请费相当于每一类单独申请费的总和，而且对此局长可仅发一个商标注册证。

局长应制定有关商标或其他标记注册申请的申请、处理和专利商标局为之提供的一切服务和材料的费用。依据本款制定的费用可由局长根据劳动部部长确定的消费品物价指数每年调整一次，以反映过去 12 个月期间的物价波动。少于 1‰ 的变化可予忽视。依本条规定制定的费用在联邦登记簿和专利商标局官方公报中公布后至少 30 天才能生效。

4. 对驰名商标的保护

驰名商标是市场经济不断成熟的产物，也是生产者、经营者持续培养的成果，它不仅发挥商标识别出处的基本功能，还在吸引注意力、表彰顾客身份方面具有普通商标所不具备的作用。[①] 美国的驰名商标保护的基础理论是商标淡化理论。该理论影响相当广泛，不少国家包括加拿大、日本、西班牙、委内瑞拉、英国都认可了该理论，欧盟、国际贸易组织也接受了这个理论。[②]

美国有关于商标侵权纠纷都采取不告不理的司法程序来解决，故而驰名商标由司法机构来认定，程序也是司法程序。美国法院对驰名商标的认定同样也是一案一议，而且前一法院对同一商标的驰名认定对下一案件没有必然的约束力，后

[①] 黄晖：《商标法》，法律出版社，2004 年版，第 246 页。

[②] Trademark Protection and Practice，Volume 2，5A.03，Copyright 2004，Matthew Bender & Company，Inc.，a member of the Lexis Nexis Group.

一法院应根据后一案件的具体情况来决定该商标是否驰名。这种方式可以发挥市场的自我管理功能,减少国家干预。

美国联邦淡化法所要求的决定商标是否"显著并著名"的要素如下:①商标具有内在的或获得的显著性的程度;②使用在产品或服务上的商标的使用时间及范围;③商业公开使用及广告使用时间及地域跨度;④商标使用的地理跨度和交易范围;⑤使用商标的产品或服务的销售渠道;⑥在商标所有人和侵权人的交易范围和交易渠道中对公众商标的认知程度;⑦第三方对于相同或近似商标的性质及范围;⑧商标是否依 1881 年美国《商标法》或 1905 年美国《商标法》或一般原则进行注册。[①]

5. 评述与启示

美国商标法对商标注册的规定也十分详尽、具体,法律条文篇幅极长,从申请注册、公告、异议、撤销,到驰名商标的保护、认定、禁止使用的情形等都作出细致规定。实行主要注册簿与辅助注册簿的"双轨制",依次作出两种不同的规定。从前述规定可以看出,美国的商标注册程序相对于其他国家而言是比较复杂的,在联邦商标局注册可以获得全国范围内的保护,但如果不注册也可以得到普通的保护,只是这种保护力度小,可能只限于其商业使用的范围内,如某个州内。另外,美国商标制度对商标的使用也是十分重要的,即使在联邦商标局获得注册,也需要指明是即将使用还是已经使用。申请程序也比较繁杂,要经历申请、审查、注册发证到续展等九个步骤,体现美国在商标注册方面的重视程度。

美国较其他国家繁荣的经济使得其使用这样一种繁杂、多层次的商标注册体系成为必然。"双轨制"的注册机制与对应的保护机制促进了美国商标注册、使用、保护的科学、合理的系统的构建,企业或商人付出更多代价的商标获得更优越的保护,少付出代价的商标获得一般程度的保护,这种制度在某种程度上促进了美国经济的繁荣。

(五)我国商标的注册

1. 商标注册的申请

我国《商标法》第 4 条第 1 款规定,自然人、法人或者其他组织在生产经营活动中,对其商品或者服务需要取得商标专用权的,应当向商标局申请商标注册。不以使用为目的的恶意商标注册申请,应当予以驳回。由此可知,商标注册的主体即商标申请人包括以下几类:

(1)自然人。我国商标法规定,自然人在我国可申请注册商标,而不必具有从事生产经营的资格。《中华人民共和国商标法实施条例》(以下简称《商标法实施条例》)第 14 条第 1 款规定,申请商标注册的,申请人应当提交其身份证明文件。

---

① 15 U. S. C. § 1125(c)(1)(A)—(H).

商标注册申请人的名义与所提交的证明文件应当一致。

(2)法人。申请商标注册的法人组织在我国主要包括企业法人、机关法人、事业单位法人、社会团体法人等。

(3)其他组织。依照我国民事法律的规定,其他组织是指不具备法人资格,但合法成立,具有一定组织机构和财产的组织,具体包括私营独资企业、合伙组织、合伙型联营企业、中外合作经营企业、社会团体、依法设立并领取营业执照的法人分支机构等。

(4)共同申请人。我国《商标法》第5条规定,两个以上的自然人、法人或者其他组织可以共同向商标局申请注册同一商标,共同享有和行使该商标专用权。在现实生活中,不仅存在某一个自然人、法人或者其他组织在生产经营活动中,对其商品或者服务,需要取得商标专用权的情况,也存在两个或者两个以上的自然人、法人或者其他组织,对其商品或者服务,需要共同享有和使用同一商标专用权的情况。两个或者两个以上的主体共同拥有一个商标,即是共有商标。共有商标在生产经营活动中不仅必要,而且可能。为此,本条对共有商标予以了确认。

(5)外国人或外国企业。我国《商标法》第17条规定,外国人或者外国企业在中国申请商标注册的,应当按其所属国和中华人民共和国签订的协议或者共同参加的国际条约办理,或者按对等原则办理。第18条第2款规定,外国人或者外国企业在中国申请商标注册和办理其他商标事宜的,应当委托依法设立的商标代理机构办理。这两条对外国人或者外国企业在中国申请商标注册作了具体规定。

2. 商标申请的原则

1)申请在先原则

如果有两个或者两个以上的申请人以相同或者近似的商标申请在同一种商品或者类似商品上注册,商标主管机关该如何处理,各国对于这种情况所采取的原则有三个:一是申请在先原则;二是使用在先原则;三是混合原则,即申请在先原则与使用在先原则的混合。我国《商标法》第31条规定,两个或者两个以上的商标注册申请人,在同一种商品或者类似商品上,以相同或者近似的商标申请注册的,初步审定并公告申请在先的商标;同一天申请的,初步审定并公告使用在先的商标,驳回其他人的申请,不予公告。可见,我国商标申请采用的是以申请在先的原则为主,同时以使用在先原则为补充。

商标初步审定的特殊程序:2014年4月修订后的《商标法实施条例》第19条规定,两个或者两个以上的申请人,在同一种商品或者类似商品上,分别以相同或者近似的商标在同一天申请注册的,各申请人应当自收到商标局通知之日起30日内提交其申请注册前在先使用该商标的证据。同日使用或者均未使用的,各申请人可以自收到商标局通知之日起30日内自行协商,并将书面协议报送商标局;不愿协商或者协商不成的,商标局通知各申请人以抽签的方式确定一个申请人,驳回其他人的注册申请。商标局已经通知但申请人未参加抽签的,视为放弃申请,商标局应当书面通知未参加抽签的申请人。这一特殊程序的规定解决了申请日和使用日冲突的矛盾,且对于商标的取得更加公正。

2)自愿注册和强制注册相结合的原则

自愿注册原则是指商标使用人根据需要,自行决定是否申请商标注册。因为商标权是一种私权,国家一般情况下不予干预,也不会主动保护某个商标权。申请人可以根据各自的生产经营情况自愿选择是否申请商标注册。在我国,只有依法注册后的商标才会受到保护,未注册的商标不得与他人的注册商标相冲突。

我国的商标制度采取自愿注册原则,但在某些特定的商品上,出于特殊的考虑,法律规定了商标强制注册的例外。我国《商标法》第 6 条规定,法律、行政法规规定必须使用注册商标的商品,必须申请商标注册,未经核准注册的,不得在市场销售。这是以强制手段注册。按照《商标法实施条例》及国家商标主管部门的有关规定,必须注册的商品有两大类:一是人用药品,二是烟草制品。

3. 商标注册申请的审查和核准

1)商标注册的审查

对商标申请进行审查,是商标能否被核准注册的关键。世界各国对商标的审查主要采用两种方式:一种是不审查制,又称形式审查制;另一种是审查制,即不仅要进行形式审查,还要进行实质审查。目前包括我国在内的大多数国家采用的是审查制。

(1)商标注册的形式审查。形式审查是指对申请注册商标的形式要件审查,包括申请文件是否齐备、书写是否符合规定、手续是否办理等。经审查完毕,商标局会依据不同情况作出不同决定:申请文件符合商标法规定的,予以受理,发给受理通知书;申请文件不齐备或未按规定填写的,退回申请书,申请日不予保留;申请文件基本齐备,需要补正的,通知其在 15 日内补正,补正符合规定的,予以受理,保留申请日;未在规定期限内补正或超过期限补正的,予以退回,申请日期不予保留。

(2)商标注册的实质审查。实质审查是指对申请注册的商标的构成要素是否符合法定条件进行审查。实质审查是商标申请能否取得授权的关键环节。实质审查的主要内容:商标的类型是否符合我国商标法规定,不符合的则驳回申请,不予注册;商标的构成要素是否违背我国商标法规定的禁用条款,违者予以驳回;商标是否与他人在同一种或类似商品上注册的商标相同或相似。

2)商标注册的核准

核准注册是申请人取得商标专用权的决定性环节。商标获准注册后,由商标局将核准的商标和核定使用的商品登记在商标注册簿上,并刊登在《商标公告》上,同时颁发商标注册证。自此注册商标受法律保护,注册人享有商标专用权。

根据我国《商标法》第 36 条,对初步审定并公告的商标,法定期限届满后,当事人对商标局作出的驳回申请决定、不予注册决定不申请复审或者对商标评审委员会作出的复审决定不向人民法院起诉的,驳回申请决定、不予注册决定或者复审决定生效。

经审查异议不成立而准予注册的商标,商标注册申请人取得商标专用权的时间自初步审定公告 3 个月期满之日起计算。

在商标公告期满之日至准予注册决定作出前,针对他人在同一种或者类似商品上使用与该商标相同或者近似的标志行为,是否构成侵权,我国《商标法》第 36 条第 2 款规定,自该商标公告期满之日起至准予注册决定作出前,对他人在同一种或者类似商品上使用与该商标相同或者近似的标志的行为不具有追溯力。但是,因该使用人的恶意给商标注册人造成的损失,应当给予赔偿。该规定如何适用,如何认定使用人的恶意、损失的界定以及赔偿的标准,则需要在实践和理论上作进一步处理。

4. 对驰名商标的保护

1)驰名商标保护的内容

《巴黎公约》较早地规定了对驰名商标的保护。其中规定,本联盟各国承诺,应依职权(如本国法律允许),或依利害关系人的请求,对商标注册国或使用国主管机关认为在该国已经驰名,属于有权享受本公约利益的人所有,并且用于相同或类似商品的商标构成复制、摹仿或翻译,易于产生混淆的商标,拒绝或撤销注册,并禁止使用。

我国商标法对驰名商标的保护基本上和国际公约的规定一致。我国《商标法》第 13 条规定,为相关公众所熟知的商标,持有人认为其权利受到侵害时,可以依照本法规定请求驰名商标保护。就相同或者类似商品申请注册的商标是复制、摹仿或者翻译他人未在中国注册的驰名商标,容易导致混淆的,不予注册并禁止使用。就不相同或者不相类似商品申请注册的商标是复制、摹仿或者翻译他人已经在中国注册的驰名商标,误导公众,致使该驰名商标注册人的利益可能受到损害的,不予注册并禁止使用。

请求驰名商标保护的前提:

(1)该商标为相关公众所熟知,这是驰名商标的内涵。所谓为相关公众所熟知,是指与使用商标所标示的某类商品或者服务有关的消费者,生产前述商品或者提供服务的其他经营者以及经销渠道中所涉及的销售者和相关人员等,都清楚地知道该商标及使用该商标的商品或者服务的来源。

(2)该商标的所有人认为其权利受到侵害。《巴黎公约》和《与贸易有关的知识产权协定》规定驰名商标的保护,目的在于防止已经驰名的商标被他人侵害,而非将被认定为驰名商标这个事实用于企业的市场推广,所以只有在商标所有人认为其权利受到侵害时,才可以请求驰名商标保护。

(3)驰名商标保护的请求应当由商标所有人提出。为防止"批量认定、主动保护"的情况出现,根据"个案认定、被动保护"的原则,驰名商标的保护请求应当由商标所有人提出,而不能由商标所有人以外的任何其他人以及机构、组织等提出。

对未在我国注册的驰名商标的保护。依据我国《商标法》第 13 条第 1 款规定,就相同或者类似商品申请注册的商标是复制、摹仿或者翻译他人未在我国注册的驰名商标,容易导致混淆的,不予注册并禁止使用。

根据我国《商标法》第 13 条第 2 款的规定,对未在我国注册的驰名商标,本法只保护其在相同或者类似商品或服务上注册和使用的权利,即某一申请注册的商标是复制、摹仿或翻译他人未在我国注册的驰名商标,用于相同或者类似的商品或者服务上,容易导致混淆的,对该商标不予注册并禁止使用。这一规定体现了我国侧重保护注册商标的原则。

2)禁止使用驰名商标的情形

生产、经营者不得将"驰名商标"字样用于商品、商品包装或者容器上,或者用于广告宣传、展览以及其他商业活动中。

驰名商标制度的本意是在发生商标争议时,对为相关公众熟知的商标提供特殊保护。驰名商标认定是对事实的确认,应仅对争议的案件有效。某商标在有关案件的处理过程中被依法认定为驰名商标,只是表明该商标为相关公众所熟知这一事实,并不表明相关机关对使用该商标的商品或者服务作出了质量保证,也不表明使用该商标的商品的生产经营者或者使用该商标的服务的服务提供者的信誉得到了保证。驰名商标的认定,对提升国人品牌意识,提升民族企业地位起到积极作用,但驰名商标认定也逐渐偏离了方向。一方面,部分企业认定驰名商标的目的是广告宣传,从而对同样有着良好信誉但未认定驰名商标的企业构成不正当竞争。另一方面,政府对驰名商标企业予以物质上的奖励,背离了驰名商标认定作为民事行为的核心本质,变政府管理为政府参与,耗费了大量财政资金。因此,2013 年修改的商标法增加此条款规定,对其他纳税人显示了公平。

第三节　商标权的内容

商标注册申请人经过商标权取得的程序性及实质性审查后,对于符合法律规定的注册商标申请,商标主管部门授予其商标专用权,享有商标法所规定的权利和义务。

一、日本商标权的内容

日本现行《商标法》第 18 条规定,商标权因设定注册而发生。

(一)商标权的内容

1. 专用使用权

商标权人可以对其商标权设定专用使用权。但日本《商标法》第4条第2款规定的商标注册申请有关的商标权,不在此限。专用使用权人在设定行为所规定的范围内,在指定商品或指定服务上拥有使用注册商标的专用权。专用使用权的移转,限于在得到商标权者的许可或在继承等一般的承继场合。

2. 通常使用权

商标权人可以对其商标权许可他人通常使用权。但日本《商标法》第4条第2款规定的商标注册申请有关的商标权,不在此限。通常使用权人在设定行为所规定的范围内,有在指定商品或指定服务上使用注册商标的权利。通常使用权,限于在得到商标权者(当是关于专用使用权的通常使用权时,系指商标权者及专用使用权者)的许可或在继承等一般的承继的场合,才能移转。

3. 团体成员的权利

拥有团体商标商标权的日本《商标法》第7条第1款规定中的法人的成员,根据法人的规定有权利在指定商品或指定服务上使用以团体商标注册的商标。但是,当其商标权被设定专用使用权时,专用使用权人对该注册商标所拥有的专有使用权利范围,不在此限。团体成员的商标权,不能移转。团体成员适应于第24条第4款、第29条、第50条、第52条第2款、第53条及第73条的规定,视为通常使用者。团体商标商标权在适应第33条第1款、第3款规定时,同款中的"或关于该商标权或专用使用权依第31条第4款准用《专利法》第99条第1款的效力而拥有通常使用权者"将由"或关于该商标权或专用使用权依第31条第4款准用《专利法》第99条第1款的效力而拥有通常使用权者或拥有该商标使用权的团体成员"替换。

4. 在先使用的商标的使用权

在他人商标注册申请前,在日本国内不是出于不正当竞争的目的,而在该商标注册申请的指定商品或指定服务或与其类似商品或类似服务上使用该商标或与其近似商标的结果,在该商标申请注册之际,已使消费者广为知晓该商标表示与其业务相关的商品或服务时,其使用者在继续于其商品或服务上使用该商标的场合,则拥有在其商品或服务上使用该商标的权利。该业务的承继者也同样如此。该商标权人或专用使用权人,可以要求依前项规定拥有商标使用权人附加适当的表示,以防后者业务的商品或服务与自己业务的商品或服务产生混淆。

5. 由于在申请无效审判注册前使用商标而得到的使用商标的权利

符合下列各款之一者,在日本《商标法》第46条第1款的审判请求注册前,不知道商标注册是属于同项各款之一的情况,且已在日本国内在指定商品或指定服务或与其类似的商品或服务上使用该注册商标或与其近似商标,该商标作为与其业务相关的商品或服务的表示而为消费者所广为知晓时,该者在继续于其商品或服务上使用该商标的场合,则拥有在其商品或服务上使用该商标的权利。该业务的承继者也同样如此。

(1)在相同或类似的指定商品或指定服务上使用的相同或近似商标中,有两个以上商标注册时,其一为无效时的原商标权者。

(2)正当权利者在相同或类似的指定商品或指定服务上使用的相同或近似商标已进行商标注册,当商标注册无效时的原商标权人。

(3)在前两款所列场合中,依日本《商标法》第 46 条第 1 款的审判请求注册之际,已经无效的注册商标的商标权的专用使用权人,或关于该商标权或专用使用权依法准用专利法关于通常实施权的注册效果的规定的效力而拥有通常使用权人。

该商标权人或专用使用权人,有权在依前项规定拥有使用商标权利者处,接受相当等价的报酬。

6. 专利权有效期限届满后的商标使用的权利

在商标注册申请日前或同日的专利申请的专利权在与其商标注册申请的商标权冲突的场合,在其专利权有效期限届满时,原专利权者在原专利权的范围内,有权利在该商标注册申请的指定商品或指定服务上,或在相类似商品或服务上,使用该注册商标或其近似商标的权利。但是,其使用限于非不正当目的的使用。当商标注册申请日前或同日申请的实用新型权或外观设计权在与其商标注册申请的商标权冲突的场合,在其实用新型权或外观设计权有效期限届满时,准用前两项的规定。

7. 质权

日本《商标法》第 34 条规定,当以商标权、专用使用权、非专属授权为标的设立质权时,除契约另有规定外,质权者不得在该指定商品或指定服务上使用该注册商标。

(1)以非专属授权的目的而为质权的设定、转移、变更、消减或处分的限制,非经登记不得对抗第三人。

(2)日本《专利法》第 96 条规定,准用于以商标权、专属授权或非专属授权为标的质权。

(3)日本《专利法》第 98 条相关条款规定,于以商标权或专有使用权为标的的质权,准用之。

8. 排除侵害请求权

日本《商标法》第 36 条规定,商标权人或专用被授权人对侵害其商标或专属授权者,或有侵害之虞者,可以请求其停止或防止其侵害。商标权人或专用使用权人依前项规定提出请求之际,可以请求废弃构成侵害行为的物品、销毁供侵害行为所用的设备或撤销为预防侵害的必要行为。

下列行为视为侵害该商标权或专用使用权:

(1)在指定商品或指定服务上使用与注册商标相近似的商标,或在与指定商品、指定服务相类似的商品或服务上使用注册商标或与其相近似的商标。

(2)为了转让、交付或出口而持有在指定商品或与指定商品、指定服务相类似的商品上或其商品包装上附以注册商标或与其相近似的商标的商品。

(3)为了提供服务用的物品,而持有或进口在指定服务或与指定服务、指定商品相类似的服务中供被服务者利用的物品上附以注册商标或与其相近似商标的行为。

(4)为了提供服务用的物品而转让、交付或为了转让、交付而持有或进口,使用在指定商品或与指定服务,或与指定商品相类似的服务中供被服务者利用的物品上附以注册商标或与其相近似商标的行为。

(5)在指定商品或指定服务上或在与其相类似的商品或服务上使用注册商标或与其相近似的商标,而持有表示注册商标或与其相近似商标物品的行为。

(6)为了使他人在指定商品或指定服务上或在与其相类似的商品或服务上使用注册商标或与其相近似商标,而进行转让、交付或为了转让、交付而持有表示注册商标或与其相近似商标物品的行为。

(7)为了自己或他人,在指定商品或指定服务上或在与其相类似的商品或服务上使用注册商标或与其相近似的商标,而制造或进口表示注册商标或与其相近似商标物品的行为。

(8)只是为了制造表示注册商标或与其相近似商标的物品,而以制造、转让、交付或进口所须物品为业的行为。

(二)商标权的有效期限和续展

日本《商标法》第 19 条规定,日本的商标权的有效期限是自设定注册之日起10 年止。商标权有效期限可以根据商标权者的续展注册申请进行续展,在商标权的有效期限进行续展注册时,有效期限自其期满时进行续展。

申请有效期限续展注册者,必须向特许厅长官提交记载下列事项的申请书:

(1)申请人的姓名或名称及住所。

(2)商标注册的注册号码。

(3)前两款所列之外的通商产业省令规定的事项。

续展注册申请必须在商标权的有效期限届满前 6 个月起至届满日期间内提出。当商标权者不能够在上述有效期限届满前 6 个月起至届满日期间内提出续展注册申请时,虽期限超过了,但仍可以在该期限届满之后 6 个月内提出其续展申请。但商标权者在上述规定的可以提出续展注册申请的期间内,未提出其申请时,该商标权视为在有效期限届满时即消灭。

（三）商标权的恢复

在商标有效期限届满前 6 个月起至届满日期间内可以提出续展注册申请而未提出其申请所导致在有效期限届满时丧失商标权的原商标权者，当由于不可归责于己的理由而未能在法律规定的可以提出续展注册申请的期间内提出其申请时，可在该理由消失之日起 14 天（在境外者为 2 个月）内且限于规定期限届满后 6 个月内，可以提出商标权恢复申请。当依上述规定提出恢复续展申请时，商标权的有效期限视为自其期满时进行续展。

当然，以提出商标权恢复申请而完成续展的商标权的效力是受到法律限制的。根据日本商标法的规定，以提出商标权恢复申请而完成续展的商标权的效力不及于在"当商标权者不能够在规定期间内提出续展注册申请时，虽期限超过了，但仍可在该期限届满之后 6 个月内提出其续展申请"规定的可以提出续展注册申请的期间后向特许厅长官提交申请书申请取得了商标权有效期限续展注册之前的下列行为：①在该指定商品或指定服务上的该注册商标的使用；②第 37 条所列的各款视为侵害商标专用权的行为。

（四）注册商标权的分割和移转

商标权的分割是指，当指定商品或指定服务是两个以上时，可以按每个指定商品或指定服务进行商标权的分割。即使是商标权消灭后，在依日本《商标法》第 46 条第 2 款提出审判请求时，其案件限于系属审判、再审或诉讼的场合，也可以进行前项的分割。

在有两个以上的指定商品或指定服务进行商标权的移转时，可以将指定商品或指定服务分割开予以办理。国家或地方公共团体及其机关，以及非营利的公益团体的商标注册申请，凡与日本《商标法》第 4 条第 2 款规定有关的商标权不得转让。从事不以营利为目的的公益事业者的商标注册申请，凡与日本《商标法》第 4 条第 2 款规定有关的商标权，除随同其事业外不得移转。

当团体商标的商标权进行移转时，除下列规定的场合外，其商标权视为变更为通常的商标权。团体商标的商标权作为团体商标的商标权进行移转时，必须将记载该旨意的文件及日本《商标法》第 7 条第 3 款中规定的移转注册申请文件同时向特许厅长官提交。

（五）注册商标权的效力

商标权人拥有在指定商品或指定服务上使用注册商标的专有权。但当对其商标权已设定专用使用权时，在专用使用权人拥有的该注册商标的专有使用权范围内，不在此限。

商标权的效力不及于下列商标（含构成其他商标的一部分者）：

（1）以普通方式用自己的肖像或自己的姓名、名称，或著名的雅号、艺名或笔名及其上述著名的略称所表示的商标。

(2)以普通方式用该指定商品或其类似商品的通用名称、产地、销售地、品质、原材料、功能、用途、数量、形态(含包装的形状,以下各款同)、价格,生产、使用的方法或时期,以及与该指定商品相类似的服务的通用名称、提供的场所、质量、提供服务用的物品、功能、用途、数量、形态、价格,提供的方法或时期所表示的商标。

(3)以普通方式用该指定服务或类似服务的通用名称、提供的场所、质量、提供服务用的物品、功能、用途、数量、形态、价格,提供的方法或时期,或与该指定服务相类似的商品的通用名称、产地、销售地、品质、原材料、功能、用途、数量、形态、价格,或生产、使用的方法或时期所表示的商标。

(4)在该指定商品或指定服务上,或与其相类似的商品或服务上所惯用的商标。

(5)商品或商品包装的形状系为了确保商品或商品包装的功能而必不可少的立体形状构成的商标。

其中第1类商标的规定不适用于在设立商标权的注册后,出于不正当竞争的目的用自己的肖像,或自己的姓名、名称,或著名的雅号、艺名或笔名及其上述的著名略称使用的场合。

(六)评述与启示

在商标权的内容方面,日本商标法与我国商标法相比最大的特色就是明确规定了对商标权的各种限制。主要包括:出于公益原因受到的限制,基于契约而受到的限制,出于和他人的特许权、使用新案权、意见权、著作权的关系专用权受到的限制,出于调整和使用主义的关系禁止权受到的限制。明确列举出各种情况下对商标权的保护受限或不允许注册这样的商标,使得日本的商标管理井然有序,不会影响到社会公共利益和私人权益,这也使经济运行适应了国家道德建设、精神文明建设的要求。相比之下,我国的商标权保护则更为齐全,限制更少,这样做降低了商人或企业注册商标的难度,促进了社会主义市场经济的快速运营,但过度的放开有可能造成对社会公益或其他私人权益的损害,不利于社会的物质与文化全面建设,因此,日本商标法的这一点值得我们借鉴。

二、德国商标权的内容

(一)商标专用权的内容

根据德国《商标法》第4条,获得商标保护,应授予商标所有人专用权。商标专用权的内容包括禁止权、参考作品中注册商标的复制的提示权、对代理人或代表人的请求权、销毁请求权和告知请求权等。

1. 禁止权

未经商标权人同意禁止第三方在商业活动中在同种商品或服务上使用与该商标相同的任何标志;在同种或类似商品或服务上,使用与该商标相同或近似的任何标志,并且在相关公众中存在混淆的可能,包括该标志和该商标之间产生联系的可能;或者在与受保护的商标所使用的不相近似的的商品或服务上,使用与该商标相同或近似的任何标志,但是该商标在德国范围内享有声誉,并且没有正当理由使用该标志不公平地利用了或损害了该商标的显著性或声誉。

如果他人在商业活动中的行为达到了上述禁止行为的必要条件,尤其应当禁止下列行为:

(1)将该标志附着于商品或其包装物或包装上。

(2)以该标志提供商品,将其投入市场或为此目的进行储存。

(3)以该标志提供或供应服务。

(4)以该标志进口或出口商品。

(5)将该标志用作商号或商业名称或商号的一部分或商业名称的一部分。

(6)在商业文件或广告中使用该标志。

(7)以违反欧洲议会和理事会 2006 年 12 月 12 日关于误导性和比较性广告的指令 2006/114/EC 的方式在比较广告中使用该标志。

在未经商标所有人授权的情况下,第三方应在贸易中被禁止下列行为:

(1)与该商标相同或近似的标志用于容器或包装上。

(2)或者用于标记手段如签条、附签、缝制签或与之类似的物品上。

(3)禁止以一个与该商标相同或近似的标志提供容器、包装或标记手段,将其投入市场或以此目的进行储存。

(4)或者以一个与该商标相同或近似的标志进口或出口容器、包装或标记手段,如果存在该包装或容器正用于包装或装盛商品或服务,或者该标记手段正用于标志商品或服务的危险,根据第(2)款和第(3)款,应禁止第三方使用该标志。

任何人违反上述规定使用一个标志,该商标所有人可以起诉要求禁止这种使用。任何人故意或过失侵权,都应当负责赔偿商标所有人因此受到的损失。

如果雇员或授权代表人在商业企业内实施上述侵权行为,商标所有人可以起诉该商业企业所有人,要求禁止这种使用。如果雇员或授权代表人故意或过失实施此行为,也可以要求该商业企业所有人给付损害赔偿金。

2. 参考作品中注册商标的复制的提示权

关于参考作品中注册商标的复制的提示权,德国《商标法》第 16 条分别规定了三种不同情形下的处理:

(1)如果在字典、百科全书或类似参考著作中复制注册商标给人的印象是该商标构成该商标注册的商品或服务的通用名称,则该商标所有人可以要求作品的出版商认为该商标的复制品附有该商标为注册商标的说明。

(2)如果该作品已经出版,则该权利仅限于根据第(1)款在该作品的新版本中包含的说明。

(3)如果参考作品以以下形式出售,则第(1)款和第(2)款应相应适用:电子数据库,或者如果提供对包含参考作品的电子数据库的访问权限。

3. 对代理人或代表人的请求权

德国《商标法》第 17 条规定,未经商标所有人的代理人或代表人同意违反《商标法》第 11 条规定,以商标所有人的代理人或代表人的名义注册商标,而没有该所有人的授权的,可以撤销该商标的注册。该条说明以代理人名义注册商标应当得到商标所有人的授权。

违反第 11 条的规定,未经商标所有人的授权,以该所有人的名义申请或注册商标的,该所有人应当有权要求从代理人或代表人处转让因该商标的申请或注册产生的权利。

违反第 11 条的规定,以该商标所有人的代理人或代表人的名义注册一个商标,该所有人应当有权禁止该代理人或代表人未经授权使用该商标。如果该代理人或代表人故意或过失实施侵权,他应承担商标所有人因此所受损失的损害赔偿责任。

4. 销毁请求权

关于销毁请求权,德国《商标法》规定了以下内容:

(1)在属于第 14 条、第 15 条和第 17 条的情况下,商标或商业名称的所有人可以起诉侵权人,要求销毁侵权人持有或含有的非法标记的货物,除非可以以其他方式去掉该产品的侵权特征。

(2)第(1)项中所述也应比照适用于作为侵权人财产,并且用于或意图专用于或几乎专用于非法标记一项产品的器具。

(3)在属于第 14 条、第 15 条和第 17 条的案件的情况下,商标或商业名称的所有人可能会起诉侵权人,以召回非法识别的商品或他们从商业渠道的最终撤离。

(4)第(1)项和第(2)项中的权利要求在个别情况下不成比例的,应被排除。审查相称性时,应当考虑第三方的合法利益。

5. 告知请求权

告知请求权是商标权人的一项重要权利,德国《商标法》第 19 条对此规定了五项内容:

(1)在适用商标专用权禁止权和对代理人或代表人的请求权所指情况时,商标所有人或者商业标志所有人可以要求侵权者及时提供关于非法标记产品的来源和销售渠道的信息,除非这在具体案件中是不适宜的。

(2)第(1)项情况下被要求提供信息的人,应当提供侵权产品生产者、供应者及其他在先所有者的确切名称和地址,提供主顾、董事长以及生产、分销、接收或定购的产品的数量的确切信息。

（3）在侵权显而易见的情况下，可以根据民事诉讼法典发布强制令要求侵权者履行提供信息的义务。

（4）只有经过信息提供者同意，并与信息提供之前的行为有关，这种信息才可以在刑事诉讼或在按照轻微罪行法提起的诉讼中，用以针对提供信息者或者《刑事诉讼法典》第 52 条第（1）款意义的他的近亲。

（5）其他告知请求权不应受影响。

（二）商标权的限制

对商标权的限制是指考虑到社会的公共利益，有必要对商标权作出限制。对商标权的限制方式包括权利限制、权利丧失、由于在后商标注册的法律效力产生的专用请求权、名称和描述性标志的使用、权利用尽、由于不使用对请求权的排除等。

1. 权利限制

商标侵权请求权的法定时限是请求人获得侵权信息和确定的侵权者之日起 3 年，不知这些信息的，为自侵权之日起 30 年。超过上述法定期限提出请求保护的，不予受理。当然，为了更好地保护商标权人，打击恶意侵权人，依据德国商标法的规定，如果侵权者在侵权中以请求权人的利益为代价获得任何利益，即使在上述期限期满后，该侵权人也应按照关于不当得利赔偿的有关规定负赔偿责任。

2. 权利丧失

权利丧失的规定是为了让商标权人积极参与保护其商标权。

如果商标和商业标志所有人在明知的情况下，默认一个在后注册商标连续 5 年使用，那么该所有人应无权禁止该在后注册商标在其注册的商品和服务上使用，除非在后商标申请为恶意申请。

如果商标或商业标志所有人在明知的情况下，默认一个第 4 条第（2）款或第（3）款所述的商标或第 13 条所述的商业标志或其他在后权利连续 5 年使用，则该所有人应无权禁止这些权利的行使。

在上述两种情况下，在后权利的所有权人应无权禁止该在先权利的行使。

3. 由于在后商标注册的法律效力产生的专用请求权

德国《商标法》第 22 条规定，当撤销在后商标注册的请求被驳回或基于下列因素应被驳回时，商标或商业标志所有人应无权禁止该在后注册的商标在其注册的商品或服务上使用：①在后注册商标的在先权期限内，在先商标或商业标志还没有获得第 9 条第（1）款第 3 项、第 14 条第（2）款第 3 项或第 15 条第（3）款所述的声誉；②在后商标的注册公告日之前，由于失效或驳回的绝对理由，应当已经撤销在先商标的注册，后注册商标所有人无权禁止一个在先商标或在先商业标志的使用。

4. 名称和描述性标志的使用

德国《商标法》第 23 条规定，只要不与善良风俗相冲突，商标或商业标志所有人应无权禁止第三方在商业活动中使用下列各项内容：

(1)其名称或地址。

(2)与该商标或商业标志相同或近似，但与商品或服务的特征或属性，尤其是与其种类、质量、用途、价值、地理来源或商品的生产日期或服务提供日有关的标志。

(3)必须用该商标或商业标志表示一个产品或服务的用途，尤其是作为附件或配件。

第(1)款仅适用于第三方的使用符合工业或商业事务中的诚实做法的情况。

5. 权利用尽

权利人或经其同意的其他人，将使用其商标或商业标志的商品投入德国、欧盟其他成员国或其他欧洲经济区协定缔约国的市场之后，该商标或商业标志的权利人应无权禁止该标志在上述商品上的使用。

在商标或商业标志的所有权人有合法的理由反对对该商品的进一步商业利用的情况下，不应适用上述规定，特别是在商品投入市场之后，该商品的状况发生了变化或损害。

6. 由于不使用对请求权的排除

如果在请求提出之前 5 年内，该商标没有根据德国《商标法》第 26 条使用于作为赖以提出这些请求理由的商品或服务上，只要该商标在此日期前已至少注册 5 年，则注册商标所有权人应无权对第三方提出第 14 条、第 18 条和第 19 条所述的请求。

对于德国《商标法》第 14 条、第 18 条和第 19 条所述对注册商标的侵权，原告通过起诉提出请求时，作为对被告异议的回应，原告应证明该商标在提起诉讼前的 5 年内，已依据第 26 条投入使用，并且用于作为其请求基础的商品或服务上，只要在此日该商标已经至少注册了 5 年。提起诉讼后，5 年不使用的期限届满时，作为对被告异议的回应，原告应该证明在口头诉讼结束之前的 5 年内，该商标已经依据第 26 条投入使用。对于其裁定，只考虑其使用得到证明的商品或服务。

(三)商标的使用

因注册商标或注册的维持提出的请求取决于该商标的使用，所有权人必须在本国范围内将商标真正使用于注册的商品或服务上，除非有不使用的正当理由。经所有权人同意的对该商标的使用，应视为所有权人的使用。以与该商标注册的形式不同的形式使用，也应视为对该注册商标的使用，只要该不同的因素不改变该商标的显著性。如果该商标也在其使用的形式上获准注册，则也应适用第 1 款的规定。在本国内将商标附着于商品或其包装或包裹上，并只用于出口目的，也应视为该商标在本国内使用。当要求自注册之日起 5 年内使用时,在对注册已提出异议的情况下,注册日应由异议裁定日代替。

(四)作为财产标的的商标

1. 商标所有权的认定

在注册簿上注册的所有权人通过商标注册、商标使用或商标驰名而产生的权利,如果将注册商标权转让或移转给第三方,权利继受者在专利局的程序中,在向专利法院提起的上诉程序中,或者在就法律问题向联邦法院提起的上诉程序中,只有自专利局收到转让注册的请求之日起,权利继受者才能够要求保护该商标,以及只主张通过注册获得的权利。其他在专利局程序中,在向专利法院提起的上诉程序中,或者所有权人是当事人时,在就法律问题向联邦法院提起的上诉程序中,应比照第 1 句适用。要求送达给商标所有人的专利局的命令和裁决,应当送达注册商标的所有人。如果专利局收到了一项对转让进行注册的申请,上述所指的命令和裁决也应当送达权利继受者。

通过商标的注册、使用或驰名获得的权利可以作为担保或作为其他物权的标的,或者可以作为强制执行的标的,也就是说,商标可以作为权利质权的标的和强制执行措施的标的。如果上述以商标为标的的权利质权或强制执行措施,与通过商标的注册获得的权利有关,只要向专利局提交的证据齐备,就应当应某一方当事人的请求将它们记录在注册簿上。

通过商标的注册获得的权利涉及破产诉讼时,根据权利继受者或破产法院的请求,应该将其记入商标注册簿中。在自我管理的案件中,管理者应当取代权利继受者提出请求。

2. 商标的转让

商标的转让,可以整体转让,也可以部分转让。依据德国商标法的规定,一个商标通过注册、使用或驰名获得的权利,在该商标受保护的某些或所有商品或服务上,可以转让或许可给其他人。需要说明的是,当商标与商业企业或商业企业的一部分联系起来时,该商标所联系的商业企业或商业企业的一部分的转让或许可,在不能确定的情况下,应当包括依据该商标的注册、使用或驰名产生的权利。

如果向专利局提供了相应证据,基于当事人一方的请求,通过商标注册获得的权利的转让,应当记录在注册簿上。如果权利的转让只涉及商标注册的某些商品或服务,应当应要求缴纳收费表规定的记录转让的费用。如果不缴纳此费用,应被认为没有提出此请求。在其他方面,注册分割的有关规定应比照适用。

3. 商标的许可

商标的许可分为独占许可和普通许可两种。依据德国《商标法》第 30 条的规定,通过商标的注册、使用或驰名获得的权利,在该商标受保护的某些或所有商品或服务上,并在整个德国或部分范围内,可以成为独占许可或普通许可的标的。

需要指出的是,依据德国《商标法》的规定,商标的转让与许可授权不应影响已授权给第三方的许可。

在被许可人违背许可合同中有关许可期限、经注册的该商标可以使用的形式、许可授权的商品或服务种类、该商标可以使用的地域以及被许可人生产的产品或提供的服务的质量等其中任何一项内容时,商标所有人可以向被许可人主张该商标权利。

当发生商标纠纷案件时,只有在商标权人同意的情况下,被许可人才可以就商标侵权提起诉讼。为获取所受损害的赔偿,任何被许可人应有权参与由商标所有权人提起的侵权诉讼。

（五）评述与启示

德国商标法在商标保护方面规定了几个特殊的"请求权",这是其他国家所不具有的。例如,对代理人或代表人的请求权、销毁请求权、告知请求权,分别针对代理人或代表人的未获同意或授权私自注册或使用商标权利人的商标的行为,要求销毁侵权人占有或其产品中含有非法标记行为;要求侵权者及时提供关于非法标记产品的来源和销售渠道的信息等情形,赋予商标权利人具体的权利类型,指引权利人行使权利保护自身合法权益的行为方式,这一点与其他国家相比加大了对注册商标的保护力度。

三、我国商标权的内容

（一）商标权的内容

商标权是指商标所有人依法对其注册商标所享有的专有权。商标权是商标法的核心内容,商标法基本的任务就是确认并保护商标权。我国《商标法》第3条第1款规定,经商标局核准注册的商标为注册商标,包括商品商标、服务商标、集体商标和证明商标;商标注册人享有商标专用权,受法律保护。可见,我国商标权的取得是根据注册原则确定的,商标权主要是指注册商标专用权。我国《商标法》第56条规定,注册商标的专用权以核准注册的商标和核定使用的商品为限。

商标权的内容是指商标权人对其注册的商标依法所享有的权利,具体包括商标使用权、转让权、许可权、续展权、禁止权和出质权等。商标使用权是指商标权人自己对其注册的商标的使用权利,如在商品或其外包装上使用,在商业文件、发票、说明书上使用等。商标转让权是指商标权人依照法定程序,将其依法注册的商标转让给他人的权利。商标许可权是指商标权人将其注册商标专用权许可他人行使的权利。商标续展权是指注册商标期满时商标权人可以依法继续申请商标法给予保护,从而续展其保护期限的权利。商标禁止权是指商标权人禁止他人未经许可使用其注册商标的权利。商标出质权是指商标权人将其注册商标向金融机构出质,实施贷款融资的权利。

（二）商标权的保护期限和续展

商标权的保护期限，是指注册商标所有人享有的商标专用权的有效期限。我国《商标法》第 39 条规定，注册商标的有效期为 10 年，自核准注册之日起计算。在实行商标注册制的国家，商标专用权是按照注册原则通过注册而取得的，注册的有效期有严格的时间界限。商标权作为知识产权的一种，具有专有性、地域性和时间性，所以时间性是商标专用权的特点之一。商标权的时间性是指商标经商标注册机关核准后，在正常使用的情况下，可以在法定期间内受到法律保护。这一法定期间又称为注册商标的保护期、有效期。有效期届满后，商标权人如果希望继续使用注册商标并使之得到法律保护，则须按照法定程序进行注册续展。如果不发生导致商标撤销的诉讼，商标注册人只要按时履行续展手续就可以将注册商标无限期地保护下去。在这一点上，商标权不同于同属知识产权的专利权和著作权。

商标权的续展，是指通过法定程序延续注册商标的有效期限，是注册商标所有人为了在注册商标有效期满后，继续享有注册商标专用权，按规定申请并经批准延续其注册商标有效期的一种制度。我国《商标法》第 40 条规定，注册商标有效期满，需要继续使用的，商标注册人应当在期满前 12 个月内按照规定办理续展手续；在此期间未能办理的，可以给予 6 个月的宽展期。每次续展注册的有效期为 10 年，自该商标上一届有效期满次日起计算。期满未办理续展手续的，注销其注册商标。商标局应当对续展注册的商标予以公告。商标续展注册连续不断，商标专用权可以成为一种"长久权"。

续展制度有利于企业为培育驰名商标而注重对商品和服务质量的改进和提高，从而有利于维护消费者利益和建立公平竞争的秩序。

（三）商标权的利用

1. 商标权的使用

1）商标使用的含义

商标权人自己使用商标，是商标权人利用商标的最常见的形式。"使用"是商标法的重要内容。我国《商标法》第 48 条规定，所谓商标的使用，是指将商标用于商品、商品包装或者容器以及商品交易文书上，或者将商标用于广告宣传、展览以及其他商业活动中，用于识别商品来源的行为。

从商标的使用方式上来讲，法律规定了以下七种具体形式：

（1）将商标用于商品上，即将商标直接使用在商品上。例如，一些汽车制造企业将注册的商标制作出来，并镶嵌于车头等部位。又如，一些计算机制造企业将注册的商标先制作出来，再镶嵌于计算机显示屏、主机上等。将商标用于商品上，虽然本身不涉及商品的使用效能，但从整体上、美观上看，商标已经成为商品的一个组成部分。这是一种比较常见的商标使用方式，特别是在电器、电子、服装、机械等商品上。

（2）将商标用于商品的包装上，即在商品的包装上使用商标。在现实生活中，有些商品，如食品、药品等，需要一定的包装。在商品的包装上使用商标，如将商标印制在包装物上等，也是一种常见的商标使用方式。

（3）将商标用于容器上，即在商品的容器上使用商标。在现实生活中，有些商品，如酒类、油类等以液体形式出现的商品等，需要一定的容器盛装。在商品的容器上使用商标，如在酒瓶上印制商标等，也是一种常见的商标使用方式。

（4）将商标用于交易文书上，即在合同文本等交易文书上使用商标。例如，有些企业将商标直接印制在合同意向书、合同正式文本上等。这种商标使用方式，主要是一些外资类企业以及国内一些具有相当经营规模或者具有相对优势地位，且通常是提供格式合同文本一方当事人的企业较多采用。

（5）将商标用于广告宣传中，即在广告宣传中使用商标。例如，有的企业制作的广告宣传片中，反复出现该企业的商标。又如，有的企业在其印制的企业成长历程或者产品介绍等材料上使用商标等。这也是一种比较常见的商标使用方式。

（6）将商标用于展览中，即在展览中使用商标。例如，在某类产品的展销会上，直接在企业的展销摊位上使用商标等。

（7）将商标用于其他商业活动中，即在上述情形以外的其他商业活动中使用商标。例如，在某部电视剧作品中，某企业提供了赞助，在该电视剧中使用该企业的商标。又如，某企业举办招待酒会，在酒会现场摆放特别制作的本企业的注册商标等。

从商标的使用目的来看，在于"识别商品来源"，即通过使用商标，使他人了解该商品来自什么地方或者来自什么企业。换言之，就是通过商标的使用，使他人知道该商品是由哪个企业生产制造的，或者该企业是做什么的。

2）商标的合法使用

商标注册人在使用注册商标的过程中，自行改变注册商标、注册人名义、地址或者其他注册事项的，由地方市场监督管理部门责令限期改正；期满不改正的，由商标局撤销其注册商标。注册商标成为其核定使用的商品的通用名称或者没有正当理由连续 3 年不使用的，任何单位或者个人可以向商标局申请撤销该注册商标。商标局应当自收到申请之日起 9 个月内作出决定。有特殊情况需要延长的，经国务院市场监督管理部门批准，可以延长 3 个月。

任何单位或者个人依据"注册商标成为其核定使用的商品的通用名称"向商标局申请撤销该注册商标的，提交申请时应当附送证据材料，商标局受理后应当通知商标注册人，限其自收到通知之日起 2 个月内答辩；期满未答辩的，不影响商标局作出决定。任何单位或者个人依据"注册商标无正当理由连续 3 年不使用"向商标局申请撤销该注册商标的，提交申请时应当说明有关情况，商标局受理后应当通知商标注册人,限其自收到通知之日起 2 个月内提交该商标在撤销申请提出前使用的证据材料或者说明不使用的正当理由;期满未提供使用的证据材料或者证据材料无效并没有正当理由的,由商标局撤销其注册商标。上述所称使用的证据材料,包括商标注册人使用注册商标的证据材料和商标注册人许可他人使用注册商标的证据材料。以无正当理由连续 3 年不使用为由申请撤销注册商标的,应当自该注册商标注册公告之日起满 3 年后提出申请。

根据 2014 年修订的《商标法实施条例》第 67 条规定,商标注册人连续 3 年不使用注册商标的正当理由包括不可抗力、政府政策性限制、破产清算和其他不可归责于商标注册人的正当事由。

2. 商标权的许可

1)商标权许可的含义

商标权的许可,是指商标注册人通过签订商标使用许可合同,许可他人使用其注册商标的行为。使用许可是商标所有人利用商标权的一种重要方式。在商标使用许可关系中,商标权人为许可人,获得注册商标使用权的人为被许可人。许可他人使用注册商标,被许可人只取得了注册商标的使用权,注册商标的所有权仍属于商标权人。

2)商标权许可的方式与种类

许可的方式有合同许可和其他方式的许可。以合同方式确立使用许可关系最为普遍。根据被许可人获得的使用权的不同,商标使用合同许可可以分为独占使用许可、排他使用许可和普通使用许可三类。

独占使用许可,是指商标注册人在约定的期间、地域以约定的方式,将该注册商标仅许可一个被许可人使用,商标注册人依约定不得使用该注册商标。独占使用许可具有排他性,同时被许可人还可以行使禁止权,在发生注册商标专用权侵权案件时,独占使用许可合同的被许可人可以向人民法院提起诉讼,独占使用许可合同的被许可人享有独立的诉权。

排他使用许可,是指商标注册人在约定的期间、地域以约定的方式将该注册商标仅许可一个被许可人使用,商标注册人依约定可以使用该注册商标但不得另行许可他人使用该注册商标。在注册商标专用权被侵害时,被许可人可以和商标注册人共同起诉,也可以在商标注册人不起诉的情况下,自行提起诉讼。根据司法实践,被许可人自行提起诉讼的,须向人民法院提交商标注册人明确表示不起诉的书面证据。

普通使用许可,是指商标注册人在约定的期间、地域以约定的方式许可他人使用其注册商标,并可自行使用该注册商标和许可他人使用。在注册商标专用权被侵害时,普通使用许可合同的被许可人经商标注册人明确授权,可以提起诉讼。由此可见,普通使用许可合同的被许可人不具有独立的诉权。在发生商标侵权案件时,普通使用许可合同的被许可人不能自行提起诉讼,而应向商标注册人说明情况,由商标注册人向人民法院提起诉讼。在取得商标注册人明确授权的情况下,普通使用许可合同的被许可人也可以提起诉讼。

其他方式的许可。合同许可是一种正常的贸易方式,实际中还有使用许可是作为争议的解决方式。

3. 商标权的转让

1)商标权转让的概念和形式

商标权转让是指依法享有商标专用权的人将部分或全部商标专用权转让给他人。在转让关系中,商标权人为转让人,接受商标权的另一方为受让人,受让人取得商标权,支付一定的价款,原商标权人不再享有商标权。

商标权转让的实质是商标权主体的变更,这是一种双方的法律行为,在自愿的原则下,转让人和受让人签订书面转让合同,并在依法办理商标权转让的手续后,商标权的转让才发生法律效力。注册商标的转让权是商标权的一项重要内容,它是商标所有人行使处分权的具体体现。

商标权的转让有三种形式:一是通过合同转让;二是通过继受转让;三是因行政命令而发生的转让。合同转让是指转让人通过合同,规定转让注册商标的内容,相互间的权利、义务和违约责任等,这种形式的转让一般是有偿的,即转让人通过转让注册商标专用权而收取一定的转让费用。继受转让是指继受主体通过继承、遗赠方式取得商标权。注册商标的继受转让有两种情况:一是注册所有人(自然人)死亡即其生命结束后,由继承人按继承程序继承死者生前所有的注册商标;二是作为注册商标所有人的企业被合并或被兼并时的继受转让。因行政命令而发生的转让,一般发生在公有制国家。这里说的行政命令主要是那些引起财产流转的计划和行政。例如,我国国有企业根据行政命令发生分立、合并、解散或转产,必然会产生注册商标主体变化的问题。

2)注册商标转让的限制

注册商标所有人虽然可以按照自由转让原则转让商标,行使其处分权,但由于商标权的转让涉及多方利益主体,所以商标法也对商标的转让作了限制性规定。具体有如下体现:

(1)在同一种或类似商品上注册的相同或类似商标必须一并转让。商标注册中规定使用的商品可以是两种以上,如果它们属于同一种或者类似商品,则不得分割转让。

(2)联合商标必须一并转让。

(3)已经许可他人使用的商标不得随意转让。

(4)受让人有保证注册商标商品质量的义务。

(5)禁止转让容易导致混淆或存在其他不良影响的商标。

我国《商标法》第42条规定,对容易导致混淆或者有其他不良影响的转让,商标局不予核准,书面通知申请人并说明理由。

4. 商标权的质押

1)商标权质押的概念

商标权质押是指商标注册人以债务人或者担保人身份将自己所拥有的、依法可以转让的商标专用权作为债权的担保,当债务人不履行债务时,债权人有权依照法律规定,以该商标专用权折价或以拍卖、变卖该商标专用权的价款优先受偿。

商标权质押属于权利质权的范畴,将注册商标专用权质押也是商标权利使用的一种方式。注册权人通过将其注册商标质押,可以向金融机构申请贷款,盘活资金,加大对产品生产的投入,提高产品的质量,改善经营管理,加大对产品和商标的宣传力度,以提升其注册商标的知名度,更好地为企业创造经济效益和社会效益。

2)商标权质押合同内容

根据《民法典》第427条的规定,设立质权,当事人应当采取书面形式订立质押合同,并向国家知识产权局办理质权登记。根据国家知识产权局2020年4月22日发布的《注册商标专用权质押登记程序规定》第5条规定,注册商标专用权质押合同一般包括以下内容:出质人、质权人的姓名(名称)及住址;被担保的债权种类、数额;债务人履行债务的期限;出质注册商标清单;担保的范围。

3)商标权质押的登记

商标专用权质押登记机关是国家知识产权局具体办理商标专用权质押登记。商标专用权质押登记的申请人是商标专用权质押合同的出质人和质权人。

申请商标专用权质押登记时,应当提交下列文件:

(1)申请人签字或盖章的《商标专用权质押登记申请书》;

(2)主合同和注册商标专用权质权合同;

(3)申请人签署的承诺书;

(4)委托商标代理机构办理的还应当提交商标代理委托书。

有下列情形之一的,登记机关不予登记:

(1)出质人名称与国家知识产权局档案所记载的名称不一致且不能提供相关证明证实其为注册商标权利人的;

(2)合同的签订违反法律法规强制性规定的;

(3)注册商标专用权已经被撤销、被注销或者有效期满未续展的;

(4)注册商标专用权已被人民法院查封、冻结的;

(5)其他不符合出质条件的。

登记机关应当于受理登记申请之日起5个工作日内,作出是否予以登记的决定。符合登记条件的,应予以登记,发放《商标专用权质押登记证》;不符合有关规定的,不予登记。商标专用权质押合同自登记之日起生效。

质权登记后,国家知识产权局应当撤销登记:

(1)发现有属于本办法第 8 条所列情形之一的;

(2)质权合同无效或者被撤销的;

(3)出质的注册商标因法定程序丧失专用权的;

(4)提交虚假证明文件或者以其他欺骗取得注册商标专用权质权登记的。

我国商标法对商标权的保护范围大、力度强。特别之处是以下两点:

(1)明确列举出商标使用的七种形式,即明文规定何为商标使用,也就是间接表明了怎样的行为属于违法。

(2)明确规定了有关商标许可的内容,特别是对商标许可合同作出了细致规定,这是其他国家商标法没有做到的。对商标许可合同的内容、备案、终止的处理等事项都有规定,体现了我国对商标许可使用领域的重视,鼓励并规范商标使用领域的流转与经营。

第四节 商标权的终止

商标权的终止,又称商标权的消灭,是指注册商标专用权因法律规定而归于丧失的制度。终止的原因主要有注销、撤销和无效三种。[①]

一、德国商标法的规定

德国《商标法》在第三部分"商标程序"的第三章中规定了商标权终止,并明确将商标终止分为放弃权利、商标撤销和商标无效三种类型,并针对商标的终止作了注销的程序规定。

(一)商标权的终止

1. 放弃权利

放弃权利是指商标权人依法自愿请求商标注册机构注销其注册商标的行为。依据德国商标法的规定,在任何时候应商标所有人的请求,都可以注销注册簿上注册商标的某些或全部商品或服务的注册。

2. 商标撤销

商标撤销是指商标主管机关对违反商标法有关规定的行为给予处罚,终止其原注册商标权的一种行政制裁手段。依据德国商标法的规定,如果在某商标注册之日起的连续 5 年内,该商标没有依法投入使用,则应当撤销该商标的注册。但是,如果在 5 年期限届满与注销请求提交的间隔期内,注册商标已经开始或重新

---

① 杨巧:《知识产权法》,中国政法大学出版社,2016 年版,第 296 页。

开始使用,任何人都不可以主张应当注销该商标的所有权。但是,如果准备使用或重新开始使用只发生在商标所有人知道可以提起注销请求之后,在连续 5 年不使用的期限届满之后、注销请求提起之前的 3 个月期间内的开始使用或重新开始使用,应予考虑。如果向专利局提起了注销请求,只要该依据基于撤销或者由于在先权利提起注销请求的,在专利局的注销通知送达后的 3 个月内提出,则向专利局提起的请求对于计算上述 3 个月期限应当是决定性的。

德国《商标法》第 49 条第 2 款规定,提起下列撤销请求的,应当注销商标的注册:

(1)如果由于所有人的作为或不作为导致在商业过程中,该商标成为在其注册的商品或服务上的通用名称。

(2)如果由于商标所有人在该商标注册的商品或服务上,对该商标的使用或者经其同意的使用,导致该商标对公众产生误导,尤其是有关这些商品或服务的种类、属性或地理来源。

(3)如果商标所有人不再符合第 7 条规定的条件。

在撤销权利的理由只存在于该商标注册的某些商品或服务时,则只注销这些商品或服务上的注册。

3. 商标无效

商标无效分为由于驳回的绝对理由导致的无效和由于在先权利导致的无效两种。

1)由于驳回的绝对理由导致的无效

由于驳回的绝对理由导致的无效具体有四种情形,即注册违反了德国《商标法》第 3 条、第 7 条、第 8 条或者申请人提起商标申请时有欺诈行为。

(1)注册违反了德国《商标法》第 3 条。根据德国《商标法》第 3 条规定,任何能够将其使用的商品或服务与使用其他标志的商品或服务相区别的标志,均可以作为商标获得保护,尤其是文字(包括人名)、图案、字母、数字、声音标志、三维造型(包括商品或其包装以及容器的形状),还包括颜色或颜色的组合。仅由下列形状组成的标志不能作为商标保护:该形状是由商品本身的性质决定的;该形状是为获取一种技术效果所必须的;或者该形状为商品提供了实质的价值。

(2)注册违反了德国《商标法》第 7 条。根据德国《商标法》第 7 条规定,注册商标和已申请商标的所有人可以是自然人、法人或者有能力获得权利和承担责任的合伙组织。如果申请主体违反了该条的规定,则取得的商标无效。

(3)注册违反了德国《商标法》第 8 条。根据德国《商标法》第 8 条规定,第 3 条意义上能够作为商标保护的标志,不能以书面形式提供的,不应获准注册。下列情况下不应获准注册:缺乏与商品和服务相关的任何显著性的商标;仅由可在贸易中表示种类、质量、数量、用途、价值、地理来源、商品的生产日期或服务的提供日期,或者表示商品或服务的其他特征的标志或标记组成的商标;仅由在当前语言环境中或在善意中成为习惯并成为标记商品或服务的商业惯例的标志或标记组成的商标;具有欺骗公众,尤其是关于商品或服务的性质、质量或地理来源的特征的商标;违背公共秩序和善良风俗的商标;含有政府的徽章、旗帜或其他徽记,或含有地区社团或国内其他公有联合团体的徽章的商标;根据《联邦法律公报》上发布的联邦司法部的通告,包括官方标志和检验印记在内的表明控制和保证的商标,不能作为商标有效注册;根据《联邦法律公报》上公布的联邦司法部的通告,包含国际政府间组织的徽章、旗帜或其他标志、印章或标记的商标,不能作为商标有效注册;根据有关公共利益的其他规定,明显禁止使用的商标。在注册日之前,随着商标的使用,如果该商标在相关商业圈内成为在其申请的商品和服务上的区别性标志,第(2)款第 1 项至第 3 项则不应适用。如果商标包含对上述标志的模仿,第(2)款第 6 项至第 8 项也应予以适用。如果申请人经授权在其商标中使用上述标志,即使其可能和上述另外一个标志相混淆,第(2)款第 6 项至第 8 项也应不予适用。此外,提交了商标注册申请的商品或服务和那些表示控制和保证的上述标志或检验标志所使用的商品和服务既不相同也不近似的,第(2)款第 7 项则不应予以适用。此外,所申请的商标实质上没有使公众误认为在此商标和国际政府间组织之间存在某种联系,则第(2)款第 8 项应不予适用。

(4)申请人提起商标申请时有欺诈行为。如果申请人提起商标申请时有隐瞒申请主体资格、商标使用商品等欺诈行为,则其取得的商标无效。

在商标的注册违反了德国《商标法》第 3 条、第 7 条或第 8 条,并且只有在对注销请求作出裁决时仍然存在驳回的理由,才可以注销其注册。此外,商标的注册违反了第 8 条第(2)款第 1 项、第 2 项或第 3 项时,并且只有当该注销请求在自注册之日起的 10 年内提出,才可以注销其注册。当商标的注册违反了第 8 条第(2)款第 4 项至第 9 项时,可以依职权注销该商标的注册,并且注销程序在自注册之日起的 2 年内开始,在注销裁决作出之日仍然存在驳回的理由。

当无效的理由只存在于商标注册的某些商品或服务时,则只注销这些商品或服务上的注册。

2)由于在先权利导致的无效

根据德国《商标法》第 51 条规定,如果第 9 条至第 13 条所述的具有在先权的权利不利于某一商标的注册,则通过提起无效诉讼,应当注销该商标的注册。如果在先商标的所有人连续 5 年默认在后商标在其注册的商品或服务上使用,并且知道这样的使用,则不可以因在先商标的注册而注销在后商标的注册,除非在后商标的注册是欺诈申请。这同样适用于拥有在先权的商标所有权以及通过第 4 条第 2 项意义上的使用获得的商标所有权,适用于第 4 条第 3 项意义上的驰名商标,适用于第 5 条意义上的商业标志,或者适用于第 13 条第(2)款第 4 项意义上的植物品种名称。此外,如果拥有第 9 条至第 13 条所指在先权的所有权人,在提起注销请求之前同意了该商标的注册,则不可以注销该商标的注册。如果某一商标或商业标志与在后商标的注册的在先权相关的日期,没有获得第 9 条第(1)款第 3 项、第 14 条第(2)款第 3 项或第 15 条第(3)款意义上的声誉,则不可以由于一个有声誉的在先商标或一个有声誉的在先商业标志而注销在后商标的注册。在先商标的注册在在后商标的注册公告之日,本应当按下列理由被注销时,则不可以由于该在先商标的注册而注销该在后商标的注册:①由于第 49 条的无效;②由于第 50 条的驳回的绝对理由。当无效的理由只存在于商标注册的某些商品或服务时,则只在这些商品或服务上注销其注册。

(二)由于撤销或无效的效力

德国《商标法》第 52 条规定:

(1)应当认为自提起注销之日起,在此程度上该注册的效力终止。应当事人一方的请求,可以将产生撤销原因的一个在先日期附在裁决中。

(2)当商标的注册由于任何程度的无效而被注销时,该注册的效力应被认为自始无效。

(3)根据部分由于商标所有人的故意或过失导致的损害赔偿有关的规定,或根据与不当得利有关的规定,对商标注册的注销不产生影响。

① 侵权诉讼中的一项裁决,已获得了终局裁决的权威,并且已先于注销请求裁决执行。

② 任何合同在关于注销请求的裁决作出之前达成,并因而在该裁决之前已经履行;然而,某种程度上由环境决定的并依据相关合同支付的价款,可以依据公平原则要求偿还。

(三)因驳回的绝对理由向专利局提起的注销的程序

德国《商标法》第 50 条规定,由于驳回的绝对理由的注销请求,应当向专利局提出。任何人可以提出这样的请求,应当同时缴纳收费表规定的费用。在没有缴纳费用的情况下,应当认为没有提出该请求。当已提出一项注销请求或已依职权启动注销程序时,专利局应当相应通知注册商标所有人。如果他在该通知送达后的 2 个月内没有对该注销提出反对,则应当注销该注册;如果他对该注销提出了反对,则应当执行注销诉讼程序。

(四)向普通法院提起的注销诉讼

德国《商标法》第 49 条规定,基于撤销或者由于在先权利提起注销请求的诉讼,应当针对注册的商标所有人或其权利继受者提出。下列人员可以提起诉讼:

(1)基于撤销提起注销请求的案件中的任何人。

(2)在基于在先权提起注销请求的案件中,第 9 条至第 13 条所述的所有人。

(3)在由于某一地理来源标志拥有在先权,而提起注销请求的案件中,经反不正当竞争法授权的主张权利的人。

在在先注册商标所有人提起的注销诉讼中,如果被告提出了反对,该所有人应当证明,该在先注册商标在提起诉讼之前的 5 年内,已经如德国《商标法》第 26 条所述投入使用。如果 5 年不使用的期限在提起诉讼之后结束,且被告提出了反对,原告应当证明在口头诉讼结束之前的 5 年内,该商标已如德国《商标法》第 26 条所述投入使用。在在后商标注册公告之日,在先商标已经注册了至少 5 年时,如果被告已提出了反对,则原告也应当证明,不应当根据德国《商标法》第 49 条第(1)款注销该在先商标的注册。在其裁决中,只应当考虑那些已被证明经过使用的商品或服务。

在提起诉讼之前或之后,基于商标的注册产生的权利已经移转或转让给另外的人时,有关其价值的裁决对于权利继受者也应有效,而且可以执行。权利继受者有权成为诉讼一方当事人,《民事诉讼法典》第 66 条至第 74 条和第 76 条应比照予以适应。

(五)评述与启示

德国商标法将商标权终止分为放弃权利、商标撤销和商标无效三种情况,其中对每种情况的多种具体的情形规定,使商标权终止程序清晰明朗。尤其值得注意的是,德国商标法规定了向普通法院提出的注销诉讼的具体程序,为欲注销其注册商标者提供了详细的程序指引,在实体法中加入这些程序法内容并不是越俎代庖,而是方便了商标权利人对权利的行使。

二、我国商标法的规定

(一)商标权注销

1. 商标权注销的概念及类型

商标权注销是指商标权人自愿放弃注册商标而被商标局终止其商标权的一种形式。商标权注销,包括商标局主动注销和经商标权人申请注销。

商标局主动注销是指商标注册人不使用注册商标而向商标局提出注销申请,或者注册商标有效期满,商标注册人未提出续展申请的,商标局根据申请或者法律规定,将该注册商标登记注册事项从商标注册簿中取消的法律程序。

注册商标经商标权人申请注销是商标注册人主动放弃商标专用权的行为。注册商标部分注销是指商标注册人申请注销其在部分指定商品上的注册商标专用权的行为。

根据我国法律规定,导致商标权注销的原因如下:

(1)商标注册人由于改变商品的名称、标记或其他多种原因不再使用该注册商标,并向商标注册机关提出自愿放弃该商标的专用权。

(2)注册商标有效期满且宽展期已过,注册人均未提出续展申请,或续展申请未被批准的,该注册商标权自有效期届满之日起丧失。

(3)因商标注册人消亡,在法定时间内无人要求继承注册商标的,商标局注销其商标。

2. 商标权注销的程序

商标注册人申请注销其注册商标的,应按照有关规定向商标局提出申请。注销注册商标可以是整体注销,也可以注销部分指定商品或服务项目。注销申请经商标局核准后,该注册商标专用权或该注册商标专用权在部分指定商品上的效力自注销申请之日起终止。

注册人已死亡或终止一年以上且未办理商标移转手续的,任何人可以向商标局申请将该商标注销。向商标局申请注销该商标的,应当提交该商标注册人死亡或者终止的证据。经商标局核准注销的注册商标,其专用权自该商标注册主体死亡或终止之日起终止。

注册商标有效期满后,在法律规定的宽展期内仍未提出续展申请的,该商标予以注销。这是商标局鉴于注册商标已经失效的事实作出的注销行为,不需要任何人的申请,该注册商标专用权的效力自有效期满次日起终止。

(二)商标权撤销

注册商标权撤销是指国家商标局或者商标评审委员会对违反商标法及有关规定的行为作出决定或裁定,使原注册商标专用权归于消灭的程序。

根据我国《商标法》第 49 条第 1 款,商标注册人有下列行为之一的,由商标局责令限期改正,期满不改正的,撤销其注册商标:①自行改变注册商标的。大多数商标是由文字、图形或其组合构成的,一般情况下,不允许申请人在使用过程中自行改变其注册商标。②自行改变注册商标的注册人名义、地址或者其他注册事项的,由地方工商行政管理部门责令限期改正;期满不改正的,由商标局撤销其注册商标。注册商标成为其核定使用的商品的通用名称。注册商标应具有显著性,如果某个商标已成为该类商品或者服务的通用名称,则会丧失显著性。为了社会公众利益,法律不会提供其专用权的保护,任何人都可使用。③没有正当理由连续 3 年不使用的。商标的价值在于使用,如果某个注册商标连续 3 年不使用,任何单位或者个人可以向商标局申请撤销该注册商标。但如果商标权人能够证明其有正当理由的除外。

(三)商标权撤销的程序和救济

根据我国《商标法》第 49 条第 2 款和《商标法实施条例》的规定,任何单位或者个人可以向商标局申请撤销该注册商标,提交申请时应当说明有关情况。商标局应当自收到申请之日起 9 个月内作出决定。有特殊情况需要延长的,经国务院工商行政管理部门批准,可以延长 3 个月。商标局受理后应当通知商标注册人,限其自收到通知之日起 2 个月内提交该商标在撤销申请提出前使用的证据材料

或者说明不使用的正当理由;期满未提供使用的证据材料或者证据材料无效并没
有正当理由的,由商标局撤销其注册商标。上述所称使用的证据材料,包括商标
注册人使用注册商标的证据材料和商标注册人许可他人使用注册商标的证据材
料。以无正当理由连续3年不使用为由申请撤销注册商标的,应当自该注册商标
注册公告之日起满3年后提出申请。

对商标局撤销或者不予撤销注册商标的决定,当事人不服的,可以自收到通
知之日起15日内向商标评审委员会申请复审。商标评审委员会应当自收到申请
之日起9个月内作出决定,并书面通知当事人。有特殊情况需要延长的,经国务
院工商行政管理部门批准,可以延长3个月。当事人对商标评审委员会的决定不
服的,可以自收到通知之日起30日内向人民法院起诉。

法定期限届满,当事人对商标局作出的撤销注册商标的决定不申请复审或者
对商标评审委员会作出的复审决定不向人民法院起诉的,撤销注册商标的决定、
复审决定生效。被撤销的注册商标,由商标局予以公告,该注册商标专用权自公
告之日起终止。

（四）商标权无效宣告

商标权无效宣告是指已经注册的商标发生了导致商标权无效的事由,商标局
根据职权宣告该注册商标无效,或者由商标评审委员会根据其他单位或者个人的
请求宣告该注册商标无效的制度。

商标法专门规定了"注册商标的无效宣告",对无效宣告的实体和程序内容作
了修改和完善,明确对撤销和无效行为作了明确的区分。

我国《商标法》第44条规定,已经注册的商标,违反本法第4条、第10条、第
11条、第12条、第19条第4款规定的,或者是以欺骗手段或者其他不正当手段取
得注册的,由商标局宣告该注册商标无效;其他单位或者个人可以请求商标评审
委员会宣告该注册商标无效。

因导致商标权无效的事由不同,申请人、时限及处理机关也不尽相同。根据
我国商标法的规定,商标权的无效宣告可以分为以下两种。

1. 违反禁止注册绝对理由的无效宣告

根据我国《商标法》第44条规定,已经注册的商标,有下列情形之一的,由商
标局宣告该注册商标无效;其他单位或者个人可以请求商标评审委员会裁定撤销
该注册商标。

（1）注册商标中含有不得作为商标使用的标志。

（2）注册商标中含有不得作为商标申请注册的标志。

（3）注册商标中含有不得作为立体商标申请注册的标志。

（4）以欺骗手段或者其他不正当手段取得商标注册的。

上述四种情形属于禁止注册的绝对理由,任何人都可以请求商标评审委员会

宣告该注册商标无效,申请的主体和时间没有限制。

商标局作出宣告注册商标无效的决定,应当书面通知当事人。当事人对商标局的决定不服的,可以自收到通知之日起 15 日内向商标评审委员会申请复审。商标评审委员会应当自收到申请之日起 9 个月内作出决定,并书面通知当事人。有特殊情况需要延长的,经国务院工商行政管理部门批准,可以延长 3 个月。当事人对商标评审委员会的决定不服的,可以自收到通知之日起 30 日内向人民法院起诉。

其他单位或者个人请求商标评审委员会宣告注册商标无效的,商标评审委员会收到申请后,应当书面通知有关当事人,并限期提出答辩。商标评审委员会应当自收到申请之日起 9 个月内作出维持注册商标或者宣告注册商标无效的裁定,并书面通知当事人。有特殊情况需要延长的,经国务院工商行政管理部门批准,可以延长 3 个月。当事人对商标评审委员会的裁定不服的,可以自收到通知之日起 30 日内向人民法院起诉。人民法院应当通知商标裁定程序的对方当事人作为第三人参加诉讼。

2. 违反禁止注册相对理由的无效宣告

根据我国《商标法》第 45 条规定,已经注册的商标,违反本法第 13 条第 2 款和第 3 款、第 15 条、第 16 条第 1 款、第 30 条、第 31 条、第 32 条规定的,自商标注册之日起 5 年内,在先权利人或者利害关系人可以请求商标评审委员会宣告该注册商标无效。对恶意注册的,驰名商标所有人不受 5 年的时间限制。

(1)复制、摹仿或者翻译他人的驰名商标。我国《商标法》第 13 条第 2 款规定,就相同或者类似商品申请注册的商标是复制、摹仿或者翻译他人未在我国注册的驰名商标,容易导致混淆的,不予注册并禁止使用。第 3 款规定,就不相同或者不相类似商品申请注册的商标是复制、摹仿或者翻译他人已经在我国注册的驰名商标,误导公众,致使该驰名商标注册人的利益可能受到损害的,不予注册并禁止使用。

(2)以自己的名义将被代理人或者被代表人的商标进行注册。我国《商标法》第 15 条规定,未经授权,代理人或者代表人以自己的名义将被代理人或者被代表人的商标进行注册,被代理人或者被代表人提出异议的,不予注册并禁止使用。就同一种商品或者类似商品申请注册的商标与他人在先使用的未注册商标相同或者近似,申请人与该他人具有前述规定以外的合同、业务往来关系或者其他关系而明知该他人商标存在,该他人提出异议的,不予注册。

(3)使用了误导公众的地理标志。我国《商标法》第 16 条第 1 款规定,商标中有商品的地理标志,而该商品并非来源于该标志所标示的地区,误导公众的,不予注册并禁止使用,但是,已经善意取得注册的继续有效。

(4)违反我国《商标法》第 30 条的规定。我国《商标法》第 30 条规定,申请注册的商标,凡不符合本法有关规定或者同他人在同一种商品或者类似商品上已经注册的或者初步审定的商标相同或者近似的,由商标局驳回申请,不予公告。

(5)违反我国《商标法》第31条的规定。我国《商标法》第31条规定,两个或者两个以上的商标注册申请人,在同一种商品或者类似商品上,以相同或者近似的商标申请注册的,初步审定并公告申请在先的商标;同一天申请的,初步审定并公告使用在先的商标,驳回其他人的申请,不予公告。

(6)违反我国《商标法》第32条的规定。我国《商标法》第32条规定,申请商标注册不得损害他人现有的在先权利,也不得以不正当手段抢先注册他人已经使用并有一定影响的商标。

上述六种情形,属于违反禁止注册相对理由的无效宣告,其申请有以下几个方面的限制。

第一,申请主体的限制。根据我国《商标法》第45条第1款的规定,申请宣告注册商标无效的主体为在先权利人或者利害关系人。所谓在先权利人,是指在申请商标注册时,已经现实享有相关权利的人。所谓利害关系人,是指与注册商标的权利存在利益关联的人。

第二,申请时间的限制。根据我国《商标法》第45条第1款的规定,已经注册的商标,具有违法情形,自商标注册之日起5年内,可以请求宣告无效。换言之,如果商标注册已经超过5年,就不得请求宣告无效。同时,对恶意注册的,驰名商标所有人不受5年的时间限制。

商标评审委员会收到宣告注册商标无效的申请后,应当书面通知有关当事人,并限期其提出答辩。商标评审委员会应当自收到申请之日起12个月内作出维持注册商标或者宣告注册商标无效的裁定,并书面通知当事人。有特殊情况需要延长的,经国务院工商行政管理部门批准,可以延长6个月。当事人对商标评审委员会的裁定不服的,可以自收到通知之日起30日内向人民法院起诉。人民法院应当通知商标裁定程序的对方当事人作为第三人参加诉讼。

关于商标权的期限,世界上大多数国家采用的是终止制度,少数国家采用延续制度。我国采用申请终止、撤销和无效三种制度,目的是将违法获得注册商标者、未按规定使用商标者以及主观上不愿再行使用已注册商标者通过法定程序排除注册商标权利人行列,此举有助于注册商标的规范化管理,促进市场经济的高效运营。

第五节　商标权的法律保护

保护商标权是商标法的立法宗旨,也是商标法的核心问题。各国商标法对于商标权的保护都着力于对商标侵权行为的判断及如何处罚。

一、德国商标权的保护

（一）商标侵权行为

德国商标法中规定的商标侵权行为具体表现主要有以下几种情形：

（1）未经商标权利人同意，第三方在商业活动中在同种商品或服务上使用与该商标相同的标志。

（2）在同种或类似商品或服务上，使用与该商标相同或近似的标志，并且在相关公众中存在混淆的可能，包括该标志和该商标之间产生联系的可能。

（3）在与受保护的商标所使用的不相近似的商品或服务上，使用与该商标相同或近似的任何标志，但是该商标在德国范围内享有声誉，并且没有正当理由使用该标志不公平地利用或损害了该商标的显著性或声誉。

（二）商标侵权救济

在德国，发生商标侵权行为后，对侵权行为的制裁方法有实施禁令救济、责令赔偿损失、处以罚金或者监禁。

1. 实施禁令救济

根据德国反不正当竞争法相关规定，有权提出请求的人，可以针对违反法律规定在商业过程中使用名称、标志或标记的任何人，主张禁令救济。禁令救济的主要内容包括除去非法标志、销毁侵权产品等。

2. 责令赔偿损失

任何人故意或过失违反法律规定使用商标，应当负责赔偿由此产生的损害赔偿金。需要说明的是，如果由于工商业企业的雇员或被授权人的故意或过失，发生了侵权行为，禁令救济以及请求支付损害赔偿金也可以针对该工商业企业的所有者提出。在1995年1月1日之前注册的商标所有人，或者通过使用或驰名在此日之前获得商标或商业标志的所有人，在那时可适用的规定下，没有权利对该商标或商业标志的使用提出侵权主张，则不能针对所说商标或商业标志的继续使用，主张由本法的商标或商业标志产生的权利。

3. 处以罚金或者监禁

对于严重的侵权行为，侵权行为人应当承担相应的刑事责任，刑事责任的主要内容是罚金或者监禁。

二、日本商标权的保护

（一）商标侵权行为

日本《商标法》第37条规定了视为侵害该商标权或专用使用权的行为类型，总共有八种行为，具体如下：

（1）在指定商品或指定服务上使用与注册商标相近似的商标，或在与指定商品或指定服务相类似的商品或服务上使用注册商标或与其相近似的商标。

(2)为了转让或交付而持有在指定商品,或与指定商品或指定服务相类似的商品上或其商品包装上附以注册商标或与其相近似的商标的行为。

(3)为了提供服务用的物品而持有或进口在指定服务,或指定服务或指定商品相类似的服务中供被服务者利用的物品上附以注册商标或与其相近似商标的行为。

(4)为了提供服务用的物品而转让、交付,或为了转让、交付而持有或进口,使用在指定服务,或与指定服务、指定商品相类似的服务中供被服务者利用的物品上附以注册商标或与其相近似商标的行为。

(5)为了在指定商品或指定服务上,或在与其相类似的商品或服务上,使用注册商标或与其相近似的商标,而持有表示注册商标或与其相近似商标物品的行为。

(6)为了使他人在指定商品或指定服务上,或在与其相类似的商品或服务上,使用注册商标或与其相近似商标,而进行转让、交付,或为了转让、交付而持有表示注册商标或与其相近似商标物品的行为。

(7)为了自己或使他人,在指定商品或指定服务上,或在与其相类似的商品或服务上,使用注册商标或与其相近似的商标,而制造或进口表示注册商标或与其相近似商标物品的行为。

(8)只是为了制造表示注册商标或与其相近似商标的物品,而以制造、转让、交付或进口所须物品为业的行为。

(二)商标侵权救济

1. 排除侵害请求权

商标权者或专用使用权者对侵害或有可能侵害自己的商标权或专用使用权者,可以请求其停止或预防这种侵害。商标权者或专用使用权者依前项规定提出请求之际,可以请求废弃构成侵害行为的物品、撤销供侵害行为所用的设备或其他为预防侵害的必要行为。

2. 损失赔偿请求权

商标侵权人对于自己的侵权行为应当承担相应的民事责任,赔偿损失。关于损失赔偿额的确定,日本《商标法》第38条规定了损害额的推定。

(1)商标权者或专用使用权者,对于因故意或过失而侵害自己的商标权或专用使用权者请求赔偿自己因其侵害所受的损害时,当侵害者因侵害行为而获得利益时,推定其利益额为商标权者或专用使用权者所受损害额。

(2)商标权者或专用使用权者,对于因故意或过失侵害自己的商标权或专用使用权者,可以请求相当于使用该商标时一般获得的金额的金钱作为自己所受损害的赔偿。

（3）前项规定不妨碍请求超过同项规定金额的损害赔偿。在这种场合，当侵害商标权或专用使用权者非属故意或重大过失时，法院在确定损害赔偿额时，可以酌情考虑。

3. 刑事责任的承担

日本《商标法》第 78 条规定，侵害商标权或专属授权者（依第 37 条或第 67 条的规定视为侵害商标权或专属授权的行为者除外）处 10 年以下有期徒刑或 1000 万日元以下罚金。

日本《商标法》第 78 条第 2 款规定，从事第 37 条或第 67 条规定视为侵害商标权或专属授权的行为者，处 5 年以下有期徒刑或 500 万日元以下罚金。

日本商标侵权案件都是由商标权利人向法院提起诉讼，对于诉讼案件采取三审终结制[①]。

日本是知识产权大国、强国，早在 2002 年日本就发布知识产权战略大纲，提出知识立国的目标。日本政府和企业极其重视知识产权战略的实施，在世界范围内占领专利、商标市场，并强化其知识产权的国际保护。

案例 3 - 3　日本本田商标维权案[②]

日本本田公司早在 1997 年就对重庆力帆公司的前身重庆轰达公司使用本田的注册商标提出了异议，这一异议也得到了我国国家商标局的认可与支持，因此驳回了重庆轰达公司的注册申请。在 2000 年，重庆轰达公司依旧继续使用本田公司注册的商标，我国工商管理部门责令重庆轰达公司停止商标权侵权的行为，同时处以较大数额的罚款。直到 2001 年，重庆轰达公司改名为重庆力帆公司，但是对日本本田公司的商标侵权行为并没有停止，最终日本本田公司选择司法途径保护自己合法的知识产权，以重庆力帆公司侵犯本田公司商标权为由提起诉讼。终于在 2004 年，我国法院判决重庆力帆公司的行为构成对日本本田公司注册商标权的侵权行为，重庆力帆公司赔偿日本本田公司 140 余万元，并停止制造与销售侵权产品。

通过日本本田公司的维权之路，我们不难看出，日本对知识产权软实力维权的重视。

三、美国商标权的保护

（一）商标侵权行为

美国的联邦商标法——《兰哈姆法》明确指出防止消费者混淆是其主要的立

---

① 钟文隽：《中日商标法比较》，《知识产权》，1997 年第 5 期。

② 王雪：《中日商标保护的比较研究——以日本本田和重庆力帆商标诉讼为例》，《全国商情》，2016 年第 35 期。

法目的。在这种立法思想的指导下,《兰哈姆法》第 2 条、第 32 条和第 43 条将导致消费者混淆、误认或欺骗作为驳回商标注册申请或构成商标侵权的事由①。判断混淆需要考虑的因素:商标的强度、商标的相似程度、产品的相似性、原告将其商标所依托的商品延伸到被告商品领域的可能性、实际混淆的证据、被告是否善意地使用原告的商标、被告产品的品质、消费者的成熟度②。

美国法律规定,任何人未经注册人同意,有下列行为的,属于商标侵权。

(1)在商业中将一个注册商标的复制、伪造、仿冒或逼真的仿制品用于与任何商品或服务的销售、推销、经销,或广告宣传有关方面,这种使用可能引起混淆,或引起误认,或可能是欺骗。

(2)复制、伪造、抄袭或逼真地仿制一个注册商标,并将这种复制、伪造、抄袭或逼真仿制的商标应用于企图在商业中与商品或服务的销售、推销、经销,或广告有关方面使用的标签、招牌、印刷品、包装、包纸、容器或广告上,这种使用可能引起混淆,或引起误认,或者可能是欺骗。

(二)商标侵权救济

如果商标注册人权利受到侵害,而且在事诉讼中侵权事实成立,则原告可以提出以下请求:①禁令救济;②获得被告人通过侵权获得的利益;③原告所受一切损失,必要时有可能是实际损失的 3 倍;④"特殊情况"的律师费;⑤诉讼费用和其他费用。

这些补救都是累计的,这样原告不仅可以收回被告所获利润,还可以获得赔偿金。在禁令救济方面,总的原则是要考虑公众的利益,这是它的显著特征。它通常不仅保护原告免受侵害,也将保护公众的利益不受侵犯。该法既禁止不合法的侵权行为,也可以允许合法的竞争。③

法院对索赔的利润和损失进行估算或按其指示进行估算。估算利润时,要求原告对被告的销售提供证明;估算损失时,要求被告对各项成本或折扣提供证明。对估算的损失,法院可以根据案情作出高于实际损失的裁决,但不得超过 3 倍。当法院发觉利润的数字不足或超过实际数字时,可根据案情对不足或超过部分作出适当裁定。

案例 3-4 Google 在法国被判商标侵权④

法国巴黎高等法院 2009 年 2 月作出判决,Google 关键字广告业务侵犯了两家公司的商标权,Google 须向这两家公司支付 35 万欧元赔偿金。Google 对此判

---

① 15 U. S. C. §2,§32,§43(Lanham Act),1946.
② 姜鹏:《美国的商标侵权判断标准辨析》,《中华商标》,2012 年第 3 期。
③ 曾彤:《中美商标法比较研究》,《中华商标》,2001 年第 6 期。
④ 龙云:《Google 在法国被判商标侵权》,《中国工商报》,2009 年 2 月 12 日第 B03 版。

决提出上诉。当网民在 Google 上搜索"Voyageurs du Monde"和"Terresd Aventure"这两个关键字时,搜索结果网页上会显示这两家公司竞争对手的广告。法国巴黎高等法院认定 Google 存在伪造商标、不公平竞争的行为,因此判决 Google 向 Voyageurs du Monde 付 20 万欧元赔偿金,向 Terresd Aventure 支付 15 万欧元赔偿金。Google 随后向欧洲最高法院就此案提出上诉。关键字广告是搜索引擎通过对特定的关键字进行拍卖,以拍价为依据对广告商进行排名并赚取点击付费的一种广告形式。关键字广告业务是 Google 的主要收入来源。此前,由于侵犯了法国知名奢侈品品牌企业——路易威登公司的商标权,Google 已经被法国法院责令赔偿路易威登公司 30 万欧元。同时,Google 在德国、以色列、意大利和澳大利亚也要面对类似诉讼。

由搜索引擎的关键字广告业务引发的诉讼在我国也有,影响较大的是上海大众搬场公司诉百度一案。大众搬场公司发现在百度搜索其公司名称时,在搜索结果网页的左右两侧均出现了百度提供的广告链接,其中不少链接使用了该公司拥有的大众商标。于是大众搬场公司起诉到法院,要求百度停止侵权、赔礼道歉、赔偿损失。法院一审认定百度构成侵权,须赔偿经济损失并消除影响。

四、我国商标权的保护

（一）商标侵权行为

商标侵权行为是指违反商标法的规定,在相同或类似的商品或服务上未经商标权人同意擅自使用与其注册商标相同或者近似的商标,有可能引起消费者混淆商品及服务来源的行为以及法律认定的与之相关的其他行为。

由商标权的内容可知,商标权的"专用权"范围小于"禁止权"范围,也就是说,商标权人有权禁止的他人行为的范围大于商标权本人专有性使用的范围。具体来说,商标权人的权利范围仅限于核准注册的商标和核定使用的商品,但是商标权人有权禁止他人混淆行为的范围还包括类似商品和近似商标。这也是国际上通行的做法。

根据我国《商标法》第 57 条的规定,有下列行为之一的,均构成商标侵权的行为。

1. 使用侵权行为

使用侵权行为是指未经商标注册人的许可,在同一种或者类似的商品或服务上使用与其注册商标相同或者近似的商标。此类行为主要发生在商品生产领域,亦即制假行为,侵权人为商品制造商或服务项目提供者。侵权行为直接侵犯了商标权人的禁止权,是司法实践中最典型、最普遍的一种商标侵权行为。具体来说,使用侵权行为可以细分为四种:①在同一种商品或服务上直接使用与他人注册商标相同的商标;②在同一种商品或服务上使用与他人注册商标相近似的商标;③

在类似的商品或服务上使用与他人注册商标相同的商标;④在类似的商品或服务上使用与他人注册商标相近似的商标。

其中第一种行为最严重,被称为假冒行为,其余三种虽然对注册商标专用权有所规避,但仍然属于商标禁止权所排斥的范围,被称为仿冒行为。

2. 销售侵权行为

销售侵权行为是指销售侵犯注册商标专用权的商品的行为。这种行为通常发生在流通环节,也是一种较为常见的商标侵权行为。这种侵权行为的主体一般为商品经销商。在现实生活中,侵犯注册商标专用权的商品,有的是生产者自行销售,有的要通过他人进行销售。其后果也是混淆商品出处、侵犯注册商标专用权、损害消费者利益。需要注意的是,商标侵权行为的构成与侵权行为法律责任之间的关系。非法销售的构成,并不以销售者在主观上是否存在"明知"或"应知"的过错为前提,只要行为人实质上销售了侵犯商标权的商品,即构成侵犯商标权的行为,就应当停止销售,但是是否需要赔偿损失则必须进一步考虑行为人的主观因素。根据我国《商标法》第64条第2款规定,销售不知道是侵犯注册商标专用权的商品,能证明该商品是自己合法取得并说明提供者的,不承担赔偿责任。可见对于销售侵权行为,根据行为人的主观状态不同可能分别承担不同的法律责任。

3. 标识侵权行为

标识侵权行为是指伪造、擅自制造他人注册商标标识或者销售伪造、擅自制造的注册商标标识的行为。所谓"伪造",是指没有经过商标权人同意或者许可,模仿注册商标的图样或者实物,制作出与他人注册商标标识相同的商标标识。所谓"擅自制造",是指没有经过商标权人同意或者许可,制作注册商标标识,这类行为直接侵犯了商标注册人的商标专用权。

4. 反向假冒侵权行为

反向假冒侵权行为是指未经商标注册人同意,更换其注册商标并将该更换商标的商品又投入市场的行为。在侵犯商标权的行为中,上述前三种侵权行为均属于复制他人注册商标并用于产品、服务或广告中,试图将自己的产品冒充他人的产品。反向假冒侵权行为与上述行为的方向相反,在商品销售活动中,消除商品上的他人商标,然后换上自己的商标,冒充自己的商品进行销售。这种行为既侵犯了商标注册人的合法权益,也侵犯了消费者的知情权,导致消费者对商品的来源产生误认。从表面上看,反向假冒侵权行为直接针对的是产品而非商标,似乎不应认定为商标侵权行为。但全面分析商标的标明来源、指示质量及荣誉、广告宣传等基本功能和商标的内容,就可以明确看到这种行为对商标的侵害。

5. 帮助侵权行为

帮助侵权行为是指故意为侵犯他人商标专用权行为提供便利条件,帮助他人实施侵犯商标专用权的行为。这类行为是 2013 年修改商标法时新增的,主要是指故意为侵犯他人注册商标专用权的行为提供诸如仓储、运输、邮寄、隐匿等方面的条件,从而帮助他人完成实施侵犯商标专用权的行为。

6. 其他侵权行为

其他侵权行为是指给他人的注册商标专用权造成其他损害的行为。这是一项兜底性规定,是指上述五类行为以外的其他侵犯注册商标专用权的行为。按照《最高人民法院关于审理商标民事纠纷案件适用法律若干问题的解释》的规定,下列行为属于给他人注册商标专用权造成其他损害的行为:

(1)将与他人注册商标相同或者相近似的文字作为企业的字号在相同或者类似商品上突出使用,容易使相关公众产生误认的。

(2)复制、摹仿、翻译他人注册的驰名商标或其主要部分在不相同或者不相类似商品上作为商标使用,误导公众,致使该驰名商标注册人的利益可能受到损害的。

(3)将与他人注册商标相同或者相近似的文字注册为域名,并且通过该域名进行相关商品交易的电子商务,容易使相关公众产生误认的。

关于商标侵权行为的认定,需要注意以下几点:

(1)将他人注册商标、未注册的驰名商标作为企业名称中的字号使用,误导公众,构成不正当竞争行为的,依照反不正当竞争法处理。

(2)注册商标中含有的本商品的通用名称、图形、型号,或者直接表示商品的质量、主要原料、功能、用途、重量、数量及其他特点,或者含有的地名,注册商标专用权人无权禁止他人正当使用。

(3)三维标志注册商标中含有的商品自身的性质产生的形状、为获得技术效果而具有的商品形状或者使商品具有实质性价值的形状,注册商标专用权人无权禁止他人正当使用。

(4)商标注册人申请商标注册前,他人已经在同一种商品或者类似商品上先于商标注册人使用与注册商标相同或者近似并有一定影响的商标的,注册商标专用权人无权禁止该使用人在原使用范围内继续使用该商标,但可以要求其附加适当的区别标识。[①]

案例 3-5　侵害"庆丰"商标及不正当竞争纠纷案

北京庆丰包子铺(以下简称庆丰包子铺)以山东庆丰餐饮管理有限公司(以下简称庆丰餐饮公司)侵害其商标权及构成不正当竞争为由提起民事诉讼。庆丰包子铺主张庆丰餐饮公司的法定代表人徐庆丰曾在餐饮服务业工作,明知庆丰包子铺商标及字号的知名度,仍使用"庆丰"字号成立餐饮公司,并在其官网、店面门

[①]　最高人民法院(2016)最高法民再 238 号民事判决书。

头、菜单、广告宣传上使用"庆丰"或"庆丰餐饮"标识,构成侵害庆丰包子铺的商标权及不正当竞争。庆丰餐饮公司认为其有权将公司法定代表人的名字注册为字号,且有权使用经工商部门依法注册的企业名称;庆丰包子铺的商标并非驰名商标,其使用的标识与庆丰包子铺的注册商标既不相同也不近似。山东省济南市中级人民法院一审认为,庆丰餐饮公司使用"庆丰"与其使用环境一致,且未从字体、大小和颜色方面突出使用,属于对其字号的合理使用。庆丰包子铺在庆丰餐饮公司注册并使用其字号时的经营地域和商誉未涉及或影响山东,不能证明相关公众存在误认的可能,故不构成对庆丰包子铺商标权的侵害,判决驳回庆丰包子铺的诉讼请求。山东省高级人民法院二审维持一审判决。庆丰包子铺向最高人民法院申请再审,最高人民法院提审后认为,庆丰餐饮公司构成侵害庆丰包子铺的商标权及不正常竞争,改判撤销一审、二审判决,庆丰餐饮公司立即停止侵害商标权的行为及停止使用"庆丰"字号并赔偿庆丰包子铺经济损失及合理费用 5 万元。

本案涉及商标权的行使与其他权利,如姓名权的冲突问题。最高人民法院在本案中明确,公民享有合法的姓名权,当然可以合理使用自己的姓名。但公民在将其姓名作为商标或企业字号进行商业使用时,不得违反诚实信用原则。明知他人注册商标或字号具有较高的知名度和影响力,仍注册与他人字号相同的企业字号,在同类商品或服务上突出使用与他人注册商标相同或相近似的商标或字号,具有攀附他人注册商标或字号知名度的恶意,容易使相关公众产生误认,其行为不属于对姓名的合理使用,构成侵害他人注册商标专用权和不正当竞争。最高法院进一步指出,如本案中的情形,在注册商标已经具有较高知名度的情况下,庆丰餐饮公司的使用方式一方面容易使相关公众对其与庆丰包子铺的关系产生混淆误认,另一方面其所创造的商誉也只能附着在"庆丰"品牌上,实则替他人作嫁衣,也不利于其企业自身的发展。反之,其变更企业名称后,可以通过诚信经营及广告宣传,提高企业的商誉和知名度,打造出自己的品牌,获得双赢格局。

(二)商标侵权行为的处理方式

1. 商标侵权纠纷的处理方式

对于商标侵权纠纷的处理,我国《商标法》第 60 条规定,有本法第 57 条所列侵犯注册商标专用权行为之一,引起纠纷的,由当事人协商解决;不愿协商或者协商不成的,商标注册人或者利害关系人可以向人民法院起诉,也可以请求工商行政管理部门处理。工商行政管理部门处理时,认定侵权行为成立的,责令立即停止侵权行为,没收、销毁侵权商品和主要用于制造侵权商品、伪造注册商标标识的工具,违法经营额 5 万元以上的,可以处违法经营额 5 倍以下的罚款,没有违法经营额或者违法经营额不足 5 万元的,可以处 25 万元以下的罚款。对 5 年内实施两次以上商标侵权行为或者有其他严重情节的,应当从重处罚。销售不知道是侵犯注册商标专用权的商品,能证明该商品是自己合法取得并说明提供者的,由工商行政管理部门责令停止销售。对侵犯商标专用权的赔偿数额的争议,当事人可以请求进行处理的工商行政管理部门调解,也可以依照《民事诉讼法》向人民法院起诉。经工商行政管理部门调解,当事人未达成协议或者调解书生效后不履行的,当事人可以依照《民事诉讼法》向人民法院起诉。

可见,对于商标侵权行为,我国采用的是当事人协商、工商部门处理和人民法院处理三种方式。

2. 商标侵权纠纷的执法措施

1)行政执法措施

工商行政管理部门处理商标侵权纠纷时,认定侵权行为成立的,责令立即停止侵权行为,没收、销毁侵权商品和主要用于制造侵权商品、伪造注册商标标识的工具,并可根据违法经营额的不同处以不同的罚款。销售不知道是侵犯注册商标专用权的商品,能证明该商品是自己合法取得并说明提供者的,由工商行政管理部门责令停止销售,并将案件情况通报侵权商品提供者所在地工商行政管理部门。在查处商标侵权案件过程中,工商行政管理部门可以要求权利人对涉案商品是否为权利人生产或者其许可生产的产品进行辨认。对侵犯注册商标专用权的行为,工商行政管理部门有权依法查处;涉嫌犯罪的,应当及时移送司法机关依法处理。

县级以上工商行政管理部门根据已经取得的违法嫌疑证据或者举报,对涉嫌侵犯他人注册商标专用权的行为进行查处时,可以行使下列职权:①询问有关当事人,调查与侵犯他人注册商标专用权有关的情况;②查阅、复制当事人与侵权活动有关的合同、发票、账簿以及其他有关资料;③对当事人涉嫌从事侵犯他人注册商标专用权活动的场所实施现场检查;④检查与侵权活动有关的物品,对有证据证明是侵犯他人注册商标专用权的物品,可以查封或者扣押。工商行政管理部门依法行使前款规定的职权时,当事人应当予以协助、配合,不得拒绝、阻挠。在查处商标侵权案件过程中,对商标权属存在争议或者权利人同时向人民法院提起商标侵权诉讼的,工商行政管理部门可以中止案件的查处。中止原因消除后,应当恢复或者终结案件查处程序。

2)诉讼保全措施①

(1)证据保全。关于诉前证据的保全,我国《商标法》第 66 条规定,为制止侵权行为,在证据可能灭失或者以后难以取得的情况下,商标注册人或者利害关系人可以依法在起诉前向人民法院申请保全证据。申请人在诉前申请人民法院保全证据,应当符合以下条件:

---

① 陶凯元:《解读最高人民法院司法解释、指导性案例(知识产权卷)》,人民法院出版社,2016 年版,第 177 页。

第一,申请人的范围必须是商标注册人或者利害关系人。除此之外的其他人,不得依据本条规定申请人民法院保全证据。

第二,申请证据保全的目的是制止侵权行为,即本法规定的七类侵犯注册商标专用权的行为。

第三,证据存在灭失等可能的,即申请人申请保全的证据必须具备可能灭失或者以后难以取得的情形。所谓可能灭失,是指因证据的自然特征、性质,或者因人为因素,使证据有灭失的可能。所谓以后难以取得,是指由于客观情况的变化,证据在今后不能取得,或者虽然可以取得但会失去其作用的情形。

根据《民事诉讼法》第 81 条第 2 款的规定,因情况紧急,在证据可能灭失或者以后难以取得的情况下,利害关系人可以在提起诉讼或者申请仲裁前向证据所在地、被申请人住所地或者对案件有管辖权的人民法院申请保全证据。商标注册人或者利害关系人在起诉前向人民法院申请保全证据,应当向被保全证据所在地、被申请人住所地或者对案件有管辖权的人民法院提出申请;申请人应当提供担保,不提供担保的,裁定驳回申请。

(2)诉前申请法院采取临时措施。依据我国《商标法》第 65 条的规定,商标注册人或者利害关系人有证据证明他人正在实施或者即将实施侵犯其注册商标专用权的行为,如不及时制止将会使其合法权益受到难以弥补的损害的,可以依法在起诉前向人民法院申请采取责令停止有关行为和财产保全的措施。

根据本条和《民事诉讼法》的有关规定,申请人民法院采取责令停止有关行为和财产保全的措施,应当符合以下条件:

第一,申请人的主体资格。所谓申请人,是指向人民法院提出申请,请求人民法院依法采取责令停止有关行为和财产保全的措施,以保护其合法权益的主体。申请人有两种:一是商标注册人。商标注册人是注册商标专用权的权利主体,其商标专用权受到不法侵害时,有权依照本条规定的条件和程序,向人民法院提出申请,请求人民法院依法采取相关措施。二是利害关系人。利害关系是商标注册人以外的,与侵犯商标专用权的行为有直接利害关系的其他人。利害关系人包括注册商标使用许可合同的被许可人、注册商标财产权利的合法继承人等。

第二,向法院提交相关证据。申请法院采取责令停止有关行为和财产保全的措施,应当向法院提交证据,申请人提交的证据,应当能够证明他人正在实施或者即将实施侵犯其注册商标专用权的行为,如不及时制止将会使其合法权益受到难以弥补的损害的。证据包括当事人的陈述、书证、物证、视听资料、电子数据、证人证言、鉴定意见、勘验笔录等。

第三,申请应当在起诉前提出。申请人申请人民法院依法采取责令停止有关行为和财产保全的措施,应当在其正式起诉以前向人民法院提出。由法院采取责令停止有关行为和财产保全的措施,属于临时性的紧急措施,具有一定的时限性,目的是防止合法权益受到难以弥补的损害。如果申请人已经起诉,在诉讼过程中认为有必要制止侵权行为人继续实施侵权行为,则可以依法申请采取诉讼中的财产保全措施。

商标注册人或者利害关系人申请人民法院采取诉前临时措施,包括责令停止有关行为和财产保全。所谓责令停止有关行为,是指人民法院根据申请人的申请,责令商标侵权人停止实施有关侵犯他人商标专用权的行为。责令停止有关行为,属于人民法院责令"禁止其作出一定行为"的一种强制性措施。责令停止的"有关行为",主要是指本法规定的属于侵犯注册商标专用权的行为,如生产、制造、加工侵权商品的行为,销售侵权商品的行为,伪造、擅自制造他人注册商标标识或者销售伪造、擅自制造的注册商标标识的行为,为侵权人实施侵权行为提供仓储等便利条件的行为等。所谓财产保全,是指人民法院根据申请人的申请,采取查封、扣押、冻结或者法律规定的其他方法,控制与案件有关的财产的强制性措施。依照《民事诉讼法》第101条的规定,利害关系人因情况紧急,不立即申请保全将会使其合法权益受到难以弥补的损害的,可以在提起诉讼或者申请仲裁前向被保全财产所在地、被申请人住所地或者对案件有管辖权的人民法院申请采取保全措施。申请人应当提供担保,不提供担保的,裁定驳回申请。

需要进一步说明的是,为了切实保护商标注册人和利害关系人的合法权益,2002年1月9日最高人民法院以法释〔2002〕2号文专门发布《最高人民法院关于诉前停止侵犯注册商标专用权行为和保全证据适用法律问题的解释》,对商标注册人或者利害关系人在诉前申请人民法院保全证据的申请、证据、担保、裁定、执行以及责令停止侵犯注册商标专用权行为的申请、证据、担保、裁定、执行等作了具体规定。

(三)商标侵权行为的法律责任

侵犯他人注册商标专用权,必须依法承担其相应的法律责任。根据我国商标法的规定,侵权人应承担的法律责任有民事责任、行政责任,情节严重构成犯罪的,要追究刑事责任。

1. 民事责任

根据《中华人民共和国民法通则》(以下简称《民法通则》)、《商标法》及其实施条例的有关规定,商标侵权行为承担民事责任的方式主要有以下三种:

(1)停止侵权行为。停止侵权行为是指商标权人要求有关部门对正在进行的侵权行为立即给予制止,以避免自身的权益遭受更大损失。

(2)消除影响。商标的侵权行为不仅损害了商标权人的合法权益,而且使商标权人的商标声誉受到负面影响。因此,商标权人还可以要求侵权人承担侵权行为给其注册商标造成的不良影响的法律责任。在实践中,一般由人民法院责令侵权人公开道歉,以消除其侵权行为的不良影响。

(3)赔偿损失。这是商标侵权人承担民事责任的主要方式。因商标侵权行为给注册商标权人的利益造成损失的,权利人有权要求侵权人赔偿损失。

侵犯商标专用权的赔偿数额,按照权利人因被侵权所受到的实际损失确定;实际损失难以确定的,可以按照侵权人因侵权所获得的利益确定;权利人的损失或者侵权人获得的利益难以确定的,参照该商标许可使用费的倍数合理确定。对恶意侵犯商标专用权,情节严重的,可以在按照上述方法确定数额的 1 倍以上 3 倍以下确定赔偿数额。赔偿数额应当包括权利人为制止侵权行为所支付的合理开支。人民法院为确定赔偿数额,在权利人已经尽力举证,而与侵权行为相关的账簿、资料主要由侵权人掌握的情况下,可以责令侵权人提供与侵权行为相关的账簿、资料;侵权人不提供或者提供虚假的账簿、资料的,人民法院可以参考权利人的主张和提供的证据判定赔偿数额。权利人因被侵权而受到的实际损失、侵权人因侵权所获得的利益、注册商标许可使用费难以确定的,由人民法院根据侵权行为的情节判决给予 300 万元以下的赔偿。

2. 行政责任

商标侵权的行政责任是指工商行政管理部门依照法律法规对侵权人的商标侵权行为所作出的、由侵权人承担的强制性处罚措施。

工商行政管理部门认定侵权行为成立的,责令立即停止侵权行为,没收、销毁侵权商品和主要用于制造侵权商品、伪造注册商标标识的工具。违法经营额 5 万元以上的,可以处违法经营额 5 倍以下的罚款;没有违法经营额或者违法经营额不足 5 万元的,可以处 25 万元以下的罚款。对 5 年内实施两次以上商标侵权行为或者有其他严重情节的,应当从重处罚。销售不知道是侵犯注册商标专用权的商品,能证明该商品是自己合法取得并说明提供者的,由工商行政管理部门责令停止销售。

3. 刑事责任

对于严重侵犯他人注册商标权,构成犯罪的,侵权者应当承担刑事责任。根据我国《商标法》第 67 条和《刑法》第 213 条至第 215 条的规定,侵犯注册商标专用权构成犯罪的主要有三种罪名,分别是假冒注册商标罪、销售假冒注册商标的商品罪以及非法制造、销售非法制造的注册商标标识罪。2020 年 12 月 26 日通过的刑法修正案(十一)对该罪作了进一步完善。

(1)假冒注册商标罪。根据《刑法》第 213 条规定,未经注册商标所有人许可,在同一种商品、服务上使用与其注册商标相同的商标,情节严重的,处 3 年以下有期徒刑,并处或者单处罚金;情节特别严重的,处 3 年以上 10 年以下有期徒刑,并处以罚金。

(2)销售假冒注册商标的商品罪。根据《刑法》第 214 条规定,销售明知是假冒商标的商品,违法所得数额较大或者有其他严重情节,处 3 年以下有期徒刑,并处或者单处罚金;违法所得数额巨大或者有其他特别严重情节的,处 3 年以上 10 年以下有期徒刑,并处罚金。

(3)非法制造、销售非法制造的注册商标标识罪。根据《刑法》第 215 条规定,伪造、擅自制造他人注册商标标识或者销售伪造、擅自制造的注册商标标识,情节严重的,处 3 年以下有期徒刑,并处或者单处罚金;情节特别严重的,处 3 年以上 10 年以下有期徒刑,并处罚金。

如果单位犯以上罪行,对单位判处罚金,对其直接负责的主管人员和其他直接责任人员,依照上述规定进行定罪量刑。

关于商标侵权,我国商标法规定了商标侵权行为的概念、类型、法律责任(民事、行政、刑事责任)及其处理、行政机关的执法措施等,条款具体到民事责任的承担方式、刑事责任的罪名以及行政责任的处罚幅度、金额等,为商标侵权行为的规制提供了很好的法律指导。

第四章 比较著作权法

第一节 著作权制度的起源与确立

著作权,亦称版权,是作者及其他著作权人对于文学、艺术和科学领域内的作品所依法享有的专有性权利。在人类历史上,著作权制度的产生经历了从出版人本位到创作人本位的演变。特别是在欧洲一些国家,经历了从尊重文学产权的社会习惯过渡到官府对出版特权的行政庇护,继而转向到保护著作权人成文法的过程。[①]

一、著作权制度的萌芽

著作权制度的产生晚于一般财产所有权制度。在人类进入阶级社会之初,统治者制定法律侧重于维护私有的土地、房屋等有形财产,对于人们创作的精神成果则排斥在法律的保护范围之外。可以说,在印刷术被发明以前,作品只能作者自己保护,剽窃者也只会受到道义的谴责而不受法律的制裁。如罗马诗人马尔提阿利斯在给他人的信中这样写道:"据说你在背诵我的诗句时总说它是你自己创作的。如果你愿承认它为我所作,我将无偿地把它奉献给你;但如果你想把它称为你的诗作,你最好把它买下来,这样它就不再属于我了。"据大英百科全书记载,英文 plagiarism(剽窃、抄袭)就是在当时由罗马著名诗人马歇尔创作的。在我国古代,作品的保护也大抵如此。如唐代文学家柳宗元著《柳先生集》第四册《辩文子》一文中写道:"其浑而类者少,窃取他书以合之者多。凡孟、管辈数家,皆见剽窃。"尖锐地揭示了春秋战国时代,在"百家争鸣"的文化氛围中剽窃之风盛行。

随着造纸术和印刷术的发明及广泛运用,一部作品能够被大量地复制出售,这样一方面使作者的思想得以传播,另一方面也使作品逐渐具有了商品属性,在这种情况下各种冒名盗版谋取私利的行为也应运而生。据考证,在我国宋代,不但国家进行大量有组织的印刷(官刻本),各地大小官衙、教育机构以及私家作坊也大量刻板印书牟利。还有一些人公然将一些先哲文章摘段汇编成册供科场考试时剽窃之用,以致宋代的有识之士不得不发出这样的感叹:"孰云己出不剽袭,句断欲学盘庚书。"由于大量的翻版和窃版已开始影响统治阶级的利益,于是,保护著作权便成为当务之急。

---

① 吴汉东,等:《西方诸国著作权制度研究》,中国政法大学出版社,1998 年版,第 1 页。

（一）国外著作权的萌芽

1. 英国

随着造纸术和印刷术的传播，欧洲印刷业得以迅速发展，从而也产生了保护印刷商翻印专有权的法律需要。如同我国的"禁擅镌"，欧洲早期的著作权制度的实质也仅仅是保护印刷出版的专有权，直到18世纪初才诞生了世界上具有现代意义的著作权法——1709年的英国《安娜女王法令》。这部法令开世界著作权成文法之先河，它最突出的特点在于使著作权由最初的"印刷翻印权"演变成具有现代意义的"版权"。该法的原名为《为鼓励知识创作而授予作者及购买者就其已印刷成册的图书在一定时期内之权利的法》。这里的"购买者"，并非一般的图书购买者，而是指从作者手中购买了一定无形产权的人，亦即印刷商与书商。在该法律中，它规定了著作权的保护期限，对已出版的书籍，自法律公布之日起21年内享有重印该书的专有权利。随后不久，英国又于1734年通过了《雕刻著作权法》，1814年通过了《雕塑著作权法》，1893年通过了《戏剧著作权法》，1862年通过了《美术作品著作权法》。此后，英国著作权法又经过多次修订，现行著作权法于1988年颁布实施。英国奉行商业版权学说，因而认为著作权是一种财产权利，而否认精神权利是其主要特点。

2. 法国

早在1777年，法国由国王路易十六颁布了六项关于印刷出版方面的法令，确认作者有权出版和销售自己的作品。法国大革命之后，资产阶级则更进一步把著作权提高到"人权"的高度。1789年的《人权宣言》规定，自由交流思想和意见是最珍贵的人格之一，因此所有公民除了在法律规定的情况下对滥用自由应负责外，作者可以自由地发表言论、写作和出版。1791年的著作权法不仅承认作者享有出版权，而且享有表演权。现行著作权法于1957年颁布，1992年修订。其最主要的特点是以"人格价值观"为其理论基础，强调对作者精神权利的全面保护。

3. 美国

在独立战争之前，美国尚处于殖民地时代，各州一直沿用英国的著作权法。1783年，康涅狄格州在专栏作家罗思·韦伯斯特的推动下，制定了美洲第一部著作权法。到1786年，13个州均分别制定了著作权法，但这些法律仅在本州内才有效。鉴于著作权对美国的重要性，美国于1789年制定宪法时特别规定，美国国会有权……对作者或发明人，就其个人著作权或发明的专有权利，赋予一定期限的保障，以促进科学和艺术的发展。国会在宪法的授权下，于1790年正式颁布统一的联邦著作权法，以后联邦著作权法分别于1873年、1891年、1909年、1976年、1987年及1994年进行了6次大修改。美国的现行著作权法是1994年著作权法的修订本。

4. 日本

日本的著作权保护制度始见于 1899 年的著作权法。制定此法的直接目的是为加入《伯尔尼公约》做准备。从 1899 年到现在,日本对其著作权法做过多次修订。日本著作权立法吸收了大陆法系国家著作权法中的"二元论"理论,强调对著作权(财产权)和作者人格权的双重保护。需要指出的是,我们通常所说的"著作权"概念既包括著作财产权,又包括著作人身权,而在日本著作权法中,如无特指,"著作权"的概念仅指著作财产权,作者人格权与之并列。日本现行著作权法是 1994 年重新修订的著作权法。

5. 俄罗斯

苏联解体后,俄罗斯于 1993 年颁布了俄罗斯《著作权与邻接权法》,该法的突出特点是将邻接权与著作权并列,提高了对邻接权人的保护水平。在权利内容上,该法吸收和借鉴了英美法系和大陆法系国家著作权立法的精华,授予了著作权人丰富的权项,加大了著作权的保护力度。此外,为适应新技术革命的需要,该法针对"网络传输"、作品在计算机中的"暂存"等技术所引起的法律问题也作出了有利于作者的规定。

(二)我国著作权的萌芽

我国著作权的保护制度最早起源于宋朝。据记载,在北宋时期,为保护《九经》监本,朝廷曾下令禁止一般人擅自刻印。南宋中期,四川眉州人王称所写的一部北宋历史《东都事略》,在初刻本目录页上附有牌记,上书"眉山程舍人刊行,已申上司不许覆版"字样,这是目前所发现的世界上最早的关于版权(著作权)的声明。在随后的几个世纪里,官府开始针对个别案件采取一系列的法律措施,对坊间市肆如有嗜利为目的而擅自翻版,当受"追板劈毁、断罪施刑"的处罚。我国虽自宋朝始就对著作权实施保护,但各封建朝代始终未能制定一部专门保护著作权的法律,直到晚清宣统二年才颁布了一部《大清著作权律》,但未实际施行。

二、我国著作权制度的确立

自 1840 年的鸦片战争后,伴随帝国主义的经济掠夺和文化侵略,西方国家也将著作权制度带入我国。1903 年,中国和美国在上海签订的《中美续议通商行船条约》第 11 条规定,无论何国,若以所给本国人民版权之利益,一律施诸美国人民者,美国政府亦允将美国版权律例之利益给予该国之人民。中国政府今欲中国人民在美国境内的获版权之利益,是以允许凡专备为中国人民所用之书籍、地图、印件、刻件者,或译成华文之书籍,系经美国人民所著作或为美国人民之物业者,由中国政府援照所允保护商标之办法及章程极力保护 10 年,以注册之日为始,俾其在中国境内,有印售此等书籍、地图、刻书或译本之专利。这是我国历史上第一部涉及著作权的条约,也是现代著作权法律制度引入我国的开端。

为了履行 1903 年中美条约的义务，1910 年清政府颁布了我国第一部著作权法——《大清著作权律》。《大清著作权律》分为通例、权利期限、呈报义务、权利限制、附则等 5 章，共 55 条。《大清著作权律》一直沿用到 1915 年。

1915 年北洋军阀控制下的民国政府颁布了新的著作权法（通称北洋政府著作权法）。该法被认为只是《大清著作权律》的翻版。它分为总纲、著作权人的权利、著作权的侵害、罚则、附则等 5 章，共 45 条。该法与《大清著作权律》相比，除在受保护的客体中增加了"讲义""演述"等项内容，增加确认著作权的设定质权、非经注册不得对抗第三人等内容外，二者大致相同。该法颁布后不久即随北洋政府的垮台而失效。

自此以后，国民党政府又于 1928 年颁布了一部《著作权法》，并颁布其实施细则。该法于 1944 年、1949 年两度作过修订。现行我国台湾著作权法也是在该法基础上数度修订而实施的。

中华人民共和国成立后，我国便着手开始建立新的著作权保护制度。但由于各种条件的限制，在中华人民共和国成立后相当长的一段时间内，我国没有颁布一部全面、完整的保护作者及其他著作权人的单行著作权法律，有关保护著作权的规定多散见于一些单行的法规之中。

1950 年 9 月，在全国召开的第一次出版工作会议上，通过了《关于改进和发展出版工作的决议》（以下简称《决议》），该决议对于保护著作权作了一些原则规定。《决议》指出，出版业应尊重著作权与出版权，不得有翻版、抄袭、篡改等行为；在版权页上对于出版、再版的时间、印数、著者、译者的姓名及译本的原书名称等均应作如实的记载。在再版时应尽可能与作者联系进行必要的修订；稿酬办法应在兼顾著作家、读者及出版家三方面的利益的原则下与著作家协商而定。尊重著作家的权益，原则上不应采取卖绝著作权的办法。这是一份维护著作权的重要文件。随后，国务院及有关部、委也相继颁布了一些有关稿酬、出版合同等方面的文件作为当时处理著作权纠纷的依据。但由于当时对著作权保护制度是否需要，知识产品能否成为财产等问题存在分歧，建立全面保护著作权制度的设想也就被搁置下来。

后来，全国工作重点转移到经济建设上来，为了发展文化科学事业，开展对外交流，从 1979 年起，有关部门开始进行著作权立法的准备工作。1985 年，文化部颁布《图书、期刊版权保护试行条例》以及《图书、期刊版权保护试行条例实施细则》，作为 20 世纪 80 年代著作权保护方面的内部规则。但《图书、期刊版权保护试行条例》仅适用于国内的图书、期刊的著作权纠纷，且不对外公布，因而人民法院在审理著作权纠纷时只能参照执行。1986 年 4 月 12 日，由全国人民代表大会第四次会议通过的《中华人民共和国民法通则》第一次在法律中明确规定了公民、法人享有著作权（版权），依法有署名、发表、出版、获得报酬等权利。公民、法人的著作权（版权）……受到剽窃、篡改、假冒等侵害的，有权要求停止侵害，消除影响，赔偿损失。

1990年9月7日，《中华人民共和国著作权法》（为避免歧义，以下称我国《著作权法》）经第七届全国人大常委会第十五次会议审议通过，并于1991年6月1日正式施行。1991年6月3日又颁布了《中华人民共和国著作权法实施条例》（以下简称《著作权法实施条例》）。我国《著作权法》（第二次修正）于2010年2月26日第十一届全国人民代表大会常务委员会第十三次会议通过，共6章61条。2002年8月2日中华人民共和国国务院令第359号公布根据2011年1月8日《国务院关于废止和修改部分行政法规的决定》第一次修订，根据2013年1月30日《国务院关于修改〈中华人民共和国著作权法实施条例〉的决定》第二次修订，于2013年1月16日国务院第231次常务会议通过，自2013年3月1起施行，共38条。

2020年11月11日，第十三届全国人民代表大会常务委员会第二十三次会议通过《全国人民代表大会常务委员会关于修改〈中华人民共和国著作权法〉的决定》，对我国《著作权法》进行第三次修正，自2021年6月1日起施行。

我国《著作权法》是一部充分体现中国特色，又兼顾国际著作权保护原则的法律，充分保护作者的合法权益，调动知识分子的积极性，鼓励有益于社会主义精神文明和物质文明建设的优秀作品的创作与传播。坚持社会主义方向，兼顾国家、单位和个人的利益。同时合理规定涉外著作权关系，吸收外国的优秀文化。

我国在完善本国著作权立法的同时，顺应国际著作权保护的趋势，积极参加各类著作权公约，如图4-1所示。

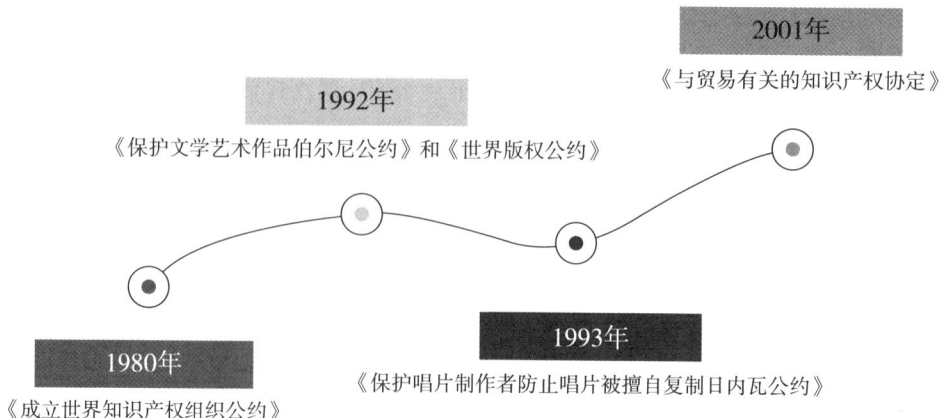

2001年
《与贸易有关的知识产权协定》

1992年
《保护文学艺术作品伯尔尼公约》和《世界版权公约》

1980年
《成立世界知识产权组织公约》

1993年
《保护唱片制作者防止唱片被擅自复制日内瓦公约》

图4-1　我国参加的各类著作权公约

从我国著作权立法的趋势中可以看出,尽管它起步较晚,但成绩卓著,仅用了短短的十几年就走完了一些发达国家通常需要几十年甚至上百年时间才能完成的立法历程,建立起了比较完善的著作权法律体系,这在世界上也是极为突出的。

第二节　著作权的客体

一、作品及作品的保护要件

(一)作品

自英国颁布《安娜女王法令》以来,作品正式成为各国成文法所保护的对象。对于这种文学、艺术及科学领域内的智力成果,不同法系有着不同的称呼,英美法系和部分大陆法系国家的著作权法将其称为"作品",而德国的著作权法则称之为"著作",日本称之为"著作物"。

作品能否受到保护,关键还是要看其是否符合著作权法所要求达到的实质条件和形式条件。

(二)作品受保护的实质条件

《安娜女王法令》在序言中明确指出,颁布该法是为了防止印刷者不经作者同意就擅自印刷、翻印或出版作者的作品,以鼓励有学问、有知识的人编辑或写作有益的作品。该法第一次确认作者是应当享有作品中的无形产权的人,他对已印制的书在重印时享有专有权;对创作完成但尚未印刷的作品,也享有同意或禁止他人印刷出版的专有权。从中可以看出,该法是从利用作品、取得经济收入的角度来保护著作权的,其立法重心在于作者的经济权利。这也是英国思想家有关作者财产权利要求的体现。洛克早在 1690 年就在《论国民政府的两个条约》中明确宣称,作者创作时花费的时间和劳动与其他劳动成果创作人的花费没有什么不同,因此作品也应当像其他劳动产品一样获得应有的报酬。① 在这种"重商主义"垄断观念的影响下,作品创作水平的高低已成为次要因素,只要能寻找一个标准区别出作品的来源及作品所有权的归属即可。适应这一需求,英美法系国家采用了"独创性"这一概念来作为作品是否受保护的实质性判断标准。

1. 英美法系法律制度

"独创性"一词在英美法系国家著作权法中以"originality"一词来表述。1988年英国《著作权法》第 1 条(a)项指出,"文学、戏剧、音乐或艺术作品"受保护的实质条件是应当具有"独创性",美国《著作权法》第 102 条(a)项也要求受保护的作品必须是"原作",加拿大、澳大利亚、新西兰等国的著作权法也作了类似规定。

---

① 郑成思:《版权法》,中国人民大学出版社,1990 年版,第 11—12 页。

英美法系国家的著作权制度并不刻意追求维护作者的创作成果,而是根据经济学原理通过刺激人们对作品创作的投资来促进新作品的产生和传播,因而版权保护的对象自然涵盖了人们通过智力创造劳动、凭借技巧从事的活动,甚至是劳动直接产生的能够被复制的结果表现在立法上,英美法系国家的著作权法不仅对文学、艺术这些有较高创作水平的作品予以保护,而且很早就对事实作品、功能性作品予以保护。1790 年美国制定的第一部著作权法将"地图和图表"这些事实作品作为与图书同等的保护范围,其中一个重要原因是这些作品为殖民者跨越大西洋征服北美大陆提供了重要的资料,从而使得该国立法者充分认识到这些作品的重大经济价值。因而我们不难得出结论,在英美法系国家,最初的著作权立法中,作品的独创性只是解决作品来源以区别作品归属的一个重要条件,作品创作程度的高低仅是一个参考因素;作品所蕴含的经济价值是作品能否受保护的一个潜在条件,左右着立法者的潜意识。概言之,这些国家对独创性的要求较低。

著作权法虽然不要求表达形式必须是新颖的,但此作品不是对彼作品的抄袭,应该是作者独立创作的。[①] 因而"独创性"的含义就是指作品是由作者独立完成的而不是对其他任何作品的复制,这是区别这种特殊"产品"的来源及归属的判断标准。通过对美国相关案例进行分析可以发现,只要作品符合法定的可享有版权的作品的种类且由权利主张者创作完成,即如果一件作品是由作者独立完成的,则其就具有独创性。也就是说,当时美国著作权法所要求的独创性只是从量的规定上来加以定义,而不是从创作高度的标准来加以限制,因而该法当时所规定的独创性标准较低,一件作品只要与现存作品具有细微差别即可受到保护。

2. 大陆法系法律制度

与英美法系国家著作权制度不同,大陆法系国家一开始就采取了较严格的"独创性"标准。这是因为,大陆法系国家著作权法以精神(人格)价值观作为其立法的哲学基础。这种价值观以"天赋人权"思想及德国哲学家康德、费希特等人的哲学思想为依据,认为作品是作者生来就享有的人身权利在新法律关系中的具体反映,作品是作者灵性感受的创作物,是思想与愿望的表现形式,即作品是作者人格的延伸。因而大陆法系国家著作权法不仅关注作者的经济权利,更关注作者的精神权利。著作权制度的目的,在于通过对著作权的保护,来鼓励人们发挥创造才能从事智力创造活动。上述立法价值观充分体现在其对"独创性"的规定中。

德国《著作权法》第 2 条第 2 款规定,受保护的作品应为"个人的智力创作",即作品应具有"独创性"。独创性应包括以下特征:第一,必须有产生作品的创造性劳动;第二,作品中应体现人的智力,思想或感情内容必须通过作品传达出来;

---

① 史文清,梅慎实:《简析普通法著作权法系与大陆法著作权法系的哲学基础及其主要区别》,《青海社会科学》,1991 年第 3 期。

第三,作品应体现创作者的个性,打上作者个性智力的烙印;第四,作品应具有一定的创作高度,它是著作权保护的下限。有基于此,德国对于大量日常、平庸的以及常规性的东西一般不予以保护。

日本《著作权法》第 2 条对作品作了如下定义:用于表达思想或感情的文艺、学术、美术或属于音乐范围的创作作品。因此,日本对于不表现思想、情感仅罗列事实的东西如菜单、列车时刻表不予以保护。著作权要保护作者的精神思想,该思想表现为作者的个性,这种个性具体反映为作品中的"创作高度",它是将作者区别开来的标志。因此,在大陆法系的绝大多数国家,作品需要达到一定的创作高度方能受到保护,如果实用艺术作品要取得著作权的保护,就必须有较高的创作高度。

伴随着国际交流与合作的不断扩大,两大法系国家的著作权法出现了趋于相近。有关"独创性"的概念也在不断融合。以美国为例,美国 1790 年第一部《著作权法》保护的对象限于地图、图表和图书。地图、图表属事实作品,图书内容多限于识字课本、字典等创造性较低的图书。当这种低水平的著作权保护状况维持到 19 世纪中叶时,美国法院逐渐承认了作品的独创性不仅仅表现在文字上,在审理侵权案时开始依据实质相似的标准,逐步提高了对独创性的要求。以独创性要求严格著称的德国在司法中也采取了务实的较灵活的处理方式,对目录、烹调书、地名册等简易参考书之类的文字作品规定了较低的创造性标准,从而将其纳入保护范围。

3. 我国法律制度

我国《著作权法》未对作品受保护的实质条件作出明确规定,但是,《著作权法实施条例》第 2 条规定,著作权法所称作品是指文学、艺术和科学领域内具有独创性并能以某种有形形式复制的智力成果。可见,该条例规定以独创性为作品受保护的实质条件,这与其他国家的规定相一致。不过,我国法律法规未对独创性的含义作出解释,需要由法院在司法中具体裁量。

4. 各国法律制度的共性

通过以上比较,我们可以发现多数国家在"独创性"标准上的一些共同规定:

第一,对文学、艺术作品而言,其创作高度明显高于其他作品,因为在这类作品中可供作者发挥创造的余地较大。

第二,对实用艺术作品,若该国也采用外观设计法保护,则外观设计法仅保护个性程度较低的实用艺术作品,而具有较高艺术价值的实用艺术作品可受到著作权法保护。

第三,对地图、示意图、目录等一类作品,由于作者可发挥创造性的余地较小,所以法律对其独创性的要求较低。

我们认为,各国在应用独创性这一具有主观色彩的标准时是视每一个事例的具体情况而定的,既考虑了各个作品所能提供给作者发挥余地的大小,又考虑了法律保护的措施。例如，在德国，实用美术作品在无著作权保护的情况下还可依外观设计法获得保护，而实用性作品（如计算机程序）或对原作仅是"小改动"的改编作品只可能通过著作权法来保护，因此对前者适用的标准高，对后者适用的标准低。通过这种法律适用上的灵活处理，各国将文学、艺术作品与科学技术作品协调地规定在著作权法之中。

（三）作品受保护的形式要件

1. 大陆法系作品受保护的形式要件

德国哲学家康德在 1785 年讨论翻印的非法性时，就将书籍区分为机械复制品和作品两种形式，认为前者系物权，后者为精神权利，他人未经作者同意而翻印并向公众销售作品就构成对作者精神权利的侵犯。受此影响，大陆法系国家多认为，当作品创作完成，即可受到保护，作品固定性不是受保护的先决条件。例如，法国《知识产权法典》第 L.112-1 条明确规定，该法保护作者对其创作的各种形式的智力作品的权利，而不论智力作品的种类、表达形式、价值、目的如何。即作品只要具有"独创性和个性特征"，一般不需要以有形形式固定下来就可受到保护。这种立法可以最大限度地保护著作权人的合法利益，口述作品不经固定就可成为受保护的对象。例如，德国《著作权法》第 2 条第 1 款把讲演作为语言著作来保护。当然，也有个别国家对个别作品提出了固定性的要求。例如，法国《知识产权法典》规定，芭蕾舞作品、马戏表演和哑剧作品只有用文字或其他方式（如摄制在磁带、胶片上）固定下来，才可受到保护。

2. 英美法系作品受保护的形式要件

与大陆法系多数国家的立法不同，英美法系国家强调著作权人的经济利益，作品是否固定于载体上是进行商业交易的前提条件，因而这些国家多以固定性作为受保护的形式条件。1988 年英国《著作权法》第 3 条第 2 款明确规定，在以书写或其他方式记录下来之前，任何文学、戏剧或音乐作品都不享有版权；凡本编中的作品创作时间均指该作品被记录下来的时间。因此，未被固定下来的口述作品、音乐作品、戏剧作品就被排斥在著作权保护范围之外。在美国，未被固定下来的口述作品被视为表演，只能受到州一级法律保护，联邦著作权法不给予保护。其原因在于上述国家将上述作品视为与体操表演、杂技表演无实质区别的表演，因而不给予保护。

《伯尔尼公约》于 1967 年之后将未以物质形式固定的口述作品确认为可受保护的对象，但并不要求各成员国必须作出此类规定，是否给予保护仍由各成员国自行确定：本同盟各成员国通过国内立法规定所有作品或任何特定种类的作品如果未以某种物质形式固定下来便不受保护。①

---

① 《伯尔尼公约》第 2 条第 2 款。

3. 我国作品受保护的形式要件

我国《著作权法》第 3 条明确将口述作品纳入受保护的范围,因此,口述作品即使未固定下来,也可能受到法律的保护,从而提高了保护的水准。不过,就软件保护而言,考虑到其特殊性,我国《计算机软件保护条例》第 4 条要求其必须固定在某种有形物体上才能受到保护。

（四）作品中受保护的要素

一部作品大都由思想、概念、程序、原理、文字、图案、颜色、线条等要素组成,但是上述要素并非都能受到法律的保护。

1. 美国相关法律规定

1976 年美国《著作权法》第 102 条规定,对某一作品的著作权保护,在任何情况下都不能延伸到该作品所描述的任何思想、程序、过程、操作方法、概念、原理或发现上,不论在这种作品中这些是以什么形式描述、说明、图示或体现的。也就是说,美国著作权法并不保护作品的思想、程序、过程、操作方法、概念、原理或发现这些足以体现作者对客观世界的认识或思想观点。尽管思想认识不是著作权客体,但其表达方式受著作权保护。美国在 1976 年国会司法委员会报告中指出,版权不保护计算机程序中包含的方法,但确实保护表达编程者思想的"文字",即编程者采用的表达形式。

2. 我国相关法律规定

我国《著作权法》对该问题未予明确规定,因而在实践中存在不少争论。但是,从我国已颁布的《计算机软件保护条例》第 6 条的规定来看,软件著作权的保护不延及开发软件所用的思想、处理过程、操作方法或者数学概念本身。

3. 其他相关规定

世界知识产权组织也指出,版权所保护的不是思想本身,而是思想的表现形式。1993 年通过的《有贸易有关的知识产权协定》第 9 条第 2 款明确规定,著作权保护仅延伸到表达方式,但不得延伸到思想、程序、操作方式或数学概念本身。

二、作品的分类

（一）作品的类别

通过比较各个国家的法律规定可以发现,作品一般包括如下类型:

（1）文字作品,即小说、故事、科学论文之类的文学、艺术和科学作品。无论这些作品的长短、目的、形式如何,只要有"独创性",都可受著作权法保护。

（2）口述作品,如口头演说、会议报告、辩护词等作品。这类作品通常以口头形式表现出来。多数大陆法系的国家都规定,只要这类作品具有独创性,不加固定也可受到保护。英美法系国家著作权法一般将此类作品的固定作为受保护的前提。

（3）音乐作品，如歌曲、交响乐等能演唱或演奏的带词或不带词的作品。

（4）戏剧作品，如话剧、歌剧、戏曲等供舞台演出的作品。

（5）舞蹈作品，即通过连续的动作、姿势、表情等来表现思想感情的作品，如芭蕾舞、哑剧、马戏等。对此类作品，英美法系国家著作权法要求其必须以有形方式固定下来才可受到保护。在大陆法系国家中，德国、日本等不要求此类作品必须予以固定，而法国、意大利等的著作权法则把作品的固定作为其受保护的前提条件。[①]

（6）美术作品，包括平面作品和立体作品。平面作品包括素描、油画、蚀刻画、版画等，立体作品包括雕刻、雕塑、建筑作品等。

（7）摄影作品及使用类似摄影的技术完成的作品。具有独创性的摄影作品通常是各国著作权法所保护的对象，但也有少数国家明文规定摄影作品不受著作权法保护，如 1986 年瑞典《著作权法》第 1 条作出了这样的规定。也有些国家如瑞典、挪威、芬兰等另行制定了摄影作品保护法，为这种客体提供类似著作权的保护。此外，有些国家著作权法还对有独创性的摄影作品和简单的摄影图片作了区分。例如，德国著作权法对于有独创性的摄影作品按一般作品给予著作权保护，而对照片则给予类似邻接权保护（其保护期较短）。[②]

（8）电影作品或用类似电影方式制作的作品，即视听作品。此类作品包括无声电影、有声电影、录像等。

（9）工程设计、产品设计图纸及说明。

（10）地图、示意图等图形作品。

（11）实用美术作品，通常指在工业中使用的艺术作品。

此外，有的国家如法国还将时装、用于装潢的织物等季节性服饰工业品作为著作权法的保护对象。其主要理由是此类物品在艺术上具有较高的创造性，符合著作权保护的要求。因此，这种规定不仅符合《伯尔尼公约》的要求，而且从某种意义上讲超过了该公约的保护水准。至于图书的装帧及版式设计，多数国家和地区多给予其类似邻接权的保护，但也有些国家将其作为作品的一个类别，给予了较高的保护。

根据我国《著作权法》第 3 条的规定，作品的范围包括：①文字作品；②口述作品；③音乐、戏剧、曲艺、舞蹈、杂技艺术作品；④美术、建筑作品；⑤摄影作品；⑥视听作品；⑦工程设计图、产品设计图、地图、示意图等图形作品和模型作品；⑧计算机软件；⑨符合作品特征的其他智力成果。这些规定与《伯尔尼公约》的规定一致，也符合《与贸易有关的知识产权协定》的要求。

---

① 法国《知识产权法典》第 L. 112-2 条第 4 款，意大利《著作权法》第 2 条第 3 款。

② 德国《著作权法》第 72 条，法国《知识产权法典》第 L. 112-2 条。

（二）特殊的保护对象

著作权法在保护作品时，常常涉及一些特殊的保护领域，不同的国家在立法和司法中有不同的处理方法。

1. 作品的标题

作品的标题，是一件作品区别于其他作品的标志之一，剽窃、仿冒作品的标题成为违法侵权作品惯用手段。一些国家在著作权制度演变发展的历史过程中，逐步完善了对作品标题的保护。目前世界各国对作品标题的保护一般有两条措施：一是利用著作权法将其视为作品予以保护，但对其创造性要求较高；二是利用反不正当竞争法予以保护，对其创造性的要求稍低。

1）法国

法国《知识产权法典》第 L.112-4 条规定，智力作品的标题，只要具有独创性，就同作品一样受著作权法保护。即使对于那些保护期限已满进入了公有领域的作品，任何人也不得在引起混淆的情况下以个人名义在同类作品上使用该标题。从中可知，法国是用保护一般作品的手段来保护作品标题的，但其保护期限长于一般作品的保护期限。在确定是否保护标题时，其是否具有独创性是解决这一问题的关键。法国法院多倾向于从艺术的高度来考虑，但这种观点受到了众多专家的批评，认为它违背了法律的基本原理。

2）意大利

意大利《著作权法》第 100 条、第 102 条规定，当作品标题为该作品所独有时，不经作者许可不得复制于其他作品中，复制或仿制他人作品标题的行为应视为不公平竞争而予以禁止。澳大利亚《著作权法》也持同样观点。

3）德国

德国《著作权法》并未直接规定对作品标题的保护问题，仅在第 39 条提到了标题。该条规定，如无其他协议，用益权所有人不可改动被许可使用的作品及其标题。这也就是德国理论界所谓的“内部标题保护”理论。与此相反，坚持“外部标题保护”理论的人则反对他人未经许可就在另一作品中使用前一作品的标题。但从德国判例法的实践来看，作品标题取得保护的前提是具有“独创性”，因此，该类对象较难取得著作权。但是，这并不意味着德国不对标题给予保护。德国于1909 年 6 月 7 日颁布的《反不正当竞争法》第 16 条规定，商人在印刷作品时不得使用与另一作品上的特殊标记相混淆的标记。德国判例法中一贯采用该条来处理印刷作品及其他作品的标题纠纷问题，但作品标题保护的前提条件是标题具有独特性且他人对标题的使用易引起混淆。

2. 作品的角色

保护作品的角色也是著作权法关注的一个问题。何为作品的角色？作品的角色也称作品中的艺术形象，通常是指在电影、电视、动画等作品中出现的人物、动物或机器人，也包括用语言表现的作品中的虚构人物。由于作品中的某些角色已为公众熟知并受到欢迎，所以便出现了利用作品角色谋取商业利润的行为。例如，有人利用原作中的角色创作作品，有人将作品中的角色形象复制后用在商品或服务中。

1）日本

日本司法界认为，将作品中的人物画像原封不动地复制并用于服务中的行为侵犯了作者的著作权。例如，日本的某汽车公司擅自将长谷川町子画的"沙札艾桑"（"沙札艾桑"为日本一连环画中的人物）的头部画像使用于旅游汽车车体上，为此作者起诉该公司，要求停止使用并赔偿损失。法院判决认为，该汽车公司的行为是对作品中特定角色形象的使用，侵犯了原作中的著作权。① 可见，该判决是将角色形象作为美术作品来保护的。

2）德国

德国著作权理论界及司法界将作品角色的保护分为角色名称的保护及角色图像的保护。关于角色的名称，该国极少予以保护，因为角色的名称几乎完全不符合独创性这一要件。法律通常允许他人在其他作品中使用受保护作品的角色名称，并将此行为解释为"自由使用"。然而，如果后一作品使用原作角色名称时又使用了原作部分情节，将会招惹侵权之诉。关于作品中的角色图像，只要后一作品使用了原作中的角色图像即构成侵权行为，即使模仿也在禁止之列。如果上述保护措施无效，作者也可寻求不正当竞争法所提供的保护。受害人可援引该法第3条（欺骗性广告）的有关规定来反对续编作品中对原作作品内容、方式或创作者的虚假陈述。

（三）实用艺术作品

实用艺术作品，通常是指为实际使用而创作或创作后在实际中应用的艺术作品。实用艺术作品除具有一般美术作品的艺术性外，还具有实用性，能在工商业中应用。如美术工艺品、装饰品、刻于家具上的雕刻都属于实用艺术作品。比较各国有以下几种方法：

（1）将工业品外观设计作为实用艺术品予以保护，如冰岛《著作权法》第10条将工业品外观设计作为实用艺术品予以保护。这说明工业品外观设计是实用艺术作品的一部分，但工业品外观设计通常是指在工业中批量生产的制品所采用的设计，而实用艺术作品除包括工业品中应用的外观设计外，还包括手工制品或手工制品上所采用的设计。

（2）区别对待。美国《著作权法》只保护手工制品或手工制品上使用的实用艺术作品，工业品外观设计由专利法保护。澳大利亚及英国的著作权法仅保护工业

---

① ［日］半田正夫，纹谷畅男：《著作权法50讲》，魏启学，译，法律出版社，1990年版，第37页。

品外观设计,未将实用艺术作品作为受保护客体。俄罗斯《著作权与邻接权法》所规定的受保护的对象中既包括工业品艺术设计作品,也包括装潢实用艺术作品及舞台美术作品。

(3)国际立法。《伯尔尼公约》1971 年修订文本作了具体要求:

① 各成员必须以本国法提供保护。

② 各成员国保护实用艺术作品的程度可以不同,可只保护实用艺术作品中的工业品外观设计部分,也可把它作为一般艺术品来保护。

③ 保护期限可短于一般文学艺术作品的保护期。

在保护条件上,一些国家如德国、法国、英国、澳大利亚等的著作权法规定,只要其有一定的"独创性",即可受到保护。但是,俄罗斯《著作权与邻接权法》还要求其有一定的"艺术高度"。[①] 其主要理由是,实用艺术作品若符合外观设计法的保护条件,则可受到该法的保护。

在保护方式上,一些国家采取双重保护方式。

英国 1968 年颁布的《外观设计版权法》规定:

① 一般的外观设计都可作为艺术品而自动受到保护。

② 当享有著作权保护的外观设计在工业中应用时,则原享有的著作权丧失,转而享有"特别工业版权"保护。作者既有权禁止他人实施其设计,又有权禁止他人复制其设计形式。

③ 按英国外观设计注册法取得专利的外观设计,同时受专利法和著作权法的双重保护。随着时间的推移,一些国家开始反对对外观设计予以双重保护。英国 1988 年的《著作权法》对原有的外观设计保护方式作了修改:虽然继续以著作权保护外观设计,但是,如果一项外观设计按《外观设计注册法》取得了专利,则不再享有著作权。

澳大利亚在 1988 年的《著作权法》修正案中规定,用于产品、建筑或工艺品表面的平面外观设计可得到充分的著作权保护,但已在该国境内外工商业中使用的用于产品上的立体外观设计则不能受到著作权法保护。

(四)计算机软件

自从计算机诞生以来,计算机软件的盗版行为一直困扰着软件开发者和厂家。因此,采取行之有效的措施充分保护计算机软件不被侵权就成了全世界所关注的热点之一,下面将通过各国对计算机软件保护方法的比较,详细讲述。

(1)采用专利法保护计算机软件,是较早的保护方法之一。1976 年,日本专利厅发布的《关于电子计算机程序发明的审查标准(之一)》将其作为方法发明而用专利法来保护。20 世纪 70 年代末,美国法院也曾肯定计算机程序可获得专利

---

① ［德］乌尔里希·勒文海姆:《作品的概念》,郑冲,译,《著作权》,1991 年第 3 期。

权。然而,用专利法来保护软件存在许多难以克服的障碍:软件的新颖性、实用性、创造性标准难以确定;软件数量之多、发展之快与程序复杂、耗时长的专利审查程序格格不入;以数字、符号组成的软件的性质较一般的方法专利也有很多区别。因此,以专利法来保护软件困难重重,一些发达国家如日本、美国逐步放弃了这一措施。

（2）以专门立法的形式来保护计算机软件。日本通产省重工业局的软件法律保护调查委员会曾提出一个报告,建议用立法形式保护软件。1983 年 12 月,通产省又提出了以"程序权"为核心的"程序权方案"保护软件,但此方案最终因国际压力和本国文化厅的反对而夭折。

（3）用软件立法或国际软件条约来保护软件。世界知识产权组织 1971 年接受了联合国关于探讨制定计算机软件保护国际协定的可能性,于 1978 年制定出计算机软件保护示范条款。该法所称的软件指计算机程序、程序说明和程序使用辅助资料。1983 年 6 月,计算机软件法律保护委员会在日内瓦召开会议,世界知识产权组织提出了《计算机软件保护条约》的草案,规定了参加该条约的各成员国国内法律所必须达到的某些"最低要求",但许多欧洲国家及发展中国家并未接受这一草案,因此用软件立法或国际软件条约来保护软件,实际上没有什么效果。[①]

（4）以著作权法来保护计算机软件。在采用其他方法保护软件未取得实际效果后,以著作权法保护软件的呼声变得更为强烈。这是因为,软件从性质上看,更接近"文字作品"。1972 年,菲律宾第一个修改著作权法对软件实行专门保护,此时,美国、德国、法国等欧洲国家已在判例中承认软件可作为"作品"受到保护。在苹果计算机公司诉国际程序公司一案中,美国法院裁定程序是一种由作者所创作的作品;在 1982 年巴黎上诉法院所作的裁决及 1983 年德国卡尔斯鲁厄地区上诉法院所作的判决中,都承认计算机程序可以得到著作权保护。

（5）方法改进及推动。在司法界的推动下,以美国为代表的西方国家加快了修改著作权法保护软件的立法步伐。1978 年,美国成立了由著作权法专家组成的新技术著作权应用工作委员会,该委员会强烈要求国会通过著作权立法对软件进行保护。在其推动下,美国 1980 年 12 月通过了"96 - 517 号公法",修订了1976 年《著作权法》,在第 101 条至第 117 条中,正式增加了对计算机程序进行保护的规定。第 101 条将计算机程序解释为"一组说明或指令,直接或间接用于计算机,以使之产生某种结果"。不久,美国法院又对保护的范围作了限定,无论是源代码还是目标代码,无论其是储存在软件中还是储存在显示器上,法律都将予以保护。可见,美国是将其作为"文字作品"来保护的。紧接着,法国于 1985 年修订了1957 年颁布的《文学艺术产权法》,在该法第 3 条中的"科学作品"后面增加了"软件

---

① 陈传夫:《著作权概论》,武汉大学出版社,1993 年版,第 211 页。

作品"一项。德国在 1985 年、1993 年两次修订著作权法,将计算机程序作为"语言著作"来保护。日本也改变了制定特别法的主意,最终于 1985 年修订了著作权法保护软件。从此,用著作权法保护计算机软件便成为国际上的大趋势。

尽管许多国家都通过著作权法的修改来保护计算机软件,但各国所处的角度不同,保护水平也有差异。为了消除这些差异,《与贸易有关的知识产权协定》第 10 条第 1 款明确规定,计算机程序,无论是源代码还是目标代码,都应作为《伯尔尼公约》规定的"文字作品"来保护。该协定第 9 条第 2 款还指出了所保护的范围,即著作权保护计算机程序的表现形式,但不涉及思想、程序、操作方法或数学概念本身。1991 年制定的欧洲共同体理事会《关于计算机程序法律保护的指令》第 1 条也明确要求各成员国将以著作权法保护计算机程序,仍要求计算机程序具有一定程序的独创性。由于计算机程序必须适于计算机硬件或软件的指令系统,必须使硬件实现特定的功能,所以计算机程序的素材、构思都受到了限制,保护的范围也有限。

以著作权法保护计算机程序较其他保护方式具有许多优点:第一,这一保护不仅在国内有效,在国际上也取得了广泛的共识,有助于在世界范围内行之有效地予以保护;第二,在保护程序上,由于著作权的取得比较方便、快捷,所以计算机程序能够及时取得保护;第三,在诉讼中,权利人可根据著作权法迅速、有效地采取控制假冒盗版作品的措施。因此,将计算机程序作为文字作品保护,成为当前著作权法发展的一个重要趋势。

我国《著作权法》及《计算机软件保护条例》修订后,在保护水平上已与《与贸易有关的知识产权协定》相一致,计算机软件的保护水平与普通文字作品基本一致。

(五)数据库

数据库,通常是指由数字符号、图案或者其他信息片有机构成的能借助计算机进行查阅的集合体,联合国教科文组织和世界知识产权组织在 1979 年组成的工作组建议将数据库作为信息集合物或汇编物而给以保护。

英国在 1973 年设立的著作权法修改委员会探讨数据库的保护问题后,于 1977 年提交了惠特福特报告,明确将数据库作为汇编作品来保护。美国于 1980 年、澳大利亚于 1984 年修改著作权法时都将数据库作为汇编作品予以保护。日本 1986 年的《著作权法》增加了对数据库保护的规定:在信息的选择或系统结构上有创造性的数据库,可作为著作物予以保护。

对此,《与贸易有关的知识产权协定》第 10 条第 2 款规定,无论是否具有机械可读形式,数据库都应作为汇编作品受到保护。世界知识产权组织国际局提出的《伯尔尼公约》议定书也持相同观点。我国《著作权法》修订后,已将数据库作为汇编作品予以保护。

第三节　著作权不予保护的对象

目前,明确规定了不予保护的对象的国家有美国、俄罗斯、日本、德国、意大利等。从有关国家的规定来看,以下几类对象属于著作权不予保护的范围。

一、官方文件

官方文件,是指由国家机构颁布的法律文件、政府文件、法院判决书等具有立法、行政及司法性质的文件。《伯尔尼公约》第 2 条第 4 款将官方文件及这些文件的正式译本的保护问题交由各成员国自行解决。在大多数国家中,官方文件被排斥在受保护对象之外,其主要原因在于官方文件颁布的目的就是让公众知晓与遵守,因此应让它们尽可能地公开传播。所以,此类作品一经发表就进入了公众领域,每个人都可自由使用。美国《著作权法》第 105 条作了此种规定:本法规定的著作权保护不适用于任何美国政府的作品(该法对政府作品所下的定义:由美国政府的官员或雇员在公务范围内创作的作品。因此该法所规定的政府作品不仅包括官方文件,还包括官员或雇员完成的其他作品)。俄罗斯、日本、德国、意大利等国也作了同样的规定。日本司法则认为,各省厅所发行的白皮书和各种审议会提出的咨询报告等材料、不属于让公众都了解其内容的作品,因而它们可以获得著作权法的保护。政府内部工作资料,有关部门编写的调查报告可作为学术作品受到保护。应注意的是,不仅官方文件本身不受著作权法保护,其官方译文也不受保护。尽管官方文件在上述国家不受保护,但并不意味着他人可以对这些文件随意修改、歪曲。例如,德国《著作权法》第 5 条第 2 款禁止人们在使用官方文件时任意改动并要求人们在使用时应注明出处。

与上述国家相反的是,英国、加拿大、澳大利亚等国的著作权法明确宣布对官方文件予以保护。英国《著作权法》明确规定了“皇家版权”和“议会版权”。若作品系由英女王创作或由王室官员或公务员在执行职务中创作,则该作品著作权保护,女王成为该作品的第一位版权所有人。女王享有每一件议会法律或英格兰教堂长老会条例的著作权。如果一件作品系由下议院或上议院创作或在其指导或控制下创作,该作品受著作权保护,创作或指导、控制该作品创作的议院为该作品著作权的第一位版权所有人。如果作品由两院共同创作或共同指导、控制创作,则两院为该作品著作权的第一位版权所有人。

在法国,法律、法令及判决书这类官方文件不受著作权法保护,但政府官员履行法国公务或执行法国政府官员的命令而创作的作品,仍是受著作权法保护的对象。

我国《著作权法》第 5 条明确将法律、法规,国家机关的决议、决定、命令和其他具有立法、行政、司法性质的文件，及其官方正式译文；单纯事实消息；历法、通用数表、通用表格和公式等排除在外，有利于这些文件的使用与传播。

二、淫秽、违反善良风俗的作品

淫秽、违反善良风俗的作品也称为色情作品，《伯尔尼公约》将此类作品的著作权问题交由各成员国自行处理。对这类作品，大多数国家都明确规定要给予作者刑事制裁，也不享受著作权保护。

我国《著作权法》出于社会公共利益的考虑，在第 4 条明确规定，著作权人和与著作权有关的权利人行使权利，不得违反宪法和法律，不得损害公共利益。国家对作品的出版、传播依法进行监督管理。因此，上述作品的作者不可能享有著作权。

三、时事新闻

《伯尔尼公约》第 2 条第 8 款明确规定，本公约提供的保护不适用于具有纯粹消息报道性质的日常新闻。因此，时事新闻不属著作权的保护范围。

时事新闻是客观存在的，对其报道仅有先后之分。此外，时事新闻是对事件、事实的报道，报道人在新闻报道中可发挥创造性的余地非常小。因此，多数国家著作权制度不保护时事新闻。

除上述情形外，一些国家还有本土化的规定。例如，1993 年俄罗斯《著作权与邻接权法》将国家象征和标志（旗帜、徽章、勋章、钞票等及民间文学作品）列入不受著作权法保护的对象；美国《著作权法》不保护未固定下来的作品；我国《著作权法》不保护历法、通用数表、通用表格和公式。

世界上绝大多数国家，有独创性的作品受著作权法的保护，但是，由于法律传统的差异，一些国家在具体的著作权保护制度上也存在着明显的差异。

第四节　著作权的主体

一、著作权的原始主体

（一）著作权主体的概念

著作权的主体，是指依法享有著作权的人，如自然人、法人或者其他组织。同有形财产权制度一样，著作权的主体可以分为原始主体与继受主体。所谓原始主体，是指首先对作品享有权利的主体。所谓继受主体，是指通过转让、继承等方式取得著作权的人。在各国法律中，著作权主体制度是著作权制度的重要组成部分。

作者是著作权的基本主体，是第一著作权所有人。关于作者的基本含义，不同法系的国家有着不同的理解。

1. 没有明确立法规定

美国《著作权法》解释了何为"创作"，但没有对"作者"一词作出定义。尽管如此，该法第201条第1款明确地使用"作者"这个概念：原始归属——本编保护之作品的著作权原始地授给作品的作者或者作者们；合作作品的作者是作品著作权的共有人。

2. 明确立法规定

1）俄罗斯

俄罗斯《著作权与邻接权法》第4条规定，作者是以其创造性劳动创作出作品的自然人。该定义明确指出了作者所进行的劳动是一种创造性的劳动，只有从事创造性劳动的人才可能成为作者，那些只提供思想而没有将思想表达出来的人以及只提供辅助性劳动的人不能成为作者；同时表明，作者是创作出作品的人，即使某人进行了"创造性劳动"，但是没有创作出作品，那么这样的人也不能成为作者。

2）加拿大

加拿大《著作权法》中没有关于邻接权的规定，因此，它将一切从事文学、艺术、音乐、戏剧或录音、录像等的智力劳动创作者都称为作者，含义比较广泛，不仅包括一切文学、艺术、音乐、戏剧或科学作品的创作者，也包括表演录音录像制作者或广播组织。英国《著作权法》第9条对"作者"一词也作了类似规定，即本编中的"作者"系指创作人，该人应当是：①在录音或影片的情况下，对录音或影片制作之必要安排承担责任的人。②关系到广播时制作广播的人，或者在以接收并即时传输方式转播其他广播的情况下，其他广播的制作人；关系到电缆节目时，提供收入该节目之电缆节目服务的人；关系到版权之版面安排时的出版人。

3）中国

我国《著作权法》第11条规定，著作权属于作者，本法另有规定的除外。创作作品的自然人是作者。该规定属于狭义的作者概念。那么，如何理解创作的含义呢？《著作权法实施条例》第3条第1款的解释：著作权法所称创作，是指直接产生文学、艺术和科学作品的智力活动。这一解释清晰、明白，概括出了作者的本质含义。

（二）作者的资格

创作是取得作者资格的最重要的前提，所以，参与创作的自然人是当然的作者，但在法人及非法人组织能否成为作者的问题上，许多国家都存在着争论。

1. 美国

美国《著作权法》第201条规定，就雇佣作品而言，雇主或作品为其制作的其他人被认为是本法所称的作者,除非各方另有约定。这是承认法人可以成为作者的典型立法例。

2. 英国

英国《著作权法》第 9 条也明确规定,自然人和法人都可成为作者。在录音、广播、电缆节目等作品中,法人通常为"作者",自然人成为作者的可能性大大减少。对此,英国学者菲利普斯认为,承认法人为作者的做法可能"有损于那些真正动脑筋去从事创作的作者所希望得到的保护"。

3. 日本

日本《著作权法》第 15 条也认为法人有可能成为作者:按照法人或者使用者的提议,从事该法人或者使用者的业务的人在履行职责时作成的著作物(程序著作除外),该法人或者使用者以自己的名义发表这种著作物时,只要在其作成时的合同、工作规章中无另外规定,则该法人或者使用者视为著作人。

4. 中国

我国《著作权法》第 11 条第 3 款对此问题也作了回答:由法人或者非法人组织主持,代表法人或者非法人组织意志创作,并由法人或者非法人组织承担责任的作品,法人或者非法人组织视为作者。可见,自然人是当然的作者,法人和其他组织可被视为作者。由于法人和其他组织是一种拟制的实体,不可能将自己的思想、意志反映出来,所以只能通过其内部成员代为反映其意志,所以,我国法律以"视为作者"一词来表示,较为准确。当然,有人认为,该规定混淆了法人是否可成为版权人及法人能否成为作者这两个截然不同的问题,直接导致了理论上和实践上的混乱,在区别"法人作品"与自然人创作的归法人所有的"职务作品"之时,不可避免地会遇到法律适用上的困难,应该说具有一定的道理。

(三)作者身份的推定

各国著作权法一般采用"推定"原则,以在所指作品的原件或复制件上标示姓名、假名或笔名的人为该作品的作者。至于这一个或几个人是否为该作品的真正作者,尚不绝对。

1. 日本

日本《著作权法》第 14 条规定,以通常的方法,在著作物的原件上或者在向公众提供或揭示其著作物时所署的姓名或名称(以下称"真名"),或以公众周知的雅号、笔名、简称等代替真名的别名(以下称"假名")表示为著作人姓名的人,即被推定为该著作物的著作人。在此,该法直接使用了"推定"这一概念。

2. 德国

德国《著作权法》第 10 条也作了类似的规定:在已出版的著作复制物或造型著作原件上被称为著作人的人在相反的证明提出以前就被视为该著作物的著作人;本条亦适用于以假名或艺名公布的名称。尽管德国法律在此没有使用

"推定"一词,但使用了"视为"一词。这两个词在这样的规定中所具有的含义是相同的。

3. 法国

法国《知识产权法典》分别在第 L.113-1 条和第 L.113-7 条作了与此相类似的规定。该法第 L.113-1 条规定,作者资格属于作品发表时的署名人,但有相反证明的除外。该法第 L.113-7 条规定,完成电影作品智力创作的一名或数名自然人享有该作品的作者资格。如无相反证明,推定下列人员是电影作品的共同作者:①电影剧本作者;②改编者;③解说词作者;④专门为作品谱写的配有或未配有歌词的乐曲作者;⑤导演。电影作品取材于已有的仍受著作权保护的作品或电影剧本时,原作品作者视为电影作品的共同作者。

4. 俄罗斯

俄罗斯《著作与邻接权法》第 9 条第 2 款也规定,如无相反证明,在作品原件或复制件上以作者身份署名的人认定为作品的作者。

5. 中国

我国《著作权法》第 12 条规定,如无相反证明,在作品上署名的自然人、法人或者非法人组织为作者。①

通过以上分析可以发现,即在如无相反证明的情况下,在作品上署名的人一般被推定为作者。不过,为了保护真正作者的利益,只要真实的作者举证否定作品上署名的人的作者的资格,就可重新确定作者身份,所以这种规定既方便又灵活。

(四)作者为著作权的原始主体

各国都十分重视著作权的归属问题,在著作权的原始归属上,世界各国大致采取以下方法。

(1)在任何情况下,著作权第一权利人只能是作者,而不能是作者之外的其他任何人。例如,法国在著作权制度中一直坚持着两个原则:第一,作者享有著作权中的复制权等权利,并且是一种人身权;第二,这些权利是由作品产生的,而不论作品的种类为何。在任何情况下,作品著作权第一权利人只能是作者。德国《著作权法》第 1 条也规定,文学、科学、艺术著作的著作人对其著作依本法享有保护。这一规定表明,在一般情况下,由著作所产生的著作权首先归该著作的著作人所有,并受法律保护。

(2)在一般情况下,作品著作权第一权利人为作者,但是对作者依雇佣合同、委托合同或劳务合同所创作的作品,著作权第一权利人则不一定就是作者,也有以下三种可能:

---

① 郑成思:《知识产权法》,法律出版社,1997 年版,第 441 页。

①　著作权第一权利人为雇主等人,而不论该雇主为个人、公司或其他组织,但当事人双方就著作权的原始归属有明确约定的除外。例如,美国《著作权法》第201条第2款规定,雇佣作品——就雇佣作品而言,雇主或指示创作作品的其他人被认为是本法上的作者,享有著作权的各项权利,但双方在其签署的书面文件中另有明确约定的除外。又如,英国《著作权法》第11条第1款规定,作品的作者是作品中一切著作权的第一权利人,但须服从下列规定:除非雇佣合同有相反的约定,雇员在受雇期间创作的文学、戏剧、音乐或艺术作品,其雇主为著作权第一权利人。除了英美两国外,俄罗斯《著作权与邻接权法》也有类似的规定,该法第14条第2款规定,作者同与之组成劳动关系的人(雇主)所签订的合同中没有其他规定的,职务作品的专有使用权属于雇员。

②　著作权第一权利人是作者,但法律另有规定或者合同另有明确约定的除外。

③　作品著作权第一权利人由当事人双方在合同中约定,没有约定或者合同约定不明确的,该著作权第一权利人为作品的创作者。

(3)在一般情况下,著作权第一权利人是作者,但对某些特殊作品,其著作权第一权利人为转载该作品的有形物质载体的所有人。这种情形主要存在于那些以"固定"作为作品受保护条件的国家。例如,加拿大《著作权法》现在仍然以"固定"作为作品受保护的条件,该法第2条规定,音乐作品必须能被印刷、以书面形式附载或以其他的形式制作或复制。同条还规定,舞蹈作品或哑剧就是以书面形式或者其他形式固定下来的舞台编排或表演动作。对于没有固定的作品,不受著作权法保护。所以,摄影作品著作权的第一权利人就不是拍摄该摄影作品的拍摄者,而是附载该摄影作品的胶片所有人。英国《著作权法》第3条第2款也作了类似的规定,即在以书写或其他方式记录下来以前,任何文学、戏剧或音乐作品都不享有著作权;凡本编中的作品创作时间均指该作品被记录下来的时间。本条第3款还规定,为第2款之目的,作品是否由作者本人记录或者他人的记录是否得到了作者的许可均无关紧要;在记录人非为作者的情况下第2款的规定对于记录而非被记录的作品是否享有著作权没有影响。在不以"固定"作为作品受保护条件的国家,则不会产生这种问题。

著作权第一权利人是相对于其后的著作权所有人而言的,两者虽然都是著作权的主体,但是具有很大区别。首先,确定谁为作品著作权第一权利人,体现出这种制度对著作权所持的一种理念。在任何情况下都以作品创作者为著作权第一权利人的法国,认为"因作者的创作行为所产生著作权是一种天赋人权",它与作者的人身具有不可分割的关系,是人的生命的延续。但是,对于确立雇佣作品著作权的第一权利人的英美等国来说,他们主要认为著作权是一种商业权利,法律承认这项权利的主要目的并不是认为作品与作者之间具有多少密切关系,而是通过赋予作者以著作权,能够让作者或者投资者享有专有垄断权,在法律规定的期限内收回其投资。因此,在雇佣合同关系下创作作品的作者并没有为此付出投资或者不必为投资承担风险,其应该获得的报酬已由雇主支付给他了,从经济利益关系来看,该作品的创作者已没有必要享有著作权,著作权第一权利人应该是雇主。其次,按照大陆法系国家著作权法的观点,著作权第一权利人是一个完整的著作权人。法国《知识产权法典》第 L.111-1 条第 1 款和第 2 款规定,创作智力作品的作者同时享有精神和财产两个方面的权利。该法第 L.121-1 条规定,作者依法享有的著作人身权是终身的、不可转让的、不可剥夺的权利。也就是说,作者依法享有的精神权利不可能由他人承受,或者说,著作权后继所有人不可能享有精神权利。这一点是著作权原始权利人与后继权利人所具有的本质区别。但是,按照英美的著作权理论,其著作权法起初没有规定著作人身权,作者的相关权利往往通过其他法律如侵权法加以保护。在它们没有规定著作人身权时,著作权第一权利人与著作权后继所有人没有什么实质性的区别。最后,在大陆法系国家,著作权第一权利人只能是自然人,不能是法人、公司、团体或其他组织,因为著作权第一权利人只能是作者,而法人、公司、团体或其他组织是不能成为作者的。但是,著作权后继权利人可以是法人、公司、团体或其他组织,甚至还可以是国家。对于英美法系国家来说,著作权第一权利人既可以是自然人,也可以是法人、公司、团体或其他组织,因为雇主可以成为著作权第一权利人,而雇主既可以是自然人,也可以是法人、公司、团体或其他组织。

二、特殊作品的著作权原始主体

合作作品、职务作品、委托作品、汇编作品等特殊作品的著作权归属问题比较复杂,因此多数国家都对其作了特别的规定。

(一)合作作品的著作权主体

合作作品通常指由两个以上的作者共同创作且其创作成果不可分割的作品。在一般情况下,独著作品不能成为合作作品。例如,美国《著作权法》第 101 条规定,合作作品是由两个或者两个以上的作者创作的。法国《知识产权法典》第 L.113-2 条第 1 款规定,由数人创作的作品为合作作品。其他各个国家的著作权法都有类似的规定,如德国《著作权法》第 8 条,英国《著作权法》第 10 条,日本《著作权法》第 2 条,美国《著作权法》第 101 条。所以,由一个人独著的作品,原则上不能成为合作作品,合作作品必须满足以下要件:创作意图;创造性的贡献;创作者之间有不可分割的关系。

在决定一件由两个或者两个以上的人共同创作的作品能否成为合作作品时,其核心标准是在创作作品时各创作者之间具有某种"意图",即他们有意将各自创作的作品或者自己对作品的贡献结合成一个单一体。美国《著作权法》第 101 条也作了规定：合作作品，是两个或者两个以上具有将各自的贡献结合成一个不可分割的或相互依存的单一体的意图的创作者共同创作的作品。此项规定中强调了合作作者彼此之间所具有的"共创意图"。应该指出，其他国家的著作权法几乎都未明确提出这样的要求。例如，法国《知识产权法典》第 L. 113 - 1 条第 1 款规定，数名自然人参加创作的作品为合作作品。英国《著作权法》第 10 条也规定，在本篇中，"合作作品"系指由两个或者两个以上作者合作创作的作品，在该作品中各作者的贡献无法彼此分开。日本《著作权法》第 2 条第 12 款规定，合作著作物是指由两人以上共同创作，并且每人的创作成果无法分开单独使用的著作物。上述所列规定都没有直接提及合作作者之间的共创意图。

除了共同创作意图外，每一个合作作者对合作作品的完成必须作出了创造性的贡献，而不仅仅是平淡、琐碎的一般性劳动。加拿大《著作权法》第 2 条对合作作品下了一个定义：由两个或两个以上的作者共同创作的作品，并且其一创作作者的贡献与其他作者的创作贡献不可区别。澳大利亚《著作权法》第 10 条也规定，合作作品是由两个或者两个以上的人共同创作的，并且每个作者的创作部分与其他一个或几个作者的创作部分不能分离。

关于创作者的创作成果之间的关系，美国、日本、澳大利亚、英国等国都认为，每一个作者对合作作品的贡献应当与其他作者的贡献不可分割。合作作品与其他作品的根本区别在于"在创作作品时，合作作者之间具有共创作品的意图"。德国《著作权法》将"合作作品"与"合成作品"作了区别：合作作品的各作者对合作作品所做的贡献彼此不可分割，而合成作品则不具有这样的性质。德国《著作权法》中的"不可分割"的概念主要是从商业上讲的，而不是从其"自然属性"上考虑的。俄罗斯《著作权与邻接权法》关于合作作品的规定，与上述国家的相关规定有两点不同：其一，上述各国均强调各个创作者对合作作品的贡献是彼此不可分割的，而俄罗斯《著作权与邻接权法》则认为不管各创作者的贡献是否可以分割，均不影响一件作品成为合作作品，规定更为宽泛；其二，美国《著作权法》强调了各作者应具有共创作品的意图，而俄罗斯《著作权与邻接权法》没有这样的要求，因而更进一步扩大了合作作品的范围。

尽管有些国家在合作作品的规定上有区别，但是大致可以归纳出以下共同之处：第一，合作作品的作者必须为两个或者两个以上的自然人，不包括法人、公司或者其他组织；第二，两个或者两个以上的作者之间具有将各自的贡献结合成一个单一体的意图；第三，合作作者对合作作品的完成作出了创造性的贡献；第四，每个合作作者的贡献与其他作者的贡献是不可分割的或者是相互依存的。

我国《著作权法》第 14 条将合作作品解释为"两人以上创作的作品"，并将其分为可分割的合作作品与不可分割的合作作品，该规定与俄罗斯《著作权与邻接权法》的规定很近似。

(二)合作作品的原始著作权人

关于合作作品的原始著作权人,一般为合作作者。

1. 俄罗斯

俄罗斯《著作权与邻接权法》第 10 条第 1 款明确规定,合作作品的著作权归合作作者共同享有,即各个合作作者均平等地对合作作品享有著作权。俄罗斯将合作作品分为两种:一种是可以分割使用的合作作品;另一种是不可分割使用的合作作品。不论是哪一种合作作品,其整体著作权归合作作者共同平等地享有,但可分割使用的合作作品中可独立存在不受其他各部分制约而被使用的,法律承认其具有独立的著作权;该独立部分的著作权归其创作者所有,但有相反约定的除外。① 英国《著作权法》第 11 条第 1 款也作出了类似规定,合作作品的作者是该合作作品的著作权第一权利人。

2. 中国

我国《著作权法》第 14 条规定了合作作品的著作权归属问题:两人以上合作创作的作品,著作权由合作作者共同享有。没有参加创作的人,不能成为合作作者。合作作品可以分割使用的,作者对各自创作的部分可以单独享有著作权,但行使著作权时不得侵犯合作作品整体的著作权。另外,根据《著作权法实施条例》第 9 条的规定,合作作品不可以分割使用的,其著作权由各合作作者共同享有,通过协商一致行使;不能协商一致,又无正当理由的,任何一方不得阻止他方行使除转让以外的其他权利,但是所得收益应当合理分配给所有合作作者。可以说,上述规定较好地解决了合作作者之间的利益分配问题。

(三)职务作品的著作权主体

职务作品,也称雇佣作品,通常是指雇员在受雇期间和受雇范围内创作的作品。对于该类作品的归属,大致可分为以下几类。

1. 大陆法系国家

大陆法系国家的著作权法一般规定,雇佣作品的原始著作权归作者享有,但雇佣合同一般要求雇员允许其雇主在约定范围内独占使用作品。但是,近年来,该情形有了很大的变化。例如,法国在修订其著作权法时已将软件的著作权直接授予了雇主。日本《著作权法》的规定则更加侧重于保护雇主的利益,该法第 15 条规定,根据法人及其他使用者的发起从事该法人等的业务者,在职务上完成的作品(软件作品除外),其法人及其他使用者用自己作品的名义发表的作者,其完成时的合同、劳动法规中对此没有规定的,法人及其他使用者为该作品的作者。法国《知识产权法典》第 L.113-9 条规定,如无相反的法律规定或约定,由一个或

---

① 俄罗斯《著作权与邻接权法》第 10 条第 2 款、第 3 款的规定;美国《著作权法》第 201 条第(1)款规定,合作作品的作者是作品著作权的原始共有人。

多个雇员在执行职务或按其雇主指示创作的软件及文档的财产权利,属于雇主并由其单独行使。即雇主在一定条件下可以直接成为该类作品的著作权人。该软件作品的作者,在完成该作品时其合同、劳动规则对其没有规定的,该作品的作者视为法人及其他使用者。显然,雇主在此类作品中可以处于类似作者的地位,其享有的权利更加完备。

2. 英美法系国家

在绝大多数英美法系国家的著作权法中,雇佣作品的原始著作权都归雇主所有。例如,英国《著作权法》第 11 条第 2 款规定,除非雇佣合同有相反规定,由雇员在受雇期间创作的文学、戏剧、音乐或艺术作品,其雇主为首位版权所有人。美国《著作权法》的规定则与日本《著作权法》类似,根据该法第 201 条 b 款的规定,在雇佣作品中,雇主被视为作品的作者,除合同中另有协议外,一切权利由雇主享有。从上述规定可以看出,英美法系国家和少数大陆法系国家的著作权法较为侧重于保护雇主的利益。

3. 中国

我国《著作权法》第 18 条规定,自然人为完成法人或者非法人组织工作任务所创作的作品是职务作品,除本条第 2 款的规定以外,著作权由作者享有,但法人或者非法人组织有权在其业务范围内优先使用。作品完成 2 年内,未经单位同意,作者不得许可第三人以与单位使用的相同方式使用该作品。有下列情形之一的职务作品,作者享有署名权,著作权的其他权利由法人或者非法人组织享有,法人或者非法人组织可以给予作者奖励:①主要是利用法人或者非法人组织的物质技术条件创作,并由法人或者非法人组织承担责任的工程设计图、产品设计图、地图、示意图、计算机软件等职务作品;②报社、期刊社、通讯社、广播电台、电视台的工作人员创作的职务作品;③法律、行政法规规定或者合同约定著作权由法人或者非法人组织享有的职务作品。从以上规定可以看出,我国法律在确定职务作品的归属时吸收了大陆法系国家和英美法系国家的著作权制度的精华,原则上从保护作者的立场出发规定此类作品的著作权一般由作者享有,但允许单位在业务范围内优先使用。对于主要利用了单位物质技术条件并由单位承担责任的特殊作品及法律、行政法规规定或者合同约定著作权由法人或者其他组织享有的职务作品,则将其著作权授予单位,但保护作者的署名权及获得奖励的权利。可以说,这些规定兼顾了作者和单位之间的利益,比较科学。

(四)委托作品的著作权主体

委托作品,是指作者接受他人的委托,按他人的要求创作的作品。各国著作权法在委托作品的归属问题上的规定迥然不同。例如,有的国家侧重于维护委托人的利益,将该类作品的著作权授予委托人,如英国《著作权法》、印度《著作权法》即持该立场。也有的国家侧重于维护作者的利益,将著作权授予作者,如突尼斯

《著作权法》的规定。

我国《著作权法》第19条规定，受委托创作的作品，著作权的归属由委托人和受托人通过合同约定。合同未作明确约定或者没有订立合同的，著作权属于受托人。可见，在委托作品著作权归属的问题上，我国法律允许当事人作出约定，在无约定时推定其著作权属于受托人，体现了对作者利益的保护。

（五）汇编作品的著作权主体

汇编作品，是指对已经发表的或已完成的作品或作品的片段或其他资料予以选择、编排而形成的作品。在有的国家和地区，该类作品也称为集体作品。目前，多数国家的著作权一般都规定，此类作品的著作权由汇编人享有。例如，法国《知识产权法典》第L.113-5条规定，如无相反证明，集体作品为以其名义发表作品的自然人或法人的财产。该人被赋予著作权。但是，在规定汇编人享有著作权的同时，各国著作权法一般又规定单个作品的作者对其作品享有单独的著作权，以保护其利益不受侵害。例如，美国《著作权法》第201条c款规定，集体作品中的每一个单独作品的作者对其作品享有权利。

我国《著作权法》第15条对该问题作了具体的规定，汇编若干作品、作品的片段或者不构成作品的数据或者其他材料，对其内容的选择或者编排体现独创性的作品，为汇编作品，其著作权由汇编人享有，但行使著作权时，不得侵犯原作品的著作权。在上述规定中，体现了对单独创作人及汇编人利益的全面保护。

（六）视听作品的著作权主体

视听作品，通常是指电影、电视、录像等作品。此类作品既具有演绎作品的特点，又有合作作品的某些特点。对于此类作品的归属问题，各国法律的规定不一致。美国、加拿大、澳大利亚等国的法律将其著作权授予制片人，英国则允许由作者与制片人通过合同来解决其权利归属问题，法国《知识产权法典》第L.113-7条则规定此类作品的著作权只能由参与创作的每个自然人（包括剧本作者、改编作者、对白作者、乐曲作者、导演）享有。日本《著作权法》第16条则直接将制片人规定为此类作品的作者，从而加强了对制片人利益的保护。

我国《著作权法》第17条规定，视听作品中的电影作品、电视剧作品的著作权由制作者享有，但编剧、导演、摄影、作词、作曲等作者享有署名权，并有权按照与制作者签订的合同获得报酬。前款规定以外的视听作品的著作权归属由当事人约定；没有约定或者约定不明确的，由制作者享有，但作者享有署名权和获得报酬的权利。视听作品中的剧本、音乐等可以单独使用的作品的作者有权单独行使其著作权。这些规定考虑了制片人在摄制中所付出的努力问题，同时对各参与创作的人员也给予了一定的照顾，平衡了两者之间的利益。

（七）演绎作品的著作权主体

演绎作品，是指对原作进行改编、翻译、注释、整理后产生的作品。既然演绎作品是一种新产生的作品,各国法律当然应当予以保护。我国《著作权法》第13条规定,改编、翻译、注释、整理已有作品而产生的作品,其著作权由改编、翻译、注释、整理人享有,但行使著作权时不得侵犯原作品的著作权。

三、著作权的继受主体

著作权的继受主体,是指通过继承、转让、赠与等方式取得著作权中的财产权利的主体。较之著作权的原始主体而言,著作权的继受主体不是基于创作行为或法律规定而产生,而是通过受让、继承、受赠与等方式而产生的,因此,他们不能像原始主体那样享有完整的著作权,仅享有部分或全部的著作财产权。

(一)通过转让而取得著作权

早期美国适用一种"不可分原则",该项原则来自美国法院对一则早期英国判例的解释——"著作权是一种单一权,它所包含的各项权利是不可分割的"。也就是说,著作权中的各项权利不能被部分转让。因此,著作权所有人要么"转让"其作品的全部权利,要么"许可"这些权利的全部。现行的美国《著作权法》第201条第4款规定,组成著作权的各项专有权利可被转让,并可被单独地享有。某项专有权利所有人在该项权利范围内有权获得本法授予著作权人的一切保护和救济措施。即允许著作权中的各项权利分开转让,这也是现行各国著作权制度的基本原则。通过转让,受让人因此获得了被转让的著作权,从而成为继受著作权人。英国《著作权法》第9条第1款也规定,著作权可以像动产一样地以转让的方式发生转移。同条第2款又规定,著作权的转让可以是部分的,根据此规定可知,英国《著作权法》允许部分转让著作权,当然也可以全部转让其著作权。日本《著作权法》的规定更为明确,如该法第61条第1款规定,可将著作权的全部或一部分转让。因此,当著作权第一权利人或者在先的著作权受让人将其依法享有的著作财产权全部转让时,受让人便成为全部著作财产权所有人;当著作权第一权利人或者在先的著作权继受人将其依法享有的著作权之一部分转让时,受让人便成为部分著作财产权所有人。这样,多个主体有可能成为整体著作权的共同享有人。在这种情况下,各著作权所有人在行使其著作权时除了要充分尊重原始著作权所有人的精神权利外,还要充分尊重其他著作权所有人的权利,否则,就会发生著作权纠纷。

我国《著作权法》修订后,允许著作权中的财产权利通过许可或转让方式发生转移,著作权人既可转让全部的财产权利,也可转让部分的财产权利。

(二)通过继承而取得著作权

继承是发生在近亲之间的移转死者遗留财产的法律制度,几乎所有国家的著作权法都规定了著作权中的财产权是可以被继承的遗产。例如,意大利《著作权法》第107条规定,智力作品的作者享有使用权以及可继承的相关权利,可依本章所规定的规则,以任何合法方式转移。该项条款虽然没有直接规定"智力作品的作者享有的使用权"可被继承,但是,由于继承是一种合法的转移方式,故著作权中的财产权可依意大利《著作权法》的规定进行继承。俄罗斯《著作权与邻接权法》第 29 条第 1 款规定,著作权按继承转移。德国《著作权法》第 28 条第 1 款也规定,著作权可被继承。又在本法第 30 条规定,如无其他规定,著作权人的权利继承人具有根据本法属于著作权人的权利。这些规定都极为明确地说明了著作权可被继承,而且继承人因继承而成为新的著作权人。继承可以分为遗嘱继承和无遗嘱继承两种。无论哪一种继承均发生著作权由被继承人向继承人转移的法律效果,使继承人成为新的著作权所有人即继受人。如果著作权第一权利人或者在先的著作权受让人为自然人,则发生上述所说的继承;若第一著作权人或在先的著作权继受人为法人或者其他组织,则就不能发生上述的继承,而只能由在后的继受人来依法或者有关规定来继受著作权。在这种情况下的继受人可以是公民,也可以是法人或者其他组织,但是,在大多数情况下,其继受人都是法人或者其他组织。有的国家规定,如果死者的著作权无人继受,则导致该著作权终止。例如,日本《著作权法》第 62 条第 1 款规定,著作权在以下情况下即告消亡:①著作权所有者已死亡,该著作权依《民法》第 959 条(归国库的继承财产)的规定归国库时;②作为著作权所有者的法人解散,该著作权依《民法》第 72 条第 3 款(归国库的剩余财产)或依其他法律的规定应归国库时。有的国家著作权法则规定,当死者的著作权无人继承时,该项著作权并不终止,而是由国家的有关部门对其进行保护。例如,俄罗斯《著作权与邻接权法》第 29 条第 2 款规定,作者没有继承人的,由俄罗斯联邦专门机构全权实施对上述权利的保护。还有的国家没有对这种情况作出相应的规定,如德国、法国等国的著作权法。

根据我国《著作权法》第 21 条的规定,著作权属于自然人的,自然人死亡后,其本法第 10 条第 1 款第 5 项至第 17 项规定的权利在本法规定的保护期内,依法转移。著作权属于法人或者非法人组织的,法人或者非法人组织变更、终止后,其本法第 10 条第 1 款第 5 项至第 17 项规定的权利在本法规定的保护期内,由承受其权利义务的法人或者非法人组织享有;没有承受其权利义务的法人或者非法人组织的,由国家享有。

四、外国人的著作权主体资格

随着国家间经济、文化和贸易交往的日益频繁,逐渐产生了保护本国国民在国外著作权利益的需要,而达到这一目的的前提条件是本国法律必须保护外国人在本国的著作权。鉴于此,许多国家相继将著作权保护扩及外国著作权主体,因此,外国人也可成为本国著作权的主体。

(一)《伯尔尼公约》

当前,在有关外国人保护上作了具体规定的国际公约是 1886 年的《伯尔尼公约》。该公约以国民待遇原则为基础，即不论是本国国民还是外国国民或者是无国籍人都平等地获得保护。该公约 1967 年文本第 3 条、第 4 条、第 5 条详细规定了保护外国人作品的国民待遇原则。

(1)凡《伯尔尼公约》成员国的国民，其作品不论是否已出版，均应在一切成员国中享有公约最低保护所提供的保护。此即公约所规定的"作者国籍"标准。

(2)非公约成员国的国民，只要其作品首先在任何一个成员国出版，或首次出版同时发生在某成员国及其他非成员国，则也应在一切成员国中享有公约最低要求所提供的保护。此即"作品国籍"标准。

(3)非《伯尔尼公约》成员国国民而在成员国中有惯常居所，也适用"作者国籍"标准。

(4)对于电影作品的作者来说，即使不符合上述任一标准，只要制片人的总部或该人的惯常居所在公约成员国中，则该成员国被视为电影作品中的"来源国"，其作者被视同上述(2)中享有国民待遇的人。

(5)建筑作品及建筑物中的艺术作品的作者，即使不符合上述任一标准，只要有关建筑物位于公约成员国地域内，或建筑物中的艺术品位于公约成员国地域内，则该成员国被视为有关建筑作品或艺术作品的"来源国"，其建筑作品及建筑物中的艺术品的作者被视同上述(2)中应享有国民待遇的人。在上述作者也包括无国籍人。

(二)各国立法差异比较

(1)德国著作权法对首次在德国出版的外国人作品给予保护，由德籍国民或者由已被同化的人(包括无国籍人或难民)创作的作品也受保护。丹麦和荷兰也适用这样的规则。

(2)根据意大利著作权法的规定，首次在意大利出版的作品或者作者定居在意大利的作品受保护。无论在德国或意大利，根据互惠原则，外国作者所获得的保护多于本国给予的保护。

(3)英国著作权法规定，在作品出版时，如果该作者是一个合格主体(包括居住或定居在联合王国的英国国民和爱尔兰国民或居民)或该作品是在联合王国或相关的领域内首次出版，那么该作品受保护。

(4)在法国，即使作者不是法国国民，其作品也没有在法国首先出版，该作者的作品也受保护，比利时、卢森堡等国的著作权法也有类似规则。外国作者的作品在法国受保护的唯一条件是在作品之起源国该作品享有专有权。然而，法国现行法补充规定，如果某一国家不是法国参加的某公约的成员国，且该国又不给予首先在法国出版的作品以适当并有效的保护，那么，首先在这个国家出版的作品在法国也不能获得保护。

(5)美国与英国分离获得独立之初，采取贸易保护主义的做法，仅给予美国公民和定居在美国的居民授予著作权,甚至在一个世纪后给一些外国作品授予著作权时,依据所谓的"印制条款",要求外国作品必须在美国印刷出版。这个条款作了许多修改后,仍存在于 1976 年的版权法,直到 1988 年才予以废除。

(6)我国《著作权法》第 2 条根据《伯尔尼公约》的精神规定了对外国人或无国籍人作品的著作权保护问题:外国人、无国籍人的作品根据其作者所属国或者经常居住地国同中国签订的协议或者共同参加的国际条约享有的著作权,受本法保护。外国人、无国籍人的作品首先在中国境内出版的,依照本法享有著作权。未与中国签订协议或者共同参加国际条约的国家的作者以及无国籍人的作品首次在中国参加的国际条约的成员国出版的,或者在成员国和非成员国同时出版的,受本法保护。

第五节　著作权的内容

一、著作权的取得条件

著作权的取得条件,也就是取得著作权的途径,是享有各项著作权内容的前提。从历史上看,著作权的取得经历了一个从"有手续原则"到"无手续原则"的演变过程。所谓"有手续原则",即著作权的取得以作者在著作权管理机构办理登记手续、交存样本、手续费或办理其他手续为条件。所谓"无手续原则",是指作者在作品创作完成后不需要办理上述手续即可获得著作权。

(一)登记取得

采用著作权登记手续的国家大致有以下几种模式:

(1)将著作权登记手续作为著作权取得的必要条件。例如,在实施 1987 年新著作权法之前的西班牙及许多受其影响较大的拉丁美洲国家和少数非洲国家,都要求作品(不论是否发表)必须在著作权管理部门登记,否则不受保护。在上述国家中,利比里亚、马里等国要求作品在创作成功后必须登记才能享有著作权;阿根廷、哥伦比亚等国要求作品发表后必须登记才能享有著作权;巴拿马等国规定作品发表后一定期限内如不履行登记手续,则丧失著作权。

(2)将登记作为受保护作品著作权合法转让的必要条件,如阿根廷、巴西、智利等国著作权法的规定。

(3)将登记作为行使起诉权和请求法律制裁侵权行为的程序之一。例如,黎巴嫩《著作权法》第 158 条、萨尔多瓦《著作权法》第 77 条都规定,在侵权诉讼中,法院将根据有关作品是否登记的事实作为确定有关人员是否享有著作权的首要证据或唯一证据。如果声称自己享有著作权之人未登记,则法院不承认他有权起诉他人侵权。美国在加入《伯尔尼公约》之前,曾实行过较为典型的著作权登记制度。1976 年的美国《著作权法》规定,登记是非强制性的,但却是提起侵权诉讼和对某些侵权行为取得补救方法的前提条件。如果不到版权局登记,则著作权人一般无法对侵权行为提起诉讼。但对于唱片或音像作品可以在起诉后随即登记。登记也是向侵权者要求一定赔偿的先决条件。如果对一部未发表的作品的侵权发生在登记生效日之前或对一部已出版作品的侵权发生在登记生效日之前,则在一般情况下受害人不能要求侵权人支付法定损失或律师费,但在作品出版后 3 个月内进行登记的除外。如果侵权对象为尚未登记的作品,著作权所有者只能向侵权者索取一般的损失费或其他补偿,不能要求支付律师费,也不能要求著作权法规定的最低损失赔偿金额。经著作权所有者授权已出版的作品,若没有载明"著作权标记",该作品出版 5 年后不能再进行登记。登记可证明有关作品著作权的有效性和登记证书中所述事实的真实性。美国行使著作权登记的职能机构为国家版权局。

实行著作权登记制度,可以明确有效地证明著作权人的身份,有利于及时处理著作权纠纷,保护著作权人的合法权益。但是,著作权登记制度不能充分保护那些未及时登记的作品,也不能保护那些来源于未实行著作权登记制度国家的作品。这显然与《伯尔尼公约》相违背,因此许多大陆法系国家采取了与之相反的法律原则。

(二)自动取得

法国于 1791 年颁布的《表演权法》及 1793 年颁布的《作者权法》都明确宣布,作品自创作完成后就受到保护,作者不需要履行其他登记手续。创作完成又可分为部分完成和全部完成。部分完成,是指作者的某一思想或某一构思已经以某一形式完整地表达出来,构成了作品的一个组成部分。全部完成,是指作者的思想已在作品中全部完整地表达出来。在德国、意大利等国著作权法中都承认了作品的"自动保护"原则,即"无手续原则"。[①] 这些国家采取"无手续原则"的深层原因在于其深受大陆法系国家著作权理论的影响,认为作品是作者人身的延伸及作者人格的反映,作品中的财产利益完全基于创作而产生,因此著作权的获得不需要任何手续。采取"无手续原则"的优点在于能使作品一经创作完成即获得及时保护,可以有效地制止侵犯著作权的行为,其保护水平较高。但在发生著作权纠纷时,未登记的作品取证稍难。因而有些国家如日本也采取自愿登记制度作为补充。

《伯尔尼公约》第 5 条第 2 款明确规定享有著作权的前提不以办理任何手续为条件,也不以作品起源国是否存在保护为条件,因而坚持"有手续原则"的国家就与《伯尔尼公约》成员国之间存在明显的障碍。第二次世界大战后,在联合国教

---

① 陈传夫:《著作权概论》,武汉大学出版社,1993 年版,第 100 页。

科文组织的促进下,缔结了《世界版权公约》。该公约第 3 条第 1 款规定,如果作者或其著作权所有者授权出版的作品的所有名册自首次出版之日起,标有 ® 符号,并注明著作权所有者姓名、首次出版年份等便算符合著作权手续。所以我们可以说,《世界版权公约》的这一规定,在采取"有手续原则"的国家与《伯尔尼公约》之间搭起了一座桥梁。美国在 1976 年的著作权法中将著作权标记与登记联系在一起,若授权出版的作品没有载明著作权标记,则该作品在出版后若干年才能进行登记。尽管较之登记制度前进了一大步,但较之"无手续原则"仍有一定的差距。

随着国际合作的加强及著作权保护水平的提高,多数西方国家纷纷修订自己的著作权法,为加入《伯尔尼公约》积极努力。但对采取"有手续原则"的国家而言,加入公约的一大障碍就是作品的登记制度。为了达到《伯尔尼公约》的要求,日本于 1899 年、英国于 1956 年、西班牙于 1987 年彻底废除了著作权登记制度,采取了"无手续原则"。美国于 1989 年 3 月 1 日加入《伯尔尼公约》,同一天,1988 年《伯尔尼公约》实施法令在美国生效。该法采取了"最低限度原则",仅根据该公约的明确要求对美国《著作权法》作了有效修改,以消除明显的冲突并尊重 1976 年著作权法所达到的权利和限制之间的平衡。在著作权登记方面,该法令取消了作为著作权保护必备手续的著作权标记,但仍鼓励作者自愿使用标记。因为在有著作权标记的情况下,侵权者无法以"非故意侵权"而请求减轻责任。对于以美国为起源国的作品,登记是提起诉讼的前提,对于其他《伯尔尼公约》作品,可免除这一要求,但权利请求人必须证明作品可免除登记要求。可见,该法令的上述规定较美国以前的规定有了明显的突破,达到了《伯尔尼公约》的最低要求,也有利于对外国作品的保护,有利于美国与其他国家之间著作权贸易的顺利开展。[1]

综上所述,著作权获得条件由"有手续原则"到"无手续原则"的转变,是国际著作权保护发展的必然趋势,因此,我国著作权法顺应了该趋势,采取无手续原则,作品自创作之日起取得著作权。

二、著作人身权

(一)著作人身权的概念

著作人身权,在英美法系国家中称为"精神权利",也叫"作者人格权",日本《著作权法》沿袭了德国有关规定称之为"著作人人格权"。俄罗斯《著作权与邻接权法》使用的是"人身非财产权"的概念,法国《知识产权法典》使用的是"人身权利",意大利《著作权法》则将"作者的人格权"与"作者的精神权利"视为同一词。《伯尔尼公约》的英文文本使用了"moral rights"一词。

---

① 何育红:《美国版权法》,《著作权》,1996 年第 2 期。

尽管各国对著作人身权的称谓有别,但其基本含义差别不大,都是指著作人基于作品创作所享有的一种使其人格、作品受到尊重的权利。但是,著作人身权所包含的各项权利在一些国家的立法中并不属于同一个类别或同一个层次的权利。① 在英国、美国、法国、德国、意大利、俄罗斯等国的著作权法中,著作人身权与著作财产权是属于同一层次的权利,包含在著作权这一概念之下。在日本《著作权法》中,著作人身权是与著作权并列的概念。例如,日本《著作权法》将著作人享有的权利内容划分为著作人人格权及财产权两类,著作人人格权的内容属于著作人身权,著作权的内容则仅包括复制权、上演权、展览权等财产权利,即我们通常所讲的著作财产权。形成上述权利分类的原因在于,日本于 1899 年以前制定的有关著作权保护的法律(1869 年的《出版条例》、1876 年的《照像条例》、1887 年的《著作权条例》、1887 年的《剧本乐谱条例》及 1893 年的《著作权法》)都仅规定了著作权人的财产权利而将人身权利排斥在外。直至 1899 年日本为加入《伯尔尼公约》,由水野炼太郎博士起草并制定了日本《著作权法》后,才加入了有关著作人身权保护的内容。日本于 1970 年对原著作权法作了全面修订,明确使用了"著作人人格权"这一术语,并详细列举了著作人的各项人身权利及保护措施。由于日本旧法中未将著作人身权包含于著作权内容之中,因此,1899 年及 1970 年制定的新法都将著作人人格权单独予以规定,与著作权相并列。日本理论界认为,著作人人格权与一般人格权并无本质差异,它也是一种具体的人格权。日本著作权法规定著作权与著作人人格权是两种不同的权利,因此不认为著作人人格权具有著作权法上固有的特性。法律这样规定的目的是明确著作人人格权的具体内容,让作者更好地保护自己的权益,使著作人人格权不仅受到著作权法的保护,而且受到民法的保护。

从以上有关著作人身权的现行规定可知,共同受到著作权法保护的著作人身权仅两项:作者身份权和保护作品完整性权。该权利也是《伯尔尼公约》所规定必须予以保护的两项著作人身权。此外,有的国家还规定了发表权、修改权、收回权等著作人身权。

(二)著作人身权的性质

1. 著作人身权的转让、许可使用与放弃

纵观各国的著作权法,著作人身权本身的"不可让与性"是各国所共同承认的一项基本原则。例如,英国《著作权法》第 94 条明文规定精神权利不得转让。日本《著作权法》第 59 条规定,著作人格权,属著作和个人享有,不可转让。法国《知识产权法典》也明确规定,人身权利是终身的、不可转让的、不可剥夺的权利。意大利《著作权法》第 22 条及俄罗斯《著作权与邻接权法》第 15 条第 3 款也作了类

① 唐广良:《试论版权法中的"精神权利"》,《版权参考资料》,1990 年第 6 期。

似规定。德国《著作权法》第 29 条的规定颇具特色:著作权可在执行遗嘱中或在遗产分配中向共同继承人转让,除此之外不得转让。这是因为著作人身权与作者的人格密切相连,本身是不可让与的。但是,就著作人身权所派生的单个权能(如发表权、修改权)能否许可他人行使,各国存在差异。

(1)人身权不可转让,具体权能可转让。在德国,著作权的不可转让性是其立法的基本原则,而由著作人身权作为其著作权的一部分不可转让。但在具体权能上,该法并未完全排除著作人身权权能的转移及弃权。德国《著作权法》第 39 条规定,如无相反约定,用益权所有人不可改动著作及其标题或著作人名称。这实际上间接承认了作者至少能许可他人行使或放弃他的部分权利,但仍能根据该法第 14 条禁止他人歪曲著作。

(2)人身权与人身权能都不可转让。法国《知识产权法典》并不承认著作人身权的转让,也不承认著作人身权权能(如发表权)的让与。但著作人身权在作者死后,可由第三人行使。从法国司法实践来看,法国并未全面禁止著作人身权的放弃。如果在订立协议时作者明确放弃部分人身权(如修改权),法律上也予以认可。但为保护作者利益,法律不允许作者默示地放弃了某些权利后,仍有权反对他人对作品的歪曲、篡改。

(3)人身权能不可转让,但是可以放弃。英国《著作权法》在规定精神权利不可转让的同时,却又明确表示精神权利可以放弃。该法第 87 条第 2 款明确规定,这些权利中的任何一种均可由权利人通过署名的书面声明予以放弃。即英国承认著作人身权的明示放弃。英国在 1987 年制定新法时,广大作者坚持认为著作人身权的可放弃性与不可转让性是矛盾的,不希望法律明文规定可以放弃该类权利。但出版商则认为,如不规定该权利的可放弃性,则会在出版中引起麻烦,而且《伯尔尼公约》也未规定其不可放弃,况且在现实中雇佣作品或委托作品作者的人身权利实际上都是被放弃了的。迫于出版商的压力,英国立法机关承认了精神权利的可放弃性。由于确立了著作人身权的可放弃性,著作人身权往往会因作者屈从于工业家的压力而通过作者的弃权归于无效。对此,英国版权学者评价说:政府正在为精神权利,特别是在为这些权利可能赋予作者的权利及经济上对版权价值的潜在的不利影响所加以控制并明示放弃。在北欧国家著作权司法实践中,也允许著作人身权的有限放弃,允许他人对作品进行有限修改。荷兰《著作权法》第 25 条规定,作者在适当情况下可以放弃著作人身权,而且作者在"合理情况下"方能行使著作人身权。这对作者的精神权利既给予一定保障,又给予一定限制。①

---

① 刘德宽:《论著作人格权》,台湾三民书局,1979 年版,第 300 页。有的学者甚至言辞激烈地抨击1988 年法案中对精神权利的规定是否遵循了《伯尔尼公约》。因此,英国著作权法有关著作人身权放弃的规定往往成为出版商凭借其经济优势胁迫作者的一种手段,对作者权益颇为不利。值得注意的是,1990 年美国制定的《可观赏艺术家法》也允许作者通过签署书面文件放弃著作人身权。

所以,荷兰有关著作人身权"可放弃"的规定,既考虑了著作权贸易的实际需要,又保护了作者的合法权益,是一种解决该问题较理想的立法模式。

综上所述,各国著作权法对著作人身权原则上都否定了其可转让性,但在立法文件或司法实践中又都不同程度地允许作者将部分权能许可他人行使或允许作者放弃部分著作人身权,但这种许可和放弃是有限的,不应损害作者的利益。

2. 著作人身权的消减

关于著作人身权的消减(或保护期限)问题,各国从其不同的立法思想出发,作出了不同的规定。概括起来,主要有以下几种类型。

(1)认为著作人身权是永久性的权利,无保护期限的限制。这种观点的代表国家是法国。著作财产权的保护期为作者死后加 50 年,著作人身权则被视为一种永久的权利,永远受到保护。俄罗斯《著作权与邻接权法》第 27 条第 1 款明确规定,作者身份权、署名权和保护作者名誉权永远受到保护。意大利、土耳其等国也有类似规定。

(2)认为著作人身权永远受保护,但只在著作财产权有效期内由作者及继承人(或指定人)行使,在著作财产权保护期满后由国家行使。例如,葡萄牙《著作权法》第 57 条作了这种规定。

(3)认为著作人身权与著作财产权的保护期相同。著作财产权与著作人身权同时产生,同时消减。由于该国现行法规定著作权的保护期限为著作人终生加死后 70 年,所以著作人身权的保护期限也受到了时间限制。英国《著作权法》规定的作者或导演身份权、反对对作品进行损害性处理的权利保护期与著作财产权期限相同,但禁止他人"冒名"的权利只保护到作者死后 20 年。[1] 日本《著作权法》规定著作人死后的著作人身权由其遗族或遗嘱指定的人保护,如由后者保护最长期限为作者死后 50 年,基本上与著作财产权的保护期相同。

(4)认为著作人身权的保护期为作者有生之年。美国在 1990 年《可观赏艺术家法》中将作者的身份权和保护作品完整权的保护期限定为作者有生之年。《伯尔尼公约》虽然要求成员国对作者死后的著作人身权的保护至少应达到作者著作财产权期满为止,但又允许在批准或加入该公约文本时其法律中未包括有保证在作者死后保护以上全部权利的各国规定对上述某些权利在作者死后不予保留。这就是说,关于作者死后的人身权保护期,公约未作强行要求,而留由各成员国决定。

承认作者死后著作人身权受到保护,对于维护作者的人格价值,保障作品不受歪曲、篡改,造福人类物质和精神文明建设都有重要意义。但作者死后,继承人

---

① [英]哈泽尔·卡提,基思·霍金森:《评英国〈1988 年版权、外观设计和专利法案〉对精神权利的保护》,周红,译,《法学译丛》,1990 年第 2 期。

或受指定的人或国家授权的组织能否切实维护作者的著作人身权不受损害，仍存疑问。此外，作品利用价值随着时间消减而逐渐丧失也成为影响著作人身权保护期长短的因素。因此，各国在著作人身权立法上存在差别，也有上述原因。

（三）著作人身权的内容

《伯尔尼公约》明确规定的著作人身权仅有两项：作者身份权和保护作品完整性权。作者仍保有要求其作品作者身份的权利，并有权反对对其作品的任何有损其声誉的歪曲、割裂或其他更改，或其他损害行为。因此，加入了该公约的国家对这两项权利基本上都给予了保护。此外，一些国家著作权法还对发表权、修改权、收回权等权利作了规定。

1. 作者身份权

作者身份权是作者所享有的要求被承认是作品作者的权利，它是《伯尔尼公约》所明确要求保护的著作人身权之一。

1）身份权与署名权一起规定

德国《著作权法》第13条规定，著作人有权要求承认对其著作的著作人身份并不能决定著作是否标有著作人姓名和使用何种姓名。英国《著作权法》第77条、法国《知识产权法典》第L.121-1条、意大利《著作权法》第20条、加拿大《著作权法》第12条第7款都作了类似的规定。从这些国家有关作者身份权的规定来看，该权利具有以下内容：第一，作者有权要求他人承认对其创作作品的作者身份，该权利具有绝对的排他性质；第二，作者有权决定是否公开或何时、何地、以何种方式、在何种范围内公开其对作品的作者身份；第三，作者可以通过行使署名权来实现其作者身份权。

2）将署名权与作者身份权分开或仅规定署名权

俄罗斯《著作权与邻接权法》第15条第1款将这两种权利作了区分，作者身份权是要求承认是作品的作者的权利，署名权是以作者的真名、假名或者不署名即匿名使用作品的权利。日本《著作权法》第19条仅规定了署名权。因此，有人认为署名权和作者身份权不是一回事，而是两码事，不是一种权利，而是两种权利。更多的人则认为这两者讲的是同一个意思，即作者有权在发表了的作品上署名，以昭示自己"作者"的身份。我们认为，作者身份权是作者基于其创作行为而产生的要求他人承认其对作品的创作资格的一种权利，它是著作人身权的核心、基础，是作者在权益受到侵犯时寻求法律保护的根据。行使署名权的实质是要求他人承认作者的身份。因此我们可以说，署名权是作者身份的一种表现方式，但不是全部。因为作者身份权的实现还可通过对作者的身份介绍、真名登记等署名以外的方式来实现。例如，英国《著作权法》第77条所规定的作者或导演身份权的实现方式：用真名、假名、缩写或其他特殊方式来申明，其他人应尊重作者的这一选择。可见，署名权只是作者身份权的一部分而非全部。日本《著作权法》虽仅规定了署名权,但作者可通过该权利的行使实现自己的作者身份权,因此也符合《伯尔尼公约》的精神。

3)在规定作者身份权的同时,规定了禁止"冒名"权

例如,英国《著作权法》第84条明确规定,任何人在一定条件下均有权使自己免于被虚假地署名为某一文学、戏剧、音乐或艺术作品的作者或某影片的导演。澳大利亚、新西兰等国著作权法也有类似的规定。由于这种"冒名"行为会对知名作家的声誉造成损害,也影响其以后创作的作品的发行,所以该权利与作者的身份权密切相关,也属著作人身权调整的范围。

作者行使署名权时可在原作上署名,也可在演绎作品上署名,并可通过自己选择的方式署名。但由于具体情况千差万别,署名权的行使难免遇到一些难以克服的障碍。因此,有些国家著作权法对署名权的行使作了限制:按照使用著作物的目的和状况,认为不会损害"著作人就是创作者"的主张的利益时,只要不违反惯例,可省略著作人姓名。联合国教科文组织及世界知识产权组织在1986年10月也曾建议,各国在保护建筑作品作者的著作人身权时,应强调"署名权只能善意行使"。因此,在建筑作品、实用美术等作品中,为了不损害其美丽的外观,作者只能以适当的不损害委托人利益的方式来署名,必要时可按双方约定不署名。相比之下,英国对作者身份权的限制相当苛刻:第一,作者或导演在著作财产权的利用、转让或展览作品时必须向对方提前以书面方式声明该权利,而且任何对权利声明的延迟,法院在揣度救济措施时都要予以考虑;第二,作者身份权不适用于计算机程序、字形设计、出自计算机的作品、雇佣作品、为时事报道所创作的作品、期刊、汇编性参考书、政府作品等作品,也不适用于某些法律所允许的不侵犯著作财产权的行为。因此,这些限制,尤其是声明规则将会损害英国对该权利所能提供的保护,英国学者甚至认为要求预先给出正式的书面文件至少可以说是有悖于公约精神的。

2. 保护作品完整权

保护作品完整权,系指作者所享有的保护作品完整性,禁止他人歪曲、篡改作品的权利。反之,作者本人有权对自己的作品予以修改,在作品再版时可对作品进行修改,即作者享有修改权。

(1)将修改权的内容包含在保护作品完整权中。日本《著作权法》第20条对该权利内容作了解释:其作者对作品和标题享有保持同一名称的权利,不得违反其意志进行改动、删削等更改。英国《著作权法》第80条、德国《著作权法》第14条、意大利《著作权法》第20条、加拿大《著作权法》第12条及美国1990年《观赏艺术家法》都有类似的规定。

(2)将这两层意思分别予以规定。俄罗斯《著作权与邻接权法》第15条第1款虽有类似的规定,但称为"保护作者名誉权"。《伯尔尼公约》第6条规定,作者

有权反对"任何有损其声誉"的歪曲、割裂或其他更改作品的行为。

就上述有关作品完整权的规定来看，此项权利是作者所享有的一项重要的著作人身权，与作者的声誉、荣誉息息相关，因此受到了大多数西方国家的重视。就该权利内容而言，因为作品是作者人格的反映，只有作者才能修改其作品，因此任何歪曲、篡改作品的行为都应予以禁止。

尽管保护作品完整权是作者的一项重要的著作人身权，但其行使应符合一定的条件。《伯尔尼公约》规定，只有当歪曲、篡改作品的行为对作者声誉造成"损害"时，作者才能行使该权利。英国《著作权法》将该损害解释为对作品的处理达到了歪曲、割裂作品的程度，或者在其他方面有损于作者或导演的声望或名誉，此时即构成对作品的损害性处理。① 根据上述解释，保护作品完整权应受到一定限制。日本《著作权法》第 20 条第 2 款作了四种限制：第一，出于教学目的，而对作品的用语或用词作不得已的改动。当然，这种改动应限于文字性修改。第二，由于建筑物的扩建、重建、修缮或图案更换而改动。作此种限制，是出于建筑物的安全或美观考虑。第三，使用人为了更好地使用计算机程序而对该程序作的必要改动。第四，按照著作物的性质及使用目的和状况所作的不得已的改动。作此种规定的目的是避免作者在其作品受到形式上的稍许更改的情况下就产生过敏反应而引起法律诉讼，从而保障作品使用的顺利进行。德国《著作权法》第 39 条在规定受让人不能更改作品的同时，也规定如果作者不能善意地拒绝该行为，则应允许受让人改动作品，即作者必须根据"诚实信用原则"来行使此权利。这种立法方法在于使作者的权益与作品传播者、使用者的权益达到平衡。相对而言，英国《著作权法》对此权利的行使作了较为严格的限制：第一，保护作品完整权不适用于计算机程序或借助计算机创作的作品、为新闻报道而创作的作品、期刊、雇佣作品、汇编参考书等作品；第二，此权利对法律所允许的某些行为不适用；第三，作者或导演行使保护作品完整权的前提是提前申明作者或导演的身份。在这种过于严格的限制下，保护作品完整权既难以取得，也难以维持，相反，这种限制对作品使用人（尤其是雇佣作品的雇主）却很有利。可见，英国对该项权利的保护未达到较高水平。

3. 收回权

与保护作品完整权密切相关的一种权利是收回权。所谓收回权，通常是指作者在有正当理由的前提下，以赔偿使用者损失为条件收回已公开发表的作品的权利。行使收回权应符合一定的条件：第一，作者有正当理由。俄罗斯《著作权与邻接权法》认为它包括在发表权之中，该法第 15 条第 1 款第 3 项规定，以任何形式

---

① ［英］哈泽尔·卡提，基思·霍金森：《评英国〈1988 年版权、外观设计和专利法案〉对精神权利的保护》，周红，译，《法学译丛》，1990 年第 2 期。

发表或者许可发表作品的权利(发表权),包括收回权在内。德国《著作权法》第41条、第42条将其解释为"专有用益权所有人不行使或不充分行使权利并因此损害著作人的合法利益"及"著作人认为著作不符合其观点不能继续被使用"。意大利《著作权法》第142条将其解释为"基于人格上的重大理由"。日本《著作权法》第84条也有类似规定。第二,作者应事先通知作品著作财产权受让人或被许可使用人。第三,作者应公平合理地赔偿对方的经济损失,如法国《知识产权法典》第L.121-4条的规定。第四,如果收回某作品将违反"公共秩序"(即影响社会公共利益),则不允许收回该作品。从以上内容可以看出,收回权行使的目的主要是为了维护作者的声誉,收回作品的使用权可以有效地防止错误或不妥的观点继续传播。就此意义而言,收回权应属于作者著作人身权的范畴,具有"人身依附性"。因此,意大利《著作权法》第142条第2款明确规定,作品收回权具有人格性,不得移转。德国《著作权法》所规定的收回权虽有保护作者经济利益的因素,但对其人格利益的保护占主导地位。此外,行使收回权也可看作是作者对自己原作中的思想观点的"修改",所以,收回权应属于修改权的范围。

俄罗斯《著作权与邻接权法》在规定收回权时采取了一种与众不同的立法模式,将其规定于"发表权"之中。该法第615条第2款对收回权的行使作了详细规定,对先已作出的发表作品的决定,作者具有取消的权利(收回权),条件是赔偿由此对使用者已经造成的损失,包括未能获得的利益。作品已经发表的,作者必须公开通告其收回事宜。在这样的情形下,作者有权自费将已经制成的作品复制件从社会流通中撤回。本款原则上不适用于职务作品。从上述规定可以看出,该法所规定的收回权的行使包括两种情形:一种是作者已作出发表决定但尚未发表,有权以赔偿损失为条件来收回原决定。因此,行使收回权实际上是行使了不发表作品的权利,是为了确保作者发表权的实现(因为发表权本身也包括不发表作品的权利),就此意义而言,收回权可以归为发表权的一部分。另一种是当作品已发表并处于流通领域中,作者有权用公开通告的方式收回作品复制件。在此情形下,收回作品的目的是防止他人继续利用作品。由于作品已进入社会,将其复制件收回已不能阻止其内容"首次公之于众",所以收回权的实施在这种情形下不能保护作者的发表权,它的实质是保护了作者的声誉、荣誉等人格利益,维护了作者对自己作品原观点的"修改权"。因此,在第二种情形中认为收回权属于发表权是不确切的。

4. 发表权

发表权对作者而言是一项比较重要的权利,因为作者如果在创作完成后不发表作品,其著作人身权和著作财产权将无法实现。发表权虽然很重要,但《伯尔尼公约》至今未列保护发表权的条款。在各国著作权法中,也仅有一部分国家承认发表权。

德国《著作权法》第 12 条对发表权所下的定义为"决定是否、如何发表其著作"的权利,日本《著作权法》第 18 条、俄罗斯《著作权与邻接权法》第 15 条第 1 款也作了同样规定。可见,发表权就是决定作品是否公之于众以及在什么时间、什么地点、以什么方式公之于众的权利。发表权仅能行使一次即告罄,并且产生相应的法律后果,如合理使用通常是针对已发表作品而言。

作者通常是发表权的行使人。但对于作者的遗作,由谁来行使发表权呢?意大利《著作权法》第 24 条规定,遗作的发表权属于作者的法定继承人或遗嘱继承人,但作者生前明确禁止发表或委托他人发表的除外。法国《知识产权法典》则将此权利先授予作者指定的遗嘱执行人行使。如无遗嘱执行人,则由其继承人或遗赠人行使。可见,遗作的发表权通常是由作者的遗嘱执行人、继承人或遗赠人来保护的。

发表权在行使时容易产生纠纷,如遗作的发表是否符合作者的意愿、合作作品作者之一不同意发表作品如何处理等,因此相当一部分国家在授予作者发表权时施以一定的限制。例如,日本《著作权法》第 18 条第 2 款规定在下列场合作者同意发表其作品:①转让尚未发表著作物的著作权时,以行使其著作权的方式将该著作物提供或提示给公众;②转让尚未发表的美术著作物或摄影著作物的原作品时,再以展览原作的方法将这些著作物提示给公众;③依第 29 条的规定,其电影著作物的著作权已归电影制片人时,以行使著作权的方式将该著作物提供或提示给公众。因为在上述三种情形下,著作财产权已归受让人所有或归电影制片人所有,当受让人行使著作权时,仍受发表权的限制是不妥当的。为了方便合作作品的利用,德国《著作权法》第 8 条第 2 款对发表权作了限制:发表、使用作品的权利归合作作者共有,一名合作作者不可在违背诚实信用原则的情况下拒绝发表、使用作品。

5. 接触权

接触权是少数国家著作权法所规定的一类较特殊的权利,其基本含义是指当作品为他人占有时,作者为了行使某种著作权而享有的接触作品的权利。当作品为其他人所占有时,作者行使接触权应符合一定的条件。

(1)作者有正当的接触作品的理由,须为了行使发表权、改编权、复制权或其他正当权益。

(2)作者接触作品时不应损害占有人的合法利益。在解释是否造成损害时,应依诚实信用原则来解释。此外,作者在通常情况下不应提出移动作品的要求。在此类情形下,德国著作权法允许原作所有者有权拒绝把作品或其复制件交给作者。

从接触权的特征来看,由于其不含有财产权利的内容,且不可剥夺、不可转让,具有绝对性和排他性,所以西班牙著作权法将它纳入了著作人身权的范畴。

德国著作权法虽将其列入作者的其他权利之中,但从性质上讲仍是一项著作人身权。

德国《著作权法》第 25 条规定了著作人的接触权:如果为制作复制物或改编著作,并且不损害占有人的合法利益,则著作人可向占有其著作原件或复制物的占有人要求让他接触该原件或复制物。但是,占有人无义务将原作或复制物送交著作人。西班牙《著作权法》第 14 条第 7 款规定,当作品为另一人所占有时,为了行使发表权或其他适用的权利,作者有接触作品孤本或善本的权利。但是,上述权利不承认作者移动作品的要求,在接触作品时,只要稍微引起所有人不便,就应保持原址原样,在移动使所有人遭受损失时,应给予赔偿。

我国《著作权法》第 10 条规定了著作权人的四项人身权利:①发表权,即决定作品是否公之于众的权利;②署名权,即表明作者身份,在作品上署名的权利;③修改权,即修改或者授权他人修改作品的权利;④保护作品完整权,即保护作品不受歪曲、篡改的权利。可见,我国法律所规定的著作人身权的内容较《伯尔尼公约》要广泛,其保护水平较高。

三、著作财产权

(一)著作财产权的概念

著作财产权,是指作者享有的使用或者授权他人使用作品取得报酬的权利。著作财产权主要包括复制权、发行权、展览权、播放权等权利。著作财产权在各国著作权法中占有举足轻重的地位,任何一个保护著作权的国家都规定了对著作财产权的保护。英美法系国家甚至以著作财产权为中心来进行立法。例如,英国《著作权法》第 1 条就开宗明义地指出"版权是一种财产权利"。著作财产权的权利内容随着历史的发展不断地完善,其权利项目已远远超过了诞生之初。

(二)著作财产权的性质

较著作人身权而言,著作财产权性质的问题在各国著作权制度中容易达成共识。但由于各国立法思想有所差别,不同国家的著作权法的规定仍有所差异。

1. 著作财产权的转让

(1)允许转让。英美法系国家在保护著作人财产权的同时,允许著作财产权的全部转让和部分转让,并且对该类财产权的转让很少限制。英国《著作权法》第 90 条规定,版权可以像动产一样地以转让、遗嘱处理或执行法律的方式发生移转。权利发生转让后,受让人成为新的著作财产权主体,他有权将此权利再转让给他人。如有人侵犯此权利,则受让人有权单独提起诉讼。

(2)不承认财产权的转让。德国不承认著作财产权的转让,仅承认"用益权"的部分授予,即作者可将单项或全部使用著作的权利(用益权)授予他人,著作财产权在合同期满后又回归作者。若被授予的著作财产权受到侵犯,则应由作者以自己名义声明异议。若被授予的权利再次转授,则应经作者同意,只是作者不可违背诚实信用原则拒绝同意。俄罗斯、法国、日本也基本认可财产权的转让。

2. 著作财产权的继承

无论是英美法系国家,还是大陆法系国家,均承认著作财产权的继承。

3. 著作财产权的消减

各国著作权法在规定对著作权保护的同时,对著作财产权的保护都给予了一定的期限限制,都规定了著作财产权的保护期限。

(三)《伯尔尼公约》和其他各国著作财产权的内容

《伯尔尼公约》和各国著作权法都对著作财产权的内容作了比较详尽的规定。以下是对于公约和各国关于著作财产权立法的比较。

《伯尔尼公约》规定的著作财产权:翻译权;复制权;公演权;广播权;朗诵权;改编权;录制权;制片权。此外,第14条之3还规定了可供成员国选择的延续权。

日本《著作权法》规定的著作财产权:复制权;上演和演奏权;广播权、有线播放权;口述权;展览权;上映权、颁布权;出租权;翻译权、改编权。

英国《著作权法》规定的著作财产权:复制权、发行权、公演权、放映权、播放权、广播权或将其收入电缆节目服务权、改编权。

美国《著作权法》规定的著作财产权:复制权、演绎权、发行权、公演权、展览权。

德国《著作权法》规定的著作财产权:复制权、传播权、展览权、朗诵权、表演权、放映权、广播权、通过音响或图像载体再现的权利、通过电台发射再现的权利、改编权、延续权、出租权、出借权。

法国《知识产权法典》规定的著作财产权包括表演权和复制权。表演权包括公开朗诵权、演奏演唱权、戏剧表演权、展览权、公开放映权、公开转播无线传播作品权、无线传播权、向卫星发射作品权。复制权则指以各种可使公众间接得知的办法对作品加以有形固定的权利,尤指印刷、绘画、雕刻、摄影、铸模、所有平面和立体造型艺术方法、电影或磁性录制。此外,还规定了延续权。

意大利《著作权法》规定的著作财产权:出版权;复制权;改作权;排他性公开演奏、朗诵权;传播权;发行权;翻译权;演绎权。

俄罗斯《著作权与邻接权法》规定的著作财产权:复制权、发行权、进口权、公开权、展示权、公开表演权、无线电播放权、电缆公开传播权、翻译权、改编权、出租权、参与实施本人设计的图纸权。

加拿大《著作权法》规定的著作财产权:复制权、表演权、出版权、制作权、演示权、出版翻译作品权、公开复制权、改编权、放映电影作品权、无线电广播权、改编戏剧作品权、录制唱片权、拍制成影片或其他发明物权、展览权。

澳大利亚《著作权法》规定的著作财产权:复制权、翻译权、改编权、出版权、表演权、广播权、有线转播权。

综上所述，我们可以发现，著作财产权主要包括三类权利：复制权、演绎权和传播权。录制权、出版权可归入广义的复制权之中，即都是指将作品制成一份或多份的行为；改编权、翻译权、制片权等属于演绎权；公演权、广播权、朗诵权、发行权、放映权、有线转播权、出租权、展览权等皆与作品的传播有关，统属于传播作品的权利。各国著作权法根据其不同国情及立法背景对这三类权利作了列举性规定。

1. 复制权

复制权是著作权人所拥有的一项非常重要的权利，目前在各国的著作权法中已得到普遍承认，但由于各国历史文化背景的差异，对复制权的理解不尽相同。

2. 发行权、出租权、进口权与出版权

发行权是著作权人所享有的一项重要传播权。只复制而不发行，作者的成果就难以实现，复制也就失去了意义。因此，大多数国家的著作权法都规定了发行权。

与发行权、复制权有密切关系的一种权利是出版权。《伯尔尼公约》第3条第3款间接地对出版权下了定义："已出版作品"一词指得到作者同意后出版的作品，而不论其复制件的制作方式如何，只要从这部作品的性质来看，复制件的发行方式能满足公众的合理需要。戏剧、音乐戏剧或电影作品的表演，音乐作品的演奏，文学作品的公开朗诵，文学或艺术作品的有线传播或广播，美术作品的展出，建筑作品的建造，不构成出版。从该公约的解释来看，出版须具备两个条件：第一，必须经作者同意后复制作品并予以公开。从这个意义上讲，出版包括了复制的含义，由于出版在复制中占有很重要的地位，所以许多国家的著作权法都在"复制权"之外单独列举了一项"出版权"。

在发行权之外另立一项"出租权"，允许著作权人对作品的出租加以控制。《与贸易有关的知识产权协定》第11条对出租权作了如下规定：至少对计算机程序及电影作品，成员应授权其作者或作者之合法继承人许可或禁止将其享有版权的作品原件或复制件向公众出租。对于电影作品，成员可不承担授予出租权之义务，除非有关的出租已导致对作品的广泛复制，其复制程度又严重损害了成员授予作者或作者之合法继承人的复制专有权。对于计算机程序，如果有关程序本身并非出租的主要标的，则不适用本条义务。可见，对计算机程序的作者或其合法继承人授予出租权是该协定成员国应尽的义务，但对于电影作品的出租的控制，应符合一定的条件。

与发行权密切相关的另一种权利是进口权。根据俄罗斯《著作权与邻接权法》第16条第2款的解释，进口权是指为了发行进口作品的复制件，包括经专有著作权所有人许可而制成的复制件。即进口的目的是发行，进口的对象是作品的复制件。由于进口权是确保著作权人控制其作品传播的地域范围的一项重要措施，所以《伯尔尼公约》有可能在将来增列此项权利。俄罗斯《著作权与邻接权法》明文提出了作者的进口权，是国际著作权制度发展的一个重要趋向，它将对其他国家的相关立法产生深远的影响。

3. 演绎权、制片权和汇编权

所谓演绎权，是指对原作改编、翻译的权利。通过演绎活动所产生的作品为演绎作品，它从原作中派生出来但并未改变原作的创作思想。

演绎权一般可分为翻译权和改编权两大类，改编权又可分为一般改编权与制片权两项。世界上仅美国等少数几个国家才在著作财产权利中列出"演绎权"这个总项。在《伯尔尼公约》中，翻译权、改编权和制片权是分别列出的，无"演绎权"这个术语。在日本、英国、德国等国的著作权法中，翻译权是改编权的一部分，但在法国、意大利、俄罗斯等国的著作权法中，翻译权是和改编权并列的一项著作财产权。

制片权也是《伯尔尼公约》所规定的一项著作财产权利，直译为"电影制片权"，但随着电视剧及录像带的发展，电视剧及录像电影的制片权也被包括在内。制片权的主要含义是指文学艺术作品的作者所享有的一种许可或禁止他人将作品改编为电影或拍摄成电影的权利。目前，有相当一部分国家（如日本、德国）是将制片权包含在改编权之中的。

与演绎权密切相关的还有一种权利，即汇编权。汇编权是指将他人的作品经选择后编集成册的一种权利。汇编过程中有一定的创造性，因此许多国家的著作权法将其暗含于演绎权之中。《伯尔尼公约》第 2 条肯定了作者的汇编权，该条规定，像政治演说、公开发表的讲课这类成员国通常不保护的作品的作者对其作品享有汇编权。否则，这些作品就可能被他人不合理地予以汇编作为营利的对象。

4. 表演权、朗诵权

表演权，也称"上演权"和"公演权"，《伯尔尼公约》第 11 条规定了戏剧作品、音乐戏剧作品和音乐作品的作者所享有的表演权内容：①授权公开表演和演奏其作品，包括用各种手段和方式公开表演和演奏；②授权使用各种手段公开播送其作品的表演和演奏。并且，此项权利延及戏剧作品或戏剧音乐作品的译作。根据该公约的规定，表演权通常是指通过演奏、演唱、舞蹈等方式向公众传播作品的权利。

朗诵权是与表演权密切相关的一种权利，许多国家的著作权法将其纳入表演权之中。但是，《伯尔尼公约》在 1948 年之后的文本中，将朗诵权作为一种独立地与表演权并列的权项提出。根据该公约第 11 条的规定，文学作品的作者享有授权公开朗诵作品及用各种手段公开播送其作品的朗诵的权利，且这种权利延及该作品的译作。可见,朗诵权只适用于文学作品,它也是直接传播作品的一种方式。朗诵权通常包括三个方面的内容:第一,以任何方式采取任何手段朗诵作品的权利;第二,以各种手段公开向公众传播作品的权利,如发行作品朗诵的录制品;第三,公开朗诵或传播作品的翻译本的权利。

5. 播放权

《伯尔尼公约》第 11 条规定了文学和艺术作品的作者所享有的播放权:①授权广播其作品或以任何其他无线传送符号、声音或图像的方法向公众传播其作品;②授权由原广播机构以外的另一机构通过有线传播或转播的方式向公众传播广播的作品;③授权通过扩音器或其他任何传送符号、声音或图像的类似工具向公众传播广播的作品。可见,广播权主要是指作品的著作权人所享有的许可或禁止他人将有关作品通过广播形式予以传播的权利。

播放权通常适用于文字作品、戏剧作品、音乐作品和电影作品,这在许多国家都已得到承认。但对美术作品是否享有播放权,仍存有异议。目前,澳大利亚、新西兰、英国等国家承认作者对该类作品享有播放权,因为它们可以通过电视被传播。

播放权的内容主要有三个方面:第一,无线广播权,即通过空间传播电磁波所进行的广播权;第二,有线广播权,即通过电缆等设备广播作品的权利;第三,使用扬声器进行广播的权利。

6. 展出权

展出权是美术作品、摄影作品等作品的作者所享有的一项著作财产权利。目前,《伯尔尼公约》尚未明文规定作品的展出权,但在日本、俄罗斯、德国、美国等国的著作权法中已专门列出了展出权这一权项。法国《知识产权法典》在表演权这一权项下规定了展出权的内容。① 日本《著作权法》第 25 条将展出权的范围限制在美术作品或尚未发行的摄影作品,且限于原作,这样就排除了其他文学、戏剧、音乐作品展出的可能性。但在其他国家,对展出权的范围未作限制。例如,美国《著作权法》第 106 条第 5 款规定展出权的对象:有著作权的文字、音乐戏剧和舞蹈作品,哑剧及绘画、刻印或雕塑作品,包括电影或其他音像作品中的个别图像。无论对这些作品的展出是否有营利性,著作权人都有权控制。

7. 追续权

追续权是来源于大陆法系著作权制度的一项重要的权利,也叫延续权,是指艺术作品被再次出售后,如果购买人转售他人的价格高于购买时支付的金额,则该作品的作者有权从此差额中分享一定比例的金额。

追续权既具有财产权利的性质,又具有人身权利的性质。作者可以从作品的

---

① 1985 年法国《关于著作权和表演者、音像制品制作者、视听传播企业的权利的法律》第 9 条。

再销售中获取一定的经济收入,但该权利只能由作者(或其继承人)享有而不能转让给他人。巴西《著作权法》第39条还专门规定它不可放弃、不可转让。

(四)我国著作财产权的内容

我国《著作权法》在著作财产权的内容上吸收了世界其他国家的先进成果,并根据《伯尔尼公约》及《与贸易有关的知识产权协定》的规定作了修订,目前该法第10条所规定的著作财产权的内容主要如下:

(1)复制权,即以印刷、复印、拓印、录音、录像、翻录、翻拍等方式将作品制作一份或者多份的权利。

(2)发行权,即以出售或者赠与方式向公众提供作品的原件或者复制件的权利。

(3)出租权,即有偿许可他人临时使用电影作品和以类似摄制电影的方法创作的作品、计算机软件的权利,计算机软件不是出租的主要标的的除外。

(4)展览权,即公开陈列美术作品、摄影作品的原件或者复制件的权利。

(5)表演权,即公开表演作品以及用各种手段公开播送作品的表演的权利。

(6)放映权,即通过放映机、幻灯机等技术设备公开再现美术、摄影、电影和以类似摄制电影的方法创作作品等的权利。

(7)广播权,即以无线方式公开广播或者传播作品,以有线传播或者转播的方式向公众传播广播的作品以及通过扩音器或者其他传送符号、声音、图像的类似工具向公众传播广播的作品的权利。

(8)信息网络传播权,即以有线或者无线方式向公众提供作品,使公众可以在其个人选定的时间和地点获得作品的权利。

(9)摄制权,即以摄制电影或者以类似摄制电影的方法将作品固定在载体上的权利。

(10)改编权,即改变作品,创作出具有独创性的新作品的权利。

(11)翻译权,即将作品从一种语言文字转换成另一种语言文字的权利。

(12)汇编权,即将作品或者作品的片段通过选择或者编排,汇集成新作品的权利。

(13)应当由著作权人享有的其他权利。

(五)著作财产权的保护期限

随着历史的进步,对著作权人的保护日益加强,著作财产权的保护期限逐步延长。以德国为例,1837年著作财产权的保护期限为作者有生之年加上死后30年,1934年延长为作者有生之年加上死后50年,1965年又延长至作者有生之年加上死后70年。1990年,德国再次修订著作权法,除保持原有一般作品保护期限不变外,将科学版本及遗作版的保护期限由原有的10年延长为25年,从而使德国成为世界上对著作财产权保护期限最长的国家。

由于作者是著作权的主要享有者,所以世界上大多数国家著作权法在规定著作财产权保护期限时,都是以"作者有生之年"加上死后若干年来计算的。例如,《伯尔尼公约》规定的一般作品保护期限为作者有生之年加上死后 50 年,《世界版权公约》规定的一般作品保护期限为作者有生之年加上死后 25 年。《与贸易有关的知识产权协定》第 12 条规定,除摄影作品或实用艺术作品外,如果作品的保护期并非按自然人有生之年计算,则保护期不得少于经许可而出版之年年终起 50 年。如果作品自完成起 50 年未被许可出版,则保护期应不少于作品完成之年年终起 50 年。

目前,各国著作权法所规定的著作财产权的保护期限多为作者有生之年加上死后 50 年。

1. 一般作品的保护期限

一般作品的著作财产权的保护期是从作者死亡之年计算的。例如,《伯尔尼公约》第 7 条第 5 款规定,一般作品的保护期是从作者死亡之年开始,即从死亡事件发生之后次年的 1 月 1 日开始计算的。大多数西方国家的著作权法接受了这一建议。

我国《著作权法》的规定与《伯尔尼公约》类似,著作财产权的保护期为作者终生加上死后 50 年。

2. 特殊作品的保护期限

对于特殊的作品,各国规定了不同的保护期限。

(1)合作作品。合作作品的著作权保护期,是以合作作者中最后一个去世的作者有生之年加死后若干年来计算的。《伯尔尼公约》及多数国家的著作权法都作了如此规定。我国《著作权法》规定,合作作品的著作权保护期截止于最后死亡的作者死亡后第 50 年的 12 月 31 日。

(2)匿名作品和假名作品。《伯尔尼公约》第 7 条第 3 款规定此类作品的保护期自合法公之于众之日起 50 年内有效。如果根据作者采用的假名可以毫无疑问地确认作者身份,则该保护期为一般作品的期限。如果匿名作品或假名作品的作者在以上期间公开身份,则其保护期为一般作品的保护期。对于有充分理由推定作者已死去 50 年的匿名作品或假名作品,公约成员国无义务予以保护。德国《著作权法》第 66 条、日本《著作权法》第 52 条都有类似规定。美国《著作权法》第 302 条规定,匿名作品、笔名作品和雇佣作品,其保护期为自首次出版之日起 75 年或自创作完成之日起 100 年,以首先到期的期限为准。但在此期间届满前,依特定程序公开了作者身份的匿名、笔名作品除外。此类作品保护期限从发生上述事件之后次年的 1 月 1 日起开始计。

(3)摄影作品和实用艺术作品。《伯尔尼公约》第 7 条第 4 款将此类作品的保护期限交由各成员国自行规定,但此期限不应少于自该作品完成后算起的 25 年。

目前大多数国家著作权法规定，一般的摄影作品保护期限为50年，但对于简单的照片，保护期较短。德国《著作权法》第72条第3款规定，简单的照片仅能享有自出版起25年的保护期，作为时代文献的照片则受到自出版起50年的保护。意大利《著作权法》对于简单的摄影照片（如新闻片或纪录片）仅给予自固定在负片上起20年的保护期限，原因是此类照片的独创性过低。我国《著作权法》规定摄影作品的保护期为50年。

（4）电影作品。《伯尔尼公约》第7条第2款规定电影作品的保护期限为自作品在作者同意下公之于众后50年期满，如作品完成后50年内尚未公之于众，则自作品完成后50年期满。各国一般都规定了与此相同的保护期限。德国《著作权法》则与众不同，规定电影作品的保护期限自出版图像载体或音像载体起25年后消灭。如果在此期间图像载体或音像载体未被出版，则权利自制作起25年后消灭。我国《著作权法》规定的保护期为50年。

（5）遗作。就遗作而言，为了鼓励作者的继承人或受赠人将遗作发表出来供社会利用，相当一部分国家的著作权法对遗作规定了保护期限。意大利《著作权法》第31条规定，作者死亡后20年内首次发表的作品，不论发表的地点和方式如何，著作财产权的保护期限均为首次发表之日起的50年。德国《著作权法》第71条也规定，遗作保护期自作品出版后25年消灭。如果遗作于作者死亡60年后至死亡70年前被发表，则著作权在发表后10年消灭。

（6）法人作品。该作品的保护期多为自作品发表之年起若干年。意大利《著作权法》第11条规定，属于国家、省、市镇或属于学术团体或其他公共文化组织以及非营利性的私法人的著作财产权的保护期限，自作品首次发表后20年终止，不论其发表形式如何。在保护政府创作的作品的澳大利亚和加拿大，此类作品的保护期为自作品首次出版或完成之日起计算为50年。我国《著作权法》规定的保护期为50年。

著作权内容是一项发展极为迅速的制度，我国著作权的保护水平在日渐提高，其中既有技术进步的影响，也有国际合作的推动。

案例4-1　假冒名人之作是否侵犯了署名权？

案情

我国著名女作家王某出版了十几本诗和散文集，最近她回母校看望老师，有很多喜欢她作品的学生拿着署着她名字的书请她签名留念，结果这名女作家发现有些书中的作品根本不是她创作的，好几本书中的作品从写作规律、个性、风格来分析，分明是男士之作。于是这名作家向人民法院投诉，要求出版社寻找真正作者并追究其侵犯著作权的责任。试问作品的真正作者侵犯了王某的署名权吗？

处理

法院最终判决侵权行为成立,并向王某承担侵权责任。本案中作品的真正作者为达成发表作品或获得利润的目的,把自己的作品冠以名人的姓名,这不仅欺骗公众,也侵犯了王某的姓名权,破坏、歪曲了她的人格和名誉、侵犯了她的著作权,应按我国《著作权法》规定承担侵权责任。

第六节　邻接权制度

一、邻接权及立法体例

(一)邻接权的概念

著作权法通常要调整作品的创作者、传播者和使用者之间的利益关系,作品创作者的权利称为著作权,而作品传播者的权利因与著作权相关,故称为邻接权。邻接权是随着作品的传播需要而产生的。一项作品即使具有再高的艺术性或学术性,如果不通过一定的媒体向公众传播出去,作品的价值就无法实现,也就不能产生社会效益或转化为生产力。我们可以在某种程度上说,作品的传播者不仅仅是简单地重复或再现作品,而是在对作品进行再创作。[①]

在国际著作权公约中,1928 年在罗马举行的《伯尔尼公约》修订会上,首次涉及邻接权的问题。这次会议虽然没有给表演者授予著作权,但是大会建议,《伯尔尼公约》成员国要"考虑采取可能的措施保护表演者权利"。

(二)立法体例

(1)在著作权法中直接规定了邻接权,如法国《知识产权法典》、1993 年俄罗斯《著作权与邻接权法》。

(2)将邻接权所保护的对象包容在作品之中,如英国《著作权法》。[②]

(3)我国《著作权法》参照了《罗马公约》的规定,在"与著作权有关的权利"一章中具体规定了邻接权制度。《著作权法实施条例》第 26 条对出版、表演、录音录像等权益作了进一步说明:著作权法和本条例所称与著作权有关的权益,是指出版者对其出版的图书和期刊的版式设计享有的权利,表演者对其表演享有的权利,录音录像制作者对其制作的录音录像制品享有的权利,广播电台、电视台对其播放的广播、电视节目享有的权利。从中可以看出,我国《著作权法》

---

①　吴汉东,曹新明:《知识产权法新论》,湖北人民出版社,1995 年版,第 145 页。
②　[美]保罗·戈尔茨坦:《关于版权和邻接权的原始所有及其行使的基本文化、经济和法律考虑》,《著作权》,1994 年第 2 期。

及《著作权法实施条例》中未使用"邻接权"一词,而是采用"与著作权有关的权利或权益"类似的表述,包括出版者、表演者、录音录像制作者和广播组织者的相关权益,其含义显然比"邻接权"所包含的内容要多一些。尽管这样的立法体例未被国际社会广泛接受,但我国法律对邻接权所给予的高水平保护仍然受到舆论的好评。

二、表演者的含义及权利

（一）表演者的含义

在广义上,表演者不仅包括对享有著作权的文学、艺术作品进行表演的人,同时也包括对公有领域内文学、艺术作品进行表演的人以及进行非作品表演的人。在狭义上,表演者只包括那些对文学、艺术作品进行表演的人,而不包括"表演"非文学、艺术作品的人,如杂耍演员、杂技演员、体育运动员、在舞台上或电影中进行临时表演的人。

（二）表演者的权利

1. 取得权利的条件

规定表演者所进行的表演必须符合某些方面的条件才能获得保护。例如,俄罗斯《著作权与邻接权法》第35条第1款规定获得表演者权的条件如下：

（1）表演者是俄罗斯的公民。

（2）表演、演出首次发生在俄罗斯境内。

（3）对表演、演出录制的唱片,依据本条第2款受到保护。

（4）表演、演出虽未录制成唱片,但已列于无线电或电缆播放节目而依本条第3款的原则受到保护。日本《著作权法》第7条也作了类似的规定。

按表演者是否受雇进行区分来确定表演者所获得的保护。在美国,表演者被分为三种：一是非雇员的个人表演者；二是受雇的表演者；三是群体表演中的表演者。

2. 国外表演权利的内容

各国法律对表演者所授予的权利差距较大,表现在以下几个方面：

（1）只享有合理报酬权。意大利《著作权法》对表演者权没有规定独占的复制权或对其表演的传播权,这意味着意大利表演者无权禁止他人对其表演进行复制,因此表演者的权利主要是一项合理报酬权。

（2）同时享有使用权、合理报酬权及某些方面的精神权利。德国著作权法规定表演者所享有的权利主要包括许可权和主张版税权。

（3）享有获得报酬权和精神权利。在法国,当法院拒绝将表演者作为作者给予保护时,如果在雇佣合同或集体协议中没有专门规定,则表演者即可依法获得两项权利：精神权利和获得报酬的权利。

3. 我国法律规定

我国著作权法在吸收国际公约和他国立法经验的基础上,结合网络发展的实际规定了表演者的人身权利和财产权利。我国《著作权法》第 39 条规定,表演者对其表演享有下列权利:①表明表演者身份;②保护表演形象不受歪曲;③许可他人从现场直播和公开传送其现场表演,并获得报酬;④许可他人录音录像,并获得报酬;⑤许可他人复制、发行、出租录有其表演的录音录像制品,并获得报酬;⑥许可他人通过信息网络向公众传播其表演,并获得报酬。被许可人以前款第 3 项至第 6 项规定的方式使用作品,还应当取得著作权人许可,并支付报酬。这些规定既与网络发展的实际相符,也符合我国的立法实际,体现了较高的保护水平。

三、唱片制作者权

对唱片制作者的保护,各国立法者多有共识。在国际上签订了两个相关公约,即 1961 年 10 月 26 日在罗马签订的《保护表演者、唱片制作者和广播组织罗马公约》(以下简称《罗马公约》)及在日内瓦签订的《保护唱片制作者防止未经许可复制其录音制品日内瓦公约》(简称《唱片公约》或《日内瓦公约》)。《唱片公约》于 1973 年 4 月 18 日生效。截至目前,已有 70 多个国家加入这个公约。

(一)唱片的含义

《罗马公约》及《唱片公约》都对"唱片"作了定义性规定。《唱片公约》第 1 条第 1 款规定,"唱片"是指任何专门对表演的声音或者其他声音的录音。《罗马公约》第 3 条第 2 款规定,"唱片"是指任何对表演的声音和其他声音的录音。由此可见,这两个公约关于唱片的规定具有如下特征:唱片仅仅是附载声音的载体,但是否同时包括与图像一并使用的声音载体,在国际水平上目前尚无明确规定。有些国家如日本对此作了否定性规定,即唱片不包括与某一图像一并使用的声音固定物。俄罗斯《著作权与邻接权法》虽然没有像日本《著作权法》那样作出明确规定,但也是将唱片限定为"纯声音"的固定物,不包括与图像一块使用的声音固定物。美国《著作权法》第 101 条对"唱片"的规定与日本的规定类似。

(二)唱片制作者

《唱片公约》第 1 条第 2 款规定,"唱片制作者"是指首次将表演或者其他声音录制下来的自然人或法人。《唱片公约》的这个定义与《罗马公约》第 3 条第 3 款规定完全相同。《唱片公约》借用了《罗马公约》的这一规定,避免了公约之间的矛盾,同时说明《唱片公约》与《罗马公约》之间具有一种内在的联系。

在各国法律中,关于唱片制作者的规定各不相同,但是各国关于"唱片制作者"的规定具有以下特点:

(1)唱片制作者既可以是自然人,也可以是法人。俄罗斯《著作权与邻接权法》、法国《知识产权法典》等对此都作了明确说明,但德国、英国和日本等国的著作权法则采用"人"这一概括性概念。

（2）唱片制作者是首次固定声音在附载物上的人。

（3）唱片制作者是"发起并负责"首次固定的人。

俄罗斯《著作权与邻接权法》第 4 条规定,唱片制作者——发起并负责对表演或其他声音进行首次录制的自然人或法人;如无相反证明,以常见的方式在该唱片上和(或者)在装有该唱片的匣盒上指出其姓名或者名称的自然人或法人认定为唱片制作者。

（三）唱片制作者的权利

1. 复制权

一般来说,复制权就是授权或禁止他人复制受保护的唱片的权利。《唱片公约》第 2 条规定,各缔约国应当保护其他缔约国国民的唱片制作者,防止未经唱片制作者同意而制作复制品和防止此类复制品的进口,只要任何此种制作或进口的目的是为公开发行以及防止公开发行此种复制品。《罗马公约》第 10 条也有类似的规定:唱片制作者应当有权授权或者禁止直接或间接复制他们的唱片。唱片复制权适用于唱片的部分,即应理解为包括对唱片进行部分复制的权利。

2. 公开播放权

关于公开播放权,《罗马公约》没有涉及,但许多国家的著作权法作了规定。俄罗斯《著作权与邻接权法》第 39 条第 1 款规定,作为本法第 37 条和第 38 条各项原则的例外情况,不经商业出版的唱片制作者和其他表演被录制于该唱片上的表演者同意,但须支付报酬,许可实施,公开播放唱片……俄罗斯的这一规定说明,公开播放权是一项法定许可权,被许可人虽然可以不经唱片制作者或表演者许可就能公开播放唱片,但是被许可人必须向相应的协会支付报酬,然后由相应的协会向唱片制作者和表演者分配。意大利《著作权法》第 73 条也规定,唱片或类似于录音制品的制作者,除享有前一条规定的专有权外,对以营利为目的而在广播、电影、电视或舞厅或公共场所内使用唱片或类似录音制品,有要求报酬的权利。法国《知识产权法典》第 L.214-1 条也对此作了规定,即唱片已为商业目的发表的,表演者和唱片制作者不得阻止下列行为:在公共场所直接播放唱片,只要该唱片未曾在表演中使用过。使用此类以商业目的发表的唱片,无论其固定地点如何,都赋予表演者和唱片制作者获得报酬的权利。

3. 广播权

唱片制作者除了具有上述两项基本权利外,还享有公开广播权。《罗马公约》规定,如果某种以商业目的发行的唱片或此类唱片的复制品直接用于广播或任何向公众的传播,使用者则应当付一笔总的合理的报酬给表演者或唱片制作者或二者。如有关人之间没有协议,国内法律可提出分享这些报酬的条件。《罗马公约》的规定较为原则,从国内法的有关规定中可以看出,唱片制作者的这项权利可以分为两个方面:就商业唱片而言,唱片制作者只有获得合理报酬权,没有禁止权,也没有许可权;就非商业唱片而言,唱片制作者所享有的权利包括许可权、禁止权和获得合理报酬权。例如,法国1985年《著作权法》第21条规定,除了下面一条的规定限制外,所有对唱片复制,以销售、交换、租赁的方式让公众使用或向公众传播以前都必须得到唱片制作者的授权。该法第22条是专门针对商业唱片而规定的。对于商业唱片,表演者或唱片制作者不得反对"无线电广播或是通过电缆同时并全部地传送此无线广播作品"。除此以外,俄罗斯《著作权与邻接权法》及日本《著作权法》都有类似的规定。意大利和德国等国的法律也作了相应的规定。

除了上述基本权利以外,有的国家还规定唱片制作者享有对唱片的销售权、出租权等。例如,俄罗斯《著作权与邻接权法》第38条第2款第3项规定了"发行唱片复制件,即销售、出租唱片等"的专有实施权或许可权。有的国家创立了出租权制度,如俄罗斯《著作权与邻接权法》第39条第2款第3项即规定了这项权利。此外,规定出租权的国家还有日本、法国等。在英美法系国家,唱片制作者享有类似的权利。

我国《著作权法》第44条规定了唱片制作者的如下权利:录音录像制作者对其制作的录音录像制品,享有许可他人复制、发行、出租、通过信息网络向公众传播并获得报酬的权利;权利的保护期为50年,截至该制品首次制作完成后第50年的12月31日。即唱片制作者享有复制权、发行权、出租权、信息网络传播权。这些权利内容既符合《与贸易有关的知识产权协定》的要求,也与我国的国情相符。

四、广播组织权

(一)广播组织及广播的含义

根据《罗马公约》的规定,表演者是个人,唱片制作者是公司法人,而广播组织是国家机构(在原东欧国家)或是获得特许注册的公法人(主要在西欧国家),抑或是获得政府的许可证的商业组织(主要在美洲国家)。《伯尔尼公约》1928年罗马文本为著作权所有人创设了广播权。广播组织最初将自己看作是著作权的使用者,即需要通过法定方式利用著作权人的广播权。在《伯尔尼公约》布鲁塞尔修订会议上,广播组织获得了使用著作权作品的强制许可和其他的使用者利益。

关于"广播"的概念,《罗马公约》作了规定,即供公众接收的声音或图像或声音与图像的无线电广播。显然,《罗马公约》所规定的"广播",仅指通过无线电传播声音的"声音广播"或通过无线电传播图像与声音的"电视广播",而没有包括有线传输广播,也没有包括卫星传送的广播。但是,随着现代技术的发展,电缆传送和卫星传送的方式已被普遍采用,提出了对有线广播组织进行保护的要求。例如,日本《著作权法》第2条第1款规定,有线广播组织享有接收其有线广播的独占权;对附载于有线广播中的声音或图像或录像制品的独占权,以照相术或类似方式复制其广播的独占权。有线广播还享有接收其有线广播的独占权和对它们进行广播的独占权或通过电缆传输的独占权。

我国《著作权法》修订后,广播组织的范围既保护无线广播组织,也包括有线广播组织。

(二)广播组织权的内容

根据《罗马公约》和有关国家著作权法的规定,广播组织依法享有以下几个方面的权利。

1. 转播权

转播是指对广播的同时传播。就另一家广播组织在后的传送而言,原广播组织的利益受法律保护,转播者必须经原广播组织同意,才能对该广播节目进行录制而供在后的广播者传送。同样地,有线转播也是如此。但是,通过集体共用天线向私人家庭或公寓楼进行的转播,既不必经被广播作品的作者同意,也不必经原广播组织的同意。

2. 复制权

广播组织享有以视听制品方式固定其广播的独占权,对电视广播制作成唱片的独占权以及复制这种视听制品和照片的独占权,这些独占权实质上是复制权。

3. 公开播放权

广播组织享有在公共场所播放其电视广播的独占权,但这样的权利仅对凭票入场的情况适用。正如《罗马公约》规定的那样,这项权利限于对电视广播播放。当然,在其他免票入场的地方进行的播放不受限制。

4. 获得报酬权

广播组织与唱片制作者一样享有分享报酬权。我国《著作权法》第 44 条第 1 款规定,广播电台、电视台有权禁止未经其许可的下列行为:①将其播放的广播、电视转播;②将其播放的广播、电视录制在音像载体上以及复制音像载体。可见,我国的广播组织享有转播权及复制权,其范围稍窄。

五、邻接权的保护期限

就已出版的作品而言,大多数国家的著作权法现已接受《伯尔尼公约》规定的“作者终生及死亡后 50 年”的期限;就作者生前未发表的作品而言,通常规定的保护期限为“自作品首次出版之年年底起的 50 年”。后一种期限模式,即“自首次出版后若干年”已成为邻接权的规则。

根据《罗马公约》第 14 条和《唱片公约》第 4 条的规定,邻接权的最低保护期限为 20 年。北欧国家和德国规定为 25 年。《罗马公约》第 13 条规定,向公众传播电视节目,如果此类传播是在收门票的公共场所进行的,行使这项权利的条件由被要求保护的缔约国的国内法律确定。意大利和日本规定为 30 年,英国规定为 50 年,美国规定为 75 年。另外,个别国家规定邻接权的保护期限与摄影作品的保护期限的计算相同,如爱尔兰和卢森堡。

除了保护期限的不同外,权利保护期限的计算亦为难题。不同的法律规定的起点不同,就唱片制作者权和广播组织权而言,有的规定起算点为固定日,如丹麦 1960 年《著作权法》第 47 条的规定;也有的规定起算点为出版日,如德国《著作权法》第 82 条的规定。《罗马公约》第 14 条主张其保护期限自事件(固定或出版)发生之年底起算。就表演者权而言,大多数国家法律规定其保护期限的起始点为表演发生的时间或表演被固定的时间。

按照我国《著作权法》的规定,表演者权的保护期为 50 年,截至该表演发生后第 50 年的 12 月 31 日。唱片制作者权的保护期为 50 年,截至该制品首次制作完成后第 50 年的 12 月 31 日。广播组织者权利的保护期为 50 年,截至该广播、电视首次播放后第 50 年的 12 月 31 日。

案例 4 - 2　报纸、期刊转载他人已发表的评论员文章是否属侵权?

案情

江某在 A 日报上就党内不正之风问题发表了一篇评论员文章。后来某市日报社转载了这篇文章,并注明了江某的姓名,但未给江某稿费,江某认为该日报社侵犯了他的著作权,于是向该日报社索要稿费。请问江某的要求合理吗?

处理

某市日报社有权在注明原作者姓名和原作品题目的前提下,转载 A 日报的评论员文章,这是合理使用。所以某市日报社并没有侵犯江某的著作权,江某没有权利向该日报社索要稿费。

第七节　著作权限制制度

著作权限制,通常是指对著作权人专有权利行使的限制,其功能在于通过对著作权的适当限制,平衡创作者、传播者和使用者的利益,确保公众能接触和使用作品,以促进整个社会科学文化事业的进步。著作权限制一般专指权能限制,大多涉及合理使用、法定许可使用、强制许可使用、法定免费使用、权利穷竭以及公共秩序保留等。

一、合理使用

(一)合理使用制度的立法规定

合理使用是现代各国著作权法普遍采用的一项法律制度,多数国家在著作权法中列举规定合理使用的范围及条件,少数国家仅在著作权法中规定若干基本原则,某一行为是否为合理使用则交由法院作出认定。就立法例而言,关于合理使用规则,存在着以下异同之处。

1. 关于合理使用的范围

(1)个人使用。关于个人使用应具备两个条件:一是限于使用者本人(包括家庭)自己使用;二是限于不以营利为目的的使用。两者必须同时具备方为合理。但是有的国家把因个人欣赏目的无偿而自由利用他人作品的情形排斥在个人使用的范围之外,如英国《著作权法》第 29 条、德国《著作权法》第 53 条。我国《著作权法》第 24 条第 1 款第 1 项规定个人使用是"为个人学习、研究或者欣赏,使用他人已经发表的作品",从目的上讲,其范围比其他国家要宽,包括学习、研究或欣赏目的。

(2)新闻报道使用。《伯尔尼公约》第 10 条将新闻报道的使用限定为"在事件过程中看到或听到的文学或艺术作品,且符合报道目的正常需要的范围内"。多数国家依据公约作了明确规定。例如,法国《知识产权法典》规定为,因时事报道的需要,"可复制、传播和公开再现在报道过程中可被感觉到的作品"。此类立法较"在新闻报道中引用已经发表的作品"的笼统规定更为严谨。我国《著作权法》第 24 条第 1 款第 3 项的规定是,为报道新闻,在报纸、期刊、广播电台、电视台等媒体中不可避免地再现或者引用已经发表的作品。该规定与《伯尔尼公约》的规定相符,其程度的限制也较恰当。

(3)转载或传播使用。根据《伯尔尼公约》第 10 条的规定,诸如报纸、期刊、广播电台、电视台等新闻媒介转载或传播发表在其他新闻媒介的作品有三个条件:一是限于经济、政治或宗教的时事性文章以及具有同类性质的广播作品;二是限于该文章或广播作品无保留复制权与播放权的声明,即不反对他人转载或转播;三是在任何情况下均须指出作品的出处,否则由有关保护国立法决定其应负的法律责任。《伯尔尼公约》成员国大抵作了类似规定。我国《著作权法》第 24 条第 1 款第 4 项的规定是,报纸、期刊、广播电台、电视台等媒体刊登或者播放其他报纸、期刊、广播电台、电视台等媒体已经发表的关于政治、经济、宗教问题的时事性文章,但作者声明不许刊登、播放的除外。这一规定与其他国家的规定基本一致。

(4)教学使用。教学活动中的合理使用,受到各国著作权法的普遍关注,以此作为著作权限制的主要内容而加以周密规定。英国《著作权法》第 32 条至第 36 条分别规定了教学活动中的复制、汇编、表演、录制、影印复制等情形;我国《著作权法》第 24 条第 1 款第 6 项的规定是,为学校课堂教学或者科学研究,翻译或者少量复制已经发表的作品,供教学或者科研人员使用,但不得出版发行。其使用方式仅限于翻译或少量复制两种。

(5)公务使用。该项使用属于公共管理活动中的使用,因此国外立法例将使用人限制在与公共管理活动有关的国家机构。有的国家将使用人限于司法机关，如德国《著作权法》第 45 条规定为法院、仲裁法院和公安机关；有的国家则规定使用人包括立法、司法机关，如英国《著作权法》第 45 条规定，准予为议会或司法程序的使用；也有的国家将使用人延及立法、司法和行政机关，如日本《著作权法》第 42 条规定的公务使用泛指"出于审判程序和立法或行政目的"。我国《著作权法》第 24 条第 1 款第 7 项规定的类型是"国家机关为执行公务在合理范围内使用已经发表的作品"。此外，现行法未明确国家机关的种类。①

（6）图书馆使用。在图书馆合理使用的情形中，多数国家除规定保存与替代复制外，还允许向阅览人提供有限制的复制品，如美国《著作权法》第 8 条、英国《著作权法》第 37 条至第 41 条、日本《著作权法》第 31 条、俄罗斯《著作权与邻接权法》第 20 条都有类似规定。我国《著作权法》第 24 条第 1 款第 8 项的规定是，图书馆、档案馆、纪念馆、博物馆、美术馆等为陈列或者保存版本的需要，复制本馆收藏的作品。该规定与多数国家的规定类似。

（7）免费表演。世界知识产权组织认为，免费表演必须严格限制在没有直接或者间接收费以及不向表演者支付报酬的范围内。英国《著作权法》第 34 条、美国《著作权法》第 110 条、德国《著作权法》第 52 条、日本《著作权法》第 39 条都对免费表演作了严格的限定。我国《著作权法》第 24 条第 1 款第 9 项的规定是，免费表演已经发表的作品，该表演未向公众收取费用，也未向表演者支付报酬。该条修订后与《伯尔尼公约》的要求相符。

（8）公共场所陈列作品使用。对永久设置于公众场所的艺术作品进行自由而无偿的临摹、绘画、摄影、录像，是各国合理使用制度的立法通例。英国《著作权法》第 62 条、日本《著作权法》第 46 条、俄罗斯《著作权与邻接权法》第 21 条都作了此类规定。我国《著作权法》第 24 条第 1 款第 10 项的规定是，对设置或者陈列在室外公共场所的艺术作品进行临摹、绘画、摄影、录像，该规定与他国法律基本一致。

此外，我国《著作权法》第 24 条第 1 款还规定了如下几种合理使用的情形：为介绍、评论某一作品或者说明某一问题，在作品中适当引用他人已经发表的作品；报纸、期刊、广播电台、电视台等媒体刊登或者播放在公众集会上发表的讲话，但作者声明不许刊登、播放的除外；将中国公民、法人或者其他组织已经发表的以汉语言文字创作的作品翻译成少数民族语言文字作品在国内出版发行；以阅读障碍者能够感知的无障碍方式向其提供已经发表的作品。特别是后两种规定，体现了我国立法的特色：保护少数民族以及特殊群体利益。

2. 关于合理使用的判断

美国法律中还规定了关于合理使用的判断问题。美国《著作权法》第 107 条

---

①　许超：《关于修改现行著作权法的初步想法（之四）》，《著作权》，1995 年第 2 期。

规定了判断某一行为是否构成合理使用的四条标准:①使用的目的和性质,包括这种使用是具有商业性质还是为了非营利的教育目的;②有著作权作品的性质;③同整个有著作权作品相比所使用部分的数量和内容的实质性;④这种使用对有著作权作品的潜在市场或价值所产生的影响,但同时要求判断必须出于善意。

(二)对合理使用范围的限定

《伯尔尼公约》对合理使用作了一个总的限定,即"必须符合公平惯例"。1967年斯德哥尔摩会议在修订该公约的报告中承认对作者复制权的限制,但同时为该限制设定了两个前提,即这种复制不得损害作品的正常使用,也不致无故侵害作者的合法权益。《世界版权公约》也有类似的要求,即在规定合理使用对著作权进行限制的同时,要求有关当事人必须保证著作权的各项权利得到"合理的有效的保护"。1971年,在巴黎会议上对此作了进一步说明,根据该公约的规定,任何国家不得放弃对任何复制权的保护。规定的例外应有合理的依据,不得任意使用,成员国的法律应充分保障给予的保护。自1968年开始,联合国教科文组织与世界知识产权组织还积极着手制定一个有关照相复制管理的国际规章。1984年,上述两个国际组织建议各成员国采取录制设备和(或)空白载体征收附加费的方法救济复制权。《与贸易有关的知识产权协定》则更明确地提出,出于某些特殊情况而对著作权所作的限制,不得与作品的正常使用相冲突,而且不得不合理地损害著作权人本应享有的合法利益。

案例4-3 为课堂教学目的而复制"摘编本"

案情

某理工大学是一所具有社会事业性质的教育机构。在20世纪90年代初,该校的教师为课堂教学目的,就不同的作品而进行了摘要汇编,汇编中包含取自不同作品中的片段复印件。学校后来在自己的印制车间将这些摘要汇编本印制成图书,按选修某一课程学生人数,每种印制150册左右,以成本价(加30%的售书处经营成本)在本校的售书处出售。该校售书处不仅仅是对校内学生开放的,外来人也可以在那里购书。对于这些摘要汇编本,显然只有本校某些科目的学生才可能作为听课的辅导材料去购买使用。不过并不能完全排除有个别校外感兴趣的读者购买该汇编本的情况。

1994年,被摘编了作品的部分版权人及这些版权人的集体管理组织CAL一起作为原告,在澳大利亚联邦法院起诉,告该理工大学侵权,要求后者停止印制及销售摘编本,并赔偿原告损失。

处理

1994年9月,澳大利亚联邦法院一审判决侵权不成立,原告不服审判,上诉到联邦上诉法院。

1995 年 2 月,澳大利亚联邦上诉法院作出判决:维持一审原判。

一审法院否定侵权的主要理由:第一,被告所售摘编本是按最低成本价销售的;第二,按照澳大利亚《版权法》第 135 条规定,仅为学校教学目的,可以不经许可复印有关教学资料;第三,由于被告学校的有关课程的特殊性(例如,护士的护理技术课程涉及诸多方面),学生不可能从一本主教科书里理解教师讲授的全部内容,必须辅之以一些摘编材料。在这里,"为教学目的"并非可有可无,而是缺之不可的。所以,应视为"合理使用"。联邦上诉法院只是重申并强调了被告并无营利目的,学生购买的摘编本只可能在课堂教学时使用,不可能移作他用。因此,这种印制、出售行为不能判为侵犯版权。

评析

我国颁布版权法之后,特别是参加《伯尔尼公约》之后,为教学目的而使用他人作品是否会构成侵权,经常成为教学单位时常警惕的问题。应当说,大多数单位的版权意识提高了。

在注意尊重和保护版权人的权益的同时,我们在教学上也不是每动一动都肯定会发生侵权。我国有不少大学的专业课,每一门每一讲的听课人可达三五百人。为这种课堂教学而印三五百份,按成本价售给学生,似乎也未出"合理"范围。

不过我国过去发生较多并构成侵权的,主要是一些出版社(或教材供应商)为营利(而不是学校为自己的课堂教学)不经许可而出版教科书,或是有的学校为函授(而不是课堂教学)整本地复制他人作品(而不是摘编)按成本价出售。这些情况,恐怕是不能与澳大利亚的判例中该理工大学的使用目的及方式相类比的。此外,如果开办以营利为目的的"培训班"、举办以营利为目的的"讲座",这时需要教材而去自行复制他人作品(即使不是整部作品,而是"摘要"),恐怕也要另当别论了。

最后,"以营利为目的"并不一定看经营者是亏了还是赚了。自己经营不善,虽"以营利为目的",结果可能仍旧亏了。"亏了",并不能否定有关经营活动的"营利"性质。

二、法定许可使用

(一)法定许可使用概述

法定许可使用,是指根据法律的直接规定,以特定的方式使用已发表的作品,可以不经著作权人的许可,但应向著作权人支付使用费,并尊重著作权人的其他权利的制度。

法定许可使用与许可使用的主要区别来自作品使用的权利来源。许可使用是一种意定授权,即是由著作权人或其代理人授权他人使用作品;而法定许可使用是一种法定授权,即是法律推定著作权人可能同意并应该同意将作品交由他人使用,因而由法律直接规定许可。此外,许可使用的作品多为未发表作品,而法定许可使用一般限于已发表作品。这说明,作品是否发表,何时发表,怎么发表,悉由著作权人"意定",而对已发表作品的再次使用则可在一定范围内"法定"。这一规定体现了著作权法对发表权的尊重与保护。

法定许可使用不同于法定免费使用,但两者的区别不仅在于是否付费,而且在于它们是否具有与"合理使用"的相同品性。

所谓法定免费使用,是指法律允许特定机构非营利性使用他人作品,可以不经权利人许可,不向其支付报酬的一种制度。实行法定免费使用制度的,主要是几个前东欧公有制国家。当时在这些国家里,广播电台、电视台等都属于非营利性组织,因而要他们向著作权人支付使用费存在着一定的困难。同时,使用作品如须事先征得作者同意有可能妨碍宣传教育的及时性。在这种情况下,这些国家的著作权法规定,凡是以广播、电视等途径传播已经发表的作品,均无须取得权利人许可,也不必向其支付报酬。法定免费使用实际在上述国家构成合理使用的内容,但多数国家未作出这种规定。两个著作权国际公约的最新文本甚至暗示这种使用是不合理的。由于1971年修订的《世界版权公约》已最终杜绝了法定免费使用制度,所以其成员国自此不再可能采用这种作品使用方式,或者只能对本国国民的作品实行免费使用制。

（二）法定许可使用制度的立法体例

法定许可使用是各国著作权法普遍推行的一种制度,其所涉及的权利项目包括表演权、录制权、广播权、汇编权等,但各国法律规定不尽一致。

纵观各国著作权法关于法定许可的规定,可以看出这一制度具有以下特征:第一,法定许可的情形除部分涉及原创作者与一般使用者的关系外,其使用者多为表演者、唱片制作者、广播组织者等,即该种许可使用主要涉及著作权人（作品作者）与邻接权人（作品传播者）的关系。这一制度设定的目的就是简化著作权手续,促进作品广泛、迅速地传播。第二,使用的对象只能是已发表的作品。因此,法定许可使用实际上是作品的"二次使用",这种使用未损害著作权人的发表权。著作权人事先声明不许使用的,法定许可使用亦不能成立,该种声明是一种对法定许可的"保留权"。但是,一旦著作权人将收回的许可使用权又通过约定许可的方式行使,则意味着原有的"保留权"放弃,即法定许可条款重新生效,任何一个符合法定条件的主体都可以对其作品进行使用。第三,使用不得损害原著作权人的权益,并应向著作权人支付报酬,其支付方式为直接支付给著作权人或支付给集体管理机构。

我国《著作权法》目前规定了四种法定许可使用制度:①作品刊登后,除著作权人声明不得转载、摘编的外,其他报刊可以转载或者作为文摘、资料刊登,但应当按照规定向著作权人支付报酬;②录音制作者使用他人已经合法录制为录音制品的音乐作品制作录音制品,可以不经著作权人许可,但应当按照规定支付报酬,著作权人声明不许使用的不得使用;③广播电台、电视台播放他人已发表的作品,可以不经著作权人许可,但应当支付报酬;④为实施九年制义务教育和国家教育规划而编写出版教科书,除作者事先声明不许使用的外,可以不经著作权人许可,在教科书中汇编已经发表的作品片段或者短小的文字作品、音乐作品或者单幅的美术作品、摄影作品,但应当按照规定支付报酬,指明作者姓名、作品名称,并且不得侵犯著作权人依照本法享有的其他权利。同其他国家的制度相比,我国的法定许可使用制度规定了一个前提条件——作者声明保留权利者除外,这与国际上通行的法定许可使用有较大的区别。

三、强制许可使用

强制许可使用,是指在特定的条件下,由著作权主管机关根据情况,将对已发表作品进行特殊使用的权利授予申请获得此项权利的使用人的制度。

强制许可使用的功能在于借助强制许可证的方式限制著作权人的专有权利,确保公众接触作品、使用作品的可能性,以促进整个社会政治、经济、科学与文化的进步。① 在西方国家的著作权法中,合理使用对作品的使用人规定有严格的限制条件,使用人能够利用作品的数量极为有限,且著作权人无法从这种传播中收取任何利益。强制许可使用虽与合理使用同为非自愿许可,但有自己特殊的功用,它在维系著作权人的获酬权的条件下,保证了使用人对作品利用的数量与方式需要。同时,在一些国家,作者的专有使用权与公众利用作品的需求之间的矛盾往往是通过法定许可制来缓解的。但对于未实行法定许可制的国家(如美国、日本等),解决这一问题则是借助强制许可使用方式。换言之,强制许可使用具有法定许可使用的替代功能,它均衡了著作权人与使用人两者的利益,实现了保护作者权利与促进科学文化事业发展的立法目的。

四、权利穷竭及其限制

在著作权法中,合理使用与权利穷竭都视为对著作权的限制。所谓权利穷竭,是指权利人行使一次即告用尽了有关权利,不能再次行使。这一原则,严格地讲,仅仅适用于经济权利中的发行权。权利穷竭原则意味着一旦作品的原件或是复制件经权利人同意而进入市场后,则该作品作为商品的进一步销售,著作权人均无权控制。该原则的目的在于消除著作权的专有性对商品流通所产生的消极影响。

---

① 张静:《著作权法评析》,台湾水牛出版社,1983年版,第230页。

一般来说,权利穷竭原则适用于作品的再次出售、散发或其他方式,是否包括作品的出租,各国尚有不同的看法。纵览各国著作权法,关于出租权的立法模式主要有两种:一种将出租视为作品发行的一种方式,出租权包含在发行权之中,如美国《著作权法》;另一种将出租视为独立的作品使用方式,因而出租权与发行权各自分列,如德国《著作权法》。

我国《著作权法》修订之后,新增加了著作权人的出租权,即与此趋势相吻合。

综上所述,著作权限制制度产生的目的在于确保作品创作者、传播者和使用者之间的利益平衡。从各种限制制度来看,存在以下发展趋势,即合理使用在一定范围内向法定许可使用转变,免费的合理使用与付费的法定许可使用或强制许可使用相互补充,合理使用与侵权使用界限模糊的新情况要求产生新的判断规则。总之,著作权限制制度下的诸项规则正发生整合与变革。

案例4-4 为教学目的而使用他人作品

案情

1984年,在北京某电视大学根据教学需要,把本大学教授的讲课内容录成录音制品(磁带)。这次录制是在履行其职务范围内,经该教授允许而录制,并按当时的付酬标准付了报酬。

一年后,浙江省某电视大学为增强教学效果,提高教学质量,完全依照1984年北京某电视大学的录音带,自己编制出"录音讲义",共计2万余套(分上下册,一套两册)。其销售范围仅限于本省电视函授大学学员。扣除成本费之后,收支基本平衡(即没有盈利)。但这次"编制"录音讲义,既未署该讲课教授之名,也没有取得其许可,没有向其支付报酬。

该教授发现后,认为浙江省某电视大学的行为已构成侵权,于1986年向浙江省杭州市西湖区法院起诉,要求被告公开登报道歉,并要求民事赔偿12000元。在起诉之前,被告方已曾"登门"对该教授表示道歉并愿意支付赔偿额3000元。

处理

1987年,西湖区人民法院认定浙江省某电视大学的行为属于"不尊重他人著作的错误行为",但被告发现错误后已登门道歉,况且其行为是"以提高教学质量为目的",不以营利为目的,亦无已实际盈利,应属"合理使用"。所以,驳回了教授的诉讼请求。

该教授不服一审判决,于同年上诉至杭州市中级人民法院。中级人民法院基本维持原判。原告向最高法院申诉。1992年年底,浙江省高级法院改判浙江省某电视大学的行为不属于"合理使用",已构成侵权。这起拖了近7年的案子算是基本了结。

第八节　著作权利用制度

一、著作权的转让

著作权利用,通常是指以著作权的转让、许可使用、质押等方式行使作品著作权的行为。著作权的利用制度,一方面为著作权人实现其财产权利获得报酬提供了渠道;另一方面便利了公众对作品的利用,从而实现了以著作权制度鼓励作者创作,促进作品传播的目的。其范围通常包括著作权的转让制度、著作权的许可使用制度及著作权的质押制度。所谓著作权的转让制度,是指规范著作权人将著作权中的财产权利让与他人的制度;著作权的许可使用制度,是指规范著作权人将部分著作财产权许可他人使用的制度;著作权的质押制度,是指以著作财产权为质押担保债权实现的制度。为了有效保障著作权人行使自己的权利,促进作品的广泛传播,各国普遍建立了适合本国国情、具有自身法律传统的著作权利用制度。[①]

(一)著作权转让的含义

著作权的转让,专指著作财产权或经济权利的转让,即著作权人依据合同将其依法享有的著作权之全部或一部分向非著作权人转移的法律制度。通过著作权转让,受让人成为该作品部分或全部著作财产权的新的权利人。

著作权能否转让,各国著作权法大体上有三种立法:第一种态度是未持肯定与否定立场。例如,俄罗斯《著作权与邻接权法》既没有关于著作权转让的规定,整个法律文件中也找不到“不允许或禁止著作权转让”的字眼。也就是说,俄罗斯对著作权的转让既没有给予肯定也没有明确否定。第二种态度是明确规定著作权可以转让。英美法系国家及大多数大陆法系国家属于这种立法例。第三种态度是持否定的立场,即在著作权法中明确规定著作权不能转让,如德国《著作权法》就明确规定著作权不得转让,明令禁止著作权转让的国家尚不多见。

(二)著作权转让的形式

著作权转让从内容上可以分为全部转让和部分转让。全部转让,是指著作权人将全部著作财产权转让给继受主体,使继受主体取代原著作权人行使对作品的各项专有权利;部分转让,是指著作权人将部分专有财产权转让给继受主体,自己保留另一部分权利。允许著作权全部转让的国家有英国、美国、日本等国,不允许全部转让的国家有突尼斯等国。

[①]　杨崇森:《著作权法论丛》,台湾华欣文化事业中心,1983年版,第270页。

(三)著作权的转让标的

著作权转让的标的是著作权的各项专有权,而不是附载著作权作品的物质载体。附载作品的物质载体所有权转让的,也不涉及该载体所附载的作品著作权。关于这个问题,许多国家的著作权法都作了规定。例如,美国《著作权法》第202条(有别于物体所有权的著作权所有权)规定,著作权或者著作权中任何专有权利的所有权有别于任何附载作品的物质实体的所有权的转移。任何物质实体(包括首次附载作品的制品或唱片)所有权的转移,并不导致该物体所附载的著作权作品权利的转移;在没有协议的情况下,著作权或者著作权中任何专有权利的转移也不等于转让任何物体的所有权。法国《知识产权法典》第 L. 111 - 3 条也作了类似的规定,第 L. 111 - 1 条规定的无形财产所有权独立于对具体物品的所有权。具体物品的购买者并不因此购买行为享有本法典规定的任何权利。

(四)著作权转让的手续

著作权的转让导致原著作权人所享有的专有权部分或全部丧失,受让人则对被转让的权利取得所有权。

(1)著作权转让合同一般应采用书面形式。加拿大《著作权法》、法国《知识产权法典》、意大利《著作权法》规定,作品使用权的转让须有书面协议。

(2)一些国家的著作权法规定著作权转让必须履行登记手续。例如,加拿大《著作权法》要求对著作权的转让进行登记,美国《著作权法》、日本《著作权法》都有类似规定。

(3)对著作权的转让,个别国家还作了一些限制。例如,法国的著作权法律虽然允许对未来作品进行转让,但是全部转让未来作品的合同是无效的。

我国《著作权法》修订后参考了大陆法系国家和英美法系国家的立法和司法经验,增加了著作权转让制度。该法第 27 条明确规定,转让著作权中的财产权利,当事人应当订立书面合同。转让合同应当包括如下主要内容:①作品的名称;②转让的权利种类、地域范围;③转让价金;④交付转让价金的日期和方式;⑤违约责任;⑥双方认为需要约定的其他内容。另外,根据该法第 26 条的规定,对于转让合同中著作权人未明确许可、转让的权利,未经著作权人同意,另一方当事人不得行使。从这些规定中可以看出,我国对于著作权的转让制度也作了比较严格的规定,以保护著作权人的合法利益。

二、著作权的许可使用

著作权的许可使用制度,与著作权的转让不同。前者不转移著作权或者著作权中某些专有权利的所有权,而后者则将著作权的全部或部分转移给受让人。著作权许可在各国著作权法中都有相应的规定,但是所使用的概念略有不同。俄罗斯《著作权与邻接权法》将著作权许可称为"财产权的转授",德国《著作权法》第

31 条没有使用著作权许可的术语,而使用了"用益权授予"的说法。①

著作权许可使用合同,是指著作权人与作品使用人就著作权专有权的使用所达成的协议。由被许可人获得对著作权作品的使用权,而著作权人则获得相应的报酬。俄罗斯《著作权与邻接权法》第 32 条第 1 款规定,著作权合同应当以书面形式签订,期刊使用作品的著作权合同可以口头形式签订。这种形式较为灵活。

著作权人发放的许可证有两种:一种是专有许可,也称独占许可;另一种是非专有许可或非独占许可。就专有许可而言,在合同约定的有效期限、使用方式、地域范围内,被许可人不仅具有排除他人实施该项专有权的权利,还具有排除著作权人自己实施的专有权利。当被许可实施的权利在约定的期限、有效地域范围内受到第三人的不法侵害时,有的国家法律规定独占被许可人可以不通过著作权人而以自己的名义独立提起诉讼,以保护自己的权利,如俄罗斯《著作权与邻接权法》、英国《著作权法》。有些国家的法律还规定了分许可制度。分许可是由被许可人向第三人发放的许可。在一般情况下,无论是专有被许可人还是非专有被许可人,获得著作使用权的目的都不是要取得著作所有权,也不是为了向第三人再发放许可,而是为了自己使用其著作权作品。但是,在某些情况下,被许可人必须发放分许可才能实现其目的,那么发放分许可或再许可就成为必要。一般认为,只有专有被许可人才有可能按照合同的约定发放分许可,如德国《著作权法》、俄罗斯《著作权与邻接权法》。

我国《著作权法》对著作权许可使用制度也作了全面的规定,该法第 26 条规定,使用他人作品应当同著作权人订立许可使用合同,本法规定可以不经许可的除外。许可使用合同包括下列主要内容:①许可使用的权利种类;②许可使用的权利是专有使用权或者非专有使用权;③许可使用的地域范围、期间;④付酬标准和办法;⑤违约责任;⑥双方认为需要约定的其他内容。另外,许可使用合同和转让合同中著作权人未明确许可、转让的权利,未经著作权人同意,另一方当事人不得行使。使用作品的付酬标准可以由当事人约定,也可以按照国务院著作权行政管理部门会同有关部门制定的付酬标准支付报酬。当事人约定不明确的,按照国务院著作权行政管理部门会同有关部门制定的付酬标准支付报酬。

三、著作权的质押

著作权质押是指债务人或者第三人依法将其著作权中的财产权出质,将该财产权作为债权的担保。债务人不履行债务时,债权人有权依法以该财产权折价或

---

① [法]克洛德·科隆贝:《世界各国著作权和邻接权的基本原则——比较法研究》,高凌翰,译,上海外语教育出版社,1995 年版,第 97—98 页。

者以拍卖、变卖该财产权的价款优先受偿。其中债权人为质权人,债务人或者第三人为出质人。

按照担保法,债的担保方式有抵押、质押和留置三种,质押又可分为动产质押和权利质押两种。著作权中的财产权是一种可让与的财产权,因此它可以成为权利质押的标的。著作权质押属于担保方式中的权利质押。

以著作权设定质权主要涉及以下几个方面的问题:

(1)出质人既可以是债务人,也可以是第三人,但是无论是谁作为出质人,都应当是作为出质物的著作权或者著作权中的一项或几项专有权利的主体。

(2)出质的权利应是整体著作权或著作权中的部分权利。例如,日本《著作权法》第87条规定,只要获得复制权所有者的许可,出版权便可转让或作为质权的标的。此规定即表明,不仅整体的著作权能够作为质权标的,而且某一项或者几项专有权也可以作为质权的标的,如出版权可作为质权标的。

(3)作为质物的著作权,只能是著作财产权而不能是著作人身权。

(4)以著作权为标的设定质权的,当事人之间必须有明确的意思表示。

关于设定质权的条件,多数国家的法律都要求当事人签订书面协议。而且,日本《著作权法》第77条规定,以著作权为标的设定质权以后,必须到相关管理部门进行登记或注册,否则,不能对抗第三人。这些规定与他国的规定具有类似之处。不过,我国担保法将登记作为合同生效的条件,这与日本《著作权法》将登记作为对抗第三人的条件的规定有很大的不同。

第九节　著作权的保护制度

一、著作权侵权行为

(一)著作权侵权行为的概念

著作权侵权行为,是指未经著作权人同意,又无法律上的依据,使用他人作品或行使著作权人专有权的行为。著作权侵权有直接侵权、第三人责任、违约侵权和仅侵犯作者的精神权利等。侵犯著作权的行为应当包括两个方面的行为:或者是未经著作权人的允许违反法律的规定而擅自行使了著作权人的权利;或者是违反法律的规定妨碍了著作权人权利的实现。

(二)侵犯著作权行为的构成要件

关于侵犯著作权行为的构成要件,从主观方面、客观方面、行为后果及因果关系四个方面予以分析。

1. 主观方面

传统的民事理论认为,构成一般侵权行为的要件之一就是主观上应有过错,即加害人只有主观上存在故意或过失才应对加害行为承担责任。在侵犯著作权的行为中,主观上有过错的当然应承担责任,自不待言。但是,对于主观上并无故意或过失但的确损害了著作权人利益的行为,依各国现行法规定,侵权人也应承担责任。

2. 客观方面

传统民事理论认为,侵权行为客观方面的构成要件是实施了加害行为,即侵权人已经实施的行为具有违法性且直接对权利人造成危害。在各国现行著作权法中,侵犯著作权的行为人,毫无疑问应该承担法律责任。但是,对于侵犯著作权行为尚未发生但不久可能发生的行为,能否认定为侵犯著作权? 例如,行为人购买了著作权人的作品及印刷设备并准备实施非法复制行为,此种行为是否应承担侵权责任? 多数国家的著作权法对此以侵权论。

3. 行为后果

在各国现行著作权制度中,如果侵权人的行为给著作权人造成了损害且无法定的免责理由,则侵权人应承担法律责任。但是,如果侵权人实施了侵权行为而又未对著作权人造成实际损害,是否应承担侵权责任呢? 多数国家的著作权法几乎无一例外地认定上述行为都属于侵犯著作权的行为。

4. 因果关系

传统民事理论认为,只有当侵权人所实施的侵权行为与损害后果存在因果关系时,侵权人才承担责任。但是,在著作权法中,有时不以损害的存在作为侵犯著作权行为的构成要件,因此,无须讨论侵权行为与损害后果之间的因果关系。只有当存在损害结果,需要确定侵权人所应承担的责任大小时,因果关系的认定才有意义。

(三)侵犯著作权及邻接权行为的类型

1. 侵犯著作人身权的行为

(1)侵犯发表权的行为。侵犯著作权人发表权的行为,是指未经著作权人同意,擅自公开作者未曾公开的作品的行为。在保护发表权的日本、德国、俄罗斯等国,擅自发表他人享有著作权的作品的行为构成侵权。但是,在有些情况下,未经作者同意公开作品的行为不构成侵权,如美术作品原件受让人向公众展览作品,视为已取得了作者的同意。我国著作权法对此也作了规定。

(2)侵犯作者身份权和署名权的行为。未经作者同意,在作者作品上强行署上他人姓名,故意不署作者姓名,都构成对作者身份权及署名权的侵犯。出版、销售、出租、表演、广播或以其他方式传播此类侵权作品,也构成对作者身份权和署名权的侵犯。几乎所有国家的著作权法都规定了此类侵权行为。

(3)侵犯作品完整权的行为。未经作者同意,擅自删改作品内容、增添材料,损害作品真实含义和表现形式的行为,是对保护作品完整权的一种侵犯。相当一部分国家的著作权法都规定了此类侵权行为。

此外,在保护修改权、收回权、接触权的国家,妨碍作者行使上述权利的行为也被视为侵权行为。例如,意大利、俄罗斯等国规定了作者对作品的修改权,如果作者在作品再版时要求修改作品而出版者不同意,则出版者的行为构成侵权。

2. 侵犯著作财产权的行为

一般而言,使用他人作品,原则上应取得著作权人的同意。因此,未经著作权人同意而使用其作品构成侵权行为。侵犯著作财产权的行为可分为以下几种。

(1)擅自使用。未经著作权人许可又无法律上的允许,以复制、发行、表演、播放、展览、摄制电影、电视、录像或以改编、翻译等方式使用他人的作品。在这些行为中,非法复制是最严重的一种侵权行为,往往造成大量的盗版作品在市场上流通。由于此类行为的存在,著作权人的财产权利往往难以实现。多数国家包括我国都对此作了规定。

(2)剽窃。剽窃,也称为抄袭,是指将他人作品的全部或部分作为自己的作品予以发表。剽窃通常有两种形式:一是照抄照搬他人作品的全部或部分内容;二是将他人作品变动句子顺序,更换个别词语后融入自己的作品。剽窃他人作品的目的往往在于通过发表谋取名利。该行为不仅侵犯了作者的人身权利和财产权利,而且欺骗了公众,是一种严重侵犯著作权的行为。

3. 侵犯邻接权的行为

侵犯邻接权的行为也可分为两类:一是侵犯人身权的行为,包括隐藏变更表演者的身份,对表演者的形象进行歪曲等;二是侵犯财产权的行为,主要指擅自使用。除法律有特殊规定以外,未经邻接权人的同意而擅自使用其表演、音像制品、广播节目的,是侵犯邻接权的行为。

根据侵权行为的表现形式及它们与受保护作品的关系,我们还可以将侵权行为分为直接侵权行为和间接侵权行为。

(1)直接侵权行为。直接侵权行为,是一种直接非法行使著作权人或邻接权人的权利或妨碍他们行使这一权利的行为,侵权人的行为直接涉及作品。直接侵犯著作权和邻接权的行为,在许多国家都作了明文规定,这种行为通常应承担责任。我们通常所讲的侵权行为大都指直接侵权行为。

(2)间接侵权行为。间接侵权,是指侵权行为并未直接涉及受著作权直接保护的作品或受邻接权直接保护的表演、唱片及广播节目,而是因该行为为侵权行为提供了便利条件,行为人自觉或不直接地参与了侵权行为,从而对著作权人和邻接权人的合法利益造成了侵害。间接侵权行为是直接侵权行为的继续或实现的条件,因此许多西方国家在著作权法中都规定了此类侵权行为。应注意的是,间接侵权行为只有在法律有明文规定的情况下侵权人才承担责任。

案例 4-5 从他人电影作品中取个别静止镜头在杂志与广告画上使用

案情

施伯林·戈德伯格作为电影制片人及版权人,制作发行了一部影片《星空与笼舍》。英国出版印刷公司在其出版的一份杂志及为销售该杂志所作的广告上,抽取并使用了影片《星空与笼舍》中几个互相不相连贯的镜头。该公司使用这几个镜头并未得到戈德伯格许可,也未向其支付任何使用费。

戈德伯格认为,按照当时英国《版权法》第 13 条第(5)款的规定,凡复制享有版权的影片,即构成侵权,于是向英国高等法院起诉。高等法院以两条主要理由予以驳回:①按照英国《版权法》第 13 条第(10)款的规定,"电影作品"指的是"将一连串镜头固定于物质形态上,使之可以作为活动画面放映"的作品,因此,只有复制"一连串的镜头"才构成版权法所禁止的复制。②虽然复制某个作品的"一部分"也可能构成侵犯该作品的版权,但按照《版权法》第 49 条第(1)款的规定,整个版权法所禁止的,仅仅是复制他人作品的"实质部分",而不相连贯的一个镜头不能视为电影的实质部分。戈德伯格不服,向英国上诉法院上诉。

处理

1981 年,英国上诉法院作出判决:①英国出版印刷公司复制电影作品中个别镜头的行为构成侵犯版权;②撤销高等法院原判。上述法院在判决中写道:英国《版权法》第 13 条第(0)款中给电影作品下定义时使用"一连串镜头"时,并未指定这一连串镜头要放映多长时间才能被视为电影。所以,一部通常可放映一个半小时的完整的电影作品,从中取出 10 分钟的镜头可以构成《版权法》中所指的电影作品,取出 10 秒的镜头仍可以构成《版权法》中所指的电影作品;于是,以此类推,只取一个单独的镜头,就可以构成该电影作品的"一部分",复制一个镜头,也应视为版权法所禁止的"部分复制"。至于英国《版权法》第 49 条第(1)款,它在规定只有复制"实质部分"才被禁止之前,提出了"但本法另有规定者除外"。《版权法》第 13 条第(10)款末段指出:"复制"一词对电影作品来讲,指的是"复制电影或电影中任何一部分的正片、负片或载有该电影或其中一部分的任何物体",其中并未说明这"一部分"必须是"实质部分"。所以,《版权法》13 条(10)款即构成第 49 条第(1)款所称的"另有规定者"。

二、侵犯著作权和邻接权的救济措施

"尽可能有效,尽可能一致地保护作者对其文学和艺术作品所享受的权利",是《伯尔尼公约》成员国的共同愿望,为了实现这一愿望,该公约除要求各成员国自行对侵权救济方式予以规定外,还在第 16 条特别提出了扣押侵权复制品的措

施,以确保作者权益不受侵害。《与贸易有关的知识产权协定》第41条第1款也要求各成员国应保证此协定所规定的执法程序能依照成员国国内法得到有效贯彻,以便能行之有效地制止任何侵犯此协定所保护的知识产权的行为。为确保这一目标的实现,该协定详细规定了侵权救济措施及防止侵权或防止进一步侵权的措施。受国际公约的影响,各国著作权法以较长的篇幅详细规定了侵犯著作权和邻接权行为的民事、行政和刑事救济措施。

(一)民事救济措施及责任

当著作权或邻接权受到侵犯时,有权提起民事侵权诉讼或采取其他民事救济措施的,只有作者或其他著作权人或其他邻接权人,如日本《著作权法》、英国《著作权法》。

在各国著作权法中,有关民事救济的具体措施主要有停止侵害、赔偿损失、销毁和转让侵权复制物及制作侵权复制物的设备、要求提供信息、发禁令、申请海关中止放行等。

1. 停止侵害

当著作权人或邻接权人的合法利益受到损害时,著作权人或邻接权人可请求侵权人或有侵权可能的人停止侵权,以防损失进一步扩大。日本《著作权法》第112条、德国《著作权法》第97条第1款、俄罗斯《著作权与邻接权法》第49条第1款都规定了此救济措施。我国《著作权法》第49条第1款也规定,著作权人或者与著作权有关的权利人有证据证明他人正在实施或者即将实施侵犯其权利的行为,如不及时制止将会使其合法权益受到难以弥补的损害的,可以在起诉前向人民法院申请采取责令停止有关行为和财产保全的措施。

2. 赔偿损失

赔偿损失是当著作权人或邻接权人的合法利益受到损害时,由侵权人向受害人支付金钱予以赔偿的一种救济方式。赔偿损失是各国著作权法普遍采用的一种救济方式。

各国著作权法一般规定,当侵权人因故意或过失侵犯著作权人或邻接权人的财产利益时,应赔偿受害人所受到的损失。① 德国、法国、意大利等国对此作了概括性规定。日本《著作权法》第114条则具体规定,在赔偿损失时,以侵权人通过侵权行为所获金额作为受害人所遭受损害的金额,受害人也可用自己行使著作权或邻接权通常应接受的金额作为自己所遭损害的金额。俄罗斯《著作权与邻接权法》第49条第1款规定,赔偿损失的数额,不仅包括受害者所受到的实际损失,而且包括受害者可能获得的收益。可见,俄罗斯《著作权与邻接权法》对侵权人所要求的赔偿额度较其他国家大,对侵权人的制裁也更严厉。此外,该法还规定受害

---

① 郑成思:《版权法》,中国人民大学出版社,1990年版,第245页。

人可以就侵权人所获得的侵权收益予以罚款以代替赔偿损失，或者以俄罗斯所规定的最低工资额的 10 倍到 5 万倍支付赔偿费以代替赔偿损失或收入罚款，这样，受害人就可根据实际情况灵活选择经济补偿方式以确保自己的财产利益不受损害，并可通过方式的选择获取最有利于自己的补偿。在英国《著作权法》第 97 条第 2 款中，要求法院除考虑其他因素外，还应考虑侵权人侵权的恶劣程度及所获利益，并可根据案件的公正性需要增加一种额外损害赔偿额，这种额外的损害赔偿额从性质上讲，是对侵权人的一种惩罚性措施。比较而言，美国《著作权法》有关损害赔偿的规定最为详细具体。该法第 504 条原则上规定侵权人有责任赔偿著作权人因侵权行为所受到的实际损害以及侵权人从侵权行为中获得的未计算在实际损害中的利润。在确定侵权者的利润时，著作权人有义务提供侵权者的总收入的证据，侵权者有义务提供可扣除的费用及由于作品之外的其他因素所获得的利润。也就是说，赔偿额计算时是根据受害人因未行使自己权利所实际损失的金额及侵权人从侵权中获得利润额的大小来计算的。由于在实际侵权行为中著作权人所受的实际损失额很难计算，所以美国《著作权法》另外规定了一种法定损害赔偿措施，这一措施类似于俄罗斯的支付固定的赔偿费措施，其具体内容是著作权人在法院终局判决作出前任何时候，都可要求侵权人支付法定损害赔偿。该赔偿额在计算时，每部作品至少不低于 250 美元，最多不超过 1 万美元，具体数额由法院酌情判定。赔偿金可由任何一个侵权人单独承担，或者由任何两个以上的侵权人共同承担。为了加大对故意侵权人的惩罚，法律规定在著作权人承担举证责任的情况下，法院可酌情决定将法定损害赔偿增加到不超过 5 万美元的数额。法定损害赔偿措施的实行，一是从最低限额方面保证了受害人获取适当的赔偿费，同时对侵权人给予了一定制裁；二是受害人可在终局判决前要求给予界定损害，因而节省了诉讼成本，便于迅速、有效地补偿受害人损失。但该制度也有不足，由法官来酌定赔偿额大小，灵活性大，因此操作上有些困难，个别时候还会产生不公平的裁决。此外，该法允许法院对于故意侵权行为增加法定损害赔偿金，从而使这种赔偿金不仅具有了补偿功能，还具有了惩罚性质。

我国《著作权法》修订后，为了更充分地保护著作权人及邻接权人的利益，规定了三种赔偿损失额的计算方式，其中第 54 条就包括了法定损害赔偿：侵犯著作权或者与著作权有关的权利的，侵权人应当按照权利人的实际损失给予赔偿；实际损失难以计算的，可以按照侵权人的违法所得给予赔偿。赔偿数额还应当包括权利人为制止侵权行为所支付的合理开支。权利人的实际损失或者侵权人的违法所得不能确定的，由人民法院根据侵权行为的情节，判决给予 500 元以上 500 万元以下的赔偿。

如果侵权人出于不知而侵权，是否应承担赔偿责任呢？各国著作权法一般都规定，在这种情况下，不免除侵权者应承担的停止损害、销毁侵权复制品等义务，但在损失赔偿方面可酌情减灭其赔偿数额。例如，美国《著作权法》第 504 条规定，如果法院判定侵权者不知道也没有理由认为其行动构成对著作权的侵犯，则法院可酌情决定将法定损害赔偿金减少到不少于 100 美元的数额。日本《著作权法》第 114 条第 3 款也有类似规定。从性质上看，这种损害赔偿是一种象征性的补偿措施。还有一些国家规定，只有在故意或过失的情况下才赔偿损失，否则不承担赔偿责任，但不免除其他民事责任。英国《著作权法》第 97 条第 1 款、德国《著作权法》第 97 条第 1 款就作了这种规定。《与贸易有关的知识产权协定》在规定损害赔偿时区分了故意或过失侵权行为与无过失侵权行为的责任大小。该协定第 45 条第 1 款规定，对已知或有充分理由应知其从事的活动系侵权的侵权人，司法当局应有权责令其向权利人支付足以弥补因侵犯知识产权而给权利人造成的损失的损害赔偿费。可见，故意或过失侵权的人应赔偿受害人的实际损失。该条第 2 款规定，司法当局还有权责令侵权人向权利持有人支付其开支，其中可包括适当的律师费。在适当场合即使侵权人不知或无充分理由应知其从事的活动系侵权，成员仍可以授权司法当局责令其返还所得利润或令其支付法定赔偿额，或二者并处。这即是说，即使侵权人不知，成员国也可授权司法当局令其赔偿受害人的一定损失，只是责任稍轻一些而已。

我国《著作权法》的规定与此类似。

3. 销毁和转让侵权复制物及制作侵权复制物的设备

对于非法制作、非法传播和用于非法传播的复制物及侵权人的设备或用于制作上述非法复制物的设备，受害者可要求销毁这些复制物或设备。日本《著作权法》第 112 条、美国《著作权法》第 503 条、德国《著作权法》第 98 条及第 99 条、俄罗斯《著作权与邻接权法》第 49 条均作了销毁侵权复制品和用于制作侵权复制物的设备的规定。为了避免造成财产方面的过度浪费，德国、加拿大等国著作权法还规定，受害者可要求侵权者将侵权复制物或用于制作侵权复制物的设备以适当的价格转让给他，但转让价格不得超过其成本。如果这些措施在个别情形中不妥当，且侵权复制物可以以其他方式移交，则受害人有权采取必要的措施要求侵权人或复制品所有人或设备所有人将其移交给他。应注意的是，对于建筑作品及复制物和设备中并非违法制作和传播的可分割的部分，则不适用上述规定。例如，某人根据他人享有著作权的建筑作品仿造了一座建筑，如果著作权人要求将此建筑销毁，则显然会造成不公平的后果，所以在此案中应采取其他的救济措施。应注意的是，德国《著作权法》在规定上述救济措施时，充分考虑了无过错人的利益。该法第 101 条规定，如果销毁或转让侵权复制物或用于制造侵权复制物的设备对无过错人会造成过度损失，并且可推断受害者同意金钱赔偿，则侵权者可采取赔偿受害者金钱的方式代替上述救济措施，且随着赔偿费用的支付视为受害者已许可在正常范围内适用。

《与贸易有关的知识产权协定》第 46 条也规定,为了对侵权活动造成有效威慑,司法当局有权在不进行任何补偿的情况下,将已经发现的正处于侵权状态的商品排除出商业渠道,在不违背宪法的情况下有权责令销毁该商品。此外,司法当局还有权将用于制作侵权商品的原料或工具排除出商业渠道。从控制的对象来看,该协定禁止的对象不仅包括侵权复制品和制作它们的设备,还包括制作它们的原料。

我国《著作权法》修订后,加强了著作权保护方面的立法。该法第 53 条规定,如果著作权侵权行为比较严重,且损害社会公共利益,可以由著作权行政管理部门责令停止侵权行为,予以警告、没收违法所得,没收无害化销毁处理侵权复制品以及主要用于制作侵权复制品的材料、工具、设备等。

4. 要求提供信息

要求提供信息的权利是少数几个国家在最近修订著作权法时新增加的一项权利。1990 年德国《著作权法》修订后,规定受害人有权要求侵权人提供侵权复制品的来源及传播渠道。该条款旨在保证彻底制止侵犯著作权及邻接权的行为。《与贸易有关的知识产权协定》第 47 条也规定了受害人的"获得信息权":司法当局有权责令侵权人将卷入制造和销售侵权商品或提供侵权服务的第三方的身份及其销售渠道等信息提供给权利持有人。

5. 发禁令

禁令是司法当局依职权采取或依受害人申请而采取的一项制止侵权发生和防止损害扩大的一项救济措施。"禁令"措施通常包括以下手段:

(1)临时禁令。司法当局有权令被告中止被指控为侵权的活动,如美国《著作权法》第 502 条的规定。俄罗斯《著作权与邻接权法》所规定的中止侵权行为不仅包括直接侵权行为(制作、复制、销售、出租、进口或其他违法使用作品行为),而且包括间接侵权行为(为了将初步认定是作品或唱片的侵权复制件投入民事流转而运输、保存或占有这些复制件)。

(2)永久禁令。司法当局有权令被告永远不得从事有关的违法活动,如西班牙《著作权法》的规定。

(3)扣押禁令。例如,法国《知识产权法典》第 L.332-1 条规定,警察分局局长或法院法官可扣押侵权复制品、侵权收入,并且可扣押生产侵权复制品的设备。

(4)没收和销毁侵权复制物及制作它们的设备令。法院可下令没收侵权复制物及用于制作它们的设备,也可下令将这些侵权物品及制作设备予以销毁。美国《著作权法》第 503 条、俄罗斯《著作权与邻接权法》第 50 条都作了这种规定。

《与贸易有关的知识产权协定》第 44 条要求成员国司法当局颁布禁令责令当事人停止侵权,尤其是在海关放行之后,有权立即禁止侵权复制品在该当局管辖范围内进入商业渠道。第 50 条规定了临时措施。司法当局采取临时措施的目的必须是为了制止侵犯知识产权活动的发生,尤其是制止侵权商品进入其管辖范围内的商业渠道或者是为了保存被诉为侵权的有关证据。司法当局可主动采取临时措施,也可根据申请人的请求采取临时措施,尤其是在一旦有延误则可能给权利人造成不可弥补的损害的情况下,或在有关证据可能被销毁的情况下。申请人提供合法证据后,司法当局如果确认权利人的权利正被侵犯或即将被侵犯,则应责令申请人提供诉讼保证金或与之相当的担保。然后,司法当局可采取查封、扣押等临时措施。如果申请人申请后被证明有误或根本不存在侵权可能,则根据被告请求,司法当局应有权责令申请人就有关的临时措施给被告造成的任何损害向被告提供适当赔偿。从以上规定中可以看出,司法当局所采取的禁令措施是一项有效的、快捷的制止侵权发生或防止损害扩大的措施,这也符合《伯尔尼公约》第 16 条所规定的扣押作品的侵权复制品的要求。

我国《著作权法》修订之后,第 56 条第 1 款规定了类似于禁令制度的诉讼保全措施:著作权人或者与著作权有关的权利人有证据证明他人正在实施或者即将实施侵犯其权利的行为,如不及时制止将会使其合法权益受到难以弥补的损害的,可以在起诉前向人民法院申请采取财产保全,责令作出一定行为或禁止作出一定行为等措施。

6. 申请海关中止放行

如果受害人发现有侵权复制品经由海关进口或出口,则可向海关提供书面申请和担保,要求扣押侵权复制品。如果海关查实被扣押物品系侵权复制品,则予以没收。如果扣押错误,则申请人应赔偿被申请人的合理损失。德国《著作权法》、英国《著作权法》及美国《著作权法》及我国有关法律均对此作了规定。

该措施的意义在于防止侵权物品扩散到一国的商业流通领域造成受害人更大的损失。《与贸易有关的知识产权协定》第 51 条至第 60 条就此作了详细规定。除上述一般规定外,该协定还规定了中止的放行期限、权利持有人的检查权及获得信息权以及救济措施。在通常情况下,海关中止放行的期限为 10 个工作日,在适当场合可延长 10 个工作日。成员国应授权主管当局为权利持有人提供足够的机会请人检查海关的任何产品以便证实其主张,并应将有关侵权行为的信息提供给权利持有人。为防止侵权物品扩散,成员国主管当局应有权责令销毁或处置侵权物品。除了上述救济措施外,俄罗斯《著作权与邻接权法》还授权法院或仲裁庭对侵犯著作权或邻接权的行为处以罚款,罚款额为法院判决地向原告赔偿额的 10%,并且按照法定程序纳入有关预算项目。这是对侵权人的一项惩罚性措施。此外,受害人在要求侵权人予以赔偿或停止侵权前可要求其先承认受害人的合法权益。

对于侵犯著作人身权或邻接权中的人身权利的行为,英美法系国家和大陆法系国家所规定的救济措施有所不同。在以前未保护此权利的国家,往往把其当作一项特殊的侵权行为来处理。例如,英国《著作权法》第 103 条规定,对侵犯著作人身权利的行为可按违反对权利人的法定义务而提起诉讼,法院如认为方式适当,还可颁布附条件禁令,在没有侵权声明的条件下禁止实施有关侵权行为。但该法未规定对著作权人的经济赔偿。

目前对侵犯著作人身权或邻接权中的人身权行为,通常规定了停止侵害、恢复名誉、销毁侵权复制物及其制作设备等救济措施,此外还规定了有限的经济赔偿。例如,日本《著作权法》第 115 条规定,作者人格权受到侵犯时,作者可以在代替损害赔偿或赔偿损失的同时,请求因过失或故意侵犯其人格权的人,为确保作者身份、修正或恢复作者名誉或声望采取适当措施。例如,侵权人可以在报刊上刊登声明公开道歉。此外,由于日本将作者的人格权作为一般的人身权利予以保护,所以受害人也可以请求加害人赔偿因加害行为所受到的精神损失。这种损失因人而异,因此,法院在确定损失时,不仅根据当事人的主观看法,还考虑作者的社会身份、知名度和加害程度等各种情况。德国和西班牙的著作权法则明文宣布,受害人对于非财产权的侵害可要求合理的金钱赔偿,即承认了以经济补偿方法来赔偿受害人精神损失的措施。① 但是,意大利《著作权法》中,对于侵害作者著作人身权的行为,仅规定了排除妨害、销毁侵权物等救济方式,未规定对作者的经济赔偿。该法第 169 条规定,保护作者身份的诉讼,仅在损害无法通过增补或隐去作者姓名或其他公告方式救济时,才可请求排除侵害或销毁侵权物。该法第 170 条规定,保护作品完整性的诉讼,仅在加害人承担费用仍无法恢复作品的原始形式时,才可请求排除侵害或销毁侵权物。各国有关著作权和邻接权保护的民事救济措施具有如下特点:第一,种类繁多,手段齐备。救济措施包括停止侵害、赔偿损失、恢复名誉、销毁侵权复制物及其制作设备、下禁令、申请海关中止放行等。第二,采取措施的时间范围和地域范围较广。救济措施往往从侵害行为刚刚发生或尚未发生就开始采取,以达到将侵权行为消灭于萌芽状态的目的。救济措施的对象不仅针对国内的侵权复制物,而且针对即将进口或出口的侵权复制物,从而有效地将侵权行为控制在一定区域之内。第三,救济措施不仅有补偿性质,还具有惩罚性质。与以补偿为主的一般民事救济措施不同,多数国家在规定损害赔偿时往往考虑了对侵权人的惩罚。因此,我们可以说,目前大多数西方国家著作权法所规定的民事救济措施种类齐全、手段严厉,有效地补偿了受害人的损失,沉重地打击了日益猖獗的侵权行为。从保护程度来看,多数西方国家规定的措施基本达到了《与贸易有关的知识产权协定》的水平。

关于民事救济的诉讼时效,各国规定从 2 年到 6 年不等。例如,美国《著作权

---

① 德国《著作权法》第 97 条第 2 款,西班牙《著作权法》第 123 条。

法》第 507 条规定,民事诉讼必须在起诉原因发生后 3 年内开始,否则,诉讼不能成立。澳大利亚《著作权法》第 134 条规定的诉讼时效为 6 年,自侵权发生之日或侵权复制品制成之日起计算。德国《著作权法》所规定的诉讼时效一般为 3 年,自受害者得知侵害和负有赔偿义务者的情况起计算,如不知上述情况,则从该行为发生起 30 年内有效。

关于受理著作权诉讼的法院,各国著作权法所作规定也不一致。在美国,受理著作权诉讼的一审法院只能为联邦区法院。德国《著作权法》第 105 条授权各州政府通过法规、命令为包括数个州法院的地区指派一个审理著作权诉讼的法院。但在更多的国家,诉讼的一审法院是侵权行为发生地或侵权人所在地地方法院,但一般又不是地方最基层的一级法院。近年来,随着知识产权的地位提高及人们对知识产权认识的深化,一些制定有民事诉讼法典的国家在著作权法中对侵权诉讼及司法救济专门作出详细规定,从而不再援用一般民事诉讼规定,这已成为当前著作权立法的一个重要趋势。1987 年西班牙《著作权法》就是这方面的代表,该法第 123 条至第 128 条详细规定了侵犯著作权诉讼的程序。根据该法规定,原告可选择侵权行为发生地的一审法院或侵权复制品被发现地的一审法院起诉。原告选择后,其他法院不再有管辖权。原告应向法院递交书面形式的诉状或其他对法院的请求,并有原告或法定(或自愿的)代理人的签字。受理诉讼的法官须在收到诉状之日内开始审理。诉讼的任何一方当事人均可请求司法识别程序。法院在采取临时措施或最后判决之前,有权要求当事人交付诉讼保证金。原告在诉讼中发现新证据时,可更改其原诉状。

在我国,有下列侵权行为的,应当根据具体情况,承担停止侵害、消除影响、赔礼道歉、赔偿损失等民事责任。

(1)未经著作权人许可,发表其作品的。

(2)未经合作作者许可,将与他人合作创作的作品当作自己单独创作的作品发表的。

(3)没有参加创作,为谋取个人名利,在他人作品上署名的。

(4)歪曲、篡改他人作品的。

(5)剽窃他人作品的。

(6)未经著作权人许可,以展览、摄制电影和以类似摄制电影的方法使用作品,或者以改编、翻译、注释等方式使用作品的,著作权法另有规定的除外。

(7)使用他人作品,应当支付报酬而未支付的。

(8)未经电影作品和以类似摄制电影的方法创作的作品、计算机软件、录音录像制品的著作权人或者与著作权有关的权利人许可,出版其作品或者录音录像制品的,著作权法另有规定的除外。

(9)未经出版者许可,使用其出版的图书、期刊的版式设计的。

（10）未经表演者许可，从现场直播或者公开传送其现场表演，或者录制其表演的。

（11）其他侵犯著作权以及邻接权的行为。

（二）刑事救济措施及责任

针对严重的侵犯著作权和邻接权的行为，绝大多数国家的著作权法都规定了刑事诉讼程序及制裁措施。这些措施多是针对侵犯著作权和邻接权的特点作出的专门性规定。此外，由于侵犯著作权和邻接权的行为同时涉及赔偿侵权人损失的问题，所以常常会发生刑事附带民事诉讼的情况。[①]

关于侵犯著作权和邻接权的犯罪，有些国家规定了"告诉才处理"的原则。例如，日本《著作权法》第 123 条规定，犯罪行为只有当受害人告诉方予受理。不具名或假名作品的发行人可就与该作品有关的犯罪行为提出告诉。但是，如果该告诉与作者意思相反，则不在此限。此外，德国《著作权法》第 109 条也有类似规定。

关于侵犯著作权犯罪行为主观方面的构成要件问题，多数国家都强调，只有在故意情况下才构成犯罪。例如，日本、英国、美国、意大利等国著作权法都规定，只有在行为人知道或有理由认为其行为构成侵权而有意侵权的情况下才构成犯罪，过失犯罪一般不承担刑事责任，但意大利《著作权法》第 172 条规定，在一定条件下，过失犯人也要受到刑事处罚。德国《著作权法》原则上承认只有故意犯罪才承担责任，但在 1990 年著作权法修订后加重了对犯罪行为的处罚力度，未遂犯罪也要受到刑事处罚，这一点与日本不同。

关于承担刑事责任的主体，除作出具体侵权行为的人要承担外，行为者的雇主（法人或非法人团体）也要受到处罚。

关于犯罪行为的种类，各国著作权法的规定有很大差异。有些国家仅作出了概括性规定，如美国、俄罗斯仅原则上规定，侵犯著作权构成犯罪的行为应受到刑事处罚。也有些国家详细列出了各类应承担刑事责任的犯罪行为，如意大利、德国、英国等国。日本则既作了原则上的规定，又重点列出了一些构成犯罪的行为。第一种立法体例的优点在于概括性强，可适应各种具体情形的需要，不足之处在于弹性过大，有时难以划清罪与非罪的界线。第二种立法体例虽然清楚明了，易于确定何为罪何为非罪，但容易挂一漏万，使有些未规定的犯罪行为逃脱制裁。

目前一些国家所规定的侵犯著作权和邻接权的犯罪行为，一般可分为两种类型：一类是侵犯人身权利的犯罪行为；另一类是侵犯财产权利的犯罪行为。例如，德国《著作权法》第 107 条规定，侵犯作者署名权的人将被处以 3 年以内监禁或罚金。意大利《著作权法》第 171 条也规定，对于侵犯作者发表权、作者身份权及保护作品完整权的犯罪人，处 1 年以下监禁或 5000 里拉以上罚金。在侵犯著作财

---

① 郑成思：《版权法》，中国人民大学出版社，1990 年版，第 253 页。

产权的犯罪行为中,犯罪类型主要有非法复制、发行、上演、朗诵、播放、演绎、录制作品等行为;在侵犯邻接权的财产权的行为中,犯罪类型主要有非法录制、转播表演者的表演、非法复制音像组织制作的音像制品、非法广播受保护的广播节目等。

对于严重侵犯著作权及邻接权的行为,《与贸易有关的知识产权协定》第61条规定,成员应提供刑事程序及刑事处罚。可采用的救济措施包括处以足够起威慑作用的监禁或罚金,或二者并处,以符合适用于相应严重罪行的惩罚标准为限。在适当场合,可采用的救济还应包括扣留、没收或销毁侵权商品以及任何主要用于从事上述犯罪活动的原料或工具。从各国著作权法所规定的刑事措施来看,基本上与该协定的规定一致。例如,日本《著作权法》对此类犯罪行为规定了判处有期徒刑和罚金两类刑事救济措施;德国《著作权法》规定的刑事处罚有判处有期徒刑、罚金及没收侵权物品;美国《著作权法》规定的救济措施有判处有期徒刑、罚金、没收和销毁侵权复制物及制作设备、扣押和没收侵权复制物和制作设备;英国《著作权法》规定了判处有期徒刑和罚金两类刑事处罚。

从各国刑事处罚的规定来看,加重对此类犯罪的刑事处罚已成为一种趋势。例如,法国、德国在新修订的著作权法中加大了刑事处罚的力度。法国将原"处以3个月至2年的徒刑和6000至1.2万法郎的罚金,或只受两种处罚中的一种"的措施改为"处以2年的徒刑和100万法郎的罚金"。此外,该法还规定了法人的刑事责任。

关于侵犯著作权和邻接权犯罪的诉讼时效,多数国家按本国刑法典所作的规定处理。美国对此作了与众不同的规定,美国《著作权法》第507条规定,刑事诉讼必须在引起诉讼情况发生后的3年开始,否则,诉讼不能成立。

我国《著作权法》第53条在原则上规定,构成犯罪的,依法追究刑事责任。对此,我国《刑法》具体规定了相关的罪名及处罚措施。

在我国,凡有下列侵权行为的,应当根据情况,承担停止侵害、消除影响、赔礼道歉、赔偿损失等民事责任;同时损害公共利益的,可以由著作权行政管理部门责令停止侵权行为,没收违法所得,没收、销毁侵权复制品,并处以非法经营额3倍以下的罚款;非法经营额难以计算的,可以处10万元以下的罚款;情节严重的,著作权行政管理部门还可以没收主要用于制作侵权复制品的材料、工具、设备等。以营利为目的,有下列侵犯著作权或者与著作权有关的权利的情形之一,违法所得数额较大或者有其他严重情节的,处3年以下有期徒刑,并处或者单处罚金;违法所得数额巨大或者有其他特别严重情节的,处3年以上10年以下有期徒刑,并处罚金:

(1)未经著作权人许可,复制发行、通过信息网络向公众传播其文字作品、音乐、美术、视听作品、计算机软件及法律、行政法规规定的其他作品的;

（2）出版他人享有专有出版权的图书的；

（3）未经录音录像制作者许可，复制发行、通过信息网络向公众传播其制作的录音录像的；

（4）未经表演者许可，复制发行录有其表演的录音录像制品，或者通过信息网络向公众传播其表演的；

（5）制作、出售假冒他人署名的美术作品的；

（6）未经著作权人或者与著作权有关的权利人许可，故意避开或者破坏权利人为其作品、录音录像制品等采取的保护著作权或者与著作权有关的权利的技术措施的。

（三）行政措施或仲裁措施及责任

著作权纠纷数量很大，侵犯著作权和邻接权的行为屡禁不绝，仅靠法院来处理此类纠纷远远适应不了实践需要，因此，一些国家的著作权法都规定了通过行政机关或法律授权的裁判组织来处理此类纠纷的途径。

1. 调解组织

日本《著作权法》规定了详细的著作权纠纷调解程序。该法第105条至第111条规定，日本文化厅为了解决著作权纠纷，下设"著作权纠争调解委员会"，委员由文化厅长官从具有著作权工作经验和专业知识的人中间委任，每案不超过3人。当事人在发生纠纷后可向文化厅长官申请调解，并交付受理费。文化厅长官在双方都同意调解的情况下将案件托付委员调解。委员调解结束后，必须向文化厅长官报告情况。

2. 著作权仲裁委员会

在德国，司法部指派主席及仲裁员组成著作权纠纷仲裁委员会，解决因版权许可使用合同所引起的纠纷。如果当事人一方是版税征集协会，则有关纠纷必须先提交到仲裁委员会仲裁。只有在当事人对仲裁裁决不服的情况下才可诉诸法院。

3. 著作权仲裁庭

英国《著作权法》第145条至第152条规定了"著作权仲裁庭"的设立及程序。该仲裁庭由大法官在与检察长协商后任命的1位主席与2位副主席以及由国务大臣任命的2～8位普通成员组成。该仲裁庭专门解决因著作权许可合同、著作权使用的法定许可以及其他与著作权使用费有关的纠纷。当事人如对裁决不服，可上诉于高等法院，如果在苏格兰进行仲裁，则向季法院上诉。高等法院的判决为终审判决。澳大利亚、新西兰等国也设立了著作权仲裁庭，但只处理表演权许可、法定许可或与使用费有关的问题。

4. 版税仲裁庭

美国《著作权法》规定了"版税仲裁庭"的设立及仲裁程序。该仲裁庭由总统任命的 5 名委员组成,任期各为 7 年。该仲裁庭负责处理因强制许可、法定许可所引起的版税支付问题,对合理的版税费率的调整作出裁决,对交付版税的合理条件和比率问题作出裁决。仲裁庭的仲裁程序按经修正的 1946 年 6 月 11 日《行政诉讼法》的规定处理,每次终局裁决必须在联邦政府通报上公布,其中应说明仲裁所适用的标准、有关事实及作出裁决的依据。当事人如对裁决不服,可以在仲裁裁决在联邦政府通报上公布后 30 日之内上诉,要求取消、修改或纠正此裁决。

我国《著作权法》十分注重通过行政途径来解决著作权纠纷,该法第 7 条首先规定了著作权纠纷的行政管理部门:国家著作权主管部门负责全国的著作权管理工作;县级以上地方主管著作权的部门负责本行政区域的著作权管理工作。根据该法第 53 条的规定,著作权行政管理部门对于损害社会公共利益的著作权侵权行为,可以责令停止侵权行为,予以警告、没收违法所得,没收、无害化销毁处理侵权复制品以及主要用于制作侵权复制品的材料、工具、设备等。通过以上规定,增强了对著作权人利益的法律保护。

根据我国《著作权法》第 53 条及第 55 条规定,著作权管理机关可以受理涉及数十种侵权行为的案件,并作出行政处罚。受理案件可根据权利人的申请、投诉,也可根据举报人的举报,或主动对市场的侵权事实进行查处,对侵权案件的行政处罚种类有以下几种:

(1)没收违法所得。

(2)没收、无害化销毁处理侵权复制品。

(3)罚款。

(4)情节严重的,没收用于制作侵权复制品的材料、工具、设备。

(5)法律法规规定的其他行政处罚。

著作权管理机关可根据侵权事实所造成的后果,即侵权行为对被侵权人和对公共利益的损害程度大小,决定选择其中一种或几种处罚。

从以上规定中可以看出,在著作权侵权行为日趋猖獗的今天,各国纷纷加强了对著作权的保护,其保护措施逐渐趋于完善。我国的著作权法经过了几十年的实践,通过修订逐步与国际公约的规定相吻合,知识产权保护的水平不断提高。

第五章　比较其他知识产权制度

20世纪60年代以来,随着社会经济和科技的发展,知识产权早已突破传统范围(著作权、专利权、商标权)的限制,不断呈现出多样化的趋势。1942年的意大利《民法典》在知识产权专章规定了著作权、专利权、商标权以及商号权。1992年的法国《知识产权法典》则将知识产权分为文学艺术产权(包括著作权、邻接权、数据库作者权等)和工业产权(包括发明专利权、工业产品外形设计权、技术秘密权、植物新品种权、集成电路布图设计权、商标权以及其他标记权)。除此之外,1967年的《建立世界知识产权组织公约》将知识产权界定为文学艺术作品权、发明权、发现权、工业产品外观设计计权、商标权、商号权、制止不正当竞争权以及其他一切在工业、科学、文学、艺术领域基于智力活动而产生的权利。1994年的《与贸易有关的知识产权协定》将知识产权界定为著作权及邻接权、商标权、地理标志权、工业产品外观设计权、专利权、集成电路布图设计权、商业秘密权。我国也出台了一系列单行条例,以充分实现对著作权、专利权、商标权以外的其他知识产权的保护。我国2021年正式施行的《民法典》第123条以列举的方式规定了作品、发明、实用新型、外观设计、商标、地理标志、商业秘密、集成电路布图设计、植物新品种等知识产权客体。在学界,有不少中外学者甚至将商业信誉、信用、形象等无形财产也纳入了知识产权的保护范围。知识产权远超出传统著作权、专利权、商标权的范围已是一个不争的事实。

本章着重对企业名称权、地理标志权、集成电路布图设计权和植物新品种权进行比较研究。

第一节　比较企业名称权

一、企业名称的概念

企业名称,又称商业名称、厂商名称,是指企业(或商事主体)在从事各种经营活动时的对外称谓。企业名称是企业法律人格化的表征,是企业作为一个独立的市场主体与其他企业相区别的显著标志。对此,中外学界基本上没有太大的分歧,只是在表述上有所差异。

在我国,企业法律人格化的标志一般被直接称作"企业名称"。例如,我国《民法典》第110条第2款规定,法人、非法人组织享有名称权、名誉权和荣誉权;第1013条规定,法人、非法人组织享有名称权,有权依法决定、使用、变更、转让或者许可他人使用自己的名称。除此之外,《企业名称登记管理规定》(国务院 2020 年修订)和《中华人民共和国反不正当竞争法》(为避免歧义,以下称我国《反不正当竞争法》)等相关法律的规定中,亦是采用"企业名称"一词。我国学者在论述有关问题时,通常也是使用"企业名称""企业名称权"的称谓。例如,有学者认为,企业名称是企业在营业时所使用的名称,是在营业上为法律行为时用以署名或由代理人使用,与他人进行交易的名称。企业名称经依法登记,即受法律保护,相关企业即享有企业名称权。① 还有学者认为,企业名称,或称商业名称、厂商名称,是企业在经营活动中使用的为人所知而与其他企业相区别的称呼。② 在国外,企业法律人格化的标志一般被称为"商号"。例如,德国《商法典》第 17 条规定,商号是商人从事商事活动的名称,商人须以商号的名义从事经营活动并署名,且以商号的名义在法院应诉或起诉。日本《商法典》在第一编设有"商号"一章,专门规定了商号的设定、使用、转让、保护等问题。意大利《民法典》第六编设有"知识产权"专章,并在该章规定了著作权、专利权、商标权以及商号权。除此之外,《巴黎公约》、《建立世界知识产权组织公约》、《制裁商品来源的虚假或欺骗性标示马德里协定》(以下简称《马德里协定》)、《发展中国家商标、商号和反不正当竞争行为示范法》、《班吉协定》等国际、地区公约也都对商号的保护作出了规定。不仅如此,随着国际交往的不断深化,我国越来越多的学者开始使用"商号"的概念,并试图用"商号"的概念取代传统的"企业名称"的概念。例如,有学者认为,商号是商事主体在商事交往中使用的用以区别其他主体的名称。③ 有学者认为,商号是商事主体在从事商事行为时,用以表现其营业的名称。商号权是商事主体依法对其所拥有的商号享有的专属权利。④

"商号"是否等同于"企业名称",是一个值得思考的问题。目前,多数学者认为二者并不能完全等同。例如,有学者认为,商号不同于企业名称,因为根据《企业名称登记管理规定》,企业名称应当由行政区域、商号、行业或经营特点、组织形式几个部分组成,商号只是企业名称的组成部分之一,而不是全部。相比较于其他的几个组成部分而言,商号最能反映企业的独特性,是企业名称中最本质、最核心的要素,因此,企业只是对商号享有专用权,对企业名称并不享有专用权,只是使用权。⑤ 笔者认为,对商号概念的理解,应结合具体语境进行,不然就会导致理论上的混乱。首先,从《企业名称登记管理规定》中关于企业名称的组成来看,商

① 盛杰民:《对企业名称权的法律思考》,《法商研究》,1997 年第 6 期。
② 谢晓尧,刘恒:《论企业名称的法律保护》,《中山大学学报(社会科学版)》,1997 年第 3 期。
③ 张丽霞:《论商号和商号权》,《法律科学》,1996 年第 4 期。
④ 李华:《我国商号保护的立法检讨及其完善》,《商业研究》,2009 年第 9 期。
⑤ 廖斌:《论商号权及其法律保护》,《中央政法管理干部学院学报》,1997 年第 3 期;姚新华:《论商号权》,《政法论坛》,1994 年第 1 期。

号只是企业名称的构成要素之一,除了商号外,企业所在地的行政区划名称、行业类别、企业的组织形式(或财产责任承担形式)也是组成企业名称不可缺少的要素。因此,商号与企业名称并不是同一个概念,而是部分与整体的关系。其次,从国外立法来看,商号与商业名称、商事主体名称并无二异。例如,日本《商法》规定,商人可以使用自己的姓名或姓以及其他名称作为商号,公司的商号除了包括一定的名称外,还应包括组织形式或责任形式的内容;德国《商法典》第18条规定,任何企业都可以使用人名、物名或其他名称作商号,但必须同时标注企业的组织形式。我国立法中的"商号"与域外立法中的"商号"并不是等同的概念。我国立法中的"商号"只是企业名称的一个组成部分,而域外立法中的"商号"则相当于企业名称的全部。因此,我国的"企业名称"与国外的"商号"其实是相同的概念。另外,即便是立足于本国的立法语境,商号虽然是企业名称中最核心的要素,但无法脱离企业名称这个整体而单独存在,商号的识别、宣传功能,以及它所蕴含的经济价值和商业信誉,也只能通过企业名称才能表现出来。因此,商号专用权也就是企业名称的专用权,只有保护企业名称专用权,才能保护商号专用权。那种认为企业只对商号享有专用权,对企业名称并不享有专用权的看法,割裂了商号与企业名称的统一关系,自然是不妥的。为了论述方便,没有特别表明,本节中的"商号"与"企业名称"采取相同的概念。

二、企业名称权的性质

企业名称权是指企业对其所拥有的名称依法享有的权利。这种权利究竟是何种性质的权利,其在民事权利体系中的地位究竟如何,则是需要深入探讨的问题。

从国外的立法和相关实践来看,企业名称(商号)权属于知识产权的范畴,其与专利权、商标权相并列,同属于知识产权中的工业产权。例如,巴西、西班牙、葡萄牙的工业产权法中就专门对商号的保护作了规定;美国商标法、英国商标法、德国商标及其他标记保护法则是将商标与商号共同视为商业标志,并予以同等保护;意大利《民法典》在第六编中设知识产权专章,规定了著作权、专利权、商标权以及商号权;法国《知识产权法典》中,则是在商标权以及其他标记权中规定了对商号权的保护;荷兰、瑞典制定了专门的商业名称法,对商号予以特别保护。除此之外,相关的国际条约也有类似的规定。例如,《巴黎公约》第1条规定,工业产权的保护范围包括专利、实用新型、工业产品外观设计、商标、服务商标、商号、原产地标记或名称以及制止不正当竞争;《发展中国家商标、商号和不正当竞争行为示范法》第47条至第55条详细规定了商号的取得、转让、保护等相关问题。此外,《建立世界知识产权组织公约》《马德里协定》《班吉协定》也都有类似的规定。这些域外立法充分说明了商号权作为知识产权或工业产权的一种,在国际社会已不存在任何疑议。有些国家尽管没有在立法上明确将商号权归于知识产权的一种,但在学理上和实践中认可商号权的知识产权属性。

在我国,有关企业名称的相关立法散见于《民法典》、《企业名称登记管理规定》、《中华人民共和国消费者权益保护法》(以下简称《消费者权益保护法》)、《中华人民共和国产品质量法》(以下简称《产品质量法》)、《中华人民共和国反不正当竞争法》等法律文件中,理论上对企业名称权的性质颇有争议,主要有以下几种观点:

其一,人格权说。该学说认为企业名称权与公民姓名权无异,都属于人格权的一种。例如,有学者认为,企业名称是企业固有的、专属的、必备的人格利益,其所具有的继承、转让等财产属性,只不过是这种人格利益的附属性质。[①] 有学者认为,企业名称权源自公民姓名权,为了与公民姓名权相区别,企业的姓名权被称为名称权。[②]

其二,身份权说。该学说认为企业名称的存在,是为了表明商事主体的身份,以便开展经营活动,而且企业名称权可以依法转让和继承,因而不属于人格权的范畴,而是属于身份权的一种。[③]

其三,财产权说。该学说认为企业名称不同于公民姓名,它能为企业带来巨大的经济价值。企业都以营利作为自己的生存目的,企业名称权就是企业的一项无形资产。例如,有的学者认为,企业名称权是企业对其名称依法享有的占有、使用、收益、转让以及其他处分的权利,它因为经营主体而存在,为财产而生存。[④]有的学者认为,企业名称权是一种财产权,还是一种具有排他性的财产权。企业名称一经依法注册登记,便在登记的范围内享有排他性的专用权利。[⑤]

其四,人身权兼财产权双重属性说。该学说认为企业名称权兼有人身权和财产权的双重属性。例如,有的学者认为,商号权是一种特殊的权利,它兼具人身权与财产权的双重性质。一方面,商号权的使用必须通过登记而取得公开性;另一方面,商号权具有地域性、排他性和可转让性。[⑥] 有的学者认为,商号权同时具有人格权与财产权的性质。一方面,商号权直接体现了商事主体的主体资格,具有人格权的性质;另一方面,商号权也是一种无形财产权,能够被商事主体占有、使用、收益、转让、继承以及用作其他处分。[⑦]

---

① 杨立新:《人身权法论》,中国检察出版社,1996 年版,第 448—449 页。
② 孟玉:《人身权的民法保护》,北京出版社,1988 年版,第 8 页。
③ 王利明,杨立新:《人格权法》,法律出版社,1997 年版,第 153 页。
④ 江平:《法人制度论》,中国政法大学出版社,1994 年版,第 188 页。
⑤ 史际春,等:《企业和公司法》,中国人民大学出版社,2001 年版,第 87 页。
⑥ 李华:《我国商号保护的立法检讨及其完善》,《商业研究》,2009 年第 9 期。
⑦ 王利明,杨立新:《人格权法》,法律出版社,1997 年版,第 153 页。

其五,知识产权说。该学说认为企业名称权属于知识产权的一种,与传统的著作权、专利权、商标权相并列。例如,有的学者认为,商号权的性质是知识产权一说,已经得到了学界多数学者的赞同,也为我国国内立法和国际公约所认可。[①]有的学者认为,商号权集人身权、财产权于一体,其核心权利是财产权,更确切地说,商号权是一种商业标识权,归属于知识产权的范畴。[②]

纵观以上学说,人格权说将企业名称与公民姓名等同,认为企业名称是企业人格化的象征,是企业作为一个独立的商事主体的标志,具有一定的合理性。但人格权说并不能完全说明企业名称权的属性。企业名称权的主体是企业,无论是个体工商户、合伙企业,还是企业法人,都是以营利为目的的经济实体,这决定了企业名称不仅只是企业人格化的标志,更重要的是具有财产属性。企业名称承载着企业的商业信用和商品信誉,能为企业带来巨大的经济收益。在市场竞争中,企业正是通过其名称中所蕴含的商业价值,来彰显企业的不同人格的。除此之外,企业名称权的专用性、可转让、可继承性也无法通过人格权来说明。人格权与主体紧密相连,不能转让,不能继承;同时,作为人格权的姓名权是一种内敛型权利,并不排斥他人使用,只是在受到侵犯时,才会予以保护,因而不具有专用性。身份权说将企业名称权视为一种标志企业身份的权利,而且认为这种身份权可以转让,可以继承,这也与人身权与人身紧密相连、不能转让、不能继承相矛盾。同时,身份权说也无法说明企业名称权的财产属性以及企业名称权的专用性。财产权说将企业名称权视为一种无形财产权,看到了企业名称的经济价值,充分说明了企业名称权的可转让、可继承性,是可取的。但财产权说用物权的四个权能(即占有、使用、收益、处分)来解释企业名称权,并不能充分说明企业名称权的专有属性,企业名称权不同于物权,也不同于一般的无形财产权。此外,财产权说尽管抓住了企业名称权的核心价值,但忽略了企业名称权的人格属性。企业名称不仅具有一定的经济价值,还是企业个性化的表现,是企业与企业之间相互区别的显著标志,其人格属性是不言而喻的。现代各国商法一般都禁止企业名称单独转让,必须连同营业一起转让,这也充分说明了企业名称权的人格属性。人身权兼财产权双重属性说认为企业名称权兼有人格权和财产权的双重属性,是可取的。这种学说在一定程度上弥补了前几种学说的不足,但没有进一步说明企业名称权的本质属性究竟是人格属性,还是财产属性,以及二者之间的关系。知识产权说较好地解决了企业名称权的上述问题,是合理的。

首先,企业名称是一种智力成果。企业名称是企业个性化的体现,它往往向消费者和社会传递一些反映企业个性化的信息,如经营特点、文化理念、商品特

---

① 朱冬:《商号权效力地域限制质疑》,《知识产权》,2012 年第 2 期。

② 饶世权,刘锋:《试论商号权的核心价值与立法保护》,《生产力研究》,2009 年第 23 期。

征、服务特色等。一个处于市场竞争中的企业,往往需要采取各种宣传手段来吸引消费者的注意力,以此不断积累商业信用与商品、服务信誉,最终实现经营的最大化。企业名称无疑能起到较好的宣传作用,为了打开市场,争取消费者,企业创立者在设计企业名称时,往往需要考察市场走向、时代特征、文化观念,并充分结合自身独特的经营方式和理念,发挥想象力和创造力。作为一种商业标记,企业名称承载着特定企业的商业信誉和服务质量。一个具有良好信誉的企业,其名称对消费者具有巨大的吸引力,能为企业带来更多的经济利益,是企业的一项重要无形财产。

其次,企业名称兼有人格的属性。企业是以营利为目的的,企业名称更多体现的是经济价值或财产属性,这也是企业名称权与公民姓名权最本质的区别。但企业名称与企业本身紧密相连,它向外界传递着特定企业的商品、服务不同于其他企业的相关信息,是企业个性化的体现,其人格属性表现无疑。与专利权、商标权等其他工业产权相比,企业名称权的人格属性更多地体现在使用时间和转让上。当代各国立法都没有对企业名称权的使用规定具体的时间,而是由企业本身的存在时间所决定。一般而言,企业存在,企业名称权即存在;企业消亡,企业名称权也就不复存在。在企业名称权的转让上,各国商法一般都规定企业名称权不能单独转让,必须连同企业营业一起转让。

再次,企业名称具有专属性。专属性或独占性、排他性,是知识产权的一个特有属性。作为一种智力成果,企业名称极易被他人复制或模仿,从而发生侵权现象,因此,需要赋予企业对其名称享有专有权。当然,与其他知识产权一样,这种专有权要受到一定地域的限制。一般而言,普通企业名称权的效力只及于注册国部分领域,而知名企业或驰名企业的名称权效力则可及于注册国全部领域。根据我国《企业名称登记管理规定》的相关规定,企业名称在登记核准的范围内享有专用权,任何企业不得在登记机关的辖区内使用与其他同行注册企业相同或相似的名称。与其他知识产权相比,企业名称权的效力受到地域的限制更为明显。

综上所述,企业名称权具备知识产权的所有特性,应当归属于知识产权的范畴。将企业名称权定位于知识产权,不仅符合民事权利划分的基本原理,也与当今国际社会的通行做法相一致。

三、企业名称权的客体

企业名称权是企业对其名称依法享有的专有权利。企业名称权的客体所涉及的问题是,法律层面或法律范围内的企业名称应如何界定,即什么样的企业名称才属于法律所保护的范围。对此,中外立法和学界认识并不完全一致。

从国外立法来看,对企业名称权的客体范围,主要存在着以下三种情形。

其一,登记生效主义。登记生效主义是指只有在主管部门依法登记注册的企业名称才受法律保护,才依法享有排他性的专有权,未经依法登记注册的企业名称不得使用,不得用来从事任何商事活动。例如,德国《商法》第 29 条规定,任何一名商人都有义务将其商号向其营业所在地的商事登记法院申报登记,并标明商号,由商事登记法院保存。在商号发生变更、废除的情况下,商事主体也应当依照同样的程序,向商事登记法院申报。采取登记生效主义旨在规范企业名称的管理,维护市场秩序和交易安全。

其二,登记对抗主义。登记对抗主义是指企业名称的使用无须经过登记,但只有经过登记的企业名称才具有专有权,才能受到法律保护,未经登记的企业名称不足以对抗第三人。例如,日本《商法》第 20 条第 1 款规定,已经进行商号登记的,对于以不正当竞争为目的使用相同或相似的商号的,可以要求使用人停止该商号的使用;第 2 款规定,商号的转让,非经登记,不得对抗善意的第三人。与登记生效主义不同的是,登记对抗主义承认未经登记的企业名称的使用权,只是这种使用权不具专有性,无法对抗第三人使用相同或相似的名称。作为一种知识产权,专有性是企业名称权的特有属性,因此作为企业名称权的客体只能是经过登记的企业名称,未经登记的企业名称尽管可以使用,但已经超出了企业名称权的客体范围。

其三,使用主义。使用主义认为,企业名称无须办理任何的注册登记,只要用于从事商事活动,面向社会,与公众相接触,为公众所知悉,就受到法律保护,享有专有权。例如,美国《商标法》规定,商标、商号无论是否注册,只要使用就能得到法律保护,享有专有权。法国亦采取登记任意主义,只要商号一经使用即受法律保护,享有商号专有权,而无须履行登记程序。除此之外,《巴黎公约》第 8 条规定,商号应当在本同盟所有成员国内得到保护,无须履行申请注册的义务,也不论其是否为商标的组成部分。《发展中国家商标、商号和不正当竞争行为示范法》第48 条规定,尽管任何法律或规章规定了任何登记商号的义务,但商号即使在登记前或未登记,也依然受到法律保护,具有对抗第三人的效力。《班吉协定》附件 5规定,商号权可以通过使用和注册这两条途径中的任何一条途径获得。使用主义将企业名称权的客体界定为实际使用的企业名称,其旨在促进市场和交易自由。

从我国的立法来看,采取的是登记生效主义,认为企业名称权的客体是依法登记注册的企业名称,未经依法登记注册的,不得使用。《企业名称登记管理规定》第 4 条规定,企业只能登记一个企业名称,企业名称受法律保护;第 24 条规定,申请人登记或者使用企业名称违反本规定的,依照企业登记相关法律、行政法规的规定予以处罚。我国学界通常也是持此观点。例如,有学者认为,商号权是商事主体对自己依法登记注册的商号享有的专用权,它是商事主体的一项重要权利,属于知识产权的范畴。[①] 也有个别学者持不同的态度,如有学者认为,法律并

---

① 张丽霞:《论商号和商号权》,《法律科学》,1996 年第 4 期。

非保护所有商号，只有具备一定影响、享有一定商业信誉的商号，才能成为商号权的客体，才能得到法律的保护。① 按照这种观点，即使已经登记注册，但不具备一定知名度、良好信誉的商号，也不能作为一种知识产权来加以保护。相反，具备一定知名度、具有良好信誉的商号，即便不登记注册，也能作为一种知识产权来加以保护。对此，笔者认为，首先，将商号或企业名称的注册登记作为法律保护的前提，在我国是十分必要的。我国正处于市场经济的不断发展、完善时期，需要通过核准登记的方式对企业资格进行确认并且公示，以维护市场秩序和交易安全。完全放开对企业资格的确认和管制，只会导致市场秩序的混乱，不利于维护交易安全，保护消费者合法权益。其次，认为只有具备一定影响力、良好商业信誉的商号才能受到法律保护，不具备一定影响力、良好商业信誉的商号则不受法律保护，有悖于法律面前人人平等原则。商号是企业的一项重要无形财产，其知名度、影响力、商业信誉只是衡量商号经济价值的标准，而不是判断商号是否应受法律保护的依据。知名度高、影响力大、商业信誉好的商号，只是说明它给企业带来的经济价值大，而不是说明它应当受到法律保护。无论是信誉良好的商号，还是信誉一般的商号，只要依法履行了注册登记手续，就应当平等地受到法律保护，而不应予以差别对待。认为前者应受到法律保护，后者不应受到法律保护，自然有违法律面前人人平等原则。再次，将具有一定影响力、享有一定商业信誉作为商号受到法律保护的标准，也会导致实践中的操作困难。任何商号的知名度、影响力、商业信誉都是在市场中不断发展、积累而形成的，但究竟达到何种程度的知名度、影响力、商业信誉的商号才能受到法律保护，在实践中本来就是一个难以把握的问题，没有一个具体、明确的标准，这样不利于对商号权的保护。

通过上述比较，我们可以发现，各国对企业名称权客体的界定并不完全一致。但从国际社会的发展趋势来看，对企业名称权的保护呈现出不断扩大的趋势，即不仅对注册的企业名称予以保护，也对未注册的企业名称予以保护，这应当也是与加强国际合作、促进自由贸易的当前国际经济环境相适应的。

四、企业名称权的内容

企业名称权的内容一般包括名称设定权、名称独占使用权以及名称转让权。除此之外，企业名称权的内容还涉及名称变更权、名称废除权和名称许可使用权。本部分主要就名称设定权、名称独占使用权、名称转让权三项内容展开比较分析。

（一）名称设定权

名称设定权，是指企业有决定采用何种内容作为自己名称的权利，即确定自己名称的权利。一方面，企业名称的设定，必须充分反映企业自身的经营特点、风

---

① 张礼洪：《论商号的知识产权保护》，《知识产权》，1995年第5期。

格和文化理念,以博得消费市场,因此,必须尊重企业的选择自由;另一方面,为了维护公平的市场竞争秩序,切实保障消费者合法权益,又有必要对企业设定名称的权利进行一定程度的限制,确保企业名称能真实反映企业的相关情况,避免给公众造成假象和产生迷惑。世界各国都是在平衡自由主义与真实主义的基础上来规定名称设定权的。

从国外的相关立法来看,大多是在坚持自由主义原则下,辅之以真实主义原则,以充分发挥企业名称的相关功能。旧的德国《商法典》以及相关法律主要采用真实主义原则,对商号的选择进行了严格的限制。例如,该法典第 18 条第 1 款、第 2 款规定,独资商人必须以本人的真实姓名作为商号,在商号中尽管也可以注明企业的业务种类,但不得对社会公众造成误解和欺骗。此外,德国的《股份法》《有限责任公司法》等法律也规定,人合商事公司(即无限责任公司、两合公司、股份两合公司)必须以全体无限责任股东的姓氏或一名无限责任股东的姓氏加上公司业务性质作为商号,即只能采用人名商号,不能采用物名商号;资合商事公司(即有限责任公司和股份有限公司)则应视不同种类而定,有限责任公司既可以用人名作商号,也可以用物名作商号,而股份有限公司则只能使用物名作为商号,而且必须同时注明公司业务种类和法律责任形式。1998 年新修订的德国《商法典》则采取了自由主义原则,大大放宽了企业对商号选择的自由。根据该法典第 18 条第 1 款、第 2 款以及第 30 条的规定,无论是独资商人,还是人合商事公司、资合商事公司,都可以选择使用人名或者物名作为商号,甚至还可以选择虚构的名称作为商号,但必须同时具备以下三个条件:其一,商号中必须标明企业的责任形式,如"无限公司""有限公司""两合公司"等;其二,商号中不得包含足以使人发生误解的内容;其三,商号必须与同区域内已登记的商号明显相区分。此外,根据1994 年德国《商标和其他标记保护法》的规定,商号作为一种商业标记,不得与商标或其他商业标记相同或相近似,以免发生混淆。日本《商法典》同样采取自由主义原则,对商号的选用并未施加过多的限制,但也规定同一区域内的商号必须存在差别,不能使人误认为是他人营业的商号。根据意大利《民法典》的规定,公司名称不得包含引起他人误解的内容,新成立的公司名称不得与同一地区、同一行业的其他公司名称相混淆。韩国《商法》第 23 条规定,禁止任何人出于不正当的目的采用足以使人误认为是他人营业的商号,禁止在同一市、郡、特别市、广域市使用同一行业的他人已经登记的商号作为自己的商号。在美国,商号一般不受联邦法的保护,但受州普通法的保护。根据州普通法的规定,商号不得与其他公司的名称相同或相近似,以引起混淆。[①] 同时,美国对于商号与商标往往予以同等

---

① ［美］罗伯特·P. 墨杰斯,等:《新技术时代的知识产权法》,齐筠,等,译,中国政法大学出版社,2003 年版,第 446 页。

保护,为了保护商标权,禁止以他人商标或与之相近似的标记作为商号,反之亦然。英国《公司法》第17条规定,公司申请注册时,不得采用夸大公司规模、暗示与政府或皇家有关系等贸易部禁止使用的名称。除以上各国国内法的相关规定外,国际条约也有一定的体现。例如,《与贸易有关的知识产权协定》第16条规定,注册商标所有人有权禁止任何其他人在相同或相类似的商品或服务上使用与注册商标相同或相近似的商业标记,以免造成混淆。言下之意,商号作为一种商业标记,在设定时,不得使用同行业或类似行业的注册商标或与之相近似的商业标记作为自身的内容,以体现对注册商标的保护。

从我国的相关立法和规定来看,对企业名称的选用也并未作过多的限制,总体上也是坚持自由主义原则,但为了维护市场秩序和交易安全,也作出了一些限制性规定。例如,《企业名称登记管理规定》第6条规定,企业名称由行政区划名称、字号、行业或经营特点、组织形式依次组成,以充分标识企业与企业之间的区别。第8条规定,企业名称中的字号应当由两个以上的汉字组成,县级以上地方行政区划名称、行业或者经营特点不得作为字号,另有含义的除外。第11条规定,企业名称不得有下列情形:①损害国家尊严或者利益;②损害社会公共利益或者妨碍社会公共秩序;③使用或者变相使用政党、党政军机关、群团组织名称及其简称、特定称谓和部队番号;④使用外国国家(地区)、国际组织名称及其通用简称、特定称谓;⑤含有淫秽、色情、赌博、迷信、恐怖、暴力的内容;⑥含有民族、种族、宗教、性别歧视的内容;⑦违背公序良俗或者可能有其他不良影响;⑧可能使公众受骗或者产生误解;⑨法律、行政法规以及国家规定禁止的其他情形。此外,1996年国家工商行政管理局颁布实施的《驰名商标认定和管理暂行规定》(1998年修正)第10条还规定,自驰名商标认定之日起,他人将与该驰名商标相同或者近似的文字作为企业名称一部分使用,且可能引起公众误认的,工商行政管理机关不予核准登记;已经登记的,驰名商标注册人可以自知道或者应当知道之日起2年内,请求工商行政管理机关予以撤销。

通过对以上我国以及国外相关立法的研究,可以看出,无论是我国,还是国外,都对企业名称的选择和设定持自由主义的态度,但出于维护市场竞争秩序和保护消费者合法权益的考虑,又施加了种种限制,如企业名称中不得包含可能引起公众误解和混淆的内容,不得选择与他人相同或相似的企业名称,不得将他人的商标作为企业名称的内容,等等。相比较而言,尽管总体上都是坚持自由主义原则,但我国立法对企业名称的设定设置了更多的限制,充分体现了对市场秩序和交易安全的关注。此外,从国外对名称设定权的相关规定来看,立法层次较高,主要通过商法典、公司法、商标法等法律加以规定,而且内容较为系统、完备,对企业名称权与商标权之间的冲突问题也作出了明确的规定。相比国外的立法,我国对名称设定权的规定主要集中在国务院颁布的《企业名称登记管理规定》中,立法层次相对较低,而且内容不够系统、完善,如该规定只规定了企业名称中不得包含可能引起公众误解的内容,却没有对企业名称权与商标权之间的冲突问题作出规定;1996 年的《驰名商标认定和管理暂行规定》在一定程度上解决了驰名商标与企业名称之间的冲突问题,但就非驰名商标与企业名称之间的冲突问题没有涉及。这些都应当是我们要去努力完善的地方。

(二)名称独占使用权

名称独占使用权,是指企业有不受妨碍地使用自己的名称和禁止他人在一定范围内使用与自己的名称相同或相似的商业标识的权利。名称独占使用权包括两个方面的内容:一是名称使用权,即企业在各项经营活动中不受妨碍地使用自己名称的权利,包括在牌匾、信笺、银行账户、印章上使用自己的名称;二是名称禁止权,即禁止他人在一定范围内使用与自己的名称相同或相似的名称或商标。名称禁止权又称为名称独占权、名称排他权,是名称独占使用权的核心内容。

根据德国《商法典》第 30 条第 1 款的规定,已登记的商号享有排他性的权利,禁止任何人在同一地区使用与已登记的商号不存在明显区别的商号。该款将商号权的排他效力限制在注册登记的地区。但 1994 年的德国《商标和其他标记保护法》第 15 条规定,受法律保护的商业标识具有专用权,禁止任何人在商业活动中未经授权而使用该商业标识或与之相混淆的近似标识。该条实际上排除了作为商业标识之一的商号权的地域效力的限制。正如德国学者评价道,在实践中,《商法典》第 30 条第 1 款的规定往往让位于《商标和其他标记保护法》第 15 条的规定,对商号权的排他效力不作地域上的限制。[①] 德国《商标和其他标记保护法》还体现了对知名商号的特殊保护,根据该法规定,在国内享有声誉的商业标识,即便没有发生混淆的危险,也应当禁止他人在商业活动中使用与之相同或相似的商业标识。此外,德国《反不正当竞争法》第 16 条规定,在商业活动中,任何使用与他人合法姓名、商号或其他商业标记相混淆的商业标记的行为,都属于不正当竞争行为,都应当予以禁止。法国《知识产权法典》明确将商号权与商标权予以同等保护,禁止他人使用与成立在先的商号相混淆的商号或商标。此外,法国司法实践对商号权的效力范围和知名商号的保护也进行了一定程度的确认。例如,法国里昂法院于 1988 年判决认为,商号权的效力范围应及于全国领域,而不论其知名度和使用范围。法国最高法院也于同年判决认为,商号权的效力不应只限于本国领域的一部分。[②] 关于知名商号的保护,法国法院还判决认为,知名商号可以凭借其知名事实来对抗任何第三人,而且效力不限于同类商品。[③] 日本《商法典》第

[①] 〔德〕C. W. 卡纳里斯:《德国商法》,杨继,译,法律出版社,2006 年版,第 334 页。

[②] 吴汉东:《知识产权法(第五版)》,法律出版社,2014 年版,第 349—350 页。

[③] 苏跃飞,丁丽宏:《商号保护法律制度的国际比较》,《商业时代》,2008 年第 5 期。

19 条规定,不得将同一市、镇、村内已经办理登记的相同营业的商号登记为自己的商号;第 20 条第 1 款规定,已登记的商号所有人有权禁止他人基于不正当竞争的目的而使用相同或相似的商号。韩国《商法》第 23 条规定,禁止任何人基于不正当的目的使用足以使人误认为是他人营业的商号,不得在同一市、郡、特别市、广域市内使用与他人登记的相同营业的商号。意大利《民法典》规定,名称不得引人误解,不得与同一地区、同一行业已成立的公司名称相混淆。美国州普通法禁止使用与他人相同或相似的公司名称,以免混淆,也禁止可能与商号发生混淆的商标的使用或注册。美国《商标法》第 44 条规定,不论商号注册与否,他人若采用或行使相同或近似于商号权人的商号或标章者,应认为权利的侵害;对于内、外国人,均予以同等的保护。① 英国《公司法》也有相类似的规定。除此之外,国际条约对此也有相关的规定。例如,根据《巴黎公约》第 10 条的规定,各成员国应制止不正当竞争,禁止一切在商业活动中违反诚实经营的行为,禁止以任何手段对竞争对方的商品、营业场所或其他经营活动造成混淆的行为。在修订《巴黎公约》的讨论过程中,部分非政府间的国际组织比较一致地认为先成立的商号权应优先于商标权的保护,禁止将已成立的商号或与之相似的文字作为商标注册或使用。② 《与贸易有关的知识产权协定》第 16 条规定,商标注册或使用不得损害任何已有的在先权。但该协定并未明确在先权的具体范围。但早在 1991 年《关税与贸易总协定》的缔约方就知识产权相关协议进行讨论时,《巴黎公约》的成员国就一致认为注册商标权不得损害他人已经成立在先的商号权。③ 1966 年《发展中国家商标、商号和不正当竞争行为示范法》规定,商号即使未登记,也受法律保护,禁止任何第三人将已经成立在先的商号或与之相似的标记用作商号、商标、服务标记或集体商标,造成公众混淆的行为。对此,世界知识产权组织国际局解释认为,法律并不绝对禁止第三人使用相同的名称,但要防止公众误认,若企业之间相距甚远且只为当地所知晓,则即使使用相同的名称也不会误认。④

从我国的立法规定来看,关于名称独占使用权的内容主要体现在《企业名称登记管理规定》《反不正当竞争法》等相关法律中。根据《企业名称登记管理规定》第 4 条、第 17 条的相关规定,企业名称受法律保护,在同一登记机关的管辖区域内,禁止他人使用与同行业已登记企业相同的名称。该规定将企业名称权的专有效力限定在注册登记地区以及相同行业范围内。但《反不正当竞争法》第 6 条第 2 项规定,擅自使用他人有一定影响的企业名称,使人误认为是他人商品的,属于不正当竞争行为,应当予以禁止。该项其实排除了企业名称的专用效力受到行

① 吴汉东:《知识产权法(第五版)》,法律出版社,2014 年版,第 353 页。
② 张炜达:《谈商号权法律保护的现状及完善》,《商业时代》,2009 年第 5 期。
③ 何正启:《论国际上对商号的保护及我国商号立法的完善》,《国际商务研究》,1997 年第 2 期。
④ 王妍:《企业名称权的性质及法律保护》,《河北法学》,2005 年第 5 期。

业、地域的限制。产品质量法、消费者权益保护法也有类似的规定。根据《产品质量法》第 5 条的规定,禁止伪造产品的产地,伪造或冒用他人的厂名、厂址;《消费者权益保护法》第 21 条规定,经营者应当标明其真实名称和标记,租赁他人柜台或者场地的经营者,应当标明其真实名称和标记。此外,1999 年《国家工商行政管理局关于企业名称行政辖区问题的答复》指出,登记于不同行政区划的企业名称,若在使用过程中引起公众误认,损害另一方企业的合法权益的,应按照注册在先和公平竞争的原则来进行处理。

案例 5-1 兰德机械公司诉兰德热能公司侵犯名称权案

秦皇岛兰德机械设备有限公司(以下简称兰德机械公司)于 2005 年 11 月 9 日在秦皇岛经济技术开发区工商行政管理局注册成立,经营项目:热力工程设备、水处理系统设备及海洋工程设备的设计、制造、销售、安装、维修及技术咨询服务。秦皇岛兰德热能设备有限公司(以下简称兰德热能公司)于 2012 年 9 月 4 日在秦皇岛经济技术开发区工商行政管理局注册成立,经营项目:热力工程设备、水处理系统设备的设计、制造、销售、安装、维修及技术咨询服务。兰德机械公司向法院起诉认为,兰德热能公司假借其名称及商业信誉,侵害了其企业名称权。法院审理后认为,兰德机械公司与兰德热能公司先后使用"兰德"字号,均在秦皇岛经济技术开发区辖区内,经营范围均包括从事热力工程设备、水处理系统设备的设计、制造、销售、安装、维修及技术咨询服务,属于同一行政区域同一行业。同时,兰德机械公司使用"兰德"字号注册成立在先,为行业内相关公众所熟知,并积累了一定数量的固定客户。兰德热能公司有意将"兰德"字号用于企业名称,容易导致相关公众产生误认,其行为侵害了兰德机械公司的企业名称权。遂判决兰德热能公司变更企业名称中的"兰德"字样,赔偿兰德机械公司经济损失及维权费用 80000 元,并公开刊登道歉书。

关于企业名称权与商标权的冲突问题,我国《商标法》规定,申请商标注册不得损害他人已有的在先权利。但在先权利具体包括哪些,该法并没有明确规定。但 1999 年《国家工商行政管理局关于解决商标与企业名称中若干问题的意见》指出,将他人企业名称中的字号或与之相似的文字作为商标注册或使用,使公众产生混淆的,属于不正当竞争行为,应依法予以制止;处理企业名称与商标相冲突的案件,应遵循维护公平竞争和保护在先权利原则。2005 年《商标审查及审理标准》也指出,将他人已登记的、具有一定知名度的名称或与之相似的文字作为注册商标,引起公众混淆的,属于对在先权的侵犯,争议商标应不予注册或予以撤销。这两项规定已经充分说明了企业名称权能成为一种在先权而优于商标权得到保护。从司法实践来看,2008 年《最高人民法院关于审理注册商标、企业名称与在先权利冲突的民事纠纷案件若干问题的规定》规定,以他人注册商标侵犯自己的著作权、专利权、企业名称权等在先权利为由提起诉讼,或因他人的企业名称与自已登记在先的名称相同或相似足以引起公众误解而提起诉讼的，人民法院应当受理。这些都肯定了企业名称权作为在先权的法律效力。

案例 5-2 中国（深圳）对外贸易中心有限公司抢注商标案

自 1995 年 12 月开始，中国（深圳）对外贸易中心有限公司先后五次向国家工商行政管理局提出 200 多件商标注册申请，除了将公众熟知的商标，如"凤凰""长虹"等，在非类似商品或服务上注册，还将全国各地 48 家上市公司的简称（含字号和简称的主体部分）进行商标注册，这些企业包括江铃汽车股份有限公司、福建实达集团股份有限公司等知名企业。截至 1998 年 7 月 2 日，该公司提出的 200 多件注册申请已有 156 件被核准注册。

国家工商行政管理局商标评审委员会经调查认为，中国（深圳）对外贸易中心有限公司注册的"江铃"等 9 件商标，均为上市公司名称或在广东等地区有一定知名度的企业名称的简称，在相关经济领域有一定的影响，中国（深圳）对外贸易中心有限公司对此理应知晓。该公司将这些名称在有关服务领域作为商标注册，将对社会公众产生误导作用，同时对这些企业的权益构成侵害，并造成不良的社会影响。根据我国《商标法》（1993 年修正）第 27 条的规定，对上述 9 件商标依法予以撤销。

通过上述比较，可以发现，国外立法一方面多在商法典中规定企业名称的独占使用权要受到一定地域、一定行业的限制，但另一方面又通过反不正当竞争法、商标法等法律甚至法院判决来突破这种限制，认为名称专用权的效力不能仅仅只局限于登记注册的区域或相同的行业，只要他人的行为足以造成公众误解与混淆，即使发生在不同地域、不同行业，对企业名称权也应当予以保护。我国基本上也是采取相同的态度，一方面规定企业名称在登记注册的区域以及相同行业范围内享有专用权（《企业名称登记管理规定》），另一方面又规定在引起他人误解的情况下，可以突破这种区域、行业限制，实现对企业名称权的保护（《反不正当竞争法》《产品质量法》《消费者权益保护法》等）。无论是《反不正当竞争法》，还是《产品质量法》《消费者权益保护法》，都只是规定在他人使用相同的名称从而引起公众误解的情况下对名称权的保护问题，对他人使用相似的名称造成混淆的情形并没有关注。从这一点上看，国外立法对企业名称权的保护显得更为完备。就企业名称权与商标权的冲突问题，无论是国外国内立法，还是国际条约，都一致认为企业名称权（或商号权）能作为一种在先权从而对抗商标权的效力。相比较而言，我国商标法并没有明确规定企业名称权能作为一种在先权从而对抗商标权的效力，其他相关法律对此也并未涉及。尽管国家工商行政管理局发布的《关于解决商标与企业名称中若干问题的意见》《商标审查及审理标准》以及最高人民法院的相关司法解释明确承认企业名称权能作为一种在先权从而对抗商标权的效力，但并未通过国家正式立法加以确认，缺乏权威性。此外，关于知名商号的保护，无论是国外立法还是司法实践,都十分重视对知名商号的特殊保护,往往赋予知名商号跨行业、跨地域的排他效力,甚至在没有引起公众误解危险的情况下,仍然禁止他人使用与知名商号相同或相似的文字作为自己的商业标识。相比较而言,我国立法对知名商号的保护并未作过多的规定,实践中主要由司法机关根据具体的案件情况来进行认定。我国学界一般认为,对于知名商号应予以知名商标一样保护,由于知名商号往往具有较大的社会影响力,最容易被擅用或仿冒,所以对知名商号的保护范围应宽于一般商号,应赋予知名商号无限制的特别保护权,即在全国范围内的、跨行业的保护。[①]

(三)名称转让权

名称转让权,是指企业将自己的名称转让给其他继受企业使用的权利。企业名称一经转让,转让企业将彻底丧失对名称的一切权利,而被转让企业或继受企业将永久获得名称的一切权利。名称的转让与名称的许可使用不同,名称的许可使用是企业许可其他企业在一定期限内使用自己的名称,而自身并不丧失对名称的使用权。名称的转让则是企业永久性地转让自己的名称,转让发生后,企业将丧失对名称的使用权。名称转让权是企业名称权财产属性的最集中体现,也是企业名称权与公民姓名权最根本的区别之一。作为一种无形财产,企业名称能通过市场交易获得巨大的经济价值,充分体现了其财产的本质属性,但为了维护交易安全、保障消费者合法权益,维护公平的市场竞争秩序,名称转让权的行使往往又受到一定的限制。

国外立法对企业名称的转让多有一定的规定。例如,德国《商法典》第23条规定,用于营业的商号非随同企业不得转让;第25条规定,商号随同营业转让时,继受商号及其营业的商事主体必须对原商号所有人的债务承担法律责任。但在商号及其营业转让时通过契约免除这种债务承担并通过登记机关予以登记公告或在商号转让前债权人的利益不受影响的情况下及时告知债权人的除外。根据上述规定,商号只能随同企业营业一起转让,而不能脱离营业单独转让,即使在企业营业终止时,商号也只能宣告终止,而不能单独转让。这种转让其实体现的就是企业的合并问题,新组合而成的企业自然要对原组合的企业的所有债务承担责任。瑞士《债务法典》规定,商号除了随同营业一起转让外,不得单独转让。日本《商法典》第24条规定,非随同企业营业或营业终止,商号权不得转让。根据该条规定,商号权的转让有两种情况:一是随同企业营业一起转让,这充分说明了商号与企业本身不可分离,体现了商号权的人身属性;二是在企业营业终止的情况下,商号权可以单独转让,这在一定程度上又体现了商号权的财产属性,反映了对商

① 李华:《我国商号保护的立法检讨及其完善》,《商业研究》,2009年第9期;何正启:《论国际上对商号的保护及我国商号立法的完善》,《国际商务研究》,1997年第2期。

号权经济价值充分利用的态度。和德国《商法典》相比,日本《商法典》对商号权转让的限制相对宽松,原则上要求商号权的转让应随同营业一起,在营业终止的情况下也例外地允许商号权可以单独转让。德国《商法典》则严格限制商号权的单独转让,要求商号权必须随同企业营业一起转让,禁止任何商号权的单独转让情形,即使是营业终止时也不例外。这也充分说明了德国《商法典》较日本《商法典》更加关注商号权的人身属性,更加关注对市场秩序的维护和交易安全的保障。此外,日本《商法典》第25条还规定,商号转让人在商号发生转让的一定期限内禁止从事与原商号相同的营业,即竞业禁止义务。这样规定是为了切实保障被转让方的合法利益,维护公平的竞争秩序。从目前世界各国的立法规定来看,除了法国,几乎都对商号权的转让作了以上限制。[①] 1966年世界知识产权组织制定的《发展中国家商标、商号和不正当竞争行为示范法》第四编第47条至第55条集中规定了商号的禁用条件、商号的保护、商号的转让等问题,并对侵犯商号权的不正当竞争行为的诉讼程序作了详细的规定。

我国立法对企业名称的转让也作了一定的规定。《民法典》第1013条规定,法人、非法人组织享有名称权,有权依法决定、使用、变更、转让或者许可他人使用自己的名称。该条对企业名称权的转让进行了确认。关于企业名称权如何转让的问题,根据1985年《工商企业名称登记管理暂行规定》的规定,企业名称可以随同企业一起转让,也可以单独转让。依此规定,企业名称的转让并不受太多的限制,在尊重双方意志自由的前提下,企业名称既可以随同企业营业一起转让,也可以单独转让。应当说,这对于促进市场交易,充分实现企业名称商业价值的最大化,有着一定的积极作用。除此之外,我国对于企业名称的许可使用也有相关的规定。例如,2002年《关于对企业名称许可使用有关问题的答复》中认为,企业不得许可其他企业使用自己的名称,即否认企业享有名称许可使用权。但2007年《商业特许经营管理条例》则在一定程度上承认了企业名称许可使用权的存在,允许某些从事特许经营行业的企业在一定条件下许可他人使用自己的名称。这在一定程度上体现了国家对某些特许经营行业的扶持。

通过上述比较,可以发现,世界各国都是通过在促进企业名称商业价值的最大化与维护市场交易安全与竞争秩序的博弈中来实现企业名称权有限制的转让的。我国目前与国外的通行做法基本一致,只是在对企业名称转让的限制程度上存在差异。例如,德国立法否认企业名称的单独转让,认为企业名称只能随同企业营业一起转让,且只承认企业名称随同企业营业的全部一并转让的情形,而我国对此却没有限制。日本《商法典》同样认为企业名称只能随同全部营业一起转让,不承认企业名称随同营业的一部分一起转让的情形。同时,日本《商法典》还

---

① 张丽霞:《也论商号的知识产权保护——兼与张礼洪先生商榷》,《法商研究》,1996年第4期。

认可了企业名称在营业终止的情况下的单独转让的情形,而我国与德国则否认这种单独转让的存在。为了保障被转让企业的合法利益,维护公平竞争的市场秩序,日本《商法典》还规定了转让企业在名称转让后一定的期限内不得从事与原名称相同的营业的竞业禁止义务,而我国相关立法对此却并未涉及。此外,我国通过行政法规的形式确认了某些特许经营行业的企业名称的许可使用权,而国外大多数国家对此并没有相关的规定。究其原因,主要是国外立法大多认为企业名称的转让使用只能随同企业营业的全部一并移转或者在企业终止时单独移转,但无论是哪种移转方式,企业最终所面临的结局都只有一个,那就是消亡。既然如此,企业在转让自己的名称后,将丧失存在的主体资格,更不用说丧失名称的使用权。名称的许可使用则是在向其他企业转让名称使用权的同时,转让企业自身依然存在,依然享有名称的使用权,这必然与企业名称只能随同营业一同转移或者在企业终止的情况下发生单独转移的规定相矛盾。因此,世界多数国家并未规定企业名称的许可使用权。但与此不同的是,我国立法并不否认企业名称可以随企业的一部分一并转让,在这种转让情形下,转让企业依然可以独立存在并继续使用自己的名称,这为企业名称的许可使用提供了立法上的存在空间。对于某些特许经营的行业,国家往往基于一定的政策导向对其进行特殊扶持,允许从事这些行业的企业在一定条件下将自己的名称许可给其他企业使用,以充分实现企业名称的商业价值。应当说,企业名称许可使用权的存在,是由我国的实际情况所决定的。此外,企业名称权的转让是否仅限于同一注册地区、同一行业范围内的转让,国内外立法对此并未作明确规定。我国有学者认为,商号权的转让可以跨行业、跨地区进行,既可以转让给不同地域的企业,也可以转让给不同行业的企业,甚至可以转让给不同的企业在不同的地域享有。[①] 也有学者认为,商号权的转让只能限于同行业、同地域内的企业之间进行,而且只能转让给一家企业。[②] 认为企业名称的转让只能发生在同行业、同地域的企业之间的理由主要在于法律只是禁止在同一地域、同一行业内使用与他人相同或相似的名称,并不禁止在不同的地域、不同的行业使用相同或相似的名称,因此,在不同的地域、不同的行业使用相同的名称根本无须通过转让的方式来实现,承认这种情况之下的转让没有任何的现实意义。但正如上文所述,企业名称权的效力不仅仅只局限于登记的区域、相同的行业,只要是有可能引起公众误解的名称使用,都应当予以禁止,因此,即使是在不同的行业、不同的区域,企业名称的转让也是必要的和具有现实意义的。关于企业名称是否能同时转让给不同的地域的不同的企业使用,笔者对此持否定态度,原因是这样必然造成不同区域企业名称之间的混淆,不利于维护交易安全,保障

---

① 张礼洪:《论商号的知识产权保护》,《知识产权》,1995 年第 5 期。
② 张丽霞:《论商号和商号权》,《法律科学》,1996 年第 4 期。

消费者合法权益,因此,无论是否同一地域、同一行业,企业名称都只能转让给一家企业。

五、企业名称权的法律保护

世界各国对企业名称权的法律保护,不外乎三种方式,即民事保护、行政保护以及刑事保护。与之相对应的责任形式,则体现为民事责任、行政责任以及刑事责任。从国外的相关立法来看,对企业名称权的保护主要如下。

其一,民事保护。各国对企业名称权的民事保护主要体现在民法、商法、商标法、反不正当竞争法等相关法律中。例如,德国《民法典》第12条规定了对自然人姓名权的保护,在司法实践中一般认为该条同时也适用于对法人或其他企业名称权的保护。[①] 德国《商法典》第37条第2款规定,未经他人授权而使用他人商号者,商号权利人有权要求行为人停止该商号的使用;若该无权使用行为给他人造成了实际损害,商号权利人有权依照有关法律规定向侵权行为人提出损害赔偿的请求。德国《反不正当竞争法》第16条规定,在商业活动中使用与他人合法使用的姓名、商号等相混淆的商业标记的,受害人有权要求停止使用;使用人明知或应当知道该使用行为会引起混淆的,应承担损害赔偿责任。德国《商标和其他标记保护法》第18条规定,商标或其他商业标记的所有人有权要求侵权人销毁其占有的或其财产中所包含的非法商业标记产品。日本《商法典》第20条第1款规定,以不正当竞争为目的使用与他人已登记的商号相同或相似的商号的,商号登记者有权要求使用者停止使用,并可要求损害赔偿。日本《防止不正当竞争法》规定,受害人有权请求法院命令侵权人采取必要的措施恢复其营业上的信用。美国《商标法》规定,商标不得与已成立的商号相混淆,商号所有人有权禁止可能造成混淆的商标注册,有权阻止标有或模仿该商号名称的物品进口。英国《商法典》规定,商号所有人有权要求侵权人涂抹或修改被指控的商业标记。

其二,行政保护。各国对企业名称权的行政保护主要体现在商法、商标法等相关法律中。例如,德国《商法典》第37条第1款规定,商号必须办理登记,若行为人登记使用了他无权使用的商号,相关权利人有权请求登记法院撤销该商号的登记,登记法院也可依职权主动撤销该商号的登记;在行为人使用他无权使用的商号的情况下,登记法院必须通过罚款手段迫使行为人不再使用该商号。德国《商标和其他标记保护法》第28条规定,非法贴有本国商号标记的外国商品,在途经或进入本国国境时,可以由海关予以扣押,去除非法标记,无法去除非法标记的,可以没收商品。日本《商法典》第20条规定,基于不正当竞争的目的而使用与他人相同或相似的商号的,由登记机关处以20万日元以下的罚款。日本《防止不

---

① 何正启:《论国际上对商号的保护及我国商号立法的完善》,《国际商务研究》,1997年第2期。

正当竞争法》也有类似的规定。英国《公司法》规定,贸易部认为某公司的名称与现有注册登记的公司名称相似时,可以在申请人申请注册后的 6 个月内直接命令其更改公司名称,公司名称与其业务范围不符的不受 6 个月的限制。

其三,刑事保护。各国对企业名称权的刑事保护主要体现在商标法、商法等相关法律中。例如,德国《商标和其他标记保护法》第 143 条规定了侵犯商业标记的刑事责任,即在商业活动中违法使用商业标记,明显损害他人声誉的,应处以 3 年以下监禁。日本对侵犯企业名称权的行为以双罚制追究刑事责任,对企业处以罚金,对相关责任人处以刑罚。①

从国内的相关立法来看,对企业名称权的保护主要如下。

其一,民事保护。我国对企业名称权的民事保护主要体现在《民法典》《企业名称登记管理规定》等相关法律中。例如,《民法典》第 1014 条规定,任何组织或者个人不得以干涉、盗用、假冒等方式侵害他人的姓名权或者名称权。该条是将法人名称权和公民姓名权同作为人身权来加以保护。《企业名称登记管理规定》第 21 条规定,企业认为其他企业名称侵犯本企业名称合法权益的,可以向人民法院起诉或者请求为涉嫌侵权企业办理登记的企业登记机关处理。企业登记机关受理申请后,可以进行调解;调解不成的,企业登记机关应当自受理之日起 3 个月内作出行政裁决。《企业名称登记管理实施办法》第 45 条规定,因企业名称而引发的争议,既可以请求工商行政管理机关予以处理,也可以直接向人民法院提起民事诉讼。

案例 5-3 甲公司、某虎公司侵犯名称权案

某虎公司系某搜索引擎运营商,旗下拥有搜索广告业务。甲公司为宣传企业购买了上述服务,并在 3 年内间断使用同行业"乙公司"的名称为关键词对甲公司进行商业推广。通过案涉搜索引擎搜索乙公司关键词,结果页面前两条词条均指向甲公司,而乙公司的官网词条却相对靠后。乙公司认为甲公司在网络推广时,擅自使用乙公司名称进行客户引流,侵犯其名称权,某虎公司明知上述行为构成侵权仍施以帮助,故诉至法院,要求甲公司、某虎公司停止侵权,赔礼道歉,消除影响并连带赔偿损失 30 万元。广州互联网法院经审理认为,依照《民法典》第 1013 条、第 1014 条的规定,法人、非法人组织享有名称权,任何组织或者个人不得以干涉、盗用、假冒等方式侵害其名称权。乙公司作为具有一定知名度的企业,其名称具有一定的经济价值。甲公司擅自使用乙公司名称进行营销,必然会对其造成经济损失,已侵犯其名称权。某虎公司作为案涉搜索引擎运营商,对外开展付费广告业务,其对甲公司关键词设置的审查义务,应高于普通网络服务提供者。因某虎公司未正确履行审查义务,客观上对案涉侵权行为提供了帮助,构成共同侵权。

---

① 谢晓尧,刘恒:《论企业名称的法律保护》,《中山大学学报(社会科学版)》,1997 年第 3 期。

遂判决甲公司、某虎公司书面赔礼道歉、澄清事实、消除影响并连带赔偿65000 元。

其二，行政保护。我国对企业名称权的行政保护主要体现在《企业名称登记管理规定》《反不正当竞争法》等相关法律中。例如，《企业名称登记管理规定》第20 条规定，企业登记机关在办理企业登记时，发现企业名称不符合本规定的，不予登记并书面说明理由。企业登记机关发现已经登记的企业名称不符合本规定的，应当及时纠正。其他单位或者个人认为已经登记的企业名称不符合本规定的，可以请求企业登记机关予以纠正。《企业名称登记管理实施办法》第 41 条规定，已经登记注册的企业名称，在使用中对公众造成欺骗或者误解的，或者损害他人合法权益的，应当认定为不适宜的企业名称予以纠正。《商标审查及审理标准》规定，将他人已登记的、具有一定知名度的企业名称或与之基本相同的文字作为商标注册，引起公众混淆的，该商标应不予注册或予以撤销。此外，《产品质量法》还规定，伪造产品产地、伪造或冒用他人厂名、厂址的，由主管机关责令公开更正、没收违法所得，并处以罚款。《反不正当竞争法》规定，擅自使用他人姓名或企业名称，使人误认为是他人商品的，应依照《产品质量法》的规定予以处罚。《消费者权益保护法》规定，经营者伪造产品产地、伪造或冒用他人厂名、厂址的，依照《产品质量法》或其他相关法律予以处罚；若相关法律未作规定，则由工商行政管理机关责令改正，视具体情况单处或并处警告、没收违法所得、处以违法所得 1 倍以上5 倍以下罚款；没有违法所得的，处以 1 万元以下罚款；情节严重的，责令停业整顿或者吊销营业执照。

通过以上相关立法的比较，可以发现，无论是域外立法，还是国内立法，对企业名称权的保护都是通过不同的法律从不同的角度来进行的。相比较而言，域外立法主要通过民法典、商法典、商标法、反不正当竞争法等相关法律来实现对企业名称权的保护，立法位阶较高，内容系统、完备，各部分之间相互衔接、协调一致，形成了一个完整的法律保护系统。国内立法则主要通过《企业名称登记管理规定》，辅之以《民法典》《反不正当竞争法》《产品质量法》《消费者权益保护法》等相关法律来实现对企业名称权的保护，立法位阶较低，内容分散、不统一，对相关问题的规定还存在一定的缺失。例如，《企业名称登记管理规定》属于行政法规，立法位阶相对较低；《民法典》《反不正当竞争法》等相关法律涉及企业名称权的规定十分有限，根本无法形成一个有效的保护系统；我国《商标法》也并未涉及企业名称的问题，对企业名称权与商标权之间的冲突与平衡问题缺乏规定。从保护的侧重点来看，域外立法侧重于对企业名称权的民事保护，对企业名称权的行政保护、刑事保护都体现在商法典、商标法等民事法律中。国内立法则侧重于对企业名称权的行政保护，多数内容都集中在《企业名称登记管理规定》《反不正当竞争法》等行政、经济法律中。究其原因，主要还是在于我国与国外对企业名称权的定位不同。国外将企业名称权定位于财产权(知识产权),多适用于有关财产权的民事保护措施,其目的主要是尊重个体自由,促进市场交易。我国《民法典》则将企业名称权定位于人身权,适用于人身权的保护措施;《企业名称登记管理规定》《反不正当竞争法》等相关法律也更多关注企业名称权的人身性质,多适用行政管制,其目的主要是维护市场秩序,保障交易安全。此外,国外立法对企业名称权的保护不仅包括民事保护、行政保护,还包括刑事保护,整个保护体系严谨、协调。国内对企业名称权的保护只包括民事保护与行政保护,缺乏刑事保护,因而难以形成一个完备、统一、协调的整体。

第二节　比较地理标志权

一、地理标志的概念

地理标志,一般是指标识产品或商品来源于何地的名称或其他标记。不同的地方,自然地理、人文环境、风俗习惯、民族特色并不相同,由此衍生出不同质量、不同风格以及不同特性的产品。因此,地理标志并不仅仅只是为了说明产品源自何地,而是代表了特定产品的质量、风格以及品性,其本身就是一种无形财产,能为特定地区的生产者和经营者带来巨大的经济价值,因而能够成为知识产权的保护对象。符合一定条件的特定区域内的经营者能成为地理标志权利人,对地理标志享有专用权,并排斥该区域以外的经营者或本区域内不符合条件的经营者使用该地理标志的权利。关于地理标志的概念,国内外对此表述并不完全一致,颇多争议。

从国外的相关规定来看,有的称为原产地名称,有的称为地理标志,还有的称为货源标记。法国《消费者法典》规定,原产地名称是指表示某种产品来源于某个国家、某个地区、某个地方的名称,该产品的质量或特征与该国家、地区、地方的地理环境(包括自然环境与人文环境)相关。根据此规定,原产地名称只能是某个国家、某个地区、某个地方的名称,而不包括其他标记;此外,原产地名称不仅表示产品源自特定的国家、地区、地方,还表示该产品的质量或其他特征与来源地的自然和人文环境密切相关。德国《商标和其他标记保护法》第 126 条规定,地理标志是指用来表示某种商品或服务的地理来源的国家、地方、地区的名称或其他标记。根据该条规定,地理标志不仅包括特定国家、地区、地方的名称,还包括其他用来表示商品或服务的地理来源的标记;地理标志只须表明商品或服务来源于何地即可,至于商品或服务的质量或特征是否与来源地存在自然或人文因素的关联,则不作要求。美国《商标法》第 22 条第 1 款规定,地理标志是指表明某种商品源自某个国家境内或该地域中的某个地方或某个地区的标记,该商品的质量、特征或声誉主要归因于来源地的地理环境。根据该款的规定,地理标志既包括特定国家、地区、地方的名称,也包括其他表明商品来源地的标记,而且要求商品的质量、特征或声誉与来源地的地理环境相关联。欧盟组织将地理标志的保护限定在农产品、食品、葡萄酒、烈酒的范围内,并同时采用原产地名称和地理标志两种概念。例如,欧盟《510/2006号条例》第2条第1款规定,受保护的原产地名称是指用来标示一种农产品或食品来源于特定的国家、地方、地区的名称,该农产品或食品的质量或特征主要由来源地的地理环境（包括自然环境和人文环境）所决定,且在该地区内生产、加工和制造;受保护的地理标志是指用来标示一种农产品或食品来源于特定的国家、地方、地区的名称,该农产品或食品的质量、特征或声誉决定于来源地的地理环境,且生产、加工、制造其中之一发生在该地区内。从该款的规定来看,地理标志的概念其实涵盖了原产地名称的概念。《巴黎公约》和《马德里协定》都使用了“原产地名称”和“货源标记”的表述,但并未对其概念进行界定。世界知识产权组织认为,货源标记是标示某个产品或服务源自哪个国家、地区、地方,而原产地名称则不仅标示产品、服务的来源地,还表明该产品、服务的质量与来源地的地理环境相关联。[①] 1958年的《保护原产地名称及其国际注册里斯本协定》（以下简称《里斯本协定》）第2条第1项规定,原产地名称是指用于表明某项产品来源地的特定国家、地区或地方的名称,该产品的质量或特征完全或主要取决于来源地的地理环境（包括自然环境和人文环境）。《与贸易有关的知识产权协定》第22条第1款规定,地理标志是指用来标示某一商品源自某个成员国的地域内或该地域内的某个地区或某个地方的标识,且该商品的质量、特征或声誉主要决定于该地理来源。

我国相关法律也有涉及地理标志概念的规定。我国现行《商标法》第16条第2款规定,地理标志是指标示某商品来源于某地区,该商品的特定质量、信誉或者其他特征,主要由该地区的自然因素或者人文因素所决定的标志。2005年《地理标志产品保护规定》第2条规定,地理标志产品是指产自特定地域,所具有的质量、声誉或其他特性本质上取决于该产地的自然因素和人文因素,经审核批准以地理名称进行命名的产品。2007年《农产品地理标志管理办法》第2条第2款规定,本办法所称农产品地理标志,是指标示农产品来源于特定地域,产品品质和相关特征主要取决于自然生态环境和历史人文因素,并以地域名称冠名的特有农产品标志。从以上三个法律文件来看,对地理标志概念的界定并不完全相同。我国《商标法》中的地理标志除了包括地理名称,还包括地理名称以外的其他标志,并且商品的质量、信誉或特征主要决定于来源地的自然因素或人文因素其中之一即

---

① 吴春岐:《地理标志及原产地名称等相关概念的探究》,《山东大学学报（哲学社会科学版）》,2003年第4期。

可;而《地理标志产品保护规定》中的地理标志只限于地理名称,不包括其他标志,而且产品的质量、声誉或特征必须同时决定于来源地的自然因素和人文因素;《农产品地理标志管理办法》中的地理标志同样只限于地理名称,并且产品的质量或特征必须同时取决于来源地的自然因素和人文因素,单纯的声誉上的关联性(即产品的声誉取决于来源地的地理环境)不符合地理标志的使用条件。可见,从地理标志的外延上来看,我国《商标法》中的地理标志范围最广,《地理标志产品保护规定》中的地理标志范围次之,《农产品地理标志管理办法》中的地理标志范围最窄。在学界,我国学者一般认为,地理标志包括货源标记和原产地名称。货源标记是指表明一种产品来源于某个国家、地方或地区的标记,一般由名称、标记或符号组成。原产地名称是指用于表示一种产品源于某个特定的国家、地方或地区,并且其质量或特征完全或主要决定于该地的自然和人文环境的地理名称。[1] 也有学者认为,地理标志即原产地名称,一般是指用来标示某种商品的质量、功能或其他特性与某个国家、地区或地方密切相关的地理名称。[2] 应当说,我国学界所表述的货源标记和原产地名称与世界知识产权组织对这两个概念的解释是相一致的。

通过对上述国内外不同概念的比较,可以看出,法国《消费者法典》和《里斯本协定》都采用了原产地名称的概念,认为用于标示产品来源地的标识只能是特定的地理名称,而不能是其他标志,并且产品的质量或特征必须与来源地的自然和人文因素存在事实上的因果关系,即客观的关联性。德国《商标和其他标记保护法》则采用了地理标志的概念,认为用于标示产品来源地的标识既包括特定的地理名称,又包括图形、符号等其他标记,而且地理标志只需向公众表明某一产品源自某一国家、地区、地方即可,无须要求该产品的质量或特征与来源地的地理环境存在客观的关联性。这种地理标志的概念是以公众对特定产品源自特定地域的认知为基础的,即主观的关联性,与世界知识产权组织所解释的货源标记是相同的概念。由此可见,法国《消费者法典》和《里斯本协定》中的原产地名称的范围明显小于德国《商标和其他标记保护法》中的地理标志的范围,或者进一步说,后者其实涵盖了前者。但原产地名称以客观的关联性为基础,要求产品的质量或特征必须与来源地的地理环境存在关联,不存在这种特定质量关联性的产品,一律不得使用原产地名称,无论其是否会引起公众误解。地理标志则是以主观的关联性为基础,要求让公众合理地认知特定的产品源自特定的地域,采取欺诈或其他手段使公众对产品的来源地发生误解的,属于侵权行为,应予以禁止。因此,法国《消费者法典》和《里斯本协定》中原产地名称的保护程度要高于德国《商标和其他

---

①　吴汉东:《知识产权法(第五版)》,法律出版社,2014 年版,第 338—339 页。

②　刘成伟:《加强地理标志的商标保护》,《知识产权》,2002 年第 2 期。

标记保护法》中地理标志的保护程度。美国《商标法》中的地理标志的概念与《与贸易有关的知识产权协定》中地理标志的概念基本相同，都认为地理标志除了包括地理名称，还包括非地理名称标记，并且商品的质量、特征或声誉必须与来源地的地理环境相关联。与原产地名称相比，这里的地理标志不仅包括产品与来源地之间的质量的关联性，还包括产品与来源地之间单纯声誉的关联性。但声誉本身是一个主观概念，它体现为公众对产品的主观评价，而这种主观评价又建立在公众对产品来源地正确认知的基础上，因此，美国《商标法》和《与贸易有关的知识产权协定》中的地理标志其实与德国《商标和其他标记保护法》中的地理标志概念相同，也就是货源标记。欧盟为了协调各个成员国之间关于地理标志保护的矛盾，同时采用了原产地名称和地理标志两个概念，其中的地理标志与美国《商标法》和《与贸易有关的知识产权协定》中的地理标志是相同的概念。我国《商标法》和《地理标志产品保护规定》基本上采纳了《与贸易有关的知识产权协定》中的地理标志的概念，而《农产品地理标志管理办法》中的地理标志则采纳了原产地名称的概念。由此观之，地理标志在多数情况下与货源标记是等同的概念，它涵盖了原产地名称的外延，在个别情况下，地理标志也被理解为原产地名称。因此，那种认为地理标志包括货源标记和原产地名称，以及认为地理标志是介于货源标记和原产地名称之间的中位概念的说法是值得商榷的。[①]

二、地理标志权的主体

地理标志权是指一定区域范围内的生产者和经营者依法对地理标志享有的专有权利。地理标志是一项无形财产，它体现了特定地区范围内的商品的质量、特征或声誉，因而不能由某一家企业独占使用，只能是特定区域范围内的经营者集体共有。特定区域内的生产者或经营者只要其产品符合一定的条件和要求，具备一定的质量和特点，都有权使用表示本区域的地理标志。相比较于其他知识产权，地理标志权体现为一种集体专有权或集体独占权，其权利主体的特殊性决定了它只能禁止本区域范围之外的生产者和经营者以及本区域范围内产品不符合条件的生产者和经营者使用地理标志，而不能禁止本区域内符合条件的生产者和经营者使用地理标志。关于地理标志权的主体，国内外的表述并不完全相同。

法国的原产地名称主要依赖于公权机关的保护，在农业部之下设国家原产地名称局负责原产地名称的注册、管理工作，并代表生产商的利益进行相关活动。原产地名称的申请由当地最具代表性的行业协会向原产地名称局提出，并递交相关的历史、技术以及经济方面的数据和材料，原产地名称局收到申请后，将组织相

---

① 吴春岐：《地理标志及原产地名称等相关概念的探究》，《山东大学学报（哲学社会科学版）》，2003年第 4 期。

关人员进行调查并作出评审,最终报农业部和经济部共同决定。原产地名称一经注册,符合条件的生产者即获得该名称的专用权。在这种制度下,原产地名称的申请者、使用者、维权者并非同一主体,而是呈现出分离的状态。究其原因,主要是因为原产地名称关系到文化遗产、民族特性等国家利益的保护,这种保护只能依靠公权机关来予以实现,当发生纠纷时,由注册机关代表生产商的利益直接提起诉讼,对假冒、滥用原产地名称的行为一般予以行政、刑事处罚。① 德国是将地理标志作为集体商标来加以保护的,申请地理标志集体商标注册的主体只能是符合法定条件的团体、总会以及协会,在申请注册时,申请人必须提交地理标志的使用管理规则,并在该规则中承诺只要生产者或经营者的商品或服务符合规则中所确定的使用条件就有权成为该集体成员之一并使用该地理标志。日本《商标法》第 7 条第 2 款规定,地域团体商标的申请人必须是依照特别法成立的工商业协会法人和相关的外国法人,自然人、商会、行会以及政府组织均不能成为申请人;同时,获得地域团体商标的协会必须允许任何符合该商标使用条件的生产者和经营者加入并使用该地域商标,而不得在没有任何法律依据的情况下为拟入会者设置比现有会员更苛刻的条件。美国也是将地理标志作为集体商标或证明商标来加以保护的,根据美国《商标法》的规定,地理标志商标的申请人为实施合法管理的政府机构或民间集体组织,其获得地理标志商标注册后,再授权符合使用条件的生产者或经营者使用;在发生地理标志商标侵权行为时,商标注册人有权代表生产者或经营者追究侵权人的责任。有人认为,从上述的规定来看,拥有商标权的机构或组织不享有使用权,而享有使用权的主体则不拥有商标权。② 此外,根据《巴黎公约》的规定,在虚假产地标记所标示的国家、地区或地方生产经营该项商品的任何人都应视为有关当事人,均有权提起诉讼。这条规定实际上承认了地理标志权的主体是一定区域内生产、经营特定商品的任何人。

我国则是对地理标志实行商标和地理标志双重保护。《商标法实施条例》第 4 条规定,地理标志可以依照商标法及本条例的规定,作为证明商标或集体商标申请注册。以地理标志作为证明商标注册的,其商品符合使用该地理标志条件的自然人、法人或者其他组织可以要求使用该证明商标,控制该证明商标的组织应当允许。以地理标志作为集体商标注册的,其商品符合使用该地理标志条件的自然人、法人或者其他组织,可以要求参加以该地理标志作为集体商标注册的团体、协会或其他组织,该团体、协会或其他组织应当依据其章程接纳为会员;不要求参加以地理标志作为集体商标注册的团体、协会或其他组织的,也可以正当使用该地理标志,该团体、协会或其他组织无权禁止。从该条规定来看,作为证明商标或

---

① 王笑冰:《关联性要素与地理标志法的构造》,《法学研究》,2015 年第 3 期。

② 吴彬:《美国地理标志的法律保护》,《世界农业》,2010 年第 1 期。

集体商标保护的地理标志,其申请人或控制人与实际使用人也是一种相分离的状态。根据《地理标志产品保护规定》的规定,地理标志产品保护申请由当地县级以上人民政府指定的地理标志产品保护申请机构或人民政府认定的协会和企业提出,并征求相关部门的意见。出口企业地理标志产品的保护申请向当地的出入境检验检疫局提出,其他地理标志产品的保护申请向当地的质量技术监督局提出,经初步审查后逐级上报国家知识产权局,国家知识产权局负责对地理标志产品保护申请进行技术审查并最终作出决定。产品符合地理标志使用条件的生产者有权向当地的质量技术监督局或出入境检验检疫局提出申请,并提交相关证明材料,经省级质量技术监督局或直属出入境检验检疫局审核,并报国家知识产权局审查合格注册登记后,即可在产品上使用地理标志产品专用标记。从该规定来看,地理标志的申请人是特定的申请机构或协会、企业,实际控制人或管理人是国家知识产权局,实际使用人是符合条件的生产者。根据《农产品地理标志管理办法》的规定,农产品地理标志的登记申请由县级以上地方人民政府择优选定的农民专业合作经济组织或行业协会等组织提出,经省级农业行政主管部门初审后报送农业农村部,由农业农村部农产品质量安全中心对地理标志申请进行审查并最终作出决定。予以登记的,应当发布公告,颁发农产品地理标志登记证书。符合条件的个人或单位有权向登记证书持有人申请使用农产品地理标志,登记证书持有人不得拒绝并且不得收取使用费。在这里,农产品地理标志的申请人为特定的经济组织或行业协会等组织,使用人为符合条件的个人或单位。我国学界对地理标志权的主体也有不同的看法。有人认为,地理标志权包括产品生产者权利、消费者权利以及特定区域公民的环境权利。[①] 言下之意,生产者、消费者甚至普通公民都是地理标志权的主体。有人认为,作为一种特殊的知识产权,地理标志财产权包括地理标志所有权和地理标志管理权。前者不是国家所有、集体所有,也不是共有,而是社会所有;后者是由地理标志的使用者自行成立的管理组织对地理标志所享有的监管、起诉等权利。[②] 还有人认为,地理标志相关权利包括地理标志生产者的权利和地理标志管理组织的权利。[③]

通过上述比较,可以看出,地理标志的申请人在各国都表现为一定的组织或团体,究其原因,主要是地理标志是一项集体性权利,任何生产者或经营者都不能以自己的名义单独申请获得,只能由代表集体利益的组织或团体提出申请。所不同的是,法国、德国、日本地理标志的申请人主要为协会或其他团体,不包括政府机构。美国地理标志的申请人除了包括民间组织,还包括政府机构。我国的地理

① 张辉:《论地理标志权之经济法属性》,《法学论坛》,2005年第1期。
② 付大学,韩志红:《浅议地理标志财产权的配置》,《北京市政法管理干部学院学报》,2004年第2期。
③ 洪莹莹,韩志勇,邱丘:《地理标志及相关权利属性探析》,《商业时代》,2012年第2期。

标志作为证明商标或集体商标申请时或申请农产品地理标志时,申请人只能是一定的协会或其他对地理标志具有监督能力的组织;而申请地理标志产品保护时,申请人则既可以是特定的协会和企业,也可以是政府指定的申请机构。就地理标志的管理者或控制者而言,法国表现为农业部下设的国家原产地名称局,德国、日本、美国表现为地理标志集体商标、证明商标的申请人(即特定的协会、政府机构或其他组织),我国的地理标志作为证明商标或集体商标申请时或申请农产品地理标志时,表现为作为申请人的协会或其他组织,申请地理标志产品保护时,则表现为国家知识产权局。关于地理标志的使用人,各国基本一致,都表现为一定地域范围内符合条件的生产者和经营者。从上述规定来看,是否地理标志的申请者、管理者、使用者都属于地理标志权的主体呢?笔者认为,对此问题的回答涉及对地理标志权性质的理解。首先,地理标志权作为一种无形财产权,它属于知识产权的一种,即一定的民事主体对地理标志享有的专有权利。由此,与地理标志相关的消费者权利、特定区域公民的环境权利本身不属于知识产权的范畴,其相关主体当然不是地理标志权的主体。其次,地理标志权是一种集体性知识产权。与一般知识产权相比,地理标志权不能也不应该为某个经营者单独享有,它只能为符合条件的经营者集体共有。正因为如此,地理标志权的申请只能由代表经营者集体利益的协会、政府机构或其他组织提出,而且这些组织对地理标志还负有一定的监管和保护职责。但这并不意味着这些管理组织对地理标志享有所有权,符合条件的经营者只对地理标志享有使用权,因为任何权利都体现了主体的利益,这些管理组织并非为自己的利益实施对地理标志的相关行为,而是代表了经营者集体的利益,与其说是一种权利,不如说是一种职责或义务。因此,地理标志权的主体只能是特定区域范围内符合条件的生产者和经营者。那种认为地理标志权不是共有,而是社会所有权的说法是欠妥当的。

三、地理标志权的客体

地理标志权的客体,即受法律保护的地理标志的范围。地理标志权是一种自然权利,其产生于产品与来源地之间的关联性,只要实际使用便可受到法律保护。各国对地理标志的登记注册,只是为了确认地理标志权的法律效力并予以公示,防止侵权行为的发生,其本身并不是地理标志受到法律保护的前提。但具备何种形式、符合何种条件的地理标志才能成为一种知识产权,才能成为法律所保护的对象,各国的态度并不完全一致,国际社会也有不同的立场。

法国从原产地名称的角度来理解地理标志,认为原产地名称是指一个国家、地区、地方的地理名称,而且只能用于产品与该地理环境(包括自然环境和人文环境)之间存在质量或特征的关联性的场合。根据这种理解,作为地理标志的原产地名称必须是单纯的地理名称(即直接地理标志),除地理名称以外的其他地理来源标记,如图案、符号、三维标记等(即间接地理标志)不属于原产地名称的范围,不受法律保护。在法国,原产地名称主要适用于农产品和食品等适度加工的产品,盐、矿泉水、野生动植物等未加工的产品或工业产品、服务等不得使用原产地名称。① 同时,法国相关法律还规定,原产地名称不得被视作通用名称而失去法律的保护。采取这种原产地名称概念的还有意大利、葡萄牙等国。与法国不同,德国、日本、美国等国将地理标志理解为货源标记,认为地理标志除了包括作为直接地理标志的地理名称,还包括其他间接地理标志,而且只要是产品与来源地之间存在关联的场合,都可使用地理标志。例如,在德国,地理标志除了地理名称,还包括各种来源符号、外文名称、特定形状的瓶子等;地理标志所适用的产品除了包括农产品和食品,还包括矿产品、野生动植物、工业产品和手工艺品。在美国,地理标志不仅包括地理名称,还包括图形、标语、字词、三维标记、声音、颜色、气味等。在日本,地理标志所适用的范围甚至延伸到了温泉旅馆等服务行业。② 同时,在这些国家,地理标志能够转变成为通用名称,从而失去法律的保护。例如,在德国,若有80%以上的消费者认为地理标志是描述性名称,该地理标志将失去法律的保护;在美国,被公众理解为通用名称的地理标志,其使用将不受任何限制。③《巴黎公约》和《马德里协定》同时使用了原产地名称和货源标记的概念,但并未对其作出界定。《里斯本协定》则采用了法国的原产地名称的概念。欧盟同时使用了原产地名称和地理标志的概念,但无论是原产地名称,还是地理标志,都只适用于农产品、食品、葡萄酒、烈酒,工业产品等其他产品不得使用。《与贸易有关的知识产权协定》则从货源标记的角度来理解地理标志,其形式既包括直接的地理标志,也包括间接的地理标志,适用的产品除了农产品、食品和酒类,还包括其他产品。

我国《商标法》和《地理标志产品保护规定》都是从货源标记的角度来解释地理标志的,认为地理标志可以适用于一切产品,包括农产品和非农产品,只要该产品与来源地之间存在关联性即可。例如,《地理标志产品保护规定》第2条规定,地理标志产品包括:①来自本地区的种植、养殖产品;②原材料全部来自本地区或部分来自其他地区,并在本地区按照特定工艺生产和加工的产品。二者不同的是,我国《商标法》中的地理标志既包括作为直接地理标志的地理名称,又包括作为间接地理标志的其他标记,而《地理标志产品保护规定》中的地理标志则只能体现为直接地理标志,即地理名称。与我国《商标法》和《地理标志产品保护规定》不同,《农产品地理标志管理办法》则是从原产地名称的角度来理解地理标志的,认

① 王笑冰:《关联性要素与地理标志法的构造》,《法学研究》,2015年第3期。
② 王笑冰:《关联性要素与地理标志法的构造》,《法学研究》,2015年第3期。
③ 王笑冰:《关联性要素与地理标志法的构造》,《法学研究》,2015年第3期。

为地理标志只能体现为特定的地域名称,而且要求作为适用对象的农产品与来源地的自然环境和人文环境之间必须存在质量和特征上的关联性。从整体上来看,我国法律中的地理标志并不限于地理名称,还包括其他间接地理标志,其所适用的对象也并不限于农产品,还包括其他产品。

通过上述比较可以发现,法国、意大利、葡萄牙等国将受保护的地理标志界定为地理名称,而且只限于在农产品、食品以及酒类产品上使用,范围较窄。德国、美国、日本等国将受保护的地理标志界定为地理来源标记(地理名称和非地理名称标记),可适用于包括农产品、食品、酒类产品在内的一切产品甚至服务,范围较宽。究其原因,主要是法国、意大利、葡萄牙等国的地理标志制度建立在客观的关联性基础上,而德国、美国、日本等国的地理标志制度则建立在主观的关联性基础上。客观的关联性是指产品的质量或特性与地理环境存在事实上的关联性,即特定的地域造就特定品质的产品,这必然要求标示产品来源地的地理标志只能是地理名称,地理名称以外的其他标记不能成为地理标志的表现形式。同时,客观的关联性要求产品的质量或特征归因于自然环境和人文环境,也就意味着地理标志主要适用于农产品、食品以及酒类产品(尤其是葡萄酒),因为这些产品的形成同时受到自然环境和人文环境的影响。盐、矿泉水、野生动植物等仅与自然环境相关联,缺乏技术加工等人文因素的影响,不属于地理标志的适用范围。工业产品、服务等主要受到生产技术、人文技艺的影响,缺乏与自然因素的关联性,因而也无法成为地理标志适用的对象。在法国,产品特色仅取决于产地传统的生产技术和人文工艺,而与该产地的自然因素无关联的,该原产地名称将不受法院保护。[①]由于客观的关联性是产品质量或特征与来源地地理环境之间的一种事实关联性,与公众的主观认知无关,原产地名称不会因公众的认知而沦为通用名称,只要产品与特定地域之间不存在质量或特征上的关联性,则一律不得使用原产地名称。主观的关联性是指公众合理地认知特定的产品源自特定的地域,这种关联性存在于公众的主观认知之中。由此,只要是能让公众认识到产品源自何地的标记,都能成为地理标志。作为直接地理标志的地理名称,能明确地反映产品的来源地,成为地理标志自不待言。作为间接地理标志的其他标记,尽管并不直接体现产品的来源地,但只要被公众理解为产品的来源地,也能成为地理标志。在德国,就某种标记能否成为地理标志而言,公众的认知具有特殊的决定意义。[②] 因此,在主观的关联性下,地理标志既包括地理名称,又包括地理名称以外的其他标记。另外,由于主观的关联性是以公众的认知为基础的,这样,产品与来源地之间的质量关联性也就不再显得必要,无论产品与来源地之间是否存在质量上的关联性,都

---

① 王笑冰:《关联性要素与地理标志法的构造》,《法学研究》,2015 年第 3 期。
② 王笑冰:《关联性要素与地理标志法的构造》,《法学研究》,2015 年第 3 期。

能成为地理标志的适用对象。因此,不仅农产品、食品、酒类产品,矿物产品、野生动植物、工业产品乃至服务也都能成为地理标志的适用对象。就通用名称而言,在主观的关联性下,当某一个地理标志被公众理解为通用名称,也就意味着它将丧失标示产品来源的功能,任何人使用都将不会引起公众误解,因而也就失去了保护的必要。从国际社会的相关规定来看,《里斯本协定》采取了法国原产地名称的概念,显然是以客观的关联性为基础的,受法律保护的原产地名称的范围自然应受到客观关联性的制约。欧盟为了协调各成员国在地理标志保护上的矛盾,同时采用了原产地名称和地理标志两个概念,既体现了客观的关联性,又体现了主观的关联性。但将原产地名称或地理标志适用的对象仅限于农产品、食品、葡萄酒、烈酒,又充分说明了欧盟的地理标志制度实质上是以客观的关联性为基础的。《与贸易有关的知识产权协定》主要是从货源标记的角度来理解地理标志的,其地理标志制度主要建立在主观的关联性的基础上。我国《商标法》和《地理标志产品保护规定》对地理标志的理解与《与贸易有关的知识产权协定》基本相同,同样是建立在主观的关联性的基础上,只是我国《商标法》中的地理标志既可以表现为地理名称,又可以表现为其他标记,而《地理标志产品保护规定》中的地理标志则仅限于地理名称。《农产品地理标志管理办法》将地理标志理解为原产地名称,显然是以客观的关联性为基础的,地理标志只能表现为地理名称,且适用对象仅限于农产品。由于这三部法律就地理标志的保护范围并不存在明确的分工,地理标志所适用的产品存在诸多重合的现象,所以从整体上看,我国的地理标志制度主要是以主观的关联性为基础的。

四、地理标志权的内容

地理标志权是特定区域范围内的生产者和经营者对地理标志所享有的专有权利。这种专有权利体现为一种集体独占使用权,即本区域内符合条件的生产者和经营者对地理标志的使用权和禁止本区域以外的其他人以及本区域内不符合条件的人使用该地理标志的权利。同时,地理标志是标示特定的产品源自特定的产地的标记,因此不存在转让的问题,因为那样将会使地理标志丧失标示产品来源地的功能,引起消费者对产品来源地的误解。所以说,地理标志权的内容包括使用权和禁止权,不包括转让权。

在法国,使用原产地名称必须遵守产品规范,要求产品不仅产于特定区域,还要符合特定的生产要求和质量标准。使用原产地名称的生产者和经营者往往要经过重重考验,确保产品质量、产地、生产技术等都必须符合特定的要求。产品不符合特定要求的生产者和经营者不得使用原产地名称。法国消费者法典规定,原产地名称或暗示原产地名称的任何说明只能由特定地域的生产商享有专用权,不得用于任何相类似的产品上,也不得用于有可能滥用或削弱原产地名称声誉的其他任何产品或服务上。法国《原产地名称保护法》第 7 条规定,原产地名称永远不能被认为有通用性并且永远不能成为公产。该款说明了原产地名称专用权没有时间的限制,其永远受到法律的保护。此外,在法国,对外国原产地名称的保护,以其本国对其予以保护为前提。即外国生产商对原产地名称专用权的行使,以其所属国对该原产地名称专用权予以保护为必要。就原产地名称权与商标权的冲突而言,法国强调原产地名称权优于商标权,即使商标注册在先,也可因原产地名称而被撤销。① 俄罗斯《商品商标、服务标志和原产地名称法》规定,禁止无证书者使用已注册的原产地名称,即使在使用时表明了商品的真实来源或附加使用了"类似""仿制""类型"等字样,或作为外文译名使用;禁止在同类商品上使用相类似的标志,以免给消费者造成误解。在德国,地理标志权的行使无须以遵守产品规范为必要,产品质量以公众的一般认知为标准,当地理标志的使用可能引起公众对产品的误解的,则应予以禁止。② 德国《商标和其他标记保护法》第 127 条规定,当地理标志用于并非来源于该地理标志所标示的地域的产品或服务上,引起公众误解的,禁止使用;当地理标志表示某一产品或服务的特定品质时,禁止将该地理标志用于其他产品或服务上;当地理标志具有特殊声誉时,禁止将该地理标志用于可能有损其声誉且并非来源于其所标示的地域的产品或服务上;上述禁止不仅及于地理标志本身,还及于与地理标志相似的名称、标记以及将地理标志作为附加物使用的情况。此外,该法第 126 条第 2 款规定,当地理标志失去了表示地理来源的意义,被用于表示产品或服务的名称或特征时,该地理标志应被视为通用名称而失去保护;该法第 6 条规定,当地理标志权和商标权发生冲突时,在先权决定了优先权。日本《防止不正当竞争法》规定,在商业活动中,对商品或服务的产地、质量、内容、用途、数量作引人误解的虚假标示的,属于不正当竞争行为,应予以禁止。日本《不正当回扣及不正当表述防止法》第 4 条规定,经营者不得对商品或服务的质量、地理来源等各种与商品、服务品质相关的内容作出在一般消费者看来不符合事实的陈述。1994 年日本国税厅发布的《关于葡萄酒和烈酒名称的第四号通知》规定,禁止在葡萄酒、烈酒上使用与其来源地不相符合的地理标志,即使是在地理标志后附加"仿""类""型""风味"等词汇或作为外文翻译使用。但地理标志在 1994 年 4 月 15 日之前已被使用 10 年以上或被善意使用,或地理标志在其所属国已不再使用或不再受到保护的,则不禁止该地理标志的使用。在美国,地理标志申请证明商标虽然也要提交质量要求或证明标准,但这些并不是政府关注的内容,只要地理标志的使用能向消费者正确地表明产品源自何地,即

①　王笑冰:《关联性要素与地理标志法的构造》,《法学研究》,2015 年第 3 期。
②　王笑冰:《关联性要素与地理标志法的构造》,《法学研究》,2015 年第 3 期。

使没有获得商标注册,也能受到普通法的保护。① 美国《商标法》规定,禁止将具有欺骗性、误导性词汇注册为商标;若地理标志的使用明确说明了商品的真实来源地,不会引起消费者误解的,应允许他人使用。此外,当地理标志被公众理解为通用名称时,对该地理标志的使用将不受限制。就商标权与地理标志权之间的冲突问题,美国法律认为二者应予以同等保护,成立在先的权利应具有优先效力。② 《巴黎公约》和《马德里协定》将假冒地理标志的行为或使用引人误解的地理标志的行为视为不正当竞争行为,应予以禁止。《里斯本协定》则禁止任何假冒或仿冒原产地名称的行为,即使在使用时标明了商品的真实来源或附加了"仿""类""样""式"等字样,或作为外文翻译使用。欧盟《2081/92号条例》第13条第1款规定,禁止任何在不属于地理标志所标示的地域范围内的产品上使用该地理标志的行为;禁止任何滥用、模仿地理标志的行为,或以附加"仿制""类""型"等词汇的方式使用地理标志以及将地理标志作为外文翻译使用的行为,即使指明了产品的真正来源;禁止使用引人误解的地理标志。欧盟《2081/92号条例》第13条第3款规定,受保护的地理标志不能变为通用名称。欧盟《2081/92号条例》第14条规定,在先的地理标志与在后的商标发生冲突时,驳回商标申请;在先的商标与在后的地理标志发生冲突时,二者可以在一定条件下同时存在;地理标志与驰名商标发生冲突时,地理标志不得注册。该条总体上还是确认了地理标志权的效力优先于商标权。此外,欧盟对地理标志的跨国保护,以该地理标志在其所属国受到保护为前提。③《与贸易有关的知识产权协定》第22条规定了地理标志的一般保护,即在商品上使用虚假的来源标志,足以引起公众误解的,或使用地理标志时指明了商品的来源地但仍然有可能造成公众误解的,应予以制止。《与贸易有关的知识产权协定》第23条规定了对葡萄酒、烈酒地理标志的特别保护,即禁止在并非来源于地理标志地域内的商品上使用该地理标志,即使标明了商品的真实来源或附加使用"类""型"等表述方式,或是作为翻译名称使用的也不例外。同时,该条对葡萄酒的同音或同形异义的地理标志予以了平等保护。《与贸易有关的知识产权协定》第24条规定了地理标志保护的例外情形,如在先或善意使用、商标的善意申请或注册、通用名称、名称权的保护、来源国的不保护或已停用等。

我国《商标法》第16条第1款规定,商标中有商品的地理标志,而该商品并非来源于该标志所标示的地区,误导公众的,不予注册并禁止使用,但是,已经善意取得注册的继续有效。该法第10条第2款规定,县级以上行政区划的地名或者公众知晓的外国地名,不得作为商标。但是地名具有其他含义或作为集体商标、

---

① 王笑冰:《关联性要素与地理标志法的构造》,《法学研究》,2015年第3期。
② 王笑冰:《关联性要素与地理标志法的构造》,《法学研究》,2015年第3期。
③ 王笑冰、林秀芹:《中国与欧盟地理标志保护比较研究——以中欧地理标志合作协定谈判为视角》,《厦门大学学报(哲学社会科学版)》,2012年第3期。

证明商标组成部分的除外,已经注册的使用地名的商标继续有效。《集体商标、证明商标注册和管理办法》第 12 条对葡萄酒、烈性酒地理标志进行了特别保护,明确禁止他人在商品上使用作为集体商标或证明商标的地理标志,即使同时标明了商品的真实来源地。《集体商标、证明商标注册和管理办法》第 9 条对葡萄酒的同音或同形异义的地理标志予以了同等保护,允许多个同音或同形异义的地理标志作为集体商标或证明商标申请注册,但应采取一定的方式将其区分且不对公众造成误导。《地理标志产品保护规定》和《农产品地理标志管理办法》则规定地理标志的使用必须符合一定的质量标准或规范,禁止任何不符合标准的地理标志的使用。此外,我国《反不正当竞争法》第 6 条规定,经营者不得实施足以引人误认为是他人商品或者与他人存在特定联系的混淆行为。《产品质量法》第 5 条规定,禁止伪造产品的产地,伪造或冒用他人的厂名、厂址。《消费者权益保护法》第 8 条第 2 款规定,消费者有权根据商品或者服务的不同情况,要求经营者提供商品的价格、产地等有关真实情况。《中华人民共和国对外贸易法》(以下简称《对外贸易法》)第 34 条第 1 项规定,在对外贸易活动中,禁止实施伪造、变造进出口货物原产地标记,伪造、变造或者买卖进出口货物原产地证书等行为。

案例 5-4 "五常大米"案

"五常大米"为黑龙江哈尔滨五常市特产,也是五常市大米协会的证明商标。五常市大米协会起诉称,2018 年 5 月,其发现山西某公司于某电商平台上开设店铺,销售标示为"东北五常大米"的大米产品,要求该公司停止侵权并赔偿经济损失(含合理支出)10 万元。法院经审理查明,涉案大米产品确系山西某公司于某电商平台上销售,产品外包装是该公司自行印制并作为产品包装使用。该大米产品包装袋正面左上角标有该公司拥有商标专用权的"九州香"商标,右边竖列印有"古法自然 稻花香大米 源于黑龙江五常"字样,其中"五常"二字较其他字体更大、更明显,且用方框予以标示,包装袋背面标有种植基地黑龙江省五常市。山西某公司使用"五常"标识且未经过商标权利人同意。最终,法院认定山西某公司构成对"五常大米"证明商标专用权的侵犯,判决停止侵权,并赔偿五常市大米协会经济损失及合理支出共计 43000 元。

综合考察上述内容可以发现,以客观的关联性为基础的法国、俄罗斯、欧盟、《里斯本协定》强调对原产地名称的客观、绝对保护,而以主观的关联性为基础的德国、日本、美国、《巴黎公约》、《马德里协定》以及《与贸易有关的知识产权协定》则强调对地理标志的主观、相对保护,前者的保护力度明显强于后者。在客观的关联性下,产品质量由特定的地理环境所决定,地理标志的使用要求产品必须符合一定的质量标准,因此,产品规范的拟定也就成为必要。只有符合产品规范所确定的质量标准的产品才能使用地理标志,地理标志区域外的产品或地理标志区域内不符合产品规范所要求的质量标准的产品一律不得使用地理标志,即使在同时标明产品的真实来源地或附加使用"类""型""式""仿"等表述等不存在对公众产生误导的场合也不例外。由于这种质量标准是一种客观的标准，与公众的主观认知无涉，所以地理标志不会因公众的认知而成为通用名称从而失去法律的保护，其效力具有永久性。同时，在客观的关联性下，产品规范及质量标准必须由产品来源国确定，因此只有在来源国受到保护的地理标志，才能在进口国受到保护。就商标权与地理标志权的冲突问题，由于在客观的关联性下，产品的质量或特征取决于一个国家特定的自然环境和人文因素，标示这种关联性的地理标志往往体现了一个国家特定的自然风貌和文化传统，所以其效力和法律地位应优于商标。在主观的关联性下，产品与来源地之间无须存在质量上的关联性，产品的质量标准取决于公众对产地的认知，因而产品规范也就不是关注的对象甚至没有存在的必要。地理标志的使用无须遵守特定的产品规范，只须提供真实的产地信息，不使公众产生误解即可。假冒、仿冒他人地理标志，使公众产生误解的，应予以禁止。由于在主观的关联性下，产品的质量标准取决于公众对产地的认知，当某一地理标志被公众理解为通用名称时，也就意味着该地理标志丧失了评价产品质量的功能，由此也就失去了保护的必要。同时，既然主观的关联性是以公众的主观认知为基础的，对地理标志的保护只须判断是否存在误导公众的情况即可，无须考虑其所属国对该地理标志是否存在保护。就商标权与地理标志权之间的效力冲突问题，在主观的关联性下，商标和地理标志的功能并无差别，都只具有商品来源功能，而不具有客观的质量评价功能，因此二者具有相同的效力和法律地位，应通过在先原则解决冲突问题。随着国际交流与合作的不断发展，两种地理标志制度开始出现一定程度的融合。例如，以主观的关联性为基础的日本和《与贸易有关的知识产权协定》，在对一般地理标志实行主观、相对的保护的同时，又对葡萄酒、烈酒两种酒类产品地理标志实行客观、绝对的保护。地理标志的国外保护以其所属国保护为前提已经不再只是客观的关联性下的限制，它目前已经成为国际社会所通行的一项规定。我国《商标法》以主观的关联性为基础，对地理标志实行主观、相对的保护；《集体商标、证明商标注册和管理办法》则对葡萄酒、烈酒两类产品地理标志实行客观、绝对的保护，体现了客观的关联性的特点。我国《地理标志产品保护规定》和《农产品地理标志管理办法》均实行了客观、绝对的保护。《反不正当竞争法》《产品质量法》等相关法律则实行了主观、相对的保护。

五、地理标志权的法律保护

关于地理标志权的法律保护，世界各国乃至国际社会都有不同的体现。

法国强调对地理标志权的公权救济，当出现地理标志纠纷时，由公权机关代表全体生产商对纠纷事件作出处理或直接向法院提起诉讼，权利的保护主要通过刑法或行政法来实现。法国《消费者法典》禁止一切滥用原产地名称的行为或削弱原产地名称声誉的行为,以充分实现对原产地名称权的保护。德国《商标和其他标记保护法》规定,侵犯地理标志权的,权利人有权要求侵权人停止侵害、赔偿损失。该法第144条规定,在商业活动中,违法使用或试图违法使用受保护的地理标志的,应处以2年以下监禁或罚金;法院判决有罪的,应同时命令除去犯罪人在物品上使用的非法标记或销毁该物品。该法第146条、第147条第1款规定,海关有权在权利人提供担保的情况下,对非法使用受保护的商标或其他商业标识的商品在进口或出口时予以扣押;相关人员在扣押通知送达后的2周之内没有提出异议的,海关有权对扣押的商品予以没收。日本《防止不正当竞争法》第1条规定,禁止假冒商品地理标志和在商品上使用引人误解的来源标志的行为,被害人有权要求侵权行为人承担停止侵害、恢复名誉、赔偿损失等法律责任。日本《商标法》明确规定,地理标志可作为地域团体商标注册,并适用普通商标的保护措施,如停止侵害、赔偿损失、禁令等。同时,日本国税厅1994年颁布的《关于葡萄酒和烈酒名称的第四号通知》对葡萄酒、烈酒的地理标志实行了严格保护。美国《商标法》第43条规定,认为商品、服务、商业广告、促销上使用的虚假地理标志损害其利益的任何人,均有权提起民事诉讼。《巴黎公约》第10条规定,对于带有虚假原产地和生产者标记的商品,各成员国有权在商品进口时或国内予以扣押,或采取禁止进口等措施。《马德里协定》第1条第1款规定,对于任何带有涉及成员国及其国内区域的虚假或欺骗性的标志的商品,各成员国均有权在该商品进口时予以扣押,或采取禁止进口等措施。《与贸易有关的知识产权协定》第22条规定,如果商标中包含有并非标示商品真正来源地的地理标志,各成员国有权驳回或撤销该商标的注册,或者依相关利害关系人的请求驳回或撤销该商标的注册;第23条第2款规定,如果葡萄酒、烈酒的商标中包含有并非标示该葡萄酒、烈酒真实产地的地理标志,即使没有造成公众误导的效果,各成员国在国内立法允许的情况下,也有权主动或依利害关系人的请求拒绝该商标的注册或使其注册失效;第45条规定,地理标志侵权行为的认定应以过错责任原则为主,赔偿数额可参照商标法和著作权法的规定来认定;第61条规定,成员国应当至少规定故意假冒商标或盗版且具商业规模的行为的刑事程序和刑罚,刑罚的种类应当包括监禁和罚金,且适用标准应和普通犯罪相同,成员国对于其他侵犯知识产权的行为,也可以规定刑事程序和刑罚,尤其是故意实施且具有商业规模的情况。

我国《商标法》明确规定地理标志可作为集体商标或证明商标注册,其适用一般商标的保护措施。侵犯地理标志权的,应承担相应的法律责任。相关权利人有权要求侵权人停止侵害、赔礼道歉、赔偿损失,市场监管部门也有权依法作出处理。我国《商标法》第67条规定,侵犯商标权构成犯罪的,除赔偿被侵人的损失外,依法追究刑事责任。该条也同样适用于作为集体商标或证明商标的地理标志。《集体商标、证明商标注册和管理办法》第9条和第12条规定了对葡萄酒、烈性酒两类产品地理标志的严格保护。《地理标志产品保护规定》规定，对于非法使用地理标志名称和地理标志产品专用标记的行为，由质量技术监督部门和出入境检验检疫部门依法查处；已获地理标志产品注册登记的生产者，未按规定生产地理标志产品或在2年内未在产品上使用地理标志产品专用标记的，国家质量监督检验检疫总局有权注销其地理标志产品登记。《农产品地理标志管理办法》规定，已登记的地理标志农产品不符合规定条件或农产品地理标志登记证书的持有人不符合规定条件的，农业部有权注销地理标志登记证书并对外公告。此外，我国《反不正当竞争法》《产品质量法》《消费者权益保护法》等相关法律也都有伪造产品产地应承担相应的法律责任的条款。

案例5-5 "洪湖莲藕"案

"洪湖莲藕"商标为洪湖市水生蔬菜产业开发研究会在莲藕（加工过的）商品上注册的证明商标。2020年9月，湖北省洪湖市市场监督管理局根据权利人投诉，对武汉市强鑫蔬菜产销专业合作社进行现场检查和调查。经查，当事人于2020年3月开始加工销售"洪湖莲藕"产品，两次通过武汉某包装公司印制带有与"洪湖莲藕"注册商标近似的商标和地理标志的标签共计36.21万份，其莲藕原料主要从仙桃市某农产品大市场莲藕散户采购，无法提供莲藕的真实来源以及相关原料进货及结算凭证。该产品经加工后通过冷链物流发送至上海某物联网公司在全国各分公司销售。截至2020年10月，共销售加贴"洪湖莲藕"标签和地理标志的莲藕35.62万份，销售金额277.25万元。2021年1月22日，洪湖市市场监督管理局认定当事人违反我国《商标法》第57条第2项规定，属于未经商标注册人的许可，在同一种商品上使用与其注册商标近似的商标，容易导致混淆的违法行为，依据我国《商标法》第60条第2款规定，作出行政处罚，责令立即停止侵权行为，罚款277.25万元。

通过对上述相关内容的考察，可以发现，法国对地理标志采取的是专门法保护模式，将一切不符合产品质量规范的地理标志使用行为均作为侵权行为处理，并主要通过公权机关来实现权利救济，保护力度较强。德国、日本、美国则通过商标法、反不正当竞争法等相关法律来实现对地理标志的保护，将误导消费者、扰乱市场竞争秩序的地理标志使用行为作为侵权行为处理，保护力度相对较弱。究其原因，主要是在客观的关联性下，地理标志有着不同于商标的功能，是一种独立的知识产权，自然应采取专门的立法来保护。由于客观的关联性要求产品必须符合特定的质量标准，产地划定、产品规范的拟定也就成为关注的重点，公权机关的全程介入和对产品质量的全过程监控以及纠纷发生后实现权利的救济也就成为必要。在客观的关联性下，地理标志的使用必须符合产品规范，不符合产品规范的使用行为，无论是否存在误导公众的情况，均应视作侵权行为加以制止。可见，以客观的关联性为基础的法国，对地理标志采取的是一种直接的保护。德国、日本、美国是以主观的关联性为基础的,在主观的关联性下,产品的质量标准取决于公众对产品产地的认知,产品规范不再是关注的重点,地理标志与商标的功能并无差别,因此通过商标法、反不正当竞争法等相关法律来实现对地理标志的保护也就顺理成章。由于主观的关联性是以公众的合理认知为基础的,这决定了地理标志的使用只有在引起公众误解的情况下才能作为侵权行为处理,以实现对消费者权益的保护和市场竞争秩序的维护。因此,在主观的关联性下,对地理标志采取的是一种间接的保护。从国际条约的规定来看,《巴黎公约》和《马德里协定》都从防止不正当竞争的角度来实现对地理标志的保护,其体现的是一种间接的保护。《与贸易有关的知识产权协定》对一般地理标志采取了间接的保护,对葡萄酒、烈酒产品地理标志则采取了直接的保护。日本国内对地理标志的保护情况与《与贸易有关的知识产权协定》大体相同。我国对地理标志采取的是商标法及相关法律与专门法相结合的保护模式。首先,我国《商标法》和《集体商标、证明商标注册和管理办法》分别对一般地理标志和葡萄酒、烈性酒地理标志采取了间接的保护和直接的保护,这与《与贸易有关的知识产权协定》对地理标志的保护基本相同。其次,《地理标志产品保护规定》和《农产品地理标志管理办法》均对地理标志采取了直接的保护。再次,《反不正当竞争法》《产品质量法》《消费者权益保护法》等相关法律对地理标志采取了间接的保护。综观我国的地理标志保护体系,主要存在着以下问题:其一,商标保护、地理标志产品保护、农产品地理标志保护三种制度并行,市场监督管理部门、质量技术监督部门、出入境检验检疫部门、农业部门多个部门同时执法,并且职权范围不存在明确的分工,容易造成各部门权力相互碰撞,当事人的权利无法得到有效实现。对此,应明确三种制度的适用范围,避免保护冲突与重叠保护。可以考虑将一些重要的农产品地理标志和非农产品地理标志分别纳入农产品地理标志保护和地理标志产品保护中,将其他产品的地理标志划归商标保护的范围内,这样就可以避免不同的职能部门权利行使的冲突,使得当事人的权利都能有效实现。其二,与国外相比,无论是我国的《商标法》,还是《地理标志产品保护规定》《农产品地理标志管理办法》,对地理标志的保护都缺乏系统、完备的规定。对此,应对相关内容进行充实和完善。

第三节　比较集成电路布图设计权

一、集成电路布图设计的概念

集成电路布图设计,一般是指组成集成电路的各个元件以及相互连接的线路的布局形式。集成电路是当代信息技术的核心和基础,英文简称 IC,又被称为芯片,它是将电阻、电容、晶体管等元件通过一定的线路固化于一定的固体材料上,从而使之具备一定的电子功能的产品。[①] 这种电路高度集成的产品,具有体积小、速度快、能耗低的特点,因而在当代社会被广泛地应用于各种电子产品中。集成电路布图设计是制造集成电路产品的一个最为关键的环节,用以组成集成电路的各个电子元件和连接线路应如何排列、布局,直接关系到集成电路功能的充分发挥。为此,设计者往往要付出十分艰辛的脑力劳动,现实中关于集成电路布图设计的研发费用一般要占到集成电路产品总投入的一半以上。但集成电路布图设计又十分容易被复制、抄袭,并且成本远远低于其研发费用,从而使得集成电路布图设计人蒙受巨大损失,也阻碍了新的集成电路产品的研发。作为一种智力成果和无形财产,集成电路布图设计应当成为知识产权的保护对象。关于集成电路布图设计的概念,国内外表述并不完全一致。

根据《简明大不列颠百科全书》中的解释,集成电路是指利用不同种类的工艺加工技术,在一块连续不断的衬底材料上同时制作出大量的晶体管、电阻和二极管等电路元件,并通过一定的线路将它们连成一体。世界上首个通过立法保护集成电路的国家是美国,1984 年 11 月 8 日美国国会颁布实施的《半导体芯片保护法》明确将集成电路限定在半导体集成电路的范围内,并将集成电路布图设计称为“掩膜作品”。该法对掩膜作品进行了详细定义,并将其作为一种独立的知识产权加以保护。继美国之后,日本也仿照美国模式于 1985 年颁布实施了《半导体集成电路的线路布局法》,将集成电路限定为半导体集成电路,将集成电路布图设计称为“线路布局”。与美国法律不同的是,该法并没有采取列举的方式详细定义集成电路布图设计,而是明确规定了布图设计的概念。根据该法,线路布局是指半导体集成电路中的各种元件以及连接这些电路元件的布局形式。1986 年 12 月 16 日欧共体颁布实施的《关于半导体产品拓扑图保护的指令》将集成电路布图设计称为“半导体产品拓扑图”,并要求各成员国通过一定的法律措施对半导体产品拓扑图专有权予以保护。1986 年 12 月 18 日瑞典颁布实施的《半导体产品电路的布图设计保护法》则首次使用了“半导体电路布图设计”这一称谓。1987 年英国颁布的《半导体产品拓扑图保护条例》将集成电路布图设计称为“半导体产品拓扑图”。1987 年 10 月 22 日德国颁布的《关于保护微电子半导体产品拓扑图的法律》采用的也是“半导体产品拓扑图”的概念。根据俄罗斯《集成电路布图设计保护法》的规定,集成电路布图设计是指固定于特定载体之上的集成电路元件的组合空间、几何位置以及相互之间的连接线路。集成电路则是将电子元件和相互连接的线路集成于一定的基片之上或基片之中,以执行一定的电子功能的中间产品或最终产品。1989 年 5 月 26 日世界知识产权组织在华盛顿通过的《集成电路知识产权保护条约》(俗称《华盛顿条约》)第 2 条规定,集成电路是指将包括至少一

---

① 郭禾:《半导体集成电路知识产权的法律保护》,《中国人民大学学报》,2004 年第 1 期。

个有源元件的多个电子元件以及其部分或全部相互连接的线路集成于一块特定的材料之上或材料之中,以执行某种电子功能的中间产品或最终产品。集成电路布图设计是指组成集成电路的包括至少一个有源元件的多个电子元件以及其部分或全部相互连接的线路的三维配置,或者是为制造集成电路而预先设计的这种三维配置。《与贸易有关的知识产权协定》基本上采用了华盛顿条约中集成电路布图设计的概念,并对集成电路布图设计的保护期限、保护范围以及善意侵权等问题进行了修改。

为了顺利加入世界贸易组织,促进我国集成电路产业的发展,国务院于 2001 年 3 月 28 日通过了《集成电路布图设计保护条例》,并于同年 10 月 1 日起正式实施。国家知识产权局分别于 2001 年 10 月 1 日和 11 月 28 日颁布实施了《集成电路布图设计保护条例实施细则》和《集成电路布图设计行政执法办法》。此外,最高人民法院于 2001 年 10 月 30 日发布了《关于开展涉及集成电路布图设计案件审判工作的通知》。根据《集成电路布图设计保护条例》第 2 条第 1 款的规定,集成电路是指将至少有一个是有源元件的两个以上元件和部分或者全部互连线路集成在基片之中或基片之上,以执行某种电子功能的中间产品或最终产品,即半导体集成电路;第 2 款规定,集成电路布图设计是指集成电路中至少有一个是有源元件的两个以上元件和部分或者全部互连线路的三维配置,或者为制造集成电路而准备的这种三维配置。根据《集成电路布图设计保护条例》,集成电路仅指半导体集成电路,不包括其他集成电路。集成电路布图设计特指半导体集成电路布图设计。我国学界对集成电路布图设计的概念也有不同的表述。有学者认为,集成电路布图设计,又称布图设计、掩膜作品、半导体产品拓扑图,是指组成集成电路的多个元件(其中至少包括一个有源元件)以及相互之间的全部或部分线路连接的三维配置,或者是为了制造集成电路而预先准备的这种三维配置。它具有创造性、经济性、无形性、易复制性四个特征。[①] 这种表述与《华盛顿条约》以及我国《集成电路布图设计保护条例》中对集成电路布图设计的定义基本相同。有学者认为,布图设计是指体现集成电路中各个电子元件(包括有源元件和无源元件)的三维配置的图形。它既可以体现在集成电路芯片上,也可以以一定的形式存在于掩膜板上,还可以以数字化编码的方式保存在计算机磁盘或磁带上。[②] 有学者认为,布图设计是指确定用以制造集成电路的各个元件在一个传导材料中的几何图形排列和连接的布局设计。[③] 根据这种观点,布图设计只限于为制造集成电路而预先进行的电子元件布局设计,并不包括集成电路芯片中电子元件的布局形式。

---

①　张成立:《论集成电路布图设计的民法保护》,《前沿》,2006 年第 7 期。

②　郭禾:《半导体集成电路知识产权的法律保护》,《中国人民大学学报》,2004 年第 1 期。

③　刘文:《集成电路布图设计的知识产权性质和特点》,《法商研究》,2001 年第 5 期。

还有的学者认为,集成电路布图设计是指以任何方式固定或编码的反映用以组成集成电路的材料之间的三维配置模式的一系列相关图像。其具有无形性、可复制性、非任意性的特点。① 根据这种观点,布图设计的载体既可以是掩膜板、磁介质,也可以是集成电路芯片。

案例5-6 昂宝公司诉智浦芯联公司侵犯集成电路布图设计权案

昂宝电子(上海)有限公司(以下简称昂宝公司)认为南京智浦芯联电子科技有限公司(以下简称智浦芯联)侵害其名称为"OB2262"、登记号为"BS.05500119.X"的集成电路布图设计专有权,因而向江苏省南京市中级人民法院提起诉讼,请求判令智浦芯联公司承担侵权责任。一审法院判决认定被告智浦芯联公司未侵害其布图设计专有权,驳回了原告昂宝公司的诉讼请求。原告不服,向江苏省高级人民法院提起上诉。江苏省高级人民法院二审认为,昂宝公司申请登记的纸质布图设计图样仅包含两层金属层,并不包含任何一个有源元件,不符合布图设计的基本定义,虽然昂宝公司在国家知识产权局登记备案了芯片样品,但不能以昂宝公司登记时提交的芯片样品来确定涉案布图设计的保护内容,否则,将变相鼓励布图设计申请人只提交样品,而对应给予社会公众查阅的公开内容不予公开,这违反布图设计保护条例的基本价值取向。遂驳回昂宝公司上诉请求。昂宝公司不服,向最高人民法院申请再审。最高人民法院再审认为,无视布图设计登记制度中关于纸质复制件或图样的要求,必然会使社会公众通过查阅方式获知布图设计内容的相关规定形同虚设,直接依据样品确定布图设计保护内容,极有可能引发轻视纸质复制件或图样法律地位的错误倾向,引发登记行为失范,产生不良导向作用。昂宝公司申请布图设计登记时,没有按照规定提交完整齐备的纸质复制件或图样,属于履行登记手续不符合法律规定的情形,应自行承担相应法律后果。遂裁定驳回昂宝公司的申请。

通过比较以上关于集成电路布图设计的不同表述,可以看出,美国将集成电路布图设计称为"掩膜作品",日本将集成电路布图设计称为"线路布局",欧盟、德国、英国则将其称为"拓扑图",瑞典、俄罗斯则直接使用了"布图设计"的称谓。可以肯定的是,无论是"掩膜作品""线路布局""拓扑图",还是"布图设计",其实际所要表达的含义基本上是一致的,只是在表述的侧重点和准确性上存在一定程度的差异。掩膜作品主要是从载体的角度来进行表述的,最初的布图设计往往被固定于掩膜板之上,因此被称为掩膜作品自是无可非议。但随着科技的不断进步,布图设计更多的是以数字化编码的形式储存于计算机磁盘或磁带中,对此,掩膜作

---

① 盛大铨:《论集成电路及其布图设计的法律保护》,《南京邮电学院学报(社会科学版)》,2002年第4期;冯晔、冯晓青:《集成电路知识产权保护与我国的立法探析》,《北京市政法管理干部学院学报》,2001年第4期。

品无法概括。此外,掩膜作品的表述还排除了芯片作为载体的情况。拓扑图主要是从形式的角度来进行表述的,而线路布局或布图设计则主要是从内容的角度来进行表述的,然而任何事物都是形式与内容的统一,即一定的线路布局或设计必然通过一定的图形或图像表现出来,而一定的图形或图像也必然表现一定的线路布局或设计。因此,无论是拓扑图,还是线路布局或布图设计,在表述上都不存在根本对立,只是视角和侧重点相异而已。就线路布局与布图设计而言,前者更多强调的是线路的客观分布情况,而后者则更多强调的是这种分布形式是由人所设计的,相比较而言,后者较前者更能体现智力成果或知识产权的特性。另外,就集成电路布图设计的外延来看,多数国家都将其限定为半导体集成电路布图设计,将非半导体集成电路布图设计排除在外,如美国、日本、欧盟、瑞典、英国、德国。俄罗斯则并未作此限制,集成电路布图设计除了包括半导体集成电路布图设计外,还包括非半导体集成电路布图设计,外延明显要宽于美国、日本等国。一个不争的事实是,当前的集成电路绝大多数都是半导体集成电路,布图设计主要也是针对半导体集成电路的。但随着电子技术的不断发展,一些非半导体集成电路,如生物芯片、微流体芯片、印刷线路板(简称 PCB 板)等开始涌现,对这些非半导体集成电路布图设计也应当予以同等保护。我国《集成电路布图设计保护条例》中直接采用了"布图设计"的称谓,并明确规定集成电路特指半导体集成电路,布图设计也即半导体集成电路布图设计。就集成电路布图设计概念的表述上看,我国与《华盛顿条约》中的表述基本上是相同的,认为布图设计不仅可以体现在集成电路产品中,也可以体现在制造集成电路产品之前的其他载体上。这也与其他国家关于布图设计的含义基本一致,是值得肯定的。那种认为布图设计不包括集成电路产品中各电子元件和线路布局形式的看法是值得商榷的。

二、集成电路布图设计权的主体

集成电路布图设计权,是指一定的主体依法对集成电路布图设计享有的专有权利。集成电路布图设计是一种智力成果,它是设计者脑力劳动和智慧的结晶,因此,集成电路布局的设计者或创作者是当然的权利主体,拥有最广泛和最全面的权利。除了创作者或设计者外,依据一定的合同或法律的规定享有集成电路布图设计复制权和使用权的人也能成为相关的权利主体。这些权利主体派生于集成电路布图的设计者或创作者,一般只能在合同或法律规定的范围内行使部分权利。可以说,集成电路布图设计权利主体的范围十分广泛,各国对此的规定也并不完全相同。

一般而言,无论是自然人、法人,还是其他组织,都能成为集成电路布图设计权的主体。对此,世界各国一般并无争议。同时,将集成电路布图设计专有权原则上归属于集成电路布图设计者或创作者,也是国际通例,它体现了"谁创作谁受益"原则,有利于充分调动设计者的积极性,极大推动集成电路产业的发展。当然,除了规定集成电路布图设计专有权一般由创作者享有外,各国法律对合作创作的集成电路布图设计、受委托创作的集成电路布图设计、基于职务创作的集成电路布图设计的权利归属以及外国设计者的主体资格问题也作了一定的相关规定。例如,俄罗斯《集成电路布图设计保护法》规定,在履行与联邦国家或联邦机构签订的委托合同的过程中产生的布图设计专有权,若合同中并没有明确规定该权利属于作为委托人的联邦国家或联邦机构,那么,该项权利属于履行合同的受托人。该规定即涉及受委托创作的集成电路布图设计的权利归属问题,即委托合同明确规定权利归属的,依合同规定;无明确规定的,权利归受托人享有。美国《半导体芯片保护法》第901条规定,在从事受雇工作的过程中创作的掩膜作品,其专有权由该掩膜作品创作者的雇主享有。日本《半导体集成电路的线路布局法》第5条规定,受雇于法人或其他雇主而完成的职务线路布局,其权利归属可由雇用合同或创作合同约定;若无约定的,该权利由雇用线路布局创作人的法人或其他雇主享有。上述美国和日本的两条规定都是关于职务布图设计权利归属的,但二者存在明显的区别。前者将职务布图设计专有权无一例外地归属于作为雇主的法人或其他雇主,而后者则视雇用合同或创作合同的约定而定,无约定的,才应由作为雇主的法人或其他雇主享有职务布图设计专有权。就外国设计者的主体资格问题,根据美国《半导体芯片保护法》的规定,掩膜作品的创作者是美国国民或美国居民,或者是共同缔结条约的成员国的国民、居民或主权当局的,该掩膜作品受到本法保护;掩膜作品的创作者是外国人或无国籍人且该掩膜作品的首次商业使用是发生在美国的,该掩膜作品受到本法保护。该条其实赋予了外国创作者在一定条件下的国民待遇原则,即是和美国共同缔结条约的成员国的国民或居民,或者是其创作的掩膜作品的首次商业使用是发生在美国。同时,美国《半导体芯片保护法》第902条明确规定,美国对域外掩膜作品的保护仅限于该国对美国的掩膜作品予以同样保护的情形。这其实是在互惠原则的前提下承认外国创作者的主体资格。该法第914条进一步规定,在他国无法实现对美国掩膜作品保护的情况下,美国贸易委员会秘书处可以决定对该国掩膜作品进行临时保护,但前提条件是该国需要为保护掩膜作品作出实质努力且相关立法正处于合理程序中。这其实是为了推进互惠原则而设置的一个过渡性条款。此外,日本、英国、澳大利亚、韩国等国也仿照美国模式确认了对域外布图设计保护的互惠原则。《华盛顿条约》则明确规定,对于域外布图设计的保护,各缔约国应相互给予国民待遇。可见,《华盛顿条约》在外国创作者主体资格的问题上采用的是国民待遇原则。

我国《集成电路布图设计保护条例》第9条第1款规定,布图设计专有权属于布图设计创作者,本条例另有规定的除外。该款的规定与国际通例相一致。第10条规定,两个以上自然人、法人或者其他组织合作创作的布图设计,其专有权的归属由合作者约定;未作约定或约定不明的,其专有权由合作者共同享有。该条涉及的是两个以上的自然人、法人或其他组织合作创作的集成电路布图设计专有权的归属问题,以尊重各合作者的自由选择为前提,若无约定或约定不明的,则认定为各合作者共同享有。第11条规定,受委托创作的布图设计,其专有权的归属由委托人和受托人双方约定;未作约定或约定不明的,其专有权由受托人享有。该条是对受委托创作的集成电路布图设计专有权归属的规定,以委托人和受托人双方的自行约定来决定集成电路布图设计专有权的归属,在双方无约定或约定不明的情况下,由受托人(即集成电路布图设计的创作者)对集成电路布图设计享有专有权。关于外国创作者的主体资格问题,根据我国《集成电路布图设计保护条例》的规定,中国自然人、法人或其他组织创作的集成电路布图设计,或者外国人创作的集成电路布图设计的首次商业使用是发生在中国境内的,创作者对集成电路布图设计依法享有专有权;外国人创作的集成电路布图设计,其创作者所属国与中国签订了有关集成电路布图设计保护协议或与中国共同参加了有关集成电路布图设计保护国际条约的,该创作者享有集成电路布图设计专有权。根据这条规定,我国对外国创作者的主体资格采取的是一定条件下的国民待遇原则和互惠原则。

　　综合比较上述相关规定,可以发现,各国都普遍承认集成电路布图设计专有权的享有者一般为布图设计的创作者或设计者,但也都对特殊情况作了一些例外规定。就受委托创作的集成电路布图设计专有权的归属问题,俄罗斯《集成电路布图设计保护法》明确规定在委托合同中没有明确约定集成电路布图设计专有权归作为委托人的联邦国家或联邦机构享有的情况下,布图设计专有权由履行合同的受托人享有。言下之意,确定受委托创作的集成电路布图设计专有权的归属应首先依据委托合同中双方当事人的约定,若无约定或约定不明确,则应认定为受托人享有。该条规定与我国《集成电路布图设计保护条例》第11条的规定在基本精神上是一致的,所不同的是,俄罗斯关于受委托创作的集成电路布图设计专有权归属的规定只限于联邦国家或联邦机构作为委托人的情形,范围较窄;而我国关于受委托创作的集成电路布图设计专有权归属的规定属于一般性的规定,可适用于所有受委托创作集成电路布图设计的情形,范围较广。就职务布图设计专有权的归属问题,美国《半导体芯片保护法》明确规定,执行单位职务而创作的掩膜作品,其专有权归属于单位或雇主。如此规定,主要是因为集成电路的设计往往需要高额的资金投入和先进的科学技术设备,这些依靠单个的自然人的力量是难以实现的,往往需要利用法人或其他单位的物质技术条件才能完成对集成电路的设计。因此,在单位的主持下,根据单位的意志并利用单位的物质技术条件创作的集成电路布图设计,其专有权理应属于单位。日本《半导体集成电路的线路布局法》则采取了灵活的方式,认为执行单位职务而创作的集成电路布图设计,其专有权的归属应视创作者与单位或雇主之间的约定而定,若无约定或约定不明确,则应由单位或雇主享有集成电路布图设计专有权。我国并没有关于职务布图设计专有权归属的法律规定,有人认为应当在未来修订法律时予以补充。[①] 具体而言,可以参照职务作品的立法规定,将职务布图设计表述为:由法人或其他组织主持,根据法人或其他组织的意志而创作,并由法人或其他组织承担责任的布图设计,该法人或其他组织是创作者,享有布图设计专有权。[②] 就外国创作者的主体资格问题,《华盛顿条约》采取的是国民待遇原则,美国采取的是互惠原则以及有限制的国民待遇原则。互惠原则往往需要通过签订双边条约进行展开和推进,而有限制的国民待遇原则则表现为外国创作者只有在其所属国与保护国同为集成电路布图设计保护国际条约的成员国或其所创作的布图设计的首次商业使用是发生在保护国境内的情况下,才能在保护国享受国民待遇,成为布图设计专有权的主体。从上述两个方面来看,我国在外国创作者主体资格问题上的态度与美国是一致的。

三、集成电路布图设计权的客体

集成电路布图设计权的客体是符合法律规定的集成电路布图设计,即受法律保护的集成电路布图设计。集成电路布图设计是一种智力成果,其往往要固定于或体现于一定的载体上,如掩膜板、计算机磁盘或磁带、集成电路芯片等。但法律所要保护的并不是这些载体本身,而是体现在这些载体上的作为智力成果形态的集成电路布图设计。并非有关集成电路的任何设计都能受到法律保护,只有符合一定条件、达到一定标准的布图设计才能得到法律的保护,才能成为集成电路布图设计权的客体。关于符合什么样的条件才能成为集成电路布图设计权的客体,各国法律以及相关的国际条约都有相关的规定。

从国外的相关规定来看,一般是从实质和形式两个层面来界定集成电路布图设计权的客体的。前者体现的是集成电路布图设计应符合怎样的要求才值得受到法律保护,后者所要说明的是集成电路布图设计应具备怎样的形式、履行怎样的手续才能受到法律的保护。

就集成电路布图设计的实质条件来看,各国一般都认为,集成电路布图设计要受到法律保护,必须具备独创性。这里的"独创性"尽管并不要求达到专利法中"创造性"的高度,但也绝不等同于著作权法中对创造性不作任何要求的"原创性"。例如,美国《半导体芯片保护法》第902条b款规定,掩膜作品不具备原创性

---

① 李志研:《我国集成电路布图设计专有权制度评析》,《安徽工业大学学报(社会科学版)》,2003年第4期。

② 吴汉东:《知识产权法(第五版)》,法律出版社,2014年版,第321—322页。

或者在半导体行业中已被广泛应用、熟知,属于设计普通的作品的,或者从整体组合来看不具备独创性的作品,不受法律保护。根据该款规定,掩膜作品只有具备独创性才能受到法律保护。独创性首先要求作品必须由设计人独立完成,排除抄袭他人的情形,即具备原创性;其次,独创性还要求作品设计不能是平庸的、司空见惯的、众所熟知的,必须具有一定的进步意义。组合作品并不要求各部分具备独创性,只要从整体上看达到了独创性的要求就可以受到法律保护。俄罗斯《集成电路布图设计保护法》规定,只有具备独创性的布图设计,才能受到法律的保护。《华盛顿条约》第 3 条第 2 款 a 项规定,受法律保护的布图设计应具有独创性。这里的独创性,是指布图设计是创作者自己独立劳动创作的智力成果,并且在创作之时在布图设计者之间以及集成电路生产者之间不是显而易见的。该款 b 项规定,由显而易见的集成电路连接形式相互组合而形成的布图设计,如果从组合整体上看符合 a 项所规定的独创性的要求,也能受到法律的保护。可见,《华盛顿条约》对布图设计独创性的理解与美国《半导体芯片保护法》是一致的。《与贸易有关的知识产权协定》对集成电路布图设计受保护的界定,与《华盛顿条约》基本相同。

就集成电路布图设计的形式条件来看,各国主要有三种不同的态度:其一,自动保护主义。即集成电路布图设计在首次被投入商业使用之时就自动受到法律保护,无须到相关部门办理登记。例如,瑞典《半导体产品电路的布图设计保护法》和英国《半导体产品拓扑图保护条例》对布图设计的保护都不以登记作为前提条件,只要投入商业使用即可。其二,登记保护主义。即对集成电路布图设计的保护以登记作为前提,至于其是否投入商业使用,则不过问。多数国家采用这种方式。例如,俄罗斯《集成电路布图设计保护法》规定,集成电路布图设计应当到联邦知识产权行政权力机关进行登记;日本《半导体集成电路的线路布局法》规定,线路布局的登记主管部门是负责工业产权管理的通产省;德国《关于保护微电子半导体产品拓扑图的法律》也明确规定,对半导体产品拓扑图的保护以登记为前提,但登记机关对拓扑图只作形式上的审查。其三,登记诉讼主义。即只要集成电路布图设计首次投入商业使用就开始受到法律保护,但进行登记是进行诉讼的先决条件,未登记则无法提出侵权之诉。例如,根据美国《半导体芯片保护法》的规定,负责掩膜作品登记的部门是国会版权局,一般先由申请人提出申请,由版权局就形式和部分实质内容(独创性内容除外)进行审查,准予登记的,颁发登记证书,并对外公布;未进行登记的,不能提起侵权之诉。《华盛顿条约》和《与贸易有关的知识产权协定》并没有规定集成电路布图设计的法律保护必须以登记为要件,而是明确授权各成员国根据本国的实际情况自行选择。此外,关于外国人创作的布图设计,各国法律往往还要求其首次商业使用必须发生在保护国境内或存在双边互惠条约或国际条约的前提下,才能成为法律所保护的客体。

我国也是从实质与形式两个层面来界定受保护的集成电路布图设计的。《集成电路布图设计保护条例》第 4 条规定,受保护的布图设计应当具有独创性,即该布图设计是创作者自己的智力劳动成果,并且在其创作时该布图设计在布图设计创作者和集成电路制造者中不是公认的常规设计;受保护的由常规设计组成的布图设计,其组合作为整体应当符合前款规定的条件(即独创性)才能受到法律的保护。该条明确规定了集成电路布图设计受到保护的实质条件,即必须具有独创性。这里的独创性包括两层含义:一是布图设计由创作者自己独立创作完成,不存在抄袭他人的情况,即具有原创性;二是布图设计必须不是普通的、常规的设计,与以往的设计相比,必须具有一定的进步意义。由以往的常规设计组合而成的布图设计,只要其组合整体符合独创性的要求,就能受到法律保护。从集成电路布图设计受保护的形式条件来看,我国采取的是登记保护主义。《集成电路布图设计保护条例》第 8 条规定,布图设计专有权经国务院知识产权行政部门登记产生。未经登记的布图设计不受本条例保护。《集成电路布图设计保护条例》第 17 条规定,布图设计自其在世界任何地方首次商业利用之日起 2 年内,未向国务院知识产权行政部门提出登记申请的,国务院知识产权行政部门不再予以登记。根据该条例的规定,负责布图设计登记的主管机关是国家知识产权行政部门。国务院知识产权行政部门对布图设计的登记申请主要是进行形式审查,基本不涉及实质内容。经审查准予登记的,由国家知识产权行政部门予以登记,发给登记证明文件,并予以公告。我国学界也有人持不同的看法,如有人认为,布图设计权的形式条件主要有三个:一是布图设计必须投入商业使用;二是布图设计必须固化于集成电路中;三是布图设计必须办理登记手续。[1] 还有人认为,受保护的布图设计的形式条件有两个:一是布图设计必须投入商业使用;二是布图设计必须进行登记。[2] 应当说,这些看法与我国目前的法律规定明显相悖。此外,关于外国人创作的布图设计,《集成电路布图设计保护条例》规定,其首次商业使用发生在中国境内或者其创作者的所属国与中国签订了双边互惠条约或同为国际条约的成员国的,该布图设计才能受到保护。

通过比较上述国内外的相关规定,可以发现,各国都认为集成电路布图设计要受到法律保护就必须具备独创性。这里的独创性既不是著作权法中所要求的原创性,也不是专利法中所要求的创造性,而是介于这二者之间的一种属性。究其原因,首先,布图设计与作品有着相同之处,二者都是创作者智力成果的体现,但著作权法中的作品更多被关注的是是否为创作者独立完成,至于其对社会的功能效应则不过问;而布图设计除了要具备作品的原创性外,更多被关注的是其对

① 郭禾:《半导体集成电路知识产权的法律保护》,《中国人民大学学报》,2004 年第 1 期。
② 乔煜:《论集成电路知识产权的法律保护》,《甘肃农业》,2003 年第 5 期。

社会的功能效应,即推动集成电路产业的发展,因而它必须具备一定的技术含量。其次,布图设计不需要达到专利法中所要求的创造性的高度,因为专利法中所要求的创造性是指在技术上必须具有突出的实质性特点和显著的进步,而集成电路布图设计大多只能在提高集成度、节约材料、降低能耗上下功夫,因而并不具备专利法中创造性的要求,只须与以往的布图设计相比具有进步意义即可。美国《半导体芯片保护法》、《华盛顿条约》以及我国的《集成电路布图设计保护条例》尽管在对集成电路布图设计独创性的表述方式上存在着一定的差别,但从实质内容上看是完全一致的。就集成电路布图设计受保护的形式条件而言,英国、瑞典采取的是自动保护主义,认为布图设计的保护以投入商业使用为条件,而不以登记为前提;俄罗斯、日本、德国采取的是登记保护主义,认为布图设计的保护以登记为条件,至于是否投入使用则无关紧要;美国采取的是登记诉讼主义,认为登记只是权利人进行诉讼的先决条件。我国采取的是登记保护主义,并且与其他采取登记保护主义和登记诉讼主义的国家一样,我国登记机关对布图设计申请的审查原则上只限于形式部分,一般不涉及实质内容。究其原因,主要是对布图设计进行实质审查往往技术要求高、耗费时间长,而集成电路一般更新换代快、应用周期短,这样将不利于实现对集成电路布图设计的保护。关于外国人创作的布图设计的保护,我国和其他国家的立场基本相同,都要求必须存在双边互惠条约或国际条约的前提下,或者该布图设计的首次商业使用是发生在保护国境内的,才能成为受保护的客体。

四、集成电路布图设计权的内容

集成电路布图设计权是相关权利人对集成电路布图设计依法享有的专有权利。这种专有权利一方面表现为权利人有权行使相关的权利,另一方面表现为权利人有权禁止他人行使相关的权利。一般认为,集成电路布图设计权的内容主要包括复制权、商业使用权、转让权以及许可权。复制权,是指权利人有权重复制作布图设计或将布图设计运用于集成电路的制造,并禁止他人行使上述权利。商业使用权,是指权利人有权为商业的目的进口、销售或者以其他方式提供受保护的布图设计、含有该布图设计的集成电路以及含有该集成电路的物品,并禁止他人实施上述行为。转让权,是指权利人有权将布图设计转让给他人,从而不再享有布图设计专有权。许可权,是指权利人有权许可他人对布图设计进行复制或者商业使用,许可发生后,权利人往往依然享有布图设计专有权。世界各国在对集成电路布图设计专有权进行保护的同时,往往也对其进行一定程度的限制,以维护社会公共利益,促进集成电路产业的发展。

根据美国《半导体芯片保护法》的规定,掩膜作品权利人有复制掩膜作品以及进口、销售含有掩膜作品的半导体芯片产品的专有权利。其他人未经权利人许可不得实施对掩膜作品的复制权和商业使用权。该法第906条a项规定,尽管有本法第905条规定的行为,但仅为教学、研究、分析或评价掩膜作品的概念、技术、所使用的电路、逻辑流程图以及各种元件的布局而对该掩膜作品进行复制的,不视为对掩膜作品专有权的侵害;同时,根据上述分析、评价,重新创作出新的具有独创性的掩膜作品并将其投入商业使用的,亦不视为对原掩膜作品专有权的侵害。该项规定体现了对掩膜作品复制专有权的两种限制:合理使用(仅为教学、研究等个人目的而复制掩膜作品)和反向工程(为创作出新的具有独创性的掩膜作品而复制、分析、评价他人的掩膜作品)。该法第907条规定,在并不知晓半导体芯片产品上的掩膜作品受到保护的情况下,进口或销售含有该掩膜作品的半导体芯片产品的,不承担侵权责任;在知晓所进口、销售的半导体芯片产品上的掩膜作品受到保护后,只能对剩余的、仅存的含有该掩膜作品的半导体芯片产品享有商业使用的权利,且必须向掩膜作品权利人支付合理的费用。该条规定其实体现的是对掩膜作品商业使用专有权的限制,即善意侵权。另外,根据美国《半导体芯片保护法》的规定,对掩膜作品专有权的保护期限为10年。具有相似规定的还有日本、英国、德国等国,这些国家对布图设计专有权的保护期限同样也为10年。1986年欧共体颁布的《关于半导体产品拓扑图保护的指令》为各成员国制定法律保护半导体产品拓扑图提供了一般的原则和标准,并对拓扑图专有权进行了规定。该指令第五章第三节中规定,拓扑图专有权的效力不及于为教学、分析、评价该拓扑图的概念、流程、系统、技术等个人目的而复制该拓扑图的行为。该规定明确体现了合理使用的限制。该指令第五章第四节中规定,在分析、评价拓扑图的基础上创作出另一个具有独创性的拓扑图的,不视为对原拓扑图专有权利的侵犯。该规定则明确体现了反向工程的限制。瑞典《半导体产品电路的布图设计保护法》第1条规定,任何半导体产品电路布图设计的创作人都有权通过销售、出租、出借或其他任何方式向公众提供布图设计或含有布图设计的产品。该条规定了半导体产品电路布图设计的商业使用权。俄罗斯《集成电路布图设计保护法》规定,集成电路布图设计专有权包括布图设计使用权和禁止权,前者是指将布图设计用于制造集成电路以及对布图设计进行商业使用的权利,后者是指布图设计的创作者或其他权利人有权禁止他人未经许可而行使布图设计使用权。同时,该法还规定,布图设计的使用权甚至专有权能通过合同的方式转让给他人。转让布图设计使用权或专有权的,应签订书面转让合同,合同中应包括布图设计的保护范围、保护方法、转让费用、付款方式、合同的有效期等条款。布图设计转让合同应到联邦知识产权行政权力机关办理登记手续。可见,该项规定是对布图设计转让权和许可使用权的规定。另外,俄罗斯《集成电路布图设计保护法》还规定了限制布图设计许可使用权的强制许可制度,即在联邦国家或联邦机构委托他人创作布图设计的合同中未约定作为委托人的联邦国家或联邦机构对布图设计享有专有权的,联邦国家或联邦机构有权要求布图设计权利人许可所指定的他人无偿使用布图设计，以实现联邦国家或联邦机构的需要。关于集成电路布图设计专有权的保护期限，俄罗斯《集成电路布图设计保护法》规定为 10 年。《华盛顿条约》规定了各缔约国应相互给予国民待遇原则，集成电路布图设计的权利范围、权利限制、权利期限等内容。《华盛顿条约》第 3 条规定，布图设计权利人有权复制或授权他人复制布图设计的一部（独创性部分）或全部，将布图设计用于芯片的制造或授权他人将布图设计用于芯片的制造，以及为商业目的进口、销售或以其他方式散布受保护的布图设计、含有受保护的布图设计的芯片以及含有该芯片的任何物品或授权他人实施上述商业行为。该条规定了复制权、商业使用权以及许可权，并且商业使用权的范围涉及布图设计、含有布图设计的芯片以及含有该芯片的物品三个层次。《华盛顿条约》第 6 条第 1 款 a 项又对此作了修改，将商业使用权的范围限定在受保护的布图设计和含有受保护的布图设计的芯片两个层次上。《华盛顿条约》第 6 条第 2 款 a 项规定，为了个人目的或单纯为了教学、研究、分析、评价的目的，未经权利人许可而复制受保护的布图设计的，应视为合法行为；b 项规定，在前项规定的分析、评价的基础上，创作出新的具有独创性的布图设计的，该创作人有权将其所创作的布图设计用于集成电路的制造上或复制、进口、销售或以其他方式提供其所创作的布图设计，对此不构成对原布图设计专有权的侵犯。这两项规定分别体现的是合理使用与反向工程。另外，根据《华盛顿条约》的规定，不知道也不应当知道自己所获得的集成电路或含有集成电路的物品中含有非法复制的布图设计而将其投入商业使用的，不应视为非法行为。这其实体现的是善意侵权。《华盛顿条约》第 6 条第 3 款规定，主管部门认为布图设计的使用关系到国家的重大利益，而相关人员依照商业惯例又未能获得布图设计权利人许可的，在确有必要的情况下，有权要求布图设计权利人许可他人非独占性地使用该布图设计，但被许可人必须向布图设计权利人支付相应的使用费。该款规定体现的即是强制许可。关于布图设计专有权的保护期限，《华盛顿条约》规定为至少 8 年。《与贸易有关的知识产权协定》采纳了《华盛顿条约》中的大部分条款，但也作了一些改进。《与贸易有关的知识产权协定》第 36 条规定，未经布图设计权利人许可，不得为商业的目的进口、销售或以其他方式散布受保护的布图设计、含有受保护的布图设计的集成电路以及含有该集成电路的物品。根据该条规定，集成电路布图设计商业使用权的保护范围覆盖了布图设计、含有布图设计的集成电路以及含有该集成电路的物品三个层次。关于善意侵权，《与贸易有关的知识产权协定》在《华盛顿条约》规定的基础上增加了应给予权利人补偿的规定，即善意侵权尽管不视为非法，但行为人在收到非法复制的通知后，只能就剩余产品行使商业使用权，并且应向布图设计权利人支付相当于许可使用的费用。关于强制许可，《与贸易有关的知识产权协定》删除了《华盛顿条约》中关于强制许可的条款，仅规定布图设计的强制许可适用有关专利强制许可的规定。另外，关于布图设计专有权的保护期限，《与贸易有关的知识产权协定》规定为10年以上。

我国《集成电路布图设计保护条例》也对集成电路布图设计的权利范围、权利限制以及保护期限作了相关规定。该条例第7条第1项规定，布图设计权利人享有对受保护的布图设计的全部或其中任何具有独创性的部分进行复制的权利；第2条第4项规定，这里的复制，是指重复制作布图设计或制作含有该布图设计的集成电路的行为。根据上述规定，布图设计的复制既包括重复制作布图设计，又包括将布图设计用于集成电路的制造。复制权包括复制布图设计的全部和布图设计中具有独创性的部分，即复制布图设计中的非独创性部分，不构成对布图设计专有权的侵犯。该条例第7条第2项规定，布图设计权利人享有将受保护的布图设计、含有该布图设计的集成电路或者含有该集成电路的物品投入商业利用的权利；第2条第5项规定，这里的商业利用，是指为商业目的进口、销售或以其他方式提供受保护的布图设计、含有该布图设计的集成电路或者含有该集成电路的物品的行为。根据这两项规定，商业使用权的范围涉及布图设计、含有布图设计的集成电路以及含有该集成电路的物品三个层次。另外，该条例还规定，布图设计权利人可以许可他人使用其布图设计或将布图设计转让给他人。转让布图设计专有权的，应签订书面转让合同，并到国务院知识产权行政部门办理登记手续。

关于布图设计专有权的限制。该条例第23条规定，以下行为可以不经布图设计权利人许可，不向其支付报酬：①为个人目的或单纯为评价、分析、研究、教学等目的而复制受保护的布图设计的；②在依据前项评价、分析受保护的布图设计的基础上，创作出具有独创性的布图设计的；③对自己独立创作的与他人相同的布图设计进行复制或将其投入商业使用的。该条的三项规定依次规定了合理使用、反向工程以及独立创作。该条例第24条规定，布图设计权利人或经其授权的人将受保护的布图设计、含有该布图设计的集成电路或者含有该集成电路的物品投入市场后，他人再次商业利用的，可以不经布图设计权利人许可，并不向其支付报酬。该条规定所涉及的是对布图设计商业使用权的限制，又称为权利穷竭。该条例第25条规定，在国家出现紧急状态或非常情况时，或者为了公共利益的目的，或者经人民法院、不正当竞争行为监督检查部门依法认定布图设计权利人有不正当竞争行为而需要给予补救时，国务院知识产权行政部门可以给予使用其布图设计的非自愿许可。该条所涉及的是强制许可。该条例第33条规定，在获得含有受保护的布图设计的集成电路或者含有该集成电路的物品时，不知道也没有合理理由应当知道其中含有非法复制的布图设计，而将其投入商业利用的，不视为侵权。前款行为人得到其中含有非法复制的布图设计的明确通知后，可以继续将现有的存货或此前的订货投入商业利用，但应当向布图设计权利人支付合理的报酬。该条所规定的即是善意侵权。关于布图设计专有权的保护期限,该条例第 12 条规定,布图设计专有权的保护期为 10 年,自布图设计登记申请之日或在世界任何地方首次投入商业利用之日起计算,以较前日期为准。但是,无论是否登记或投入商业利用,布图设计自创作完成之日起 15 年后,不再受本条例保护。

案例 5-7 天微公司诉明微公司侵犯集成电路布图设计权案

2008 年 12 月 9 日,深圳市明微电子股份有限公司(以下简称明微公司)向国家知识产权局申请了名称为(MW7001)SM9935B 的集成电路布图设计登记,国家知识产权局经审查,于 2009 年 6 月 24 日向明微公司颁发了登记号为 BS.08500671.8 的集成电路布图设计登记证书。2009 年 2 月 26 日,深圳市天微电子有限公司(以下简称天微公司)向国家知识产权局申请了名称为 TM9936 的集成电路布图设计登记,并于 2009 年 5 月 13 日获得了登记号为 BS.09500108.5 的集成电路布图设计登记证书。

2009 年 6 月 4 日,天微公司代理人在深圳市南山区高新技术产业园南区高新南一道国微大厦五楼明微公司住所地购买了芯片 20 只,型号为 SM9935B,并通过深圳市公证处进行了证据保全公证。2009 年 6 月 8 日,天微公司以明微公司销售的 SM9935B 芯片涉嫌抄袭、复制其 TM9936 芯片布图设计为由,向深圳市中级人民法院提起诉讼,要求明微公司停止侵权,并赔偿经济损失 50 万元。

深圳市中级人民法院经审理认为,原告天微公司和被告明微公司都申请了集成电路布图设计登记并获得了国家知识产权局颁发的登记证书。其中,被告明微公司的申请时间为 2008 年 12 月 9 日,原告天微公司的申请时间为 2009 年 2 月 26 日,被告早原告 2 个多月。根据我国法律的规定,明微公司的布图设计权应受到保护。另经过技术对比,被控 SM9935B 芯片集成电路板图与被告在国家知识产权局备案的样品布图设计完全一致。因此,被告的行为不构成侵权。

判决后,天微公司不服,向广东省高级人民法院提出上诉。广东省高级人民法院审理认为,根据我国法律规定,布图设计专有权的保护期为 10 年,自登记申请之日或在世界任何地方首次投入商业利用之日起计算,以较前日期为准。由于明微公司的登记申请时间早于天微公司 2 个多月,所以明微公司的布图设计专有权早于天微公司。明微公司生产 SM9935B 芯片的行为,不属于侵权行为。遂驳回上诉,维持原判。

通过对上述国内外相关规定的比较,可以发现,世界各国以及相关的国际条约在集成电路布图设计权利内容上大多都是趋同的。首先,从布图设计专有权的范围上看,各国以及国际条约都一致认为布图设计专有权包括复制权、商业使用权以及许可权、转让权。其中,对复制权的理解,一般认为是指复制布图设计的全部或其中具有独创性的部分,对非独创性部分的复制,不构成对布图设计专有权的侵犯。对复制的解释,除了俄罗斯将其限定为利用布图设计制造集成电路的行为,多数国家包括国际条约都认为复制包括重复制作布图设计和利用布图设计制造集成电路的行为。另外,对商业使用权的理解,美国、瑞典等西方国家强调权利效力的无限延伸思想,认为商业使用权的范围不仅及于布图设计、含有布图设计的集成电路,甚至还及于包含该集成电路的一切物品。《华盛顿条约》则在第 3 条和第 6 条中分别规定了两种不同的商业使用权范围。究其原因,主要是以美国、日本为首的发达国家要求对布图设计商业使用权的无限保护,而广大发展中国家则要求对布图设计商业使用权的有限保护,《华盛顿条约》中的这一矛盾现象正是这两大国家阵营相互博弈的结果。《与贸易有关的知识产权协定》采纳了美国等发达国家的立场,将商业使用权的范围界定为布图设计、含有布图设计的集成电路以及含有该集成电路的物品三个层次。我国对布图设计商业使用权范围的界定,采取了与《与贸易有关的知识产权协定》相同的立场。其次,从对布图设计专有权的限制上看,各国法律以及国际条约一般都规定了合理使用、反向工程、独立创作以及权利穷竭,而且对这四种权利限制情形的解释基本上是相同的。之所以规定合理使用、反向工程、独立创作,是为了提高创作者创作的积极性,促进集成电路产业的发展。规定权利穷竭,则是为了防止权利人滥用专有权,促进商品自由流通。关于善意侵权的理解,以美国为代表的发达国家尽管承认善意侵权不视为非法,但同时要求行为人在收到非法复制的通知后只能将现有存货或订货投入商业利用,而且要向权利人支付合理的费用。《华盛顿条约》采纳了广大发展中国家的立场,明确规定善意侵权的情形不视为非法,而且行为人无须向权利人作出补偿。《与贸易有关的知识产权协定》则重新采纳了美国等发达国家的立场,在规定善意侵权不视为非法的基础上,增加了应给予权利人补偿的条款。我国关于善意侵权的规定,与《与贸易有关的知识产权协定》大致相同。关于强制许可,美国等发达国家一般并未对此作出规定,俄罗斯则将强制许可限定在联邦国家或联邦机构委托他人创作布图设计而最终未取得布图设计专有权的情形,而且被许可人对布图设计的使用是无偿的、免费的。《华盛顿条约》规定了一般情形下的强制许可,并且要求被许可人必须向权利人支付一定的使用费。《与贸易有关的知识产权协定》则采纳了美国等发达国家的立场,删除了《华盛顿条约》中有关强制许可的条款,仅规定对布图设计的强制许可适用更为严格的专利特许的规定。我国关于强制许可的规定,与《华盛顿条约》基本一致。再次,从布图设计专有权的保护期限上看,美国、日本、英国、德国等规定为 10 年,俄罗斯规定为 10 年,《华盛顿条约》规定为不少于 8 年,《与贸易有关的知识产权协定》规定为不少于 10 年。我国与《与贸易有关的知识产权协定》相同,亦规定为 10 年。综合来看,以美国为代表的发达国家偏重于对布图设计专有权的保护,因而强调对布图设计商业使用权范围的无限延伸,对善意侵权进行一定程度的限制,对有关公共利益的强制许可进行坚决抵制或者严格限制,对布图设计专有权的保护规定较长的期限。发展中国家则注重对公共利益的维护,因而强调对布图设计商业使用权的有限保护,对善意侵权不作过多的限制,肯定国家在一定条件下为了公共利益而实施强制许可,对布图设计专有权的保护无须规定过长的期限。从国际条约的规定来看,《华盛顿条约》整体上反映了广大发展中国家的要求,而《与贸易有关的知识产权协定》则整体上体现了发达国家的利益。正因为如此,《华盛顿条约》受到了发达国家的抵制而未能生效。作为发展中国家的我国,为了顺利加入世界贸易组织,在有关布图设计专有权的规定上很大程度迎合了《与贸易有关的知识产权协定》的相关规定,但这其实并非完全符合本国的利益。

五、集成电路布图设计权的法律保护

关于集成电路布图设计权的保护模式,根据《与贸易有关的知识产权协定》第35条的规定,对集成电路布图设计权的保护适用《华盛顿条约》第2条至第7条、第12条、第16条的规定,各国可根据本国实际情况,采用专门法、版权法、专利法、反不正当竞争法或其他法,以及综合运用上述不同的法律来实现对集成电路布图设计权的保护。但尽管如此,从目前世界各国的相关立法情况来看,一般采取专门法保护模式。例如,美国的《半导体芯片保护法》、日本的《半导体集成电路的线路布局法》、瑞典的《半导体产品电路的布图设计保护法》、英国的《半导体产品拓扑图保护条例》、德国的《关于保护微电子半导体产品拓扑图的法律》、俄罗斯的《集成电路布图设计保护法》等,采用这种专门立法的模式来实现对集成电路布图设计权的保护已是国际通例。在美国,《半导体芯片保护法》虽然位列美国《法典》第十七编版权法的最后一章,即第九章,但美国《法典》第912条明确规定,该法与版权法并无关系,其不是版权法的特别法,而是一个独立的知识产权保护体系。这种专门立法模式也为其他国家所仿效。我国的《集成电路布图设计保护条例》《集成电路布图设计保护条例实施细则》《集成电路布图设计行政执法办法》等同样也是专门法保护模式。关于集成电路布图设计权的保护,各国法律以及国际条约都有相关的规定。

为了实现对集成电路布图设计专有权的保护,各国法律乃至国际条约一般都将未经权利人同意而复制布图设计的行为以及将布图设计投入商业使用的行为视为侵权行为,这已成为共识。例如,根据《与贸易有关的知识产权协定》第36条的规定,未经权利人同意而为商业的目的进口、销售或者散布布图设计、含有布图设计的集成电路以及含有该集成电路的物品的,各缔约国应认定为非法行为。该条所规定的即是针对布图设计商业使用权的侵权行为。关于布图设计专有权的保护,各国法律主要规定了三种保护方式,即民事保护、行政保护以及刑事保护。民事保护主要体现为权利人自己或通过司法机关要求侵权人承担一定的民事责任,以此来实现对布图设计专有权的保护。民事责任的承担方式主要有停止侵害和赔偿损失,各国法律以及《与贸易有关的知识产权协定》对此都有相关规定。行政保护主要体现为国家行政主管机关通过强制侵权人承担一定的行政责任来实现对布图设计专有权的保护和市场经济秩序的维护。行政责任的承担方式主要为行政处罚和行政强制措施。由于行政保护具有针对性强、效率高等优点,所以广受世界各国的青睐,从而成为世界各国对布图设计普遍采用的救济手段之一。① 刑事保护主要体现为司法机关通过强制行为已经构成犯罪的侵权人承担一定的刑事责任来实现对布图设计专有权的保护。侵犯布图设计专有权情节严重构成犯罪的,应承担相应的刑事责任。目前,世界各国只有少数国家规定了刑事保护。例如,日本《半导体集成电路的线路布局法》第 51 条规定,侵犯线路布局使用权或专用权的,处以 3 年以下监禁或者 100 万日元以下罚金;第 52 条规定,采取诈骗手段获得线路布局权利登记的,处以 1 年以下监禁或者 30 万日元以下罚金。韩国《布图设计法》第 45 条规定,侵犯布图设计专有权或独占许可权的,处以 3 年以下监禁或者 1000 万元以下罚金;第 46 条规定,假冒布图设计权利人进行登记的,处以 1 年以下监禁或者 300 万元以下罚金。

我国《集成电路布图设计保护条例》第 31 条规定,未经布图设计权利人许可,使用其布图设计的,属于侵犯布图设计专有权的行为。该条例第 30 条规定,未经布图设计权利人许可,实施以下行为之一的,构成对布图设计专有权的侵犯,应承担相应的民事赔偿责任:①复制受保护的布图设计的全部或其中任何具有独创性的部分的;②为商业的目的进口、销售或以其他方式提供受保护的布图设计、含有该布图设计的集成电路或者含有该集成电路的物品的。上述规定确定了布图设计侵权行为的范畴,即对布图设计复制专有权的侵犯和对布图设计商业使用专有权的侵犯。其中,复制既包括重复制作布图设计,又包括利用布图设计制造集成电路。只有在未经许可的情况下复制布图设计的全部或其中具有独创性的部分,才构成侵权;复制布图设计中不具有独创性的部分的,不构成对布图设计专有权的侵犯。另外,未经许可而将受保护的布图设计、含有受保护的布图设计的集成电路以及含有该集成电路的物品投入商业使用的,一律构成对布图设计专有权的侵犯。这些规定与《与贸易有关的知识产权协定》的相关内容基本上是一致的。关于布图设计专有权的民事保护,我国采取的主要是停止侵害和赔偿损失。根据《集成电路布图设计保护条例》的规定,布图设计权利人有权要求侵权人停止侵害、赔偿损失。该条例第 31 条规定,因侵犯布图设计专有权而引发纠纷的,权利人或相关利害关系人有权向人民法院提起诉讼。该条例第 32 条规定,布图设计权利人或利害关系人有证据证明他人正在实施或即将实施侵犯其专有权的行为,如不及时制止将会使其合法权益受到难以弥补的损害的,可以在起诉前依法向人

---

① 张成立:《集成电路布图设计法律保护刍议》,《行政与法》,2006 年第 8 期。

民法院申请采取责令停止有关行为和财产保全的措施。该条例第 30 条规定，侵犯布图设计专有权的赔偿数额，为侵权人所获得的利益或被侵权人所受到的损失，包括被侵权人为制止侵权行为所支付的合理开支。关于布图设计专有权的行政保护，根据该条例第 31 条的规定，国务院知识产权行政部门有权对布图设计侵权纠纷作出行政处理，具体包括责令侵权人立即停止侵权行为，对民事赔偿进行行政调解，没收、销毁侵权产品或物品等。除国务院知识产权行政部门外，其他任何部门均无权对布图设计侵权纠纷作出行政处理。此外，根据《集成电路布图设计行政执法办法》的规定，对布图设计侵权行为的行政处罚权由国家知识产权局内设的集成电路布图设计行政执法委员会负责行使。

案例 5-8　钜泉公司诉锐能公司、雅创公司侵犯集成电路布图设计权案

2008 年 3 月 1 日，钜泉光电科技(上海)股份有限公司(以下简称钜泉公司)完成了名称为"ATT7021AU"的布图设计创作，同年进行布图设计登记。钜泉公司认为，深圳市锐能微科技有限公司(以下简称锐能公司)、上海雅创电子零件有限公司(以下简称雅创公司)生产销售的 RN8209G 芯片和 RN8209 芯片侵犯了其集成电路布图设计专有权，遂诉至法院，请求判令两被告停止侵权、公开赔礼道歉、赔偿经济损失人民币 1500 万元。上海市第一中级人民法院经审理后认为，钜泉公司 ATT7021AU 芯片中"数字地轨和模拟地轨的衔接布图"和"独立升压器电路的布图"不属于常规设计，具有独创性。锐能公司和雅创公司制造、销售的 RN8209、RN8209G 芯片中包含钜泉公司享有布图设计专有权的"数字地轨和模拟地轨的衔接布图"和"独立升压器电路布图"，且锐能公司的个别员工原先在钜泉公司处从事研发等工作，有接触钜泉公司集成电路布图设计的可能和机会，因此，被告锐能公司未经原告钜泉公司许可，复制原告 ATT7021AU 芯片中具有独创性的"数字地轨和模拟地轨的衔接布图"和"独立升压器电路布图"用于制造 RN8209、RN8209G 芯片并进行销售，其行为侵犯了原告 ATT7021AU 布图设计专有权，依法应承担停止侵权、赔偿损失等民事责任。雅创公司销售的涉案芯片系锐能公司制造，在钜泉公司未能举证两者系共同侵权的前提下，雅创公司不知道也没有合理理由应当知道涉案芯片中含有非法复制的布图设计，故其行为不应视为侵权。遂判决被告锐能公司立即停止侵害原告钜泉公司享有的 ATT7021AU 集成电路布图设计专有权，并赔偿原告钜泉公司经济损失以及为制止侵权行为所支付的合理开支共计人民币 320 万元。钜泉公司、锐能公司均不服原审判决，向上海市高级人民法院提起上诉。上海市高级人民法院经审理认为，原审判决认定事实清楚，适用法律正确，遂裁定驳回上诉，维持原判。

综合比较上述国内外的相关立法，可以发现，首先，从集成电路布图设计权的保护模式上看，世界各国一致采用专门法保护模式。究其原因，主要是作为保护对象的集成电路布图设计的特殊性。正如前文所述，布图设计不同于著作权法中的作品，也不同于专利法中的专利，它兼具作品的原创性与专利的社会功能性。作为布图设计受保护条件的独创性，一方面要求布图设计必须具有原创性，另一方面还要求布图设计必须具有一定的进步性或非常规性，尽管这种进步性或非常规性无须也不能要求达到像专利那样的创造性的高度。因此，无论是著作权法，还是专利法，都无法为布图设计提供充分的保护。因为著作权的保护条件太低，只要具备原创性的，就一概予以保护，这样不利于激发布图设计人的创作热情，促进集成电路产业的发展。专利权的保护条件又过高，必须具备突出的实质性特点和显著的进步（即创造性），才能提供保护，这样绝大多数的布图设计都无法获得保护，同样不利于集成电路产业的发展。也正是因为布图设计本身所具有的这种特殊性，决定了通过专门立法的模式来对其进行保护，无疑是一个最佳的选择。其次，从布图设计侵权行为的界定上看，无论是我国，还是其他国家，或是《与贸易有关的知识产权协定》，都一致将布图设计侵权行为界定为侵犯布图设计复制专有权的行为和侵犯布图设计商业使用专有权的行为。再次，从布图设计专有权的保护方式上看，世界各国以及《与贸易有关的知识产权协定》都普遍规定了对布图设计专有权的民事保护和行政保护，只有少数国家同时规定了对布图设计专有权的刑事保护。我国亦只规定了对布图设计专有权的民事保护和行政保护，没有规定刑事保护。随着集成电路产业的不断发展，电子技术领域竞争的不断加剧，布图设计侵权行为也呈现出越来越多样化和严重化的趋势，加强对布图设计专有权的刑事保护已是大势所趋。也只有这样，才能针对布图设计专有权形成一个完整的法律保护体系。

第四节　比较植物新品种权

一、植物新品种的概念

植物新品种，一般是指人工培育的或将野生植物进行开发之后所获得的具有新颖性、特异性、一致性、稳定性且具有适当命名的植物品种。[①] 植物品种的不断更新、改良，对于促进农业、林业以及园艺的发展有着至关重要的作用。当今世界，粮食质量的提高与数量的增加、园林艺术的发展、环境的保护等问题，都与植物新品种戚戚相关，这些问题的解决，在很大程度上要依赖植物品种的更新和改良。要培育、开发一个优良的植物品种，往往需要投入大量的时间、金钱、精力以及技术，从这个意义上说，一个新的植物品种的诞生，不仅意味着生态遗传资源的延续与进化，更是人类智慧的结晶。与作品、专利等其他知识产权保护的客体不

---

① 吴汉东：《知识产权法（第五版）》，法律出版社，2014 年版。

同,植物新品种无须人为复制,只须经过活性繁殖便可轻易获得,若不禁止他人擅自使用植物新品种,育种人将无法有效收回高额投资,也不利于植物新品种的培育与研发。因此,植物新品种是育种人或研发人的智力成果,能为其带来巨大的经济收益,应当成为知识产权的保护对象。

从国外关于植物新品种的界定来看,各国乃至国际社会都有不同的表述,凸显了各自在植物新品种保护制度上的不同特点。美国是世界上第一个给予植物新品种以知识产权保护的国家。1930年5月,美国颁布《植物专利法》,对无性繁殖的植物品种(块茎植物品种除外),如果树、观赏植物等,通过授予专利来加以保护。根据该法,植物新品种必须具备新颖性、区别性以及非显而易见性。1970年,美国国会又通过了《植物品种保护法》,对通过种子繁殖的有性繁殖植物品种加以专门保护,1994年对该法进行修正时,又将块茎植物品种纳入保护对象。根据该法,植物新品种必须具备新颖性、区别性、稳定性以及一致性。此外,根据美国专利法的规定,植物新品种除了可以申请植物专利和品种保护外,无论是有性繁殖的植物,还是无性繁殖的植物,只要具备新颖性、非显而易见性、实用性,都可申请获得实用专利保护。在上述植物专利、品种、实用专利三种保护中,除了保护范围存在明显差异外,植物专利和品种保护的要求要明显低于实用专利,而且前者只能就植物的整体申请植物专利或品种保护,后者则除了可就植物整体申请实用专利外,还可就植物的各个组成部分申请实用专利。德国是欧洲较早实现植物新品种知识产权保护的国家。根据德国《植物品种保护法》,植物新品种必须具备以下属性:①新颖性(即该品种在申请日之前未投入市场使用);②区别性(即该品种在生态特征上明显区别于已知品种);③一致性(即该品种所生的植物除遗传上的变异外都具有相同的基本特征);④稳定性(即该品种每次繁殖后其相关特性依然保持不变);⑤有适当的命名。由于德国《植物品种保护法》适用于所有植物种或属的保护,所以对植物新品种不再通过专利法加以保护。日本对植物新品种的保护主要体现在《种苗法》中,根据该法的规定,所谓"种苗",是指农林水产省公布的能够成为保护对象的固定品种、杂交品种以及亚种。这些品种必须具备区别性、均匀性、安定性、未转让性以及适当的命名。区别性,是指该品种的重要性状与现有的已知品种明显相区别;均匀性,是指该品种通过繁殖所产生的同一代不同的个体之间除了正常范围内的遗传差异外,其基本性状是相同的、均等的;安定性,是指该品种经过世代繁殖,其基本性状依然能维持稳定并成为认定该品种的一个重要标志;未转让性,是指该品种在申请日之前,其全部或一部未进行任何商业性的转让。印度于1993年颁布了《植物新品种保护与农民权利法》,对植物新品种进行保护。此后,该法又经过了1997年、1999年、2000年三次修正。根据该法,植物新品种必须具备新颖性、特异性、一致性、稳定性,而且仅限于被列入保护名录的植物种或属。俄罗斯主要通过专利来实现对植物新品种的保护。俄罗斯

《选择成果法》规定,选择育种成果要受到专利的保护,必须视其基本特征而定。从国际社会的相关立法来看,最具影响力的是《国际植物新品种保护公约》(简称《UPOV 公约》)。该公约于 1961 年由欧洲国家倡导并签订,并在该公约的基础上成立了国际植物新品种保护联盟组织。此后,随着育种技术的不断发展,该公约于 1972 年、1978 年、1991 年分别进行了三次修订,其中,在当今世界有着实质影响的主要是 1978 年文本和 1991 年文本。《UPOV 公约》1978 年文本基本上采纳了 1961/1972 年文本关于植物新品种的概念,即认为植物新品种是指任何用于繁殖并具备新颖性、特异性、稳定性、一致性以及适当命名的培育品种。《UPOV 公约》1991 年文本则在上述基础上进一步规定,植物新品种是指以一定的基因或基因组合所表现的特性所确定的最低分类单元的植物种群,这种特性要与现有的任何植物种群明显相区别,而且在经过繁殖以后依然保持稳定不变。欧盟于 1994 年颁布的《植物品种保护条例》对植物新品种采纳的也是这种概念。

　　根据我国专利法的规定,对动植物品种不授予专利权,但对生产动植物的方法可以授予专利。为了充分实现对植物新品种的保护,国务院于 1997 年 3 月 20 日颁布了《植物新品种保护条例》(2013 年和 2014 年进行了两次修订)。1999 年 3 月,我国正式加入《UPOV 公约》1978 年文本。同年,我国农业部和国家林业局分别制定了《植物新品种保护条例实施细则(农业部分)》和《植物新品种保护条例实施细则(林业部分)》。根据《植物新品种保护条例》的规定,植物新品种是指经过人工培育的或者对野生的植物进行开发,具有新颖性、特异性、一致性、稳定性以及适当命名的植物品种。根据保护条例以及实施细则的相关规定,新颖性,是指该品种的繁殖材料在申请日之前未经销售或经育种者许可,在中国境内销售未超过 1 年;在中国境外销售藤本植物、果树、林木、观赏树木繁殖材料未超过 6 年,销售其他植物品种繁殖材料未超过 4 年。特异性,是指该品种应当具有明显区别于已知品种的特性。一致性,是指该品种经过繁殖,除了正常的、可预见的遗传变异外,其基本特性都是相同的。稳定性,是指该品种经过反复繁殖,其基本性状依然保持不变。除上述保护条例和实施细则外,2021 年 12 月 24 日全国人民代表大会常务委员会新修订的《中华人民共和国种子法》(以下简称《种子法》)也设专章对植物新品种加以保护。根据该法第 25 条第 1 款的规定,植物新品种是指被列入国家植物品种保护名录的、经过人工选育或对野生植物予以改良,具有新颖性、特异性、一致性、稳定性以及适当命名的植物品种。该法第 90 条第 1 款第 2 项规定,品种是指经过人工选育或发现并经过改良,形态特征和生物学特性一致,遗传性状相对稳定的植物群体。

　　从上述关于植物新品种概念的立法规定来看,不同的植物品种保护制度,其对植物新品种的表述也有差别。美国对植物新品种采取品种保护和专利保护双重保护制度,通过植物专利、品种、实用专利来分别实现对无性繁殖植物品种(块茎植物除外)、有性繁殖植物品种(包括块茎植物)以及所有植物品种的保护。其中,获植物专利保护的品种必须具备新颖性、区别性以及非显而易见性,获品种权保护的品种必须具备新颖性、区别性、稳定性以及一致性,获实用专利保护的品种必须具备新颖性、非显而易见性以及实用性。而且在美国的司法实践中,植物专利与品种权除了在保护对象上存在差异外,在对植物新品种的保护标准上并无实质差别。① 相比较而言,植物新品种要申请实用专利保护,要求则要高得多。与美国采取品种和专利共同实现对所有植物品种的保护不同,德国主要采取品种权的方式来实现对所有植物品种的保护,排除专利的保护方式。植物品种必须具备新颖性、区别性、稳定性、一致性以及适当的命名,才能获得品种权的保护,这种保护要求明显低于专利。可以看出,德国对植物新品种概念的界定与美国的《植物专利法》和《植物品种保护法》对植物新品种概念的界定大致是相同的。日本也主要通过品种法对植物品种进行专门保护。日本《种苗法》要求植物新品种必须具备区别性、均匀性、安定性、未转让性以及适当的命名,尽管表述不同,但与德国《植物品种保护法》和美国《植物品种保护法》中对植物新品种的界定基本相同。印度《植物新品种保护与农民权利法》对植物新品种的界定也与德国、日本基本一致。俄罗斯《选择成果法》并没有对植物新品种进行明确界定,只是笼统规定育种成果要受到专利保护应视其基本特征而定。从国际社会的立法来看,无论是《UPOV 公约》1978 年文本,还是《UPOV 公约》1991 年文本,都认可植物新品种应具备新颖性、特异性、一致性、稳定性以及适当的命名。与《UPOV 公约》1978 年文本不同的是,《UPOV 公约》1991 年文本在此基础上对植物新品种又进行了重新界定,即认为植物新品种是通过基因或基因组合所表现出来的特性所确定的最低分类单元的植物种群。这种表述更加强调植物新品种的生物或遗传特性,正如有的学者指出,《UPOV 公约》1991 年文本对植物新品种进行重新界定,强调基因或基因组合在植物新品种中的功能和作用,无疑传达了这样一种观念:注重对基因或基因组合的考察,将会是未来界定植物新品种的趋势。② 欧盟 1994 年颁布的《植物品种保护条例》完全采纳了《UPOV 公约》1991 年文本关于植物新品种的概念。我国主要通过品种法对植物新品种加以专门保护,1997 年的《植物新品种保护条例》明确规定了植物新品种的概念,其对植物新品种的界定与《UPOV 公约》1978 年文本完全一致。这主要是考虑到为了顺利加入《UPOV 公约》,《植物新品种保护条例》基本上是以《UPOV 公约》1978 年文本为依据制定的。2021 年新修订的《种子法》在采纳《植物新品种保护条例》中植物新品种的概念的基础上,又对植物品种进行了生物或遗传特性上的界定。这应当说是受到《UPOV 公约》

---

① 李剑:《美国植物品种法律保护制度研究》,《法律适用》,2008 年第 6 期。
② 李菊丹:《论 UPOV1991 对中国植物新品种保护的影响及对策》,《河北法学》,2015 年第 12 期。

1991年文本影响的结果。

综合比较上述关于植物新品种的各种界定，可以发现，多数国家都倾向于采取专门法（或品种法）的形式来对植物新品种进行保护，理由主要是专利的保护要求较高，植物新品种往往很难达到专利的保护要求，这样不利于充分实现对植物新品种的保护。采用专门法保护形式，其保护要求要明显低于专利保护。新颖性、特异性、一致性、稳定性以及具有适当的命名，是国际通行的植物新品种所必须符合的要求，世界各国都对此予以了充分认可。随着育种技术的不断发展，国际贸易的不断扩大，越来越多的国家已经加入或正准备加入《UPOV 公约》1991年文本，其对植物新品种所进行的生物或遗传特性上的界定也影响着越来越多的国家的国内立法。

二、植物新品种权的主体

植物新品种权，又称品种权，一般是指育种人或研发人对其培育、研发的植物新品种依法享有的专有权利。[①] 作为一种新型的知识产权，植物新品种权理应归属于植物育种人或植物研发人。这类人在植物新品种的培育、研发过程中投入了大量的时间、精力、智慧，是植物新品种权的当然主体。除此之外，由于作为知识产权性质的植物新品种权在法律上依然被定位为一种私权，所以能通过合同的约定或法律的规定过渡给他人，如被许可人、继承人等。这些人尽管并非植物新品种的培育人或研发人，但依照法律的规定或合同的约定也能成为植物新品种权的主体。一般而言，植物新品种权的主体可以是个人，也可以是科研单位或种业公司；可以是国内个人或单位，也可以是国外个人或单位。不同的国家，植物新品种权利人的范围、表现形式、分布状况也不尽相同，其与国家的农业经济政策以及种业运作、管理模式有着密切的关系。

俄罗斯《选择成果法》规定，选择育种成果专利权人对选择育种成果、育种材料、种子享有独占使用权。选择育种成果的专利申请权由选择育种人或其继承人享有。如果选择育种成果是基于履行工作职责或者是完成雇主所安排的工作任务而获得，除非选择育种人与雇主之间另有约定，选择育种成果专利申请权由雇主享有。可以看出，俄罗斯将选择育种成果的专利申请权归属于选择育种人或其继承人，肯定了这两类人作为选择育种成果专利权的最初主体资格。同时，在职务育种方面，俄罗斯采取了较为灵活的方式，即选择育种人与其雇主有约定专利申请权属的，从约定；无约定的，由雇主享有专利申请权。根据日本《种苗法》的规定，国有单位、企业以及个人都能成为植物新品种权的主体。其中，国有单位包括农业协会、地方政府和中央政府，企业主要包括种苗公司和食品公司。企业是主

---

① 吴汉东：《知识产权法（第五版）》，法律出版社，2014年版。

要的权利主体。与日本不同,印度国内植物新品种的培育和研发主要由具有公益性质的研究机构承担,商业种子公司虽然数量众多,但并不是植物新品种权的主要主体。近年来,随着国内种业商业化的不断加强,印度在植物新品种培育和研发的公共投入上不断减少,私人投资不断增多,已经形成了一个由公共研究机构、高校、企业、个人所构成的多元育种研发体系。[①]　私人种子公司也开始越来越多地成为植物新品种权的主体。此外,为了实现对农民权利的保护,印度《植物新品种保护与农民权利法》规定,农民对其在传统耕作过程中所培育的品种(即农民品种),只要具备特异性、一致性、稳定性,便可申请品种权保护。从该条规定来看,农民和商业育种人一样,都能成为植物新品种权的主体,而且农民申请品种权只需要审查品种的特异性、一致性、稳定性即可,无须审查新颖性,审查标准相对于商业育种人要大大降低。这体现了对农民品种权的特殊保护。受其影响,1999年的泰国《植物品种保护法》规定,经授权,育种人对其育种成果享有专有权利。在本地植物品种保护上,当地社区居民可联合申请对本地独有的植物品种进行保护。获得授权后,由当地社区居民对该植物品种享有专有权,当地政府、农民团体或二者的联合体也可代表社区居民成为该植物品种权的主体。

我国《植物新品种保护条例》第 6 条规定,完成育种的单位或者个人对其授权品种,享有排他性的独占权。该条规定确认了育种人(包括单位与个人)作为植物新品种权利主体的资格。除了育种人外,相关的利害关系人也能成为植物新品种权的主体。根据 2007 年《最高人民法院关于审理侵犯植物新品种权纠纷案件具体应用法律问题的若干规定》,相关的利害关系人主要包括植物新品种许可合同中的被许可人以及品种权利人的继承人等。另外,《植物新品种保护条例》第 7 条规定,执行本单位的任务或者主要是利用本单位的物质条件所完成的职务育种,植物新品种的申请权属于该单位;非职务育种,植物新品种的申请权完成育种的个人。申请被批准后,品种权属于申请人。委托育种或者合作育种,品种权的归属由当事人在合同中约定;没有合同约定的,品种权属于受委托完成或者共同完成育种的单位或个人。该条规定对职务育种、委托育种以及合作育种情况下的植物新品种权利归属进行了确认,即职务育种的,植物新品种权归属于单位;委托育种的,当事人在合同中有约定品种权归属的,从约定,没有约定或约定不明确的,由受委托完成育种的个人或单位享有植物新品种权;合作育种的,当事人在合同中有约定品种权归属的,从约定,没有约定或约定不明确的,由完成育种的单位或个人共同享有植物新品种权。

从上述各国关于植物新品种权利主体的法律规定以及植物新品种权利主体在现实中的分布结构来看,由于各国的实际情况不同,在植物新品种权利主体范

---

①　牟萍:《印度植物新品种保护对亚太地区其他发展中国家的示范效应》,《世界农业》,2008 年第 6 期。

围以及权利主体的现实分布上也存在着一定程度的差异。俄罗斯是通过专利对植物新品种进行保护的,俄罗斯《选择成果法》明确将选择育种人或其继承人作为育种成果专有权的主体,且对职务育种下的成果专有权归属作出了较为灵活的处理,即尊重当事人的选择自由,只有在当事人没有约定育种成果专有权归属的情况下,才能由雇主享有育种成果专有权。日本植物新品种权的主体尽管包括国有单位、企业、个人,但企业才是育种创新的主要主体,这也是与日本国内更多地依靠私人投资和高度商业化运作的育种行业相适应的。相比较于日本,印度国内植物新品种的培育与研发主要由具有公益性质的研究机构承担,私人种业公司以及个人所占比例较小。究其原因,主要是作为发展中国家的印度,其国内种业商业化运作尚未达到一定的高度,私人育种创新不足,农民主要依赖传统耕作形式生存,在这种状况下,为了实现育种创新和对农民权利的保护,增大育种的公共投入,由具有公益性质的研究机构来承担对植物新品种的培育和研发无疑是一个最佳的选择。当然,随着近年来印度国内种业商业化运作的不断加强,私人投资越来越多,公共投入也在不断减少,植物新品种权的主体结构也在不断改观。同时,为了保护农民的利益,印度《植物新品种保护与农民权利法》还特别将农民纳入植物新品种权利主体的范围,并且在申请农民品种权时采用较商业育种人更低的审查标准。同样作为发展中国家的泰国借鉴了这一做法,在其《植物品种保护法》中不仅规定一般育种人能成为植物新品种权的主体,还规定了当地社区居民、当地政府、农民团体等也能成为当地独有的植物新品种的权利主体。我国《植物新品种保护条例》及相关司法解释明确规定育种人、被许可人、品种权利继承人等能成为植物新品种权的主体,而且对职务育种、委托育种、合作育种情形下的植物新品种权的归属进行了确认。相比较于俄罗斯对职务育种下的权利归属作出灵活处理,我国《植物新品种保护条例》明确规定职务育种下的植物新品种权只能由单位享有,排除个人成为植物新品种权的主体。在农民作为植物新品种权的主体问题上,我国并没有像印度、泰国那样,通过对农民申请植物品种权设置较商业育种人不同的审查标准来实现对农民权利的特殊保护。但同作为发展中国家的我国,有着与印度等其他发展中国家相同的问题,为了更好地实现对农民权利的保护,有必要借鉴这一做法。

三、植物新品种权的客体

植物新品种权的客体,即受法律保护的植物新品种。其主要表现为以下三个方面的内容:其一,属于一国法律所保护的植物种或属。植物种属是植物最低的分类单元,各国往往根据本国植物种群分布的实际状况来设置植物种属保护名录,未被列入保护名录的植物种属则不受保护。不同的国家、地区,受保护的植物种属范围自然是有差别的。其二,符合受保护的实质条件和形式条件。一个植物品种要受到法律保护,除了必须是被列入保护名录的种属,还必须具备法律所规定的实质条件并履行一定的申请、审批手续。不具备上述实质条件和形式条件的植物品种,也不能受到法律保护。其三,植物新品种的保护范围。已获保护的植物品种,其保护范围在不同的国家也存在着差异,有的国家只保护植物品种繁殖材料,有的国家不仅保护品种繁殖材料,还保护该品种的收获材料,有的国家除了保护品种繁殖材料、收获材料外,甚至还将保护范围延伸到了该品种的加工产品、实质性派生品种(即由受保护的品种实质衍生的另一品种)以及某些其他品种。

美国 1930 年颁布的《植物专利法》仅限于为无性繁殖的植物品种提供专利保护,主要是果树以及用于观赏的植物,块茎植物品种除外。1970 年通过的《植物品种保护法》主要为有性繁殖的植物提供品种保护,同时将无性繁殖的块茎植物也包括在保护范围内,但不包括真菌和细菌。此外,美国《专利法》还规定,无论是无性繁殖的植物,还是有性繁殖的植物,只要符合新颖性、非显而易见性、实用性的标准,均可申请获得实用专利保护。从总体上看,植物专利、品种、实用专利这三种保护方式基本上涵盖了对所有植物种属的保护。就受保护的实质条件和形式条件来看,植物专利与品种在实质条件上大致相同,即具备新颖性、区别性、一致性、稳定性,标准明显低于实用专利;在形式条件上,植物专利与实用专利由美国专利局负责审查并授予,而品种则由美国农业部植物新品种保护办公室负责审查并颁发保护证书。在植物新品种的保护范围上,美国《植物品种保护法》主要将保护范围限制在受保护品种的繁殖材料和收获材料以及其他相关品种上。与美国不同,德国原则上禁止对植物品种实行专利保护,德国《植物品种保护法》适用于所有植物的种或属的保护。根据该法,只要植物品种具备新颖性、区别性、一致性、稳定性以及适当的名称,就可申请品种权保护。当事人申请植物品种权,必须要向德国联邦品种局提出申请,对于符合 DUS(区别性、一致性、稳定性)测试要求和法律其他相关规定的,由品种局授予品种权保护。就植物新品种的保护范围来看,根据 1997 年修订的德国《植物品种保护法》,不仅植物新品种的繁殖材料应受到保护,植物新品种的收获材料、直接获得的产品、实质性派生品种以及其他某些品种也应当受到保护。日本《种苗法》适用于所有无性繁殖的植物和有性繁殖的植物的品种保护,除此之外,其保护范围还涉及菌类、蕨类、苔藓类等植物品种。根据《种苗法》的规定,一个植物品种要受到法律保护,必须具备区别性、均一性、安定性、未让渡性以及适当的名称,而且要履行注册手续。当事人申请注册,一般应先向农林水产大臣提出,经审查批准后予以品种注册。在植物新品种的保护范围上,根据日本《种苗法》的规定,已获登记保护的植物品种,其保护范围包括品种繁殖材料、收获材料、加工产品,实质性派生品种,依赖性品种(即需要重复利用受保护品种进行培育的品种),与登记品种没有明显区别的品种。印度《植物新品种保护与农民权利法》对植物新品种的保护,只限于被国家列入保护名录的植物种或属。根据该法的规定,植物品种只要具备新颖性、特异性、一致性、稳定性即可申请品种保护。负责植物品种申请受理、审查等工作以及农民权利保护、利益分享等事宜处理的机构是植物品种和农民权利保护机构。就植物新品种的保护范围来看,印度对植物新品种的保护,不仅包括普通品种,还包括实质性派生品种、转基因品种和农民品种。其中,农民品种只需要具备特异性、一致性和稳定性即可申请品种保护。欧盟原则上也是对植物新品种进行专门法保护。1994 年颁布的欧盟《植物品种保护条例》基本上适用于所有植物品种的保护,其内容几乎承袭了《UPOV 公约》1991 年文本。根据该条例的规定,植物新品种的保护范围应包括受保护品种的品种成分、收获材料;另外,各成员国还可以根据本条例制定细则,规定由品种收获材料直接制成的产品也应当受到保护;对受保护品种的成分、收获材料以及直接制成的产品的保护,也应适用于该品种的实质性派生品种和某些其他品种。可见,在植物新品种的保护范围上,欧盟对品种的成分(即繁殖材料)、收获材料采取的是强制保护,对收获材料所直接制成的产品采取的是选择保护,而且这些保护应当及于实质性派生品种和其他某些品种。《UPOV 公约》1978 年文本规定,本公约可适用于所有植物种属的保护,各成员国保护的植物种属数量至少应达到 24 个。植物品种要受到保护,必须符合新颖性、特异性、一致性、稳定性以及具有适当命名的要求。该公约还规定,植物新品种的保护范围是品种的繁殖材料,各成员国可以自行决定是否将保护范围延伸至收获材料上;除了受保护品种,依赖性品种和与受保护品种没有明显区别的品种也应当受到保护。《UPOV 公约》1991 年文本在植物品种受保护的实质条件上与 1978 年文本一致,但要求各成员国将保护范围扩大到所有植物种属。在植物新品种保护范围上,《UPOV 公约》1991 年文本不仅保护品种繁殖材料,也保护收获材料,而且规定各成员国可以自行决定是否将品种收获材料所直接制成的产品纳入保护范围。同时,《UPOV 公约》1991 年文本还规定,除了受保护品种,该品种的实质性派生品种、依赖性品种以及与受保护品种没有明显区别的品种也应当受到保护。

我国对植物新品种不授予专利,实行专门法保护。根据《植物新品种保护条例》第 13 条的规定,申请品种权的植物新品种应当属于国家植物品种保护名录中列举的植物的属或者种。该保护名录由品种权审批机关确定和公布。该条表明了我国只对列入保护名录的植物品种实行保护,并不对所有植物品种实行保护。关于植物品种受保护的实质条件和形式条件,《植物新品种保护条例》规定,植物品种必须具备新颖性、特异性、一致性、稳定性以及适当的命名,才能申请品种权保护。这也与《UPOV 公约》1978 年文本相一致。根据该条例的规定,要获得植物新品种权,申请人必须向农业农村部或国家林业和草原局提出申请,经农业农村部或国家林业和草原局受理、审查批准后,颁发品种权证书,并予以登记和公告。其中,农业农村部负责农业植物品种的受理和审批,国家林业和草原局负责林业植物品种的受理和审批。在植物新品种的保护范围上,根据《植物新品种保护条例》第 6 条的规定,我国植物新品种的保护范围为品种的繁殖材料和依赖性品种的繁殖材料。该条规定依然来源于《UPOV 公约》1978 年文本的相关内容。而《种子法》第 28 条则在此基础上将保护范围扩大为品种的繁殖材料、收获材料,依赖品种的繁殖材料,实质性派生品种的繁殖材料、收获材料,依赖性品种的繁殖材料。

通过比较上述国内外关于受保护的植物新品种的规定,可以看出:其一,在应受法律保护的植物种属范围上,作为发达国家的美国、德国、日本,以及欧盟组织、《UPOV 公约》1991 年文本都将保护范围开放至所有植物种属;作为发展中国家的印度将保护范围限于被列入国家保护名录的植物种属,而不是对所有植物种属都予以保护;《UPOV 公约》1978 年文本尽管可适用于所有植物种属的保护,但只要求各成员国达到 24 个植物种属的保护即可,并不要求必须开放至所有植物种属的保护。其二,在植物品种受保护的条件上,除了美国的实用专利保护条件明显偏高外,其他国家的品种权保护以及美国的植物专利和品种权保护,尽管表述不尽相同,与《UPOV 公约》1978 年文本和 1991 年文本确定的保护条件基本一致,即符合新颖性、特异性、一致性、稳定性以及具有适当的命名的要求。为了保护农民的利益,印度对农民品种甚至规定了更低的保护条件,即只要具备特异性、一致性、稳定性即可。其三,在受理、审批环节上,美国是由农业部和专利局分别受理、审批品种权申请和专利申请;德国是由联邦品种局负责受理、审批品种权申请;日本是由农林水产省负责植物品种权申请的受理、审批;印度则是由植物品种和农民权利保护机构来负责植物品种权申请的受理和审批。其四,在植物新品种的保护范围上,美国植物新品种的保护范围为受保护品种的繁殖材料和收获材料,不包括收获材料所直接制成的产品,这种保护还延伸至与受保护品种相关的其他品种;德国植物新品种的保护范围不仅包括受保护品种的繁殖材料和收获材料,还包括收获材料所直接制成的产品,而且这种保护还延伸至受保护品种的实质性派生品种和某些其他品种;日本的植物新品种保护范围与德国基本一致,保护范围涉及受保护品种的繁殖材料、收获材料、收获材料直接加工制成的产品、实质性派生品种、依赖性品种以及与受保护品种没有明显区别的品种;印度植物新品种的保护范围不仅包括普通品种,还包括实质性派生品种、转基因品种和农民品种;《UPOV 公约》1978 年文本对品种的繁殖材料实行强制保护,对品种的收获材料实行选择保护,而且这种保护还延伸至受保护品种的依赖性品种和与受保护品种没有明显区别的品种;《UPOV 公约》1991 年文本则进一步扩大了保护范围,对品种繁殖材料和收获材料都实行强制保护,对收获材料所直接制成的产品实行选择保护,而且这种保护还延伸至受保护品种的实质性派生品种、依赖性品种以及与受保护品种没有明显区别的品种。1994 年的欧盟《植物品种保护条例》沿袭了《UPOV公约》1991年文本这一内容。我国的《植物新品种保护条例》主要是以《UPOV公约》1978年文本为蓝本制定的,到目前为止,并不开放对所有植物种属的保护,只对列入保护名录上的植物种属进行保护,这一点与同作为发展中国家的印度基本相同。在植物品种受保护的条件上,我国与国际通行的标准一致,即符合新颖性、特异性、一致性、稳定性以及具有适当的命名的要求。虽然同作为发展中国家,我国却并未像印度那样,为农民品种的保护再单独设置条件。在植物品种权申请受理、审批程序上,我国由农业农村部、国家林业和草原局分别受理、审批农业植物品种申请和林业植物品种申请,充分体现了我国的基本国情和管理上的特点。在植物新品种的保护范围上,我国将保护范围规定为受保护品种的繁殖材料、收获材料,依赖性品种的繁殖材料,实质性派生品种的繁殖材料、收获材料,依赖性品种的繁殖材料,与美国、德国、日本、欧盟以及《UPOV公约》1991年文本的相关规定已十分接近。

四、植物新品种权的内容

植物新品种权是育种人或其他品种权利人依法对授权的植物新品种享有的专有权利,其主要包括以下几个方面的内容:其一,品种使用权。即将植物新品种投入商业使用或非商业使用的权利,具体涉及植物新品种的生产、销售、提供销售、进口、出口、储存等各个环节的行为。品种权利人有权实施这些行为,也有权禁止他人实施这些行为。其二,品种许可权。即品种权人(育种人或研发人)有权许可他人使用植物新品种,使用的范围也涉及上述生产、销售等各个环节。其三,品种转让权。即育种人或研发人有权将其所培育、研发的植物新品种依法转让给他人。植物新品种权一旦发生转让,育种人或研发人将丧失权利主体地位,对发生转让的植物新品种不再享有专有权。各国法律一般都规定植物新品种申请权和植物新品种权均可依法转让。关于植物新品种权的内容,各国规定不尽相同,下面主要就品种使用权进行分析比较。

根据美国《植物品种保护法》第111条的规定,品种权利人有权生产、销售、为销售而提供、出口、进口以及为实施上述行为而储存受保护品种的繁殖材料,他人未经品种权利人许可不得实施上述行为;对受保护品种的收获材料实施上述行为的,如果该收获材料是未经许可使用受保护品种的繁殖材料而获得的,也须经品种权利人许可,但品种权利人已有合理机会根据本法对繁殖材料行使权利的除外。此外,品种权利人对上述受保护品种繁殖材料和收获材料的权利行为,也同样适用于受保护品种的实质性派生品种和其他某些品种。从上述规定来看,美国《植物品种保护法》将植物新品种的权利范围限制在品种的繁殖材料和收获材料上,当然,对收获材料行使权利必须以未能对繁殖材料行使权利为前提。同时,这种范围的权利行使也同样适用于受保护品种的实质性派生品种和其他某些品种。

在对权利的限制上,美国主要包括合理使用、强制许可、农民权以及先用权。美国《植物品种保护法》第114条规定,为从事育种研究或其他正当研究而使用他人植物新品种的,不视为侵权;第44条规定,当植物新品种不能以合理的价格满足公众的需要,而国内种子的供给又必须依赖该受保护的品种时,农业部长可以宣布对该受保护的品种实施2年以下的强制许可,但必须以支付权利人合理的使用费为条件;第22条规定,农民以耕种为目的使用、储存受保护的品种不构成侵权,但留种繁殖数量不得超出种植面积所需,多余的种子也不得出售或用于其他非种植目的;第112条规定,先于植物新品种申请人培育、开发该品种的,有权在申请之日起1年内生产或繁殖、销售该新品种,品种权人无权禁止。以上各条分别是关于合理使用、强制许可、农民权、先用权的规定。在权利行使的期限上,美国《植物品种保护法》规定,一般为品种权利证书颁布之日起20年,木本和藤本植物为25年。

德国《植物品种保护法》第10条规定,品种权利人有权生产、为繁殖目的而处理、销售、进口或出口以及出于上述目的而储存受保护品种的繁殖材料,他人未经品种权利人许可不得从事上述行为;品种权利人也有权对受保护品种的收获材料以及收获材料所直接制成的产品行使上述权利,只要该繁殖材料或收获材料的使用未经过权利人的许可,而且权利人也没有合理的机会对这样的使用行使权利。此外,品种权利人对上述繁殖材料、收获材料以及收获材料所直接制成的产品的权利行为,也同样适用于受保护品种的实质性派生品种和其他某些品种。关于植物新品种权的保护期限,德国《植物品种保护法》规定,农业植物新品种为25年,林业植物新品种为30年。

日本《种苗法》规定,品种权利人对品种繁殖材料、收获材料以及加工过的产品享有专有权,其权利范围涉及生产、销售、进出口、储藏等整个贸易领域。该法第20条规定,品种权利人对受保护品种的权利效力,同样适用于该品种的实质性派生品种、依赖性品种以及与受保护品种没有明显区别的品种。从上述规定的内容来看,日本植物新品种的权利范围与德国基本上是一致的。另外,在权利限制方面,日本《种苗法》还规定了合理使用、强制许可、权利用尽、农民权以及先用权。根据相关规定,合理使用是指为培育新品种或进行其他研究、实验的目的而使用他人植物新品种的,不视为侵权;强制许可是指当植物新品种连续2年以上未付诸实施或实施得不充分,或者该品种对公共利益具有特别重要的意义时,相关当事人可就植物新品种的许可实施进行协商,若无法达成协议,则相关当事人可申请农林水产大臣就相关许可事项进行强制裁决;权利用尽是指当受保护的植物品种以合法的方式售出后,他人对其再次进行使用时,无须征得品种权利人的同意;农民权是指农民有权对合法获得的受保护品种进行生产、繁殖,以及通过技术手段改变受保护品种的实质性特征来获得新的品种;先用权是指当植物新品种获得品种权登记后,先于权利人对该登记品种进行培育的人,有权对该品种享有同样的权利。①

印度《植物新品种保护与农民权利法》规定,育种人对其受保护的植物新品种享有生产、销售、进口、出口专有权,这种权利还及于该品种的实质性派生品种和转基因品种。在权利限制方面,印度主要有合理使用、强制许可以及农民权。根据印度《植物新品种保护与农民权利法》的规定,为从事实验与研究而使用受保护的品种的,无须获得品种权人的授权,但重复使用该品种对新开发的品种进行商业生产的例外(合理使用);育种人在植物新品种授权之后的 3 年内未能满足公众对该品种的需要或未以合理的价格向公众提供该品种的,保护机构可依任何人或社区组织的申请,在给付合理补偿的前提下对该品种作出强制许可的决定(强制许可);农民有保留、使用、种植、重复播种、交换、共享及出售其种子的权利,但不得销售具有合法商标的品种种子;对于销售价格不合理的种子,农民有权申请相关部门对价格进行重新认定;利用当地遗传资源培育的植物新品种,当地农民以及农民所在的社区有分享该品种利益的权利(农民权)。在权利的保护期限上,印度《植物新品种保护与农民权利法》规定,自授权之日起,一般植物为 15 年,林木和藤本植物为 18 年。

欧盟《植物品种保护条例》第 13 条规定,品种权人对受保护品种的品种成分和收获材料享有生产或繁殖、为繁殖而处理、销售、为销售而提供、进口或出口以及为上述行为而储存的专有权利,他人未经品种权人许可不得实施上述行为;各成员国也可根据本条例制定细则规定受保护品种的收获材料所直接制成的产品也适用上述规定,但品种权人已有合理机会对收获材料行使权利的除外。同时,该条例还规定,上述针对品种成分、收获材料、加工产品的权利行使,同样也适用于该品种的实质性派生品种和其他某些品种。在权利限制方面,欧盟确立了合理使用、强制许可、权利用尽以及农民权制度。欧盟《植物品种保护条例》第 15 条规定,私人非商业行为、实验行为、发现、改良以及培育其他新品种的行为不视为侵权;第 16 条规定,当受保护的植物新品种经权利人同意在各成员国国内销售后,权利人对已经售出的品种材料或产品不再享有专有权;第 29 条规定,基于公共利益的需求,经相关利益关系人的申请,行政理事会可以决定对特定的植物新品种在一定的期限内实施强制许可;第 14 条第 1 款规定,农民有权以繁殖为目的使用特定范围内的受保护的品种,主要包括谷类植物、油类、纤维类物质等。上述分别是关于合理使用、权利用尽、强制许可、农民权的规定。

《UPOV 公约》1978 年文本规定,为商业性目的生产、销售、为销售而提供受

---

① 耿邦:《美、日、欧植物新品种权限制的立法与借鉴》,《河南师范大学学报(哲学社会科学版)》,2015 年第 1 期。

保护品种的有性或无性繁殖材料以及重复使用受保护品种的繁殖材料生产另一品种的,应事先经过品种权人的许可。也就是说,品种权人对上述商业性生产、销售、为销售而提供受保护品种的繁殖材料以及重复使用受保护品种的繁殖材料生产另一品种的行为享有专有权,非商业性使用受保护品种的行为,如私人非商业行为、研究与实验行为、培育其他新品种行为、农民留种行为等,不视为侵权。此外,《UPOV公约》1978年文本还对强制许可作了规定,即各成员国可以基于公共利益的需要或推广品种的考虑,对相关品种权人权利的自由行使予以一定的限制,但应给付相应的报酬。关于植物新品种的保护期限,《UPOV公约》1978年文本规定为至少15年,藤本植物、果树及其根茎、林木、观赏树木至少为18年。与《UPOV公约》1978年文本相比,《UPOV公约》1991年文本明显扩大了植物新品种权的范围,根据该文本的规定,品种权人对受保护品种的繁殖材料享有生产、繁殖、为繁殖而处理、销售、为销售而提供、进口、出口以及为上述行为而储存的专有权利,他人未经品种权人许可不得实施上述行为;品种权人的上述权利行为也同样适用于品种的收获材料,只要该收获材料是未经许可使用受保护品种的繁殖材料获得的,但品种权人已有合理机会对繁殖材料行使权利的除外;各缔约国可以自行规定品种权人的上述权利也同样适用于受保护品种的收获材料所直接制成的产品,只要该产品是未经许可使用该收获材料所获得的,但品种权人已有合理机会对收获材料行使权利的除外;上述针对受保护品种的繁殖材料和收获材料以及加工产品的权利行为,也同样适用于受保护品种的实质性派生品种、与受保护品种没有明显区别的品种以及需要反复利用受保护品种进行繁殖的品种(依赖性品种)。此外,《UPOV公约》1991年文本明确规定了权利的相关限制,主要有私人非商业行为、实验行为、培育其他品种的行为(但实质性派生品种和依赖性品种除外)。至于农民留种行为,《UPOV公约》1991年文本采取了灵活的做法,即允许各缔约国根据本国实际情况自行规定。关于植物新品种的保护期限,《UPOV公约》1991年文本规定为至少20年,树木、藤本植物至少为25年。

我国《植物新品种保护条例》第6条规定,完成育种的单位或者个人对其授权品种享有排他的独占权,任何单位或者个人未经品种权人许可,不得为商业目的生产或者销售该授权品种的繁殖材料,不得为商业目的将该授权品种的繁殖材料重复使用于生产另一品种的繁殖材料,但本条例另有规定的除外。根据该条规定,品种权人有为商业目的生产、销售受保护品种的繁殖材料以及利用受保护品种的繁殖材料重复生产另一品种的繁殖材料的专有权利,他人未经品种权人许可不得以商业为目的实施上述行为。也就是说,我国植物新品种权利范围只限于为商业目的的生产和销售,而且效力只及于受保护品种的繁殖材料和受保护品种的依赖性品种的繁殖材料(仅限于生产)。我国《种子法》第28条对植物新品种的权利范围予以了扩展,该条规定,品种权人对生产、繁殖和为繁殖而进行处理、许诺销售、销售、进口、出口以及为实施上述行为储存该授权品种的繁殖材料以及因此而获得的收获材料的行为享有专有权,他人未经品种权人许可实施上述行为的,无论是否出于商业目的,都被视为侵权;品种权人为有商业目的将授权品种的繁殖材料以及收获材料重复使用于生产另一品种的繁殖材料的专有权利,未经品种权人许可实施上述行为的,应视为侵权;上述权利行为也同样适用于受保护品种的实质性派生品种。根据该条的规定,植物新品种的权利范围包括对受保护品种的繁殖材料、收获材料、实质性派生品种的繁殖材料和收获材料的商业性和非商业性生产、销售、进出口、储存,以及对受保护品种、实质性派生品种的依赖性品种的繁殖材料的商业性生产。在权利限制方面,我国规定了合理使用、农民权、强制许可以及善意侵权。《植物新品种保护条例》第10条规定,利用授权品种进行育种及其他科研活动以及农民自繁自用授权品种的繁殖材料的,可以不经品种权人的许可,不向其支付使用费,但不得侵犯品种权人依照本条例所享有的其他权利。该条即是关于合理使用和农民权的规定。该条例第11条规定,为了国家利益或公共利益,审批机关可以作出实施植物新品种强制许可的决定,并予以登记和公告。该条即是关于强制许可的规定。此外,该条例还规定,个人、农户接受第三人委托代为繁殖而侵犯品种权的,如果不知情并能提供第三人信息,则不承担责任。此为善意侵权。关于植物新品种的保护期限,根据《植物新品种保护条例》的规定,自授权之日起,藤本植物、林木、果树、观赏树木为20年,其他植物为15年。

案例5-9 丰达公司诉中威基地、中威果丰公司侵犯植物新品种权案

北京北方丰达种业有限责任公司(以下简称丰达公司)为梨品种"苏翠1号"的独占实施被许可人,因平顶山市高新区中威果苗培育基地(以下简称中威基地)、河南省中威果丰农业科技服务有限公司(以下简称中威果丰公司)未经许可繁育、销售"苏翠1号",向河南省郑州市中级人民法院提起侵权诉讼。丰达公司通过公证程序从微信朋友圈购买了100条"苏翠1号"接穗,随附于穗条的宣传册署有中威基地、中威果丰公司。丰达公司将梨苗嫁接穗扦插入盆直至萌发叶片后取样,进行MNP(多核苷酸多态性)标记检测,检测结果显示,送检样品与对照样品比较,位点总数6256,差异位点数4,遗传相似度99.94%,为极近似品种或相同品种。丰达公司对购买、寄送、扦插、培育、取样、送检等全过程进行了公证。法院审理认为,结合微信聊天记录、宣传册中有关培育销售"苏翠1号"的内容以及MNP标记检测报告,可以确定被诉梨品种接穗与"苏翠1号"梨品种为同一品种,中威基地和中威果丰公司未经许可繁育、销售"苏翠1号"接穗的行为已构成侵权。遂判决两被告立即停止繁育、销售侵权繁殖材料,赔偿丰达公司经济损失及维权合理开支10万元。中威基地不服一审判决,向最高人民法院知识产权法庭提起上诉。二审法院审理认为,一审法院判决并无明显不当,遂裁定驳回上诉,维持原判。

通过对上述相关规定的比较、分析,可以发现:其一,从植物新品种权利内容和效力范围来看,美国、德国、日本、欧盟以及《UPOV公约》1991年文本都将品种权人的专有权规定为对植物新品种的生产、销售、进出口、储存等行为,基本上涵盖了植物新品种生产、流通的整个领域,而且不限于是商业性行为还是非商业性行为,其目的是对植物新品种权提供全方位的保护。在权利的效力范围上,美国将上述权利行为限制在对受保护品种的繁殖材料和收获材料的适用上;德国和日本则规定上述权利行为不仅适用于受保护品种的繁殖材料和收获材料,还适用于收获材料所直接制成的产品;欧盟和《UPOV公约》1991年文本则规定上述权利行为应当适用于受保护品种的繁殖材料和收获材料,至于是否适用于收获材料所直接制成的产品,由各成员国通过立法自行决定。如此规定的目的主要在于为品种权提供最为充分的保护,即如果权利人无法对受保护品种的繁殖材料行使权利,则他仍然可以对受保护品种的收获材料行使权利;若无法对受保护品种的收获材料行使权利,则他仍然可以对收获材料所直接制成的产品行使权利。[①] 通过这种方式使得品种权在各个环节都能得到充分实现。此外,无论是美国、德国、日本,还是欧盟、《UPOV公约》1991年文本,都将上述对受保护品种的权利内容和效力范围同样延伸至受保护品种的实质性派生品种和其他某些品种。印度规定植物新品种权的内容为生产、销售、进出口受保护品种的专有权利,该权利范围同样适用于受保护品种的实质性派生品种和转基因品种。《UPOV公约》1978年文本将植物新品种权的内容规定为以商业为目的生产、销售受保护品种的繁殖材料以及生产受保护品种的依赖性品种的繁殖材料的专有权利,其无论是在权利内容上还是在效力范围上,都要明显窄于《UPOV公约》1991年文本以及美国、德国等国。其二,从植物新品种的权利限制来看,美国、日本、欧盟以及《UPOV公约》1991年文本一般对合理使用、强制许可、权利用尽、先用权、农民权进行了明确规定,但总体上看呈限缩趋势。例如,在农民权的规定上,美国尽管允许农民留种耕种,但所留种数量不得超过种植面积所需,而且多余的种子也不能用于出售或其他非种植目的;欧盟则规定农民只能对特定范围内的受保护品种才享有留种自繁自用的权利,对超出该范围的受保护品种则不享有留种的权利;《UPOV公约》1991年文本对农民权的规定不作任何强制要求,由各缔约国根据本国的实际情况自行决定,这实际上也在一定程度上限制了农民权的范围。与之相反的是,印度在实现对品种权保护的同时,也加大了对农民权的保护。例如,农民在不侵犯他人商标权的前提下,有权对受保护品种进行繁殖、使用、播种、出售、交换、共享等行为;对于品种权人以不合理的价格销售种子的,农民有权申请政府相关部门对价格进行重新认定;对于利用当地遗传资源培育的新品种,当地农民及社区有

---

① 李菊丹:《UPOV1991人工瀑布保护规则及启示》,《知识产权》,2012年第6期。

利益分享的权利。之所以如此规定，主要是与美国、日本等发达国家高度商业化的农业生产不同，印度以传统农耕方式作为农业生产的基础，农民留种自用主要是为了解决生存问题，而不是为了从事商业活动。同时，农民的世代耕种也为生物遗传资源的存续和发展作出了重大贡献，利用当地遗传资源培育植物新品种的，农民理应享有惠益分享权。《UPOV公约》1978年文本并没有明确规定对植物新品种权的相关限制，但由于其将植物新品种权规定为商业性生产、销售的专有权利，这无疑也就承认了研究行为、育种行为、农民留种行为等非商业性行为的合理性与正当性。可见，在《UPOV公约》1978年文本中，承认或规定农民权实际上是对各缔约国的一项强制要求，这一点与《UPOV公约》1991年文本明显不同。其三，从植物新品种权的保护期限来看，美国、德国等发达国家以及《UPOV公约》1991年文本规定的保护期限相对较长，而印度以及《UPOV公约》1978年文本规定的保护期限相对较短。也就是说，前者比后者更加强调对植物新品种权的保护。我国《植物新品种保护条例》将植物新品种权规定为为商业目的生产、销售受保护品种的繁殖材料以及生产受保护品种的依赖性品种的繁殖材料的专有权利，与《UPOV公约》1978年文本基本一致，其内容和效力范围明显窄于《UPOV公约》1991年文本以及美国、德国、日本等发达国家的相关规定。2021年新修订的我国《种子法》扩大了植物新品种权的范围，将植物新品种权规定为生产、繁殖和为繁殖而进行处理、许诺销售、销售、进口、出口以及为实施上述行为储存该授权品种的繁殖材料、收获材料、实质性派生品种的繁殖材料和收获材料，为商业目的生产受保护品种、实质性派生品种的依赖性品种的繁殖材料的专有权利，基本上与《UPOV公约》1991年文本的内容相同。在权利限制方面，我国尽管规定了合理使用、农民权、强制许可以及善意侵权，但相关规定过于简单、笼统，可操作性不强。与印度相比，同样以传统农耕方式作为农业生产基础的我国，并没有赋予农民对遗传资源利用的惠益分享权，对农民权的保护力度明显弱于印度。此外，我国对权利用尽、先用权也缺乏相关的规定。在植物新品种权的保护期限上，我国符合《UPOV公约》1978年文本的要求，保护期限短于《UPOV公约》1991年文本以及美国、德国等发达国家的相关规定。

从总体上看，以美国、德国、日本为代表的发达国家偏重于对品种权的保护，具体表现为尽可能地扩大权利范围和限缩各种对权利的限制，这主要是由发达国家育种行业和农业生产的高度商业化所决定的。《UPOV公约》1991年文本更多代表的是发达国家的利益。为了保护本国的育种行业和农民的利益，印度选择不加入《UPOV公约》，而是在该公约之外另行构建了一套适合于其本国的品种权保护制度。我国于1999年加入《UPOV公约》1978年文本后，至今未加入《UPOV公约》1991年文本，这也是由我国目前的实际情况所决定的。但随着《UPOV公约》1991年文本在国际社会的影响力不断增大，加入《UPOV公约》

1991 年文本已是大势所趋。对此,我国也已经开始积极应对(2021 年新修订的《种子法》对品种权的规定正好说明了这一点)。另外,还应明确规定对品种权的相关限制,借鉴印度的做法,赋予农民对遗传资源利用的惠益分享权,规定权利用尽以促进商品流通,规定先用权以保障先于品种申请人培育该品种的育种人的权益,适当延长品种权的保护期限,等等。

五、植物新品种权的法律保护

关于植物新品种权的保护模式,《UPOV 公约》1978 年文本第 2 条第 1 项规定,各成员国对本公约所规定的有关植物新品种的权利,可采用专利法进行保护,也可采用专门法进行保护,但对于一个或同一个植物的种或属,只能选择采用上述其中一种方式进行保护,而不能同时采用两种方式进行保护。根据该项的规定,植物新品种的保护,可以采用专利法保护模式或专门法保护模式,但二者不得兼用。《UPOV 公约》1991 年文本对这一规定进行了修改,允许各成员国同时为植物新品种提供专利法和专门法双重保护。1994 年的《与贸易有关的知识产权协定》继承了《UPOV 公约》1991 年文本的规定,该协定第 27 条第 3 项(b)款规定,各成员国应当通过专利或某种行之有效的专门制度,或通过这两种制度的结合,来实现对植物新品种的保护。根据该项规定,植物新品种权的保护模式有三种:专利法保护模式、专门法保护模式以及专利法与专门法相结合保护模式。综观世界各国,除了美国对植物新品种采取专利法与专门法相结合的双重保护模式,绝大多数国家主要通过制定专门的植物品种保护法来实现对植物新品种的保护,如德国《植物品种保护法》、日本《种苗法》、印度《植物新品种保护与农民权利法》、我国《植物新品种保护条例》等。

关于植物新品种侵权行为的认定,各国不尽相同。美国将未经许可生产、销售、出口、进口以及为上述行为而储存受保护品种的繁殖材料和收获材料的行为,未经许可生产、销售、出口、进口以及为上述行为而储存受保护品种的实质性派生品种和其他某些品种的繁殖材料和收获材料的行为视为侵权行为,而德国和日本不仅将上述行为视为侵权行为,还将未经许可生产、销售、出口、进口以及为上述行为而储存受保护品种的收获材料所直接制成的产品的行为,未经许可生产、销售、出口、进口以及为上述行为而储存受保护品种的实质性派生品种和其他某些品种的收获材料所直接制成的产品的行为也视为侵权行为。关于对植物新品种权的保护,不外乎民事保护、行政保护、刑事保护三种形式。例如,德国《植物品种保护法》规定,对于上述侵权行为,权利人可以要求侵权人停止侵权、赔偿损失,相关主管部门也可依法对侵权人处以 1 万元以下罚款;侵犯他人品种权构成犯罪的,处以 1 年以下监禁或罚金。日本《种苗法》规定,对于侵权行为,品种权人有权要求侵权人停止侵权,销毁侵权繁殖材料、收获材料、加工产品以及其他用于侵权的物品；侵犯他人品种权构成犯罪的，处以 3 年以下监禁或 300 万日元以下罚金，对侵权的企业法人处以 1 亿日元以下罚金。

　　根据我国《植物新品种保护条例》的规定，未经许可为商业目的生产、销售受保护品种的繁殖材料以及将受保护品种的繁殖材料重复用于生产另一品种的繁殖材料的，属于侵权行为。新修订的《种子法》扩大了上述侵权行为的范围，将未经许可的所有生产、繁殖和为繁殖而进行处理、许诺销售、销售、进口、出口以及为实施上述行为储存该授权品种的繁殖材料、收获材料、实质性派生品种的繁殖材料和收获材料的行为以及为商业目的将受保护品种的繁殖材料、收获材料、实质性派生品种的繁殖材料和收获材料重复用于生产另一品种的繁殖材料的行为都视为侵权行为。关于植物新品种权的民事保护，《植物新品种保护条例》并未作明确规定。《最高人民法院关于审理侵犯植物新品种权纠纷案件具体应用法律问题的若干规定》对植物新品种侵权损害赔偿作了如下规定：侵犯植物新品种权的，应赔偿损失。赔偿数额可依照以下五种方式来确定：一是按照被侵权人因侵权所遭受的损失来确定；二是按照侵权人侵权所获得的利益来确定；三是按照植物新品种的实施许可费来确定（可参照许可费的 1 倍以上 5 倍以下酌情确定）；四是由法院在 50 万元以下确定；五是以侵权物折价抵扣被侵权人损失，但必须以被侵权人和侵权人同意为前提。被侵权人或侵权人不同意的，法院可依当事人请求，责令侵权人采取措施使侵权物丧失活性不能再用作繁殖材料。被侵权人对前三种方式有选择的权利，在穷尽前三种方式仍然无法确定赔偿数额的，才能采取第四种方式来确定。新修订的《种子法》对上述规定作了修改，首先，前四种方式被侵权人只能按照顺序依次适用，无选择适用的权利；其次，将第四种方式中的法定最高赔偿数额从 50 万元提高到 500 万元；再次，规定对故意侵犯植物新品种权，情节严重的行为，可以在前三种方式确定的数额的 1 倍以上 5 倍以下确定赔偿数额。关于植物新品种权的行政保护，《植物新品种保护条例》规定，侵犯植物品种权的，由省级以上人民政府农业、林业行政部门依据各自的职权进行处理，可以责令侵权人停止侵权行为，没收违法所得和植物品种繁殖材料；货值金额 5 万元以上的，可处货值金额 1 倍以上 5 倍以下的罚款；没有货值金额或者货值金额 5 万元以下的，根据情节轻重，可处 25 万元以下的罚款。假冒授权品种的，由县级以上人民政府农业、林业行政部门依据各自的职权责令侵权人停止假冒行为，没收违法所得和植物品种繁殖材料；货值金额 5 万元以上的，处货值金额 1 倍以上 5 倍以下的罚款；没有货值金额或者货值金额 5 万元以下的，根据情节轻重，处 25 万元以下的罚款。新修订的《种子法》将上述侵犯品种权的行为和假冒授权品种的行为的处理权统一为县级以上人民政府农业、林业行政部门行使，并规定在责令停止侵权、假冒行为和没收违法所得和种子的基础上，货值金额不足 5 万元的，处 1 万元以上 25 万元以下罚款；货值金额 5 万元以上的，处货值金额 5 倍以上 10 倍以下罚款。同时,《种子法》还规定,县级以上人民政府农业、林业行政部门可以根据当事人自愿的原则,对侵犯植物新品种权所造成的损害赔偿进行调解。调解达成协议的,当事人应当履行;当事人不履行协议或者调解未达成协议的,植物新品种权所有人或者利害关系人可以依法向人民法院提起诉讼。关于植物新品种权的刑事保护,《植物新品种保护条例》第40条规定,假冒授权品种,情节严重,构成犯罪的,依法追究刑事责任。《种子法》第89条规定,违反本法规定,构成犯罪的,依法追究刑事责任。即侵犯植物品种权或假冒授权品种的行为构成犯罪的,应当依法追究刑事责任。

案例5-10　"华美105"品种权侵权案

酒泉市华美种子有限责任公司(以下简称华美种子公司)为"华美105"的品种权人,2021年8月在甘肃省定西市陇西县文峰镇三台村明泰中药材种植农民专业合作社(以下简称明泰合作社)发现疑似"华美105"的辣椒种子,随即取样进行SSR检测,结果发现与对照样品在32个位点上指纹图谱一致,有99.9%的概率为相同品种。2021年8月30日,华美种子公司就明泰合作社侵害"华美105"植物新品种权向陇西县农业农村局投诉。2021年9月1日,陇西县农业农村局执法队对明泰合作社制种地进行调查,明泰合作社称甘肃陇欢种业有限责任公司(以下简称陇欢种业公司)和酒泉市福瑞斯种子有限责任公司(以下简称福瑞斯种子公司)委托其制种,制种地内的13个大棚均种植了涉案侵权品种。9月3日,陇西县农业局执法队对侵权地块辣椒取样并进行SSR检测,检验报告显示与标准样品在22个SSR位点上无差异,判定为近似品种。陇西县农业农村局执法队确认陇欢种业公司和福瑞斯种子公司委托明泰合作社生产"华美105"辣椒种子,已构成违规生产行为。2021年9月13日,陇西县农业农村局组织相关企业进行调解,当事人自愿达成协议,陇欢种业公司和福瑞斯种子公司就侵犯华美种子公司"华美105"品种权的行为,分别赔偿华美种子公司人民币60万元和40万元。涉案的13座大棚,由华美种子公司监督指导明泰合作社分棚采收脱粒,交华美种子公司处理。

从上述相关规定来看,作为发达国家的美国、德国、日本对植物新品种侵权行为范围的认定十分宽泛,不仅未经许可生产、销售、进口、出口、储存受保护品种的繁殖材料属于侵权行为,未经许可生产、销售、进口、出口、储存受保护品种的收获材料甚至收获材料所直接制成的产品也属于侵权行为;不仅未经许可生产、销售、进口、出口、储存受保护品种属于侵权行为,而且未经许可生产、销售、进口、出口、储存受保护品种的实质性派生品种和其他某些品种也属于侵权行为。相比较而言,我国《植物新品种保护条例》对植物新品种侵权行为范围的认定相对较窄,仅将未经许可为商业目的生产、销售受保护品种的繁殖材料以及生产受保护品种的依赖性品种的繁殖材料的行为视为侵权行为。新修订的《种子法》将未经许可的所有生产、繁殖和为繁殖而进行处理、许诺销售、销售、进口、出口以及为实施上述行为储存该授权品种的繁殖材料、收获材料、实质性派生品种的繁殖材料和收获材料的行为,为商业目的将受保护品种的繁殖材料、收获材料、实质性派生品种的繁殖材料和收获材料重复用于生产另一品种的繁殖材料的行为都视为侵权行为,大大拓宽了侵权行为的范围,其保护力度与作为发达国家的美国、德国、日本相比,已经十分接近。无论是我国,还是其他国家,都综合运用民事保护、行政保护以及刑事保护来构建对植物新品种权的保护体系。在民事保护上,尽管我国《植物新品种保护条例》对此并未作出明确规定,但相关司法解释对此进行了详细说明。新修订的《种子法》吸纳了该司法解释的相关内容,对赔偿数额的确定进行了规范,并提高了赔偿数额,进一步强化了对植物新品种权的民事保护。在行政保护上,我国《植物新品种保护条例》规定对侵犯品种权的行为和假冒授权品种的行为分别由省级以上人民政府农业、林业行政部门和县级以上人民政府农业、林业行政部门进行处理。新修订的《种子法》将上述两种行为的处理权统一为县级以上人民政府农业、林业行政部门行使,解决了因执法机构层次过高而导致对侵犯品种权的行为执法不到位的难题,更加有利于充分实现对品种权的行政保护。同时,新修订的《种子法》还在《植物新品种保护条例》规定的基础上,进一步加大了行政处罚力度。在刑事保护上,德国和日本都在《植物品种保护法》《种苗法》中就侵犯他人品种权构成犯罪的行为单独作了规定,而我国《植物新品种保护条例》仅规定假冒授权品种情节严重的依法追究刑事责任(即以生产、销售伪劣产品罪或生产、销售伪劣种子罪论处),对于侵犯品种权情节严重的行为,并未规定应当追究刑事责任。我国《种子法》尽管规定了侵犯植物品种权或假冒授权品种构成犯罪的应当依法追究刑事责任,但目前我国刑法中尚无侵犯植物品种权构成犯罪的规定。为了充分实现对品种权的保护,我国应考虑在刑法中增设侵犯植物新品种权罪。

第六章　比较与知识产权相关的反不正当竞争法

第一节　反不正当竞争法概述

一、反不正当竞争法立法概况

竞争法是调整竞争关系的法律规范的总称。竞争法包括反不正当竞争法、反垄断法和维护市场自由公平竞争的其他法律。反不正当竞争法是调整经营者之间因不正当竞争行为而产生的竞争关系的法律规范的总称。

1896 年德国通过了一部专门的《反不正当竞争法》,这是世界上第一部反不正当竞争单行法,是现代竞争法产生的重要标志之一。德国《反不正当竞争法》最初对不正当竞争行为采取了法定主义立法模式,但是这不能完全覆盖商业中的一些需要规制的不正当竞争行为,因此德国立法机关于 1909 年对该法作了修订,其中最重要的方面是加入了"一般条款"规定。至此,德国《反不正当竞争法》确立了一般条款加上典型列举的立法体例,且一直适用至今。2015 年修订的德国《反不正当竞争法》第 3 条第 1 款简要规定,不正当商业行为是不合法行为。这意味着:行为根据第 3a 条至第 6 条被认定为不正当行为时,产生第 8 条至第 10 条所规定的法律责任。因而,第 3 条第 1 款在此属于"连接规范",连接了不正当行为的构成要件与法律责任。但根据文本,第 3 条第 1 款仍然保留了一般条款功能,适用于不在具体不正当行为之列的新行为。① 2021 年德国《反不正当竞争法》又完成了最新修订。

1995 年美国法学会编撰了《不正当竞争法重述》,对一些与知识产权相关的不正当竞争作出了规定。虽然《不正当竞争法重述》没有强制性法律效力,但是它被包括美国最高法院在内的许多法院作出的判决书所引用,因此它通过影响法院判决在事实上发挥了准法律的作用。

在国际层面上,《巴黎公约》缔结于 1883 年,其 1900 年 12 月 14 日布鲁塞尔修订本第一次以国际公约的形式,对反不正当竞争作出了明确规定。我国加入的

---

① ［德］安斯加尔·奥利:《比较法视角下德国与中国反不正当竞争法的新近发展》,范长军,译,《知识产权》,2018 年第 6 期。

是《巴黎公约》1967 年 7 月 14 日斯德哥尔摩修订本。

1993 年 9 月 2 日第八届全国人民代表大会常务委员会第三次会议通过了我国《反不正当竞争法》,后经 2017 年修订与 2019 年修正。我国《反不正当竞争法》第 1 条规定,为了促进社会主义市场经济健康发展,鼓励和保护公平竞争,制止不正当竞争行为,保护经营者和消费者的合法权益,制定本法。该条规定表明了我国反不正当竞争法的立法目的。

二、反不正当竞争法与知识产权法的关系

知识产权法在赋予和保护权利人对其知识产品的独占权利的同时,也维护了相关领域内公平竞争的市场秩序,同时从本质、宏观和动态上来看,知识产权仍然体现为对竞争的促进,或者说知识产权与竞争具有某种一致性。[①] 就此而言,知识产权法属于广泛意义上的反不正当竞争特别法。

反不正当竞争法不仅具体规定仿冒行为、引人误解的虚假宣传行为、侵犯商业秘密行为和损害商誉行为等是不正当竞争行为,还通过一般条款扩充对知识产权保护。对于反不正当竞争法与知识产权法的关系有一个著名的比喻,即把商标法、专利法、著作权法这三部传统的知识产权专项立法比作三座浮在海面上的冰山,而把反不正当竞争法比作在下面托着三座冰山前进的海水,用以说明反不正当竞争法能够保护三部法律所保护不到的成果。因此,反不正当竞争法对知识产权的保护具有兜底和补充的性质,这决定了其与专门的知识产权法是一般法与特别法的关系。它在专门的知识产权法缺少明确规定时适用,对专门的知识产权法有明确规定的,反不正当竞争法一般不再重复适用。但是,当专门的知识产权法虽然有规定,但这种规定不充分或者不周延时,反不正当竞争法仍然可以继续发挥其兜底的功能,以确保市场竞争的公平,实际上也强化了对知识产权的保护。[②]在我国现行法律下,这种兜底保护主要表现为两个方面:其一,当某些智力成果目前还无法获得知识产权的专项立法保护时,反不正当竞争法可以提供补充性保护。其二,既有知识产权法提供了保护,但是保护不足的成果也可以受到反不正当竞争法的补充性保护。然而,反不正当竞争法在知识产权领域的扩展保护应该有一定的限度。额外因素法明确了反不正当竞争法在知识产品保护中的适用边界。额外因素法的应用既要考虑知识产权法存留的空隙是立法政策的有意设置还是疏漏,又要考虑反不正当竞争法在填补这些空隙时是否具有额外规制目标、市场供给不足等特殊的正当理由。[③]

---

① 王先林:《竞争法视野的知识产权问题论纲》,《中国法学》,2009 年第 4 期。
② 王先林:《竞争法视野的知识产权问题论纲》,《中国法学》,2009 年第 4 期。
③ 卢纯昕:《反不正当竞争法在知识产权保护中适用边界的确定》,《法学》,2019 年第 9 期。

仿冒行为、引人误解的虚假宣传行为、侵犯商业秘密行为和损害商誉行为都属于违法市场公平竞争的不正当竞争行为。它们都侵害了其他经营者的知识产权,属于与知识产权相关的不正当竞争行为。

三、不正当竞争行为的一般构成

（一）不正当竞争行为的主体

我国《反不正当竞争法》第 2 条第 2 款规定,本法所称的不正当竞争行为,是指经营者在生产经营活动中,违反本法规定,扰乱市场竞争秩序,损害其他经营者或者消费者的合法权益的行为。根据该款规定,不正当竞争行为的主体是"经营者"。第 2 条第 3 款规定,本法所称的经营者,是指从事商品生产、经营或者提供服务（以下所称商品包括服务）的自然人、法人和非法人组织。经营者与其他经营者之间在生产经营活动中存在可能的争夺交易机会、损害竞争优势等关系。

政府及其所属部门实施的限制竞争行为和地区封锁行为由《中华人民共和国反垄断法》（以下简称《反垄断法》）规制,因此政府及其所属部门不属于"经营者",其从事的限制竞争行为和地区封锁行为也不属于不正当竞争行为,而属于垄断行为。

（二）不正当竞争行为的范围

我国《反不正当竞争法》列举了一些不正当竞争行为的种类,包括混淆行为,商业贿赂行为,引人误解的虚假宣传行为,侵犯商业秘密行为,违法的有奖销售行为,损害商誉行为,妨碍、破坏网络产品或者服务正常运行的行为。

除了明确列举不正当竞争行为种类外,我国《反不正当竞争法》也通过一般条款弥补了上述列举的不周延。我国《反不正当竞争法》第 2 条第 1 款规定,经营者在生产经营活动中,应当遵循自愿、平等、公平、诚信的原则,遵守法律和商业道德。第 2 条第 2 款规定,本法所称的不正当竞争行为,是指经营者在生产经营活动中,违反本法规定,扰乱市场竞争秩序,损害其他经营者或者消费者的合法权益的行为。这两款就是我国《反不正当竞争法》中的一般条款。条文中的"商业道德"指特定商业领域普遍遵循和认可的行为规范。人民法院应当结合案件具体情况,综合考虑行业规则或者商业惯例、经营者的主观状态、交易相对人的选择意愿、对消费者权益、市场竞争秩序、社会公共利益的影响等因素,依法判断经营者是否违反商业道德;人民法院认定经营者是否违反商业道德时,可以参考行业主管部门、行业协会或者自律组织制定的从业规范、技术规范、自律公约等。① 我国

---

①　《最高人民法院关于适用〈中华人民共和国反不正当竞争法〉若干问题的解释》（法释〔2022〕9 号）第 3 条。

《反不正当竞争法》中的一般条款扩大了不正当竞争行为的范围,对知识产权保护也发挥着补充性的保护作用。

（三）不正当竞争行为侵害的客体

不正当竞争行为所侵犯的客体具有复合型。[①] 不正当竞争行为损害了其他经营者的某项绝对权利,如注册商标专用权,知名商品特有的名称、包装、装潢权,企业名称权,姓名权,商业秘密权,商业信誉和商品声誉权等。限制交易、虚假广告、商业贿赂、违法的有奖销售、妨碍网络产品或者服务正常运行的行为等不正当竞争行为,它们侵害的客体具有类似于绝对权的效力。经营者实施不正当竞争行为除了损害其他经营者上述公平竞争权利之外,还损害了消费者权利,也破坏了市场公平竞争秩序。

四、反不正当竞争法的执法机关

反不正当竞争法的执法机关包括人民法院和行政执法机关。

（一）人民法院

人民法院权限主要如下：

（1）处理不正当竞争的民事纠纷。我国《反不正当竞争法》第17条规定,经营者违反本法规定,给他人造成损害的,应当依法承担民事责任。经营者的合法权益受到不正当竞争行为损害的,可以向人民法院提起诉讼。

（2）处理不服行政执法机关处罚决定的行政争议。我国《反不正当竞争法》第29条规定,当事人对监督检查部门作出的决定不服的,可以依法申请行政复议或者提起行政诉讼。

（3）依法处理不正当竞争行为人的刑事责任。对于情节严重,构成犯罪的不正当竞争行为人,人民法院依法予以判决其承担相应的刑事责任。

（二）行政执法机关

我国《反不正当竞争法》第4条规定,县级以上人民政府履行工商行政管理职责的部门对不正当竞争行为进行查处;法律、行政法规规定由其他部门查处的,依照其规定。

根据我国《反不正当竞争法》第13条规定,监督检查部门调查涉嫌不正当竞争行为,可以采取下列措施：

（1）进入涉嫌不正当竞争行为的经营场所进行检查。

（2）询问被调查的经营者、利害关系人及其他有关单位、个人,要求其说明有关情况或者提供与被调查行为有关的其他资料。

（3）查询、复制与涉嫌不正当竞争行为有关的协议、账簿、单据、文件、记录、业

---

① 张守文:《经济法学》,高等教育出版社,2018年版,第263页。

务函电和其他资料。

（4）查封、扣押与涉嫌不正当竞争行为有关的财物。

（5）查询涉嫌不正当竞争行为的经营者的银行账户。

第二节　混淆行为与法律责任

一、我国的相关规定

（一）混淆行为的认定

混淆行为，是指经营者通过擅自使用与他人相同或者近似标识等方式，引人误认为是他人商品或者与他人存在特定联系的不正当竞争行为。

混淆行为的法律特征：

（1）混淆行为的主体是经营者。经营者，是指从事商品生产、经营或者提供服务的自然人、法人和非法人组织。

（2）混淆行为采用擅自使用与他人有一定影响的相同或者近似标识等方式。有一定影响的标识指具有一定的市场知名度并具有区别商品来源的显著特征的标识。根据《最高人民法院关于适用〈中华人民共和国反不正当竞争法〉若干问题的解释》第 4 条规定，人民法院认定标识是否具有一定的市场知名度，应当综合考虑中国境内相关公众的知悉程度，商品销售的时间、区域、数额和对象，宣传的持续时间、程度和地域范围，标识受保护的情况等因素。根据《最高人民法院关于适用〈中华人民共和国反不正当竞争法〉若干问题的解释》第 5 条规定，有下列情形之一的标识不具有区别商品来源的显著特征：商品的通用名称、图形、型号；仅直接表示商品的质量、主要原料、功能、用途、重量、数量及其他特点的标识；仅由商品自身的性质产生的形状，为获得技术效果而具有的商品形状以及使商品具有实质性价值的形状；其他缺乏显著特征的标识。根据《最高人民法院关于适用〈中华人民共和国反不正当竞争法〉若干问题的解释》第 6 条规定，因客观描述、说明商品而正当使用含有本商品的通用名称、图形、型号标识；或者直接表示商品的质量、主要原料、功能、用途、重量、数量以及其他特点标识；或者含有地名的标识的，相关经营者不构成不正当竞争行为。

（3）混淆行为的目的在于引人误认为是他人商品或者与他人存在特定联系。经营者实施混淆行为的目的就在于使人误认为是他人商品或者与他人存在特定联系，从而扩大市场占有率。

（4）混淆行为属于不正当竞争行为。混淆行为破坏了公平的市场竞争秩序，损害了其他经营者与消费者的合法权益，属于我国反不正当竞争法规制的不正当竞争行为。实施混淆行为的经营者应该承担相应的法律责任。

(二)混淆行为的类型

1. 擅自使用与他人有一定影响的商品名称、包装、装潢等相同或者近似的标识行为

我国《反不正当竞争法》第 6 条规定,经营者不得实施下列混淆行为,引人误认为是他人商品或者与他人存在特定联系:……擅自使用与他人有一定影响的商品名称、包装、装潢等相同或者近似的标识……在案例 6 - 1 中,金鸿德公司擅自使用了与尚杜公司近似的有一定影响的标识,属于不正当竞争行为。

案例 6 - 1 "拉菲"商标纠纷案[①]

尚杜·拉菲特罗兹施德民用公司(以下简称尚杜公司)系第 1122916 号"LAFITE"核定使用商品为第 33 类"含酒精饮料(啤酒除外)"、第 G764270 号""核定使用商品为第 33 类"以原产地取名的酒"两个商标的注册人。深圳市金鸿德贸易有限公司(以下简称金鸿德公司)在其葡萄酒产品、网站和宣传手册中使用"Lafite Family""拉菲世族"及""标识,对其历史渊源的介绍与尚杜公司历史部分相同。湖南生物医药集团健康产业发展有限公司(以下简称生物医药公司)销售了被控侵权产品。尚杜公司提起商标侵权及不正当竞争诉讼。长沙市中级人民法院一审法院认为,金鸿德公司和生物医药公司构成侵犯商标专用权及不正当竞争,判决金鸿德公司停止在葡萄酒产品、网站及宣传资料中使用"Lafite Family"及""标识、"拉菲世族"文字、停止虚假宣传、注销"lafitefamily. com"域名并赔偿损失 30 万元,在《中国工商报》上刊登消除影响声明;生物医药公司立即停止销售侵权产品及使用宣传资料。金鸿德公司不服,提起上诉。湖南省高级人民法院二审认为,被控侵权产品上使用的"Lafite Family"文字,""标志、域名"lafitefamily.com"侵犯了尚杜公司的注册商标专用权。"拉菲"应认定为 LAFITE 葡萄酒知名商品的特有名称,金鸿德公司在其葡萄酒商品上突出使用"拉菲世族"文字构成对尚杜公司的不正当竞争,同时其虚假宣传行为也构成不正当竞争,判决维持了一审判决。

根据《最高人民法院关于适用〈中华人民共和国反不正当竞争法〉若干问题的解释》第 8 条规定,由经营者营业场所的装饰、营业用具的式样、营业人员的服饰

---

① 最高人民法院 2012 年 4 月 17 日通报 2011 年中国法院知识产权司法保护十大案件和五十个典型案例新闻发布会材料之二:《2011 年中国法院知识产权司法保护十大案件简介》,http://www. court. gov. cn/xwzx/xwfbh/twzb/201204/t20120417_176016. htm,2014 年 11 月 29 日访问。

等构成的具有独特风格的整体营业形象,人民法院可以认定为《反不正当竞争法》第 6 条第 1 项规定的"装潢"。某县"大队长酒楼"自创品牌后声名渐隆,妇孺皆知。同县的"牛记酒楼"经暗访发现,"大队长酒楼"经营特色是,服务员统一着 20世纪 60 年代服装,播放该年代歌曲,店堂装修、菜名等也具有时代印记。"牛记酒楼"遂改名为"老社长酒楼",服装、歌曲、装修、菜名等一应照搬。根据《反不正当竞争法》的规定,"牛记酒楼"的行为属于混淆行为。①

2. 擅自使用他人有一定影响的企业名称、社会组织名称、姓名行为

我国《反不正当竞争法》第 6 条规定,经营者不得实施下列混淆行为,引人误认为是他人商品或者与他人存在特定联系:……擅自使用他人有一定影响的企业名称(包括简称、字号等)、社会组织名称(包括简称等)、姓名(包括笔名、艺名、译名等)……

"企业名称"包括市场主体登记管理部门依法登记的企业名称以及在中国境内进行商业使用的境外企业名称。根据《最高人民法院关于适用〈中华人民共和国反不正当竞争法〉若干问题的解释》第 9 条规定,有一定影响的个体工商户、农民专业合作社(联合社)以及法律、行政法规规定的其他市场主体的名称(包括简称、字号等),人民法院可以依照《反不正当竞争法》第 6 条第 2 项予以认定。如果经营者擅自使用与他人有一定影响的企业名称(包括简称、字号等)、社会组织名称(包括简称等)、姓名(包括笔名、艺名、译名等)近似的标识,引人误认为是他人商品或者与他人存在特定联系,则该经营者的行为也属于不正当竞争。在案例 6-2 中,武汉云鹤公司擅自商业性使用了著名篮球运动员姚明的姓名,使得消费者误认为相关商品与姚明存在特定联系,属于不正当竞争行为。

案例 6-2　侵害姚明人格权及不正当竞争纠纷案②

武汉云鹤大鲨鱼体育用品有限公司(以下简称武汉云鹤公司)在未经姚明同意的情况下,将其姓名和肖像用于生产和销售的"姚明一代"产品及其宣传上,姚明认为其上述行为侵犯了自己的人格权,亦构成不正当竞争。湖北省高级人民法院二审认为,受《反不正当竞争法》保护的自然人姓名,不同于一般意义上的人身权,是区别不同市场主体的商业标识。未经权利人授权或许可,任何企业或个人不得擅自将他人姓名、肖像、签名及其相关标识进行商业性使用。武汉云鹤公司侵权行为明显,原审在酌定赔偿经济损失时并未充分考虑武汉云鹤公司侵权行为的性质、后果、持续时间等因素,以及 2010 年 3 月姚明本人通过新浪网发布正式

---

① 2012 年司法考试题。

② 最高人民法院 2013 年 4 月 22 日通报 2012 年中国法院知识产权司法保护状况及典型案例有关情况新闻发布会材料之二:《2012 年中国法院知识产权司法保护十大案件简介》,http://www.court.gov.cn/xwzx/xwfbh/twzb/201304/t20130422_183501.htm,2014 年 11 月 29 日访问。

声明之后,武汉云鹤公司继续侵权并放任侵权的主观过错程度。为此,综合以上因素和考虑,在被侵权人因被侵权所受损失或侵权人因侵权所得利益难以确定的情况下,依照《反不正当竞争法》《最高人民法院关于审理不正当竞争民事案件应用法律若干问题的解释》相应规定,判决由武汉云鹤公司赔偿姚明包括维权合理费用在内的经济损失共计100万元。

3. 擅自使用他人有一定影响的域名主体部分、网站名称、网页等

我国《反不正当竞争法》第6条规定,经营者不得实施下列混淆行为,引人误认为是他人商品或者与他人存在特定联系:……擅自使用他人有一定影响的域名主体部分、网站名称、网页等……根据《最高人民法院关于适用〈中华人民共和国反不正当竞争法〉若干问题的解释》第11条规定,如果经营者擅自使用与他人有一定影响的域名主体部分、网站名称、网页等近似的标识,引人误认为是他人商品或者与他人存在特定联系,则该经营者的行为也属于不正当竞争。在案例6-3中,山东某医疗设备有限公司创建的网站域名与山东育达医疗设备有限公司的网站域名极其近似,引人误认为是山东育达医疗设备有限公司域名,属于不正当竞争行为。

案例6-3 "育达"不正当竞争案①

原告山东育达医疗设备有限公司系网站www.ydylqx.com的创建人和权利人。原告发现在网上搜索"育达医疗"时,经常出现一些类似原告的产品销售链接,但标注的联系电话非原告公司电话。后原告发现一个与原告网站几乎完全一样的网站""www.ydylqx.cn",但该网站上的联系电话、邮箱和地址均不是原告的。对该网站进行备案信息查询,显示建设单位为被告山东某医疗设备有限公司。原告认为被告的行为是典型的不正当竞争行为,请求法院判令被告立即停止不正当竞争行为,并赔偿原告经济损失。法院经审理认为,被告创建的网站域名与原告的网站域名极其近似,且被告该网站的首页中央以较大字体显示原告名称,网站内容展示了原告产品和荣誉,法院判决认定被告的行为容易导致一般消费者混淆或误认为该网站为原告所创设,根据《反不正当竞争法》第6条第2项、第3项的规定,认定被告的行为构成不正当竞争,被告应依法停止不正当竞争行为,并赔偿原告损失6万元。

4. 其他足以引人误认为是他人商品或者与他人存在特定联系的混淆行为

我国《反不正当竞争法》第6条规定,经营者不得实施下列混淆行为,引人误认为是他人商品或者与他人存在特定联系:……其他足以引人误认为是他人商品

---

① 济宁市中级人民法院发布知识产权审判五大典型案例,https://baijiahao.baidu.com/s? id=1698017695530200533&wfr=spider&for=pc,2022年5月8日访问。

或者与他人存在特定联系的混淆行为。这是弹性兜底规定,旨在弥补列举不周,加强打击构成不正当竞争的混淆行为。

根据《最高人民法院关于适用〈中华人民共和国反不正当竞争法〉若干问题的解释》第 13 条规定,经营者实施下列混淆行为之一,足以引人误认为是他人商品或者与他人存在特定联系的,人民法院可以依照《反不正当竞争法》第 6 条第 4 项予以认定:擅自使用《反不正当竞争法》第 6 条第 1 项、第 2 项、第 3 项规定以外"有一定影响的"标识;将他人注册商标、未注册的驰名商标作为企业名称中的字号使用,误导公众。

(三)混淆行为的法律责任

1. 民事责任

根据我国《反不正当竞争法》第 17 条规定,经营者违反本法规定,给他人造成损害的,应当依法承担民事责任。经营者违反本法第 6 条规定,权利人因被侵权所受到的实际损失、侵权人因侵权所获得的利益难以确定的,由人民法院根据侵权行为的情节判决给予权利人 500 万元以下的赔偿。

故意为他人实施混淆行为提供仓储、运输、邮寄、印制、隐匿、经营场所等便利条件的,则其属于帮助他人实施侵权行为,应当与行为人承担连带责任。①

2. 行政责任

根据我国《反不正当竞争法》第 18 条规定,经营者违反本法第 6 条规定实施混淆行为的,由监督检查部门责令停止违法行为,没收违法商品。违法经营额 5 万元以上的,可以并处违法经营额 5 倍以下的罚款;没有违法经营额或者违法经营额不足 5 万元的,可以并处 25 万元以下的罚款。情节严重的,吊销营业执照。经营者登记的企业名称违反本法第 6 条规定的,应当及时办理名称变更登记;名称变更前,由原企业登记机关以统一社会信用代码代替其名称。

二、国外的相关规定及比较

德国《反不正当竞争法》第 4 条列举了不正当竞争行为种类,其中第 9 项规定了如果行为人提供的商品或服务系其他竞争者商品或服务的仿冒品,条件如下:①导致对购买人就商品或服务的企业来源进行欺诈,而这种欺诈是可以避免的;②不适当地利用或损害被仿冒商品或服务的声誉;③以不诚实的方式获取了仿冒所需要的知识或资料。上述行为属于不正当竞争行为。由案例 6 - 4 可知,从德国的司法实践看,被模仿成果必须具有竞争特征,这是其获得反不正当竞争法保护的关键,而对其是否受相关专项知识产权法保护则不过问。这也反映了反不正当竞争法对知识产权保护的补充作用。

---

① 《最高人民法院关于适用〈中华人民共和国反不正当竞争法〉若干问题的解释》第 15 条第 1 款。

案例 6 - 4 仿冒"MasterGrip"专用剔骨刀案①

原告甲是一家生产和销售屠宰刀具的企业。原告生产的一款被称为"MasterGrip"的专用剔骨刀在屠宰场和肉类加工行业被广泛使用。被告也面向屠宰行业销售刀具,其中也包括一款剔骨刀。原告认为,被告销售的剔骨刀在形状设计上完全模仿了自己生产和销售的"MasterGrip"剔骨刀,其行为构成了不正当竞争行为。德国联邦最高普通法院认为,原告的请求权不能被否定,因为根据案情原告的"MasterGrip"剔骨刀具有德国《反不正当竞争法》第 4 条第 9 项所要求的竞争特征。被告的行为满足了德国《反不正当竞争法》第 4 条第 9 项所规定的构成要件。该案启示:如果行为人所销售的产品模仿了其他企业的产品,而该产品已不再受相关知识产权法律的保护,按照德国《反不正当竞争法》的规定,只要满足一定的条件,被模仿的产品就可以获得该法的保护。

在英美等国,仿冒行为是为了欺骗潜在的购买者,从而虚假地用自己的商品冒充其他人商品的行为,这被认为是反不正当竞争法中的侵权行为。② 美国法学会编撰的《不正当竞争法重述》第 4 条对"假冒"作出了规定:如果行为人作出了可能欺诈或者误导潜在的购买者的行为,使购买者产生如下误信,即行为人的商业是他人的商业,或者行为人是他人的代理人、分支机构或者合伙人,或者行为人销售的产品或服务是由他人生产、赞助或者认可的,那么行为人对他人负有责任。③

第三节 引人误解的虚假宣传行为与法律责任

一、我国的相关规定

(一)引人误解的虚假宣传行为

我国《反不正当竞争法》第 8 条规定,经营者不得对其商品的性能、功能、质量、销售状况、用户评价、曾获荣誉等作虚假或者引人误解的商业宣传,欺骗、误导消费者。经营者不得通过组织虚假交易等方式,帮助其他经营者进行虚假或者引人误解的商业宣传。

引人误解的虚假宣传行为具有以下特征。

(1)引人误解的虚假宣传行为的主体是经营者。这里的经营者包括从事商品经营或者营利性服务的法人、其他经济组织和自然人,也包括相应的广告的经营者。

---

① 韩赤风:《被模仿产品的保护与反不正当竞争法的适用》,《知识产权》,2011 年第 3 期。
② Bryan A. Garner:Black's Law Dictionary,West Group,1999,p. 1146.
③ RESTATEMENT(THIRD)OF UNFAIR COMPETITION,§ 4.

（2）引人误解的虚假宣传行为主观方面存在故意。引人误解的虚假宣传行为主观方面存在故意，目的在于误导消费者，从而使自己在同业竞争中获得优势。

（3）引人误解的虚假宣传行为侵害的客体是市场竞争秩序。引人误解的虚假宣传行为损害了竞争对手的利益，也损害了消费者利益，破坏了市场竞争秩序。

（4）引人误解的虚假宣传行为客观方面表现为作出了引人误解的虚假宣传。引人误解的虚假宣传行为客观方面表现为经营者利用广告或者其他方法，对商品的质量、制作成分、性能、用途、生产者、有效期限、产地等作引人误解的虚假宣传；广告的经营者在明知或者应知的情况下，代理、设计、制作、发布虚假广告。根据《最高人民法院关于适用〈中华人民共和国反不正当竞争法〉若干问题的解释》第17条规定，经营者具有下列行为之一，欺骗、误导相关公众的，人民法院可以认定为引人误解的商业宣传行为：对商品作片面的宣传或者对比的；将科学上未定论的观点、现象等当作定论的事实用于商品宣传的；使用歧义性语言进行商业宣传的；其他足以引人误解的商业宣传行为。以明显的夸张方式宣传商品，不足以造成相关公众误解的，不属于引人误解的虚假宣传行为。

案例6-5与案例6-6均涉及互联网平台"刷单炒信"不正当竞争行为的认定。两个案件的处理积极回应了实践需求，通过制止"刷单炒信"等行为，维护市场公平竞争秩序，保护经营者和消费者的合法权益。

案例6-5　江苏省常熟市赖某莎利用直播间"水军""刷单炒信"[①]

当事人赖某莎自2020年12月开始与常熟市常福街道熊之达服饰商行进行合作，为该店铺销售的服装在抖音平台上做直播视频（直播销售服装）营销。2021年1月19日，当事人在进行直播活动时，通过雇佣专门在直播时刷人气的"水军"，进入直播间刷虚假流量，增加直播时显示的在线人数，制造直播间虚假的高人气氛围，欺骗误导相关公众。当事人的行为违反了《反不正当竞争法》第8条第1款的规定，依据该法第20条第1款责令当事人停止违法行为，处罚款2.3万元。

案例6-6　上海汉涛公司与青岛简易付公司等不正当竞争纠纷案[②]

上海汉涛信息咨询有限公司（以下简称上海汉涛公司）是大众点评平台的经营者。青岛简易付网络技术有限公司（以下简称青岛简易付公司）通过微信公众号"铁鱼霸王餐"与商户订立广告服务合同，在多个微信群发布任务，组织人员对大众点评的特定商户进行点赞、上门好评、人工店铺收藏、增加店铺访客量和浏览量。上海汉涛公司以青岛简易付公司等实施的上述行为构成不正当竞争为由，诉至山东省青岛市中级人民法院。一审法院认为，青岛简易付公司以营利为目的组

---

① 蔺丽爽：《"刷单炒信"已形成网络黑灰产业》，《北京青年报》，2021年7月29日第A09版。

② 2021年中国法院10大知识产权案件简介，https://www.court.gov.cn/zixun－xiangqing－355881.html，2022年5月10日访问。

织刷单炒信,帮助其他经营者进行虚假的商业宣传,违背了公平、诚实信用原则及商业道德,造成了大众点评平台的相关数据失实,影响了上海汉涛公司的信用评价体系,构成不正当竞争。一审法院判令青岛简易付公司停止刷单炒信的不正当竞争行为,赔偿经济损失及合理支出 30 万元。一审判决后,当事人均未上诉。

(二)引人误解的虚假宣传行为的法律责任

我国《反不正当竞争法》第 20 条规定,经营者违反本法第 8 条规定对其商品作虚假或者引人误解的商业宣传,或者通过组织虚假交易等方式帮助其他经营者进行虚假或者引人误解的商业宣传的,由监督检查部门责令停止违法行为,处 20 万元以上 100 万元以下的罚款;情节严重的,处 100 万元以上 200 万元以下的罚款,可以吊销营业执照。经营者违反本法第 8 条规定,属于发布虚假广告的,依照《中华人民共和国广告法》(以下简称《广告法》)的规定处罚。

根据我国《反不正当竞争法》第 17 条的规定,经营者的合法权益受到不正当竞争行为损害的,可以向人民法院提起诉讼。

我国《刑法》第 222 条规定了虚假广告罪,即广告主、广告经营者、广告发布者违反国家规定,利用广告对商品或服务作虚假宣传,情节严重的,处 2 年以下有期徒刑或拘役,并处或者单处罚金。

二、国外的相关规定及比较

德国《反不正当竞争法》第 5 条明确规定了行为人从事引人误解的广告行为的,属于不正当竞争行为。在评价一则广告是否引人误解时,德国《反不正当竞争法》第 5 条指出,应当考虑该广告的一切组成部分,特别是该广告中所包含的下列事项:①商品或服务的特征,以及可供应性、种类、实现、组成、制作或提供的程序或时间、用途适合性、使用可能性、数量、性质、地理来源或企业来源,或者从使用中可以期待的结果,或者商品或服务检测的结果及检测的主要成分;②销售的动机以及价格或价格计算的方式,供应商品或提供服务的条件;③商业关系,特别是广告行为人的种类、性质和权利,如他的身份和财产、他的精神所有权、他的能力或他的获奖或荣誉……根据 2021 年新修订的德国《反不正当竞争法》,平台经营者应该公开平台上所展示品牌的排名所参考的主要数据;此外,市场参与者有义务审查其在本平台上发布的客户评论,这增加了互联网时代平台经营者对顾客评价真实性的审查义务。

根据美国联邦贸易委员会的规定,凡是广告的表述或由于未能透露有关信息而给理智的消费者造成错误印象的,这种错误印象又关系到所宣传的产品、服务实质性特点的均属欺骗性广告。进行实现不了的承诺是虚假广告;使用无法证实的比喻也属虚假广告;故意不把完整的信息告诉公众也是虚假广告。例如,一家美国公司在广告中声称自己的产品"只需要 60 秒钟"就能使草坪变绿,并且"还能使它 365 天保持常青",但是广告中只字未提该产品含水溶性染料,也未提及保持草坪四季常青,需要一次又一次地浇洒这种产品。①

比较广告(对比广告)是指任何一种直接或间接指明竞争者或由某个竞争者提供的商品或服务的广告。比较广告是否属于引人误解的虚假宣传行为? 各国有不同的立法。我国《广告法》第 9 条规定,广告不得使用"国家级""最高级""最佳"等用语;第 16 条规定,医疗、药品、医疗器械广告不得含有与其他药品、医疗器械的功效和安全性或者其他医疗机构比较的内容;第 18 条规定,保健食品广告不得含有与药品、其他保健食品进行比较的内容。在丹麦、法国、奥地利、瑞典以及英国,对比广告基本是合法的。立法者认为,对比广告符合消费者对市场信息的需求,有利于提高市场的透明度,也符合自由竞争的原则。然而,比利时、意大利和德国则总体上禁止对比广告。② 德国《反不正当竞争法》第 6 条规定,在下列情况下,从事比较广告行为者,构成不正当竞争:比较并不涉及为满足相同需求或为达成同一目的的商品或服务;比较并不是客观地涉及这些商品或服务之一个或若干个本质的、重要的、可核实的、典型的性质或价格;比较导致在商业交易中,在广告人与竞争者之间,或者在他们提供的商品或服务之间,或者在他们使用的标志之间产生混淆;比较以不正当方式利用或损害其他竞争者使用的标志的声誉;比较贬低或诋毁其他竞争者的商品、服务、活动、个人关系或商业关系;比较构成对他人以受保护的标志销售的商品或服务的模仿。欧共体 1997 年通过第 97/55 号条例修订了欧洲经济共同体 1984 年发布的第 84/450 号条例,并由此将 1984 年条例更名为《欧共体关于误导性广告和比较广告的第 84/450 号条例》。根据这个条例,比较广告原则上是合法的,但它们应当符合一系列前提条件:广告不存在误导消费者的信息;广告中所比较的商品或者服务有相同的需求或者用途;广告是客观地比较商品或者服务中一个或者多个重要的、相关的、可验证的且具有典型性的方面,其中包括它们的价格;广告不会在市场上引起广告主与其竞争者,或者他们的商标、商号以及其他商业标识,或者他们的商品或者服务之间的混淆;广告不存在贬低或者诽谤竞争者的商标、商号以及其他商业标识的情况,也不存在贬低或者诽谤竞争者的商品、服务、商业活动或者商业关系的情况;广告不是以不正当的方式使用竞争者的商标、商号或者其他标识的声誉,也不是不正当地使用竞争者的商品原产地标识;广告中不得宣传模仿或者仿造他人受到专利、商标以及其他权利保护的商品或者服务。③ 从总体上看,比较广告存在规制,但是规制程度呈现趋缓态势。

---

① 江中舟:《美国虚假广告四面楚歌》,《政府法制》,2005 年第 10 期。
② 王晓晔:《不得诋毁竞争对手——对比广告中的法律问题》,《国际贸易》,2003 年第 11 期。
③ 王晓晔:《不得诋毁竞争对手——对比广告中的法律问题》,《国际贸易》,2003 年第 11 期。

第四节　侵犯商业秘密行为与法律责任

一、我国的相关规定

(一)商业秘密的内涵

根据我国《反不正当竞争法》第9条第4款的规定,商业秘密是指不为公众所知悉、具有商业价值并经权利人采取相应保密措施的技术信息、经营信息等商业信息。

一些技术信息既可以采用专利权保护,也可以采用商业秘密保护,对此相关权利人可以根据具体情形选用相应保护方式。一些经营信息,如客户名单,不属于专利权的保护对象,但是可以作为商业秘密予以保护。商业秘密中的客户名单,一般是指客户的名称、地址、联系方式以及交易的习惯、意向、内容等构成的区别于相关公知信息的特殊客户信息,包括汇集众多客户的客户名册,以及保持长期稳定交易关系的特定客户。

商业秘密具有以下特征。

(1)秘密性。商业秘密具有秘密性,不为公众所知悉。商业秘密的有关信息不为其所属领域的相关人员普遍知悉和容易获得。具有卜列情形之一的,可以认定有关信息不构成不为公众所知悉:①该信息为其所属技术或者经济领域的人的一般常识或者行业惯例;②该信息仅涉及产品的尺寸、结构、材料、部件的简单组合等内容,进入市场后相关公众通过观察产品即可直接获得;③该信息已经在公开出版物或者其他媒体上公开披露;④该信息已通过公开的报告会、展览等方式公开;⑤该信息从其他公开渠道可以获得;⑥该信息无须付出一定的代价而容易获得。

(2)商业性。商业秘密能为权利人带来经济利益,具有实用性。商业秘密的有关信息具有现实的或者潜在的商业价值,能为权利人带来竞争优势。根据《刑法》第219条第3款规定,这里的权利人是指商业秘密的所有人和经商业秘密的所有人许可的商业秘密使用人。

(3)保密性。商业秘密需要权利人采取保密措施,即权利人为防止信息泄漏所采取的与其商业价值等具体情况相适应的合理保护措施。具有下列情形之一,在正常情况下足以防止涉密信息泄漏的,应当认定权利人采取了保密措施:①限定涉密信息的知悉范围,只对必须知悉的相关人员告知其内容;②对于涉密信息载体采取加锁等防范措施;③在涉密信息的载体上标有保密标志;④对于涉密信息采用密码或者代码等;⑤签订保密协议;⑥对于涉密的机器、厂房、车间等场所限制来访者或者提出保密要求;⑦确保信息秘密的其他合理措施。

通过自行开发研制或者反向工程等方式获得的商业秘密,不被认定为侵犯商业秘密行为。所谓反向工程,是指有关主体通过对市场销售的终端商品进行撤卸、化验等手段,从而获知生产该商品的技术秘密或配方等。

(4)不安性。商业秘密的权利人对商业秘密实际上是享有一种事实上的占有权,其权利保护以商业秘密保密状态的存续期间为限。因此,权利人对商业秘密的权利是不稳定的,具有不安性。

(二)侵犯商业秘密行为的类型

根据我国《反不正当竞争法》第 9 条的规定,经营者侵犯商业秘密的行为包括:①以盗窃、贿赂、欺诈、胁迫、电子侵入或者其他不正当手段获取权利人的商业秘密;②披露、使用或者允许他人使用以前项手段获取的权利人的商业秘密;③违反保密义务或者违反权利人有关保守商业秘密的要求,披露、使用或者允许他人使用其所掌握的商业秘密;④教唆、引诱、帮助他人违反保密义务或者违反权利人有关保守商业秘密的要求,获取、披露、使用或者允许他人使用权利人的商业秘密。经营者以外的其他自然人、法人和非法人组织实施前述所列违法行为的,视为侵犯商业秘密。第三人明知或者应知商业秘密权利人的员工、前员工或者其他单位、个人实施前述所列违法行为,仍获取、披露、使用或者允许他人使用该商业秘密的,视为侵犯商业秘密。

案例 6-7　"香兰素"侵害技术秘密案[①]

嘉兴市中华化工有限责任公司(以下简称嘉兴中华化工公司)、上海欣晨新技术有限公司拥有使用乙醛酸法制备香兰素工艺的技术秘密。嘉兴中华化工公司基于该工艺一跃成为全球最大的香兰素制造商,占全球市场约 60% 的份额。王龙集团有限公司(以下简称王龙集团公司)及其法定代表人等通过嘉兴中华化工公司香兰素车间副主任非法获取了该技术秘密,并使用该技术秘密工艺大规模生产香兰素产品,导致香兰素产品价格下滑、嘉兴中华化工公司的市场份额缩减。嘉兴中华化工公司等遂诉至法院。一审法院认定王龙集团公司等构成侵害部分技术秘密,判决其停止侵害、赔偿经济损失 350 万元,同时作出行为保全裁定,责令立即停止侵害涉案技术秘密。一审判决后,王龙集团公司继续实施侵权行为。双方当事人提起上诉。最高人民法院二审认为,王龙集团公司系其法定代表人为侵权而设立的企业,且其法定代表人积极参与侵权行为的实施,故王龙集团公司与其法定代表人构成共同侵害全部技术秘密,应当承担连带赔偿责任。根据权利人提供的经济损失数据,综合考虑涉案技术秘密商业价值大、侵权情节恶劣、被告拒不执行人民法院行为保全裁定等因素,改判王龙集团公司及其法定代表人等连带赔偿 1.59 亿元。

---

① 2021 年中国法院 10 大知识产权案件简介,https://www.court.gov.cn/zixun - xiangqing - 355881.html,2022 年 5 月 2 日访问。

（三）侵犯商业秘密的法律责任

根据我国《反不正当竞争法》第 21 条的规定,经营者以及其他自然人、法人和非法人组织违反本法第 9 条规定侵犯商业秘密的,由监督检查部门责令停止违法行为,没收违法所得,处 10 万元以上 100 万元以下的罚款;情节严重的,处 50 万元以上 500 万元以下的罚款。根据我国《反不正当竞争法》第 17 条的规定,其他经营者也可以提起民事诉讼,要求违法行为人承担民事责任。案例 6 - 7 是人民法院历史上生效判决确定赔偿数额最高的侵害商业秘密案件。该案裁判提高了侵权违法成本,切实保护了重要产业核心技术,对于在侵害技术秘密案件中认定损害赔偿具有参考意义。《刑法》第 219 条规定了侵犯商业秘密罪,即有侵犯商业秘密行为之一,情节严重的,处 3 年以下有期徒刑,并处或者单处罚金;情节特别严重的,处 3 年以上 10 年以下有期徒刑,并处罚金。

二、国外的相关规定及比较

我国《反不正当竞争法》第 9 条第 4 款商业秘密是指具有经济性的秘密技术信息与秘密经营信息等商业信息。在美国《统一商业秘密法》的商业秘密定义中,具有经济性的秘密信息具体包括配方、样式、编制、程序、设计、方法、工艺或工序。[①] 可口可乐饮料的配方属于商业秘密,它至今仍然存放在佐治亚信托公司的保险箱里,这是 20 世纪保守得最好的秘密。[②] 商业秘密事项,通常发生于雇佣场合、相关组织或个人。美国《统一商业秘密法》规定了侵犯商业秘密的不正当手段包括盗窃、贿赂、虚假陈述、违反保密义务或诱导违反保密义务,或经过电子或其他方法的间谍行为。[③] 这些规定类似我国《反不正当竞争法》第 9 条的相关规定。关于侵害商业秘密的法律责任,除了侵害者承担民事责任外,我国和美国都有刑事责任的规定,旨在加大打击力度。1996 年美国《经济间谍法》开始把侵犯商业秘密列为联邦刑事犯罪行为进行规制。2016 年美国《商业秘密保护法》规定对于窃取商业秘密案件的联邦管辖权等目的,为商业秘密所有者提供在联邦内统一的法律救济。

案例 6 - 8　杜邦公司诉克里斯托夫案[④]

杜邦公司在得克萨斯的比尔蒙特开设了一家工厂,计划生产甲醇。由于工厂

---

① UNIFORM TRADE SECRETS ACT WITH 1985 AMENDMENTS, SECTION 1. DEFINITIONS. (4).

② [美]彼得·林奇,约翰·罗瑟查尔德:《彼得·林奇教你理财》,宋三江,罗志芳,译,机械工业出版社,2015 年版,第 176 页。

③ UNIFORM TRADE SECRETS ACT WITH 1985 AMENDMENTS, SECTION 1. DEFINITIONS. (1).

④ 李明德:《杜邦公司诉克里斯托夫——美国商业秘密法研究》,《外国法译评》,2000 年第 3 期。

还在建设中,厂房尚未加顶。1969 年 3 月 19 日,受身份不明的第三人的雇用,比尔蒙特的摄影师克里斯托夫兄弟驾驶飞机,在空中对杜邦公司的新建厂房进行了拍摄。克里斯托夫兄弟共拍摄了 16 张照片,并在冲洗后交给了身份不明的第三人。当克里斯托夫兄弟在厂房上空拍摄时,受到了杜邦公司雇员的注意。杜邦公司当天下午就查明,飞机的盘旋是为了拍摄,摄影师是克里斯托夫兄弟。杜邦公司立即与克里斯托夫兄弟联系,要求他们披露接收照片的第三人或公司的名称。但克里斯托夫兄弟拒绝披露,理由是他们的客户要求匿名。杜邦公司立即针对克里斯托夫兄弟提起了诉讼,诉称后者不正当地拍摄了含有杜邦公司商业秘密的照片,并将照片卖给了身份不明的第三者。杜邦公司(以下简称原告)在起诉中说,它在花费了巨额投资和进行了长时间的研究后,开发了一种高度机密的甲醇生产方法。这种方法的应用,会使原告在市场上占有竞争优势。但是,原告没有以此申请专利,而是将之作为一项商业秘密来保护,并对保密给予了高度的重视。克里斯托夫兄弟(以下简称被告)进行拍照的工厂,就是准备以这种秘密方法来生产甲醇的工厂。由于工厂正在建设中,该生产方法的某些部分可以在空中直接看到。原告说,通过已经拍摄的照片,有关的技术人员可以推导出该生产甲醇的方法。因此,被告拍摄照片并将照片提供给不明身份的第三者,盗取了原告的商业秘密,侵犯了公司的权利。法院支持了原告诉求。

日本《反不正当竞争法》所称的商业秘密是指作为秘密管理的生产方法、销售方法及在经营活动中有用的尚未公知的其他技术或者营业信息。[①] 该规定比我国对商业秘密的定义更加明确指出了"作为秘密管理的生产方法、销售方法"属于商业秘密。

日本《反不正当竞争法》第 2 条第 1 款列出了侵犯商业秘密的行为。这些侵犯商业秘密的行为如下:通过盗窃、诈骗、胁迫及其他不正当手段取得商业秘密的行为,或者使用、公开通过不正当取得行为取得的商业秘密的;知道或者因重大过失不知道商业秘密存在不正当取得行为取得商业秘密,或者使用、公开取得的商业秘密的;取得后知道或者因重大过失不知道商业秘密存在不正当取得行为,使用、公开取得的商业秘密的;由保有商业秘密的经营者(简称"保有人")出示商业秘密的情形,以获得不当利益为目的或者以对保有人造成损害的目的,使用、公开商业秘密的;知道或者因重大过失不知道是不正当公开商业秘密行为或者隐藏不正当公开商业秘密行为,取得商业秘密,或者使用、公开取得的商业秘密的行为;取得后知道或者因重大过失不知道商业秘密有不正当公开行为或者隐藏商业秘密不正当公开行为,使用、公开取得的商业秘密的。[②]

---

① 《日本知识产权法》,杨和义,译,北京大学出版社,2014 年版,第 382 页。
② 《日本知识产权法》,杨和义,译,北京大学出版社,2014 年版,第 380 页。

第五节 损害商誉行为与法律责任

一、我国的相关规定

(一)损害商誉行为

根据我国《反不正当竞争法》第 11 条的规定,经营者不得编造、传播虚假信息或者误导性信息,损害竞争对手的商业信誉、商品声誉。

损害商誉行为具有以下特征。

(1)损害商誉行为的主体是经营者。经营者,是指从事商品经营或者营利性服务的法人、其他经济组织和自然人。在实践中,也有经营者指使他人实施损害其他经营者的商誉。对此行为,经营者与被其指使的人都依法承担法律责任。

(2)损害商誉行为主观方面存在故意。损害商誉行为者主观方面存在故意,目的在于损害竞争对手的商誉,从而使自己在竞争中获得比较优势。

(3)损害商誉行为侵害的客体是市场竞争秩序。损害商誉行为者损害了竞争对手的商业信誉、商品声誉,破坏了市场竞争秩序。

(4)损害商誉行为客观方面表现为捏造、散布虚伪事实。损害商誉行为者客观上通过捏造、散布虚伪事实侵害其竞争对手的商誉。捏造、散布虚伪事实的方式多种多样。在互联网时代,经营者通过互联网捏造、散布虚伪事实造成的危害往往更大。

(二)损害商誉行为的法律责任

根据我国《反不正当竞争法》第 23 条的规定,经营者损害竞争对手商业信誉、商品声誉的,由监督检查部门责令停止违法行为、消除影响,处 10 万元以上 50 万元以下的罚款;情节严重的,处 50 万元以上 300 万元以下的罚款。

根据我国《反不正当竞争法》第 17 条的规定,受害者可以请求损害赔偿。《刑法》第 221 条规定了损害商业信誉、商品声誉罪,即捏造并散布虚伪事实,损害他人的商业信誉、商品声誉,给他人造成重大损失或者有其他严重情节的,处 2 年以下有期徒刑或者拘役,并处或者单处罚金。

在案例 6 - 9 中,酒泉市瀚森瑞达商贸有限公司(以下简称瀚森瑞达公司)通过微信朋友圈等互联网平台编造、传播虚假信息,损害了竞争对手酒泉九眼泉食品有限责任公司(以下简称九眼泉公司)的商誉,属于不正当竞争行为。值得一提的是,法院判令瀚森瑞达公司在原微信朋友圈刊登声明消除影响,丰富了消除影响责任适用的具体方式。

案例 6-9 九眼泉公司与瀚森瑞达公司商业诋毁纠纷案①

九眼泉公司系"杏香源"杏皮茶生产经销商并于 2017 年 12 月 14 日取得"杏香源"商标。2018 年 6 月,该公司发现瀚森瑞达公司法定代表人在其微信朋友圈发送"郑重声明"载明:"经由老味道饮料厂生产的杏香园牌杏皮茶现有非常严重的产品质量问题,我厂要求市场全部撤回,请各店务必重视,立即联系配货人员无条件将产品如数退回,如无视此声明出现的任何相关问题,均由店方全部承担,本厂概不负责。同时我厂老味道牌杏皮茶、独壹品牌杏皮茶无问题正常使用。"该声明经在微信朋友圈传播对九眼泉公司的商誉造成不良影响。九眼泉公司遂向工商部门举报,甘肃省酒泉市肃州区工商局依法作出对瀚森瑞达公司罚款 1 万元的处罚决定。后九眼泉公司以诋毁商誉为由提起诉讼,要求瀚森瑞达公司停止侵害、消除影响并赔偿损失。人民法院经审理认为,瀚森瑞达公司在明知九眼泉公司经营"杏香源"牌杏皮茶且自身对"杏香园"三字不享有知识产权权利的情形下,无任何事实依据,自行编造"郑重声明"在其微信朋友圈发布。该声明中的"杏香园"牌杏皮茶与九眼泉公司享有商标专用权的"杏香源"注册商标仅一字之差,且读音一致,形成高度近似,足以造成公众误解,其行为破坏了公平竞争的市场经营秩序,构成对九眼泉公司商誉的诋毁,判决瀚森瑞达公司在原微信朋友圈范围内消除影响并赔偿九眼泉公司经济损失。

二、国外的相关规定及比较

德国《反不正当竞争法》第 4 条第 7 项与第 8 项规定了不正当竞争行为包括损害商誉行为。该法比我国法律更加明确地规定了损害商誉行为的具体情形。该法中的损害商誉行为包括贬低或诋毁其他竞争者的标志、商品、服务、活动或个人关系或商业关系,对于其他竞争者的商品、服务或企业或其经营者或企业领导层的成员,声称或散布足以损害企业的经营或企业的信用的事实,但以这些事实无法证明是真实的为限。如有关事实涉及秘密的通知,而且通知人或受领人对通知具有正当的利益,则只有在违反事实真相声称或散布这些事实的情况下,才构成不正当竞争。

根据日本《反不正当竞争法》第 2 条第 1 款第 14 项规定,散布或者传播侵害处于竞争关系的他人营业上信用的虚假事实的损害商誉行为属于不正当竞争。

美国《兰哈姆法》禁止任何人在商业广告或促销活动中歪曲他人的商品、服务或商业活动的性质、特征、质量或地理来源。② 美国《兰哈姆法》的上述规定涉及规制损害他人商誉行为,并且与对比广告的立法存在一定的竞合。

---

① 最高人民法院:《互联网十大典型案例》,https://www.court.gov.cn/zixun-xiangqing-306391.html,2022 年 5 月 15 日访问。

② 15 U.S.C. 1125(SECTION 43 OF THE LANHAM ACT).

第七章　比较传统知识的保护

第一节　非物质文化遗产的保护

一、非物质文化遗产概述

研究非物质文化遗产，我们首先应当研究非物质文化遗产概念的形成和演变过程。非物质文化遗产作为世界文化遗产的一部分，早在 20 世纪 70 年代就得到了国际关注。1972 年《保护世界文化和自然遗产公约》中第一次提出"文化遗产"的概念。1989 年《保护民间创作建议案》中首次提到"民间传统文化"的概念，之后联合国教科文组织于 1998 年审议通过的《宣布人类口头和非物质遗产代表作条例》中提出"非物质"的概念。2004 年，联合国教科文组织开展"人类口头和非物质遗产代表作"的申报、评估工作，采用"非物质遗产"的概念。2003 年 10 月 17 日颁布的《保护非物质文化遗产公约》中正式提出了"非物质文化遗产"的概念，并且第 31 条明确了"非物质文化遗产"包含"人类口头和非物质遗产"，至此，非物质文化遗产的概念被全面概括。可以看出，非物质文化遗产的定义性表述经历了从"民间传统文化"向"口头和非物质遗产"再向"非物质文化遗产"的演变，最终形成了非物质文化遗产的概念。我国也高度重视非物质文化遗产的管理和相关立法工作，2011 年《中华人民共和国非物质文化遗产法》（以下简称《非物质文化遗产法》）正式颁布，虽然我国《非物质文化遗产法》比较简单，但也使得在知识产权领域制定法律制度保护非物质文化遗产具有一定的基础，具备得以实施的现实条件。

（一）非物质文化遗产概念的由来

1. "文化遗产"概念的确立

1972 年的《保护世界文化和自然遗产公约》第 1 条规定，在本公约中，以下各项为文化遗产：从历史、艺术或科学角度看具有突出的普遍价值的建筑物、碑雕和碑画，具有考古性质成分或结构、铭文、窟洞以及联合体；从历史、艺术或科学角度看，在建筑式样、分布均匀或与环境景色结合方面具有突出的普遍价值的单立或连接的建筑群；从历史、审美、人种学或人类学角度看，具有突出的普遍价值的人类工程或自然与人联合工程以及考古地址等。该公约第一次将文化遗产界定为从历史、艺术或科学的角度看具有突出的普遍价值的古迹、建筑群、遗址等，但是强调这些物质文化遗产必须具有历史、艺术或科学上的突出的、普遍的价值。

2."口头和非物质文化遗产"概念的确立

1998 年《宣布人类口头和非物质遗产代表作条例》第一次确立了"口头和非物质遗产"的概念。根据该条例规定,民间创作(或传统的民间文化)是指来自某一个文化社区的全部创作,形式包括语言、文学、音乐、舞蹈、游戏、神话、礼仪、习惯、手工业、建筑术及其他艺术,旨在奖励口头和非物质遗产的优秀代表作。代表作的范围包括口头传统,以及作为文化载体的语言;传统表演艺术(含戏曲、音乐、舞蹈、曲艺、杂技等);民俗活动、礼仪、节庆;有关自然界和宇宙的民间传统知识和实践;传统手工艺技能;与上述表现形式相关的文化空间。

3."非物质文化遗产"概念的正式确立

2003 年,联合国教科文组织大会通过了《保护非物质文化遗产公约》,该公约正式确立了"非物质文化遗产"的概念。

(二)非物质文化遗产的概念和类型

根据联合国教科文组织的《保护非物质文化遗产公约》定义,非物质文化遗产是指被各社区、群体,有时是个人,视为其文化遗产组成部分的各种社会实践、观念表述、表现形式、知识、技能以及相关的工具、实物、手工艺品和文化场所。这种非物质文化遗产世代相传,在各社区和群体适应周围环境以及与自然和历史的互动中,被不断地再创造,为这些社区和群体提供认同感和持续感,从而增强对文化多样性和人类创造力的尊重。在本公约中,只考虑符合现有的国际人权文件,各社区、群体和个人之间相互尊重的需要和顺应可持续发展的非物质文化遗产。①

根据上述的定义,公约又进一步将非物质文化遗产的范围具体界定为:①口头传统和表现形式,包括诗歌、神话、民族语言、民间传说等;②表演艺术,包括音乐、戏曲、舞蹈、歌曲、杂耍、宗教表演艺术等;③社会实践、仪式、节庆活动,包括本民族、社区世代相传的风俗习惯、宗教仪式、节日庆典、农耕渔猎传统习俗等;④有关自然界和宇宙的知识和实践,包括一些传统的农耕、畜牧、渔猎知识,天文历法纪年知识,民间医学医药知识等;⑤传统手工艺,包括传统的纺织技艺、陶瓷制作技术、雕刻技术等。

根据我国《非物质文化遗产法》规定,非物质文化遗产是指各族人民世代相传并视为其文化遗产组成部分的各种传统文化表现形式,以及与传统文化表现形式相关的实物和场所。包括:①传统口头文学以及作为其载体的语言;②传统美术、书法、音乐、舞蹈、戏剧、曲艺和杂技;③传统技艺、医药和历法;④传统礼仪、节庆等民俗;⑤传统体育和游艺;⑥其他非物质文化遗产。属于非物质文化遗产组成部分的实物和场所,凡属文物的,适用《中华人民共和国文物保护法》(以下简称

---

① 《保护非物质文化遗产公约》第 2 条第 1 项。

《文物保护法》)的有关规定。①

就我国而言,非物质文化遗产是个从境外引入的概念,我国是直接借用了《保护非物质文化遗产公约》的概念,在《保护非物质文化遗产公约》正式公布的中文文本中,译者将"intangible cultural heritage"一词翻译为"非物质文化遗产"这一中文概念。需要强调的是,各种著作里普遍将"intangible"译成"非物质的",其目的是强调这些遗产具有丰富的文化内涵和意义,但这并不意味着它们不需要以外在的物质形式来表现这种特殊的文化内涵。

(三)其他相关概念释义

从非物质文化遗产概念的演变过程来看,仅仅在联合国教科文组织概念称谓就几经改变,根据保护工作的不断深入,使用过如"无形文化遗产""民间创作""口头和非物质遗产"等概念。在法律保护领域,像世界知识产权组织及巴拿马等国家则采用民间文艺、传统知识等概念。我国在 2004 年 8 月加入《保护非物质文化遗产公约》之前,国内沿用了多年的名称是"民族民间文化"。非物质文化遗产的特殊性和复杂性导致业内和民众对其定义繁多,各方理解也容易出现偏差。各个相关定义之间的关联也需要鉴别。

1. 民间文艺

在世界知识产权组织制定的《保护民间文学艺术表现形式,防止不正当利用及其他侵害行为的国内法示范法条》中"民间文艺"被界定为由具有传统文化艺术特征的要素构成,并由该群体传统文化艺术期望发展的全部文艺产品。具体来说,包括:①口头表达形式,如民间故事、民间诗歌等;②音乐表达形式,如民歌及器乐;③活动表现形式,如民间宗教仪式;④有形表达形式,如民间艺术品、民间乐器、民间建筑。后来,成立了知识产权与遗传资源、传统知识和民间文学艺术政府间委员会,通过的《保护传统文化表现形式/民间文学艺术的政策目标和核心原则草案》文件中用"传统文化表达""民间文艺表达"替代"民间文艺",定义未变,包括的内容在表达上有所不同:①言语表达,如民间故事、民间诗歌和谜语;②音乐表达,如民歌和器乐;③行为表达,如民间舞蹈、游戏和艺术形式或仪式;④有形表达,如民间艺术作品。把民间文艺与前述的非物质文化遗产的概念进行对比,非物质文化遗产的内容涵盖了民间文艺,两者是包含与被包含的关系,非物质文化遗产是民间文学艺术的上位概念。

2. 传统知识

世界知识产权组织在对传统族群的民间文艺进行界定和制定相关公约后,随后认识到传统族群的技术性知识和经验保护在产业化过程中需要引起重视和受到保护,就提出了"传统知识"的概念。广义的传统知识涵盖医疗、农业使用的生

---

① 《非物质文化遗产法》第2条。

物信息、生产方法、设计、音乐、宗教艺术和其他技术、工艺灯，基于传统的文学、艺术或科学著作、表演、发明、科学、文学艺术领域以传统为基础的由智力活动产生的一切创造。与此同时，其他国际公约则使用狭义的传统知识的概念：代代相传的生产生活实践中创造出来的知识、技术和经验的总和。后来，把狭义的传统知识的概念定义为产业领域内的技术性知识。例如，文件《传统知识政策与法律选择修订本》中便是采用狭义的传统知识，把传统知识和民间文艺加以区分。从定义上可以看出广义的传统知识与非物质文化遗产的内容大致相同，而狭义的传统知识则属于非物质文化遗产的组成部分。本书中的传统知识若无特殊情况则采用狭义说。

（四）非物质文化遗产的特性

1. 非物质性

非物质文化遗产一般是某个社区的集体创作，这些集体创作大多根据古老的民族传统或风俗习惯为依据，经由某个特定的团体以某种形式表达出来，这些文化产物的形式不特定，可能是歌唱、诗歌、舞蹈甚至宗教等形式，但它们都有一个共同特点，即它们往往是与该特定社区的民族历史、文化、信仰紧密相连的。每个特定的社区的生活生产方式、价值观和宗教信仰不同，由此产生的文化也丰富多彩。但是，这些不同的文化没有外在的形体，不占有物理上的空间，人们对非物质文化的占有，不像物权那样必须对具有物的实际占有和利用，而是表现为人们对其认同和继承并发展利用。

2. 创造性

非物质文化遗产是一种智力创造成果。纵观各国有历史传统的非物质文化遗产，它们一般是由劳动人民集体创作、反映劳动人民思想感情、表现他们的审美观念和艺术特色并在广大人民群众中流传的智力成果。例如，我国许多民间故事都离不开特定的民族传统的土壤，这些民间故事优美动人，其间伴随了多少代人民的多年艺术再加工和创作。非物质文化遗产的智力成果属性决定了它适合于使用知识产权进行保护。正是由于它们属于智力成果，符合知识产权法保护对象的特点，所以从法理上而言，它们适合利用知识产权法保护。

3. 价值性

非物质文化遗产能给创作者带来经济利益，具有价值性的特点，这是毋庸置疑的。非物质文化遗产往往以诗歌、音乐、舞蹈、手工艺品、民间故事等形式表达，而这些文化作品是大众喜闻乐见的，只要对这些文化产品进行适当的改进、利用、包装，很多就能在商业市场上取得良好的反响，一些有远见和市场洞察力的商人甚至因此而赚得盆满钵满。近年来，人们对非物质文化遗产，是私权还是公权之争，从未停止过，充分说明人们已经意识到其包含的巨大商业价值不容小觑。如何利用现有的法律制度保护非物质文化遗产，并能进一步光大，这是现代一个重要的法律命题。

4. 民族地域性

非物质文化遗产的形成与发展，一般是不同民族的人民在长期的生产生活实践中，通过代代相传，并不断改良完善而形成的集体文化产品。每个民族，因为所处的地域不同，他们都有自己独特的自然条件和历史文化传统，也孕育出各个民族自己独特的民族文化和价值观。在使用"非物质文化遗产"的概念之前，我国学术界曾经长期使用"民族民间文化"这一措辞，说明非物质文化遗产是与民族文化和民族传统相互交织的，这也体现了非物质文化遗产的民族地域性。

5. 动态传承性

《保护非物质文化遗产公约》明确指出，非物质文化遗产"世代相传"。非物质文化遗产由于历史条件的局限，许多是口口相传，一代代传承至今。许多非物质文化遗产在漫长的传承过程中，也不是一成不变的。后人并非被动地全盘照搬历史传统，他们有自己的思想和见解，加之时代在变迁，许多认知和理念也在不断变迁，后辈们往往会在传统中加入自己的一些主观见解，保护的同时也在不断发展，这也更加能顺应历史的发展和演变。

（五）对非物质文化遗产保护的必要性

公共资源的稀缺性与非物质文化遗产保护的巨大需求之间存在矛盾。纵观古今中外，各国的非物质文化遗产保护，均需要投入大量的人力、物力和财力。众所周知，现今各国政府需要承担的公共职能都非常繁杂，有些公共职能也更为广大民众所渴求，所以一些国家政府在财政资源不足时，公共文化事业的建设和传承就被迫让位于民生事业。许多国家的文化传承工作，即使有识之士明知再不及时抢救，可能将消失于历史的长河中，但最后由于财政困难，也不得不眼睁睁地看着其流逝，这种案例不胜枚举。

非物质文化遗产的保护有利于防止对非物质文化遗产的不正当使用与贬损性使用，有利于保存、发展以及合理利用本群体、本民族的非物质文化遗产。现在越来越多的人知道了许多非物质文化遗产，除了具有文化价值以外，更有巨大的商业价值。一些公司利用自己的经济优势进行文化掠夺，不告而取，巧妙包装，改头换面后，重新上市获取巨额利润。在长期的文化掠夺和反掠夺背景下，国际社会也形成了一系列积极的法律制度，防止对非物质文化遗产的掠夺，如对任何获取或披露和使用非物质文化遗产要求取得事先知情同意的权利；对利用非物质文化遗产所取得的惠益必须进行公平和公正的惠益分享制度，防止未经授权的滥用；避免第三方随意对传统文化遗产申报并获得知识产权。这些法律制度都是现今新创立的，还在不断摸索和改良中，但是对于一些传统社区的原住民们，已经在一定程度上发挥了保护作用。

（六）非物质文化遗产侵权案件

今天各国人民对历史文化传统都情有独钟，青睐有加。非物质文化遗产，如果能被妥善利用,并适时改良,就会特别容易被世人接受,所以非物质文化遗产中,包含着巨大的财产利益,在吸引各方兴趣的同时,也引发了一系列法律问题。非物质文化遗产使用中的知识产权问题主要有以下几种类型。

1. 非物质文化遗产剽窃

非物质文化遗产剽窃是指第三人故意或非故意利用其他国家或其他社群的居民长久以来所流传的知识或技术,通过各种手段改良并包装,占为己有,他们申请专利、商标等,最终将社区的集体权利变成某个个体的专有权和独占性权利,有人称这种任意获取他国非物质文化遗产进行商业化运作的行为叫"文化掠夺"。有些知识,原本是某个社区民众共同创造和分享的非物质文化,现在却被他人商业利用,而且它们产生的巨额经济价值往往被某个个体获得,原住民却无法从中受益。

案例 7-1 电影《狮子王》主题曲

美国迪士尼公司制作动画电影《狮子王》时,制作人仅仅花了一美元,从非洲土著人那里购买了非洲土著人民间音乐的使用权,他们另请音乐人在非洲民间歌曲的基础上,改编成了电影《狮子王》的主题曲。电影在全球上市并畅销,主题曲也成为风靡世界的当红歌曲,仅主题曲的版权收入就高达一亿五千万美元,但非洲土著人不但无法从中分得一杯羹,以后也不能无偿使用该歌曲。

2. 未经授权的改编和其他类似行为

现代科技和网络技术的发展,使得文化商品和服务的改编、复制和传播更加便捷,一些土著民族和社区的非物质文化遗产更容易被侵权。外来者利用土著人民一些传统的独有的知识和文化,稍加加工、复制,即可以其他形式再生,他们没有得到授权就获取了巨额利润,这往往极大地侵犯了土著人民的合法利益,可是这种侵权常常因为无法举证,或者起诉无法律依据,使得原告经常以败北而告终。

案例 7-2 郭英男与英格玛版权案

郭英男是中国台湾阿美族马兰社部落的歌手,他一生爱唱歌,他和家人、族人组成了"马兰吟唱队"。1993年,德国英格玛乐团在 Return To Innocence 这首歌中,以郭英男原唱的《老人饮酒歌》的吟唱和旋律贯穿了乐曲的始终,创造数百万张惊人的销量。可是由于唱片没有注明出处,当时没有人知道这美妙的吟唱来自中国台湾的一位普通老人。

1996年,亚特兰大奥委会将 Return To Innocence 作为奥运会的宣传主题曲,专辑一经上市,即火爆全球,但是令人气愤的是,这次仍然没有注明其中的歌唱者还有郭英男,由此引发了音乐界的一场世界级官司。郭英男夫妇请律师代为争取法律权益,起诉了国际奥委会、唱片公司。直到1999年6月8日,郭英男夫妇签署和解协议书,长达3年的诉讼纠纷,才最终落下帷幕。

3. 冒犯性使用

交通工具和通信工具的迅速发展,使得一些外来人士可以深入一些土著居民的社区进行考察活动,但是不同民族的文化、理念不同,人们对同一问题的理解差异巨大。有时外来者一些不经意或有意为之的行为,可能对土著居民造成精神上的损害,甚至导致无法调解的敌意。

4. 来源声明虚假或隐瞒来源

由于侵权人对文化遗产的来源和真实性的虚假、误导性声明或不承认来源,为传统社群保护自身的非物质文化遗产带来了巨大困难。在许多非物质文化遗产剽窃案件中,侵权人通常会对非物质文化遗产的来源和真实性做虚假、误导性声明或不承认其来源,以此保证自己的利益。许多社区的原住民由于信息不对称,常常对自身的非物质文化遗产被侵权的情况后知后觉。

案例 7-3　电影《千里走单骑》侵权贵州"安顺地戏"

2005 年 7 月,由北京新画面影业有限公司为出品人,张伟平为制片人,张艺谋为编剧和导演的电影《千里走单骑》在国内上映。该片设定的故事背景地为中国云南,影片中有 6 分 16 秒的镜头是演员戴着面具在表演一段民间戏剧,电影画外音:这是中国云南面具戏。事实上,这段串连了电影前后情节的戏剧片段,实为贵州安顺的"安顺地戏"中的曲目,这些表演被剪辑到电影中了。

"安顺地戏"于 2006 年被列为国家级非物质文化遗产名录。2010 年 3 月,"安顺地戏"的保护人——贵州省安顺市文化局向北京市西城区人民法院起诉,称被告在影片中将"安顺地戏"称为云南面具戏,混淆视听,侵犯了相关权利,应当承担法律责任。

二、非物质文化遗产保护路径的探究

(一)非物质文化遗产知识产权保护的正当性

利用知识产权模式对非物质文化遗产进行保护,既要保护知识产权权利人的利益,也要对其利用人及社会公共利益予以照顾。利益平衡是非物质文化遗产知识产权保护的目的之一。所谓利益平衡,是指权利主体与义务主体之间、个人与社会之间的利益应当符合公平的法律价值。[①]

非物质文化遗产涉及权利人利益需要保护,同时在公众中间传播时,如何能在公共利益与私人利益之间达到平衡,这是每个立法者在立法过程中必须慎重考虑的问题。如果处理不当,则必定会给某一方造成巨大的损失。例如,在知识产权中,尤其是著作权,有必要的"合理利用"制度,可以对创造者的专有权利进行一

---

① 罗爱静:《知识产权中的矛盾》,《情报探索》,2010 年第 6 期。

定的限制。举例而言,如果使用者基于公共教育、社会公共事业等目的而合理利用他人知识产品,则一般无须授权即可合理使用,虽然各国相关法律制度略有差别,但总的方针都极为类似。非物质文化遗产在这类问题下,也有着很大的相似性。但是除却合理使用的范畴,如果他人任意滥用其他民众集体的历史文化成果,将其商业化,这就突破了"合理使用"的必要范畴,也就是舆论中经常提到的"文化海盗"等现象。其主要原因在于,当今的知识产权法律制度基本上缺失了对于非物质文化遗产来源的群体利益给予集体补偿,他人很容易钻法律的漏洞。

(二)非物质文化遗产知识产权保护的可行性

非物质文化遗产从根本上来说,是智力创造的成果。现代知识产权相关法律法规制定的目的正是保护人们的脑力智力成果不受他人非法侵犯。就智力成果而言,非物质文化遗产的客体与知识产权法的保护客体存在着一定的联系,因为两者都是人类智力创造的成果。因此,不少非物质文化遗产的客体项目均能够纳入知识产权法保护的范畴。

1. 非物质文化遗产符合知识产权的客体特征

知识产权是人们依法对自己特定的智力成果、商誉以及其他特定关联客体等所享有的权利。一般来说,人类创造性智力活动的成果权绝大多数情况下都可以在知识产权中予以体现。在著作权、商标权、专利权中,其保护的客体大多可以说是人类智力活动的产物,如可取得著作权的作品的小说、诗歌,可取得商标权的工商业标记,以及专利中的发明、实用新型、外观设计。自从其诞生以来,知识产权法就是对人的智力劳动的肯定及保护。非物质文化遗产和知识产权一样,也是人类智力脑力活动的产物和成果,因此对其予以知识产权的保护具有极大的可行性。例如京剧,无论是以内容引人入胜的剧本,还是独特丰富的唱腔,抑或是华美的服装和舞美设计等,都凝结着几代甚至几十代先辈的不断创新和再创作,他们在传承前人成果的基础上不断再创造创新,使得这个传统剧种在 21 世纪仍然拥有众多的戏迷,在舞台上大放光芒。这种文学、音乐和美术等智力创作,如果放任剽窃现象大量发生却无所作为,则会伤害创作者的创作热情,最终必将导致文化遗产资源的衰落以至逐渐消亡。

这些非物质文化遗产智力创造成果完全和知识产权所要保护的客体对象范围相符,它们都具有无形性即非物质性。从外在的特征上看,知识产权客体与物权客体最大的区别正是在于其无形性的特征:它们似乎看不见,摸不着,只有在某种媒介的帮助下,这种无形的信息方能显现出来。

2. 非物质文化遗产具有十分巨大的经济价值或潜在经济价值

众所周知,各国都积极立法保护智力成果,原因就在于它们能创造巨大的经济价值,非物质文化遗产也不例外,它们往往为音乐、戏剧、电影、医药、农业、旅游业等产业提供大量的发展资源。现今许多的文学艺术作品以传统文化作为新开发产品的内核。例如,美国的迪士尼动画公司,前些年将我国古老的"花木兰"传说改编为一部真人演绎的电影。"花木兰"源自我国南北朝叙事诗《木兰辞》,经过编者的各种戏剧化改造后,这部电影在国际上反响不俗,在全世界范围内至少有 20 亿美元的收益。但是,迪士尼公司既未就"花木兰"在电影中注明来源、出处,又没有向我国民众集体付费。这个案例充分说明,非物质文化遗产因为有潜在的巨大的经济价值,对其保护势在必行。

(三)非物质文化遗产知识产权保护的模式

1. 著作权保护模式

在对著作权领域的民间艺术表达形式予以保护中,《伯尔尼公约》是世界上第一个提到了民间文学艺术保护的国际知识产权公约。《伯尔尼公约》第 15 条第 4 款规定,对作者的身份不明但有充分理由假定该作者是本联盟某一成员国国民的未发表作品,该国法律有权指定主管当局代表该作者并据此维护和行使作者在本联盟各成员国内的权利。对于该规定,是否可认为,《伯尔尼公约》将民间文学艺术也纳入其保护范围,学界是有争议的。例如,有的学者认为,匿名作品是指作者不明确的作品,而民间文学艺术是指不可能有特定作者的文学艺术作品,二者之间有明显的区别。[1] 但是国内外多数学者认为,该条款包含民间文学艺术在内。曾经担任世界知识产权组织国际局著作权和公共信息司司长的克洛德·马苏耶先生也明确指出,《伯尔尼公约》第 15 条第 4 款的主要目的就是将民间文学艺术作品包括在公约范围内。[2] 我国学者张耕认为,该条款的立法目的是将民间文学艺术作为一种特殊的作者身份不明的作品进行保护。[3] 综上所述,笔者认为,《伯尔尼公约》保护的客体包括民间文学艺术。

20 世纪以来,无论是发达国家,还是发展中国家,都已经通过国内立法明确对民间文学艺术给予著作权保护。

在我国,著作权有广义与狭义之分。所谓广义的著作权,包括狭义的著作权、著作邻接权、计算机软件著作权等,作者之外的民事主体对作品之外的客体享有的一系列专有权利,也属于其规定的范畴。著作权从狭义上来说,仅仅指作者对作品所享有的分别包括署名权、发表权、使用权、修改权、保护作品完整权以及获得报酬权等权利。这是著作权人对作品利用而享有的排他权利。

采用著作权法保护民间文学艺术模式的意义不言而喻:首先,通过著作权中的专有权保护制度,可以激励民间的传承人进行再加工和创作的积极性,更有效地保护非物质文化遗产;其次,避免一些别有用心之人钻法律漏洞,侵害发源地和

---

① 唐广良、董炳和:《知识产权的国际保护》,知识产权出版社,2002 年版,第 542 页。

② 唐海清:《国际法视野下非物质文化遗产保护问题研究》,法律出版社,2018 年版,第 91 页。

③ 张耕:《民间文学艺术的知识产权保护研究》,法律出版社,2007 年版,第 102 页。

土著居民的合法利益,甚至侵害他们的民族感情。例如,上文提到的美国迪士尼公司用现代艺术讲述了"花木兰"的故事,虽然唯美,却只字不提其来源于我国民间故事,令许多国人愤愤不平。

可采用著作权模式保护的非物质文化遗产的典型案件有黑龙江省饶河县四排赫哲族乡政府诉歌唱家郭颂、中央电视台、北京北辰购物中心侵犯赫哲族人民对民歌享有著作权的案件。

案例 7-4　《乌苏里船歌》非物质文化遗产案

《乌苏里船歌》是由郭颂、胡小石作词,郭颂、汪云才作曲,郭颂演唱的歌曲。该曲主曲调是郭颂等人在赫哲族民间曲调《想情郎》《狩猎的哥哥回来了》的基础上,进行艺术再创作,改编完成的作品。1999 年 11 月,在南宁国际民歌艺术节上,中央电视台的主持人特别强调:"刚才郭颂老师唱的《乌苏里船歌》明明是一首创作歌曲,可长期以来我们一直把它当作是赫哲族民歌。"该台晚会录成 VCD 发行时,仍然注明郭颂是《乌苏里船歌》的作曲者。节目播出后,赫哲族群众议论纷纷。他们认为,《乌苏里船歌》是赫哲族民歌,著作权应该属于全体赫哲族人民。为此,黑龙江省饶河县四排赫哲族乡政府于 2001 年 3 月以侵犯了赫哲族族群的著作权为由将郭颂、中央电视台等被告一并起诉至一审法院。请求法院对于被告播放《乌苏里船歌》时,应当明确说明其来源,即赫哲族民歌,除了要求对原告作出赔礼道歉外,并请求法院判决被告承担赔偿原告经济损失 40 万元以及相关精神损失 10 万元的民事责任。

法院受理后,进行了数次庭审。庭审中,原被告争议的焦点主要是《乌苏里船歌》是创作还是改编,四排赫哲族乡政府是否具有主张民间文艺作品著作权的主体资格这两个问题。

一审法院的判决:今后郭颂、中央电视台无论以何种方式再使用音乐作品《乌苏里船歌》,应该有"根据赫哲族民间曲调改编"等字样注明。[①] 但法院不支持四排赫哲乡索赔损失的请求。二审法院最终维持原判。

案例 7-4 是在我国《著作权法》颁布后第一起就民间文学艺术作品主张著作权保护的案例。该案前后一共历经 4 年时间,审理期间备受瞩目。首先,该案中,四排赫哲族乡政府作为该民歌的发源和流传地政府组织,能够代表该乡群众提起诉讼,就引起了很大的争议。法院最终根据宪法、民法、知识产权法等法理,认定四排赫哲族乡政府有权起诉。其次,法院也认定产生、传承该作品的群众集体可以享有该作品的著作权,该族群所在地的人民政府有权代表该族群主张诉权,该族群若对文学艺术作品进行使用、改编等活动,不需要经过许可,也无须付费。但

---

① 孙昊亮:《非物质文化遗产的公共属性》,《法学研究》,2010 年第 5 期。

是不论以何种方式使用,都应当注明创作该民间文学艺术作品族群的名称。对于不当利用民间文学艺术作品作出的侵权行为,根据法律和具体情况可以适用承担相应程度的民事责任。该案判决虽然只涉及区域民族群体的精神性权利,对经济权利未有界定,但在我国已经足以振奋人心。

2. 专利权保护模式

现代,许多传统的手工技艺由于生产条件落后,效率低下,经济效益不好,传统手工艺品也得不到知识产权法的专有保护,而利用现代工艺对传统手工制品进行仿制现象又比较严重等,很多手工技艺正在面临着失传的危机,或者已经消失了。北京民间工艺在 20 世纪 60 年代有 300 多种,但由于生产规模小,市场替代品盛行,手艺人无法谋取足够的薪金报酬,如今北京的民间工艺只剩下 30 多种。我国赫哲族作为东北地区一个少数民族,他们历来沿河而居,以渔业为生,甚至有一个独特的民族特色,就是将鱼皮加工后制成各种鱼皮衣。20 世纪 50 年代以前,赫哲族人身着鱼皮衣是非常常见的现象,这种衣着服饰也有悠久的历史传统。但是到了 20 世纪 60 年代,人们生活方式发生变化,鱼皮衣开始淡出赫哲族人的生活,现在能够按照传统工艺制造鱼皮衣的人已经寥寥无几。可以设想,如果当地政府不采取积极措施抢救这个古老的工艺,未来我们只能在博物馆和照片上欣赏这种独特的民族服饰。

基于传统手工技艺面临的困境,国内外许多专家也在探讨如何帮助他们走出困境。有些地方的传统手工艺品被其他地方仿制的情况严重,这种情况下有政府开始试行授予专利制度给予保护,保障传承人的积极性。从 2008 年起,青海省陆续为国家级非物质文化遗产湟源排灯和热贡艺术中的唐卡提出外观设计专利申请。这种将传统非物质文化遗产与现代专利技术结合起来,是一个有益的尝试,它可以调动起手工艺人的积极性,由经济效益的增加带动社会文化层面的丰富多彩。但实践中,能授予专利权的非物质文化遗产相对较少,即便是理论上可行,在操作中仍然有诸多困难。

首先,专利权讲究发明创造必须具有新颖性,不是陈旧的、已经广为人知的技术。可是,非物质文化遗产能归于"遗产"行列的,必然已经具有长期历史传统,非物质文化遗产在一些特定的民族社区已经成为维系民族特色和文化传统的纽带。国家倡导保护非物质文化遗产,可能最重要的是因循守"旧",政府着眼点在旧的文化传统,而不是一味追求创新,这点决定了它们很难得到专利法保护。在这些年的实践中,有些公司剽窃发展中国家的基因资源、自然遗传资源、传统知识,改良后申请专利,然后垄断性上市,发展中国家即使耗费人力物力与之对簿公堂,也不一定能阻止这种剽窃行为,最大的"拦路虎"就是文化遗产不具有新颖性,无法获得知识产权保护。

其次,即使政府千辛万苦、费尽周折让非物质文化遗产获得了知识产权保护,可是知识产权保护的期限一般是有限制的。例如,发明的保护期限是 20 年,而实用新型和外观设计只有 10 年,这是知识产权法在权利人的私权保护和公共利益之间平衡的需要。政府对待文化遗产的态度一般是明确的,即传承,并且是世代传承,可是无论是 10 年,还是 20 年,都远不能满足政府永久传承的要求,最多仅能在短时期内保障传承人独占性的经济利益。

最后,非物质文化遗产项目中的发明者难以确定,因为非物质文化遗产一般是某个民族或者某个社区的群众在多年生产生活中积累经验形成的,很难说是谁的独家发明,现在各国经常是允许发源地人民共享。专利法却明确要求注明实际发明人,否则不得享有相关权利。这个难题在世界上一直没有得到很好的解决。

3. 商标权保护模式

商标,顾名思义,就是商品的标记。《与贸易有关的知识产权协定》第 15 条规定,任何标记或标记的组合,只要能够将一个企业的商品和服务与其他企业的商品或服务相区别,即能够构成商标。我们一般认为,商标是商品的生产者或经营者将自己的商品或服务与其他人所提供的相同或类似的商品或服务区别开来的标记。

许多传统手工艺品的制作者面临大量仿制商品抢夺市场的问题,于是,一些传统社区的工匠们或政府通过申请注册商品商标、服务商标、集体商标①或证明商标②的方式对非物质文化遗产项目进行保护。利用商标权保护传统工艺的优点在于,其费用低廉,而且不同于著作权和专利权,权利到期即永久进入公有领域,商标权的保护期到期后,可以通过续展继续维持专有权,而且续展没有次数限制,理论上商标权的保护可以无限期。运用商标保护,可以打击其他假冒者不法"搭便车"的行为。而且,商标申请不会因非物质文化遗产已经年代久远,不具有新颖性而无法申请,只要其具有"显著性"特征即可,申请的条件相对比较宽松。

通过商标保护非物质文化遗产,在实践中已经出现了一些典型案例。相关数据显示,1997 年 7 月 10 日至 2022 年 3 月 30 日,嵩山少林寺共申请商标 706 个。商标名称包括"南少林""少林印象""少林生活""SHAOLIN CHANGONG"等,品类含有卫生用装置、编织袋、家具、未加工或半加工贵金属、首饰盒、体育活动器械、服装、内衣等。针对这些商标,少林寺回应,少林寺的名称被人滥用,少林寺注册商标是为了保护少林品牌。无独有偶,中国瓷器生产之都景德镇,为了防止他人任意在瓷器上注明"景德镇"字样,由景德镇当地政府组织,于 1999 年 7 月 28 日

---

① 集体商标是指以团体、协会或者其他组织名义注册,专供该组织成员在商事活动中使用,以表明使用者在该组织中的成员资格的标志。集体商标的作用是向用户表明使用该商标的企业具有共同的特点。

② 证明商标是指由对某种商品或服务具有监督能力的组织所控制,而由该组织以外的单位或个人使用于其商品或者服务,用以证明该商品或服务的原产地、原料、制造方法、质量或者其他特定品质的标志。

也核准注册了"景德镇"商标,"景德镇"商标属于证明商标,证明特定商品的产地、原料、制作方法、质量等。近年来,景德镇当地政府和相关组织,多次聘请律师,对各地仿冒的景德镇瓷器经营者集体打假,诉讼维权,为保护景德镇瓷器的金字招牌起到了一定的震慑作用。

4. 商业秘密保护模式

我国目前一些老字号企业中传承了上百年的传统技术都是依靠商业秘密进行保护的。

2006年江苏省无锡市通过的《无锡市宜兴紫砂保护条例》于其第三章"制作技艺保护和传承"中对宜兴紫砂制作技艺的商业秘密保护进行了规定,即其制作技艺按照国家有关保密法律、法规的规定必须保密的,应当严格遵守保密相关规定。宜兴紫砂研究、设计、生产单位,在不违反前款规定的前提下,应当重视对相关人员进行宜兴紫砂传统工艺的培训,并有计划地加强技艺人员之间的沟通、组织操作表演、现场考察等活动。

宜兴紫砂通过商业秘密的保护,可以防止仿冒伪劣货充斥市场而损害宜兴紫砂的名声,造成无可挽回的损失。可见,在实践中非物质文化遗产的商业秘密保护模式也得到应用。商业秘密保护模式与非物质文化遗产特征具有较多的相似性,主要体现在以下方面:①权利主体的多元性。它们可以同时被若干个主体实际占有,权利不具有排他性,只要是合法拥有,就能成为权利主体。②客体的秘密性。秘密性是商业秘密自身价值的必要条件,而很多非物质文化遗产的权利客体都具备秘密性,如一项传统手工艺制作流程等。③无独创性要求。一些民族传统科技知识并不为人所知,有些民族传统科技知识的所有者也刻意采取了保密措施,对于这些民族传统科技知识可以考虑采用商业秘密或者《与贸易有关的知识产权协定》中规定的未公开信息来进行保护。这些未公开的民族传统科技知识一般是传统配方(如云南白药)、传统工艺(如"景泰蓝"的生产工艺)等。相比专利制度的保护,商业秘密的保护有自己的特点:不要求客体具有"新颖性、创造性、实用性"的特征,同时对保护期限没有限制,不必经过申请,技术不必公开等。因此,商业秘密的保护具有操作简单、成本低、保护期限长以及保护范围广的优点。但是由于许多民族传统科技知识已经公开,并且处于秘密状态的一些民族传统科技知识也不具有明显的商业价值,所以民族传统科技知识在很多情况下也不能利用商业秘密进行保护。

商业秘密保护以秘密的方式保护技术信息和经营信息,而没有保护期限限制,不需要像专利那样要进行申请审批和花费专利维持费用,这样可以弥补知识产权其他模式在保护非物质文化遗产方面的不足。对于权利人不愿意向外泄露的非物质文化遗产如传统工艺、传统配方等,的确可以运用商业秘密保护方式,实现其经济价值。

　　商业秘密保护模式主要适用于一些具有保密性的且可以体现经济价值的非物质文化遗产项目。一般这些秘密并不为大众所知,掌握在极少数人或者个人手中,如我国的一些传统工艺制作流程,传统医药配方、绝技等。虽然这些非物质文化遗产不能满足专利新颖性的要求,但是它们大都是以信息的形态出现的。因此,我们仍然可以根据《与贸易有关的知识产权协定》第 39 条所指的"未公开信息"予以保护,或将其作为商业秘密。

　　以商业秘密模式保护非物质文化遗产,一方面,它和商标权保护模式一样,成本低廉;另一方面,它可通过合同意思自治,通过进行转让获得经济利益;再者,不存在保护期限问题。商业秘密制度对非物质文化遗产来说意义重大。因为它不需要公开,保护时间长,程序简单,有效弥补了专利权等模式对非物质文化遗产保护的缺陷,适合非物质文化遗产的特点,从而予以保护。但是作为保护的条件,法律要求信息因其秘密性而具有商业价值,也要求控制该信息的人在相关情况下必须采取必要的措施使该信息处于保密状态。这对于一些非物质文化遗产来说是非常困难的。主要表现在以下两个方面:一方面,秘密性条件满足的困难。非物质文化遗产是经过漫长的历史传承下来的,具有群体性和相对公开性的特征,常常为其原住群体所共同拥有,这些非物质文化遗产与特定地域和民族的生产生活密切相关,指导着这些原住群体的生产生活实践,其经过数百年传承及发展早已公开,早已成为在特定区域内族群公知公用的知识。另一方面,在该社区内具有公开性,真正完全处于秘密状态(如仅由个人或家族部分成员掌握的手工艺技能)且采取了严格的保密措施的并不多,利用商业秘密保护模式予以保护也是有一定的难度。

　　根据商业秘密保护法的规定,大多数国家的法律要求权利人应采取必要的保密措施使该商业秘密处于保密状态,这就要求权利人不仅要有保密的意图,还要有必要的保密行为。社区在某些情况下通常鼓励或要求他们公开,这样通常会导致非物质文化遗产的利用商业秘密保护方面大打折扣。

三、非物质文化遗产保护的比较

(一)非物质文化遗产的国外保护

1. 发达国家非物质文化遗产知识产权保护

1)美国民间文化知识产权保护

1976 年国会通过《民俗保护法案》,其中包括认同对人们的情感、价值取向有基础性作用的风土民情、社会风气、礼仪指导。此项法案要求在国会图书馆建立保护中心,将其所认同的民间传统资料纳入图书馆数据库。美国知识产权制度保护范围很广,除了国家公用地、印第安部落族群文化以及私人所有之外的其他领域都可以得到保护。专利领域,非物质文化遗产和民间传统文化使用说明书内容进行公开为大众所知这个方面受到法律规范保护。商标领域,阿拉斯加手工银饰品受到世界认同,因此对其要进行相关的确权工作。印第安手工艺品也因《印第安艺术和工艺保护法》颁布而可以不受到外国进口产品的损害,受到损坏的可以将侵权行为诉之法院。美国将民间风俗进行科学条例构建,将民间风俗民情作为非常有研究空间和讨论余地的部分纳入法律建设中,这种做法十分先进,远远超过其他国家和地区。民间风俗内容也十分丰富多彩,表达方式多种多样,确立法律草案将民间风俗确定为保护对象,这是美国国会想要在他们的国内 些图书馆中建设民间风俗机构来进行民间风俗的保护实践操作相关工作。该法案虽然不是严格的知识产权制度,但是可以保护发展传统群体艺术文明,促使艺术文明的对象坚决抵制仿冒行为。

　　2)澳大利亚多元文化知识产权保护

　　多年以前,澳大利亚逐步繁盛起来,外来人口大量涌进澳大利亚,使得其现在成为移民大国。正是因为外来人口的加入,带来了他们自身来源地域特有的一些文化艺术技艺,形成澳大利亚独有的多元文化现象,所以基于此种现象多元文化的保护就被提上澳大利亚政府当局日程。排除外来人员本来就居住在澳大利亚国土上的人们,是政府尤其关注重点保护的。原因是他们是国家存在的根本要素,也是一个国家长治久安的关键。经济发展时代变迁,这些原来就居住在澳大利亚的人们,世世代代通用的一些文字语言、印记标示慢慢流入商业领域,被商家们利用起来获得利益实惠,这种现象引起政府当局的担心,他们觉得照此发展下去澳大利亚本身固有的非物质文化遗产资源会被破坏殆尽,所以政府部门决定他们要用知识产权领域的一些法律规定去对保护非物质文化遗产作出要求,虽然也能利用非物质文化遗产商业行为,但是必须遵守规定要求,否则就要承担责任。1995 年,澳大利亚 161－183 号商标方面法规专门制作了证明以及集体方面有关要求。

　　非物质文化遗产知识产权保护方面,澳大利亚主要侧重两项内容:保护非物质文化遗产,不让其受到破坏;如果出现破坏后如何挽救。两项内容规定大部分体现在商标以及专利有关法律法规中。如果政府当局发现申请内容里含有或利用原住民种族文化以及会对其文化造成不良甚至破坏影响,则政府部门不会就申请内容进行认可注册。也就是说,在注册之前会进行大量考察检测比对,通过加大政府责任义务范围和工作强度来保障传统文化和非物质文化遗产利益。专利领域,1990 年,专利法规范原住民非物质文化遗产申请的操作规程降低申请难度;2002 年,引入新操作规范,对于盗用非物质文化遗产行为和非物质文化遗产专利审批不严格行为作出法律层面要求;申请非物质文化遗产专利需要事前进行评价、作出报告并向政府当局有关部门提交这份报告,政府部门切实做到审核义务之后方可授予非物质文化遗产申请许可。

　　3）加拿大对原住民权益的知识产权保护

　　地理标志对于加拿大这个国家来说是非物质文化遗产保护中的有效工具,原住民种群大量申请注册标志,并大范围深层次地将其运用到传统民土风俗产物保护中。20世纪70年代,当局对国内艺术创作有才之人进行激励,促使艺术文化合作团体的产生与发展,并且这个团体生产创作的产物会标有特别的商标来彰显其价值,保护其存在环境。建立艺术文化合作团体,这些团体内部人员即文艺骨干们根据政府当局或者团体制作出来的要求表去进行加工制作,按照数量买卖。只有规定好量,才能保证好质,物以稀为贵,这些文艺骨干们可以因数量有限先到先得而得到很多实惠利益,不会再因供大于求而造成价值贬损,从而引发通货膨胀。另外,不是任何文艺骨干都可以进行上述活动,只有那些得到政府当局授权法律允许的文艺骨干方能开展活动,他们需要事前得到非物质文化遗产权益持有人的认同和许可才可以利用。每个文艺骨干联系经营主体在经过加拿大政府当局有关部门同意之后,签订一个确认合同,以此规范自身的行为。加拿大属于英美法系国家,立法很严谨,也是判例法国家。按照加拿大有关法律的要求,只有非政治化和非官方的印记符号才能被使用,原来就生活在加拿大的人们是可以将上述印记符号少部分使用的。

　　2. 发展中国家非物质文化遗产知识产权保护

　　1）突尼斯《文学艺术产权法》

　　联合国教科文组织和世界知识产权组织协助突尼斯制定《突尼斯示范法》。这一法律规范传统文化以及风土民俗的内容范围,提出要把传统文化和非物质文化遗产纳入邻接权和著作权领域,以此保护非物质文化遗产。[①]

　　1966年突尼斯《文学艺术产权法》颁布,该法于1994年进行了修订,此项法规利用著作权领域保护传统文化和非物质文化遗产,这是世界范畴内首次利用知识产权中著作权方式保护传统文化和非物质文化遗产。这部法规清楚地指出,传统文化和非物质文化遗产利用著作权保护时间没有限制,如果要使用传统文化和非物质文化遗产获取利益,则必须事前到政府相关部门申请得到当局同意,还要上交必要费用。

　　2）坦桑尼亚民间文学版权保护

　　1996年,坦桑尼亚公布版权法案,完善与传统文化风土民俗有关内容,包括文艺音乐产物、录音录像广电版权方面。后期此项法案又得到新修改,新法案除继续完善上述内容外,还补充进一些关于传统文化的方面,包括鼓励创新扩大统文化风土民俗在社会大众领域中的影响力,增强人民投身传统文化非物质文化遗产保护工作的热情。制定法律的目的是禁止没有征得所有人同意或者没有交

---

　　① 郭禾:《对非物质文化遗产私权保护模式的质疑》,《中国人民大学学报》,2011年第2期。

纳必要使用费而去利用传统文化非物质文化遗产这种行为。组织或个人要想使用传统文化非物质文化遗产,必须事前得到国家艺委的许可,当然有公益属性行为的如文教、广播新闻等可以不受这些规定的限制。取得认可后,无论何时何地利用传统文化风土民俗和非物质文化遗产,都需要明确表现出使用对象原创内容。组织或个人利用传统文化非物质文化遗产必须上交费用,这些费用由国家艺委负责管理使用于保护发展本国文化上。

3)巴拿马《土著社群集体权利的特别知识产权法》及其实施条例

2000 年,巴拿马颁布了《土著社群集体权利的特别知识产权法》,为了促进该法的实施,2001 年,巴拿马又颁布了土著社群集体权利的特别知识产权法的实施条例,对于巴拿马的土著社群的集体权利明确采取知识产权法律保护。

《土著社群集体权利的特别知识产权法》的创新之处在于,它明确规定了集体权利注册制度的程序,如规定了集体注册申请的形式、申请时限、注册的异议程序等;规定了能纳入实质性保护的权利内容;规定了禁止性和制裁措施;等等。这种保护制度的独特之处在于,它在传统的知识产权保护制度之外,详细地建立了一套针对传统知识的集体权利的保护制度。

(二)我国的相关规定

1. 我国非物质文化遗产法律建设现状

我国非物质文化遗产的立法工作始于 20 世纪 90 年代。1990 年,我国第一部《著作权法》诞生,第一次规定民间文学艺术作品受法律保护,只是说明民间文学艺术作品的著作权保护,由国务院另行制定保护办法。1997 年,国家颁布了《传统工艺美术保护条例》,这是我国第一个为保护传统工艺而制定的行政法规。2004 年,我国加入了《保护非物质文化遗产公约》,并于 2006 年正式成为该公约的政府委员会的成员。2011 年我国《非物质文化遗产法》颁布,这是我国关于非物质文化遗产保护的第一部单独立法。目前,我国非物质文化保护的法律体系,主要框架如下。

1)宪法及相关文件

《中华人民共和国宪法》(以下简称《宪法》)规定,各民族都有使用本民族语言风俗的权利。《中华人民共和国民族区域自治法》(以下简称《民族区域自治法》)规定,民族自治地方的自治机关继承和发扬民族文化的优良传统,建设具有民族特点的社会主义精神文明,民族自治地方的自治机关保障本地方各民族都有使用和发展自己的语言文字的自由,都有保持或者改革自己的风俗习惯的自由。

2)全国人大及其常委会制定的其他法律

2011 年我国《非物质文化遗产法》颁布,该法的正式实施,标志着我国已经将非物质文化遗产正式纳入我国的法律体系中,我国对非物质文化遗产的保护水平,也提到了一个新的高度。该法规定,国家对非物质文化遗产采取认定、记录、建档等措施予以保存,对体现中华民族优秀传统文化,具有历史、文学、艺术、科学价值的非物质文化遗产采取传承、传播等措施予以保护。使用非物质文化遗产,应当尊重其形式和内涵。禁止以歪曲、贬损等方式使用非物质文化遗产。该法对保护民族文化遗产的措施也进行了概括性规定。

《非物质文化遗产法》一共六章,分为总则、非物质文化遗产的调查、非物质文化遗产代表性项目名录、非物质文化遗产的传承与传播、法律责任与附则。总则中明确规定了其立法宗旨和保护对象。第1条规定,为了继承和弘扬中华民族优秀传统文化,促进社会主义精神文明建设,加强非物质文化遗产保护、保存工作,制定本法。非物质文化遗产的调查中规定了非物质文化遗产调查的主管机关及其职责、调查应遵循的基本原则、非物质文化遗产和实物资料的保存和所有权等。非物质文化遗产代表性项目名录中明确规定从国家到省、自治区、直辖市等各级地方人民政府应当建立分级的非物质文化遗产名录,非物质文化遗产名录的申请、评审和保护等规定。非物质文化遗产的传承与传播规定,从国家到地方各级人民政府,应当对各级政府批准认定的非物质文化遗产项目,可以认定代表性传承人,以及如何认定传承人,由于绝大多数的非物质文化遗产之所以能流传并保存至今,其世代继承人的传承必不可少并至关重要,本章还规定了传承人的条件、权利、义务,政府对非物质文化遗产传承的支持、宣传、奖励等措施。法律责任部分规定了违反法律规定,导致非物质文化遗产遭到破坏、损毁时,当事人和责任人应当承担的不利的法律后果。

国家为了保障相关权利能落在实处,还在刑法中有禁止性规定,如《刑法》第251条规定,国家机关工作人员非法剥夺公民的宗教信仰自由和侵犯少数民族风俗习惯,情节严重的,处2年以下有期徒刑或者拘役。

3)国务院制定的行政法规以及国务院各部委制定的各类部门规章

1997年,国务院通过了《传统工艺美术保护条例》,它规定了国家保护传统工艺美术的基本原则、保护范围、认定制度、收藏制度等。为弘扬我国传统文化,保护并传承非物质文化遗产,2005年,国务院发布了《国务院关于加强文化保护的通知》,确定自2006年起,每年六月第二个星期六为我国的"文化遗产日"。国务院办公厅还发布了《国务院办公厅关于加强我国非物质文化遗产保护工作的意见》。国家还颁布了《商务部　国家文物局关于加强老字号非物质文化遗产保护的工作通知》《国家级非物质文化遗产保护与管理暂行办法》等一系列规章制度。2013年,我国建成了非物质文化遗产数据库,形成了对非物质文化遗产的数字保护。

4)地方性法规

我国非物质文化遗产的立法是以国家立法为主导,地方立法为辅助的格局,但是由于我国少数民族众多,尤其是一些地方是少数民族聚居地,享有高度的民族自治区的立法自主权,所以地方性立法在补充国家法律不足,推动少数民族特有文化遗产方面也起到了重要作用。

2000 年 5 月,云南省人大常委会通过了《云南省民族民间传统文化保护条例》,该条例规定了有关云南省民族民间文化的保护与抢救、推荐与认定、保护与处罚措施等各项内容。该地方性文化遗产保护法律的出台,为国内文化遗产保护打开了一扇新兴之门,为后续其他省、自治区、直辖市制定本地的立法,起到了关键性的引导和借鉴作用。此后,贵州、广西、宁夏、福建、湖南、江苏、浙江、新疆等地也积极跟进,相继出台了当地非物质文化遗产保护的地方性法规或政府规章。

更有甚者,有些地方县市也颁布了一些专门性的非物质文化遗产保护的单行条例。例如,《苏州市昆曲保护条例》《无锡市宜兴紫砂保护条例》《黔东南苗族侗族自治州民族文化村寨保护条例》《湘西土家族苗族自治州土家医药苗医药保护条例》《云南省西双版纳傣族自治州民族传统建筑保护条例》等。

5)国际公约及相关文件

我国在保护非物质文化遗产方面参加的国际公约主要有两个:《保护非物质文化遗产公约》和《保护和促进文化表现形式多样性公约》。

2. 我国法律制度对非物质文化遗产保护的不足之处

1)相关法律体系不完善

我国直到 1990 年才在《著作权法》第 6 条中规定民间文学艺术作品的著作权保护办法由国务院另行规定,2020 年修订该法时,其中关于保护民间文学艺术作品的规定还是没有具体的规定,缺乏配套的条例。经过了几十年的发展,在立法中却没有体现出明显的进步,这也从侧面反映出了我国在保护非物质文化遗产方面立法滞后的情况严重。

《非物质文化遗产法》在保护非文化领域是非常重要的一部法律,但该法内容多为原则上的规定,主要是对行政机关规定了一些原则性的保护规定。该法也存在不少缺陷,主要如下:①私法保护规则欠缺。《非物质文化遗产法》作为我国保护非物质文化遗产的基本法,理应以民法和行政法作为主要的保护原则,但令人遗憾的是,通观全篇,该法就是一部单纯的行政法规,缺乏民事法律保护的规定,这势必不完整,也使得有些权利无法实现。②一些规定还有待完善。例如,该法关于传承人的规定缺陷较大,该法关于传承人的认定方式单一:采用个人认定,没有规定综合认定、团体认定。非物质文化遗产特性决定了其传承也具有不同的方式。采用单一的传承人认定方式,有可能在实践操作中造成传承人之间的利益失衡,从而引发矛盾,使借由认定传承人促进传承的目的难以实现。① ③一些规定

---

① 中国社会科学院知识产权保护中心:《非物质文化遗产保护问题研究》,知识产权出版社,2012 年版,第 25 页。

比较抽象,可操作性不强。该法主要是针对行政人员的行政法律规定,但又缺乏对具体违法行为的法律责任规定,配套条例、实施细则等不见出台,在司法实践中容易出现适用困境。

2)行政法规体系效力有限

虽然没有统一的专门保护非物质文化遗产知识产权的法律法规,但是我国的一些省份制订颁布了一系列地方性的法规、规章和规范性的文件来保护非物质文化遗产。尤其是在那些少数民族聚集的地方,十分重视非物质文化遗产的保护,如云南、贵州、广西、宁夏、新疆等地都陆续出台了本地区的民间文化保护法律,但都属于层次较低的地方性法规,是针对本地区的情况而制定的,内容不够全面也不尽相同。这些零散的地方性法规等规范性文件的效用有限,无法挑起保护全国非物质文化遗产的大梁。

3)保护机制不完善,没有明确的保护部门

对非物质文化遗产的知识产权保护涉及的部门有很多,但实际上没有一个部门是真正的主管部门。这样的机构设置必然会导致管理的交叉重叠,不仅工作效率低下,管理成本增加,还会因各管理部门之间职责界限不清而导致有利益的情况下都想争着管,没利益的情况下相互推诿,这种政出多门、多头管理的状况非常不利于对于非物质文化遗产的系统保护。

3. 利用知识产权保护制度保护非物质文化遗产的完善建议

1)利用著作权法保护非物质文化遗产

著作权作为知识产权的重要组成部分,具有专有性、地域性和时间性的特点,而非物质文化遗产是千百年文化传承和累积的结果,许多非物质文化遗产无法确定其具体权利归属,权利的保护期限也无法用著作权保护期限来规定,有些非物质文化遗产与著作权的距离更远,如民间风俗、信仰、节庆、仪式等,所以用著作权法保护非物质文化遗产的难度显而易见。对此,应根据非物质文化遗产的具体情况来确定保护方式方法。遗憾的是,虽然《著作权法》早就规定民间文学艺术作品的著作权保护办法由国务院另行规定,2014 年 9 月国家版权局发布了《民间文学艺术作品著作权保护条例(征求意见稿)》,但至今《民间文学艺术作品著作权保护条例》还在起草修改中,缺失法律的保护导致很多权利人的权利无法落到实处。

我国已公布了国家级非物质文化遗产项目有上千项,这其中许多项目的著作权保护应从对传承人的保护入手,将古老的民间传说利用现代法律制度保护其传承,不致流失。对他们创作或整理的作品以及他们的表演用著作权法保护,不仅完全符合著作权法的规定,还保护了宝贵的非物质文化遗产。

2)对非物质文化遗产实施知识产权保护可采取多层次的保护形式

虽然《非物质文化遗产法》对涉及非物质文化遗产的知识产权问题只作了衔接性规定,即使用非物质文化遗产涉及知识产权的,适用有关法律、行政法规的规定,这使得针对这一部分的保护目前只能适用我国现有的知识产权法律,这就必须分析受保护的非物质文化遗产的不同特点,判断其适宜由知识产权法律体系中的著作权法、商标法、专利法何者进行规范保护。我国新修订的《专利法》即对非物质文化遗产的专利法部分作出了一些规定。例如,我国《专利法》第26条规定,依赖遗传资源完成的发明创造,申请人应当在专利申请文件中说明该遗传资源的直接来源和原始来源;申请人无法说明原始来源的,应当陈述理由。对利用遗传资源的强制必须披露其直接来源和原始来源,这相较于以前的法律空白是一大进步。建议国家可以针对某种类型的非物质文化遗产制定专门的法律法规加以保护,而传统医药知识的保护也宜单独立法。

3)明确非物质文化遗产的权利主体,建立非物质文化遗产的登记制度

在一般的法律中,都有一个明确具体的权利主体,就是我们平常所说的权利人。但是在非物质文化遗产中,要确定一个权利主体的难度相当大,因为现行的法律保护的主体一般是个人或者是特定的组织或者法人,主体的范围和权利依据很明确,但是非物质文化遗产的形成和发展是某个民族或者地区连续创作的结果,权利主体具有不特定性和群体性,很难在实践中确定为某个人或者具体组织。为此,可以把持有非物质文化遗产的特定区域作为主体,如果某项非物质文化遗产同时为几个传统社区或者传统部落所持有,则应把持有非物质文化遗产的确定为这几个社区或者部落所共有,也就是团体型主体。具体做法是建立登记制度,只有这样才能使保护工作有针对性地开展。登记应分为两种,即依申请的登记和依职权的登记,前者是基于作为非物质文化遗产传承人的申报主体向有关的知识产权保护机关提出申请而进行的登记;而后者则是由于目前民众对非物质文化遗产进行法律保护的意识普遍薄弱,加之传承人资格有时会存在纠纷,往往会发生没人提出申请的现象,此时知识产权保护机关可以主动进行非物质文化遗产的确认和登记,以便于对非物质文化遗产进行及时有效的保护。

4)建立非物质文化遗产的长期保护制度

普通的知识产权都有一定的保护期限,短则一二十年,长则几十年,保护期届满以后的知识产权便进入公共领域,但是非物质文化遗产是经过了一代又一代的流传,一批又一批人的加工、补充和完善,最终才得以形成的。现有的有关知识产权的保护期限是满足不了非物质文化遗产保护要求的。解决的方法就是给予非物质文化遗产有别于普通知识产权的保护期限,这种保护期限应该是相当长的。并且,可以仿照商标法中有关注册商标续展的规定,允许非物质文化遗产的权利主体对其权利予以续展,非物质文化遗产续展的次数是无限的。当然,保护期限的续展应符合严格的条件,只要符合条件,就可以进行多次续展。那么这样,非物质文化遗产传承人的权利就可以得到充分、有效的保护,而非物质文化遗产也就可以生生不息、代代相承了。

5)建立非物质文化遗产权利人的使用受益和权利限制制度

传承人取得对于非物质文化遗产的权利资格之后,便获得了使用收益的权利。传承人可以对非物质文化遗产进行合法的使用。并且,如果其他人想进行营利性使用,则必须征得权利人的同意并支付相应的费用。非物质文化遗产具有群体性的特点,因此,在有些情况下,其权利主体是一个群体,而非个人。在这个时候,这个群体中的所有人都有对非物质文化遗产进行使用的权利,他人支付的使用费用也由全体权利人共享。

6)利用知识产权制度对非物质文化遗产实施防御性保护

防御性保护是指如果有人利用知识产权制度对非物质文化遗产进行不当使用或冒犯性使用,应当予以禁止。如果有他人已经或正在申请或者主张某项已公开的非物质文化遗产的专利权,则可以以其不符合专利法的创造性、新颖性和实用性标准而提出复审申请,以防止他人不当占有非物质文化遗产,从而防止对非物质文化遗产的盗用。对非物质文化遗产不当使用或冒犯性使用的,应当属于损害社会公共利益的行为,可以适用公益诉讼。只是当前可以提起民事诉讼的主体限于国家机关和有关组织,以后可以增加自然人作为提起公益诉讼的主体,有利于非物质文化遗产等公共利益的保护。

第二节 遗传资源的保护

目前在国际和国内社会中,遗传资源是比较热门的话题,无论是涉及知识产权保护,还是关系到环境、国际贸易、生物能源利用等,遗传资源经常成为焦点和热点问题。

遗传资源很多来源于发展中国家以及最不发达国家,其中有的源于一些国家的原住民群体,甚至比较原始的部落,所以对这些遗传资源的开发、利用、改良、创新等问题,经常又伴随着人权、种族、宗教、文化等事务的妥善处理。有时,发展中国家自身由于科学技术力量薄弱,无力对遗传资源进行进一步的科技改良、创新,发达国家利用技术优势,对遗传资源进行改良、创新,随后商业开发、利用,赚得盆满钵满,但也引发了一次又一次的"生物剽窃"。这种对传统生物遗传资源的利用,究竟能否有序开发利用,并满足各方利益,实际也是相关环境、知识产权等法律不断完善的过程。

国际社会为了解决类似争端,制定了一系列国际条约和文件,力图推动和促进生物遗传资源的合理开发利用和惠益分享。

《生物多样性公约》在联合国环境规划署的主导下进行谈判,于1992年6月5日开放签署,1993年12月29日生效。公约旨在促进保护生物多样性,持续利用其组成部分以及公平公正地分享利用遗传资源带来的惠益。我国于1992年6月

11 日签署该公约，公约于 1993 年 12 月 29 日对我国生效。公约适用于我国香港和澳门特别行政区。

《生物多样性公约》第 15 条强调遗传资源获取的问题，包括促进获取、事先知情同意、共同商定条件和惠益分享。相关条款涉及技术转让和获取和生物技术惠益的获取和分配。

《生物多样性公约》为世界各国保护和利用生物资源奠定了良好的法律基础。为了更进一步保护生物物种和促进生物资源的跨国贸易，2000 年 1 月《生物多样性公约》缔约方大会通过了《生物多样性公约关于卡塔赫纳生物安全议定书》（以下简称《卡塔赫纳生物安全议定书》），我国于 2000 年 8 月 8 日签署，并于 2005 年 4 月 27 日核准议定书。该议定书于 2011 年 4 月 6 日起适用于我国香港特别行政区，暂不适用于我国澳门特别行政区。

为了有效地执行《生物多样性公约》中有关遗传资源的获取，《生物多样性公约》第十次缔约方大会于 2010 年在日本名古屋召开，通过了《生物多样性公约关于获取遗传资源和公正和公平分享其利用所产生惠益的名古屋议定书》（简称《名古屋议定书》）。我国于 2016 年 6 月 8 日加入该议定书。该议定书于 2016 年 9 月 6 日起对我国生效，暂不适用于我国香港和澳门特别行政区。

上述协定，是联合国和众多国家通过多年努力，艰难达成的国际法协议，目的是通过国际法的规范和约束，使发展中国家的生物遗传资源既能得到充分开发和利用，造福人类，又能通过惠益分享等制度，使得发展中国家能从中公平受益。

一、遗传资源概述

（一）遗传资源的概念

我国生态环境部认为，生物遗传资源是指具有实用或潜在实用价值的任何含有遗传功能的材料，包括动物、植物、微生物的 DNA、基因、基因组、细胞、组织、器官等遗传材料及相关信息。

《生物多样性公约》第 2 条规定，遗传资源是指具有实际或潜在价值的遗传材料。遗传材料是指来自植物、动物、微生物或其他来源的任何含有遗传功能单位的材料。

遗传资源的产生，往往是一个漫长的发展过程，它们需要无数代人，经过千百年的孕育和培养、保护，才能产生符合人类需求的自然资源。遗传资源的诞生也离不开特定地方的自然地理条件，有时甚至与当地群众的生活方式、培育习惯紧密相关。

遗传资源主要包括植物遗传资源、动物遗传资源和微生物遗传资源三大方面，本书中提到的遗传资源主要是指具有经济价值的物种资源及基因资源。

（二）《生物多样性公约》中的有关术语

《生物多样性公约》第 2 条规定，遗传资源原产国是指处于原产境地的遗传资源国家;遗传资源提供国是指供应遗传资源的国家,此种遗传资源可能是取自原产地来源,包括野生物种和驯化物种的群体,或取自移地保护来源,不论是否原产自该国。

《生物多样性公约》进一步解释,生境是指生物或生物群体自然分布的地方或地点;原产地条件是指遗传资源生存于生态系统和自然生境之内的条件;对于驯化或培植的物种而言,其环境是指它们在其中发展出其明显特性的环境。

值得注意的是,《生物多样性公约》在此提出了两个概念,即遗传资源原产国和遗传资源提供国,这两个概念具有本质的区别。遗传资源原产国是指遗传资源的特定物种所起源的地方,一般这些国家的生物资源比较丰富,如我国是大豆、茶、柑橘等物种起源的地方。遗传资源提供国不一定本身生物资源很丰富,可以是在移地条件下遗传资源特别丰富的国家。如,英国自身的物种资源并不丰富,但在过去 200 多年间,英国从国外引进了大量物种和遗传资源。[①]

（三）遗传资源及其利用以及利益所在

《生物多样性公约》第 15 条是关于遗传资源取得的条款,也是整个公约的核心。该条规定,国家对遗传资源拥有主权;获取遗传资源必须得到资源提供国家的事先知情同意,能否获取服从于国家的法律;各缔约国应采取立法、行政和政策的措施,以其与提供遗传资源的国家公平分享因研究和开发此种资源的成果和商业所产生的利益;应力求使提供遗传资源的国家参与此种研究和开发,并鼓励其研究与开发活动尽可能在提供遗传资源的国家境内进行。

但是,《生物多样性公约》第 15 条特别强调,为本公约的目的,本条以及第 16 条和第 19 条所指缔约国提供的遗传资源仅限于这种资源的原产国,或按照本公约取得资源的缔约国所提供的遗传资源。第 16 条是关于技术转让的条款,要求缔约国采取立法、行政和政策的措施,以共同商定的条件,向提供遗传资源的缔约国,特别是其中的发展中国家,提供利用这些遗传资源的技术和转让此种技术;第 19 条是关于生物技术的处理和惠益的分配的条款,要求各缔约国采取立法、行政和政策的措施,让提供遗传资源用于生物技术研究的缔约国,特别是发展中国家,切实参与此种研究活动,并在公平的基础上,优先取得基于其提供遗传的生物技术所产生的成果和惠益。

根据上述条款,无论是获取遗传资源还是惠益分享,都限定在原产的遗传资源,或者是按照公约取得的资源,也就是符合获取与惠益分享原则的遗传资源,但不包括在移地条件下的遗传资源。例如,上文提及的英国,曾经从国外大量引进自然资源,但不是这些自然资源的原产国,不能享受《生物多样性公约》规定的获

① 薛达元,崔国斌,蔡蕾,等:《遗传资源、传统知识与知识产权》,中国环境科学出版社,2009 年版,第 3 页。

取与惠益分享的优惠条件，除非这种资源是按照该公约要求获取的。《生物多样性公约》的这些规定非常有利于自然资源原产国的利益，既是对原产资源的保护，也有利于他们保护自己切身的合法利益，由于广大发展中国家的自然资源相较于发达国家更为丰富，所以发展中国家是该公约最大的受益方之一。

（四）遗传资源的典型专利权案件

1. 印度香米专利案

案例 7 - 5　印度香米专利案

印度香米出产在印度与巴基斯坦的接壤地区，以细长的形状和浓郁的香味而闻名，被称为"皇冠上的珠宝"，每年出口额达 3 亿美元。然而，1997 年，美国 Rice Tec（稻米科技）公司却就此香米注册了 20 项专利，并将自己培育的"印度香米"推向市场，而使印度原产的香米为非法。为此，印度政府用近 3 年的时间准备了 1500 页的上诉材料，在 2000 年提出了专利挑战，但这也仅使 Rice Tec 公司放弃了 4 项专利，依然拥有 16 项专利。

印度香米被称为"皇冠上的珠宝"，自古以来，只在印度与巴基斯坦和尼泊尔交界处种植，以细长的形状和浓郁的香味而闻名，印度的农民一直使用它来培育不同品种的香米，用以配合不同的环境和气候。印度香米完全是印度农民的本土资源，也是千万代粮农智慧的结晶，每年仅印度香米的出口额就高达上亿美元，但是印度农民从来没有为印度香米申请过专利，以保障他们本土的资源和知识产权。

1997 年，美国 Rice Tec 公司获得了有关印度香米的 20 多项专利权，其中包括品种特质和培育方法等多个方面。Rice Tec 公司将自己生产的印度香米称为 Texmati 大米及 Kaomati 大米，并推向市场，意在取代印度的农民种植了好几千年的香米。

对印度来说，这意味着每年 3 亿美元的香米出口将受到威胁。为了挑战 Rice Tec 公司拥有的专利，印度特别委任了一批专家，用近 3 年的时间准备了 1500 页的资料。2000 年，印度政府正式向 Rice Tec 公司的专利提出挑战，并于 10 月成功迫使 Rice Tec 公司撤销它所拥有的香米的 4 项权利要求，可 Rice Tec 公司仍然拥有另外 16 项的权利要求。印度的专家认为，美国其实是从后门允许了 Rice Tec 公司对印度香米的"盗窃"。因为美国授予的专利权已经覆盖了印度香米。如果美国专利权授予已经成为定局，则印度多年的努力有可能成为泡影，他们保不住已经有千年种植历史的大米。①

为了防止今后可能的生物盗窃，印度政府开始对基因库的农作物及草药进行

---

① 薛达元，崔国斌，蔡蕾，等：《遗传资源、传统知识与知识产权》，中国环境科学出版社，2009 年版，第 108 页。

DNA 鉴别。这项计划耗资巨大,鉴别一个 DNA 样本就需要 125 美元。

2. 墨西哥玉米专利案

案例 7 - 6　墨西哥玉米专利案

欧洲专利局 2003 年 2 月 12 日在慕尼黑举行公开听证会,对农业化工企业杜邦公司拥有的一项广受争议的玉米专利进行重新审理。13 日,欧洲专利局作出裁决:杜邦公司没有发明高含油玉米。由此,杜邦公司已不再有权声称拥有此类玉米专利。此前,杜邦公司声称对含有该种玉米原料的所有产品,包括食用油、动物饲料等,都拥有专利权,若不是欧洲专利局否决了杜邦公司的意图,否则,按照杜邦公司的说法,今后无论谁,无论采取什么方法,只要生产出在此专利覆盖范围内的含油和油酸量的玉米,就会落到杜邦公司专利的"盘子"里,要么交钱,要么侵权。

据介绍,此次玉米专利案所涉及的高含油玉米,原产地为南美洲,在墨西哥等国家世代种植。然而,欧洲专利局曾于 2000 年 8 月批准该专利(EP744888),其后受到各方的质疑,包括墨西哥政府、绿色和平组织及欧洲一些宗教团体都先后向欧洲专利局递交反对书。这次听证会的否决是一次胜利,墨西哥和其他南美洲国家可以继续种植这种高含油玉米了。①

墨西哥高含油玉米被美国杜邦公司申请专利以后,墨西哥政府、绿色和平和欧洲一些宗教团体要求驳回该专利。欧洲专利局于 2003 年 2 月 12 日举行了公开听证会,杜邦公司答辩说称其投资数百万美元培育这种高含油玉米,也没有任何书面证据证明已有这种品种的存在。最终,欧盟专利局在复审决定中驳回专利,认为杜邦公司没有发明高含油玉米。但杜邦公司继续上诉,并没有撤回它在美国、墨西哥和其他国家的申请。杜邦公司对外宣称,公司仍然坚信继续培育新型以及具有独特性的农作物的重要性,因为这将满足广大农民、食品加工生产商以及消费者的需求。专利是对研究机构收回大额研发投资的一种保护,从而使这些机构能够继续在研究方面进行投入,为消费者带来更新更好的产品。

国际玉米小麦改良中心表示,这一专利可能会在相当大的程度上阻碍拉丁美洲玉米品种的发展。许多为改进玉米油含量的国际研究项目可能受到极大的影响。

3. 印度姜黄案

案例 7 - 7　印度姜黄案

姜黄是一种姜科植物,它的根茎,在印度,自古以来,一直被当作烹饪时调味的香料、化妆品和药品,用作药品时,它能治愈伤口和皮疹。

---

① 孙雅莉:《"生命专利"的尴尬》,《中国民族报电子版》,2003 年 3 月 4 日。

　　1993年,美国专利商标局通过了美国密西西比大学医学中心申请的"利用姜黄作为伤口治疗"的专利,内容是利用包含姜黄粉有效成分来治疗伤口的药剂。然而姜黄在印度是传统的药用植物,印度人掌握姜黄的治伤特性已有好几个世纪,以姜黄作为治疗伤口的方式很早就采用了,因此提出异议。1997年,美国裁决撤销了该项专利。

　　姜黄案是一件非常有意义的案例,这是第三世界国家对以传统知识为基础而直接获得专利的首次成功挑战。以至于有很多人据此提出是否有必要在全球建立一个传统知识的数据库,以便专利审查员对来源于传统知识的发明在授予专利前进行在先权利的检索,以此来避免传统知识被不当授予专利权。但是该观点各方看法不一。[①]

二、遗传资源国际保护路径的探究

　　(一)《生物多样性公约》关于遗传资源的相关规定

　　1. 保护与持续利用

　　《生物多样性公约》第1条规定,本公约的目标是按照本公约有关条款从事保护生物多样性、持续利用其组成部分以及公平合理分享由利用遗传资源而产生的惠益。为了有效保护生物多样性,该公约提出制定国家战略和计划,将生物多样性保护与持续利用纳入相关部门和跨部门的计划与发展战略中。保护与持续利用是《生物多样性公约》三大目标中的前两项目标,是该公约最核心的内容和义务。对于国家而言,采取切实可行的措施,保障生物多样性不被破坏,更重要的是,保证这种生态多样性可持续发展,这是当今国际社会面临的最重要的任务。

　　2. 遗传资源的获取与惠益分享

　　遗传资源的获取与惠益分享是《生物多样性公约》三大目标中的第三个目标。多年来,发达国家希望并倡议"遗传资源自由获取原则",认为任何人、任何公司可以在任意国家随意掠夺生物物种及遗传资源,自然资源属于全世界人民共有。但是,在发展中国家的不懈努力下,《生物多样性公约》最终将国家对自然资源的国家主权原则列入其中,这为保护发展中国家的自然资源提供了国际法依据。

　　在《生物多样性公约》生效后,各方通过继续艰苦谈判,已经达成并通过《关于获取遗传资源并公正和公平分享通过其利用所产生的惠益的波恩准则》(以下简称《波恩准则》)。《波恩准则》的主要贡献是帮助缔约各方、各国政府和其他利益关系方,通过制定遗传资源获取和惠益分享的法律及战略方针计划,确立遗传资源获取和惠益分享的步骤,协助发展中国家立法建设,并且帮助发展中国家未来

---

　　① 宋晓亭,胡惠平,林洁:《论传统医药知识利益的保护——传统医药知识利益未获保护的国际国内背景》,《法学》,2006年第3期。

能够从惠益分享中确实获益。

《波恩准则》在遗传资源获取和惠益分享战略中,确立了一项最重要的原则——事先知情同意义务,即要求通过国家联络点,取得遗传资源取得国主管部门和社区的同意与批准。

3. 转基因生物安全管理

20世纪80年代以来,转基因生物技术迅猛发展,全球转基因生物商业化生产也发展迅速。但是,许多国家强烈要求在国际层面上对转基因技术及其应用进行规范化管理,以预防相关风险,保护进口国家生物多样性安全和人类健康。

各方经过多方努力和艰苦谈判,于2000年1月29日达成《卡塔赫纳生物安全议定书》。我国在2005年9月6日成为该议定书的缔约方。

《卡塔赫纳生物安全议定书》第1条规定,本议定书的目标是依循《关于环境与发展的里约宣言》原则15所订立的预先防范办法,协助确保在安全转移、处理和使用凭借现代生物技术获得的、可能对生物多样性的保护和可持续使用产生不利影响的改性活生物体领域内采取充分的保护措施,同时顾及对人类健康所构成的风险并特别侧重越境转移问题。由此可见,其目标就是对利用现代生物技术获得的、可能对生物多样性保护和持续利用产生不利影响的改性活生物跨境转移的问题进行系统规范。

《卡塔赫纳生物安全议定书》规定,转基因生物及其产品的越境转移必须获得进口国的"事先知情同意",转基因生物的环境释放需要经过风险评估,并需要对其潜在风险实施风险管理。此外,转基因生物需要标记。出口方对转基因生物及其产品的环境危害负有赔偿和补救责任。

4. 传统知识保护

在发展中国家要求下,《生物多样性公约》还提出鼓励公平分享因利用土著传统知识、创新和实践而产生的惠益。

《生物多样性公约》第8条(j)款要求各缔约方依照国家立法,尊重、保存和维持土著和地方社区体现传统生活方式而与生物多样性保护与持续利用相关的知识、创新和实践,促进其广泛利用,由此等知识、创新和实践的拥有者认可和参与,并鼓励公平地分享因利用此等知识、创新和做法获得的惠益。

(二)世界知识产权组织大会相关议题

世界知识产权组织下的知识产权与遗传资源、传统知识和民间文学艺术政府间委员会已经花费十几年来寻找解决知识产权体系内遗传资源、传统知识以及传统文化表达或民间文艺被盗用问题的方案。

知识产权与遗传资源、传统知识和民间文学艺术政府间委员会第29届会议于2016年2月15日到19日举行,会议主要讨论了保护遗传资源免遭盗用,如果取得同意获取并商业开发这些资源,则要确保所有人能够分享从开发中获取的利益。谈判者们讨论了可能达成何种类型的协议,并且讨论了要求披露遗传资源来源的提案。对于专利申请人和其他知识产权申请人披露其发明中使用的遗传资源来源的拟议要求,以及该项披露要求是否应该为强制要求,各成员国的意见并不一致。

一些发达国家称,强制性披露要求会给专利系统带来不确定性,还会将惠益分享的执行复杂化。大多数发展中国家坚持认为,披露要求应当是强制性的,并且应当适用于各种知识产权类型,而不仅仅是专利。

欧盟提议,披露义务只有在申请人实际获取了他们利用的遗传资源之后才会产生。之后,纳米比亚提出了问题。纳米比亚代表强调,遗传控制以及基因组测序的快速发展事实上减少了实际获取遗传资源的需求。

巴西称,获取到遗传资源就必须承担披露义务。但是美国认为,新的专利披露要求将会给专利系统增加新的不确定性,一旦未履行披露义务,专利无效的威胁就会动摇专利系统角色的根基并阻碍创新。

最终,大会未能就上述问题达成最终意见,在后期继续谈判,但是仅从之前的谈判过程和记录中可以看出,发达国家和发展中国家对相关问题的分歧还比较大。①

(三)《粮食与农业植物遗传资源国际条约》设定的保护模式

2004 年 6 月 29 日,经过多年谈判的《粮食与农业植物遗传资源国际条约》(以下简称《粮农植物遗传资源条约》)正式生效。我国虽然在早年积极参加了缔结改条约的谈判,但由于对于自身利益的考虑以及对条约的前景有顾虑,我国至今尚未加入该公约。

条约的宗旨与《生物多样性公约》相统一,其核心宗旨是为可持续农业和粮食安全保存、利用粮农植物遗传资源以及公平合理地惠益分享由此产生的利益。《粮农植物遗传资源条约》由序言及另外七个部分组成,共 35 条,另外还有两个附件,一个是多边体系覆盖的作物物种清单,另一个是争端解决办法。该条约将各利益相关者结合到一起,形成一个多边框架,在全世界范围内给出了一个获取遗传资源并共享利益的解决方案。

粮农植物遗传资源是现代农业基因改良、农业技术发展不可或缺的材料,对于保障农业安全和可持续发展具有重要的意义。同时,世界各国在现代科技迅猛发展的大背景下,都离不开他国而孤立生存发展,大家相互依存,共同发展,这为各国农业密切交流、资源共享提供了可能。

《粮农植物遗传资源条约》为国际间的农业合作提供了重要的法律框架,其确

---

① 世界知识产权组织讨论专利中遗传资源来源披露问题,http://www.sipo.gov.cn/wqyz/gwdt/201603/t20160330_1257245.html,2016 年 2 月 19 日访问。

立了粮农植物遗传资源的保护、可持续利用、农民权利以及获取和惠益分享多边系统等法律制度。其中,获取和惠益分享多边系统被认为是该条约的核心制度。不同于《生物多样性公约》在获取和惠益分享问题上采取的"双边路径",该条约采取的"多边路径"就是为了反映当前和未来各国对于粮农植物遗传资源的相互依赖性,并确保此类资源在不同国家间的持续流动。[1]

《粮农植物遗传资源条约》构建了一系列利用遗传资源的多边体系,但其仅适用于粮农植物遗传资源。该条约规定缔约方应对其他缔约方的自然人或法人获取多边覆盖的作物物种清单内的遗传资源提供便利,然而要限定使用目的,获取植物遗传资源的目的只能是为了粮食安全和农业研究,不得被化学、医药等其他非食用的工业使用。并就遗传资源的保护、利用、交换方式及各资源拥有国的权利义务等作出了较为明确的规定,反映了政治因素的影响以及国家利益博弈的迹象。我国反对,认为清单范围太大,并坚决将大豆等我国较为丰富的野生资源品种排除在清单之外,大豆资源最终未列入清单。[2]

（四）《波恩准则》设定的保护模式

《波恩准则》对获取和惠益分享等"焦点问题"作出了相关规定,即应该通过供需双方的资讯反馈机制,向申请取得遗传资源的人说明事先知情同意的程序并共同商定的条件,包括关于惠益分享的条件,并向其指明国家主管部门、有关的原住民和当地社区及利害关系人。除此之外,对各个国家的相关主管部门应当承担何种责任,以及对缔约方和利益相关者的责任如何负担等内容,《波恩准则》也作出了进一步的规定。总而言之,关于建立遗传资源获取和利益分享机制,《波恩准则》提出了更进一步的立法建议以及行为准则。《波恩准则》明确排除对人类遗传资源的适用,并进一步申明本准则应涵盖所涉及全部遗传资源以及相关的传统知识、创新和做法,并涵盖由于这些遗传资源的商业利用和其他利用而产生的惠益,唯人类遗传资源不在此列。之所以将人类遗传资源排除,是因为对人类遗传资源利用的要求更加严苛,更侧重生物伦理方面的规制。

（五）《与贸易有关的知识产权协定》与《生物多样性公约》的关系

自然资源、遗传基因、动植物品种都与人类的生存和发展紧密相关,关系到我们全人类的可持续发展。这些自然资源能否获得知识产权法保护,自然也被国际社会提到日程表上。

提到知识产权法,我们就不得不提及《与贸易有关的知识产权协定》。该协定第27条第3款规定,各成员方可以拒绝对动植物新品种和生产动植物品种的生

---

[1]　张小勇、杨庆文:《我国加入〈粮食和农业植物遗传资源国际条约〉的选择和建议》,《植物遗传资源学报》,2019年,第5期。

[2]　张璐:《小议专利申请中遗传资源来源的披露——以〈专利法修正案(三)〉第十四条为视角》,《大众商务》,2009年,第4期。

物方法授予专利权。同时,该协定又规定成员方应当对植物新品种给予保护,这种保护可以通过专利制度,也可以通过其他制度,甚至可以通过上述两种制度的结合来实施。该条规定,成员方可以对动植物品种及其生物生产方法提供专利制度的保护。

对动植物品种的保护,必然包含对动植物基因资源的利用。上文所述,《生物多样性公约》建立了一个遗传资源获取的国家保护机制,即"事先知情同意保护机制",要求他人利用别国的自然遗传资源作出发明的,遗传资源来源国有权事前知晓,并根据规定可以要求必须提前获得批准。

印度等发展中国家认为《与贸易有关的知识产权协定》与《生物多样性公约》有冲突,《与贸易有关的知识产权协定》过于强调给予权利人以专利权保护,极易导致权利人滥用权利,对来源地国的知情同意和惠益分享权只字不提,没有确保遗传资源来源地国家的合法权益。

美国等发达国家认为,二者规制的对象和权利不同,《与贸易有关的知识产权协定》仅是说明对于利用遗传资源的发明可以给予专利权,而《生物多样性公约》是强调遗传资源国家有管理、批准和利益分享的权利,所以,《与贸易有关的知识产权协定》与《生物多样性公约》不冲突,无矛盾。

现在大部分学者的意见是,《与贸易有关的知识产权协定》对生物物种和生物生产方法的专利权保护,其重点在于规定知识产权保护的最低标准,更强调保护发明人的专利权益。但《与贸易有关的知识产权协定》并不妨碍各成员方立法规范基因资源的保护和利用,因此各国仍然可以自主制定自己的国内立法,规范自然资源的取得和批准以及利益共享等事项。这两个公约不是对立禁止的关系,恰恰相反,《与贸易有关的知识产权协定》通过鼓励生物领域的发明创造,为人类社会的可持续发展创造法律条件;《生物多样性公约》规定了资源保护和利益共享,为可持续发展提供了生物物质基础。二者可以互相补充,互利共赢。

三、遗传资源保护的比较

(一)遗传资源的国外保护

1. 美国生物遗传资源相关法律制度

在美国,大约25％的医院所开处方上的药,其活性成分都是从植物中提取或衍生的。这些源于植物的药品,其销售额在20世纪80年代初达到50亿美元左右,90年代中期达到155亿美元,21世纪初已达到400亿美元。在农业领域,生物技术也导致了在农业生产中更多地利用生物多样性。遗传多样性已经是农业研究中的主要原料。尽管过去只有作物的近缘种属可用于育种计划,但如今世界整个生物群的基因都能够得以采用。

在保护生物遗传资源方面,一方面,美国制定了一系列的法律法规;另一方面,美国建立了完善的资源保存系统。除了最大的种子库——国家种子储存实验室外,美国还有许多地区和特定作物种。就目前对生物遗传多样性的研究和实践来看,各国对生物遗传资源的保护和利用主要集中在植物遗传资源领域。

美国对生物资源的保护包括两个部分,即已经过人工培育的遗传资源和尚未经过人工培育加工的自然遗传资源。对于前者,有明确的国内法法律法规调整,对于其资源的获得有明确的指向,惠益分配制度相对成熟,主要以支付专利费或使用费等货币方式,在实践和理论上没有大的争议;而对于自然遗传资源而言,美国至今尚没有统一的专门立法来管理自然遗传资源的获取与开发应用的惠益分享,基本上通过其他一些部门法如《科学技术转让法》《濒危物种法》等来调整,这方面的惠益分享制度还没有一个明确的框架,主要原则在立法者、公众、生物技术公司、资源提供者之间还存在一定的分歧。但在实践中,美国的一些商业公司还是通过合同方式来解决惠益分享问题。

1)人工培育遗传资源的获取和惠益分享

美国在 1930 年修正了《专利法》,增加了第 15 章"植物专利",开始对培育作物品种进行专利保护,但开始时适用的范围很狭窄,仅仅允许取得诸如蔷薇科植物、其他观赏植物和果树等无性繁殖植物的专利,然而把马铃薯、百合等通过块茎根茎繁殖的作物排除在外。20 世纪 60 年代以后,欧洲诸国纷纷制定了各自的法律来保护育种者的权利,而且把通过有性繁殖获得的且性状稳定一致的品种也纳入其中。

针对这种变化,美国在随后几年一方面积极介入国际间相关协议的谈判和签署,分别加入了《与贸易有关的知识产权协定》等国际条约;同时在国内相继制定或修订了《美国植物品种保护法》《联邦种子法》《联邦植物专利法》等几部法律,构建了以植物专利和植物品种保护为手段的人工培育遗传资源保护的基本框架。

将知识产权的范围扩大到遗传资源。1980 年,美国迈出了重要的一步。当时美国最高法院对钻石公司诉察可拉巴蒂公司案件作出裁决,根据标准的专利法可以取得经遗传改良细菌的专利。综合美国目前的法律政策,对于人工培育的新品种,法律所提供的保护主要包括以下几种形式:针对植物品种无性繁殖的植物专利保护;针对植物品种有性繁殖的植物品种保护认证;针对植物新品种实用专利保护。一个人就同一植物品种可同时获取以上三种形式的保护。此外,也可以借助商标法对植物新品种商标进行保护。

(1)针对植物品种无性繁殖的植物专利保护。

根据美国《专利法》的规定,植物专利适用于以无性繁殖所获得的植物新品种,包括通过芽变、突变或杂交等途径获得的性状稳定的品种,但不包括通过根茎、块茎繁殖获得的品种。新品种必须是在栽培过程中发现并对其性状加以稳定后获得的,在自然环境中获得的品种不在此列。获得专利保护的专利保护期是20年,在保护期内排斥其他人无性繁殖这种植物,或者销售或使用无性繁殖的这种植物。有性繁殖(如种子)及使用或销售以此方式育成的秧苗,不构成对植物专利的侵害。植物专利所保护的仅是植物本身,并不包括植物的组成部分,如花、果实、枝条、种子。

(2)针对植物品种有性繁殖的植物品种保护认证。

美国《专利法》调整的是通过无性繁殖获得的植物材料,而《植物品种保护法》则调整通过有性繁殖获得的植物材料。《植物品种保护法》基本上是根据《UPOV公约》1978年文本而制定的国内法,除了调整对象,它与原先的美国《专利法》的另外一个区别在于,任何符合专利申请条件的无性繁殖材料都能根据美国《专利法》要求专利保护。《植物品种保护法》在法律中预先给出能予以法律保护的植物种类清单,只有在清单上列名的植物,其品种才可申请保护。

根据《植物品种保护法》第111条的规定,受保护的品种与其附属品种自身和收获材料皆得到法律保护,保护期限为18年。未经过授权,任何他人不得生产、销售、进出口和商业储存。其中,"附属品种"指下面三种:①该品种实质繁衍自被保护品种,而被保护品种并非繁衍自其他品种;②与被保护品种没有明显区别性的品种;③以被保护品种为杂交亲本的品种。通过这种方式的植物品种保护有一个重要的特例,即农民有权贮存品种的种子或使用这种种子生产自用的作物。农民也可以以再生产这种品种为目的而销售这种经贮存的品种,但是这种种子必须是为了在自己的土地上种植这种植物而贮存的。这样,一个农民为了在自己的土地上重新种植这种植物贮存了种子,如果他改变了原来的计划,他就可以销售这种种子。在这一特例中,无论是买者还是卖者都必须是农民,其主要的职业都是从事作物的栽培,且其栽培作物的目的是销售,而不是作物的再生产。

(3)针对植物新品种的实用专利保护。

植物新品种的实用专利有更大的保护范围。相对而言,一项实用专利的专利持有人有权阻止对其专利品种进行未经授权的生产、使用、提供销售报价或销售活动,或者进口其专利品种。未经授权的生产活动包括被保护的植物品种的有性繁殖和无性繁殖。

实用专利可以保护一个植物新品种的组成部分或其产品实用专利,也可以有效地保护植物品种的组成部分或其产品,如花、水果、种子、花粉、油料、培养的组织以及由此植物再生的植物。实用专利也禁止进口专利植物的组成部分,或者以这种植物为原料生产其他产品。

一项植物新品种的实用专利,依专利请求内容的不同,可能需要比一项植物专利公布更多的技术细节。如果实用专利的发明者只满足于防止其他人制造、使用和销售其植物品种或这种植物品种的一个组成部分,那么,与植物专利或植物品种保护法的认证相比,不需要公布更多的技术细节。如果实用专利的发明者还想对以其发明的植物品种作为母本材料而培育的其他植物品种提出权利要求,那么,他有可能被要求准确地公布这些植物品种是怎样培育出来的。

(4)植物新品种商标保护。

近年来,美国的育种者为了更好地保护自己的品种,开始尝试通过商标法律制度来保护植物新品种。

商标的价值与专利一样,被注册的商标也可以产生效益。不能为植物品种的名称而获得商标保护。如果一个商标的主要属性是一种植物的名称,那么可能会失去商标保护。为植物新品种选择的标志应具有可区别性和普遍适用性。应避免使用人名、地名或仅为描述性的名称,以及与其他组织的名称相冲突的标志。

在商标选择时,应避免与现有商标相矛盾。在美国,对一个实际使用了的商标,或一个意向性使用的商标,都可以提出商标注册申请。后者可使申请人获得较早的申报日期,并可使申请人获利,因为注册标的权益与申请日期有关。美国的商标注册也可以外国商标注册申请为依据。从以上美国对人工培育的遗传资源保护法律制度来看,育种者可以在分析自己植物品种的重要程度和保护类型的可靠程度等因素后,选取植物品种的保护形式。在某种情况下,商标保护是唯一可以利用的形式。在另一种情况下,使用实用专利或将实用专利与商标保护结合起来的保护形式可能更适用。在选择了保护形式后,育种者应当考虑如何推广自己的植物品种。例如,发放许可证的方式可能是尽快推广植物品种的理想方式。如果育种者的植物品种保护力度足够大,以至于其他人不敢侵犯他的权益,那是最理想的;如果不是这样,育种者为了保护自己的权益,则只能向侵权者起诉。

2)自然遗传资源获取与惠益分享

对于自然状态以外的遗传资源,即包括上述人工培育的资源以及移地保存在种质库的自然资源,无论其所有权性质是公有还是私有,只要不属于国家特别保护的濒临灭绝的生物,其获得都是开放的,只需要支付一定的费用,并没有强制性的法律限制。但是对于自然状态下的遗传资源,情况相对要复杂一些,其获取与惠益共享制度的线索并不明晰。

在对待国外资源的获取与惠益分享方面,美国的态度和《生物多样性公约》的精神是不同的。美国一直坚持"合同机制"的立场。美国认为,在这一机制中,合同义务应当包括要求被授予遗传资源获取权利的一方向相应的主管当局报告任何发明,并应在任何专利应用的说明中表明遗传资源的取得来源,以及提供取得权利相应条款的合同。

综合看来,根据美国目前的法律,对于非自然遗传资源样本,其获得无论是公有还是私有都是开放的,没有强制性法律的限制,只有在出于保护濒临灭绝的生物资源时才对获取加以限制。对于自然状态下的遗传材料获取,如果为私人所有,则法律不作干涉。对国有遗传资源,现有的法律还没有普遍性的规范。

但是我们可以从美国国家公园采取的管理体制推出美国对自然生物遗传资源管理的一般模式:这些遗传资源归国家所有,由国家公园管理局主管,由国家公园具体管理。于是,一般模式是,由国家公园管理局负责资源获取许可的审核与批准,惠益共享方案则由国家公园与资源获取者协商,最后由国家公园管理局确认。在此过程中,国家公园管理局考虑适用的法律和政策有《科学技术转让法》《濒危物种保护法》《国家公园管理法》《国家公园科学研究和资源收集许可基本条例》等。

值得注意的是,尽管美国对生物资源的获取与惠益分享都赞成协议或合同的模式,但美国对待国外和国内生物遗传资源的态度是不同的。在对待国外遗传资源方面,美国反对主权国家特别是发展中国家的政府通过其国内法对各自国内遗传资源的获取与惠益分享进行太多的干涉,希望为美国生物技术发达的大公司对别国遗传资源的获取扫除制度上的障碍,而对生物遗传资源国家主权的强调,却恰恰是《生物多样性公约》所追求的目标。再反观美国对其国内遗传资源的管理,就会发现许多政府干预的痕迹。在强调资源公平和可持续利用的现代社会,国家对生物资源获取及惠益分享的管控是必不可少的。美国的上述两面立场也确实遭到了人们的批判。如果美国希望别国对其国内的遗传资源管理采取宽松的态度,那么它也应当以同等的程度向国外开放自己的自然生物资源。人们认为,一方面,美国主张的合同机制,只是一种有希望的实验,可以用作对别处生物多样性开发利用的参考,但其本身并非未来普遍遵循的模式;另一方面,生物资源的开发利用并不仅仅是科技和经济问题,同时关系到生态安全,脱离了政府的监管,可能会对生态和环境产生不可预料的后果。①

2. 印度的生物遗传资源立法

印度是公认的全球 12 个生物多样性最为丰富的国家之一,还是一些主要农作物物种的原产地中心。在生态系统方面,印度拥有 10 个完全不同的生物地理区域。世界上共有 25 个生物多样性热点地区,其中有 2 个就分布在印度。印度不但拥有极为丰富的生物资源,而且拥有极其丰富的与生物资源相关的传统知识和土著知识。这些知识包括印度的传统医药、农业知识、生物防治等,为印度人民的生存繁衍作出了巨大贡献。

1)生物资源和传统知识受到剽窃

近些年来,由于现代生物技术的日新月异,对生物资源的开发利用的需求日益增加,使得发达国家在全球范围内搜寻与传统知识相关的生物资源,通过研究

---

① 王明远,金峰:《美国生物遗传资源获取与惠益分享法律制度介评——以美国国家公园管理为中心》,《环球法律评论》,2008 年第 4 期。

后为其所用。在此技术背景下，出现了多起掠夺印度生物资源及其相关传统知识的"生物剽窃"事件，如印度尼姆树事件、姜黄事件和印度香米事件。印度人掌握姜黄的治伤特性已有好几个世纪，而美国专利局却于1993年授予美国密西西比大学将姜黄用于伤口愈合的药物专利权。另外，美国 Rice Tec 公司对印度长期以来种植的香米也申请了20多项专利。

基于上述"生物剽窃"事件，在整个20世纪90年代，印度政府不断面临来自各方面的压力，人们要求政府制定适当的政策或法律以阻止类似剽窃事件的发生。在1992年《生物多样性公约》通过之后，基于《生物多样性公约》原则和规则，各国对其生物资源拥有主权权利与生物资源的获取和惠益的公平分享取决于各国法律。印度政府充分意识到，《生物多样性公约》为印度提供了从其丰富的生物遗传资源及其与生物资源相关传统知识中获取利益的时机。在此背景下，印度开始其生物多样性政策与法律的制定过程。

2）制定国家生物多样性战略和行动计划

1994年2月18日，印度政府批准通过了《生物多样性公约》，为了落实公约所规定的目标，印度在政策和立法方面表现出前所未有的信心。在政策方面，1999年印度制定了《生物多样性国家政策与宏观行动战略》，用于确保印度作为生物资源的原产国，当地社区作为生物多样性的保护者，土著知识体系、创新与做法的创造者与持有者分享惠益。在上述框架文件的基础上，2000年印度开始启动了制定更细致的《国家生物多样性战略和行动计划》的工作程序，并使该计划得到了实施。在立法方面，印度在1994年批准《生物多样性公约》后就启动了生物多样性的立法进程。这项法律由印度农业科学家 M.S. 斯瓦米纳坦领导的专家委员会负责起草，其基本理念是保护其生物资源在本国人不能分享惠益的情况下不被外国人所利用。直到2000年《生物多样性法》以第93-C号法案的形式提交议会审议，在进行修改后，于2002年12月11日在上院联邦院通过了印度《生物多样性法》。此后，为了《生物多样性法》的更好实施和操作，印度环境与森林部于2004年通过了《生物多样性条例》。

3）印度生物遗传资源立法的主要内容

印度《生物多样性法》共12章65条，整部法律重点强调生物资源的获取和惠益分享。

（1）遗传资源的获取主体。

印度《生物多样性法》根据获取主体的不同规定了不同的要求，将获取主体分为印度公民（主体）和非印度公民（主体），并且两者的申请和批准机构也不相同。印度公民获取和利用生物资源由邦生物多样性管理局批准，而非印度公民获取、利用和转让生物资源或研究成果的审批权限在中央一级。

① 非印度公民（主体）。针对非印度公民（主体），印度《生物多样性法》第3

条规定,下列主体未经国家生物多样性总局的批准,不得获取生物资源以及与之相关的传统知识进行研究或商业利用或生物勘查和生物利用,主要涉及非印度公民,印度公民但属于印度所得税法上的非居民,非在印度设立或注册的公司、协会或者组织,在印度设立或注册但有非印度公民的股份或者参与管理的公司、组织或协会。

印度《生物多样性法》第 4 条规定,未经国家生物多样性总局批准,任何人不得向非印度主体转让源于印度的研究成果,发表研究论文或在任何研讨会或研习会上分发知识。只要其发表遵循了中央政府签发的准则,不视为本条所说的转让。第 5 条则规定,第 3 条和第 4 条规定不适应于机构(包括政府资助的印度机构)之间,以及其他国家的类似机构之间转让或交流生物资源或相关信息的协作研究项目。

② 印度公民(主体)。针对印度公民(主体),印度《生物多样性法》第 7 条规定,印度公民或在印度登记的法人、协会或者组织在事先向生物多样性管理局申请之前,不得为商业利用或生物勘查和生物利用目的而获取任何生物资源。生物资源所在地的当地人和社区,包括生物多样性的培养者和从事土著医学实践的赤脚医生及医师,获取生物资源时无须征得当地政府的同意。

(2)遗传资源的获取程序。

《生物多样性条例》第 14 条规定,任何人为了研究或商业利用生物遗传资源与相关传统知识,都必须向国家生物多样性总局提出申请,若获得批准,则获取申请者必须与国家生物多样性总局签订《获取批准书》,批准书应采用书面协议的形式,该协议由已获授权的国家主管部门的官员与申请者正式签订。协议的形式由国家主管部门确定,但其应包括如下内容:申请的总体目标与目的,生物资源与传统知识(包括附随信息)的说明,生物资源的预计用途(研究、育种、商业利用等),申请者申请获得知识产权的条件,货币和其他附带惠益的数量,未经国家主管部门的事先批准向第三方转让已获取的生物资源和传统知识的限制,遵守国家主管部门对申请者寻求获取生物资源的数量与质量说明,保证将获取的生物材料的参考标本存于保存处,保证定期向国家主管部门提交研究和其他开发情况的进展报告,承诺遵守《生物多样性法》《生物多样性条例》以及其他具有法律效力的国家法律、法规,承诺采取便利保护和可持续利用的所获取的生物资源的措施,协议期限、终止协议的通知、单独条款的独立可实施性、有关惠益分享条款中的义务,在协议终止后仍存在义务的规定、限制责任的事件、仲裁、保密等法律规定。

(3)限制或禁止生物遗传资源的获取。

印度《生物多样性条例》第 16 条规定,限制或禁止获取的生物遗传资源类型主要包括如下内容:申请获取的是濒危物种,申请获取的是特有和稀有物种,申请的获取活动很可能对当地居民的生活造成负面影响,申请的获取活动很可能造成难以控制和清除的负面环境影响,申请的获取活动可能导致遗传退化或影响生态系统的功能,遗传资源的用途违反了国家利益和印度加入的其他国际条约。这些针对特定类型的获取活动所施加的限制并不违背《生物多样性公约》的目标。

(4)管制客体范围的规定。

印度《生物多样性法》适用的客体包括印度境内的任何生物资源与其相关传统和当代知识体系。生物资源获取的目的是用于研究、商业利用、生物勘查和生物利用。根据该法规定,生物资源是指对人类具有实际或潜在用途或价值的植物、动物和微生物或其部分、遗传材料和副产品(不包括增值产品),但不包括人类遗传材料。从这一定义看,它与《生物多样性公约》关于生物资源的界定基本一致,既调整生物资源,又调整遗传资源。同时,该法对商业利用进行了界定,将生物资源与遗传资源同时作为管制的客体。这一管制客体的确立说明,无论被利用的是遗传材料还是遗传材料以外的生物体及其组成部分和产物,都将受到印度《生物多样性法》和《生物多样性条例》关于获取规则和惠益分享规则的约束。

(5)惠益分享规定。

印度《生物多样性法》规定,由国家生物多样性总局决定有关惠益分享的问题。《生物多样性法》第21条第1款规定,主管部门在根据第19条或第20条作出批准决定时,应当确保作出批准时的条款和条件,能够根据申请批准者、有关当地机构与惠益主张者之间共同商定的条款与条件,公平分享因利用所获取的生物资源、其副产品、与其利用和应用有关的创新和实践、相关知识而产生的惠益。其中,《生物多样性法》第21条的其他款项具体规定了国家生物多样性总局应以下列一种或多种方式确定惠益分享:主要是向惠益主张者授予知识产权的联合拥有权、技术转让,将生产、研究和开发单位选址于有助于改善惠益主张者生活条件的区域,促使印度科学家、惠益主张者同当地人与生物资源的研发和生物探测及生物利用中,为资助惠益主张者的事业而设立风险资本基金,向惠益主张者支付国家主管部门认为适当的补偿货币和其他非货币惠益。支付的货币,国家主管部门可命令将其缴存于国家生物多样性基金处。当生物资源或传统知识是从特定个人、群体或组织处所获取的时,国家主管部门可以命令申请者向该个人、群体或组织直接支付一定数量的货币。《生物多样性条例》第20条规定了公平惠益分享的标准,包括如下主要内容:国家主管部门应通过官方公报中的通知形式制定指南和说明惠益分享方案,该指南应规定货币和其他惠益,如合资企业、技术转让、产品开发、教育和意识提升活动、机构能力建设和风险资本基金。国家主管部门在给予任何人获取或研究成果转让或申请专利和知识产权或向第三方转让已获取的生物资源或相关传统知识的批准时,可以施加确保公正分享因利用已获取的生物材料和相关传统知识而产生的惠益的条款与条件,惠益的数额应与当地机构和惠益主张者协商,国家主管部门应依照每一个案件的情况规定取得短期、中期和长期惠益的时间范围。[①]

3. 欧盟关于遗传资源的法律规定

欧盟认为,公平分享利用遗传资源所取得的惠益有利于促进生物多样性的保护和可持续利用。欧盟于1993年12月批准加入了《生物多样性公约》,并积极推动该公约的实施。对于遗传资源获取与惠益分享,欧盟的政策主要是考虑国际的相互合作,特别是与发展中国家的合作。欧盟支持建立遗传资源获取与惠益分享的《波恩准则》。

就全世界范围来看,在研究和发明新物种方面,欧洲历来是全球生物遗传资源的重要使用者。欧洲也是生物遗传资源的提供者。欧洲收藏并储存了很重要的外来生物资源,这些收藏的生物资源在科学研究和技术转让中为遗传资源的保存和可持续利用起到了重要的作用。

欧盟对自身的定位其实更倾向于一个遗传资源的使用者而非提供者的角色。在欧盟提交给国际组织有关问题的报告中,在对遗传资源下定义时,强调遗传资源的使用方绝大多数为发达国家,而提供者则通常为发展中国家。欧盟也一直强调,欧洲在广泛的领域具有获取生物遗传资源的巨大商业需求。

欧盟于1998年7月6日通过了《关于生物技术发明的法律保护指令》,试图为那些遵守生物技术来源国的立法的行为以及在获取和利用这些材料时遵守合同安排的行为提供支持。该指令第27节规定,如果某项发明以来自植物或动物的生物材料为基础,或使用了这些材料,则其专利申请应该在适用情况下说明所了解的这些材料的起源地。然而,这一披露要求是自愿性质的,并不影响后续专利的有效性。该规定的自愿性意味着,并不要求所有成员国都必须在本国法律内强制规定披露来源。目前,许多欧洲国家相继修改了自己的立法规定,纷纷要求对生物遗传资源的来源予以披露,但是大部分国家和欧盟的指导思想一致,即披露生物遗传资源的来源的要求并不影响专利的有效性。[②]

(二)我国相关的法律规定

1. 我国遗传资源法律建设现状

我国目前尚未颁布动物遗传资源管理方面的专门立法,与动物遗传资源保护和可持续利用相关的立法主要体现在宪法和基本法、野生动物资源管理立法、家养动物种质资源管理立法、动植物检疫立法等立法之中。

---

① 朱洪云,董海龙,芮亚培,等:《印度的生物遗传资源立法》,《世界农业》,2011年第5期。
② 薛达元,崔国斌,蔡蕾,等:《遗传资源、传统知识与知识产权》,中国环境科学出版社,2009年版,第235页。

1）宪法

我国《宪法》第 9 条规定,国家保障自然资源的合理利用,保护珍贵的动物和植物。禁止任何组织或者个人用任何手段侵占或者破坏自然资源。《宪法》第 26 条规定,国家保护和改善生活环境和生态环境,防治污染和其他公害。这些规定为动物遗传资源保护提供了宪法依据。

2）全国人大及其常委会制定的其他法律

我国野生动物资源管理方面的立法数量较多,主要包括:《中华人民共和国野生动物保护法》（以下简称《野生动物保护法》）、《中华人民共和国畜牧法》（以下简称《畜牧法》）、《中华人民共和国动物防疫法》（以下简称《动物防疫法》）、《中华人民共和国进出境动植物检疫法》（以下简称《进出境动植物检疫法》）、《中华人民共和国森林法》（以下简称《森林法》）、《中华人民共和国农业法》（以下简称《农业法》）、《中华人民共和国药品管理法》（以下简称《药品管理法》）、《中华人民共和国草原法》（以下简称《草原法》）、《中华人民共和国渔业法》（以下简称《渔业法》）、《中华人民共和国海洋环境保护法》（以下简称《海洋环境保护法》）、《中华人民共和国环境保护法》（以下简称《环境保护法》）、《中华人民共和国生物安全法》（以下简称《生物安全法》）等。这些立法主要包括野生动物资源权属、野生动物资源保护和野生动物资源利用管理等内容,从资源管理角度为野生动物遗传资源管理提供了一定的法律依据。

我国《专利法》第 25 条规定:"对下列各项,不授予专利权:（一）科学发现……（四）动物和植物品种……对前款第（四）项所列产品的生产方法,可以依照本法规定授予专利权。"根据《专利法》规定,我国对通过科学技术,产生动植物新品种的生产方法,可以授予专利权。

《生物安全法》自 2021 年 4 月 15 日起施行。我们研究该法,发现其目标在于为了维护国家安全,防范和应对生物安全风险,保障人民生命健康,保护生物资源和生态环境,促进生物技术健康发展,推动构建人类命运共同体,实现人与自然和谐共生。该法所称"生物安全",是指国家有效防范和应对危险生物因子及相关因素威胁,生物技术能够稳定健康发展,人民生命健康和生态系统相对处于没有危险和不受威胁的状态,生物领域具备维护国家安全和持续发展的能力。

《种子法》第 2 条规定,本法所称种子,是指农作物和林木的种植材料或者繁殖材料,包括籽粒、果实、根、茎、苗、芽、叶、花等。该法第 11 条规定,国家对种质资源享有主权,任何单位和个人向境外提供种质资源,或者与境外机构、个人开展合作研究利用种质资源的,应当报国务院农业农村、林业草原主管部门批准,并同时提交国家共享惠益的方案。国务院农业农村、林业草原主管部门可以委托省、自治区、直辖市人民政府农业农村、林业草原主管部门接收申请材料。国务院农业农村、林业草原主管部门应当将批准情况通报国务院生态环境主管部门。《种子法》对我国的种子的定义、主管机关、种质资源管理、对外交流合作等事项做了原则性规定。

《畜牧法》中对畜牧资源保护做了原则性规定，国务院农业农村主管部门根据全国畜禽遗传资源保护和利用规划及国家级畜禽遗传资源保护名录，省、自治区、直辖市人民政府农业农村主管部门根据省级畜禽遗传资源保护名录，分别建立或者确定畜禽遗传资源保种场、保护区和基因库，承担畜禽遗传资源保护任务。该法还规定了各级政府应当建立多种形式的畜牧遗传资源保种场、保护区和基因库，对我国相关遗传资源进行有效合理的保护。

3）国务院制定的行政法规以及国务院各部委制定的各类部门规章

国务院及各部委制定了《中华人民共和国畜禽遗传资源进出境和对外合作研究利用审批办法》（以下简称《畜禽遗传资源进出境和对外合作研究利用审批办法》）、《风景名胜区条例》、《中华人民共和国濒危野生动植物进出口管理条例》（以下简称《濒危野生动植物进出口管理条例》）、《中华人民共和国植物新品种保护条例》（以下简称《植物新品种保护条例》）、《农业转基因生物安全管理条例》、《中华人民共和国森林法实施条例》（以下简称《森林法实施条例》）、《中华人民共和国人类遗传资源管理条例》（以下简称《人类遗传资源管理条例》）等法规。

《人类遗传资源管理条例》规定，本条例所称人类遗传资源包括人类遗传资源材料和人类遗传资源信息。人类遗传资源材料是指含有人体基因组、基因等遗传物质的器官、组织、细胞等遗传材料。人类遗传资源信息是指利用人类遗传资源材料产生的数据等信息资料。国家加强对我国人类遗传资源的保护，开展人类遗传资源调查，对重要遗传家系和特定地区人类遗传资源实行申报登记制度。该规定对于我国一些珍贵的人类遗传资源密码保护提供了初步保护设想和路径。

4）地方性法规

我国一些地区自然资源丰富，积极推进地方性立法，如《湘西土家族苗族自治州生物多样性保护条例》、《云南省生物多样性保护条例》、《黔南布依族苗族自治州民族医药保护发展条例》等，希望借此保护自然资源的合理利用及惠益分享。

5）国际公约及相关文件

我国目前加入的保护自然遗产资源的国际公约主要有《生物多样性公约》《卡塔赫纳生物安全议定书》《名古屋议定书》。上述三个国际公约是国际自然遗传资源领域内最重要的国际共识，我国均积极推动达成并积极加入。但是，许多发展中国家由于法律滞后，意识和技术均不足，造成发展中国家自然遗传资源被窃取的消息时有发生。

2. 我国遗传资源立法存在的主要问题

尽管我国目前已制定和实施了上述相关立法，但从动物遗传资源管理的角度看，这些立法尚待进一步健全和完善，其中存在的问题主要体现在如下几个方面。

在法规体系方面,专门立法缺位。《野生动物保护法》《中华人民共和国陆生野生动物保护实施条例》(以下简称《陆生野生动物保护实施条例》)《中华人民共和国水生野生动物保护实施条例》(以下简称《水生野生动物保护实施条例》)等涉及的主要是野生动物资源管理,各地颁布的种畜禽管理条例等主要涉及的是家养动物种质资源管理。这些法律、法规和行政规章大多从自然保护、自然资源保护的角度,附带涉及动物遗传资源的管理和保护,尽管也不同程度地为动物遗传资源管理提供了依据,但其中关于遗传资源管理的规定大多是隐含性的,并且此种隐含性的规定往往非常笼统,可操作性不强,从而为具体适用带来了相当大的难度。我国虽然目前出台了《生物安全法》,但是纵观法条全文,遗憾地发现,该法基本是一部行政法规,主要是针对国家各级机关如何进行行政执法,保护我国生物安全,避免各种生物风险危及广大人民群众的生命安全而创设的,对于权利人可能享有的专有权不涉及。该法由于缺乏配套的条例、实施细则,所以司法实践中可操作性待增强。

在权利体系方面,基本权利制度欠缺。这方面的问题主要体现为:一方面,权利归属不明确。《野生动物保护法》确立了野生动物资源的国家所有权,但是对蕴含其中的野生动物遗传资源的权利归属未作明确规定。另一方面,权利体系内容不全面。在我国目前关于动物遗传资源管理的法律规定中,土著居民的权利和农民的权利没有受到应有的重视。事实上,遗传资源的获取与惠益分享与土著居民和农民的利益密切相关,缺少了对他们的权利的规定,权利体系是不完整的。另外,国家的遗传资源收益权也缺少明确的程序性规定作为保障。权利体系内容的欠缺不仅不利于保护有关利益各方的权益,也不符合相关国际规则的要求。

在与国际规则接轨程度方面,与有关国际条约的要求存在差距,履行国际义务和加强国内管理深受影响。目前,与动物遗传资源管理、保护和利用有关的国际法文件主要包括《生物多样性公约》《波恩准则》等。我国是《生物多样性公约》的缔约方,有义务履行该公约规定的有关遗传资源获取与惠益分享的义务。然而,我国相关立法对动物遗传资源管理和保护的规定,与这些国际规则的要求项目相比尚有相当大的差距,这在遗传资源获取和惠益分享的方式、程序、条件等方面体现得尤为突出。作为一个生物多样性和动物遗传资源赋存大国和主要提供国之一,我国亟须根据国际规则的要求,完善国内相关立法,以履行自己承诺的国际义务,同时基于国际规则和国内法律规定,加强动物遗传资源管理,更好地保护我国的动物遗传资源,并广泛参与遗传资源的惠益分享。

3. 我国动物遗传资源立法的完善建议

1)完善遗传资源知识产权保护立法

我国疆域辽阔,地大物博,遗传资源和传统知识都很丰富,随着近年来科学技术的发展,生物技术水平也得到极大的提高,对遗传资源的利用日益增多,我们保护遗传资源的需求也迫在眉睫。我们应当加强立法,通过知识产权及其他民商法权利保护权利人,可能更符合广大人民群众的利益。

第一,我国应制定一部综合保护生物多样性及遗传资源的法律。我国同印度一样面临着相似的问题,即生态环境遭到破坏、物种加速灭绝以及遗传资源遭到大肆掠夺等。因此,我国应当制定一部综合性的法律,将生物资源的保护机制、可持续利用机制和利益共享机制结合起来,从而促进对生物遗传资源的全方位保护。

第二,制定专项法律,严厉打击"生物海盗"行为。针对"生物海盗"行为,巴西通过专项法律明确规定了对"生物海盗"行为的处罚。我国目前生物遗传资源流失严重,因此,制定打击该项行为的专项法律已成为当务之急。

第三,完善披露制度至关重要。我国《专利法》关于遗传资源来源披露内容过于狭窄,仅包含来源的信息披露,而不要求提供"事先知情同意"和"惠益分享共同商定的条件"的相关证据。事实证明,如果国家规定的披露标准比较宽松,披露范围小,国外生物公司将大量地涌入我国申请各种生物技术专利,我国公司未来发展的空间将被大量挤压。当然,如果标准过于苛刻,许多我国的公司可能也会被专利法拒之门外。所以,这两者怎么平衡,确实非常考验立法者的智慧,但无论如何,从国外窃取我国自然资源的大量案例来看,国家立法应对披露制度从严规范和管理。

第四,增加在适当条件下要求与遗传资源有关的知识产权法定许可的规定。我国应该借鉴巴西等国的经验,在知识产权法律中增加基于遗传资源而产生的知识产权的法定许可,即规定如果获得知识产权的智力成果是根据我国所提供的遗传资源或传统知识形成的,该项智力成果的所有者必须向我国主管部门制定的机构无偿转让或允许其免费使用,并允许中国人和中国公司进一步地商业开发利用。

第五,应当增加在适当条件下共同享有知识产权的规定。我国还应当借鉴印度的规定,在获取与惠益分享管制立法中明确规定共同享有知识产权的内容。我国国内合作机构在参与遗传资源开发过程中与遗传资源利用者共同对最终智力成果的形成作出实质性贡献的,应当由我国国内合作机构与遗传资源利用者共同享有该智力成果的知识产权。[①]

2)明确我国对于境内的遗传资源享有主权

我国作为世界上生物多样性较为丰富的国家之一,除了在《种子法》第11条明确地宣示了"国家对种质资源享有主权"外,还没有其他任何与遗传资源相关的法律作出此类规定。目前已经出台的《生物安全法》对国家对于境内的遗传资源是否享有主权,也未明文规定。这与我国作为遗传资源大国的地位极不相符。

[①]　秦天宝:《遗传资源获取与惠益分享的法律问题研究》,武汉大学出版社,2006年版,第646页。

因此,我国政府应该通过制定有关遗传资源的专门法律,并在里面明确规定国家对遗传资源享有主权,或者对现行法律予以修改,增加有关遗传资源的主权条款。结合我国的实际情况,可以制定一部更加完整、可操作性更强的生物多样性法律,将有关生物遗传资源的所有问题纳入其中,并在总则内明确规定国家对遗传资源享有主权。这样,既可以解决我国目前法律保护不全面的问题,又可以宣示国家对本国境内的所有遗传资源都享有主权,从根本上解决我国遗传资源保护无法可依的情况。

3)建立事先知情同意机制

事先知情同意机制是为了确保三大目标之一——公平合理地分享利用遗传资源所产生的惠益的实现而制定的,其基本原理是供应遗传资源的国家及其实际提供者享有对被申请获取的遗传资源及相关传统知识的所有权或控制权,获取申请者必须在尊重此项权利的基础上向国家和利益相关者提供关于拟开展的生物开发活动的全面信息,以减少甚至避免两者之间的信息失衡。提供遗传资源的国家和利益相关者在充分知情的情况下与获取申请者达成获取与惠益分享安排,将能够最大限度地保障交易的公平性。①

至今,我国在法律中明确规定事先知情同意制度的法律文件,只有《人类遗传资源管理条例》,这在我国生物遗传资源保护方面是一个重大突破。但是,该条例对于事先知情同意制度的规定也不够科学。因此,为了维护国家利益,能够切实地分享基于遗传资源而产生的惠益,我国应该进行专门性的立法,对事先知情同意制度进行全面的、具体的、科学的规定。

鉴于遗传资源获取和利益分享问题的复杂性,应当由国家一级的专门主管部门来统一综合管理,同时以区域为基础,设立区域主管机构来负责具体的管理,但对于获取遗传资源的申请应由国家主管部门同意批准。

事先知情同意制度应当涉及以下几个方面的问题。

第一,应当进一步明确事先同意制度的适用范围。该制度应适用于我国境内的所有遗传资源,包括野生动植物、驯养动物、栽培植物、微生物以及人类遗传资源。凡涉及上述遗传资源的勘探、鉴定、采集、收集、实验、生产、销售、交换和交易等行为,均须取得遗传资源所有人及政府主管部门的双重事先同意。

第二,明确"事先披露来源"作为申请知识产权的前提条件。未来立法可以明确规定,专利权人申请生物技术专利时,应当在申请书中明确披露此种遗传资源的来源和原产地,其是否已经从原产国的主管部门获得了事先知情同意的法律文书,是否签订了惠益分享的协议,如若不然,则可能导致申请被拒绝,或丧失已有的专有权。

---

① 秦天宝:《遗传资源获取与惠益分享的法律问题研究》,武汉大学出版社,2006年版,第398页。

第三,明确惠益分享制度。国家强制要求自然资源"事先披露来源",其最终目的是要实现国际公约所创立的惠益分享制度。大部分商人是逐利的,如果没有完善的、切实可行的法律制度,期望所有的商业公司都自觉自愿地将赚取的利润与来源地国分享,这基本是不现实的。建议未来立法时,要求申请人在申请时必须提交申请报告,明确说明。我国作为资源来源地国,将来在相关的生物商业活动中,若双方就商业利益共享无法达成一致协议,则有权拒绝其知识产权申请。

第八章　比较知识产权民事司法保护

第一节　概述

随着科技、经济的迅速发展,知识产权制度及在其保护下的技术创新日益成为综合国力竞争的决定性因素,发达国家均极为重视知识产权司法保护制度设计,相关领域已成为各国法律发展中最活跃的部分之一。当前世界面临百年未有之大变局,国际政治经济斗争错综复杂,知识产权引发的国际贸易摩擦频发。知识产权日益成为国家利益核心要素和大国博弈的重要工具,在国家总体战略中的地位和作用更加突出,知识产权司法保护改革创新的需求十分迫切。

知识产权保护能力是指获得、保护和维持知识产权合法权利的综合素质和效能。知识产权强国的特点之一是知识产权保护能力强,为此,世界各国知识产权司法保护体系在不断调整和完善。加强知识产权民事司法保护是我国建设创新型国家的要求,知识产权保护不力则成为阻碍创新发展的因素之一,为此我国必须建立起严密的知识产权民事司法保护体系与机制,提高侵权者的违法成本,维护创新者权益。

知识产权司法保护是指法院通过行使审判职能对知识产权进行的保护,常划分为知识产权民事司法保护、行政司法保护和刑事司法保护。知识产权民事司法保护需要通过民事诉讼的方式实现,二者是目的与手段的关系。所谓知识产权民事司法保护,是指法院应知识产权权利人、利害关系人的申请,通过行使民事审判职责对知识产权进行的保护。知识产权民事司法保护的责任方式主要有赔偿经济损失、责令停止侵权、消除影响、赔礼道歉等。

知识产权法典化往往具有公私法混杂的特点,知识产权民事司法保护本身即可以纳入知识产权法而非只存在于民事诉讼法。例如,法国《知识产权法典》就包括了侵权扣押、临时禁令、诉讼时效、诉讼管辖等民事诉讼规范。越南、菲律宾、斯里兰卡等国的知识产权法典也包含民事司法保护的相关内容。①

由于司法实践中民事类案件占知识产权纠纷的大多数,并引发行政监管协调问题,主要代表性国家在知识产权民事与行政司法体制、程序方面均有针对性的

---

① 我国学者设想的未来中国知识产权法典的专家建议稿包括名为"行政、司法与救济"的专门一编,并于其中详尽地规定了知识产权法院系统、人员构成、诉讼原则与制度等内容。参见曹新明,张建华:《知识产权制度法典化问题研究》,北京大学出版社,2010年版,第390—394页。

制度安排与特色,而各国知识产权犯罪刑事诉讼体制、程序与其他种类犯罪刑事诉讼体制、程序并无显著差异,[①]加之北京、上海、广州三地知识产权法院暂时对知识产权案件实行民事、行政案件"二合一"而不是"三合一"审理,即不包括刑事案件。[②] 因此,为免流于中外普通刑事诉讼程序的堆砌展示,本章内容主要围绕代表性国家知识产权民事司法保护(尤其是专利诉讼)的体制、机制展开,兼及知识产权行政确权等一些具体问题。由于篇幅与文献资料所限,本章以美国、德国、日本与我国的相关制度为主要内容。近年来,随着我国企业加强在"一带一路"沿线国家和地区的知识产权布局[③],诸如非洲、南亚、东南亚、中东、东欧、南欧、大洋洲等地区知识产权民事司法保护制度必将成为下一步研究的重点。

一、知识产权应以司法保护为主导,以民事司法保护为基础

满足社会成员的利益诉求是任何一个政治共同体建构信任关系的重要方略。[④] 若想减少无形资产的外溢效应,方法之一就是扩大法律的应用范围,并加强法律对无形资产所有人的保护。[⑤] 知识产权趋向于成本特别高昂的保护。一个思想或者其他知识产品不可能像一片土地那样被人看到,也不可能在地图上得到精确描绘。知识产品具有的公共产品特征,就使得在没有特别法律保护的情况下,难以阻止他人的不法使用,难以排除"搭便车"的行为。[⑥] 除非知识产权拥有者采取积极措施,否则对知识产权的侵权行为将一直处于不被任何行政机关察觉的状态。这种观念极其重要:只靠对知识产权的注册来免受侵权,这是远远不够的。一旦打算花费金钱和劳动来注册知识产权的所有权,就必须愿意花费金钱和劳动来实施权利要求。[⑦] 除了作为前提的立法保护之外,目前各国知识产权保护

---

① 知识产权罪的入罪思维模式是"侵权+法定数额=犯罪"。在侵权行为认定与违法行为构成上,知识产权民事侵权与刑事犯罪之间并无二致。两者的差异之处仅在于行为情节或侵害后果的严重程度。如果权利人的损失未达到刑事责任追究的法定数额,就无法定罪量刑。

② 这反映出我国司法改革较为审慎的一面。事实上,我国知识产权司法中较为突出的问题之一就是不同程序之间的循环审理,耗资、费时、费力,影响了审判的效率。民事与行政的"二合一"诉讼架构,能够缓解这一突出问题。从境外知识产权法院设立的情况来看,多数国家和地区实行的就是"二合一"架构。知识产权刑事案件数量比较少,如果纳入进来,如何与公安、检察部门协调,级别管辖方面如何突破现行立法,这些问题一时难以解决,会影响改革试点的进程。

③ 周立权:《"一带一路"沿线国家知识产权保护典型案例》,中国社会出版社,2019 年版,第 1—176 页;方立维:《海外知识产权纠纷应对及风险防范指导案例》,中国商业出版社,2015 年版,第 38—56 页。

④ 陈朋:《基于信任的地方治理:现实议题与空间拓展》,江苏人民出版社,2017 年版,第 234 页。

⑤ [美]乔纳森·哈斯克尔,史蒂安·韦斯莱克:《没有资本的资本主义:无形经济的崛起》,许瑞宋,译,天下文化,2019 年版,第 191 页。

⑥ William M. Landes, Richard A. Posner: The Economic Structure of Intellectual Property Law, Harvard University Press, 2003, p. 18.

⑦ [美]卡拉·希比:《国际知识产权(第 3 版)》,倪晓宁,王丽,译,中国人民大学出版社,2012 年版,第 21 页。

主要有两种类型：一是司法保护"单轨制"模式，二是行政保护和司法保护并行运作的"双轨制"模式。在实践中，"单轨制"模式为很多国家采用，"双轨制"模式以我国为代表，形成"两条途径、并行运作"的中国特色知识产权保护体制。

我国"双轨制"模式存在三大问题：保护标准多样化，缺乏统一性；保护机构重叠化，缺乏效率性；保护程序独立化，缺乏衔接性。发挥司法保护知识产权的主导作用，树立司法保护知识产权的优先性、全面性和终局性理念，是解决上述问题的关键。[①]

树立以司法保护为主导作用的保护理念，原因如下：

第一，知识产权的私权属性决定了司法保护在"双轨制"保护模式中应发挥主导作用。知识产权的产生、利用及保护都由权利拥有者自我决定，而民事司法程序也由权利人自行启动。从私权救济方式的角度来看，知识产权是一种界定知识财产权利形态的制度安排。私权神圣和私法自治作为民法的基本理念，要求国家行政机关不应随意插手。司法保护模式遵循不告不理的原则，符合私权救济的基本要求。从私权损害赔偿的角度来看，在行政保护模式中，行政机关对侵权人的罚款其实是权利人因侵权所受损失的一部分，而这部分罚款所得却不能补偿给予权利人，权利人的损失最终还需要通过民事司法途径获得赔偿。因此，民事司法保护模式才是寻求私权损害赔偿的最佳模式。

第二，司法保护的制度优势决定其在"双轨制"保护模式中应该发挥主导作用。行政保护缺乏程序保障和有效监督，容易造成行政权力滥用，导致行政管理与行政执法一体化。行政主体集管理和处罚职能于一身，使其在行政执法时缺乏监督。目前行政执法中存在程序冲突、执法缺乏透明度、"以罚代刑"、执法标准不统一等突出问题。[②]知识产权司法保护具有程序公正、裁判权威、透明度高等优势，可有效克服行政保护体制的上述弊端，更有利于从实体和程序上维护权利人的正当利益。

第三，知识产权毕竟是民事财产性权利，更适合以民事司法为保护的主渠道。因为财产性损害最好以财产方式解决，不要轻易动用刑罚。而且知识产权保护政策性强，尤其涉及创新政策和创新空间，刑事保护应当严格控制范围和界限，以免损害具有生机活力的创新机制。[③]有实证研究表明，知识产权刑事案件移送审查起诉案件数量只占立案数的 15％，知识产权案件属于新兴领域且技术性较高，现阶段侦查质量和侦查能力相对存在欠缺。知识产权刑事案件因其专业性、复杂性、隐秘性以及社会牵涉面广、办案周期长、量刑偏轻等原因，属于公安机关与检

① 吴汉东、锁福涛：《中国知识产权司法保护的理念与政策》，《当代法学》，2013 年第 6 期。
② 吴汉东：《发挥司法保护知识产权的主导作用》，《光明日报》，2015 年 4 月 24 日第 10 版。
③ 孔祥俊：《中国知识产权保护的创新和升级》，法律出版社，2014 年版，第 54—61 页。

察机关办案积极性相对不高的案件类型。国外学者也曾指出,公共当局常不顾明确的法律规定而不愿进行知识产权刑事司法,原因可能是对此类案件缺乏经验,或者是基于政策评价,即认为不属于值得警察投入精力的紧迫事项。① 此外,行政诉讼的主要目的是提升行政行为的品质,无法直接救济知识产权受侵害的情形。因此,知识产权的切实维护主要应该依托民事司法制度。

综上,司法保护在知识产权保护体系中应处于"压舱石"的主导地位,其中民事司法保护在整个知识产权司法保护中处于核心地位。

二、知识产权民事司法保护制度的作用与价值

(一)终局权威,救济损失

获得赔偿是企业知识产权诉讼最直接的目的。民事诉讼是公力救济,可由法院强制执行,权利人损失通过民事诉讼方式救济是最有力的途径。在司法实践中,部分民事判决的赔偿额相当大。例如,三星侵犯华立移动通信方法及通信设备专利权,被判决立即停止制造、销售侵权产品,同时赔偿华立5000万元。② 日本富士化水公司和华阳电业公司共同侵犯武汉晶源专利权,最高人民法院终审判决两被告赔偿武汉晶源5061万元。③ 北京知识产权法院在"墙锢"商标侵权案中,全额支持原告1000万元的赔偿请求;在U盾专利侵权案中,全额支持原告4900万元的赔偿请求,并首次以计时收费方式支持了原告所主张的100万元律师费;在涉书生公司系列侵犯著作权上诉案中,按照稿酬标准上限300元/千字确定侵权赔偿数额。④ 相关案例表明,对于原告要求被告赔偿损失的诉讼请求,在获利和损失均无法查明的情况下,即使当事人未主张或未同意以法定赔偿方式计算赔偿

---

① 具体原因包括:侵犯知识产权犯罪被民众公认为是主观恶性和危害性较小的案件;侵犯知识产权的产业往往牵涉地方经济和就业乃至社会稳定;知识产权犯罪案件在众多刑事案件中仅占很小一部分,相对于人身、财产等刑事司法案件,显得不那么重要且紧迫,并非公安机关打击的主要对象;公安机关会有破案率等诸方面的考虑;知识产权行政、刑事执法双轨保护造成行政执法机关怠于移送刑事案件;虽然从有罪判决来看,法、检两家整体上分歧不大,但检控成功后定罪的案件量刑普遍显得"太轻",以缓刑并处罚金的形式居多;在刑罚执行上,我国的缓刑制度实施效果不佳,造成实际处罚力度不大,刑罚的惩戒作用没有发挥,最终导致检察机关与公安机关一样,办案积极性不大;许多知识产权刑事案件主犯行事方式隐秘,侵权流程流水化作业,各环节互不联系,结果有时出现"主犯在逃,从犯落网"局面,"在逃犯"指标值偏高。这些从犯主观恶性小,社会危害亦小,在审判中,审判人员大多倾向于主动地利用各种方式"规避"法律的运用,减轻对从犯等被告人的处罚,造成"司法弱化立法"的局面。这在一定程度上造成了公、检、法三家的"紧张"关系,反过来影响侦控态度。参见贺志军:《知识产权刑事司法:中国特色实证研究》,北京大学出版社,2016年版,第264—276页。另有司法机关工作人员认为,知识产权刑事诉讼办案人员相关专业知识欠缺,执法机关之间衔接机制不顺畅,立案难、取证难、定性难问题突出。参见蒋永良:《检察视野下的知识产权保护理论与实践》,中国政法大学出版社,2014年版,第111—113页。

② (2007)杭民三初字第108号。

③ (2008)民三终字第8号。

④ 马君:《北京知识产权法院大力提升知识产权侵权赔偿数额》,《中华商标》,2017年第1期。

数额,法院也应当依职权适用法定赔偿。[①] 当根据案件中的具体事实可以确定原告损失或被告获利明显低于或高于法定赔偿计算方式所确定的下限或上限时,法院可以在考虑被控侵权人是否恶意提出管辖权异议、是否主动履行法院的证据保全裁定、被控侵权人自己就被控侵权产品的产量或销售利润的宣传等因素的基础上,采取裁量性赔偿的计算方式以确定公平、合理的赔偿数额。[②] 对权利人为制止侵权支出的合理费用,应足额赔偿并在损失赔偿数额之外单独列出。充分尊重法律服务市场价值,确定与知识产权维权法律服务市场价值相适应的合理费用认定标准。[③] 应该充分利用司法保护终局权威的制度优势,注重纠纷彻底解决与权利救济,并对行政执法进行司法监督。

(二)规则引导,控制市场

司法保护不仅能够解决纠纷,还能够明确法律标准和阐明法律界限,规范当事人和社会公众的行为,指引行政执法。只有充分发挥司法保护的规则引导优势,才能切实提高知识产权保护的可预期性,让一般企业不敢铤而走险,侵权企业难以获得长期稳定发展。知识产权民事司法不仅带来赔偿甚至惩罚性赔偿,通过诉讼构筑的技术屏障还能建立市场进入壁垒,依靠法律赋予的排他权建立一种隔离机制阻断竞争[④],减少或消除侵权方市场份额,获得高额技术垄断利润。专利运营能力强的跨国公司会将专利布局的思路延伸到知识产权诉讼领域,将知识产权诉讼从零星个案寻求司法保护的行为发展为计划性的商业活动。有些规模较大的企业甚至有能力在每年年底规划下一年度所要提起的知识产权诉讼。特别是技术含量高的产业,知识产权诉讼都富有计划性、规模性、组织性、资源性,绝非个案争讼而已。由于知识产权诉讼专业性强、历时长、费用高,对一些中小型初创企业是一个沉重的负担,仅仅被诉就可能使其无法扩张市场与投入营销,并使其丧失融资与发展机会,或者至少延缓自身成长。此外,我国法院一般判决书皆能公开查询,对败诉方后续商业活动也有一定威慑力。

(三)促进创新,提升品牌

一方面,知识产权民事司法是保障创新的后盾,通过维护和提高研发者积极性推进科技创新。实证研究表明,加强知识产权司法保护力度可以通过减少研发溢出损失和缓解外部融资约束两条途径来促进企业创新,表现为企业专利产出和

---

① (2013)浙知终字第 275 号。

② 北京市高级人民法院(2013)高民终字第 1408 号。

③ 权利人虽未能提交发票等证据证明其维权支出,但根据在案其他证据和已经查明的事实能够推定该项功能,支出确已发生且系维权必要费用的,可纳入合理费用范围。

④ J. Bessen, M. J. Meurer: Lessons for Patent Policy from Empirical Research on Patent Litigation, Lewis & Clark Law Review, 2005, 9(1), p. 2—27.

研发投资的增加。当保护力度较强时,企业专利产出对未来财务绩效的提升作用更大。[①] 我们应该坚定通过加强知识产权民事司法保护力度来提升企业创新能力和财务绩效的思路,以司法品质提升服务科技创新,以科技创新驱动供给侧结构性改革,实现我国经济社会发展方式的转型与革命。

另一方面,产品经销售必然造成技术公开,知识产权司法保护还有提升企业品牌价值的作用。通过诉讼话题引发的媒体关注,在达到市场宣传的同时可以省去高额的广告费用。诸如加多宝与王老吉案,即使某一方在官司上一输再输,企业也通过诉讼赚取了知名度,将司法视为营销品牌的手段。此外,我国不同省份的企业可能会使用相同字号,如字号在一定区域内是知名的,之后使用者可构成侵权。[②] 此类纠纷在判决过程中,法院需要认定权利人字号的知名程度,被认定侵权方则需要在侵权范围内消除影响。通过司法途径保护企业字号、商标及品牌,诉讼中所确认的内容,权利人可在之后申报著名商标或驰名商标时作为材料提交,也会起到积极效果。

(四)推动和解,获得许可

法律是一门寄居型的学科。它依附于人类所有的努力和尝试,不是纠纷即为合作。[③] 一方面,知识产权诉讼取证、论证耗时长,评估经济损失较为困难,加之花费高、对生产经营影响大,双方当事人达成和解的可能性随之提高。双方看似在司法程序中剑拔弩张、你来我往,私下里可能正进行着谈判。在美国司法实践中,就有 76% 的专利侵权诉讼是以庭外和解结案的。[④]

另一方面,企业专利诉讼战略分为专利交易诉讼战略、专利掠夺诉讼战略、专利投资诉讼战略和专利诉讼防御战略四种类型。[⑤] 企业如果想要实施对方的知识产权,为了在与对方进行知识产权许可谈判时取得有利地位或者为了压低许可价格,往往通过自己或者在不暴露自己身份的情况下指使他人提起知识产权诉讼,试图降低对方知识产权的价值,从而达到以最低的成本获得知识产权许可实

[①] 吴超鹏,唐菂:《知识产权保护执法力度、技术创新与企业绩效——来自中国上市公司的证据》,《经济研究》,2016 年第 11 期。

[②] (2011)浦民三(知)初字第 520 号。

[③] [美]阿博特·格里森,玛莎·努斯鲍姆,杰克·戈德史密斯:《〈一九八四〉与我们的未来》,董晓洁,侯玮萍,译,法律出版社,2013 年版,第 55 页。

[④] 谢旭辉,郑自群:《知识产权运营之触摸未来》,电子工业出版社,2016 年版,第 201 页。

[⑤] 专利交易诉讼战略的内涵是回收研发成本或扫清研发与生产障碍。专利掠夺诉讼战略的内涵是形成掠夺效应,获取垄断优势。专利投资诉讼战略的内涵是专利赔偿和机会主义许可。专利诉讼防御战略的内涵是聚集专利、集中管理,提供诉讼防御服务。参见黄颖:《企业专利诉讼战略研究》,中国财政经济出版社,2014 年版,第 44—56 页。

施的效果。[1] 有时诉讼双方企业处于同等规模,具有相似的影响力,双方在专利领域都有自己的核心技术,拥有专利池[2],共同形成相互间不可或缺但又利益对立的状态。如果双方通过知识产权诉讼来解决问题,意图使对方无法使用己方专利,则最终结果可能是双方都无法发展,彼此桎梏。这时的知识产权诉讼并非为了维护实体法意义上的权利,而是一种"以诉促谈"的谈判手段,使得双方在可接受的范围内签订专利共享的协议,促使专利交叉许可的达成。例如,在通信领域,专利交叉授权现象较为普遍,华为公司多年来就通过"以诉促谈",先后与几十家行业内友商签署了专利许可协议。

(五)稳定长效,形塑秩序

知识产权民事诉讼具有确认、实现或发展知识产权法律规范,强制性地保证知识产权法律机制的有效和正常运转,从而建立和维护稳定的知识产权法律秩序的功能。[3] 围绕建设知识产权强国的目标,应建立以专门司法体系为主导的知识产权保护体系,形成与行政执法、社会治理"并行运作、相容互补、司法终局"的治理格局。[4] 与行政执法保护相比,司法保护对企业更为直接和有效,制裁侵权、保护合法使市场主体意识到依法竞争的重要性,遵守竞争规则,保证竞争行为有序性。司法具有中立性、稳定性、可预期性和长效性的特点,有着严谨规范平等的诉讼程序机制。只有充分发挥民事司法保护稳定、长效的优势,才能真正营造公平、有序、开放、透明的市场环境与竞争秩序。

三、知识产权民事司法保护的特点

(一)保护主体的专门性

由于专业强,即使同属专利或不正当竞争民事纠纷,只要案件技术领域不同,案情就会存在很大区别,复杂程度也会不同。与普通民事诉讼相比,知识产权本身的特点决定了审理法院在地域管辖和级别管辖上有一定的特殊性。国外代表性国家大多设有专门审理主体。专门司法主体通过集中管辖制度,使案件审理更加专业,也保证了案件审理质量,使司法更加公平公正。从比较法视野来看,知识产权诉讼地域管辖相对集中,级别管辖比一般民事诉讼高。有国

---

① 安雪梅:《知识产权管理》,法律出版社,2015年版,第399页。市场主体的知识产权博弈包括知识产权突防战略、破袭战略、拒止战略、嵌入战略、交错缠绕战略、清障战略等。参见北京市科学技术协会:《企业知识产权运用导引与实践》,科学普及出版社,2016年版,第10—11页。

② 当大部分专利权人选择加入专利池,而部分专利权人执意充当池外授权人收取较高的专利费时,被授权人或者入池专利权人可以其违反"合理和非歧视原则"为由对其提出反垄断诉讼。参见詹映:《专利池管理与诉讼》,知识产权出版社,2013年版,第42页。

③ 张耕:《知识产权民事诉讼研究》,法律出版社,2004年版,第75页。

④ 申长雨:《迈向知识产权强国之路(第1辑)——知识产权强国建设基本问题研究》,知识产权出版社,2016年版,第21页。

382 比较知识产权法(第 2 版)

家要求法官精通技术,如德国。在日本和我国,法院配置了专门的技术人员来
协助法官审理。

(二)保护客体的复杂性

在同一知识产权纠纷中,往往牵涉多种权利,有形性与无形性并存,诉讼标的
比较复杂。技术类知识产权诉讼,还需要考虑案件所在专业领域的技术问题,如
专利案件有可能涉及机械、电学或化学等技术特征,因此知识产权民事诉讼客体
往往比较复杂。

(三)保护结果的稳定性

司法保护主体职业的稳定性、独立性很强,不易受到外界因素干扰。其具有
较高的法律素养和司法经验,对知识产权法律有着相对统一的理解和认识,知识
产权民事司法保护结果的趋同性更强。在司法保护机制方面,我国知识产权民事
诉讼活动不但受到不同层级之间法院内部的监督制约,而且受到检察机关专门的
法律监督。知识产权民事司法程序具有较强的程序性和纠错能力,当事人对诉讼
过程和结果有相对稳定的预期。

(四)保护取向的鲜明性

赋予并保护智力成果创造者的合法权利是知识产权制度产生的主要动因,知
识产权民事司法保护具有天然的注重权利保护的价值取向,权利人合法权利的保
障、合理利益的恢复始终处于核心位置。对于知识产权侵权,设计了专业的审理
程序、收集证据制度[①]、证明责任倒置规则[②]、行为保全程序等。中央明确提出应
在我国实施"严格的知识产权保护"[③],这为知识产权司法保护提出了更高的
要求。

[①] 在侵权人无正当理由拒不提供能够证明其制造、销售被诉侵权产品获利情况所涉的相关证据应承
担举证妨碍责任的前提下,法院应综合考虑权利人举证的关于侵权人销售被诉侵权产品的时间段、数量、单
价、利润率、涉案专利权对于侵权获利的贡献率以及权利人的维权合理开支等方面证据,对权利人索赔数额
的合理性进行分析评判,最终确定赔偿金额。

[②] 例如:在方法发明专利侵权诉讼中,方法专利权利人很难进入对方的生产地获取直接证据,以证明
被告的生产方法与原告专利方法相同,对于侵权事实的相关证明责任倒置由被告承担。在商业秘密或技术
秘密侵权诉讼中,原告很难获取对方当事人掌握的商业秘密或技术秘密,在此类诉讼中,被控侵权人应就
"合法来源"要件即取得或者使用商业秘密(技术秘密)的合理性事实予以证明。在计算机软件侵权诉讼中,
计算机软件作品的权利人一般只能获取被告目标程序和使用该程序的文档资料,而无法取得对方的源程
序,因此,在原告提出证据证明了被告销售或许诺销售的软件与自己享有著作权的软件具有相似性,被告方
曾接触自己享有著作权的软件等事实之后,被告应就其被控侵权软件为其独立创作的事实承担证明责任,
如提供源程序以证明其软件程序是自行开发等证据,否则法官可推定其软件构成对原告著作权的侵权。参
见北京知识产权法院:《知识产权法院论丛(第一辑)》,法律出版社,2015 年版,第 107—108 页。

[③] 《中共中央 国务院关于深化体制机制改革加快实施创新驱动发展战略的若干意见》和《国务院关
于新形势下加快知识产权强国建设的若干意见》。

（五）保护程序的特殊性

知识产权的保护对象皆为智力投入成果，尤其是专利、计算机软件、植物新品种、集成电路布图设计等具有较强的技术性和专业性，不同于普通案件的审查对象，技术问题的解决常常为司法保护的关键。因而，该类案件在证据规则、审前程序、举证质证程序、制止不法侵害方式、法律责任等方面，异于普通民事诉讼程序，以两个方面内容为例。

1. 商业秘密案件诉讼程序需要特殊保密

虽然对涉及商业秘密的案件可以不公开审理，但这仅仅是防止诉讼参与人之外的人因诉讼活动而了解商业秘密，很难禁止诉讼参与人对诉讼中掌握的商业秘密加以利用，或者泄露该商业秘密。为防止诉讼过程中泄密，需要适用特殊的保密程序制度。以美国为例，其商业秘密保护法律制度非常发达[1]，美国知识产权诉讼中的保护命令是在证据开示范围内，限制证据开示的范围、方法与程度，形成对证据开示的范围与方法的内在制约。

2. 临时措施大量使用

临时措施是指法院在对案件的是非曲直作出最终判决之前，先行采取的保护当事人利益的措施[2]，如我国知识产权法中的诉前责令停止侵权、诉前证据保全和诉前财产保全等临时措施。相较于一般民事诉讼，知识产权司法中更需要频繁采用临时措施制度来保护权利人利益，其作用也更为显著。例如，诉前禁令制度就是一种有效的特殊保护措施，其作用在于紧急情况下，防止权利人利益因侵权行为造成损害范围的扩大或避免利益损失无法挽回。这一制度源于英美法系国家，是制止侵权行为发生的命令[3]，相当于大陆法系国家的假处分行为。此外，一些国家知识产权立法还规定，在法院作出最终判决前，可以根据权利人的申请扣押或没收侵权产品、侵权复制件或用于实施侵权行为的工具，以防止侵权人继续实施侵权行为。

在实践中，我国与知识产权有关的诉前临时禁令申请案件的裁定支持率一般能达到85％左右。近年来，我国法院通过行使司法裁量权，将源于英国并在我国海事诉讼司法实践中出现过的禁诉令制度引入知识产权民事司法领域，作出首例

---

① 2016年5月11日，时任美国总统的奥巴马签署《商业秘密保护法》，分别对商业秘密窃取案件的联邦管辖权、案件执行、境外案件报告、国会相关共识以及行为规范、责任豁免等进行详细规定。参见季冬梅：《众望所归：美国〈商业秘密保护法〉正式生效》，《科技与法律》，2016年第3期。

② 王迁：《知识产权法教程（第七版）》，中国人民大学出版社，2021年版，第37页。

③ Black's Law Dictionary，West，8th ed，2004，p. 800.

知识产权领域禁诉令裁定,引起国内外业界的广泛关注。[①] 该案以民事诉讼行为保全制度为基础依据,在实践层面拓宽了我国行为保全制度的适用范围和边界,初步构建起我国禁诉令的司法实践路径。该案首次在知识产权诉讼中适用"按日计罚"处罚方式,确保了行为保全措施得到当事人有效尊重及执行。

案例8-1 康文森公司与华为公司标准必要专利许可纠纷案

2018年1月,华为公司向江苏省南京市中级人民法院(以下简称南京中院)提起三案诉讼,请求确认中国地区标准必要专利的许可费率。2018年4月,为反制华为公司的中国诉讼,康文森公司向德国杜塞尔多夫法院提起标准必要专利侵权诉讼,请求判令华为公司停止侵权并赔偿损失。

2019年9月16日,南京中院作出三案一审判决,确定华为公司及其中国关联公司与康文森公司所涉标准必要专利的许可费率。康文森公司不服一审判决,向最高人民法院提起上诉,主张原审法院确定的标准必要专利许可费率过低。

德国杜塞尔多夫法院一审判决认定华为公司及其德国关联公司侵害了康文森公司的欧洲专利(即本案涉案专利的同族专利),判令禁止华为公司及其德国关联公司提供、销售、使用或为上述目的进口或持有相关移动终端,禁止向客户提供或者交付侵权手机和平板电脑,提供相关侵权行为和销售行为信息,销毁并召回侵权产品,承担诉讼费用。该判决可以在康文森公司提供价值240万欧元担保后获得临时执行。该判决认定,康文森公司向华为公司提出的标准必要专利许可费率要约未违反公平、合理、无歧视原则。康文森公司的前述要约中多模2G/3G/4G移动终端产品的标准必要专利许可费率约为南京中院三案一审判决所确定中国标准必要专利许可费率的18.3倍。

2020年8月27日,最高人民法院知识产权法庭收到华为公司的禁诉令申请。最高人民法院综合考虑了必要性、损益平衡、国际礼让原则等因素,在要求华为公司提供担保的基础上,于48小时内作出行为保全裁定:康文森公司不得在最高人民法院终审判决前,申请执行上述德国判决。如违反本裁定,自违反之日起,处每日罚款人民币100万元,按日累计。该裁定于当日送达。康文森公司在复议

---

① 禁诉令是指在管辖权冲突的情况下,由一国法院发布的禁止当事人在他国法院提起或者继续诉讼的命令。广义上的禁诉令主要包括三种限制性命令:禁诉令、反诉令、禁执令。本案行为保全裁定具体属于禁诉令中的禁执令类型。禁诉令制度起源于英国,起初主要用于禁止其国内当事人向普通法院起诉,以显示衡平法优于普通法的司法理念。19世纪20年代,英国法院突破了内国法适用,首次向外国法院诉讼当事人签发禁诉令,后逐渐将该制度扩张适用于域外。受英国禁诉令制度的影响,美国、加拿大、澳大利亚等国家也纷纷建立了各自的禁诉令制度。当前,禁诉令制度已呈现出适用国家及适用领域不断扩大和国际化的趋势,在知识产权诉讼特别是标准必要专利诉讼中的适用日渐增多。近年来,我国知识产权诉讼频繁遭遇他国法院签发的禁诉令:如华为公司与UP公司侵犯标准和非标准必要专利案、康文森公司与中兴公司标准必要专利案、华为公司与三星公司标准必要专利案等案件。在上述案件中,基于他国法院签发禁诉令的威慑,当事人均撤回或部分撤回了在我国的诉讼。

期内提起复议,2020 年 9 月 4 日,最高人民法院针对康文森公司的复议申请组织双方听证,并于 9 月 11 日作出复议裁定,驳回康文森公司的复议请求。行为保全裁定及复议裁定作出后,各方当事人在充分尊重并切实履行本案裁定的同时进行了积极的商业谈判,达成了全球一揽子协议,结束了包括本案在内的全球多个国家的所有平行诉讼,取得了良好的法律效果和多赢的社会效果。

　　虽然作出禁诉令裁定所依据的法律是国内法,但是禁诉令所产生的实际影响是超越国界的。禁诉令虽然只针对诉讼当事人,不直接针对他国的司法机关,但其能使得他国法院的管辖权落空。当事人违反禁诉令,会导致高额罚金乃至刑事责任。因此,涉诉企业在一个国家市场越大、资产越多,该国法院发出的禁诉令就越有威慑力。除非涉诉企业选择彻底放弃这个国家的市场,否则就只能遵照禁令而放弃在另一国家的正当维权诉讼。如果一个国家没有禁诉令制度,对于该国的企业而言就意味着在国际平行诉讼中缺失了一项重要的反制手段,对于国家而言就意味着有司法管辖权落空的风险。虽然双方当事人在这个国家进行生产经营活动,但是因他国法院禁诉令的束缚而无法在这个国家的法院进行诉讼,也就不能适用这个国家的法律。后果就是在一个国家进行的生产经营活动,却需要遵照另外一个国家的立法和判例。对于主动适用禁诉令的国家而言,禁诉令是扩张司法管辖权的重要手段。对于"跟进"适用禁诉令的国家,禁诉令是捍卫司法管辖权的有力措施。[①]

　　禁诉令制度的国际化趋势深刻反映出知识产权大国之间对于跨国纠纷管辖权和规则制定主导权的竞争态势。禁诉令制度作为一项法律防御武器,在防止当事人择地行诉、恶意诉讼、解决国际平行诉讼以及维护国家司法主权方面具有多重功能。此前,由于我国缺乏明确具体的禁诉令制度,我国诉讼当事人缺乏完备和平等的法律武器,在遭遇外国颁发的禁诉令时不得不放弃在我国的诉讼。我国的民事司法制度是回应型的人民司法制度,案例 8 - 1 中禁诉令的作出,正是我国法院不断完善民事诉讼制度、积极回应当事人民事司法保护需求的体现。另外,本案也兼顾了国际礼让原则。合议庭提出了国际礼让原则考量的三个具体因素:

[①] 近年来,英美法系国家在标准必要专利纠纷中适用禁诉令更加积极主动。一些大陆法系国家如德国、法国,也纷纷选择"跟进"。与英美法系国家积极适用禁诉令的态度相反,欧盟对于禁诉令的态度较为消极。欧盟《布鲁塞尔公约》以及欧盟理事会 2001 年第 44 号规则限制了其成员国互相使用禁诉令。对于在标准必要专利案件中适用禁诉令,德国和法国的法院的态度经历了从观望到积极适用的转变。例如 2012 年,在微软与摩托罗拉的专利纠纷中,美国联邦第九巡回上诉法院裁定支持微软对禁诉令的申请,禁止摩托罗拉在德国申请执行德国法院的判决。这一案例被认为是美国法院对德国法院司法权威性的挑战,从而为德国在诺基亚与大陆集团案中的判决埋下了伏笔。2019 年,德国法院在诺基亚与大陆集团案中,以禁诉令禁止一方当事人在美国申请执行美国法院已经颁发的禁诉令。就在同一年,法国初审法院在 IPCom 诉联想案中裁定颁发禁诉令,内容也是禁止当事人在美国申请执行美国法院已经颁发的禁诉令。

案件受理时间先后、案件管辖适当与否、对域外法院审理和裁判的影响是否适度等。本案裁定限制康文森公司在本案作出终审判决前申请临时执行德国法院一审判决,既未涉及德国诉讼所涉欧洲专利的侵权认定,又未对德国法院判决或者执行作出任何评价,更未干涉德国诉讼实体审理及裁判效力,从根本上没有影响正常的国际交往和国家关系。

(六)知识产权民事司法保护的政策性

司法政策是特定时期国家宏观政策、内政外交政策和社会经济文化需求在司法审判领域中的凝聚和体现。知识产权制度在很大程度上是各国为促进本国经济社会发展而采取的政策性手段。知识产权不单单是保护权利人的创新与智力成果,推动社会科学技术和文艺的整体进步,维护不同主体的利益平衡与公平才是根本的目的。由此带来的必然结果是,知识产权司法保护具有浓厚的公共政策色彩,司法活动应尽量保持权利人利益与公众自由间的平衡①,司法政策在知识产权民事司法中发挥着越来越重要的指导作用。

十八大以来,我国知识产权司法保护面临的国际国内形势发生了一些新发展和新变化,呈现出新的阶段性特征和发展态势,知识产权司法工作需要有针对性地予以回应和调整。习近平同志指出,要强化民事司法保护,研究制定符合知识产权案件规律的诉讼规范。要提高知识产权审判质量和效率,提升公信力。要促进知识产权行政执法标准和司法裁判标准统一,完善行政执法和司法衔接机制。② 最高人民法院认为新形势下人民法院知识产权司法保护工作应当采取"司法主导、严格保护、分类施策、比例协调"的基本司法政策。③ 十九大之后,中央对改革创新知识产权司法保护设立了四项原则:①坚持高点定位。立足国家战略层面,紧紧围绕党和国家发展大局,积极适应国际形势新变化,加强事关知识产权审

---

① 一方面,知识产权保护强度过低会造成该地区整体知识产权意识低下,挫伤企业创新积极性,从而不利于企业知识产权能力的提高;另一方面,过高的知识产权保护强度不利于企业所在地区知识溢出,从而增加企业知识产权创造和运用难度,也不利于企业知识产权能力提升。参见贺化:《中国知识产权区域布局理论与政策机制》,知识产权出版社,2017年版,第168页。

② 习近平:《全面加强知识产权保护工作 激发创新活力推动构建新发展格局》,《求是》,2021年第3期。

③ 具体指:①司法主导(强化知识产权司法保护的稳定性和导向性、实效性和全面性、终局性和权威性;发挥司法审查和司法监督职能;处理好知识产权民事程序和行政程序的关系);②严格保护(以实现市场价值为指引,加大损害赔偿力度;强化临时措施保护,提高司法救济针对性和有效性;大力推进诉讼诚信建设,运用证据机制强化严格保护的法律效果);③分类施策(正确把握不同类型知识产权的保护需求和特点;妥善界定不正当竞争和垄断行为的判断标准;加强对关键环节、特殊领域及特定问题的研究和解决);④比例协调(合理确定不同领域知识产权保护范围和保护强度;根据侵权行为性质、作用和侵权人主观恶性程度,恰如其分地给予保护和确定赔偿;知识产权保护符合发展规律、国情实际和发展需求,适应我国司法体系和司法能力现代化的客观需要;依法合理平衡知识产权人权益、其他权利人合法权益及社会公共利益、国家利益)。参见陶凯元:《知识产权审判应坚持正确的司法政策》,《紫光阁》,2016年第11期。

判长远发展的全局性、体制性、根本性问题的顶层设计,改革完善知识产权司法保护体制机制。②坚持问题导向。紧扣人民群众司法需求,针对影响和制约知识产权审判发展的关键领域和薄弱环节,研究对策措施,着力破解难题、补齐短板,进一步提升知识产权司法保护水平。③坚持改革创新。解放思想,实事求是,遵循审判规律,以创新的方法激励创新,以创新的方式保护创新,以改革的思维解决知识产权审判领域改革中面临的问题和困难,使改革创新成为知识产权审判持续健康发展的动力源泉。④坚持开放发展。既立足我国国情,又尊重国际规则,借鉴国际上知识产权司法保护的成功经验,积极构建中国特色知识产权司法保护新模式,不断增强我国在知识产权国际治理规则中的引领力。①

司法保护知识产权的主导作用是《国家知识产权战略纲要》率先确立的目标,这一提法从理论上已得到认可,从现实看其作用也正得到发挥和加强。但是,从总体上说,司法保护主导作用更多还是一种目标定位,还不完全是现实。②需要我们进一步深化研究,健全相关体制机制,完善具体程序。

第二节　美国知识产权的民事司法保护

美国知识产权的保护方式主要是司法保护,其知识产权法律制度是以联邦立法为主体、以联邦法院为中心的立法与司法的融合体,是成文法与判例法相结合的制度。美国成文的专利法与版权法均属联邦立法,而商标法则由州法层面的普通法与联邦层面的成文法两大系统构成。一方面,联邦成文法的制定,既可消除美国各州普通法的冲突,又可避免美国国内法与国际条约的抵触。另一方面,与知识产权有关的判例有规定、解释和创制知识产权法的作用。判例法有效地解决了知识产权保护中出现的新问题,不断扩展和创造了知识产权法律的内涵和外延,及时、高效地推动了知识产权制度的发展,提高了美国知识产权保护的灵活性。

一、美国知识产权民事司法保护体系与管辖

美国的法院分为联邦法院系统和州法院系统,两者的关系可谓错综复杂,但也互相独立。联邦法律效力虽大于州法律效力,但州法院并不因此成为联邦法院的下级法院,相反它们是两套在管辖权限上既存在不同又有交叉重叠部分的平行法院系统。一般民刑案件由州法院审理,涉及联邦法律问题只能由联邦法院审

---

① 《中共中央办公厅、国务院办公厅印发〈关于加强知识产权审判领域改革创新若干问题的意见〉的通知》。

② 孔祥俊:《当前我国知识产权司法保护几个问题的探讨——关于知识产权司法政策及其走向的再思考》,《知识产权》,2015年第1期。

理，由于知识产权立法以联邦法为主，联邦法院系统具有更多的司法管辖权。如果州法与联邦法律有冲突，则联邦法律优先适用。在适用法律过程中，法官有权对其进行解释，法官的司法解释也作为判例成为美国知识产权法律的一部分。

美国各州的知识产权司法保护体系包括州地方法院、州上诉法院及州最高法院，它们对基于州法律产生的知识产权案件进行审理。非因联邦商标法的案件，如州注册商标和按习惯法取得的商标侵权案以及商业秘密的滥用等案件一般由州法院审理。当事人有权上诉至各州上诉法院，但对于向各州最高法院的上诉则只有申请权，州最高法院有权决定是否审理。

涉及联邦权限的案件均由联邦地方法院作为初审法院，包括专利案件、著作案件、植物新品种保护案件、与美国商标法或美国商标淡化法有关的商标案件，州法院无权审理这些案件。但其他私权纠纷则并非如此，以专利案件为例，虽因专利权而提起诉讼，当未涉及专利的申请范围或其完整性，而是对其他方面的私权有争执时，诸如专利授权合同、涉及雇用人发明权益的雇用契约或遗嘱处分专利权事件引起的争执等，因未引起联邦问题，故不属专利诉讼，而仅属一般民事诉讼案件，通常向州法院提起诉讼。

联邦层面有权受理知识产权民事一审案件的是遍布各州的 90 余个联邦地方法院。有权管辖知识产权民事二审的是联邦上诉法院。联邦上诉法院全国共分 12 个地域性巡回区及一个全国性巡回区。[①] 每个法院有院长 1 名，他有 1 名书记官长协助管理行政事务。每名法官可雇用多名法官助理，案件审理原则上由 3 名法官组成合议庭，除了正式法官外，可能包括访问法官（主要来自该巡回区之地院法官）与资深法官（退居二线仍参与审理）。所有法官可以一起审理案件，或重审由一个合议庭已经决定的案件，而以多数决定之，不过全体审理案件情形为数不多。[②]

唯一全国性巡回区是联邦巡回上诉法院（United States Court of Appeals for the Federal Circuit，CAFC），1982 年设立于华盛顿特区，审理联邦地方法院专利、著作权、商标的上诉案件以及来自赔偿法院及国际贸易法院所有上诉案件。专利上诉案件由 CAFC 专属管辖。此外，CAFC 还专属管辖来自美国专利商标局（United States Patent and Trademark Office，USPTO）、美国国际贸易委员会（United States International Trade Commission，ITC）等联邦政府机构或准司法机构涉及专利或商标确权等知识产权案件。商标和版权上诉案件由主管相关辖区的巡回法院管辖，纽约的第二巡回上诉法院和加州的第九巡回上诉法院在版权

---

① 地域性巡回区系按地区划分及按数目命名，如第一巡回区上诉法院审理缅因、马萨诸塞、新罕布什尔、罗德岛等地方法院的上诉案件。上诉法院全国共有 179 名法官，由总统提名参议院同意。与地方法院相同，各上诉法院法官人数不同，自 6 人（第一巡回区）到 28 人（第九巡回区），视案件数量与复杂性而定。

② 杨崇森：《遨游美国法：美国法制的实务与运作》，台北大学、华艺学术出版社，2015 年版，第 172 页。

方面的判决影响较大,因为这两个地方为高技术和版权产业密集区,版权案件较多。相对而言,联邦巡回上诉法院、哥伦比亚地区上诉法院关于商标权的判决更具有权威性。[①] 由于最高法院只对有典型代表意义的案件才会受理,在知识产权领域,巡回上诉法院判决具有更为关键的作用。

由于联邦问题宽广以及最高法院限制受理案件,以致上诉法院近 30 年来案件迅速增加,对于几乎所有联邦诉讼案件成为"终审法院",不但比过去更有权力,而且能见度也大为提高。联邦上诉法院法官近年来在处理案件效率方面较有进步,原因包括使用法律助理、技术进步、利用个人计算机、计算机化法律检索、通过电子邮件将判决初稿在法官间流通等。[②]

综上,美国知识产权民事司法保护体系由联邦和各州的司法机构组成,为知识产权人提供全面的保护,形成了以联邦巡回上诉法院为核心的知识产权民事司法保护体制。

二、美国联邦巡回上诉法院

(一)设立背景

20 世纪早期,美国专利持有者的侵权诉讼通常以败诉告终。法院往往认为专利实际上并没有被侵权,而是从一开始专利就不完善。对专利的要求,在 20 世纪很少发生改变。1952 年,美国专利法被彻底革新,但也没有触及基础系统。1982 年的法律创造了联邦巡回上诉法院。令人惊异的是,新法庭似乎无偏见地看待专利。专利所有者开始享受更大的保护——有更大的机会赢得侵权案子。[③]

在 CAFC 设立之前,美国 94 个联邦地方法院,对专利权、著作权、植物新品种保护和涉及商标法与商标淡化法有关商标案件的初审有专属管辖权。对于上诉案件,采取以下程序:专利申请不服专利复审委员会决定的,当事人可向关税与专利上诉法院上诉;联邦地方法院受理的知识产权初审的案件,可向所属的巡回上诉法院进行上诉。

这一审判体制存在如下问题:①审理标准不统一,各巡回区上诉法院对专利法的认识有所不同,每个上诉法院判决只在本管辖区域范围有约束力,造成宽严有别,择地起诉情况猖獗。[④] 将所有专利上诉案件划归到同一所法院的核心目的

---

① 孙南申,等:《美国知识产权法律制度研究》,法律出版社,2012 年版,第 12 页。

② Brian L. Porto:May it Please the Court:Judicial Processes and Politics in America,CRC Press,2009,p. 45—47.

③ [美]劳伦斯·弗里德曼:《二十世纪美国法律史》,周大伟,等,译,北京大学出版社,2016 年版,第522—523 页。

④ 有数据显示,在 1945—1957 年,第五巡回法院认定专利无效的概率高于第七巡回法院两倍多,诉讼当事人可依具体情况提起转移案件的请求。

之一便是通过引用统一的理论标准来达到对审判结果的可预测性。②在涉及专利有效性的案件审理中,巡回上诉法院判决多倾向于认定专利无效,因此专利持有人对专利申请不积极,严重阻碍了专利法激励创新目标的实现。③专利案件多涉及专业技术,各上诉法院对事实与法律的界限判断有所不同,法官缺乏一定的技术知识背景,难以与法律结合,作出判决缺乏公信力。④索赔法院和关税与专利上诉法院在功能设置上有一定的重合,司法资源并未得到合理的配置与利用。经过充分的立法准备和实证研究,美国最终通过的《联邦法院促进法》设立了联邦巡回上诉法院。

(二)管辖范围

联邦巡回上诉法院最具有特点之处就在于其打破了传统的地域管辖特点,依据案件争议的事实类型对部分知识产权及非知识产权上诉案件进行管辖。根据《联邦法院促进法》的规定,主要对以下几类案件有管辖权:①所有联邦地方法院审理的关于专利有效性和专利侵权的案件;②专利申请人和相关第三人不服美国专利商标局专利复审委员所作出的行政决定提出的上诉;③不服知识产权贸易部、专利商标局或商标审理和上诉委员会在商标注册申请以及相关程序中作出的决定;④不服美国国际贸易委员会对涉嫌进口知识产权侵权案件和进口贸易不正当竞争案件的裁决;⑤不服国际贸易法院或联邦索赔法院的判决。由此可以看出,其受案范围是十分广泛的。对联邦上诉巡回法院的判决不服,可继续向最高法院进行上诉,不过是否受理上诉由最高法院决定。如果上诉不被受理,则联邦上诉巡回法院的判决即为有效判决。

(三)内部结构

任何时候,CAFC 均保持有 12 名一线巡回法官。和其他联邦法官一样,法官任期可一直延续,法官满足一定资格时可选择转为资深法官。转为资深法官后能够继续任职,而不需要处理像一线法官那么多的案件。一线法官配备 1 名法官助理和最多 4 名法律助理,而资深法官配备 1 名法官助理和 1 名法律助理。[①] 这些法官具有不同的背景和资历,但都拥有专利法方面的知识和经验。有些法官还拥有技术学科的学位,还有些法官聘请具有技术学科学位或拥有专利工作经验的法律事务助理,协助其进行专利案件的审理工作。有人认为 CAFC 中的法官大多具有理工科技术背景,其实不然,在法院现任法官团队中,具有理工科背景的少于整个团队人数的一半,而且教育背景并非强制要求,相反,职业法官资格是每名法官的强制要求。

(四)特色与成效

CAFC 逐步成型的过程伴随着对美国既有司法体系架构的耦合与突破,形成

---

① United States Court of Appeals for the Federal Circuit, Judges. http://www.cafc.uscourts.gov/judges.

了其自身的特点：①突破地域限制设置上诉法院；②为避免"专门化"的指责，适度扩展案件管辖范围；③通过法官的筛选，实现专业化与加强专利保护的目的。

专利诉讼排他性的上诉管辖权作为一种专门化的专利司法体制，形成了专利上诉案件的"垄断审理"，这种专门化、垄断化的专利司法体制将负责专利授权、确权的行政机关以及负责行政执法的机关和司法机关直接衔接在一起，在很大程度上消除了专利法解释和专利理论运用的不统一，大大减少了美国专利保护中的司法冲突，自该法院成为专门性的专利上诉法院以来，来自不同巡回法院间的审判意见纷争随之淡化，这也就达到了建立该法院的根本目的，使专利司法，以及行政机关对专利法的解释与实施趋于标准化、一致性和确定性，从而极大地加强了美国专利法律保护的稳定性和效率。

一直以来，凡是论证设立专利上诉法院的提案，言必谈及各联邦上诉法院裁判标准不一致导致的不确定性。专利效力的不确定性，被视为妨碍工业创新，损害国家经济健康。[①] 有专家通过数据分析得出，自 CAFC 建立以来，专利被认定无效的比率较其建立之前有了一定的下降。专利所有人通过向该法院提起关于专利有效性判决的上诉，以推翻原地区法院裁判的成功概率增长了约 3 倍。[②] 通过对统计数据的回归分析表明，CAFC 的设立对专利申请数量、被授予专利的数量、专利申请的成功率、专利诉讼的数量、研发的支出水平都具有显著的正效应。[③]

三、美国知识产权民事司法的几项特色制度

在美国，规范知识产权诉讼的是《联邦民事诉讼程序规则》、美国联邦司法中心编写的《复杂诉讼手册》（*Manual for Complex Litigation*）以及各联邦地区法院的专利诉讼守则。以专利诉讼为例，一般可能包括的步骤按时间顺序如下：发侵权警告函、起诉与送达、被告答辩、初始的证据开示、正式的证据调查、权利要求解释程序、专家报告与专家证据调查、简易判决动议、庭前会议、正式庭审、判决与上诉。因篇幅所限，择其特色制度介绍如下。

（一）权利要求解释与马克曼听证

权利要求定义了专利的权利范围，是专利权的灵魂，也是诉讼争议的焦点。

---

① 放宽可专利性标准的支持者认为，联邦法官适用严格标准的危害性并不亚于标准不统一。一名以产业代表身份参与国内政策审查的专利律师认为，很明显，当专利的命运在法庭上充满未知，而司法的整体态度又饱含敌意时，专利就永远无法成为激励投资的可靠手段。参见［美］劳伦斯·鲍姆：《从专业化审判到专门法院：专门法院发展史》，何帆，方斯远，译，北京大学出版社，2019 年版，第 199 页。

② Matthew D. Henry, John L. Turner: The Court of Appeals for the Federal Circuit's Impact on Patent Litigation, 35 J. LEGAL STUD, 2006, p. 144.

③ William M. Landes, Richard A. Posner: The Economic Structure of Intellectual Property Law, Harvard University Press, 2003, p. 352.

得到专利说明书支持的权利要求术语的定义甚至可以凌驾于与说明书不一致的词典定义之上。[①] 权利要求解释得宽或窄,给争议词汇下定义,是利弊权衡的艺术。双方都会权衡侵权与无效,提出一个适合自己的解释。很多案件在法院给权利要求作出解释后,双方其实胜败已定。与美国专利诉讼的悠长历史相比,1996年才经最高法院确立的马克曼听证即权利要求书的解释,无疑是一项年轻的制度。经马克曼听证获得有利结论的一方一旦据此向法庭提起不审即判的动议,专利侵权诉讼往往可就此快速了结,因此该制度对美国专利诉讼发展史的意义重大。

案例8-2 马克曼案[②]

马克曼听证制度确立之前,在专利侵权诉讼中的权利要求书解释,通常交由陪审团在对案件事实进行裁决时一并作出,且并不会在诉讼文件上单独就陪审团这一问题的判断进行记录。1991年,马克曼因认为其"干洗衣物贮存及追踪控制装置"专利权被Westview公司侵犯,向宾夕法尼亚州东区联邦地区法院提起专利侵权诉讼。陪审团裁决认为被告装置构成对原告专利权侵犯,但该地区法院认为系争专利与被告装置在功能实施上并不一致,遂推翻陪审团裁决,判决被告不构成侵权。

马克曼不服,于1995年向联邦巡回上诉法院提起上诉,上诉理由为地区法院错误地解释了陪审团关于专利权利要求书解释中某个词语的含义。上诉法院将案件核心问题定为两个:一是原告对请求项解释有无权利请求陪审团裁决;二是联邦地区法院是否正确地解释了"inventory"一词。多数法官经审理后认为,权利要求书范围的解释与确定,属于法律问题而非事实问题,因而属于法院权限而不应交由陪审团决定。同时原告专利与被告装置存在实质功能上的差异,被告不构成侵权。持不同意见的少数派法官质疑这一结论违反了美国宪法第七修正案。[③]

马克曼不服,向最高法院提出上诉。1996年4月23日,美国最高法院就该案作出终审判决:权利要求书的解释是联邦地区法院法官应当处理的法律问题,而不是应当由陪审团来认定的事实问题,尽管在解释权利要求书的过程中可能会包含一些对于事实问题的解释,但这样做并不违反第七修正案赋予给陪审团的权利。

这一裁决标志着马克曼听证制度的正式确立,马克曼听证成为法官专门用于解释专利权利要求的一个经常性听证程序。联邦民事诉讼规则并未正式对其规

[①] 〔美〕阿列克斯·夏妥夫:《1998年美国联邦巡回上诉法院专利案件年鉴:专利法在联邦巡回上诉法院中的发展》,顾柏棣,等,译,知识产权出版社,2000年版,第175—179页。

[②] Markman v. Westview Instruments, Inc. 517 U. S. 370(1996).

[③] 所有根据美国法律进行的普通法诉讼,只要争议金额超过20美元,即有要求陪审团审判的权利。

定,而是给予法院自由裁量权。各地区法院都有不同的权利要求解释和马克曼听证会程序。下面就以加州北区专利诉讼守则①为例来介绍这一程序。

在权利要求解释初始阶段,马克曼听证会之前,每一方选出需要法院解释的词汇,交换所选词汇清单。此后双方要交换自己对每个词汇建议的解释和根据,如说明书中的段落、审查历史、字典定义、专家证言等。之后,双方要协商撰写共同的权利要求解释和听证会前共同声明。共同声明应包括:①双方同意的解释;②每一方建议的解释和根据;③双方认为对解决案件最重要的词汇,一般不能超过 10 个。

在提交共同声明之后 30 日内,双方应进行和权利要求解释相关的证据调查,如要求专家证人宣誓作证等。在提交共同声明之后 45 日内,原告提交权利要求解释的意见书。此后 14 日内,被告提交权利要求解释的答辩书。此后 7 日内,原告提交回复意见书。听证会前法院会举行背景技术辅导,目的是帮助法官理解专利技术。当事人双方都会给法官做关于专利技术的讲解,讲解仅限于技术介绍。讲解过程中不应有法律上的抗辩或意见。

在原告提交回复意见书 14 日之内,法院会举行马克曼听证会。听证会上首先是原告阐述意见,先介绍自己建议的解释,反驳被告建议的解释为什么不符合法律要求。然后是被告阐述意见,被告会介绍自己的解释,反驳原告的解释。法官可给原告简单回复被告的抗辩机会。整个过程中法官都会询问一些问题。听证会后,法官一般会在 2～4 周内作出权利要求解释的判决。任何一方当事人不服,可要求法官重新考虑。因为权利要求解释不是对案件的最终判决,当事人即便对法官判决不服,也不能在此阶段上诉至上级法院。

原告或被告在马克曼听证会后一旦可确定已取得足够的证据证明"并没有重要事实上的争议存在,而依法应被判决胜诉"时,原告或被告律师便可向法院请求简易判决。若当事人在法院未举行马克曼听证会前便向法院请求简易判决,则法院可能会延迟至举行完马克曼听证会后,才对该简易判决请求作决定。②

(二)禁令的审慎化与裁量化

知识产权诉讼的目的,不外乎借助法律制裁而得以排除侵害并获得赔偿。排除侵害最有效率的方式莫过于能阻止侵权行为。知识产权权利人可要求法院颁布禁令以停止侵权行为。禁令包括两种:临时禁令(或初步禁令)和永久禁令。

临时禁令是法院作出判决前,为避免发生无法弥补的损害而对被告发出的禁止令。临时禁令的效力期为发出禁止令时开始至诉讼结束时截止。诉讼胜负未定的情况下,临时禁令会可能会给受禁止的一方造成不必要的损害。根据美国的判例法,确定是否要签发临时禁令的要件有四个:①就其诉讼主体本身有合理胜

---

① Northern District of California's Patent Local Rules(Last revised:January 17,2017).

② 王承守,邓颖懋:《美国专利诉讼攻防策略运用》,北京大学出版社,2006 年版,第 46 页。

诉的可能;②若没有法院判决的临时禁止令,则专利权人将遭到无可弥补的损害;③所有可能的弊端皆倾向于对请求人有利;④禁止令是否及如何对公众利益产生影响。① 上述内容皆由判决发展形成,成为所谓"四因素检验法"。法院会考虑所有这些因素,权衡每个因素的偏向一方的程度,作出决定。

专利权人如果胜诉,即法院认定被告侵权,专利权人可要求法院永久禁止侵权人将来从事侵权行为,这样的禁令被称为永久禁令。永久禁令实质上与我国的停止侵害民事责任相类似,也就是我国有关法律、司法解释中所规定的"责令停止侵害""责令停止侵权行为"。

关于永久禁令,美国最高法院在2006年的eBay案②中改变了以前的法律。在该案之前,如果法院认定专利有效、被告侵权,在专利权人要求下,都会颁布永久禁令以停止侵权行为。联邦最高法院认定,法院在审理永久禁令要求的时候,应该考虑衡平法已经建立的传统的四个因素。所谓根据传统的衡平法,就是原告必须证明上述的"四因素检验法"。在2011—2015年进行的苹果公司与三星公司专利纠纷案件中,联邦巡回上诉法院进一步提高了禁令发布的标准,明确要求只有专利权人证明被侵权的专利是驱动消费者购买侵权产品的原因,才能进一步支持"无可弥补的损害"的成立。③

从2000年开始,越来越多的公司专门购买专利后起诉,从中获利。这些诉讼多数针对大公司,原告赢得诉讼后都会提出永久禁令,迫使被告以高价钱与这些公司和解诉讼。美国的大公司对这样的诉讼抱怨很多。联邦最高法院在这种大环境下,改变了法院颁发永久禁令的条件。在eBay案之后,法院驳回专利权人的永久禁令的要求逐渐增多。从这些年的统计数字来看,美国各联邦地区法院驳回永久禁令的比率为20%~40%。④

对知识产权侵权救济的限制针对所谓的"反公地悲剧",有助于解决专利丛林带来的商业化实施不足问题。⑤ 我国于2016年4月1日实施的《最高人民法院关于审理侵犯专利权纠纷案件应用法律若干问题的解释(二)》第26条规定,被告构成对专利权的侵权,权利人请求判令其停止侵权行为的,人民法院应予支持,但基于国家利益、公共利益的考量,人民法院可以不判令被告停止被诉行为,而判令其支付相应的合理费用。其所提出"社会公共利益"的考量标准与美国eBay案"四要素检验法"有异曲同工之处。将停止侵害的禁止性法律关系化解为合理使用费

① Illinois Tool Works,Inc. v. Grip‑Pak,Inc. ,906 F. 2d 679(Fed. Cir. 1990).
② eBay Inc. v. MercExchange,LLC,547 U. S. 388(2006).
③ 国家知识产权局专利局专利文献部:《国外专利诉讼要案解读》,知识产权出版社,2016年版,第212页。
④ 陈维国:《美国专利诉讼:规则、判例与实务》,知识产权出版社,2014年版,第233页。
⑤ 和育东:《美国专利侵权救济》,法律出版社,2009年版,第204—211页。

的支付请求关系,与知识产权制度的宗旨并不矛盾。① 笔者认为,在停止侵害救济方式的适用上,"双方当事人利益严重失衡"在利益平衡价值体系中应与"社会公共利益遭受重大损失"扮演同样重要的角色,只有两种情形给予同一规范,才能彻底突破停止侵害救济的绝对化、自动化、僵硬化的适用范式。与此同时,基于我国司法实践经验和国际发展趋势,在专利法之外的其他知识产权法律领域,同样可以规定"利益平衡"的宏观性和原则性条款。

(三)通过民事侵权诉讼对专利有效性问题进行判断

在美国,专利授权后对专利有效性判断原则上属于法院管辖,专利商标局对专利有效性的复审被认为是法院裁判原则的例外。② 主要存在两个方面的原因,一是根据美国宪法规定,专利权是美国宪法保障的权利。专利行政机关的技术优势并不能成为专利有效性判断成为专利行政机关专属权力的依据。二是与法院和专利商标局适用的证明标准不同有关。根据美国《专利法》第303条的规定,提出复审的前提是必须有事实上的"新的实质性的专利性问题",而诉讼中适用的是"明白且令人信服的证据",③侵权的证明要求要高于行政复审程序的要求,所以在侵权诉讼中并不能直接适用行政程序作出的专利有效的结论。

(四)外行参与司法

在知识产权诉讼日益复杂的今天,美国陪审团审理依然发挥重要作用,每年进入实质审理的专利诉讼中,一半以上由陪审团审理。美国几乎是世界上唯一在专利诉讼中使用陪审团的国家,这种似乎与专业化时代潮流相背离的做法,是由民事陪审团在美国司法制度中的重要地位所决定的,也是因为其构成美国宪政制度的一部分。

专利权人在陪审团参与的案件中更容易胜诉,导致陪审团断案增多。近年来,在完全由法官审理的专利侵权案件中,专利权人的胜诉率维持在53%左右,而陪审团判决案件中专利权人的胜诉率则从82%降至73%。在比较陪审团审理和法官审理案件损害赔偿平均数额差别时发现,陪审团判赔平均数远高于法官判赔平均数。④ 此种差别是陪审团审理比例提高的另一个原因。

---

① 最初在英国和法国,专利权不是指禁止他人生产同样产品的权利制度,而是指允许他人使用自己的专利,只从中收取专利使用费的权利——征收权。参见[日]富田彻男:《市场竞争中的知识产权》,廖正衡,等,译,商务印书馆,2000年版,第1页。

② MPEP(Manual of Patent Examining Procedure)(8th ed. 2001)§1305.

③ 此专利侵权诉讼无效抗辩证明标准在2011年得到美国最高法院判例确认,参见甘绍宁:《美国专利诉讼要案解析》,知识产权出版社,2013年版,第129—146页。另外,《美国发明法案》提高了双方复审和授权后复审提起的证据要求,前者是挑战方须让专利商标局主任确定其至少在一个专利权利要求上有"合理可能性",后者则要求任一权利要求存在专利性欠缺情形。

④ Price Waterhouse Coopers, 2016 Patent Litigation Study: Are we at an inflection point? (May 2016).

美国专利诉讼中陪审团的权力主要如下:①决定专利是否有效;②决定是否构成侵权;③决定赔偿(包括惩罚性赔偿)数额。[①] 联邦巡回上诉法院在实践中推翻陪审团裁决的情况并不多见。陪审团与法官审理相比在两个方面比较突出:一是维护专利有效性方面,陪审团裁决原告专利有效比率大大高过法官;二是涉及外国当事人案件,陪审团受盲目爱国主义情结影响比较明显。对于前者,其原因同陪审员作为专利知识的门外汉,在情况复杂时不愿冒险推翻专利局的专业决定有关;而后者显然同美国社会普通人的一般情感有关。外国当事人多数作为被告出现,多有避免陪审团审理的愿望。

如果任何一方对陪审团的判决不服,则可以要求法官推翻陪审团的判决。这种要求法官推翻陪审团判决的动议称为依法律判决动议。重新审理使法官获得纠错机会,避免上诉时被撤销。法官行使重新审理权力是谨慎的,假如只有在法官得出同样结论的前提下陪审团裁决才能成立,获得陪审团审理的权利就没有任何意义了。重新审理必须有特殊的理由。[②] 例如,《明尼苏达州诉讼程序规则》就将陪审员的不当行为、最新发现的实质性证据以及法律的错误等这些构成重新审理理由的事项列举出来。[③]

美国对陪审团的讨论是围绕着制度变革而不是取消陪审团进行的。陪审团改革建议包括:①允许陪审员在庭审中记笔记;②允许陪审员对证人提问;③以更容易的语言改写陪审团的指示(通常陪审团指示是以口头形式作出的,可能长达几个小时,且常常较为复杂);④在听取证据之前,给予陪审团指示;⑤允许陪审员拿到指示的复印件;⑥提高陪审员报酬;⑦减少审判过程的中断。很多司法辖区已经采取了这种调整方式。[④] 也有人提出用蓝带陪审团来审理含有复杂事实或法律问题的案件,可根据案件标的事项规定与之相关的最低学历资格或经验要求来挑选陪审员。[⑤] 不过这可能就和陪审制建立的初衷相违背了。

(五)保密令制度

我国的不公开审理及不公开质证并没有把当事人作为限制或禁止的对象,美国保密令制度极为严格,有"唯律师之眼"之称,即对于知识产权诉讼中的商业秘密,只有律师才有权知悉。在多年司法实践中,各级法院针对知识产权诉讼中的

---

① Nichole Biglin,Enablement:For the Judge or the jury? Markman V. Westview Instruments. Inc. 's Analysis Applied,Fall 52 Drake Law Review 145,2003.

② E. g. ,West's Ann. Cal. Code Civ. Proc. 657.

③ [美]杰克·弗兰德泰尔,等:《民事诉讼法》,夏登峻,等,译,中国政法大学出版社,2003 年版,第 556 页。

④ [美]斯蒂文·苏本,等:《民事诉讼法:原理、实务与运作环境》,傅郁林,等,译,中国政法大学出版社,2004 年版,第 377 页。

⑤ Jeffrey W. Stempel:A More Complete Look at Complexity,Arizona Law Review,1998,Vol. 40,p. 839.

保密令制度已有成熟规则。法庭签发保密令一般要考虑以下情形：第一，必须证明该交易秘密或其他机密信息需要保护。第二，必须基于正当理由申请，即披露该信息造成的潜在伤害远大于不披露造成的伤害。第三，如申请保密令成功，法院还会考虑以下因素来衡量该信息是否符合机密信息的标准：该信息为外界所了解的程度；接触者对该信息的了解程度；对该信息采取的相关保密措施；该信息对于拥有者的价值及对其竞争者的价值；研发该信息所付出的时间、金钱等成本；复制或获取该信息的难易程度。①

（六）遏制"专利流氓"的程序设计

2013 年 12 月，美国众议院通过了《创新法案》②，对专利法进行修改，法案重点在于对专利诉讼程序进行改革，旨在遏制日益蔓延的"专利流氓"现象。专利流氓经常从无力支付诉讼费用的小企业、独立开发者和非营利组织那里榨取和解费，使众多小企业被迫停业。专利流氓甚至带上"白手套"，设立空壳公司维权。通过修改专利法，美国针对滥用专利诉权行为建立起了一套包括诉讼审查、证据开示、权利滥用失权、责任费用承担、用户平行诉讼的规则，也显现了试图严格专利审查标准并发挥法官司法能动性的明显倾向。

1. 诉讼审查规则

《创新法案》在美国《专利法》第 281 条增加规定，要求原告必须提供额外的必要诉讼细节（增加其诉讼成本）；同时第 290 条增加款项，要求原告对专利权权属及利益相关人进行披露。这两项规则为专利侵权诉讼设立了更高的起诉门槛，加强了对专利诉讼的审查。根据新规定，原告提供的专利信息可被法官作为重要判断参考，而关于专利权属状况的透明，使得法官能够更加迅速地判断出案件是否属于专利流氓案件，以节省诉讼时间和节约司法资源。

2. 证据开示规则

《创新法案》重塑了证据开示制度，在美国《专利法》第 299 条后增加第 299A 条，在法院需要对权利要求解释作出判定时，原告不能要求被告提供上述争议范围之外数量过多的文件，③从而降低被告方的诉讼成本。由此，通过加强被告的应诉能力，实际上间接地削弱专利流氓的诉讼优势。如果结合上述审查规则对原告起诉门槛的提高，这一升一降，对原告与被告之间诉讼地位的实质性偏斜，就起到了较大的纠偏或矫正作用。

---

① 美国保密令制度分为三个等级："Confidential"级，可接触、知悉的主体范围最广；"Attorney'Eyes Only"级，仅当事人律师可知悉；"Outside Counsel Only"级，即使律师也不得接触、知悉。参见李崝，冀宗儒：《知识产权诉讼中的保密令制度比较研究》，《知识产权》，2015 年第 11 期。

② Innovation Act, H. R. 3309, 113th Cong. (2013).

③ 《美国联邦民事诉讼规则》规定，被诉方须提供"所有相关的"文件；《创新法案》规定，被诉方只须提供"必要的"文件。被诉方不再像以前那样因害怕高额应诉成本而向起诉方屈服，轻易就支付和解费。

3. 权利滥用失权规则

《创新法案》在美国《专利法》第 285 条增加规定，主张专利权一方如单方面向另一方提出排除诉讼条款，该主张权利方将被视为非胜诉方，除非该方在法院令下达前主动撤销诉讼或主张。这项规定打破了专利流氓"起诉—寻求和解（提出排除诉讼条款）—收取和解费用（免于司法审查）"的惯常行为模式，给其带来了更大的诉讼风险。

4. 责任费用承担规则

在双方当事人负担一般诉讼费、律师费及其他费用（如鉴定费、宣告无效费等）之后，在法官最终裁决中判定受滥诉行为侵害一方的全部或部分费用转移给实施滥诉行为的一方，就是对受害人的一种民事救济。

5. 用户平行诉讼规则

《创新法案》在美国《专利法》第 296 条后增加"用户诉讼例外"条款，规定小型终端用户同意的情况下，允许其与大型设备生产商绑定，进行平行诉讼。这就增强了小用户的应诉能力，能够联合生产商有效地抵御专利流氓侵扰。

第三节　德国知识产权的民事司法保护

德国通常使用"工业产权保护与著作权"来统称知识产权相关的法律领域，其中"工业产权"相关法律包括专利法、实用新型法、外观设计法、商标法及反不正当竞争法。德国是世界上第一个设立专门知识产权（专利）法院的国家，但其知识产权司法保护体制与程序是复杂多元的，并不定于一个专门司法机构或单一程序。

在著作权案件方面，关于法院管辖地的问题按照民事诉讼法的一般性规定来处理。德国《民事诉讼法》第 32 条规定，违法行为所产生的各项请求权可以在侵权行为发生地和侵权行为结果地的法院提起。德国《著作权法》第 105 条授权各联邦州政府对特定的地方法院与初级法院在著作权争议案件管辖权扩张的问题上作出决定，大多数联邦州都颁布相应的条例，按照内部管辖分工，各法院一直由特定的审判庭与判决委员会来负责著作权纠纷案。[①]

在不正当竞争案件方面，违反德国反不正当竞争法的法律责任，以民事责任为主、以刑事责任为辅，不需要承担行政责任。需要承担民事责任的案件由州法院专属管辖，其原因是在 2004 年德国《反不正当竞争法》之前，诉讼值 5000 欧元以下的竞争案件由区法院管辖。但大多数竞争案件因诉讼值往往超过 5000 欧元而由州法院审理，因而州法院法官积累了丰富的经验，而区法院法官的专业经验相对欠缺。根据德国《反不正当竞争法》第 13 条第 1 款第 2 项及《法院组织法》第

① ［德］雷炳德：《著作权法》，张恩民，译，法律出版社，2005 年版，第 588—589 页。

95 条第 1 款第 5 项规定,该类案件又属于商事案件,州法院设立商事庭的,竞争案件由商事庭审理。①

案例 8-3　洽洽商标案

洽洽食品股份有限公司(以下简称洽洽公司)在德国商标维权案是我国企业在海外针对商标侵权,第一次真正通过诉讼渠道取得胜利。欧凯公司是柏林一家主要经营我国商品的超市。2005 年 5 月 1 日,该公司向德国商标专利局申请注册"洽洽"图形、商标和英文商标,并于同年 9 月 3 日获得注册。同时,该公司还特意向德国海关申请了海关保护。这就意味着不但德国,整个欧洲市场都对洽洽公司关上了大门。在得知这一信息后,洽洽公司开始进行相关证据的搜集,并于 2010 年正式向德国慕尼黑地方法院提起诉讼。2011 年 6 月,该法院作出一审判决,驳回了洽洽公司的相关诉讼要求。洽洽公司随后提出上诉请求。2011 年 12 月,德国巴伐利亚州高等法院二审认为欧凯公司侵权成立,判令该公司"立即注销争议商标并将商标转移给原告洽洽"。欧凯公司不服,向德国联邦最高法院提出上诉,但最终被驳回,维持原判。

根据德国《商标法》第 32 条,州政府有权以法令在数个州法院管辖区内指定其中的一个为商标法院。这个法院在划给它的各州法院之外,对所有根据本法规定的法律关系提起的诉讼案件,有管辖权。州政府可以将此权授予州司法部。根据被告的请求,系属于其他州法院的案件,可以移送到商标法院。这种请求,必须在被告进行本案的辩论前,才能准许。② 目前德国商标案件涉及的法院包括案例 8-3 中的普通法院,也可能涉及德国联邦专利法院。本节将以专利纠纷为例,介绍德国知识产权民事司法保护的体制机制与程序要素。

一、德国专利法院

(一)德国专利法院的起源与属性

1. 德国专利法院的起源

1949 年 10 月,德国设立了专利局(位于慕尼黑)。德国专利局设有无效委员会和上诉委员会,对于专利、商标申请等的决定不服的,由上诉委员会审查;对于专利权取得以后的无效、商标权取得以后的异议,由无效委员会审查。审查结果是终局决定。20 世纪 50 年代,一位专利申请人就其专利申请被专利局驳回且被上诉委员会维持向巴伐利亚州行政法院提起上诉,认为缺乏对此类案件的司法救济违反了宪法。1957 年,巴州行政法院在判决中指出,当事人不服行政决定时可

① 范长军:《德国反不正当竞争法研究》,法律出版社,2010 年版,第 400—401 页。
② 《联邦德国商标法》,http://shlx.chinalawinfo.com/newlaw2002/slc/slc.asp? db = iel&gid = 67109483。

向行政法院起诉。联邦最高行政法院确认了这一判决。自此专利无效案件可以作为行政诉讼在德国司法体制中得到确立。但也带来了一些问题，由于专利案件与技术紧密关联，行政法院难以理解，导致审理延迟。

因此，德国司法体制进行改革，修改宪法，通过《第六部过渡法》，于1961年7月1日成立联邦专利法院，在法院层级上相当于州高等法院，是隶属于联邦的特别法院。由其专属管辖专利无效案件，德国专利局作出的行政处分亦以专利法院为上级救济机关。①

专利法院设于专利局所在地，依立法理由的说明，是基于技术上的考虑，使专利法院可充分利用专利局的图书馆及其技术审查部门的人员与设备。这与联邦宪法法院设于联邦最高法院所在地是同一道理。②

2. 德国专利法院的属性

德国专利法院在性质上应属于普通法院，抑或属于行政法院，在理论上存有争论。连带的，专利法院对当事人究竟是偏重民事诉讼司法保护还是行政诉讼司法保护，也不无疑问。我国有一种代表性观点认为，与美国相比，作为实行司法二元制（行政法院与普通法院）的大陆法系国家，法律分为公法和私法。德国对涉及同一知识产权（尤其是专利权）的民行诉讼程序的界分相对严格。专利行政案件由行政法院（专利法院）专属管辖。③ 这种观点只看到了实体法的一些表面因素，没有探究程序法理，是不准确的，理由如下。

首先是管辖的理由，从专利法院审查专利商标局行政行为来看，其似乎具有特种行政法院性质，但在级别管辖上，专利法院的上级审是联邦最高普通法院，而非联邦行政法院，这正表示专利法院是属于普通审判权范围。德国《基本法》第96条规定各种不同的法院系统均各有其高级联邦法院，且互不隶属。行政法院与普通法院的管辖权完全不同，法律将原属行政法院系统管辖案件移转给民事法院时，该民事法院并不因此变成行政法院。

其次是准用程序的理由，给予专利虽是一种行政行为，但专利法院事后的审理是以保护私权为目的的，实质上与民事法有直接关联。因此，对专利局行政行为的事后审查，不归属于行政法院管辖权而归属于普通法院管辖权的范围。④ 专利法院的诉讼程序有特别立法规定从其规定，除此之外，适用《民事诉讼法典》，因

---

① Rudolf Kraßer，Patentrecht（5. Aufl. ，2004），S. 443.

② The Federal Patent Court of the Federal Republic of Germany，the Office for Press and Public Relations of the Federal Patent Court，2004.

③ 刘华俊：《知识产权诉讼制度研究》，法律出版社，2012年版，第69页；徐雁：《知识产权"三合一"诉讼制度研究：以平行程序和技术问题为切入点》，厦门大学出版社，2014年版，第148页。

④ 施启扬：《西德联邦专利法院的组织及其审理程序》，《法学丛刊》，1968年，第52期。

为专利法院将原告、被告视为普通民事诉讼的双方当事人来开始诉讼活动。①

最后是诉讼角色的理由,从行政机关在诉讼过程中的角色及参与来看,不服专利商标局行政处分的异议上诉程序,其性质类似行政诉讼法的撤销之诉,但这种上诉程序在本质上迥异于一般的行政诉讼。② 专利商标局原则上不参与诉讼程序,至1981年专利法修正后,法律始有限度的准予专利商标局局长能于诉讼中主动表达意见。③ 但实务上专利商标局人员参加诉讼的情况非常罕见。④ 又如,在专利无效诉讼中,专利商标局并非当事人,与行政诉讼中撤销诉讼以行政机关为被告的诉讼形态不同,专利无效诉讼以专利权人为被告而提起。这与我国行政诉讼程序中行政机关的当事人角色定位是非常不同的,本质上还是源于德国对于知识产权纠纷私权性质的理解。

从上述分析中可以看出,德国专利法院属于普通法院序列中的专门法院,具有审查行政行为结论的职能色彩,但行政机关不是其程序中的被告,其主要适用民事诉讼的法理运行司法权,对知识产权(专利权)采取民事司法保护的形式,并于上级普通法院获得进一步的救济。

(二)德国专利法院的管辖与内部结构

德国专利法院受理的案件包括以下内容:①当事人针对专利商标局决定提起的有关专利、商标外观设计、实用新型和集成电路布图设计的上诉(抗告);②当事人针对联邦植物品种局的决定提起的有关植物新品种的上诉(抗告);③当事人针对德国专利及德国境内的欧洲专利权的无效宣告;④当事人针对专利或实用新型的强制许可的授予或撤销提起的诉讼,以及要求调整法院通过判决确定的强制许可使用费的案件。联邦专利法院只对相关工业产权是否应受到登记保护或是否应取消登记保护作出判断,它无权受理侵权案件。对专利法院裁判不服的,可以向联邦最高法院提起终审上诉。

联邦专利法院现有6种共29个审判庭,分为上诉(抗告)庭与无效庭。其中,共有4个无效庭,25个上诉庭。25个上诉庭中有1个实用新型上诉法庭、13个技术上诉法庭、9个商标上诉法庭、1个植物品种上诉法庭和1个司法上诉法庭。⑤

---

① 黄之英:《联邦德国的专利法院》,《科技与法律》,1996年第2期。

② Kraßer, a. a. O. (Fn. 17), S. 953.

③ 基于确保公共利益的需要,专利商标局局长可向专利法院提出书面意见、到庭或言词陈述意见,专利法院在案件审理过程中亦得于必要时,命专利商标局局长莅庭。

④ 德国专利法院托马斯·沃尔特法官表示,实务上专利案件鲜有局长参加诉讼之事,商标诉讼则有参加诉讼的案例。商标案件参加诉讼,局长成为当事人,不是要其解释或说明案件内容,而是由法院阐释法律问题与状况,局长就行政上立场表示其意见,多由法院主动要求专利商标局参加。高秀真、刘颖怡,李维心:《德国行政诉讼制度暨联邦专利法院考察报告》,台湾"司法院",2007年10月。

⑤ Rechtsprechung, https://www.bundespatentgericht.de/cms/index.php? option=com_content&view=article&id=9&Itemid=3&lang=de.

各种法庭分别由不同比例的技术法官或法律法官所组成,审判长未必是法律法官,亦有由技术法官担任审判长者。

(1)无效诉讼法庭:负责审理专利无效、撤销,以及强制授权诉讼案件,采取合议庭的方式进行审理,一般由3位技术法官、2位法律法官组成。

(2)技术上诉法庭:负责审理由专利商标局所作专利申请的驳回、授予、维持、限制及废止等决定不服的抗告案件。采取合议庭的方式进行审理,系由3位技术法官与1位法律法官所组成,并由1位技术法官担任审判长,判决时如遇票数相同,则以审判长为最终的决定。①

(3)实用新型上诉法庭:仅一庭,负责审理不服专利商标局对于实用新型与集成电路布图保护所作行政处分而抗告的案件。一般由3位法官组成合议庭进行审理,其中审判长必须是法律法官。

(4)商标上诉法庭:负责审理德国专利商标局所作有关商标事件决定不服的诉讼案件,由于所涉争议主要是法律问题,所以由3位法律法官组成的合议庭进行审理。

(5)司法上诉法庭:仅一庭,负责审理德国专利商标局依据工业设计法以及其他行政处分不服的诉讼案件,由于所涉争议属法律问题,因此由3位法律法官组成合议庭进行审理。

(6)植物品种上诉法庭:仅一庭,负责审理不服德国联邦植物种苗局所为决定的抗告案件。由2名技术法官与2名法律法官组成合议庭进行审理,其中1名法律法官担任审判长,当遇表决票数相同时,审判长为最终的决定。

(三)德国专利法院的审判人员与审理原则

1. 审判人员

除行政人员,联邦专利法院的审判成员常年维持在120人左右,其中约半数为法律法官,另半数为具有技术专长的技术法官。技术法官是一个比较特殊的法官群体。他们的法律地位在德国《法官法》第120条和德国《专利法》第65条中都得到了明确。他们与法律法官一样被赋予终身称号,有着与法律法官相同的权利和义务,但他们又分别是某特定技术领域的专家。根据德国《专利法》第56条和第26条第2款的规定,被任用为技术法官的人必须是在德国或者欧盟境内的大学或相关科研机构毕业并通过了技术或自然科学相关方面的国家级或学院级考试,且至少在自然科学或技术领域有5年以上的工作经历。此外,技术法官要求具备法律知识并不等于需要通过法官资格考试,很多国内论著在这一问题上的表

---

① 13个技术庭之间有明确的领域分工。例如,第六技术审判庭主要负责水利、建筑、基础设施建设等方面的纠纷;第七技术审判庭主要负责机械制造领域的案件,如航天及航海机械工业、制冷制热机械、发动机等;第九技术审判庭主要负责交通工具行业,如汽车、火车、航空器制造业等领域的案件。

述是不恰当的,技术法官是否具备法律知识是个案判断的[1],如经过相应的专业学习(尤其在专利法方面)与课程考核。由于对技术领域和法律领域都有较高要求,技术法官一般从德国专利与商标局的资深技术审查员中选任。

2. 审理原则

(1)不告不理原则。专利法院基于法院审理案件的不告不理原则,诉讼程序由当事人书面申请启动,不能依职权。根据处分原则,原告可以撤回申请,终结诉讼。

(2)职权调查原则。依德国《专利法》第 87 条第 1 项规定,专利法院应依职权调查事实,不受当事人提出的事实及证据的拘束,但法院并无义务调查相关的先前技术,亦不得调查原告所未主张的无效事由,当事人有协助法院发现真实的协力义务,对其主张应负举证责任。

(3)言辞辩论原则。专利法院可书面审,在当事人申请、法院认为必要等情形下,应开庭审理(口头言词辩论)。事实上,技术上诉庭审理的绝大多数案件采取言辞辩论程序,因为大多数当事人提出口头审的申请,且法院认为口头审有利于澄清争点。对于专利无效案件,依据德国《专利法》第 82 条规定,被告如果未按法院规定的 1 个月内提出答辩,专利法院可以不经口头审程序,认为原告主张事实成立,径直裁判。若被告如期答辩,则应当进行口头审。

(4)非强制专业代理原则。当事人可亲自或委托代理人出庭,任何具有诉讼能力的自然人均可成为代理人,不采取专业代理人强制代理的制度。但当事人是外国人的,则必须委托律师出庭。

二、德国专利异议诉讼程序[2]

异议申诉任何人均可提起,但必须在专利授予后 3 个月内。异议提起须以书面为之,并附具体理由,缴交费用,由德国专利商标局受理。[3] 作出原审查决定的部门认为申诉理由成立的,应当更正其决定。如不更正决定,应在 1 个月内将申诉案件移交给专利法院,并且不得对案件的实质问题发表任何意见。德国《专利法》第 75 条规定了这种申诉具有中止原审查决定的效力。

专利异议之诉发起后,才进入专利法院由上诉(抗告)庭审理。异议抗告之诉的目标为抗告人的请求,而非原行政处分本身,因此可提出新事实,联邦专利法院

---

[1]　Benkard/Schäfers,PatG(10 Aufl. ,2006),§ 26 Rdnr. 8a.

[2]　除注明外,参考德国《专利法》(Patentgesetz, PatG),http://www. gesetze – im – internet. de/englisch_patg/englisch_patg. html.

[3]　异议理由是不具专利要件,如不具新颖性、进步性,或揭示不足而致专业人士无法了解其内容亦无可据以实施,或发明是窃取他人发明而来,或申请专利范围无法由说明书内容予以支持。

亦可自行认定事实,其权限大于仅能审查原行政处分合法性的行政法院。① 在异议诉讼程序中,为维护公共利益,专利局局长可以在适当的时候向专利法院递交书面声明,参与到审理中并陈述意见。专利法院应当将专利局局长的书面声明通知当事人。申诉涉及某个原则性法律问题的,专利法院可以在适当的时候通知专利局局长参加申诉程序。

有下列情形之一的,专利法院无须就案件实质问题作出决定,而直接撤销被申诉的原审查决定:①专利局自身尚未对该案件的实质问题作出决定;②专利局的审查程序有重大缺陷;③发现对作出决定起关键作用的新事实或新证据。专利局应当依据该撤销决定,重新作出审查决定。

对于专利法院的决定不服,还可以再上诉至联邦最高法院。不论是德国专利商标局还是联邦专利法院,在异议程序终结时若作出专利撤销决定或判决,则该专利即不存在,无再提起专利无效诉讼的余地。

三、德国专利无效诉讼程序

(一)起诉和诉因

任何人若认为专利具有德国《专利法》第 21 条第 1 项所列举的撤销事由或专利保护范围被扩大,即得以专利权人为被告,向专利法院提起专利无效诉讼②,人们可借他人之名提出无效诉讼,也可委托专利代理人、律师提起。专利法院对于专利无效案件享有专属管辖权。原告提起专利无效诉讼,大多是遭专利权人提起专利侵权诉讼所致。专利法院并不管辖侵权事件,专利侵权诉讼是向普通法院提起,普通法院不能自行审查专利权是否无效。当被疑侵权人抗辩专利无效时,普通法院法官认为无效抗辩有理由,可停止诉讼程序,告知被疑侵权人另向专利法院提起专利无效诉讼,但专利侵权诉讼不必因另有专利无效诉讼而必须停止诉讼程序。

(二)诉讼过程与审理期限

起诉状应包含涉案专利信息、涉案发明简要介绍及其所依赖的基础技术、与之相关的任何现有技术,并附专利要求书的分析材料及证明涉案专利不具有新颖性、创造性的论据。双方在口头审理程序前完成诉状交换,当事人有试验结果或专家意见的,可在诉状中一并提出。通常专利无效之诉的审限为 18~24 个月,且不受未决专利侵权之诉的影响。③ 在口头审理程序中,双方当事人将就涉案专利

---

① Vgl. Van Hees, Verfahrensrecht in Patentsachen, 2. Aufl. , S. 111.

② §66 PatG, 强制特许诉讼程序依德国《专利法》第 81 条由专利法院审理,与专利无效审理程序相同,在此不作进一步说明。

③ 在专利无效之诉中,代理平行侵权之诉的专利律师之所以参加口头审理程序,是因为法院可能作出涉案专利部分无效的判决,专利律师就可以在专利侵权之诉中援引该项判决。

的新颖性和创造性进行辩论,法院将就此向当事人发表意见。法院将决定是听取证人证言或专家意见,查明某一争议(这一情形并不多见),还是直接作出判决。涉案专利可能被判决部分无效,或者其效力被限定在主要诉讼请求或附加诉讼请求的范围之内。不附带判决理由的书面判决书通常会在口头审理结束之后几周内作出;附带判决理由的书面判决书通常在口头审理结束之后 3～5 个月内作出。①

(三)审理结果与上诉

审理结果若为专利全部无效判决或部分无效判决,则联邦专利法院无效宣示即溯及自专利核准时失效,具有对世效力;若诉讼结果是原告败诉(其专利无效主张为无理由),则既判力仅于诉讼当事人间有效,并不及第三人。

当事人不服专利法院裁判的,可以向联邦最高法院②上诉。在专利法院审理中,当事人可以自己进行诉讼,但是在联邦最高法院当事人必须委托律师或专利代理人代理诉讼,全权代理人可以和一名技术助手一起出庭。③

上诉应以书面形式提出。联邦最高法院在口头审理之前,可听取专家意见或进行科学测试,但会因此要求当事人补充诉状并进行诉状互换。联邦最高法院判决对涉案专利权利要求书有修改或宣布其为无效专利的,会将判决抄送至专利登记机关。该判决为终审判决,立即生效。判决分为确认该专利为有效专利、确认该专利为有效专利但须对权利要求书进行修改或限制其范围、宣告专利无效三种情形。当庭判决之日起 2～3 个月内,会将附带理由的书面判决送达当事人。④

为提高诉讼效率,《德国专利法之简化和现代化法》于 2009 年 10 月 1 日生效。对于专利无效的司法审理,专利法院之后的联邦最高法院上诉审原先是包括法律审与事实审在内的全面审查,每个上诉审平均需要 4 年时间才能审结,现修改为只进行法律审。德国《专利法》修改是因为随着近年来上诉审案件持续不断地增多,全面审查的做法导致了上诉审的冗长和拖沓,越来越多的案件积压在联邦最高法院,从而影响了德国专利制度的效率以及相关方的支持度。⑤

四、德国专利侵权诉讼程序

在案例 8-4 中,原告并未选择美国法院,反而向德国地方法院提起诉讼,说

---

① [德]Heinz Goddar,Carl-Richard Haarmann:《德国专利诉讼概览之专利诉讼程序的技术细节》,袁仁辉,译,《中国知识产权》,2013 年第 2 期。
② 德国联邦最高法院位于卡尔斯鲁厄,下设 25 个审判庭,每个审判庭均由 5 名法官组成。其中,第十审判庭负责审理专利案件,审判员从地区法院、上诉法院和联邦专利法院的专利审判庭中选任。
③ §113 PatG.
④ 张犁朦,汪凯:《德国专利诉讼体系及赴德参展的知识产权风险防范》,《安徽科技》,2015 年第 7 期。
⑤ 张韬略,黄洋:《〈德国专利法之简化和现代化法〉评述——浅析德国专利法律的最新修改》,《电子知识产权》,2009 年第 10 期。

明德国知识产权民事司法保护对原告更为有力。专利权人在德国申请禁止令,在事证明确与急迫情况下,如禁止侵权产品进口的命令,德国法院可以在 24 小时发出暂时禁止令。这些有利于专利权人的措施,使得专利权人愿意选择于德国进行专利诉讼以解决专利问题,因为可以在很短时间排除侵权产品进入市场,而不用耗费时间等待本案诉讼完成后,才阻断侵权产品,使得专利权人的市场利润不受侵蚀。[①]

案例 8 - 4　摩托罗拉公司诉苹果公司专利侵权案

摩托罗拉公司与苹果公司间的诉讼,是全球智能手机专利战重要的一环:2011 年 3 月、4 月,摩托罗拉公司在德国曼海姆(Mannheim)提起专利侵权诉讼,主张苹果公司在德国的零售商侵害其三项专利,其中两项专利为产业标准专利。2011 年 11 月与 2012 年 2 月,德国地方法院判定苹果公司侵害两项专利,并发给禁止令。[②]

(一)管辖

相异于专利核准或有效性争议具有行政事件色彩,专利侵权或其他与专利权行使有关的争议,其性质无疑为民事事件,由普通法院受理,不论其诉讼标的价额为何,均以州法院为第一审法院。据此,凡是案件内容涉及专利权行使,包括主张专利权侵害损害赔偿或不当得利利益返还请求权、排除专利权侵害请求权、与专利授权或让与有关的合同争议、雇佣关系下发明归属及适当报酬给付争议,均由州法院专属管辖[③]。另外,为了累积普通法院审理专利侵权案件的实务经验及避免不同法院对于专利法解释与适用产生歧义,知识产权侵权纠纷的一审案件(除著作权纠纷案件以外[④])由各个州法院负责,第二审为州高等法院,地域管辖问题则依据民事诉讼法相关规定(第 12、13、32 条)进行确定。此外,并非所有州法院都能受理专利侵权案件,限于特定州法院始有管辖权。[⑤] 当事人必须从这些法院中选择其一,专利侵权诉讼由法律法官而非技术法官审理,将管辖集中于少数州法院,是为了积累法官审理此等高度专业性及技术性案件的实务经验。

---

① John Flock:Protecting IP Rights in International Business Transactions, Aspatore 1 November, 2011, p. 5.

② Motorola Mobility v. Apple Inc. ,http://en. wikipedia. org/wiki/Motorola_Mobility_v. _Apple_Inc.

③ Schramm, a. a. O. (Fn. 21), Kap. 15, Rdnr. 96;Kraßer, a. a. O. (Fn. 17), S. 903.

④ 德国《著作权法》第 104 条规定,著作权纠纷的受理在原则上与普通民事案件一样,由初级法院受理。但如果纠纷涉及劳动与服务关系,如职务作品的,则由负责劳动及相关行政法律案件的法院受理。

⑤ 德国目前虽有 60 个州法院,但仅限于依法指定的 12 个州法院能受理专利侵权案件,并以该州法院的上级法院(州高等法院)为上诉审法院。这 12 家法院为慕尼黑、纽伦堡、汉堡、法兰克福、曼海姆、柏林、萨尔布吕肯、布伦斯维克、杜塞尔多夫的地方法院和位于原东德的莱比锡、埃尔福特和马格德堡的地方法院。Carl Schramm, Der Patentverletzungsprozess(5. Aufl. ,2005), Kap. 15, Rdnr. 105.

（二）诉前警告函

警告函是专利权人自己或委托律师向被告提出的停止侵权行为的要求，是一种要求庭外解决纠纷的方式。这个步骤并不是提起侵权诉讼的法律要件，但对专利权人有重要意义。如果专利权人提出警告，被告有可能在诉讼初期就承认侵权行为，这样就可节约诉讼费用。而且如果专利权人在诉前没有向被告发出警告函，则原告必须支付全部诉讼费用，而如果警告函是合法的，则收件人有责任支付必要的花费（尤其是律师费）。

随着互联网的兴起，权利人和律师已经把警告函作为一项额外收入的方式。有大量的报告显示律师发出了大量的警告函，这些警告函对那些相对轻微的侵犯知识产权或者违反竞争法的行为要求赔付夸大的费用。法院已将此界定为"警告函洪流"，根据2006年联邦法院作出的两个判决，在简单明了的案件中，违法责任是显而易见的，因此聘用律师是没有"必要的"。相反，这时受害人要自己制作发送警告函，且不能请求赔偿其花费。德国立法机关随后将判例的精神转化为成文法。①

另外，原告起诉前发警告函也会带来诉讼风险：面对专利权人指控，涉嫌侵权一方可能会在审理速度迟缓的欧洲其他国家法院提起诉讼，请求法院确认双方当事人之间在原告诉请的专利主题上不存在侵权行为，这一防御手段可阻止专利侵权案的快速审结。② 因此，专利权人必须首先评估对方提起拖延型诉讼的可能性，然后向对方发出警告函。如果对方很可能提这类诉讼，则专利权人可直接向恰当的德国民事法院起诉，然后向对方发出警告函。

（三）临时禁令与保护函

在专利权侵权救济方面，德国也吸收了英美法系国家一些有效手段，对专利权采取了较为严格的法律保护。临时禁令是德国民事诉讼法中一个既快又有效的法律救济手段，有时可以在几小时内就对权利人的权利达到事实上的保护。据

---

① 德国《著作权法》第97a条第（2）款现在修改为：在简单明了的案件中，如果侵权是非实质性的，侵权人不是在商业活动中实施侵权，那么，对于第一份警告函提供律师服务的必要花费的补偿不超过100欧元。德国法律事务委员会在其报告中列举了以下例子：未经权利人同意在其私人网站刊登了一小幅城市地图、未经权利人同意在其私人网站刊登了一首歌词、未经权利人同意在一个拍卖网站的清单上刊登了一幅照片。参见［法］卡明，［荷］弗罗伊登塔尔，［德］贾纳尔：《荷兰、英国、德国民事诉讼中的知识产权执法》，张伟君，译，商务印书馆，2014年版，第332—333页。

② 意大利法院就一度因审理案件用时极长而臭名昭著，被嘲讽为"意大利鱼雷"。根据欧盟11/2001号指令第17（1）条，"鱼雷法庭"尚未就其是否对专利侵权案件享有管辖权作出裁决的——这一程序可能长达7年，专利权人不得继续诉讼行为。不过，当事人选择施放"鱼雷"的地点必须位于欧盟成员国境内，且与相关国家有密切联系。否则，如果该外国法院明显无管辖权，则其不存在侵权行为的判决将不能得到认可，也就不能阻止权利人之后在德国提起专利侵权之诉。参见［德］Heinz Goddar，Carl-Richard Haarmann：《德国专利诉讼概览之专利诉讼程序的技术细节》，袁仁辉，译，《中国知识产权》，2013年第2期。

统计数据表明,德国专利纠纷中 60%～65% 的案件是从诉前临时禁令开始的,而且绝大部分也是在这个程序中结束的。申请人向法院申请后,只须递交低证明力的证据证明侵权或侵权存在的可能性(只要证据满足要求即可免去担保),便可正式启动整个程序。在缺乏证据时,只要提供足够的担保也可以进入程序。① 诉前临时禁令申请人可请求法院派人查封或没收侵权商品,如被申请人拒绝执行临时禁令,则执行人可要求警方协助。如果被申请人表现顽固,则可将其拘留。

相对的,被控侵权人可以向其预计提交诉讼的法院交存保护函。这一程序并未在德国的民事诉讼法典中予以规定,但已为法院所广泛接受。保护函包含对预计签发诉前禁令的异议,以及不应单方(即没有在先的庭审)签发诉前禁令的请求。在被控侵权人能够提供充分的理由反对诉前禁令的很多情况下,保护函的确可以导致诉前禁令被驳回。如果被控侵权人成功地使法庭相信侵权问题还不够清楚,法院宁愿专利权人提起常规的诉讼(在同一法院)以便更详尽地处理专利侵权问题。若被警告的一方担心签发诉前禁令,通常会快速在相关法院提交保护函。结果是法院在多数情况下不愿意仅凭单方禁令请求(而是召集口头审理)就批准立即停止侵权令。②

(四)证明责任

在德国,不似美国有审前开示制度。提起专利侵权诉讼前,原告必须准备样品或手册以说明所有的专利特征。若原告持有的证据不足以充分证明被告侵权行为成立,无法通过其他公开方法获取侵权证据的情况下(例如侵权人在公司内部使用专利设施),原告得依据德国《民法》第 809 条的规定,请求法院命被告提出侵权物品的样品。然而,法院在适用此项规定时,态度甚为严谨,且要求原告在被告提出样品前,即须证明被告有成立侵权行为的高度可能性。③

(五)庭审与申诉/上诉

庭审之前,当事人双方可以在规定的时间内(一般是 3 个月以内)进一步提出诉讼请求和答辩理由。在庭审中,如果双方当事人对涉及案件胜败的重要事实产生争议,则法院必须进行调查,包括调查证据和询问证人。法院可以对当事人指定的专家进行询问,并且自行决定是否需要进一步咨询第三方独立专家的意见。法院内部的技术专家不足以判断涉案专利问题时,可以请求外部技术专家的帮助。同其他国家相比,德国专利侵权诉讼持续的时间相对较短。法院审理案件的平均诉讼时间:一审法院(地方法院级别)约 1 年,二审法院(上级地方法院级别)

---

① 毛金生,谢小勇,刘淑华,等:《海外专利侵权诉讼》,知识产权出版社,2012 年版,第 71—73 页。

② [德]尼尔斯·海德:《浅析德国专利诉讼程序》,董巍,译,《中国知识产权报》,2012 年 8 月 31 日第 12 版。

③ Patent litigation in Europe:Focus on Germany,http://www.twobirds.com/English/publications/articles/Patent – litigation – in – Europe – focus – o.

约 1 年半,三审法院(最高法院级别)为 1 年半至 2 年。

当事人如对一审法院判决不服,可向州高等法院上诉,合议时也是由 3 名专业法官组成的。在上诉审中,应当对该案件涉及的事实和法律两个方面的问题进行全面审理。对上级地方法院作出的上诉审判决不服的,可向联邦最高法院就其中的法律问题提出申诉。德国联邦最高法院由 5 名专业法官组成专门法庭进行审理。当联邦最高法院认为该申诉不具有胜诉的可能性,而且该问题也不涉及太大的公共利益时,有权拒绝该申诉的受理。一般来看,向德国联邦最高法院提出的第三审申诉,约有 1/3 不会被受理。①

第四节　日本知识产权的民事司法保护

作为知识产权受益者,日本深谙其魅力与财富价值,更担忧它在知识产权问题上的潜在经济利益被侵权者免费"窃取"。因此,日本寄希望于构建完善的知识产权法律体系与司法保护机制,实现其国家与国民财富的最大化。

日本政府积极鼓励企业及个人参与知识产权司法维权,领导人也多次利用重要场合演讲及谈话,强调知识产权的有偿性问题,在太平洋市场,不允许对知识产权"搭便车"②,呼吁全世界的个人及企业尊重并保护知识产权,提醒日本国民及企业应积极运用法律武器,保护知识产权不受侵害,必要时应争取经济赔偿。

受政府政策鼓舞,日本企业积极投身于知识产权司法保护活动中。例如,2014 年 3 月,东芝公司以"NAND 型闪存"研究数据被韩国 SK 海力士公司侵犯为由,向东京地方法院提起民事诉讼,要求海力士公司赔偿损失。最终,双方协商决定海力士公司向东芝公司支付 330 亿日元和解金。2015 年 10 月,日本新日铁住金公司以特殊钢板生产技术被侵犯为由,起诉韩国浦项制铁公司,此案以后者向前者支付 300 亿日元和解金形式结束。③

一、日本知识产权民事司法保护机构与管辖

(一)法院的种类与审级

日本除最高法院外,作为下级法院,还设置有高等法院(东京、大阪、名古屋、广岛、福冈、仙台、高松、札幌)、地方法院(每个都府县设置 1 所,北海道设置 4 所)、家庭法院(数量等同于地方法院)以及简易法院。高等法院可以设立支部,地

---

① 毛金生,谢小勇,刘淑华,等:《海外专利侵权诉讼》,知识产权出版社,2012 年版,第 69 页。
② 太平洋の市场では、知的财产がフリーライドされてはなりません。参见安倍晋三总理「上下两院合同会议で『希望の同盟へ』と题して演说」,http://www.kantei.go.jp/jp/97_abe/statement/2015/0429enzetsu.html,2015 年 4 月 29 日访问。
③ 陈友骏:《解析日本知识产权新政》,《日本学刊》,2016 年第 1 期。

方法院或家庭法院可以设立支部或派出机构。为了谋求知识产权案件中的裁判充实化与迅速化，2005 年 4 月 1 日，在东京高等法院中，设立了专门处理知识产权类案件的特别支部——知识产权高等法院，该法院是日本唯一的知识产权专门法院。在知识产权高等法院设立之前，东京高等法院、大阪高等法院等建立的是作为法院内部部门的知识产权部。

日本实行三审制，二审称控诉审，三审称上告审，一般的民事案件由地方法院（诉讼额小的由简易法院）进行一审，高等法院进行二审，最高法院进行三审。

（二）2003 年《民事诉讼法》修改后

为了实现司法效率和司法公正，日本于 2003 年对民事诉讼法进行了修改（2004 年 4 月实施），新修订的民事诉讼法在有关知识产权诉讼案件管辖方面，对于强化法院的专门处理体制上，主要进行了以下修改。

（1）将技术类知识产权一审案件的竞合管辖修改为专属管辖。[①] 专利权、实用新型权、集成电路布图设计权和软件著作权案件，东京、名古屋、仙台和札幌四个高等法院所辖区域内的案件归东京地方法院（东日本）专属管辖；大阪、广岛、福冈和高松四个高等法院所辖区域内的案件归大阪地方法院（西日本）专属管辖。东京地方法院（17 部、29 部、40 部、46 部）、大阪地方法院（21 部、26 部）各自设置了处理知识产权案件的专门部。

这种专属管辖化的趣旨在于，通过将这种具有高度专业技术要素的案件集中于已经设置有专门处理这种案件特别部门的东京及大阪地方裁判所，有助于实现审理的充实化与迅速化，而且期待这两个地方裁判所进一步积累处理这种案件的经验。[②] 但是，属于由简易法院[③]管辖的案件，由于其请求的标的金额小，出于当事人地域上的便利考虑，东京及大阪地方法院对于这些案件的管辖权，则属于任意管辖，当事人也可以向原本有管辖权的简易法院提起诉讼。

（2）将技术类知识产权案件二审集中于东京高等法院专属管辖。在东京高等法院中配备精通知识产权诉讼的法官和技术专家型法院调查官，以使审理更加迅

---

① 1996 年的《民事诉讼法》规定，对于侵害特许权、实用新案权、集成电路布图设计权、计算机软件著作权的案件，第一审由全国各地的地方法院管辖，同时东京地方法院和大阪地方法院竞合管辖。所谓竞合管辖，是指对于全国各地的特许侵害案件，东京地方法院和大阪地方法院也同样具有管辖权。二审由相应的全国 8 所高等法院管辖。据此，对发生在札幌的侵权事件，东京地方法院和札幌地方法院均享有管辖权。其二审则根据一审的法院相应由东京高等法院或者札幌高等法院管辖。

② 小野瀬厚＝武智克典「一問一答平成 15 年改正民事訴訟法」（商事法務・2004 年）71 頁。

③ 诉讼额在 140 万日元以下的案件一审一般不是在地方法院而是在简易法院（《法院法》第 33 条）。简易法院是指对日常生活中发生的轻微民事、刑事案件进行迅速、简易处理的法院。其主要负责相对于对一审案件有管辖权的地方法院而言，请求金额在一定额度以下的民事案件和符合罚金刑的刑事案件等，因此也有可能对请求金额较小的知识产权民事案件有管辖权。这种情况下，简易法院之外，东京地方法院或者大阪地方法院竞合管辖。

速并专业化。对大阪地方法院就上述案件作出的判决的控诉(上诉),由东京高等法院专属管辖。由于东京高等法院本来就是东京地方法院的控诉审管辖法院,这样所有涉及专利、实用新型、集成电路布图和软件著作权案件的控诉审全部归由东京高等法院专属管辖,由此为专门知识产权高等法院的诞生奠定了基础。至于三审则与普通案件一样,由最高法院审理。

(3)规定了专业事项未成为审理对象①情形下的移送管辖制度。具体内容如下:①在按照规定确定专利等案件的专属管辖时,如果案件不涉及专门技术问题,而主要争议的是其他问题,为了避免审判迟延,法院应根据当事人的申请或依职权,将案件全部或部分移送到其他法院,如被告住所地、财产所在地等有管辖权的地方法院;②东京高等法院对于诉讼未涉及专门技术问题,或有其他显著损害或延缓诉讼情形的,经申请或依职权,可将该诉讼的全部或部分向大阪高等法院移送。

该规定使东京、大阪地方法院知识产权庭受理的未涉及专门技术问题的一审案件,可以向一般民事审判庭移送;使东京高等法院受理的未涉及专门技术问题的二审案件,可以向大阪高等法院移送。

(4)将非技术类知识产权案件的分别管辖修改为竞合管辖。外观设计权、商标权、著作者权(软件著作权除外)、出版权、著作邻接权、育成者权(植物新品种权)案件以及因不正当竞争导致的营业利益侵害案件,当东京、名古屋、仙台和札幌四个高等法院下辖的地方法院有管辖权时,当事人既可向这些地方法院提起诉讼,也可向东京地方法院提起诉讼;当大阪、广岛、福冈和高松四个高等法院下辖的地方法院有管辖权时,当事人既可向这些地方法院提起诉讼,也可向大阪地方法院提起诉讼。与专利权诉讼相比,著作权以及不正当竞争有关的案件大多与地域联系密切,而且诉讼标的额较小,所以,当事人可以根据案件的具体情况,在原有管辖权的法院和东京、大阪地方法院的知识产权庭之间进行选择。尽管没有达到专利权等诉讼的程度,但有关外观设计权等诉讼,在案件处理中仍然需要特别的知识、经验,考虑到这一点,让设有专门部门的东京及大阪地方法院也有机会受理这种案件,进而谋求这类案件处理的充实化,这是修法的趣旨所在。②

(三)2005 年《知识产权高等法院设置法》施行后

在设立知识产权高等法院前,关于特许厅审决的审决撤销诉讼,③一审就是

---

①　例如,在继承案件中,仅对专利权等的归属发生争议的情形;对于专利费用支付义务没有争议,只是就支付发生迟延的情形;在二审中争议点只涉及损害额认定情形等,均属于此。

②　[日]新堂幸司:《新民事诉讼法》,林剑锋,译,法律出版社,2008 年版,第 605 页。

③　特许厅的审判部行使行政性的准司法审判权,在职能上相当于我国的专利复审委员会。特许厅的审判官是特许厅审判部中对专利无效等事项使审判职能的人员,类似我国专利复审委员会的审查人员。对审判部的审决不服的,向知识产权高等法院提起审决撤销诉讼。

由东京高等法院专属管辖,而知识产权高等法院设立后管辖的案件主要是请求撤销行政裁决的第一审裁决诉讼以及民事案件的二审。具体分为以下四类。

(1)请求撤销行政裁决类案件。不服专利局裁决而请求撤销裁决的诉讼,如对专利行政复审决定的诉讼、决定驳回专利行政复审或者再审的请求书、专利无效复审修改请求书的诉讼,专属东京高等法院管辖,由知识产权高等法院负责审理。其他类似的还有对实用新型和外观设计有关复审决定、决定驳回复审或者再审的请求书的诉讼;对商标有关撤销商标决定或者复审决定、决定驳回、注册异议申请书、决定驳回复审或者再审请求书的诉讼。

(2)民事上诉案件。民事上诉案件中,有关发明专利权、实用新型专利权、半导体集成电路配置利用权及计算机程序著作权案件,专属由知识产权高等法院负责审理,因为这类案件审理需要专业的知识,所以全国的此类诉讼案件都集中在知识产权高等法院。

有关侵犯外观设计专利权、商标权、著作权(计算机程序著作权除外)、出版权、著作邻接权、植物新品种权和违反反不正当竞争法损害商业利益的民事案件,经由各地方法院第一审,未被专属管辖的部分不属于东京高等法院管辖,由分布在全国的 8 个高等法院受理,这是基于这些案件的地域性而产生的结果。由于大多数知识产权案件的一审都集中在东京地方法院,所以多数二审也就都集中到了知识产权高等法院。[①]

(3)专业知识牵连类案件。非前述两点的案件,东京高等法院所办理的其他民事案件以及行政案件中以有关知识产权专业知识为主要争论点的,由知识产权高等法院负责审理。

(4)合并类案件。与上述三点的诉讼案件应当进行口头辩论合并予以审理的案件。

二、知识产权高等法院的构造与组成

(一)基本结构

知识产权高等法院并非单独设立的法院,而是东京高等法院下设的特别支部,隶属于东京高等法院。但相对于普通的高等法院支部,它具有更高的独立性,有独立的院长、独立的法官会议以及独立的事务局,[②]在人事、预算和诉讼运营上

---

① 飯村敏明「知的財産高等裁判所の創設及びその果たす役割について」牧野利秋先生傘寿記念論文集「知的財産権 法理と提言」(青林書院・2013 年)3 頁。

② 篠原勝美「知的財産高等法院の概要」NBL No.804(2005 年)27 頁。日本高等法院也有设置支部的先例,依照《裁判所法》第 22 条都是被限定在所属高等法院管辖范围内的一定区域,须在所属高等法院法官会议授权范围内处理相应的司法行政实务。知识产权高等法院则不同,为了充分发挥其专业性,对于众多司法行政事务(法院事务的安排、法官的配置等)能够在独自的权限下行使。

有独立的法律权限。尽管采取了合署办公模式,这种合署办公模式仅是办公地点合署,在审判体制、人员配置等方面则是完全独立的。①

知识产权高等法院的法官由最高法院指定,并任命其中一人为院长,司法行政事务由该院法官会议以决议方式处理,法院院长也是法官会议的议长,由其总管司法行政事务。②

按照最新数据,知识产权高等法院由 17 名法官组成,法官不需要任何技术背景。另有技术调查官(全职)11 人,专业委员(兼职)200 人,书记员以及事务官若干。2015 年统计的一审平均审理周期为 14.2 个月,二审为 7.6 个月。③

知识产权高等法院下设事务部门和裁判部门,其中裁判部门又分为几个小部门,即特别部(大合议部)、通常部(第一部、第二部、第三部、第四部)。其中,4 个通常部无差别地处理知识产权案件,共用法院调查官,并没有特别的案件分工。虽然没有就未采用四部门职能细分组织结构的理由进行特别说明,但由于知识产权各法在法概念上具有高度共通性,实施进一步细分的专门化分工的必要性很低,而且关于技术性事项也有法院调查官和专门委员制度,因此即使不采用部门职能细分的组织结构也不会出现问题。从实际情况来看,四个通常部也仅仅是法庭、开庭时间和裁判人员不同而已。④

(二)大合议制

知识产权案件原则上由 3 名法官组成合议庭审理,但法律也规定案件可由 5 名法官组成大合议庭制审理。⑤ 产业界一直强烈呼吁知识产权诉讼应该形成一些具有一定信赖度的规则,允许东京高等法院、东京与大阪的地方法院由大合议庭作出判决,相当于给同类案件的解决提出了判断标准,在一定程度上可实现在全国范围内执法的统一性和安定性。⑥

知识产权高等法院大合议庭没有专门配备裁判官,院长任大合议庭审判

① 陶凯元:《我国建立知识产权法院相关问题研究》,人民法院出版社,2019 年版,第 34 页。
② 《知的财产高等法院设置法》第 3、4、5 条。
③ 2015 年地方法院一审知识产权案件共 533 件,主要为四类案件:专利案件占比 28.9%,不正当竞争案件占比 22.9%,商标案件占比 20.1%,著作权案件占比 19.7%。参见 Akira Katase:Judicial System in Japan(IP — related case),International Workshop on "Intellectual Property, Commercial and Emerging Laws",24 Feb. 2017.
④ 易涛:《日本知识产权高等法院》,《科技与法律》,2015 年第 1 期。
⑤ 依据修订后的民事诉讼法,专利权、实用新型权、集成电路布图设计权、软件著作权纠纷的一审和二审,东京高等法院、东京地方法院和大阪地方法院可以启用大合议庭。此外,属于东京高等法院专属管辖的专利权和实用新型权的撤销裁决的行政案件也可适用大合议庭制。
⑥ 冈本岳「知的财产高等裁判所の实情と课题」NBL No.824(2006 年)。知识产权高等法院成立后,在第一年启用五人合议庭已经审理了一太郎案件(专利侵权上诉案)、助变数案件(请求撤销专利行政裁决案件)、墨水盒案件(专利侵权上诉案)。这些案件的判决不仅对知识产权审判实务,而且对知识产权政策、企业活动产生了广泛的影响。

长,另外 4 位裁判官由其他 3 个通常部的部长(除去院长所在的通常部)或具有相应水平的陪席裁判官 3 人以及将担任主任裁判官的陪席裁判官 1 人构成。[①]在实际运行中,大合议庭审理的案件是经过全体法官讨论作出判断并予以判决的。由于组成大合议庭的法官分别隶属于各个部,因而在准备评议时,都会邀请本部法官进行充分讨论。并且在必要的时候可随时召开研究会,研究会成员除大合议庭的法官外,再从各部选一名代表。对于大合议庭非正式成员的法官以及研究会的意见,从法律角度讲虽然不具有约束力,但正式合议庭法官可以有自己的意见。实际上,大合议庭会充分考虑并参考上述意见,尽可能把 4 个部的意见,即法院全体法官的意见反映在判决书中。[②]定期组织(大概每月 1次)陪席裁判官之间信息交换的会面,也是使法官一致性得到提高的主要原因。[③]

三、法院技术调查官

(一)必要性

无法期待裁判官具备相关专业知识,而且即便偶尔某裁判官具备相关专业知识,但是也无法期待其认知无可争议。[④]以专利侵权诉讼为例,一般情况下作为技术门外汉的法官,无从判断被告的产品是否进入了原告专利权人的保护范围。为了解决专利案件中的技术问题,专利案件一立案,案件的卷宗就被送到调查官室,由调查官对技术问题作出报告。

知识产权高等法院以及东京地方法院和大阪地方法院的各专门部均配置了法院调查员(技术调查官)。目前,东京地方法院 7 名,大阪地方法院 3 名,知识产权高等法院 11 名,[⑤]这 11 名中有 10 名曾在日本专利局从事审查、复审工作,1 名为专利代理人。[⑥]

调查官的职责是为法官提供技术方面的支持,遵照法官命令,对有关发明专利、实用新型专利等案件的审理中有关的必要技术事项进行调查,负责解释专利

---

① 主任裁判官是指起草判决书的裁判官。日本裁判官的名称有判事、判事辅,其中对于从事判事辅职业 5 年以上者,由最高法院指名可以成为"特例判事辅",其与判事具有同样的权限。在日本法院的合议庭的构成中,除了裁判长,还有陪席裁判官,其中比裁判长年轻的判事或特例判事辅多担任右陪席裁判官,实务经验未满 5 年的未特例判事辅多担任左陪席裁判官。左陪席、右陪席是指从裁判长的角度来看的左右方向。起草判决书的主任裁判官多由左陪席裁判官担任。

② 篠原勝美「知財高裁大合議部について」ジュリスト No.1316(2006.7.15)。

③ 三村量一「知財高裁大合議判決の意義と今後の展望」知財研フォーラム81 号 9 頁(2010 年)。

④ [日]伊藤真:《民事诉讼法(第四版补订版)》,曹云吉、译,北京大学出版社,2019 年版,第 278 页。

⑤ 「知的財産権訴訟における専門委員制度について」,http://www.ip.courts.go.jp/documents/expert。

⑥ 塚原朋一「知財高裁元年―その 1 年間の実績の回顧と今後の展望」金融・商事判例 No.1236(2006 年)。

保护范围、被告涉嫌侵权产品或方法的技术内涵,并将两者进行对比,将调查结果报告给法官,但不作法律判断。调查官解决的技术问题的难度低于专业委员解决的技术难度,且无须征求当事人意见。

（二）担当的事务

知识产权调查官守审判长之命可担当的事务包括:①为了明确诉讼关系,可以就事实上及法律上的事项,对当事人进行发问,也可以敦促其举证;②在证据调查期日中,直接向证人、当事人本人或鉴定人进行发问;③在尝试进行和解之期日中,基于专业知识及经验作出说明;④向法官陈述案件的意见。相对于在具体案件中,在听取当事人意见的基础上被指定的专门委员,知识产权调查官与案件的审理及判断具有更为密切的关系,并处于一种辅助法官的立场。但是其意见毕竟只是一种参考意见,是一种帮助法院正确理解当事人主张及证据的意见,而不是作为裁判基础的主张或证据。

（三）除斥及忌避

为保证调查官的中立性,使案件得以公正审理,民事诉讼法还设立了调查官回避制度。调查官准用法官除斥及忌避的相关规定。当存在针对知识产权调查官的除斥或忌避申请时,在有关该申请的决定确定前,被申请除斥或忌避者不得参与。

四、专门委员

专门委员是根据法院的决定参与到诉讼程序中的非全职工作人员,主要参与争议点及证据的整理、证据调查、和解等程序,任期为2年。除了法律所规定的津贴外,还可以要求支付差旅费、补贴、住宿费。知识产权高等法院选任了擅长技术问题的大学教授、专利代理人、公立机构与民间企业研究人员等约200人,[1]所涉领域包括电气、机械、化学、情报通信、生物等,法院根据涉案领域指定不同的专门委员参与到案件中对技术问题进行口头说明。

（一）专门委员制度的目的

专门委员制度的目的既不在于直接收集诉讼资料、证据资料,也不是在争议点等方面寻求专门委员的"意见",而是一项以征求正确理解这些资料的专家知识与见识为目的并寻求专门委员的"说明"的制度。[2] 在专业知识成为争议点的案件中,旨在实现审理的高度专业化。法官和当事人可以听取专家对技术问题的说明解释,进而作出法律判断。

（二）专门委员的指定与忌避

一个案件中参与到诉讼中的专门委员为一人以上,法院在听取当事人意见的

---

① 「知的財産権訴訟における専門委員について」,http://www.courts.go.jp/saiban/wadai/1810。
② ［日］新堂幸司:《新民事诉讼法》,林剑锋,译,法律出版社,2008年版,第320页。

基础上，根据案件的具体需要来指定。专门委员的除斥及忌避，准用法院除斥及忌避的相关规定，由专门委员所属法院作出。

（三）专门委员的参与

法院可以以决定方式让专门委员参与程序。可让专门委员参与整理争议点程序、协商进行期日、证据调查期日、和解期日，具体参与到哪个期日中、要求其对哪个事项作出说明，委诸于审判长基于诉讼指挥权的适时判断。专门委员说明的方法包括在审判长指定的期日以口头的方式作出说明，也可通过电话会议系统说明。经审判长征求当事人同意，专门委员可以直接对证人、当事人和鉴定人发问，当事人也可向专门委员提问。

在立法过程中，围绕专业委员参与诉讼程序的条件，即是以"听取当事人意见"还是以"征得当事人同意"产生了很大的争议。立法妥协的结果是，在争议点证据整理程序和证据调查期日的环节中，专业委员的参与以"听取意见"为要件；而在证据调查期日进行的质询与和解期日的环节中，则以"征得同意"为要件。[1]

（四）参与决定的撤销

法院认为合理时，可依申请或依职权撤销专门委员的参与决定。这主要考虑到，在特定的专门委员被指定后，该专门委员的专业知识、能力或公平性令人生疑时，应当中止其对程序的参与。当双方当事人都提出申请时，法院则必须撤销参与决定。在这种情况下，当事人都无须说明申请的理由。专门委员制度的目的在于使法院正确理解当事人的主张及举证而听取专家的说明，如果让法院通过双方都不愿意的专门委员说明来理解当事人主张及举证，恐怕不能使法院正确理解当事人本意，反而更容易产生误导，而且也有违当事人主义。[2]

五、侵权诉讼程序及其与专利无效判断的关系

（一）日本专利侵权诉讼的程序要点

日本专利侵权诉讼的审理一般分为三个阶段，即判断专利是否有效、判断被告是否侵权、判断侵权损失额度。这三个阶段为递进式，只有前一个阶段有了相应的结果才能够继续下一个阶段的审理。[3] 与美国相比，日本的专利侵权诉讼量不算多，由于不存在美式证据开示制度，诉讼成本大致与德国等国同等。但是，由于去法院的次数多、无效宣告在法院和专利局两处进行、进行技术说明会等，诉讼成本在一定程度上升高。程序方面与我国的不同之处，如以书面文件为基础进行

---

① ［日］高桥宏志：《重点讲义民事诉讼法》，张卫平，等，译，法律出版社，2007 年版，第 509 页。
② 高部眞規子「専門委員制度の更なる活用のために」判例タイムズ1368 号（2012 年）28—43 頁。
③ ［日］园田吉隆：《日本专利诉讼程序和对策》，《中国知识产权报》，2013 年 7 月 31 日第 5 版。

多次辩论、能够以专利无效进行抗辩以及召开技术说明会等。其具体程序要点如下。

1. 第一次口头申辩

权利人要求侵权人立即停止侵权行为或请求损害赔偿,应向东京地方法院或大阪地方法院递交起诉状和证据。法院在对起诉状的形式审查结束后,会指定第一次口头申辩的日期,并向被告送达记载了第一次口头申辩日期的传票、起诉状及证据。收到起诉状的被告应该准备答辩状,并将答辩状在第一次口头申辩日期之前提供给法院和原告。至答辩为止所给予的期限很短,且要在答辩状中记载大概的反驳内容。第一次口头申辩日,法院会决定有关此次诉讼的后期申辩准备程序的日程。日本的侵权诉讼每两个月左右需要原告、被告之间进行一次交换文件、举证、阐述本方主张等手续,在这两个月中,需要代理人进行内容分析、与委托人交换意见、起草反驳文件等工作。①

2. 后续申辩准备程序

被告方可以主张未落入专利技术范围或者进行专利无效的抗辩。另外,也可以另行向专利局请求专利无效宣告。与我国不同的是,被告可以向法院提出专利无效(违反创造性、违反记载要求)作为抗辩主张。被告方将上述主张归纳于准备文书中,在申辩准备程序的第二次日期之前将该准备文书提交给法院。申辩准备程序的第三次日期,将由原告方对被告的主张进行反驳。在第三次日期之后,法院会给予1~2个月的准备期,设定之后的第四次日期。经过多次准备文书的提出,争议点将被归纳出来。②

3. 技术说明会

是否采用技术专家由法官定夺,一旦采用往往会召开技术说明会。在技术说明会上,由大学教授、专利代理人等组成专门委员会听取双方主张及理由,并向原、被告提问。技术说明会给予原告、被告的时间都是约1个小时。双方会对各自的主张进行详细说明,说明发明的技术背景及有争议的技术层面,以使法官、专门委员能理解其主张,既要让技术专家从专业性和技术性上认可自己的见解,又要从基础知识入手,让法官理解自己所说明的内容。③

---

① [日]园田吉隆:《收到专利侵权诉状怎么办?》,《中国知识产权报》,2013年6月26日第4版。

② 为避免低效多次的"三分钟辩论"与"五月雨审判",日本民事诉讼过程明确地区分为争议点整理及证明对象形成(包括证据申请的完成)和集中连续的证明活动及证据审查这两个阶段。准备程序作为诉讼运作的常规方式被赋予了非常重要的意义。只要不属于能够早期终结的案件,原则上都应该先经过准备程序来整理争议点,形成审理对象,然后才指定主要期日集中开庭,争取一举完成由当事人展开的证明活动和法官进行的证据审查,迅速达到能够作出判决终结案件的审理程度。这三种准备程序分别是书面准备程序、准备的口头辩论程序(用于准备的口头辩论方式)、辩论准备程序(会议型准备方式)。参见王亚新:《对抗与判定:日本民事诉讼的基本结构》,清华大学出版社,2002年版,第135—156页。

③ 中平健「知財高裁における最近の審理と裁判例等について」判夕第61卷第16号(2010年)。

4. 和解协议

技术说明会结束后，在双方的主张被提尽的阶段，由法官公开对判决结果的心证。在此基础上，法官会询问原、被告双方是否有和解的意图。如有和解意图，就在法官主导下开始和解协议。虽然半数以上的专利侵权案件中法院认可了被告的主张，但对于被告来说，自己本来没有侵权，即使胜诉也只是证实了这一点，在诉讼中花费的大量时间和金钱没有办法收回。从这一点来说，即使被告确信自己没有侵权，也可能在纠纷早期考虑和解的可能性，通过和解方式解决的案件很多。

5. 口头辩论的实施与宣判

在最后一次的申辩准备程序日期之后，当事人在法院进行口头辩论。在此，对在申辩准备程序中提及的内容在口头辩论阶段提出。即因当事人对其主张的整理在申辩准备程序中已完毕，所以口头辩论在短时间内终结。口头辩论终结时，法院会指定判决宣告日期。在指定的日期，判决在法庭被宣告。自起诉状提出起至判决作出需要 15 个月左右的时间。①

6. 上诉

对判决结果不服的当事人可以向知识产权高等法院上诉，但地方法院也可以根据情况立即执行一部分判决，如禁令。作为二审法院的知识产权高等法院会对事实进行判断，但是作为三审法院的最高法院只对法律问题进行判断，而对事实问题不会进行审理。因此，对绝大多数案件来说，知识产权高等法院的判决可以认为是最终判决。

（二）专利侵权诉讼与专利无效判断

在很长一段时间内，日本一直认为专利权侵权诉讼中不能进行专利无效判断，然而，倘若法院面对行政判断过于宽容……致使国民对法院产生已陷入行政追随主义的疑虑，反倒会损害司法权的权威与信用。② 有学者提倡在无效非常明显的情况下，允许当然无效抗辩。

关于专利侵权诉讼与专利无效裁决的关系，日本法院在 2000 年以前的司法实践中，宣告专利权无效是专利行政机关的职权，受理专利侵权诉讼的法院无权确认专利权的有效性，专利侵权诉讼的审理建立在专利权有效的前提下。被告不能在侵权诉讼中解决专利是否有效，法院要中止诉讼，由被告向日本专利局复审委员会提出撤销请求，启动专利无效程序，待后者有了终局裁决后，再继续审理侵权纠纷。③ 专利无效的准司法审查和专利无效裁决的行政诉讼需要花费漫长时

---

① ［日］河野英仁：《日本专利侵权诉讼与中国的区别》，王瑾，译，《中国知识产权》，2016 年第 6 期。
② ［日］原田尚彦：《诉的利益》，石龙潭，译，中国政法大学出版社，2014 年版，第 178 页。
③ 飯村敏明「知的財産訴訟の制度改正の概要と実効ある制度運用」知財管理 Vol. 55 No. 3（2005 年）。

间,耗费巨大成本,由此给被告增加了极大负担。并且,对于同一权利划分为两个不同的程序,亦有违程序效率原则,还有可能产生矛盾的判断。① 这一困扰学界许久的争论因 Kilby 专利事件的民事诉讼而发生转折。

案例 8-5　富士通半导体案

Kilby 博士是美国 Texas Instruments(德州仪器)公司技术人员,他研制出了半导体集成电路的基础技术,并在 2000 年获得诺贝尔物理学奖。德州仪器公司围绕 Kilby 研制开发的半导体集成电路技术,在许多国家申请了专利。其中涉案专利在日本的专利号为日本特许第 320275 号,德州仪器公司要求日本富士通公司支付专利实施许可费。富士通公司向东京地方法院提起了确认不侵权诉讼。

东京地方法院一审判决确认被控侵权产品没有落入第 320275 号专利的技术范围,富士通公司不构成侵权。东京高等法院二审维持一审判决。德州仪器公司不服二审判决,启动三审程序。最高法院在 2000 年 4 月 11 日驳回德州公司的上诉请求,最高法院第三小法庭判决要旨确认了如下规则:在专利侵权诉讼中,即使被告没有向日本专利局提出无效请求或者专利的无效审决尚未生效,审理专利侵权的法院也可以对涉案专利的有效性进行判断。

当被控侵权人有确凿的证据可以证明专利存在明显的无效理由,应当被确认为无效时,受理侵权诉讼的法院可直接宣告专利权在诉讼当事人之间相对无效,进而作出被告不构成侵权的判决,裁判原告不得行使其专利权,即专利权人不得要求法院向他人发出"停止侵权"的临时禁令,也不得要求被控侵权人进行赔偿。专利权人如果行使其专利权,将构成权利滥用。法院直接根据权利不得滥用学说判决专利权人不得行使权利,应具备下列两个条件:第一,专利无效的理由非常明显;第二,法院能够确实预见到,如果提起专利无效准司法审查,则专利局也将作出专利无效的结论,即无效判断的确实可预见性。②

富士通半导体案判决确立了禁止专利权滥用规则③,承认在专利侵权诉讼中,被告可以以原告专利权存在明显无效理由来抗辩。法院据此以权利滥用为依据,驳回原告的诉讼请求,从而使审理专利侵权的法院不必等待专利局的无效裁决生效,即可作出实质上视专利权为相对无效(在当事人之间)的判决。富士通半导体案判决的最大受益人应该说是专利侵权诉讼中的被告。被告以原告专利"明

① 菱田雄郷「知財高裁設置後における知的財産訴訟の公の理論的課題」ジュリスト No.1293 (2005.7.1)。
② 最判平成 12.4.11 民集 54 巻 4 号 1368 頁。中山一郎「無効理由が存在すること明かな特許権に基づく請求と権利の濫用—キルビー事件」「特許判例百選」(有斐閣 2012 年)150—152 頁。
③ 本案专利权滥用审理原则亦被运用于商标权案件。2005 年,东京高等法院对第 1221 号案件作如下判决:当商标存在明显无效事由时,基于衡平理念,为防止商标权人不当得利,且对于无意寻求商标无效对世性的当事人而言,强迫其进入无效程序,欠妥且有违诉讼经济。

显无效",属于"专利权滥用"作为抗辩理由。随着被告抗辩的增多,对审理侵权诉讼的法院来说,无疑在专业技术方面提出了更高的要求。特别是在对专利技术是否明显不具备进步性进行判断时,需要特定技术领域的专门知识。

本案判决在立法层面上也引起了回响。2004年民事诉讼法修改后,规定行政裁决撤销诉讼及专利侵权诉讼的二审均由东京高等法院专属管辖,如此一来,行政裁决撤销诉讼以及专利侵权诉讼中专利无效理由的判断就都集中在知识产权高等法院,以此保证执法统一性。

2004年日本修改《专利法》时,在104条之3第1项中专门增加了一项规定①,明文承认了无效抗辩。多数学说认为此次修改废除了"明显"这一要件。②和日本最高法院的判决相比,日本专利法采取了更加灵活的态度。不但不再要求无效理由的明显性,而且修改了无效判断的确实预见性要件。只要能够预见到在提起专利无效准司法审查程序时,专利权可能被专利局宣布无效,法院就可作出不得行使专利权的判决。侵权诉讼中无效抗辩被自由认可,使得专利无效判断程序变为两种(双轨制),其一是侵权诉讼途径,其二是"无效审判—审决撤销诉讼"途径。

法院在侵权诉讼中对专利有效性进行判断,但专利行政部门如果作出了相反的判断,根据日本民诉法规定,专利行政部门依据无效程序作出的决定属于再审的事由,无效审决生效后以消灭专利权为由的再审得到承认③,这样生效判决的执行就会中止,执行完毕的还要产生不当得利返还的问题。日本当初设立《专利法》第104条第3款,试图提高审判效率的目标被民事再审抵消,有学者批判这样的处理方式不过是将纠纷再次回炉。④ 在这一背景下,日本专利法围绕无效决定的效力问题进行了重要修改。

2011年修改后的日本《专利法》第104条第4款维持专利无效判定二元制,减少了法院与特许厅判定不一致,即明确法院侵权纠纷判决生效后,特许厅依据无效程序作出的专利无效决定、有效期延长的无效决定、修改决定都不能成为再审的理由,不能产生损害赔偿返还的效力。对无效决定的溯及力进行限制的理由主要是,无效程序是任何人任何时间都能够提起的救济程序,如果允许再审,就会导致权利人一方即使在诉讼中获胜,权利也处于极其不稳定的状态。对于被告来

---

① 在专利权或者独占实施权的侵害诉讼过程中,如果专利权在无效审判中应被认定无效,专利权人或独占实施权人则不得向他人行使其权利。

② 高林龍＝三村量一＝竹中俊子编「知的財産法学の歴史的鳥瞰」(現代知的財産法講座Ⅳ · 2012年 · 日本評論社)83—88頁。

③ 「生海苔の異物分離除去装置案」知財高判平成20.7.14平成18(ム)10002ほか。

④ 松本直樹「キルビー最判後を考える」『知的財産権―その形成と保護』(秋吉稔弘喜寿 · 2002年 · 新日本法規)424頁。

说,有可能会找出不同的理由反复利用无效程序。日本《专利法》第104条第4款对再审作出限制后,侵权诉讼判决确定以后,对于诉讼当事人来说再提起特许厅的专利宣告无效程序就没有什么意义了。这也导致另一方面的问题,即到专利行政部门利用无效程序解决专利纠纷的案件迅速减少,这一改革的方向实际上是削弱了特许厅在专利有效性判断上的作用。近10年来,特许厅受理的专利无效案件数量急剧减少。[①]

遗憾的是,该条新增内容主要是针对2004年专利无效判定二元制框架下的再审问题作出规定,没有涉及其他问题,如特许厅与法院判定不一致的现实应对、配套制度实施不佳及改进路径、日本《专利法》第104条第3款规定的"当然无效抗辩规则"的司法实践操作问题等。[②]

第五节　中国知识产权的民事司法保护

东亚地区法院背负着法律继受的传统依循,也面临全球化流动下的调适压力,不论是形貌的呈现、纷争解决功能的发挥,乃至对政府行政治理的制约,都表现出丰富且多元的发展动态。[③] 尽管传统上我国司法体系被外界认为依旧弱小,法官和律师素质不高,民众法律意识淡薄,司法判决地区差异大,[④]但改革开放后我国司法改革还是取得了积极的进展,包括司法体系的重建与结构优化、司法工作专业化程度的提升以及对个人权利与产权的法律保护。[⑤] 尤其是在知识产权民事司法保护领域,进展尤为迅速,改革力度大,对其他国家的司法保护体制、机制借鉴最多,值得深入分析。

早先的实证研究中发现,在我国法庭上计算的损失赔偿金额通常依据侵权者的不正当收益来确定。由于侵权者销售非法复制的产品的售价一般远小于知识产权所有者的售价,依据侵权者不正当收益确定的损失赔偿金额,相较知识产权所有者损失的利润而言是很低的。而且一些侵权者不保留交易记录,因此其实际的不正当收益金额很难确定。我国知识产权民事案件的损失索赔金额与获赔金额相较于其他法律管辖地所观察到的数据而言都偏低。同时原告要求的索赔金额相对也比较低,这也许是因为原告们清楚他们不会得到大量的赔偿,或为了避

① 清水節「この10年の進步性の判断について」判例タイムズNo.1413(2015)5—151頁。

② 易玲:《日本专利无效判定制度之改革及其启示》,《法商研究》,2017年第2期。

③ 叶俊荣:《变迁中的东亚法院:从指针性判决看东亚法院的角色与功能》,台湾大学出版中心,2016年版,第1页。

④ Randall Peerenboom:China's Long March Toward Rule of Law,Cambridge University Press,2002,p.12,303.

⑤ Stanley Lubman:Bird in a Cage:Legal Reform in China After Mao,Stanford University Press,1999,p.383—423.

免由于索要巨额赔偿而导致法庭作出不利于他们的判决的倾向。另外,中国籍原告胜诉时获得的赔偿金额通常比外国籍原告获得的赔偿金额要少一些。① 随着改革开放的深入和实践的发展,知识产权作为国家发展战略性资源和国际竞争力的核心要素地位逐渐突显,严格保护知识产权成为我国经济社会发展的内在需求。在严格保护知识产权的方式中,司法保护是最有效、最根本、最权威的手段。近年来,我国高度重视知识产权民事司法保护和司法制度改革,在多方面重点着力、不懈探索,出台了一系列重大改革措施,走出了一条符合中国国情、具有中国特色的知识产权民事司法保护道路。

一、知识产权民事司法保护专门化的发展历程

为了社会主义现代化建设的需要,应当大力发展技术发明商品的生产和交换。此外,为了加快社会主义现代化建设,也需要引进外国的先进技术,如果不对外国人的技术加以保护,外国人是不愿意转让的。② 外部因素催生了我国知识产权法制化的历史进程。但是,随着我国改革开放的推进,特别是社会主义市场经济体制的确立,我国内部产生了知识产权保护的需求。③ 1993 年 7 月,自北京开始,我国各地陆续在高级人民法院和主要地市级中级人民法院设立了独立的知识产权审判庭;1996 年 10 月,最高人民法院正式建立知识产权审判庭。在知识产权纠纷频发的地区,也陆续建立了专门审理知识产权案件的审判庭,审理中级人民法院专属管辖的专利等技术性案件之外的知识产权纠纷。

2000 年前后,我国的知识产权专业审判组织的名称从"知识产权审判庭"变更为"民事审判第×庭"(通常简称"民×庭"),以服从"大民事"格局的机构改革要求。与此同时,1996 年,上海市浦东新区法院首次将涉及知识产权的民事、刑事、行政问题的案件统一由知识产权庭审理,开创了"三审合一"的知识产权案件审判"浦东模式"。2008 年的《国家知识产权战略纲要》更明确提出要研究设置统一受理知识产权民事、行政和刑事案件的专门知识产权法庭。此后,"三审合一"模式逐渐在各地法院试点展开,积累了丰富的经验。继"浦东模式"之后,逐渐形成了"武汉模式""佛山南海模式""珠海模式""西安模式""重庆模式"等。

2014 年 8 月,《全国人民代表大会常务委员会关于在北京、上海、广州设立知识产权法院的决定》通过,随后三地知识产权法院先后挂牌成立并开始运行。该决定的主要思路是,集中优势审判资源,突破现有省级行政区划内的区域性法院

---

① Kristina Sepetys, Alan Cox: Intellectual Property Rights Protection in China: Trends in Litigation and Economic Damages,载诺恒经济咨询:《知识产权诉讼及管理中经济分析的运用》,法律出版社,2010 年版,第 7—27 页。

② 张兴全,邵兴全:《专利权的法律保护与案例解读》,法律出版社,2009 年版,第 5 页。

③ 凌金铸:《知识产权因素与中美关系:1989—1996》,上海人民出版社,2007 年版,第 261—262 页。

设置体系,将技术性强的复杂知识产权案件一并交由拟设立的相当于中院层级的知识产权专门法院受理,以保证疑难知识产权案件审判质量和裁判尺度统一。

知识产权司法体制机制的改革并未因知识产权法院的设立而停步。2016 年 7 月,最高人民法院决定知识产权案件"三审合一"在全国各级各地法院全面推行①,知识产权案件的专业审判组织名称再次回归为"知识产权审判庭"。从"三审合一"看,知识产权庭是一个综合审判庭,其目的是要充分发挥知识产权专业化审判队伍的优势,优化审判资源,整合审判力量,统一裁判标准。最高人民法院会同有关单位推动刑事案件批捕、起诉集中管辖,会同最高人民检察院出台司法解释,明确入罪标准及从重处罚情形。全国 21 个高级法院、164 个中级法院和 134 个基层法院有序开展知识产权民事、行政和刑事案件审判"三合一"改革。② 下一步,我国将继续深化知识产权审判"三合一"改革。完善知识产权民事、行政和刑事诉讼程序衔接,确保裁判结果内在协调统一。③

基层法院跨区域管辖知识产权案件工作持续进展。自 2016 年 1 月 1 日起,北京市东城区、西城区、丰台区、石景山区人民法院实现了跨区域管辖知识产权民事案件,北京市郊区法院将不再受理第一审知识产权民事案件,朝阳区、海淀区人民法院依然审理辖区内的一审知识产权案件。④ 上海市知识产权案件同样出现跨区划片集中管辖的改革。⑤

2017 年 1 月,最高人民法院批复同意将知识产权案件集中管辖继续推进与扩大:成都、武汉的知识产权法庭分别管辖四川、湖北全省的技术类一审民事案

---

① 《最高人民法院关于在全国法院推进知识产权民事、行政和刑事案件审判"三合一"工作的意见》。

② 《最高人民法院关于人民法院知识产权审判工作情况的报告》。

③ 推动完善知识产权刑事案件管辖布局,积极构建与知识产权"三合一"审判机制相适应的管辖制度,推动知识产权法院审理知识产权刑事案件。加强法院与公安机关、检察机关在知识产权刑事司法程序方面沟通协调,建立和完善联络机制。优化知识产权刑事自诉程序,充分保障知识产权权利人合法权益。参见《最高人民法院关于印发〈人民法院知识产权司法保护规划(2021—2025 年)〉的通知》。

④ 《最高人民法院关于同意北京市高级人民法院调整北京市基层人民法院知识产权案件管辖权的批复》;《北京市高级人民法院关于北京市基层人民法院知识产权民事案件管辖调整的规定》。此次调整是北京市高级人民法院根据全市各基层法院知识产权庭的案件数量、审判人员的经验及能力、各区区域经济发展需求等情况,按照方便当事人诉讼、确保案件相对均衡、兼顾审判实际的原则提出的方案。改革前北京市共有 11 个基层法院的 12 个知识产权审判庭(海淀区法院的知识产权庭和中关村法庭均受理第一审知识产权民事案件)可以审理第一审知识产权民事案件,但各法院的收案数量呈现明显不均衡状态。以 2014 年为例,收案数量最多的海淀区法院(4000 件左右)与收案数量最少的怀柔区法院(40 件)相差近 100 倍。从审判人员构成方面看,怀柔区、顺义区、房山区、大兴区、昌平区等法院的知识产权庭配备的审判人员仅为一个合议庭,大部分基层法院的知识产权民事案件年收案数量不足 400 件。尤其是经过北京知识产权法院两次法官遴选,全市基层法院知识产权法官减员明显。因此,有必要对全市各基层法院第一审知识产权民事案件的管辖作出调整。

⑤ 《上海市高级人民法院关于调整本市法院知识产权民事案件管辖的规定》。

件,南京、苏州的知识产权法庭分别管辖其周边江苏省地级市的同类案件。① 我国知识产权司法体制改革再进一步。从 2017 年至今,最高人民法院先后批准设立 21 家知识产权法庭②,跨省内行政区域集中管辖有关知识产权案件,对于推进京津冀协同发展、长江经济带发展、粤港澳大湾区建设等决策部署具有重要意义。同时,集中管辖还将超出省级行政区范围。最高人民法院统筹协调在京津冀率先推进知识产权法院案件审判体制改革,三地将探索建立跨区划知识产权案件集中在北京、涉外海事商事案件集中在天津、跨区划资源案件集中在河北管辖的制度,促进司法统一,破解地区经济社会发展壁垒,这意味着北京知识产权法院至少将管辖京津冀地区的技术类案件。③

另外,部分知识产权案件实现了程序的简化。2022 年施行的《民事诉讼法》,明确将知识产权案件排除在不得适用小额诉讼程序范围之外。在实践中,知识产权案件类型多样,并非均为复杂案件。大量图片类、音乐作品类著作权侵权案件,实际案情简单、权利义务关系清晰、诉讼请求明确,适宜适用小额诉讼程序审理。④

2019 年,最高人民法院知识产权法庭挂牌,国家层面知识产权案件上诉审理机制落地。2020 年 12 月,第十三届全国人民代表大会常务委员会第二十四次会议通过《全国人民代表大会常务委员会关于设立海南自由贸易港知识产权法院的决定》。2020 年 12 月 31 日,海南自由贸易港知识产权法院揭牌办公,其具体管辖范围:海南省有关专利、技术秘密、计算机软件、植物新品种、集成电路布图设计、涉及驰名商标认定及垄断纠纷等专业性、技术性较强的第一审知识产权民事、行政案件;前项规定以外的由海南省中级人民法院管辖的第一审知识产权民事、行政和刑事案件;海南省基层人民法院第一审知识产权民事、行政和刑事判决、裁

① 南京知识产权法庭负责管辖南京、镇江、扬州、泰州、盐城、淮安、宿迁、徐州、连云港九市,苏州知识产权法庭管辖苏州、无锡、常州和南通四市。参见《最高人民法院关于同意南京市、苏州市、武汉市、成都市中级人民法院内设专门审判机构并跨区域管辖部分知识产权案件的批复》。

② 知识产权法庭与知识产权法院不同的是,知识产权法院与所在城市的中级人民法院是平行机构,而知识产权法庭则是所在城市的中级人民法院的内设专门审判机构,知识产权法庭制作的裁判文书和其他司法文书仍然是以其所属的中级人民法院的名义签发的。因此,严格地说,所谓知识产权法庭的管辖权,实际上是指知识产权法庭所属的中级人民法院的管辖权。其实,在成立知识产权法庭之前,上述城市的中级人民法院也设有知识产权审判庭或者民三庭——负责审理知识产权案件,但管辖的地域范围限于所在城市。刘平:《知识产权诉讼法律制度若干问题研究》,中国政法大学出版社,2019 年版,第 47 页。

③ 蒋梦惟:《北京四中院接管津冀渝重大民商案件》,《北京商报》,2016 年 6 月 6 日第 2 版。

④ 最高人民法院民事诉讼法修改起草小组:《民事诉讼法修改条文对照与适用要点》,法律出版社,2022 年版,第 65 页。小额诉讼程序适用使用标准中包含标的额的客观标准和事实清楚、权利义务关系明确、争议不大的主观标准。在司法实务中,应注意避免仅考虑客观标准而忽视主观标准。不能仅以标的额大小确定是否适用小额诉讼程序,而应结合案件情况判断案件是否符合主观标准。最高人民法院民法典贯彻实施工作领导小组办公室:《最高人民法院新民事诉讼法司法解释理解与适用》,人民法院出版社,2022 年版,第 587 页。

定的上诉、抗诉案件;最高人民法院确定由其管辖的其他案件。

高水平的司法判决是最好的话语权。我国法院审理知识产权案件之多,情况之复杂,新锐的程度不亚于发达国家。这完全符合我国作为世界第二大经济体、专利申请、商标申请大国的现状。目前,知识产权审判庭已经实现全地域、全层级、全覆盖。最高人民法院、各高级人民法院、各中级人民法院、各基层人民法院设有知识产权审判庭。中国特色的知识产权专门化审判机构体系逐步建成。

从人员来看,知识产权审判队伍也不断壮大。据统计,全国法院从事知识产权审判工作的法官、法官助理、技术调查官、书记员超过 5000 人。知识产权司法工作人员普遍具有较高的学历层次、业务水平和综合素质。可以说,知识产权保护以前是短板,现在是我国司法制度的优势。知识产权司法处在改革前沿,为深化司法改革提供了很多具有启发意义的方案和样本。特别是对于统一裁判尺度、提升司法权威公信力、促进类案同判,有至关重要的意义。

司法制度是国家重要的制度基石,其效能和权威当然会成为国际竞争的重要因素。特别是,创新资源的全球流动性和司法管辖的国际可选择性,决定了司法制度和系统之间存在竞争。回顾历史,我国知识产权民事司法保护是在改革开放大潮中起步和发展的,伴随着加入世界贸易组织不断完善,逐步建立起了适应发展需要、履行国际义务、体系比较完整的具有中国特色的知识产权民事司法保护体制,彰显了我国全面深化改革开放、严格保护知识产权、努力打造国际知识产权司法保护新高地的坚强决心。

二、最高人民法院知识产权审判庭

(一)设立背景与依据

制度变革与领导力之间具有动态关系,领导者创造了海浪形成浪尖(即领导力),推动变革给组织带来的冲击和影响。[①] 建立国家层面知识产权案件上诉审理机制,是党中央着眼党和国家事业发展全局作出的重大战略部署。人民法院作为国家的审判机关,在审判工作中认识大局、把握大局、服务大局是由其性质和职能所决定的。[②] 从 1985 年 2 月人民法院受理第一件专利权纠纷案件起,我国知识产权审判机构体系不断完善,知识产权审判庭从凤毛麟角的新生事物,变成了举目可见的标准配置。

虽然司法解释、指导性案例在一定程度上发挥了促进裁判尺度统一的作用,但多年来,实践中对知识产权裁判标准不统一、诉讼程序复杂的批评并未因此减

---

① [瑞士]埃德加·沙因,彼得·沙因:《沙因文化变革领导力》,徐烨华,译,天津科学技术出版社,2021 年版,第 23 页。

② 姜启波:《司法文明之光:十论中国特色社会主义审判制度》,人民法院出版社,2020 年版,第 40 页。

少,反而更突出。具体而言,一是知识产权二审案件司法终审权分散,影响裁判标准统一。在原有审理体制下,知识产权授权确权行政案件的二审法院是北京市高级人民法院,知识产权民事侵权案件的二审法院是全国各省、自治区、直辖市高级人民法院、中级人民法院或知识产权法院,尤其是专利等案件的二审由各高级法院管辖,审理该类案件首先需要通过权利要求解释确定其保护范围,但各高级法院对同一专利权利要求的解释可能不一致,容易导致对于同一专利的保护范围在不同的法院出现差异,造成裁判结果冲突或者矛盾的现象。二是民事侵权程序与行政无效程序二元分立,严重影响诉讼效率。知识产权侵权纠纷由民事诉讼程序解决,而知识产权有效性问题由行政无效程序解决,在民事侵权案件审理过程中,法院不能审查知识产权的效力,被告如质疑权利的有效性,需要单独启动行政无效程序。为保证民事侵权案件的公正性,法院经常不得不等待行政无效程序的结果。行政机关就权利效力作出决定后,当事人还可以启动行政诉讼程序,进而引发循环诉讼、程序空转,导致一些民事侵权案件的审理被迫拖延数年。上述问题必须在体制机制层面从根本上加以解决。

即使专门化的知识产权法院,其一审案件、二审上诉又回到所在地的高级法院即普通法院,缺少知识产权法院的上诉法院,这是一个缺陷。一个可能出现的问题是,类似的案件,在不同的司法辖区可能会出现不同的裁决。如果有一个上诉法院来协调,就可以避免这类问题。普通法院作为综合性的法院,体现不出知识产权案件的专门性,因此过去制约知识产权案件审理的缺点依然存在。第一审的商标、著作权等民事和行政案件也还是基层普通法院审理。两头都是普通法院,上下不能自成体系。我国知识产权审判不缺"地方队",缺的是一支"国家队"。如果仅在组建"地方队"上做文章,改革止于量变,设上诉法院才是质变。需要进一步顶层设计,全面优化知识产权审判体制与机制。

此前曾有不少学者建议设置3~5个知识产权上诉法庭,设立多个上诉法庭分区域受理有关上诉案件,只是将该类案件二审法院的数量由32个减为3~5个,并没有产生质的飞跃,"盲人摸象"现象并未改观,各上诉法庭间裁判尺度不统一的问题仍不能得到彻底有效解决。从国外经验看,各国的国家层面知识产权案件上诉审理机制也都是将有关案件集中到一个机构审理。从审判效率角度来讲,实现专利民事侵权诉讼与专利授权确权行政诉讼的对接,是解决"专利案件审判周期长"问题的关键。如果民事二审案件分散在全国多个高院层级的上诉法庭,而授权确权行政二审案件集中在北京高院上诉法庭,那么仍然不能实现民事、行政诉讼程序的无缝对接,诉讼程序复杂、审理周期长的问题仍得不到解决。

2017年11月20日,十九届中央全面深化改革领导小组第一次会议,审议通过《关于加强知识产权审判领域改革创新若干问题的意见》,要求研究建立国家层面知识产权案件上诉审理机制,从根本上解决知识产权裁判尺度不统一、诉讼程序复杂等制约科技创新的体制性难题。2018年10月19日,中央全面深化改革领导小组批准《关于最高人民法院设立知识产权法庭的试点方案》,国家层面知识产权案件上诉审理机制相关工作启动。2018年10月26日,第十三届全国人民代表大会常务委员会第六次会议审议通过《全国人民代表大会常务委员会关于专利等知识产权案件诉讼程序若干问题的决定》,明确国家层面知识产权案件上诉审理机制的法律依据。2018年12月3日,最高人民法院审判委员会审议通过了《最高人民法院关于知识产权法庭若干问题的规定》,进一步细化和明确了相关案件类型、程序衔接、审判权运行机制等问题,为法庭的建立奠定了充分的制度基础。2018年12月29日,全国人民代表大会常务委员会任命知识产权法庭庭长、副庭长和首批法官。2019年1月1日,最高人民法院知识产权法庭(以下简称最高院知产庭)挂牌成立,开始统一审理全国范围内专利等技术类知识产权和垄断上诉案件,国家层面知识产权案件上诉审理机制正式运行。

在中央有关部门和北京市有关单位的大力支持和帮助下,最高院知产庭在60天内完成了司法解释制定颁布、办公场所选址装修、人员选调录用、办公办案系统升级、后勤保障措施到位等一系列组建工作。从最高人民法院、地方各级人民法院、国家知识产权局遴选了24名法官,全部具有硕士研究生以上学历,其中一半是博士,1/3有理工科背景,1/4有海外留学背景,组建了一支高素质的法官队伍。[①] 从书斋构想,到国家战略,再到部署落地,最高院知产庭回应了科技创新一线与产业界的紧迫呼声,饱含着几代知识产权人的不懈努力和寄望。

(二)设立意义

1. 规范统一裁判标准的途径

专利等技术类知识产权案件具有特殊的专业性、高度的复杂性,新型疑难复杂案件众多。在此前的诉讼体制下,知识产权有效性问题由行政无效程序解决,知识产权侵权纠纷由民事诉讼程序解决,专利侵权二审案件分由各高级人民法院审理,存在裁判标准和尺度不够统一的问题。设立最高院知产庭,将分散在各高级人民法院的技术类知识产权上诉案件集中审理,从根本上解决了因二审法院分散导致终审裁判标准不统一的问题。由最高院知产庭统一审理相关民事侵权案件和授权确权行政案件,实现知识产权效力判断与侵权判断两大诉讼程序和裁判标准的对接,有利于从制度上缩短审理周期,提高知识产权审判质量效率,对加强知识产权司法保护、确保司法公正、提升司法公信、维护司法权威具有重要意义。

2. 持续深化改革开放的标志

强化产权保护特别是知识产权保护,平等保护各类企业合法权益,坚决依法

---

① 罗东川:《建立国家层面知识产权案件上诉审理机制 开辟新时代知识产权司法保护工作新境界——最高人民法院知识产权法庭的职责使命与实践创新》,《知识产权》,2019年第7期。

惩处侵犯知识产权行为，鼓励竞争、制止垄断，建立公平开放透明的市场规则，营造法治化、国际化、便利化的国际一流营商环境，是进一步深化改革开放的重要举措。成立最高院知产庭，彰显了我国全面深化改革开放，大力激发全社会创造力和发展活力的坚强决心。

3. 激励保护科技创新的工具

我国经济由高速增长阶段转入高质量发展阶段，正在加快建设创新型国家和知识产权强国。科技创新对于知识产权保护和知识产权审判专门化的司法需求空前高涨。专利等案件专业技术性最强、审理要求最高、与科技创新的关系最为紧密。最高院知产庭的案件审判质量和水平，直接决定创新激励机制的有效性，直接影响创新驱动发展战略的实施和推进。

4. 营造优质营商环境的有力保障

法治是最好的营商环境[①]。良好的营商环境是一个国家或地区经济软实力的重要体现，是一个国家或地区提高综合竞争力的重要方面。司法是法治的生命线，是法治建设的主力军，在营造法治化营商环境中地位重要、不可或缺。我国的民事司法保护质量近年来处于世界一流水平[②]，但不能因此自满与止步。产权保护特别是知识产权严格保护是塑造良好营商环境的重要方面，也是提高我国经济竞争力的重大激励。设立最高院知产庭，是以法治思维和法治方式优化营商环境的生动实践，有利于系统加强对中外企业等各类市场主体知识产权的依法平等保护，促进形成法治化、国际化、便利化的营商环境，推动形成全面开放新格局。

5. 深度参与国际治理的重要平台

在经济全球化背景下，知识产权日益成为国家利益的核心要素和大国博弈的重要工具，在国家总体战略和国际经贸斗争中的核心地位更加突出。当今世界，以知识产权为主要内容的国际经贸规则主导权的争夺更加激烈，国际知识产权治理体系面临发展和变革。最高院知产庭的成立，是我国技术类知识产权司法保护新高地，是我国对外展示国家形象的新窗口，将进一步提升我国在国际知识产权领域的话语权和公信力，成为我国以法治方式树立知识产权保护负责任大国形象，深度参与和引领国际知识产权治理进程的重要平台。

（三）管辖

最高院知产庭是世界首家在最高司法层面统一审理全国范围内技术性知识

---

① 习近平：《坚定不移走中国特色社会主义法治道路，为全面建设社会主义现代化国家提供有力法治保障》，《求是》，2021 年第 5 期。

② 根据世界银行发布的《2020 年营商环境报告》，在 10 个一级指标中，与司法密切相关的"执行合同"和"办理破产"指标中国获得高分，其中"执行合同"指标跻身全球前 5 名。二级指标中的"司法程序质量"更是获得了 16.5 分（满分 18 分），为截至目前全球最高分。陈甦、田禾：《中国司法制度发展报告 . No. 2（2020）》，社会科学文献出版社，2021 年版，第 11 页。

产权二审案件的机构,是具有中国特色的重大制度创新①,从比较法的视野来看,承担统一裁判标准职能的专门化知识产权司法机构通常是高级法院层级。例如,美国联邦巡回上诉法院、德国专利法院、日本东京高等法院知识产权分部、韩国专利法院等,均相当于高级法院级别,承担所在国家地域范围内专利等知识产权二审案件的审理和统一裁判尺度的职能。知识产权法庭设立在最高人民法院,突显了裁判的终局性和权威性,影响更大,在我国知识产权司法保护的历史上具有里程碑意义。它把原来分散在全国 32 个高级法院审理的技术类二审案件集中到最高人民法院管辖,这一特殊的上诉制度也是对我国民事诉讼制度的重要革新和完善发展。

根据《全国人民代表大会常务委员会关于专利等知识产权案件诉讼程序若干问题的决定》、《最高人民法院关于知识产权法庭若干问题的规定》,知识产权法庭是最高人民法院派出的常设审判机构,设在北京市。知识产权法庭可以根据案件情况到实地或者原审法院所在地巡回审理案件。知识产权法庭作出的判决、裁定、调解书和决定,是最高人民法院的判决、裁定、调解书和决定。

下列七类类案件由最高院知产庭管辖:

(1)不服高级人民法院、知识产权法院、中级人民法院作出的发明专利、实用新型专利、植物新品种、集成电路布图设计、技术秘密、计算机软件、垄断第一审民事案件判决、裁定而提起上诉的案件。②

(2)不服北京知识产权法院对发明专利、实用新型专利、外观设计专利、植物新品种、集成电路布图设计授权确权作出的第一审行政案件判决、裁定而提起上诉的案件。

(3)不服高级人民法院、知识产权法院、中级人民法院对发明专利、实用新型专利、外观设计专利、植物新品种、集成电路布图设计、技术秘密、计算机软件、垄断行政处罚等作出的第一审行政案件判决、裁定而提起上诉的案件。

(4)全国范围内重大、复杂的上述第(1)(2)(3)项所称第一审民事和行政案件。

(5)对上述第(1)(2)(3)项所称第一审案件已经发生法律效力的判决、裁定、

---

① 当事人不服知识产权法院、中级人民法院第一审判决,上诉至最高人民法院的制度设计,与以德国、日本为代表的飞跃上诉制度有显著区别。飞跃上诉,是指当事人在对一审法院认定事实没有异议的情况下可以协议约定,越过第二审,直接向第三审(最高)法院上诉。飞跃上诉的制度目的是诉讼经济,制度语境是三审终审制,制度手段是减少审级,适用范围是事实无争议的案件,适用条件是当事人达成合意。我国的这一特殊上诉制度,以统一裁判尺度为目的,以两审终审制为语境,并未减少审级,只是把二审法院由各高级人民法院变更为最高人民法院,即只是提高了二审法院的层级,且并不需要当事人合意,而是直接根据法律规定适用于相关案件。陶凯元:《我国建立知识产权法院相关问题研究》,人民法院出版社,2019 年版,第 194 页。

② 这里的民事案件主要是指权属、侵权纠纷以及垄断纠纷,合同纠纷还是应该逐级上诉。参见《最高人民法院关于涉及发明专利等知识产权合同纠纷案件上诉管辖问题的通知》。

调解书依法申请再审、抗诉、再审等适用审判监督程序的案件。

（6）上述第（1）（2）（3）项所称第一审案件管辖权争议，罚款、拘留决定申请复议，报请延长审限等案件。

（7）最高人民法院认为应当由知识产权法庭审理的其他案件。

对知识产权法院、中级人民法院已经发生法律效力的上述第（1）（2）（3）项所称第一审案件判决、裁定、调解书，由最高人民检察院依法向最高人民法院提出，并由最高院知产庭审理。之前经批准可以受理专利、技术秘密、计算机软件、垄断第一审民事和行政案件的基层人民法院，不再受理与管辖上述案件。

需要注意的是，最高院知产庭与最高人民法院知识产权审判庭是两个相互独立、并行不悖的审判组织。除上述七类案件以外的其他知识产权案件的上诉机制并未发生改变。例如，对北京知识产权法院作出的有关侵犯注册商标专用权的一审判决，当事人仍然应向北京市高级人民法院上诉；对于上海市高级人民法院针对新类型著作权案件提级作出的一审判决①，当事人如果向最高人民法院上诉，由最高院知产庭审理。

最高院知产庭管辖的案件类型几乎涵盖除商标外的全部知识产权类型，尤其值得关注的是，全国人民代表大会常务委员会的特别立法将垄断案件纳入知识产权案件范畴，由最高院知产庭管辖。无论垄断案件本身是否涉及知识产权，均属最高院知产庭的上诉管辖范围。将垄断案件与技术类知识产权案件一并归由统一的专门化审判机构管辖，在国际上也不多见。这一管辖模式能够使得法院在注重加强对知识产权保护的同时，也注意和警惕滥用知识产权破坏竞争，从而更好地实现创新和竞争的协调与平衡。

从 2019—2021 年国家层面知识产权案件上诉审理机制建立并试点运行情况来看，专利等技术类知识产权司法管辖呈现出一些新的特点和趋势②：①案件数量增长迅速，涉案标的额日益增大。3 年来，各地法院共受理技术类知识产权和垄断一审案件 59351 件，审结 55835 件，新收案件年均增长 10.5%；最高院知产庭共受理此类二审案件 9458 件，审结 7680 件，新收案件年均增长 49.3%；发明专利侵权一审和二审案件分别年均增长 26.5% 和 31.8%；诉请金额超亿元案件增多，反映出科技发展对知识产权司法保护的强烈需求。②涉及的技术前沿领域日益扩展，新型纠纷大量涌现。最高院知产庭受理涉及新一代信息技术、生物医药、高端装备制造、节能环保、新材料、新能源等战略性新兴产业案件占比超过 1/5，且

---

① 2022 年 5 月 1 日起施行的《最高人民法院关于第一审知识产权民事、行政案件管辖的若干规定》第 4 条规定，对新类型、疑难复杂或者具有法律适用指导意义等知识产权民事、行政案件，上级人民法院可以依照诉讼法有关规定，根据下级人民法院报请或者自行决定提级审理。

② 《最高人民法院关于〈全国人民代表大会常务委员会关于专利等知识产权案件诉讼程序若干问题的决定〉实施情况的报告》。

增幅明显加快。裁判中复杂技术事实认定和法律适用的难度不断加大,涉及大数据、人工智能、基因技术等新领域新业态的知识产权司法保护规则亟待健全,对优质司法服务的要求越来越高。③涉外案件占比较大,诉讼的国际性特征更加凸显。涉外案件持续快速增长,占全部案件的 1/10,其中发明专利授权确权案件中涉外案件占比超过 1/4,一些案件国内诉讼与国外诉讼交织,显示以标准必要专利等为代表的科技领域知识产权全球竞争更加激烈,知识产权作为国家发展战略性资源和国际竞争力核心要素的作用愈发重要。④案件来源的地域性更趋分化,审判指导需要持续强化。案件多集中于经济发达和产业聚集地区,最高院知产庭受理案件中超过一半来自北京、上海、广州三家知识产权法院,但也有一些中西部地区案件数量快速增长,各地法院审理的关联案件和需要准确把握多层次价值取向的案件明显增多,在全国范围加强政策指导、工作统筹的重要性和紧迫性日益增强。

(四)制度探索与成效[①]

1. 优化审判管理,深化最高院知产庭内部裁判标准统一

(1)实施并完善"统一裁判标准、提高审判质效系统工程"。统一裁判标准是设立法庭的首要目标。为实施《最高人民法院知识产权法庭统一裁判标准实施细则》,法庭做好前端梳理、加强中间把控、完善末端审核、严管重点案件;完善法官会议制度,同步编发法官会议纪要摘编和办案提示,及时统一重要裁判标准和类案办理方式。通过涉及同一专利的案件原则上由同一法官或者合议庭审理、类案识别与办理、法官会议与交流培训、重大标杆案件文书把关与评查等各种方式,全面保障裁判标准的统一。2019—2021 年,法庭累计召开专业法官会议 160 次并形成会议纪要,讨论案件 772 件,总结形成一系列裁判规则,在尊重合议庭依法行使审判权的同时,充分发挥法官会议统一裁判尺度的重要作用。为规制批量维权诉讼,避免权利滥用,统一裁判标准,指定专门合议庭集中审理批量维权案件,开展专项调研,形成调研报告。最高人民法院知识产权法庭裁判要旨从典型案例中提炼出裁判规则,反映了最高院知产庭处理新型、疑难、复杂案件的司法理念、审理思路和裁判方法,为进一步统一技术类知识产权案件裁判标准、提高审判质效提供规则指引。

---

① 本部分内容参见张鹏:《最高人民法院知识产权法庭:发展观察与案例评述》,法律出版社,2020 年版;最高人民法院知识产权审判庭:《中国法院知识产权司法保护状况(2019 年)》,人民法院出版社,2020 年版;最高人民法院知识产权审判庭:《中国法院知识产权司法保护状况(2020 年)》,人民法院出版社,2021 年版;最高人民法院知识产权审判庭:《中国法院知识产权司法保护状况(2021 年)》(2022 年 4 月 21 日);最高人民法院知识产权审判庭:《最高人民法院知识产权法庭年度报告(2019 年)》,人民法院出版社,2020 年版;最高人民法院知识产权法庭:《最高人民法院知识产权法庭年度报告(2020)》(2021 年 2 月 27 日);最高人民法院知识产权法庭:《最高人民法院知识产权法庭年度报告(2021)》(2022 年 2 月 28 日)。

（2）细化裁判规则指引方式。每年内部印发 24 期办案提示,以"规则＋理解与适用"的指引方式推动法庭内部形成裁判共识。为提高技术类知识产权案件一审法院初次裁判正确率,促进审理质效整体提升,强化审级职能区分,明确事实查明标准,制定《关于因原审裁判基本事实认定不清发回重审的裁判指引(试行)》,对发回重审的裁判方式给予细化指引。

（3）细化流程管理。从审限管理、繁简分流、法官会议、加强调解等十个方面提出提高审判质效的措施。为加强审判管理,从落实责任主体、明确工作流程等方面作出细化规定。创设审务工作会议制度,强化对审判管理事务的快速反应、及时决策、有效处理。

2. 加强对下指导,推动全国知识产权法院(庭)裁判标准统一

（1）注重利用信息化手段统一裁判标准。建设并完善技术类知识产权裁判规则库,分设"知己""知彼""信息交流平台"三个模块。2020 年 4 月 16 日,我国首个专注于收录、整理、发布技术类知识产权案件裁判规则的数据库——"知己"裁判规则库正式上线,在全国法院专网开放,为统一技术类知识产权案件裁判标准、助力类案同判提供强大辅助。最高院知产庭已与全国 12 家一审法院庭审系统远程对接,并将逐步建设连接全国知识产权审判的网络"高速公路"。"知己"裁判规则库分设裁判规则、案例、法官会议、办案提示、法律法规、知微云课堂六大模块,创新采用思维导图形式直观呈现案件裁判规则全貌,方便法官进行"主动式学习",较快地掌握规则体系,助力实现跨层级、跨区域高效解决类案争议。同时,推进"知彼"裁判规则库与"信息交流平台"运行,栏目上线司法案例、法律文件等。

（2）进一步推进最高院知产庭与各高级人民法院、知识产权法院、专门法庭之间的"1＋76"协同化建设取得实效。建立全国范围内关联案件统筹处理机制,统筹各地法院协调处理具有类似性、关联性或者重复起诉的案件,必要时将关联案件集中管辖到一个法院审理,统一解决类似纠纷,提高审判效率。例如,在审理一起发明专利权纠纷案件中,最高院知产庭了解到该案当事人就涉案专利与相关专利在不同的地区、不同的法院尚有其他未结案件,合议庭就联系杭州知识产权法庭、宁波知识产权法庭协调合作共同参与调解工作,推动涉及三地两级法院的 8 个案件"一揽子"化解。

（3）发挥典型案例指引作用。每年发布最高人民法院知识产权法庭裁判要旨,包括大量典型案件和裁判规则,并每年发布兼具法律规则意义与社会影响力的典型案件。

（4）对下发布案件发改分析报告。系统梳理发回重审和改判案件,形成《最高人民法院知识产权法庭二审案件发回重审和改判情况分析报告》,根据涉及的法律问题对案件发改原因进行分类分析,并提出工作建议。

3. 完善审理机制,统筹提质与增效

(1)探索行政和民事案件同步审理模式。过去行政案件是在北京的知识产权法院和高级人民法院审理,民事案件是在全国有专利管辖权的中级人民法院和相应的高级人民法院审理,不能归到一个审判机构进行审理。现在最高院知产庭运用信息化的手段,及时发现民事、行政程序交织的案件,通过汇集一审案件信息早期发现和掌握涉及同一专利的民事和行政案件。按照规则把这样的民事、行政案件分配给同一个合议庭审理,指派相同的技术调查官,还合并召开庭前会议,把两个程序合并在一起,集中审理共同涉及的权利要求解释问题,架起了行政诉讼与民事诉讼的桥梁,保证了民事和行政案件审理结果的协调。[①] 将涉及同一专利侵权民事和确权行政纠纷交同一合议庭审理,实现二元程序和裁判标准的对接。在创新审理机制方面,最高院知产庭利用全国技术类知识产权上诉案件集中管辖的制度优势,使得最高司法层面能够建立民事与行政案件协同审理机制。进一步发挥统筹作用,优化审理机制,建立条线法院专利民事侵权程序和授权确权程序交叉案件的汇聚、转递、联络、处理、反馈机制,分步骤规范和指引不同程序、不同法院之间开展协同,从机制层面推动解决专利诉讼周期长、同一专利的不同案件权利要求解释不一致等问题,提高了审理效率。

(2)强化侵权判决与临时禁令并用。行为保全、先行判决是快速制止被控侵权行为、避免权利人损失扩大尤其遭受难以弥补损害的制度,但是行为保全申请在二审程序中可否得以适用、适用标准及其与先行判决的关系等并无清晰答案。在瓦莱奥清洗系统公司诉厦门卢卡斯汽车配件有限公司等侵害发明专利权纠纷案中,最高院知产庭回应了前述问题并确立了如下标准:在侵权诉讼程序中当事人既申请责令停止被诉侵权行为,又申请先行判决停止侵害,人民法院认为需要作出停止侵害先行判决的,应当同时对行为保全申请予以审查;符合行为保全条件的,应当及时作出裁定。此标准为先行判决及行为保全制度在知识产权诉讼中的交叉应用提供了指引,有利于当事人快速维权,亦有利于知识产权侵权案件"侵权判定""民事责任确定"的分阶段审理模式的运用。最高院知产庭充分发挥上述"第一槌"案件作为指导性案例的重要作用,加强对于侵权判决和临时禁令并用的指导探索。适用"侵权判决＋临时禁令"的裁判模式,克服了一审判决因上诉而不具备强制执行力的局限,利用临时禁令切实增强侵权救济时效和权利保护效果,完善严格保护知识产权的审判制度体系。

(3)完善多元化技术事实查明机制。技术类知识产权案件审理最突出的特点

---

①　例如,在 2019 年最高院知产庭审理的乐金电子天津电器有限公司与厦门实正电子科技有限公司专利权无效行政纠纷和侵权纠纷两案中,涉及同一专利权,法庭创新性地合并召开庭前会议以确定权利要求的解释这一两案的共同争议点,为在我国专利侵权民事诉讼与专利无效行政诉讼二元分立的现行法律框架下,两个程序出现交叉时裁判标准如何对接作出了有益尝试。

就是涉及较为复杂的技术事实查明,受限于各方面条件,人民法院的技术调查人才普遍紧缺。最高院知产庭深入探索符合技术类知识产权案件审判规律的审理规则和裁判方式,建立完善以技术调查官制度为基础,以技术咨询、专家陪审、专家辅助、技术鉴定为重要组成部分的多元化技术事实查明机制。建立全国法院技术调查人才库及全国法院技术调查人才共享机制,统筹全国法院技术调查资源,包括 450 余名技术调查官,覆盖 30 多个技术领域,对于技术调查官实现全国资源共享、统筹调派、相互支持,努力缓解欠发达地区法院技术调查力量不足、发达地区法院技术领域覆盖不全的问题。① 建立法庭技术调查官申请配额制度,制定技术调查官分配方案,组建技术调查志愿者队伍,协调做好地方法院之间的技术调查官组织调派,初步实现了技术调查人才在全国范围内"按需调派"和"人才共享",有效缓解了技术事实查明难问题。②

(4)简化涉外案件公证认证程序。依法平等保护中外权利人的合法权益,对于平行诉讼中出现的证据以及能够通过其他方式确定真实性的主体证明材料和诉讼证据材料,适当放宽公证认证要求,便利权利人维权。妥善认定代表处、境内董事或高级管理人员、行政程序中的委托代理人等能够确认实际收悉的送达方式,提升涉外技术类知识产权案件的审理效率。

4. 打造智慧知产法庭,完善互联网司法模式

(1)不断推进在线诉讼工作。难以想象一套真正可持续的法院体系在技术上落后于法院所在的社会。如果法院体系的基础还停留在印刷时代,主要依赖纸质材料和面谈,那很快就会脱离数字时代人们的日常生活。这种不协调不仅会削弱人们对司法体制的信心,还会引发模拟和数字流程冲撞带来的低效。③ 最高院知产庭持续深化信息化建设,建成集信息化终端运用、同步圈画技术、AR 技术等于一体的科技法庭,在 2020 年共组织在线庭审 1000 余次。探索并持续推进在线诉讼,运用中国移动微法院互联网庭审系统开展庭审,为全院后续推进在线审判工

① 今后,上述人才库与覆盖的技术领域将会进一步扩大与健全。2022 年 4 月 22 日,最高院知产庭与国家知识产权局专利局专利审查协作北京中心签署了委托技术咨询合作协议。通过合作,双方将商选超过 200 名具有 10 年以上专利审查经验的技术专家进入全国法院技术调查人才库,预计使全国法院技术调查人才库规模由目前的 450 人达到 600 人以上,基本覆盖全部技术领域。参见黄友靖:《最高法知产法庭与专利审查协作北京中心签署委托技术咨询合作协议》,https://ipc.court.gov.cn/zh - cn/news/view - 1960.html,2022 年 4 月 24 日访问。

② 2019 年 7 月 27 日,最高院知产庭调派其机械领域技术调查官参与银川市中级人民法院"免耕式双垄沟全铺膜覆土联合作业机"发明专利侵权纠纷案件审理。这是最高院知产庭首次调派技术调查官支援地方法院技术类知识产权案件审判工作。2019 年 11 月,天津知识产权法庭审理一起涉及诊断和治疗心血管疾病方法及组合物发明专利的侵权案件,遇到技术事实查明难题,于是向最高院知产庭提出调派申请,法庭统筹全国资源从北京知识产权法院调派了一名生物医药领域的技术调查官参与该案审理,对查明技术事实发挥了重要作用。

③ [英]理查德·萨斯坎德:《线上法院与未来司法》,何广越,译,北京大学出版社,2021 年版,第 84—85 页。

作积累了可推广复制的经验做法。全面应用移动微法院 PC 端——"支云"庭审系统,与相关单位共同完善功能、优化性能,实现了在 PC 端开展在线诉讼,满足当事人通过互联网提交证据、网上阅卷等需求,为案件智能审判提供技术支持。积极推进互联网开庭"专到互"模式的应用,当事人通过互联网登录在线庭审,审判人员通过法院专线参与庭审,极大改善了在线庭审效果。探索应用实物证据 3D 成像在线全方位立体展示,有效解决实物证据在线质证难题。制定在线诉讼指引,对在线诉讼活动的平台体系、启动方式、适用情形、注意事项等提供指导,确保在线诉讼活动规范有序。

(2)不断改进在线办案办公新模式。积极推进一审卷宗电子化上诉移送,已实现与上海、广州、杭州、宁波等地法院系统对接,大幅提高司法程序衔接效率。最高院知产庭综合利用"小鱼易连""蓝信""钉钉"等多个软件平台,结合工作实际召开线上全庭会议、法官会议、案件合议等,线上会议成为法庭一种会议形式。为每名法官配备移动办公终端,连通法院专网,在实现移动办公办案的同时确保信息安全。

(3)开展诉讼文书集约送达。在现有法定送达方式的基础上,探索运用互联网技术手段和优化管理方式集中送达各类诉讼文书,实现诉讼材料的"无接触"送达。作为最高人民法院首个试点电子集约送达的部门,对于同意采用电子送达方式的当事人,依照法律、司法解释相关规定,以手机短信、计算机客户端、电子邮箱、手机软件等方式进行集约送达,让"数据多跑路、群众少跑腿",节约送达成本。

5. 优化诉讼服务,提升为民便利化水平

(1)继续探索完善"知产法庭＋巡回法庭"的巡回审判模式,实行"勘验＋庭审"案件审理机制。深入一线进行现场勘验,就近利用最高人民法院巡回法庭开庭审理[①],全面查明技术事实,节约当事人诉讼成本,切实保障当事人合法权利,在此基础上,对技术类知识产权案件现场勘验的基本原则、勘验情形、勘验启动与实施的流程等提出规范指引。

(2)进一步完善多元解纷机制,提升纠纷解决整体效能。最高院知产庭采取"一诉多解、实质解纷"的方式,多次通过一案调解实现多案撤诉,促成纠纷实质化

---

① 《最高人民法院关于知识产权法庭若干问题的规定》第 6 条规定,知识产权法庭可以根据案件情况到实地或者原审人民法院所在地巡回审理案件。2019 年 7 月 23 日,最高院知产庭在地处南京市的最高院第三巡回法庭开展首次巡回审判,公开开庭审理上诉人王某慈与被上诉人徐州鹏程水泵厂等侵犯发明专利权纠纷系列五案。涉案发明专利为"电机壳为焊接件的小型电潜水泵",在侵权技术特征比对和现有技术抗辩认定中需要对电潜水泵产品进行相对专业的拆解,远程视频审判不足以满足本案事实查明的需要,同时五个案件的六方当事人均在江苏,在南京市开展巡回审判有效减少了当事人的诉讼负担。2019 年 8 月 23 日,最高院知产庭第七合议庭在山东省济南市、泰安市开展巡回审判,成功调解了上诉人江苏南通二建集团有限公司与被上诉人山东汇星科技开发有限公司、巨野元泰置业有限公司侵害发明专利权纠纷一案,促成涉案知识产权民事、行政纠纷实质性化解。

解。例如,促成上诉人上海奇虎科技有限公司与被上诉人北京萝卜特科技有限公司等侵害计算机软件著作权纠纷的调解,并同时一揽子解决双方关联公司执行难问题,有效助力民营企业发展。通过远程办案系统,跨国调处上诉人卡西欧计算机株式会社与被上诉人深圳光峰科技股份有限公司、影音汇(北京)科技发展有限公司侵害发明专利权纠纷两案关联的 13 起知识产权纠纷,有效缩短纠纷解决周期。

6. 直击制度痛点,破解知识产权司法保护难题

由于知识产权权利的特殊性和侵权的隐蔽性,知识产权维权长期存在举证难、周期长、赔偿低、成本高等问题,备受社会关注,也是世界性难题。最高院知产庭坚持问题导向,着力破解难题,切实提升知识产权审判质量、效率和司法公信力。

(1)破解"举证难"问题。出台知识产权民事诉讼证据司法解释,完善证据提交、证明妨碍、证据保全、司法鉴定等制度,健全符合知识产权案件特点的证据规则。将"书证提出令"扩大到"证据提出令",明确掌握证据一方举证义务,明确证明妨碍和妨害证据保全法律后果,依法适当减轻权利人举证负担,引导当事人积极、主动、全面、诚实提供证据。最高人民法院在"绕线机"实用新型专利侵权案等多起案件中对阻碍法院取证、故意逾期举证等妨害民事诉讼行为从重予以司法处罚,引导诚信诉讼。审理"挂机刷量"案,依法适用证据规则,判令无正当理由拒不提交证据的被告赔偿 2300 余万元,在不少案件中对赔偿数额、技术秘密及侵权认定等作出有利于权利人的事实推定。审理区块链存证等案件,支持当事人通过区块链技术固定、保存、提交证据。建立"云上物证室",运用 3D 扫描技术建立电子物证管理系统,便利当事人举证、质证。

(2)破解"周期长"问题。深入推进案件繁简分流,缩短知识产权诉讼周期。最高院知产庭二审实体案件平均审理周期为 123 天,与以往同类案件平均超过 1 年的审理周期相比,明显缩短。① 完善知识产权行为保全制度,为权利人及时提供司法救济,避免因诉讼周期长导致合法权益受损扩大。兼顾及时保护和稳妥保护,防止滥用保全进行不正当竞争。在平行诉讼高发的标准必要专利纠纷领域,探索完善"禁诉令"适用。审理涉电商平台反向行为保全案,26 小时内紧急作出裁定,平衡保护专利权人、经营者、电商平台和消费者的利益。审理大疆公司外观设计专利权纠纷等案件,采取"先行判决+临时禁令"方式,及时有效制止侵权行为,防止权利人"赢了官司输了市场"。

---

① 在缩短周期的同时,不宜简单地认为专利侵权纠纷诉讼越快越好。法院处理专利侵权纠纷,除了保护专利权之外,还应当排除不应保护的专利权、保护没有落入专利保护范围的被控侵权技术方案的自由使用、保护有合理抗辩理由的被告正当使用技术。没有合理的时限对各种程序进行正确处理,就无法达到上述多项审理目标。石必胜:《专利权有效性司法判断》,知识产权出版社,2016 年版,第 18 页。

（3）破解"赔偿低"问题。知识产权侵权易发多发,违法成本低是重要症结之一。科学地设立侵权成本的结构和额度,制止知识产权使用人的侵权行为的关键在于,必须事先抑制侵权行为人"收益大于成本"的预期。[①] 惩罚性赔偿司法解释的出台,有助于让严重侵权者得不偿失,让遭受侵权者得到充分赔偿。最高院知产庭的司法保护力度明显加大,作出了不少高额判赔案件。例如,在"卡波"技术秘密侵权案中,法庭作出首个惩罚性赔偿判决,并充分考虑了主观恶意、举证妨碍、持续侵权等因素,适用法定最高倍数 5 倍判赔 3000 余万元,让侵权者付出沉重代价;在"香兰素"技术秘密侵权案中,综合考虑原告全球市场份额高、涉案技术秘密商业价值大,被告侵权规模大、侵权时间长、拒不执行生效行为保全裁定等因素,判决各侵权人连带赔偿 1.59 亿元,系我国法院生效判决赔偿额最高的侵害商业秘密案件,切实保护了重要产业核心技术,有效震慑不法行为;在"金粳818"水稻植物新品种侵权案中,依法认定信息匹配平台销售组织者地位并判处惩罚性赔偿,严厉打击种子套牌侵权;在"柴油发动机"技术秘密许可使用合同案中,总结提炼出判断通谋虚假意思表示的"三步法"审理思路,并判令主要过错方依法返还资金 2 亿元。

（4）破解"成本高"问题。最高院知产庭加大职权调查力度,积极开展现场勘验,补强当事人举证能力,降低了权利人取证成本;提高案件审判效率,缩短案件审理周期,减少了当事人的诉讼支出;加大对权利人维权合理开支的支持力度,对于客观真实、与案件诉讼标的额、案件复杂程度等相称的合理开支,依法计入赔偿总额,由侵权人承担。例如,在"香兰素"技术秘密侵权案中,对于商业秘密权利人高达 349 万余元的维权开支,判令侵权人予以全额赔偿;依法适用侵权人获利、证明妨碍制度等方式确定损害赔偿,让侵权违法者无利可图。

总体而言,最高院知产庭 3 年试点期间民事二审实体案件平均发改率为 18.1%,高于法庭成立前,调解撤诉率为 35.5%。我国已成为审理专利案件最多的国家,也是审理周期最短的国家之一。技术类知识产权和垄断上诉案件申请再审率相比法庭成立前下降近 10 个百分点,目前仅有一起专利侵权案件因判后专利权被国家知识产权局宣告无效而进入再审程序。第三方评估过程中 1.4 万份问卷调查结果显示,曾有知识产权诉讼经历的科技工作者中有 84.5% 的人对诉讼维权结果表示满意;超八成科技工作者认为,与 3 年前相比,我国知识产权保护力度得到强化、创新法治环境得到改善。

（五）存在的问题

任何新鲜事物都有一个发展和完善的过程。作为具有鲜明中国特色司法改

---

① 曾一昕,邱力生,刘华,等:《知识产权保护制度的经济学分析:软件知识产权精要》,中国社会科学出版社,2008 年版,第 26 页。

革和创新的产物,技术类知识产权案件和垄断案件特殊上诉审理机制也是如此。在最高院知产庭 3 年运行试点工作评估调研过程中,也发现了一些问题。[①] 概括起来有以下四个方面。

1. 职能定位需进一步完善

一方面,法庭组织架构与我国现行"四级两审"诉讼制度存在冲突。法庭审理的案件的再审工作,由同是最高人民法院内设机构和法庭具有平等地位的民三庭负责,再审案件的程序正义和实体正义引发了理论和实务界的担忧。另一方面,法庭职能定位名不副实。按照我国现行诉讼体制,最高人民法院主要承担审判监督、制定司法解释和司法政策等工作。虽然名为最高院知产庭,实际上承担的却是本应由各高级人民法院管辖的二审案件审理工作,级别和地位无异于一个高级人民法院的审判业务庭,假使履行最高人民法院承担的审判监督、制定司法解释和政策等职能,易给人名不正言不顺的违和感。

2. 人员队伍不稳定,人案矛盾较为突出

2020 年、2021 年法官人均受案(新收加旧存)分别为 109.2 件、126.5 件,已远超设庭时的测算基数 60 件,人案矛盾较为突出。2021 年受理案件占全院案件的 15%,其中民事和行政二审案件分别占全院 68%和 100%,既造成最高院受理案件数量过大,也不利于更好发挥研究制定司法政策、加强审判监督指导等方面职能的作用。同时,案件不分大小、难易都上诉至法庭,在加剧自身人案矛盾的同时,又导致各高级人民法院知识产权审判指导职能弱化和专业审判队伍萎缩,不利于发挥各地审判资源禀赋和矛盾分流化解优势,也影响到专业审判人才梯队培养。同时,过大的人员队伍流动性和较为突出的人案矛盾,客观上制约了法庭案件审理质效的进一步提升。

3. 人员配额和物质保障难以满足正常运行需要

3 年中作为国家唯一的技术类知识产权案件上诉审判机关,没有属于自己的办公场所,一直借用北京互联网法院租用的办公楼。作为最高院新设的派出机构,人员配额、领导职数、办公经费均挤占最高人民法院原有配额,其经费基本没有专门拨付,主要靠在原有预算总盘中分出一部分,这显然不足以支撑其所承担的工作。例如,在案件审理中诸多的现场技术勘验工作均因经费问题而不便开展。

4. 审判配套制度有待建设

知识产权具有无形性,不同于物权,知识产权案件的特殊性需要配套的诉讼

[①] 《最高人民法院关于〈全国人民代表大会常务委员会关于专利等知识产权案件诉讼程序若干问题的决定〉实施情况的报告》;李扬:《进一步推进国家层面知识产权案件上诉审理机制建设》,《民主与法制》,2022 年第 8 期;郭禾:《尽快实施建设高水平知识产权审判机构工程》,《民主与法制》,2022 年第 8 期。

制度作为保障。这方面现行制度还存在不足之处，如专利授权确权案件的循环诉讼问题尚未得到有效解决。在诉讼中，法庭是否可以应当事人请求发布秘密保护令，法律上也不明确，既不利于商业秘密保护，也增加了侵权损害赔偿计算的难度。民事诉讼法也没有针对知识产权案件规定更加高效、便捷的法律文书送达方式。

上述问题的存在说明，按照《知识产权强国建设纲要（2021—2035年）》提出的实施高水平知识产权审判机构建设工程和完善上诉审理机制要求，在法庭试点运行经验的基础上，进一步优化技术类知识产权和垄断案件上诉审理机制的顶层设计，进一步健全专业化审判体系具有必要性。下一步，在诸如设立国家层面的知识产权专门法院、制定知识产权诉讼特别程序法、切实保障人员队伍和物质条件等方面都可能成为进一步改革的方向。

此外，从全局着眼，建设高水平知识产权审判机构工程还应当考量知识产权审判机构在知识产权保护全链条中的地位和作用。如果没有这种全局观，则可能导致整个链条中的某一环脱节，进而引发"短板效应"。作为国家唯一的知识产权案件上诉审理机构，在规划时至少应当使其与我国专利的申请量和我国已经具备的专利审查能力相适应。多年前，国家已经在国家知识产权局原有审查部门之外，分别在北京、天津、江苏、河南、广东、四川、湖北等地设立了七个专利审查协作中心，专利审查人员逾万人。我国的专利授权速度已经与国际上最快的专利局无异。我国的专利申请量已长期高居世界第一，且远高于任何国家。尽管近年来专利行政部门已经意识到大量的非正常申请所引发的问题，并下大力气着手解决，但我国的专利申请量还会在相当长一段时间里处于高位运行。因此，在筹划高水平知识产权审判机构时必须考虑知识产权保护全链条中已经形成的状况。

三、专门知识产权法院

（一）设立背景与依据

在我国，知识产权专门法院议题的讨论由来已久，并逐渐形成完善知识产权审判体制、优化审判资源配置、简化救济程序、适当集中专利等技术性较强案件管辖权等共识。《国家知识产权战略纲要》明确提出，研究适当集中专利等技术性较强案件的审理管辖权问题，探索建立知识产权上诉法院。其初衷是要统一知识产权案件的审判标准，特别是处理好与专利复审委员会等行政机构的衔接问题。但知识产权上诉法院的表述与我国司法体制并不完全相容。之后实务中关于知识产权司法体制的改革方兴未艾，如促进知识产权审判人员的专业化、推进"三审合一"的机制、试行案件的跨行政区域集中管辖等。这为知识产权专门审判组织的进一步发展完善奠定了基础。

《中共中央关于全面深化改革若干重大问题的决定》中提到，加强知识产权运用和保护，健全技术创新激励机制，探索建立知识产权法院"，这是关于知识产权司法体制的顶层设计。这一内容的出现表明知识产权法院不是单纯的司法制度的完善，还担负着促进创新、助推国家发展战略转型的重任。此外，知识产权法院的表述与《国家知识产权战略纲要》相比，反映出改革思路和目标的微妙变化。2014 年 6 月 6 日，中央全面深化改革领导小组审议通过《关于设立知识产权法院的方案》，标志着知识产权法院的建设正式启动，进入实质性阶段。《全国人民代表大会常务委员会关于在北京、上海、广州设立知识产权法院的决定》（以下简称《决定》）的出台，则是将其作为司法体制变动写入了法律。其后，北京、上海、广州三地知识产权法院按预期设立。

《决定》承担着建构知识产权法院主要制度框架的任务，其主要从组织法的角度规定了知识产权法院的基本组成与职能。为进一步明确知识产权法院案件管辖及其他诉讼问题，最高人民法院先后发布了《最高人民法院关于北京、上海、广州知识产权法院案件管辖的规定》（以下简称《规定》）和《最高人民法院关于知识产权法院案件管辖等有关问题的通知》（以下简称《通知》）。为解决知识产权法院审理技术类案件时的技术事实查明问题，最高人民法院还于 2014 年发布了《最高人民法院关于知识产权法院技术调查官参与诉讼活动若干问题的暂行规定》（以下简称《暂行规定》），2019 年发布了《最高人民法院关于技术调查官参与知识产权案件诉讼活动的若干规定》（以下简称《若干规定》）。上述《决定》《规定》《通知》《暂行规定》《若干规定》共同建立起了当前我国知识产权法院特殊诉讼制度的基本框架。

（二）设立意义

国际上代表性国家设立知识产权类专门法院，通常是出于以下几点考虑：一是提高知识产权案件处理的专业性；二是获得知识产权相关法律解释的统一标准；三是强力推进实施知识产权方面的国家政策。

对于我国设立知识产权法院的方案，有人认为，期待已久的知识产权法院就是将京津穗三地原中级人民法院知识产权庭合并，知识产权法官编制或扩或缩，组建为一个知识产权中级人民法院，没有什么实质性意义。不过，尽管这一做法并不尽如人意，但其意义仍然重大。

首先，知识产权法院是知识产权司法保护主导作用的引领者，其运转效能及其司法保护效果如何，直接决定着我国知识产权保护的总体效果。缺乏较强的司法保护，知识产权的运用和转化机制就不能真正有效地建立起来，科技创新的原动力就会受到严重冲击。提升知识产权保护强度，不仅是权利保护本身的需要，还是促进科技创新、产业发展、经济增长以及建设创新型国家的保障。

其次，中央决定建立知识产权法院的目的之一是要与国际知识产权制度接轨，将其作为提升我国知识产权保护国际形象的重要窗口，增加国际话语权和影响力。

再次,与本章涉及的其他国家一样,设立专门法院集中管辖知识产权类案件的共同目的是统一知识产权裁判标准,提升办案效能,提升知识产权司法保护质量与效率。近年来,随着公众知识产权意识日渐增强,我国知识产权案件数量增长迅猛、居高不下,对审判工作提出了挑战,尤其是涉及复杂技术事实的案件增多,需要明确具体法律界限的疑难案件增多,裁判结果涉及企业生存的重大案件增多,知识产权审判压力越来越大。然而,审判力量分散不均、专业化分工不强、碎片化的审判体制影响了知识产权法官的审判能力和审判质效的提升。设立专门的知识产权法院,有利于整合知识产权司法资源,相对集中地行使知识产权案件的审判职权,对专利等知识产权民事、行政案件进行专业分工、集中受理、集约审理,使相关司法体制更加符合知识产权案件的特点和审判工作的实际需要。

此外,专门法院的审判资源优势和制度优势可以在加大对知识产权授权确权行政行为司法审查深度和力度上先行先试,促进行政争议的实质性解决。在探索有效率的技术事实查明机制方面也是大有可为。

最后,在深化司法体制改革方面可以做司法改革的先行者,发挥改革试验田作用,并对我国后续其他地域或领域的司法改革发挥示范作用。

(三)管辖

从北京、上海、广州三家知识产权法院管辖的具体内容,可以看出其基本特点。

1. 既是初审法院又是上诉法院

知识产权法院按照审级设置,既是初审法院,又是上诉法院。知识产权法院属于中级人民法院,既是技术类案件的初审法院,又是著作权、商标、不正当竞争等案件的上诉法院。对于技术类案件而言,知识产权法院的主要职责在于查明事实和解决纠纷;对于著作权、商标等非技术类案件而言,知识产权法院还承担着统一辖区内基层人民法院的裁判尺度职责,其职能定位是针对不同案件类型而言的。

在知识产权法院辖区内,著作权案件、一般商标案件、不正当竞争案件等均由基层人民法院管辖,不再受诉讼标的额限制。这是我国知识产权案件领域乃至整个民事案件领域首次完全以案件类型确定级别管辖,是对原有以诉讼标的额确定级别管辖标准的重大突破。这种设置更符合案件审理规律,使得知识产权法院与辖区内基层人民法院的职能分工更加科学。

2. 民事与行政案件统一管辖

知识产权法院管辖的第一审技术类案件,既包括民事案件,又包括行政案件;既包括知识产权授权确权类行政案件,又包括涉及知识产权的行政处罚、行政强制措施等引发的普通行政案件。同时,在知识产权法院辖区内,对基层人民法院第一审知识产权民事和行政判决、裁定提起上诉或者申请再审的案件，均由知识产权法院管辖，无论该第一审案件由基层人民法院知识产权审判庭审理还是行政审判庭审理。此外，对知识产权法院作出的第一审民事和行政判决、裁定提起上诉或者申请再审的案件，均由知识产权法院所在地的高级人民法院知识产权审判庭审理，不再分由该高级人民法院的知识产权审判庭和行政审判庭审理。可见，知识产权法院及其所在地高级人民法院均实现了民事和行政审判"二合一"，真正实现了民行案件的统一管辖。① 这是我国知识产权案件审判管辖体制的重大革新，对于统一知识产权案件裁判标准、提升知识产权司法保护品质具有重要意义。此外，海南自由贸易港知识产权法院是全国四家知识产权法院中唯一具有刑事审判职能的法院。②

3. 跨区管辖

知识产权法院对第一审技术类民事和行政案件，以及第一审涉及驰名商标认定的民事案件和垄断民事纠纷案件，实行跨区域管辖。在知识产权法院设立的 3 年内，先在所在省（自治区、直辖市）实行跨区域管辖。例如广州知识产权法院，其司法辖区跨越广州市，涵盖整个广东省，管辖省内前述第一审案件（深圳市中级人民法院辖区除外）。③ 总之，跨区域管辖可以充分发挥知识产权法院审判资源优势，迅速积累复杂案件审理经验，更加增强了知识产权法院的司法中立性和超然性，对强化独立审判、防止地方保护主义等具有积极意义。三家法院名称中不含"市"，是一个重要信息，也为其下一步改革将管辖范围跨入邻省留下了制度窗口。

① 刑事案件方面，在级别管辖上，按照《中华人民共和国刑事诉讼法》中有关级别管辖的规定，由于侵犯知识产权犯罪的法定最高刑期为 7 年，故知识产权刑事案件的一审显然只能作为普通刑事案件由基层人民法院管辖，而不应由中级人民法院层级的知识产权法院管辖；在地域管辖上，侵犯知识产权犯罪案件由犯罪地或者犯罪嫌疑人居住地公安机关立案受理，由该公安机关所在地的同级人民检察院、人民法院审查起诉和判决。因此，在基层人民法院推行"三合一"审理并无明显障碍，反而对于知识产权法院而言，在立法上尚无其对知识产权刑事案件行使管辖权的法律依据。在实际操作中，因侵犯知识产权犯罪案件由犯罪地或者犯罪嫌疑人居住地公安机关立案侦查，知识产权因其特性决定了犯罪地的多样化，管辖的公安机关较为分散，并且在整个流程过程中，涉及案卷移送、被告人押解、公诉人出庭等诸多问题。若将此类刑事案件均集中由知识产权法院管辖，则会存在诸多沟通、衔接的问题。
② 2021 年 3 月，最高人民检察院决定将海南纳入知识产权检察职能集中统一履行试点省份。同年 8 月，海南省公检法三机关共同印发《关于建立知识产权刑事案件指定管辖若干问题的意见》，实现知识产权刑事案件跨行政区域集中管辖全省覆盖。所谓跨地区集中管辖，即以指定管辖方式由海口市琼山区检察院管辖包括海口在内的琼北片区 12 个市县知识产权刑事一审案件；由三亚市城郊检察院管辖包括三亚市在内琼南片区的 8 个市县知识产权刑事一审案件，由海南省检察院第一分院对应海南自由贸易港知识产权法院，对由知识产权法院审理的知识产权刑事一审案件提起公诉并履行相应的上诉、抗诉检察职能。参见《海南检察：知识产权综合保护 护航自贸港创新发展》，https://new.qq.com/omn/20220426/20220426A033FY00.html，2022 年 8 月 2 日访问。
③ 《最高人民法院关于同意广东省深圳市两级法院继续管辖专利等知识产权案件的批复》。

（四）体制、机制与程序

司法改革之所以重要，是因为它关系到司法质量的提升。司法机构需要"本土生长"，而司法改革方案需要恰当的计划、管理和监督。有效的司法系统和司法改革方案还需要从司法结果的改善方面加以衡量。[①]知识产权法院在司法改革方面发挥了先行先试的作用，主要表现在以下方面。

1. 管理体制

北京知识产权法院为正局级中级人民法院，上海知识产权法院为副局级单位与上海市第三中级人民法院（以下简称上海三中院）合署办公，广东知识产权法院则是不定级。

北京知识产权法院按照司法体制改革的精神，机构实行扁平化设置，内设 4 个审判庭、技术调查室和法警队，2 个司法辅助机构和 1 个综合行政机构，各审判庭一律不设副庭长，突出主审法官、合议庭主体地位；人员实行分类管理和员额制，全院共设法官员额 30 名、司法辅助人员 51 名、司法行政人员 15 名。精简行政人员使只有 15 人的综合行政机构囊括了一般中院近 10 个部门的各项职能。[②]

上海知识产权法院与上海三中院合署办公，实行"审判独立、行政（党务）合署"的模式运行，即上海知识产权法院审判业务依法保持独立，其他工作与上海三中院合署。目前设立 2 个审判庭和技术调查室，其他立案、执行及综合管理事项均由上海三中院承担，体现了机构精简、高效、扁平化的特点。积极探索形成与上海三中院合署办公体制下的各项工作机制。建立两院审判委员会联席会议机制，研究讨论两院之间的工作衔接或者审判管理重大事项，制定《知识产权案件立审执工作衔接规定（试行）》。

广州知识产权法院是全国唯一不设行政级别的法院，虽然按中级人民法院组建，但各审判庭也不设行政级别，主审法官之间没有行政等级之差、一律平等，法官不再是"官"，去行政化非常彻底。在庭室设置上，除了立案庭、专利审判庭、著作权审判庭、商标及不正当竞争审判庭 4 个审判业务庭外，仅设立 1 个综合行政机构（综合办公室）[③]和 2 个司法辅助机构（技术调查室和法警支队）。庭长由主审

[①]　亚太司法改革论坛：《探寻司法改革的成功之道：亚太经验》，黄斌，等，译，中国政法大学出版社，2010 年版，第 5 页，第 48 页，第 71 页。

[②]　目前来看只有知识产权法院单独的改革，使得一个行政人员需要履行多项职能、对接多个单位。知识产权法院内部的精简机构、去行政化很难独善其身，需要与外部改革接轨，需要整个司法改革的推动。

[③]　综合办公室整体负责原由政治部、纪检监察室、机关党委办公室、办公室、研究室、审判管理办公室、行装科、教育培训科、机关后勤服务部门等多部门负责的工作，经归纳整合，综合办公室需要行使司法行政职能 60 项，根据"相对分工、共同承担、责任到人"的原则，分配相应岗位职责。从目前运行情况看，综合办公室的设立有效减少了内设机构及人员编制，杜绝了部门间的相互推诿，提高了办事效率。因政法编制相当有限，广州知识产权法院通过购买社会服务方式，招聘速录员、文员、司机共 22 名，一定程度上缓解了工作压力。

法官兼任，不设副庭长。

按照"大业务、大审判、小行政"理念，海南自由贸易港知识产权法院仅设立政治部和审判事务部2个行政管理部门，其他5个内设机构全部是业务部门。其中，经海南省编办批复单独设立执行局，施行立审执全流程，保障诉讼临时措施等有效实施，这是4个专门知识产权法院独有的，体现了知识产权保护系统化、专门化的要求。①

目前来看，知识产权法院法官员额与其他法院相比是比较少的，因为强调的是主审法官，要突出法官的核心地位，所以分类管理法官助理、其他行政人员和法官，在法院编制固定的情况下，法官的数量相对较少，突出法官的主体作用。基本上成功地推行了司法行政事务集约化和扁平化的服务模式。

2. 审判权运行机制改革

北京知识产权法院通过打造以"法官团队"为核心的合议庭审判模式，建立知识产权案例指导制度，创设法官专业会议制度，明确院、庭长的管理、指导和监督职责，完善审判委员会工作机制，实现保障当事人诉权与防止当事人滥用诉权相统一等重点举措展开积极探索，对外抗干扰，对内去行政化，不断探索深化审判权运行机制改革，建立了"1＋1＋1"固定模式审判团队，即1名主审法官＋1名法官助理＋1名书记员，实行主审法官、合议庭负责制，推行院、庭长办案常态化。

上海知识产权法院制定院、庭长办案规定，明确院、庭长包括审判委员会委员带头办理重大案件的范围、数量等，实现院、庭长办案常态化。施行8个月里院、庭长参与办案占全部案件数的21.2%。落实合议庭负责制，制定审判委员会、法官联席会议和专业法官会议工作机制，已结案件均没有提交审委会讨论，全部由合议庭独立作出裁判。落实法官助理职责，强化审判辅助职能作用发挥，进一步解放主审法官、提升审判效率，并为培养法官储备人才打下基础。

广州知识产权法院制定《广州知识产权法院权力清单细则》，明确合议庭办案责任制，将院长、副院长全部编入合议庭审理案件，在审判权运行上去行政化。庭长只承担法律规定应当由庭长履行的职责并负责主持主审法官会议、统一裁判标准。院、庭长原则上不再签发本人未参加案件的裁判文书。还权于法官，合理界定审判权、审判管理权、审判监督权的范围，理顺审判组织之间的关系，院长、审判长行使审判管理权均不得干预个案的实体裁判，保障审判权科学运行。建立"主审法官联席会议制度"，强化审判经验总结和业务研究，真正做到让审理者裁判，让疑难案件得到专家型法官的"坐堂会诊"。同时，建立法官办案档案，法官对办案质量终身负责。

---

① 崔善红：《自由贸易港知产法院 构建海南知识产权司法保护新格局》，《中国审判》，2022年第3期。

3. 创新程序

北京知识产权法院尝试将案件审判流程管理和大部分庭前准备工作交由法官助理负责,使其通过庭前审查明确诉辩意见、初步举证质证等审理环节,初步固定无争议事实、归纳争议点,形成书面庭前审查报告提交合议庭。这便于法官助理领会法官意图,保障其撰写司法文书的质量,也可以增强法官助理的司法能力,培养法官储备人才。

上海知识产权法院针对知识产权案件往往有多个争议点的复杂情况,打破固有的全案按照法庭调查和辩论两个阶段进行的程序,以每个争议点的审理为一个环节开展法庭调查和辩论,使当事人陈述事实与辩论观点一气呵成,突出每个争议点审理的完整性,增强庭审的针对性,有效查明案件事实,提高审判效率。[1]

广州知识产权法院建立科学、高效的审判管理流程;制定庭审规范,建立标准化庭审模式;统一法律文书体例和要素,提升裁判文书质量;针对类型化案件特点,尝试在外观设计专利案件中推行格式化裁判文书写作,避免裁判文书过于冗长,节约司法资源。该院制定了《适用调解速裁方式审理知识产权民事案件规程》,对筛查范围、办理流程、不适宜速裁案件的退出机制等进行规定。2017 年 9 月,在立案庭、专利庭分别设立了专门速裁团队,集中审理事实比较清楚、法律关系比较明确的相对简易案件,简化庭审程序和裁判文书写作,多措并举推进繁简分流工作。该院全面推广适用简版文书,专门制定简版二审判决书样式。对事实清楚、法律适用正确、当事人对一审查明事实无争议或争议较少的案件,一律适用简版裁判文书,目前二审简版文书适用率达 98%。该院还探索简化庭审程序,对简易批量二审案件,原则上由独立跟案助理单独庭询,经庭询无新证据提交、无事实认定和法律适用争议的,直接报请合议并出具裁判文书。如有较大争议,或有信访隐患的案件,则另行安排开庭。[2]

(五)存在的问题[3]

1. 人员业务素质

在知识产权专业化审判人员方面,主要问题在于人才储备不充足、综合性人才匮乏。知识产权专业化审判人才是知识产权法院良好运行的基本保障。审判人员不仅要熟悉修订相对频繁的法律条文,还要懂得一定的商务问题、技术问题

---

① 知识产权案件特别是技术类案件,当事人的争议点不仅在于法律适用,更在于技术特征比对等技术性问题。法庭调查和法庭辩论分开进行,往往不利于当事人对于同一个技术争议点集中、充分地发表意见,也容易导致质证意见和辩论意见的重复,影响案件审理的效率。王秋良:《知识产权司法保护前沿(第 1 辑)》,知识产权出版社,2017 年版,第 30 页。

② 广州知识产权法院:《探路者:媒体眼中的广州知识产权法院》,知识产权出版社,2019 年版,第 224—225 页。

③ 陶凯元:《我国建立知识产权法院相关问题研究》,人民法院出版社,2019 年版,第 4—10 页。

等。一些新型、疑难的知识产权案件还需要适当参考国外法院的成功经验,这对知识产权专业化审判人员的知识视野和学习能力都提出了较高的要求。因此,知识产权法院的系统化构建需要着力储备知识产权专门化的审判人员,并且要通过培训不断提升现有知识产权审判人员的理论知识水平和司法审判实践能力,以便切实发挥知识产权专门法院的司法制度优势。

在知识产权法院的人民陪审员队伍方面,主要问题在于人民陪审员的数量不足、待遇水平不够明朗,特别是知识产权案件不同于一般的民事案件,对专业素养的要求较高,需要积极拓展专业陪审员领域,吸纳相关知识产权行政执法部门的专业人员等,以有效提升人民陪审员的整体队伍水平。

2. 人案、人事矛盾

由于案件数量超预期增长,法官员额基数缺口较大,司法辅助人员配置不足。例如,由于我国《商标法》修改及商标行政部门突击审查积压的商标案件等,北京知识产权法院案件数量猛增,案多人少的矛盾最为突出。北京知识产权法院法官员额设定时以每个法官团队年平均结案150件为基准,满员30名法官年结案量为4500件左右,但2015年全年实际受理9191件,超出原预计数量的2倍,近年受理案件数量亦呈明显增加趋势。上海与广州知识产权法院的案件受理数量亦呈增加趋势,现有审判力量难以充分满足办案需要。此外,也有制度设置的问题。知识产权法院在进行法官遴选的过程中设置不适当的门槛,不当提高拟任职位的行政级别要求,将知识产权法院需要的大量最具战斗力的年轻法官拒之门外,而仅能应聘法官助理,相当程度上降低了知识产权法院的吸引力。这就需要设置灵活的用人机制,化解上述问题。

行政事务对法官仍有困扰,影响审判效率。虽然知识产权法院在设立之初就按照司法改革的要求,采取扁平化人员架构的设计,进行了大规模的人员和机构的精简,司法行政人员大幅减少,但由于法院的外部环境和整体机制并未发生改变,知识产权法院的综合办公室所肩负的综合事务相对于普通法院并无减少,与上级法院的大量职能部门及大量党委和政府机构进行对口衔接,事务性工作较为繁重。现有的司法行政人员数量过少,很难胜任,而不得不向办案法官转嫁,以至于部分法官在从事审判工作的同时,还得承担部分行政事务,既增加了法官的工作压力,又降低了知识产权审判效率。

此外,由于深圳地处改革开放前沿,高科技企业数量众多,知识产权案件总量超过广州,案件技术难度高、涉外多,若将案件交由广州知识产权法院审理,则该院的员额力量显然难以承受。若将深圳中级人民法院的知识产权庭审判队伍并入广州知识产权法院,则会造成两地法院之间较大规模的人员调整,这与北京、上海同一城市间的人员调配情况存在明显的差异,也需要区分对待。故当时考虑到广州知识产权法院的现实困难和深圳市的特殊情况,暂时将深圳市排除在广州知识产权法院跨区域管辖范围之外。但这样的局面不应长时间维持,需要在员额上予以调整,并在管辖上加以衔接和协调。

3. 经费、待遇保障

在司法人员的职业保障方面,法官、司法辅助人员的待遇和职业保障等尚未充分落实,人才引进较为困难;司法辅助人员的等级划分、薪酬待遇等配套制度尚未完善,有的知识产权法院相较于其他同级法院,待遇没有明显提升甚至略有不足,且工作任务相对繁重,工作岗位吸引力不强,人员配置未能完全到位,对审判工作形成一定制约。例如,广州知识产权法院地处广州市郊、交通不便,法官待遇远低于珠三角其他中级人民法院,形成人才遴选"瓶颈"。

在经费保障方面,经费保障制度难以适应工作需求,作为改革试点法院,三个知识产权法院实行扁平化管理,人员和机构已大幅精简,但事权范围并未变化,分担事务性工作的法官并无相应福利待遇,根据人员编制核发经费的现行经费保障体制已经不能适应知识产权法院的实际需要。同时,由于现有人员难以完成实际工作,迫切需要通过购买社会服务的方式大量聘用书记员、法警以及采购外包服务,但此项经费在现有经费保障体制下又难以充分解决,亟须通过体制改革加以突破和完善。

四、知识产权诉讼技术问题查明机制

(一)多元化的技术问题查明机制

知识产权审判中涉及的技术问题主要有两类:一是纯客观的技术问题,如产品的成分、含量或比例、产品的性能指标等;二是带有主观性的、涉及技术内容的法律意义的技术问题,如技术的创造性、技术特征是否等同等。[①] 技术问题的多样性、新颖性、争议性、假设性决定了知识产权诉讼中技术查明方式非多元化、多样化无法满足此种需求。技术人员参与知识产权案件审理过程是国际通行做法,不同法系、不同国家针对此问题采用了不同的专家引入制度以解决诉讼中遇到的技术问题,如德国的技术法官制度,日本的技术调查官制度、专门委员制度等。

大陆法系国家在多元化技术查明机制方面比较健全,英美法系国家传统上的在此问题上做法比较单一。但其至以对抗制赋予诉讼制度活力的美国,也有大量建立多元化技术查明机制的建议,如法院指定专家、特别主事官、受过技术培训的法官助理、特别审判组、任命特设一次性专家。[②] 美国联邦法院法官除了具有明

---

① 徐杰:《知识产权审判实务技能》,人民法院出版社,2013 年版,第 232 页。

② [美]盎格洛·昂舍塔:《科学证据与法律的平等保护》,王进喜,等,译,中国法制出版社,2016 年版,第 259 页。

文规定的指定中立专家证人的权限之外①，美国联邦巡回上诉法院于2002年在Techsearch v. Intel②一案中，肯定了联邦地方法院基于发现真实的目的，具有寻求适当协助解决技术争议的权限。联邦法院法官有权指定技术顾问③协助法官了解相关技术争议。当然，有不少评论者尤其是律师提出了对该技术顾问在受案法官心证形成过程中所扮演角色的质疑，也有法官对此制度表达不赞同的见解。④ 此外，联邦巡回上诉法院亦为此类案件定下了较为严格的标准，即必须是很例外的案件，还必须是高度技术类案件。⑤ 此后，联邦地方法院也出现了援引该判决而指定技术顾问的专利诉讼案件，只是总体来说所占比例非常少。

科学具有一定的主观性。具体而言：科学研究的方法具有主观性，归纳推理过程具有主观性，科学解释的过程具有主观性。⑥ 此种主观与客观相结合的认识过程通常会耗费大量的成本，以鉴定制度为例，其不足主要表现为：①周期长。司法鉴定周期普遍较长，严重影响案件的审判效率。实践中，在知识产权长期未审结案件中，委托司法鉴定的案件所占比例通常最高。②费用高。由于知识产权案件中涉及的技术问题难易程度不一，很难像人身伤害、病理等类型的司法鉴定制定相对明确的收费标准，实践中多由鉴定机构根据技术事实的复杂程度确定鉴定费用，当事人普遍反映收费标准较高。例如，在计算机软件开发合同纠纷的案件中，一些案件的鉴定费用甚至高于合同标的额，导致当事人在选择是否委托鉴定上存在一定的顾虑。⑦ 由比较法的观点来看，许多国家都意识到，单一化的技术查明机制不足以满足知识产权诉讼中技术问题的需要，需要建立多元化的技术查明机制，以发挥互补与协同效应。

在知识产权案件技术调查官制度实施之前，虽然对法律规范的分析可得出我国知识产权诉讼技术问题的查明方式仅为鉴定制度和专家辅助人制度，但司法实践中并不仅限于这两种。早在1991年，最高人民法院就复函北京市高级人民法

---

① 在实践中，法院指定专家的情况并不多见，原因有很多，如美国人对绝对中立、客观专家幻想的怀疑与批判；法官过度顺从中立专家的风险与担忧；现行法律缺乏可实施性，对于何时指定专家以及如何指定合适的专家缺乏程序上的规定和检验标准；庭审律师的敌意与一致反对；对对抗制传统的尊重；上诉之类的司法风险；诉讼成本的增加；等等。参见罗芳芳：《专家意见中立性问题研究：美国法之理论与实务》，中国政法大学出版社，2015年版，第204—209页。

② 286 F. 3d 1360(Fed. Cir. 2002).

③ 一般而言，技术顾问就是技术类法官助理，主要协助法官了解技术争议及该技术领域基本知识，与法官单方面交流，无须制作任何正式书面材料，更不能引进任何证据，因此也无须接受传唤作证。其身份类似"老师"，帮助法官在科学证据与术语的"迷宫"中顺利穿行。David L Faigman, et al; Modern Scientific Evidence:The Law and Science of Expert Testimony, VoL1, WEST, 2012, p. 124.

④ Joseph Ferraro; Objections Raised Over Technical Advisors; Judges have Power to Use them but Rules and Case Law Offer Little Guidance on their Role, N. Y. L. J., 2002, p. 228.

⑤ 286 F. 3d 1360(Fed. Cir. 2002).

⑥ 杜鸣晓：《专家偏见的法律控制》，中国政法大学出版社，2021年版，第43—46页。

⑦ 王秋良：《知识产权司法保护前沿.第1辑》，知识产权出版社，2017年版，第102页。

院,同意其在审理专利案件时根据案涉技术领域,聘请技术专家担任陪审员。① 专家陪审员制度的重要价值在于,专家陪审员可以全程参与案件审理并与法官分享裁判权,由此解决技术调查官制度、技术意见咨询制度存在的信息局部性问题,同时解决技术鉴定制度、专家辅助人制度可能存在的法官无法审查技术意见而让渡对专业知识的事实裁判权的问题。

2008 年颁布实施的《国家知识产权战略纲要》第 46 条明确提出要针对知识产权案件专业性强等特点,建立和完善司法鉴定、专家证人、技术调查等诉讼制度。2010 年,最高人民法院聘请 11 位工程院院士为首批特邀科学技术咨询专家,聘期 5 年。② 湖北省高级人民法院积极探索,建立湖北法院知识产权审判咨询专家库,并出台专家库运行制度,规范其运行管理;内蒙古自治区高级人民法院续聘了 25 位知识产权审判科学技术咨询专家解决知识产权案件中的专业技术性问题;青海省高级人民法院通过聘请技术专家作为人民陪审员参与案件审理,解决技术事实审查难题;重庆市高级人民法院出台技术咨询专家制度等规定;四川省高级人民法院出台技术专家咨询管理办法,2015 年共引入技术专家参与或协助审理各类知识产权案件 36 件。③ 2014 年 10 月终审的奇虎诉腾讯滥用市场支配地位纠纷案④中亦采用专家辅助人、公知资讯⑤等多种技术查明方式。在涉及复杂技术事实的专利侵权案件中,除了双方当事人,法庭也可聘请专家辅助人,协助法庭进行技术事实调查,并代表法庭就技术问题参与双方当事人的讨论、发表技术意见。⑥ 专门知识产权法院也聘有技术顾问。例如,广州知识产权法院 2017 年 5 月与国家知识产权局专利局专利审查协作广东中心建立的合作新模式,技术顾

---

① 《最高人民法院关于聘请技术专家担任陪审员审理专利案件的复函》。由于我国现行《民事诉讼法》第 39 条明确赋予人民法院在审理知识产权诉讼第一审案件时,可以安排具有相应技术领域的专家担任专家陪审员,上述复函已经完成了历史使命。根据《最高人民法院关于废止部分司法解释及相关规范性文件的决定》,上述复函被废止。

② 《最高人民法院关于聘任马国馨等 11 名特邀科学技术咨询专家的决定》。

③ 最高人民法院:《中国法院知识产权司法保护状况(2015 年)》。

④ (2013)民三终字第 4 号。

⑤ 公知资讯听证制度是指法院在自行查明技术事实时,如果需要以公开发表的资讯为证据,则将该公知资讯预先告知当事人,给予当事人合理期限,查明后在指定期日接受当事人意见,接受当事人质证,据此形成是否采信该公知资讯的判断。在奇虎诉腾讯滥用市场支配地位纠纷案中法院和当事人都引用大量公开发表的资讯报道以查明技术问题。从裁判文书中看,裁判理由中法院采用的资讯报道与当事人在诉讼中提到的并不一致,由此可知,这些资讯报道是法官自行查明的,这违反了禁止突袭裁判、辩论原则、公开原则的民事诉讼基本法理。

⑥ (2015)苏知民终字第 00172 号。该案之所以采取专家辅助人参与诉讼的方式来查明涉案技术事实,主要基于三个方面的考虑:①一审法院两次委托司法技术鉴定均被退回,鉴定之路并不顺畅;②涉案技术事实复杂,技术事实争议大,技术调查官参与诉讼、专家咨询等方式无法满足查明和认定事实的裁判需求;③原告方已经提供了被控侵权产品的相关测试报告,专家辅助人根据该报告能够查明被控侵权产品的相关技术事实。知识产权司法保护研究会、杨柏勇:《中国知识产权审判年度典型案例评析(2019 年卷)》,中国法制出版社,2019 年版,第 30 页。

问由该中心审查员兼任,覆盖机械、电学、通信、化学和计算机等领域。技术顾问轮流到法院定期坐班,弥补当前技术调查官专业领域存在的不足。[①]

一方面,建立技术专家咨询机制,发挥专家专业特长,为民事司法提供可靠的科学技术支持,有助于准确查明案件事实,正确适用法律,确保司法公正。同时,开展科学技术咨询工作也是增强知识产权审判司法公信力的有效途径。科学技术专家在相关领域具有很高的声誉和威望,大家提供的咨询意见,有助于当事人客观、全面地认识案件事实,自觉接受裁判结果,减少对办案的种种猜疑或误解,从而有利于及时化解矛盾纠纷,维护社会和谐稳定。另一方面,在实践中,技术咨询专家的使用存在种种问题,集中体现在以下几个方面:首先,专家咨询经常是法官在开庭和合议之外、不通知当事人而进行的,这种做法剥夺了当事人听审和申辩的权利,无法使专家对咨询结果承担责任。法官获得咨询意见的过程也常常不需要当事人参与其中,难免有暗箱操作之感,无法保证当事人的利益。其次,技术咨询专家未能参加案件的全部审理过程,往往很难从整体上对案件给予指导意见,其出具的专家意见书效力存疑。再次,聘任的技术咨询专家均属于兼职状态,往往很难配合审判的时间出庭作证。最后,技术咨询专家若没有出庭接受双方当事人的询问,则其提供的意见就不属于证据,只作为法官裁决案件的参考,法院的裁判文书中也不可能会涉及咨询事项及过程,故其咨询意见难以作为有效证据使用。将裁判结论建立在没有参加庭审、没有进行充分质证和辩论的基础上,对于当事人而言,是极不公平的。[②]

随着知识产权法院的设立,技术调查官制度得到大力推进,知识产权法院按照最高院暂行规定选任和配置技术调查官,发挥技术调查官在查明技术事实中的独特作用。上海市高级人民法院专门召开知识产权法院技术调查官制度研讨会,出台技术调查官管理办法等规定,为查明技术事实提供制度保障。北京知识产权法院探索把专业机构关于技术问题的意见写进判决书,增强裁判公信力。最高人民法院在礼来公司诉常州华生制药有限公司(以下简称华生公司)侵害发明专利权纠纷上诉一案中,首次启用技术调查官调查技术事实,着力发挥示范作用。

案例 8-6 礼来公司诉华生公司侵害发明专利权纠纷案[③]

2013 年 7 月,礼来公司(Eli Lilly and Company,LLY)向江苏省高级人民法院诉称,其拥有涉案 91103346.7 号方法发明专利权,涉案专利方法制备的药物奥氮平为新产品。华生公司使用落入涉案专利权保护范围的制备方法生产奥氮平

---

① 广州知识产权法院:《探路者:媒体眼中的广州知识产权法院》,知识产权出版社,2019 年版,第 42 页。

② 安雪梅:《知识产权交叉案件专门化审判改革研究》,人民出版社,2020 年版,第 266 页。

③ 指导案例 84 号(最高人民法院审判委员会讨论通过),参见《最高人民法院关于发布第 16 批指导性案例的通知》。

并销售,侵害礼来公司专利权。江苏省高级人民法院于 2014 年 10 月 14 日作出判决:华生公司赔偿礼来公司经济损失及为制止侵权支出的合理费用 350 万元。礼来公司、华生公司均不服,提起上诉。最高人民法院审理查明:华生公司 2008 年补充备案工艺真实可行,2003 年至涉案专利权到期日期间华生公司一直使用 2008 年补充备案工艺的反应路线生产奥氮平。华生公司的奥氮平制备工艺在三环还原物中间体是否为苄基化中间体以及由此增加的苄基化反应步骤和脱苄基步骤方面,与涉案专利方法是不同的,不属于基本相同的技术手段,达到的技术效果存在较大差异,未构成等同特征。因此,华生公司奥氮平制备工艺未落入涉案专利权保护范围,一审判决认定事实和适用法律存在错误,依法予以纠正。最高人民法院于 2016 年 5 月 31 日作出民事判决:①撤销江苏高级人民法院判决;②驳回礼来公司的诉讼请求。在最高人民法院二审审理过程中,为准确查明本案所涉技术事实,根据民诉法及其司法解释,对礼来公司的专家辅助人出庭申请予以准许、对华生公司的证人出庭申请予以准许、通知出具《技术鉴定报告》的江苏省科技咨询中心工作人员出庭。根据《最高人民法院关于知识产权法院技术调查官参与诉讼活动若干问题的暂行规定》第 2 条、第 10 条的规定,首次指派技术调查官出庭,就相关技术问题分别询问了专家辅助人、证人及鉴定人。本案被列入最高人民法院指导性案例,最高人民法院公布的裁判要点共有两条:①在药品制备方法专利侵权纠纷中,在无其他相反证据情形下,应当推定被诉侵权药品在药监部门的备案工艺为其实际制备工艺;有证据证明被诉侵权药品备案工艺不真实的,应充分审查其技术来源、生产规程、批生产记录、备案文件等证据,依法确定实际制备工艺。②对于被诉侵权药品制备工艺等复杂的技术事实,可以综合运用技术调查官、专家辅助人、司法鉴定以及科技专家咨询等多种途径进行查明。

上述指导性案例的二审庭审事实调查过程,集中体现了多元化技术问题查明机制的价值所在,此点也被最高审判机关所强调。目前我国基本形成了司法鉴定、专家辅助人、技术调查官、技术咨询专家、专家咨询委员会、专家顾问团和专家陪审员等多元化专业技术问题查明机制。单纯的法院主导事实查明机制并不是大问题,问题在于法院过于强势时,当事人的合理诉求难以得到法院的认同,往往会导致当事人在审判结束之后,选择继续上诉。因此,法院在启动事实查明机制时,一定程度上需要尊重当事人的选择,适时调整。[①] 法院应根据案件情况,与当事人协调,动态选择与组合技术查明方式,实现技术事实的有效查明。未来亦可能发展出新的技术查明方式,司法机关应持开放态度,接纳符合正当程序的技术查明方式。

---

① 沈世娟,张爱娥:《知识产权诉讼技术事实查明机制研究》,中国政法大学出版社,2020 年版,第 353 页。

此外,技术创新日新月异,各种新技术不断出现,技术问题越来越复杂,不论技术问题解决路径如何完善,难免会有一些技术问题难以查明的情况。根据民事案件裁判要求,在未能调解且原告未撤诉的情形下,法官必须作出裁判。此时,应当根据证明责任分配规则来判断。[①]

(二)我国知识产权诉讼技术调查官

1. 意义与价值

由于法官技术知识相对薄弱,技术事实查明一直是知识产权案件审理中的难点。面对技术问题,法官可能出现三种非理想状态,需要技术辅助人员予以化解:①难以理解技术问题[②];②盲目接受专家意见[③];③停留表面无法探究[④]。技术调查官因为自身的专业知识,反而不会偏信专家或当事人的技术见解,可以帮助法官询问专家或当事人,辨别科技问题。技术调查官可直接参与到庭前准备、庭审及庭后合议的整个审判流程中,充分发挥在技术事实查明上的专业优势。法官审案时,调查官结合案情向当事人询问,固定当事人无争议的技术事实,并确定双方就技术事实存在的争议点,将晦涩难懂的技术语言转化成法官可理解的语言,辅助法官确定案件审理的重点和思路,提升后续庭审的效率。技术调查官与当事人直接讨论技术问题能够针对案件审理关键的技术问题进行审查。同时,由于其本身是法院聘用人员,直接对合议庭负责,所以能够保证中立性和公正性。

与技术法官比,其人力资源的来源更为广泛,也更容易实现,还能克服院外专家贬低专利倾向的弊端,这种技术偏见对专利的保护常常施加不良的影响。技术调查官主要从事司法查明工作,能够理解司法保护的规则与原理,出现"专业思维壁垒"的情况更为少见。

2. 身份定位

技术调查官的身份定位直接决定其在诉讼活动中的工作职责、技术审查意见

---

① 如原告起诉,宣称被告侵权应当承担法律责任,支持该主张的技术问题未能查明,关于权利保护范围的技术问题或侵权技术特征一致性的技术问题无法查明,只能判定原告败诉。如被告提出现有技术等抗辩主张,技术问题未能查明,则抗辩意见不能认定,至于被告是否承担责任,还应分析原告就其他要件事实的举证是否充分。秦善奎:《知识产权民事审判证据实务研究:以智慧的方式善待智慧》,知识产权出版社,2018年版,第481页。

② Mirjan Damaska:Evidence Law Adrift,Yale University Press,1997,p. 143—144.

③ 科学至上主义使得用科学或伪科学术语表达的意见可能误导那些掉以轻心、毫无戒备的人。具有科学家资格被认为掌握了普遍客观科学真理,非专业人士难以质疑。[美]肯尼斯·R. 福斯特,彼得·W. 休伯:《对科学证据的认定:科学知识与联邦法院》,王增森,译,法律出版社,2001年版,第254—255页。

④ 事实认定者即使面对专家的证言,可能也获得不了专业的帮助,因为其在评判复杂的专家证言时可能会采用"外围处理方式"来对其进行判断:不考虑论据质量与合理性,通过捷径来判断某条信息的价值,依据论据数量、发言者吸引力、发言者资质等因素。当人们缺乏考虑某项论据的积极性,或不具备分析某条信息的能力时,更可能采用外围处理方式。Joseph Sanders:Scientifically Complex Cases,Trial by Jury and the Erosion of Adversarial Process,DePaul Law Review,1998,p. 361,363.

的法律效力。《最高人民法院关于技术调查官参与知识产权案件诉讼活动的若干规定》明确其属于审判辅助人员:首先,不同于当事人委托的专家辅助人及法院聘请的技术咨询专家,其应为知识产权法院的在编人员,以确保其公正和中立;其次,技术调查官不同于德国等国专利法院中的技术法官,不属于审判人员,与法官助理同属审判辅助人员,不具有审判权。技术调查官的基本职能定位是法官的技术助手,协助法官理解和查明案涉专业技术问题,为技术类案件审理提供技术支持。

3. 归口管理

在人员管理上,其不归属于审判业务庭室,而由知识产权法院设置技术调查室进行日常管理、调配、考核等。技术调查官的日常工作分为两部分:一是接受审判业务庭室对有关技术问题的咨询,提供咨询意见;二是参与到具体案件的诉讼活动中,协助法官查明案件所涉技术事实。在具体案件审理中,是否需要、需要何种技术背景及从业经验的技术调查官,由法官根据案件审理需要确定。技术调查官参与诉讼后,根据案件审理情况,法官也可决定撤销或更换技术调查官。

4. 当事人程序保障

技术调查官虽然属于审判辅助人员,但对案件事实的查明有着较大的影响。在为当事人提供正当程序保障方面,首先,技术调查官参与诉讼活动的,应在裁判文书首部的案件来源部分列明其身份和姓名。其次,技术调查官确定或变更后,应在3日内告知当事人。最后,其当事人有申请其回避的权利。

5. 参与案件类型与法院范围

当人民法院审理专利、植物新品种、集成电路布图设计、技术秘密、计算机软件、垄断等专业技术性较强的知识产权案件时,可以指派技术调查官参与诉讼活动。这里的案件类型包括三大诉讼,法院范围也没有特别的限定。

6. 工作职责

技术调查官根据法官要求,就案件有关技术问题履行下列职责:①对技术事实的争议点以及调查范围、顺序、方法等提出建议;②参与调查取证、勘验、保全;③参与询问、听证、庭前会议、开庭审理;④提出技术调查意见;⑤协助法官组织鉴定人、相关技术领域的专业人员提出意见;⑥列席合议庭评议等有关会议;⑦完成其他相关工作。

技术调查官行使职责须经法官授权,可列席合议庭评议并针对案涉技术问题发表意见,其提出的意见应记入评议笔录,并应在评议笔录上签字。但不能对法律适用问题提出意见,也不能对案件裁判结果进行表决。根据法官要求,技术调查官可以在案件审理的不同阶段分别提出技术审查意见。上述第⑤项工作涉及技术调查官与专家咨询制度的衔接。受员额限制,技术调查官专业背景不可能覆盖所有技术领域,当其难以解决案件技术问题时,需要组织司法鉴定或咨询外部专家。

7. 技术调查意见的法律效力

技术调查意见是技术调查官对案件有关技术问题的分析意见,属于技术调查官执行职务的工作成果,可作为法官认定技术事实的参考。为防止司法权让渡,确保独立审判,法官根据全案情况综合判断是否采纳技术调查意见,技术事实认定仍由法官决定,并由法官对当事人承担责任。因此,技术调查意见不应作为证据使用,仅对法官认定技术事实起参考作用,裁判文书对技术事实的最终认定有可能与技术调查意见的结论不一致。为使案件评议有的放矢,技术调查官应在案件评议前完成并提交技术调查意见。

8. 运行实效

以北京知识产权法院技术调查室为例,39 名技术调查官均具有专业技术资质,研究领域涵盖了光电、通信、医药、生化、材料、机械、计算机等多个审判实践常涉及的专业技术方向,另外选聘了 27 名具有正高职称的技术专家,已初步形成了以交流和兼职技术调查官为主、以聘用技术调查官为辅的工作模式。技术调查官制度建立第一年,技术调查官参与了 250 件案件的技术事实查明工作,包括参与出庭 128 件,参与保全、勘验 14 件,进行技术咨询 122 件,共出具技术审查意见 110 份。该院技术类案件结案率同比上升 87％。[①] 从总体上看,我国已经建立"全国法院技术调查人才库"和共享机制,450 余名技术调查专家入库,覆盖 30 多个技术领域,全国范围共建共享、按需调派,有效缓解技术类案件事实查明难题。[②]

9. 存在的问题[③]

(1)以北京知识产权法院为例,交流的技术调查官采取定期派遣和轮换的方式,这在一定程度上将导致技术调查官队伍的不稳定性和不连续性问题。交流的技术调查官主要来自专利行政单位,其任期为 1 年或者 2 年,通常是自然年的年初到法院开始技术调查官的工作,年底结束返回至原单位。因此,年初,一同来报到的交流技术调查官就会面临同时都是"新手"的情形。初来乍到的技术调查官对法院工作模式、人员情况以及技术调查官工作的开展都有一个从陌生到熟悉的过程,因此这会给技术调查室工作的持续、稳定开展带来挑战。虽然可以在交流人员确定之后提前对其进行衔接性的培训,但是授课式的培训效果有限,技术调查官的能力需要在"实战"中才能得到切实的培养和提高,而不是一两次培训就能解决。

(2)交流及兼职技术调查官的管理和考核机制尚待完善。交流及兼职技术调查官的人事关系仍在原工作单位,在日常的人事管理和工作业绩考评的衔接方面

---

① 赵春艳:《北京知识产权法院技术调查官制度运行 1 年结案率提升 87％》,《民主与法制时报》,2016 年 10 月 29 日第 4 版。

② 《最高人民法院关于人民法院知识产权审判工作情况的报告》。

③ 北京知识产权法院:《技术调查官制度创新与实践》,知识产权出版社,2019 年版,第 49—53 页。

存在一些需要解决的问题。人事管理方面,由于人事关系没有转到法院,对其在法院工作期间的记录等无法及时归入其个人档案中;在业绩考评方面,不同领域技术调查官的收案量存在一定差别,采用统一量化考核指标对其进行考核存在一定困难。

(3)兼职技术调查官受多种因素影响,作用尚未充分得到发挥。一是兼职技术调查官都有本职工作,不在法院定点、定时办公,而根据案件的审理以及保密的需要,兼职技术调查官会多次往返法院进行阅卷、开庭、评议等,这就在法官与兼职技术调查官的沟通联络方面产生了不便。二是部分兼职技术调查官由于本职工作繁忙,没有比较充裕的时间参与诉讼活动。三是兼职技术调查官不同于有专利审查经验的交流技术调查官,其所从事的工作涉及技术领域专一性,即使是所属上位技术领域的案件,有的兼职技术调查官因长期集中精力于较为细化领域的研究,而无法胜任技术领域与之相关的案件的技术事实查明工作。四是部分兼职技术调查官因来源于专利代理人协会、大型知名企业等,回避限制较其他兼职技术调查官多,无法充分参与案件诉讼活动。

(4)中立性问题随着技术调查官的广泛使用而愈加凸显,成为廉政风险点之一。如果作为法院在编的工作人员,其身份的中立性不容置疑,并且其法律地位相较于专家辅助人更具有立场的客观公正性,在技术事实查明上不受制于法官,更不会受制于当事人。但在目前的实践中,北京知识产权法院所涉案件的技术领域涵盖面广,受限于编制原因,技术调查官采用交流和兼职的选任模式以实现技术领域的全面覆盖。但是交流及兼职技术调查官的人事关系在原单位,并且兼职技术调查官主要从事的仍是本职工作,受工作的限制和来自其他各种因素的影响,其中立性的保障可能成为廉政风险点之一,需要通过制度建设和实践不断予以完善。

(5)如果设置在编和聘用制技术调查官,如何保证技术调查官的知识更新将是一个需要解决的难题。在编和聘用制技术调查官长期固定在法院这一非"技术一线"单位工作,容易导致不能及时了解最新科技动态,其技术水平与所属专业领域的技术发展脱节的问题如果不能得到妥善解决,将使其不能在技术事实查明工作中发挥预期作用。

(6)部分法官存在过度依赖技术调查意见、让渡司法审判权的问题。技术调查官仅负责技术事实查明工作,不对案件法律适用问题发表意见。技术调查意见系法官审理案件的参考,不是法官断案的必然依据。但在实践中,基于技术类案件审理难度相对较大,且有部分技术调查官来自专利审查行政部门,熟悉专利法以及专利审查工作,可能存在法官希望技术调查官在技术事实查明问题之外就法律适用问题发表观点,甚至"替"法官给出结论的情形。个别法官在收到技术调查官的技术调查意见后,未进行深入的理解、分析,甚至不进行案件评议,而直接在判决书中原样照搬技术调查意见书的内容，补充几句简单的论述就完成判决书的撰写。尤其是在庭审前准备工作不充分的情况下，该种做法降低了判决书的说理性，无法体现法官的判案思路，实质上是法官让渡司法裁判权的体现，长此以往，不利于法官业务水平的提升，也必然影响案件判决的公正性。

　　民事诉讼程序过程作为一般公共制度理论和私人个别当事人需求之间的连接点，它的改革方向极大地左右着法体系整体的存在状况。[①] 知识产权精简式法治向厚重式法治的演变[②]，并不能通过简单的制度移植得以实现[③]，而是离不开知识产权本土司法保护实践经验日复一日地累积与发展。持平而论，我国的经济体制改革并不是遵循市场教旨主义，也不是简单复制所谓西方标准化的市场经济模式，而是根据本国国情，独立自主并创造性地进行制度选择，使市场经济的一般规律与我国经济的具体情况相契合，形成内生性和自我适应的制度变迁轨迹。是以，在法律制度的建构与援引上，也应该避免那种强制性的制度移植输入和制度外部依附所带来的灾难性结果。[④] 知识产权民事司法保护的比较研究只有结合我国变化发展的具体司法实际，进一步细致分析国外有关体制与制度利弊的经验教训，评估制度移植的可适应性，方能对我国知识产权保护的法律体制有所裨益。

---

　　① ［日］田中成明：《现代社会与审判：民事诉讼的地位和作用》，郝振江译，北京大学出版社，2016年版，第50页。

　　② 精简式法治由形式性的、工具性的法律所构成，而厚重式法治意指法律的形式化运作过程被整合进了一个由制度、文化和价值观组成的特定复合体。参见［新加坡］约西·拉贾：《威权式法治：新加坡的立法、话语与正当性》，陈林林，译，浙江大学出版社，2019年版，第38页。

　　③ 借鉴和移植要适合中国的环境和土壤，解决中国的实际问题。例如，商标定牌加工的法律问题是中国在发展过程中形成的问题，在发达国家几乎没有什么有益的经验可循。陶凯元，最高人民法院民事审判第三庭：《知识产权审判指导（2015年第1辑　总第25辑）》，人民法院出版社，2015年版，第22页。

　　④ 王文杰：《嬗变中之中国大陆法制（第四版）》，台湾交通大学出版社，2014年版，第383页。

参 考 文 献

[1] 刘华俊．知识产权诉讼制度研究[M]．北京:法律出版社,2012.

[2] [美]卡拉·希比．国际知识产权[M]．3 版．倪晓宁,王丽,译．北京:中国人民大学出版社,2012.

[3] 甘绍宁．美国专利诉讼要案解析[M]．北京:知识产权出版社,2013.

[4] 徐杰．知识产权审判实务技能[M]．北京:人民法院出版社,2013.

[5] 詹映．专利池管理与诉讼[M]．北京:知识产权出版社,2013.

[6] 朱双庆．技术入股型公司治理[M]．北京:法律出版社,2013.

[7] 陈维国．美国专利诉讼:规则、判例与实务[M]．北京:知识产权出版社,2014.

[8] [法]乔治·卡明,[荷]来亚·弗罗伊登塔尔,[德]路德·贾纳尔．荷兰、英国、德国民事诉讼中的知识产权执法[M]．张伟君,译．北京:商务印书馆,2014.

[9] 黄颖．企业专利诉讼战略研究[M]．北京:中国财政经济出版社,2014.

[10] 王莲峰．商标法学[M]．2 版．北京:北京大学出版社,2014.

[11] 吴汉东．知识产权法[M]．5 版．北京:法律出版社,2014.

[12] 徐雁．知识产权"三合一"诉讼制度研究:以平行程序和技术问题为切入点[M]．厦门:厦门大学出版社,2014.

[13] 张玲,张丽霞,向波．发明专利侵权诉讼实务问题研究[M]．北京:人民出版社,2014.

[14] [德]鲁道夫·克拉瑟．专利法——德国专利和实用新型法、欧洲和国际专利法[M]．6 版．单晓光,等,译．北京:知识产权出版社,2016.

[15] 石必胜．专利权有效性司法判断[M]．北京:知识产权出版社,2016.

[16] 杨巧．知识产权法[M]．2 版．北京:中国政法大学出版社,2016.

[17] 国家知识产权局专利局专利文献部．国外专利诉讼要案解析[M]．北京:知识产权出版社,2016.

[18] 唐海清．国际法视野下非物质文化遗产保护问题研究[M]．北京:法律出版社,2018.

[19] 李龙．日本专利法研究[M]．上海:华东理工大学出版社,2018.

[20] 张守文．经济法学[M]．7 版．北京:北京大学出版社,2018.

[21] 北京知识产权法院．技术调查官制度创新与实践[M]．北京:知识产权出版社,2019.

［22］广州知识产权法院．探路者——媒体眼中的广州知识产权法院［M］．北京：知识产权出版社，2019.

［23］刘平．知识产权诉讼法律制度若干问题研究［M］．北京：中国政法大学出版社，2019.

［24］［美］劳伦斯•鲍姆．从专业化审判到专门法院：专门法院发展史［M］．何帆，方斯远，译．北京：北京大学出版社，2019.

［25］陶凯元．我国建立知识产权法院相关问题研究［M］．北京：人民法院出版社，2019.

［26］赵晓鹏．德国联邦最高法院典型判例研究．专利法篇［M］．北京：法律出版社，2019.

［27］安雪梅．知识产权交叉案件专门化审判改革研究［M］．北京：人民出版社，2020.

［28］沈世娟，张爱娥．知识产权诉讼技术事实查明机制研究［M］．北京：中国政法大学出版社，2020.

［29］王利明．民法总则［M］．北京：中国人民大学出版社，2020.

［30］张鹏．最高人民法院知识产权法庭发展观察与案例评述［M］．北京：法律出版社，2020.

［31］陈甦，田禾．中国司法制度发展报告．No.2，2020［M］．北京：社会科学文献出版社，2021.

［32］王迁．知识产权法教程［M］.7 版．北京：中国人民大学出版社，2021.

［33］吴汉东．知识产权法［M］．北京：法律出版社，2021.

［34］［英］理查德•萨斯坎德．线上法院与未来司法［M］．何广越，译．北京：北京大学出版社，2021.

［35］刘春田．知识产权法［M］.6 版．北京：中国人民大学出版社，2022.

［36］孙昊亮．非物质文化遗产的公共属性［J］．法学研究，2010，32（05）：93-103.

［37］尹锋林．美国专利产品平行进口规则及对我国的借鉴意义［J］．法学杂志，2011，32（03）：71-74.

［38］郭禾．对非物质文化遗产私权保护模式的质疑［J］．中国人民大学学报，2011，25（02）：28-33.

［39］洪莹莹，韩志勇，邱丘．地理标志及相关权利属性探析［J］．商业时代，2012（02）：116-117.

［40］朱冬．商号权效力地域限制质疑［J］．知识产权，2012（02）：52-58.

［41］王笑冰，林秀芹．中国与欧盟地理标志保护比较研究——以中欧地理标志合作协定谈判为视角［J］．厦门大学学报（哲学社会科学版），2012（03）：125-132.

［42］王勇．中日商标法主要内容之比较及其对中国修改商标法的启示［J］．山东社会科学,2013(04):181 - 186.

［43］王广震．美国专利法的演变—从宽松到限制［J］．西安电子科技大学学报(社会科学版),2014,24(04):89 - 97.

［44］王笑冰．关联性要素与地理标志法的构造［J］．法学研究,2015,37(03):82 - 101.

［45］叶秋华,杨嵩涛．中美商标法律制度的比较与启示［J］．现代管理科学,2014(12):24 - 26.

［46］李菊丹．论 UPOV1991 对中国植物新品种保护的影响及对策［J］．河北法学,2015,2015,33(12):98 - 112.

［47］卢纯昕．反不正当竞争法在知识产权保护中适用边界的确定［J］．法学,2019(09):30 - 42.

图书在版编目(CIP)数据

比较知识产权法/朱双庆主编 . —2 版 . —合肥:合肥工业大学出版社,
2023.8

ISBN 978 - 7 - 5650 - 6390 - 9

Ⅰ.①比…　Ⅱ.①朱…　Ⅲ.①知识产权法—对比研究—世界—教材
Ⅳ.①D913.04

中国国家版本馆 CIP 数据核字(2023)第 137640 号

比较知识产权法(第 2 版)

BIJIAO ZHISHI CHANQUAN FA

朱双庆　主编		责任编辑　汪　钵	
出　版	合肥工业大学出版社	版　次	2017 年 6 月第 1 版
地　址	合肥市屯溪路 193 号		2023 年 8 月第 2 版
邮　编	230009	印　次	2023 年 8 月第 2 次印刷
电　话	理工图书出版中心:0551 - 62903004	开　本	710 毫米×1010 毫米　1/16
	营销与储运管理中心:0551 - 62903163	印　张	29.5　字　数　562 千字
网　址	press. hfut. edu. cn	印　刷	安徽联众印刷有限公司
E-mail	hfutpress@163. com	发　行	全国新华书店

ISBN 978 - 7 - 5650 - 6390 - 9　　　　　　　　　　　　　定价:65.00 元

如果有影响阅读的印装质量问题,请与出版社营销与储运管理中心联系调换。